Theorie Der Krankheit Oder Allgemeinen Pathologie: Nach Dem Lat. Original

Philipp Karl Hartmann

Nabu Public Domain Reprints:

You are holding a reproduction of an original work published before 1923 that is in the public domain in the United States of America, and possibly other countries. You may freely copy and distribute this work as no entity (individual or corporate) has a copyright on the body of the work. This book may contain prior copyright references, and library stamps (as most of these works were scanned from library copies). These have been scanned and retained as part of the historical artifact.

This book may have occasional imperfections such as missing or blurred pages, poor pictures, errant marks, etc. that were either part of the original artifact, or were introduced by the scanning process. We believe this work is culturally important, and despite the imperfections, have elected to bring it back into print as part of our continuing commitment to the preservation of printed works worldwide. We appreciate your understanding of the imperfections in the preservation process, and hope you enjoy this valuable book.

Ph. C. Hartmann's,

Drs. und k. k. Professors der Heilkunde an der Universität in Wien,

Theorie der Krankheit,
oder
allgemeine Pathologie.

Nach

dem lateinischen Originale

frey bearbeitet

vom Verfasser.

Wien, 1823.

Gedruckt und im Verlage bey Carl Gerold.

BIBLIOTHECA
REGIA
MONACENSIS.

Vorrede.

Wenn ich, dem Wunsche vieler meiner ehemahligen und gegenwärtigen Zuhörer und der Aufmunterung einiger meiner Freunde nachgebend, der ärztlichen Lesewelt eine deutsche Bearbeitung meiner Theoria morbi hiermit vorlege; so geschieht dieses vorzüglich in der Absicht, um dabey Gelegenheit zu finden, meine Grundansichten vom Leben und seiner Umbildung in den krankhaften Zustand, welche von manchen meiner Schüler und Leser nicht so aufgefaßt worden sind, wie sie in mir liegen, in ein helleres Licht zu setzen, manche pathologische Begriffe schärfer zu bestimmen, einige besser zu begründen, den organischen Zusammenhang zwischen den einzelnen Gliedern des Systems enger zu schließen, und endlich meiner Pathologie dasjenige anzueignen, welches ihr durch neuere Bearbeitungen zugewachsen ist, versteht sich, in so fern es als wahr und gut in meine Überzeugung eingegangen ist. Allerdings sind die Werke von Reil, Kieser, Harles, Kreysig, Sachs u. a., welche seit der Erscheinung meiner Theoria morbi aus Licht getreten sind, und selbst die Winke einiger Recensenten der letztern von der Art, daß sie auf die fernere Ausbildung derselben Einfluß nehmen mußten, in so weit diese ihrem eigenthümlichen Charakter nach dafür empfänglich war; denn die Grundanlage und den innern Organismus meiner Pathologie konnte ich im Wesentlichen nicht ändern, ohne meine Überzeugung, welche die Frucht eines mehrjährigen Nachdenkens, einer unbefangenen Benützung der bewährtesten Schriftsteller meines Faches, und einer häufigen Rücksprache mit der Natur am Krankenbette ist, und welche ich wiederhohlt einer eigenen strengen Prüfung unterzogen habe, zu verläugnen. Übrigens, hoffe ich, wird man auch in dieser Ausgabe mein Bestreben, das, was Naturwissenschaft überhaupt, und Physiologie des thierischen und menschlichen Lebens insbesondere auf der einen, und ächte Erfahrung der Ärzte am Krankenbette auf der andern Seite zur Förderung der Theorie der Krankheit bisher Brauchbares geliefert haben, zur fernern

Ausbildung derselben redlich zu benutzen, und die allgemeinen Ansichten des Wesens, der Entstehungs= und Erscheinungsweise der Krankheit so darzustellen, daß sich aus ihnen das Besondere ohne Zwang ableiten und verstehen lasse, und daß die Wissenschaft der Krankheit eine gediegene Grundlage der Kunst, sie im Einzelnen zu erkennen und zu behandeln, abgeben möge, nicht verkennen. In diesem Bestreben fand ich bisher das sicherste Mittel, meine Zuhörer sowohl gegen die Verirrungen einer üppigen Phantasie, die sich unter dem stolzen Nahmen philosophischer Speculation so vieler junger Ärzte in der neuesten Zeit bemeistert, sie zu emphysematischen Riesengestalten verbildet, und ihrem edlern Berufe, heilbringend in das wirkliche Leben einzugreifen, gänzlich entzogen hat, als auch gegen das geistlose Anstarren einzelner Erscheinungen am kranken Organismus, zu welchem die von dem Lichte der Vernunft gänzlich abgewendete Empirie verführt, zu bewahren: auch hoffe ich in diesem Streben das zuverläßigste Mittel gefunden zu haben, meine dankbare Anerkennung der ermunternden Aufnahme, welche meinen frühern pathologischen Versuchen bey dem nachsichtigen ärztlichen

Publikum zu Theil geworden, ist, öffentlich zu beurkunden.

An der Universität zu Wien,
den 20. August 1822.

Der Verfasser.

Inhalt.

Seite

Einleitung 1

§. 1. Bestimmung des Arztes. §. 2. Heilkunde. §. 3. Wissenschaftliche und empirische Bearbeitung derselben. §. 4. Eintheilung der Heilkunde in die theoretische und praktische. §. 5. Unterabtheilung der Theorie. §. 6. Nähere Bestimmung der Praxis. Innere Medicin. Chirurgie. §. 7. Untergeordnete Lehrgegenstände. §. 8. Beziehung der Heilkunde zur Naturkunde. §. 9. Unentbehrlichkeit derselben. §. 10. Wahrheit der Heilkunde, nachgewiesen in der Art ihrer Entstehung und Entwicklung, §. 11. in ihrem Einflusse auf das Wohl der Menschen. §. 12. Hebung eines Einwurfes gegen den Nutzen der Heilkunde. §. 13. Warnung gegen Irrthümer in ihr. §§. 14—17. Wahre Methode, zur wahren Heilkunde zu gelangen.

Allgemeine Pathologie.

Bestimmung und Eintheilung derselben . . . 15

§. 18. Pathologie. §. 19. Allgemeine und besondere. §. 20. Nähere Bestimmung der allgemeinen Pathologie. §. 21. Rechtfertigung ihrer alten Eintheilung in allgemeine Nosologie, Symptomatologie und Ätiologie. §§. 22. 23. Die allgemeine Pathologie hat ihre Wurzeln in der Physiologie und in der Erfahrung am Krankenbette. §. 24. Vorbereitungs- und Hülfswissenschaften derselben. §. 25. Ihre Wichtigkeit als Grundwissenschaft der eigentlichen Heilkunde.

Geschichte der allgemeinen Pathologie. . . . 19

§§. 26 — 28. Allgemeine Gesichtspunkte für diese Geschichte. §. 29 Eintheilung derselben in zwey Zeiträume, deren erster mit der Entstehung der allgemeinen Pathologie beginnt, und bis zum Verfalle der Wissenschaften in Europa reicht, der zweyte vom Wiederaufleben der Wissenschaften bis auf unsere Zeiten gehet.

Erster Zeitraum 21

§§. 30—35. Humoralpathologie der Dogmatiker von Hippokrates bis zur alexandrinischen Schule. §. 36. Solidarpathologie der Methodiker. §. 37. Pneumatiker. §. 38. Eklektiker. §§. 39—41. Neue Begründung der dogmatischen Humoralpathologie durch Galenus. §. 42. Verfall derselben nach Galenus. §. 43. Bearbeitung derselben durch die Araber. §. 44. Ihre Gestalt in der salernitanischen Schule.

Zweyter Zeitraum 31

§. 45. Das Wiederaufleben der Wissenschaften. §. 46. Chemisch-astrologische Pathologie des Paracelsus. §. 47. Helmonts dynamische, ausgehend vom Archäus als ihrem Princip. §. 48. Chemisches System von de le Boe Sylvius auf den Gegensatz von Säure und Alkali zurückgeführt. §. 49. Reform der Pathologie im achtzehnten Jahrhundert. §. 50. Neuere Humoralpathologie aus mechanischem Princip. §. 51. Friedr. Hoffmanns, Versuch die Solidarpathologie auf dasselbe Princip zurückzuführen. §. 52. E. Stahls höhere dynamische Ansicht. §. 53. Vielseitigere Bearbeitung der Pathologie durch Gaubius. §. 54. Cullens Solidarpathologie. §. 55. Chr. Ludw. Hoffmanns chemisch-humoral-pathologische Ansichten. §. 56. Einfluß der neuern Chemie auf die Gestaltung der Pathologie. §. 57. J. Browns. §. 58. Darwins System. §§. 59. 60. Fernere Ausbildung des Brown'schen Systems unter dem Nahmen der Erregungstheorie. Untergang derselben in der naturphilosophischen Schule. Naturphilosophische Bearbeitung der Pathologie. §. 61. Licht- und Schattenseite derselben. §. 62. Gegenwärtiger Stand der Pathologie und der Medicin überhaupt.

Literatur der Pathologie 46

Allgemeine Nosologie.

Von der Krankheit überhaupt 56

§. 63. Krankheit im Gegensatze zur Gesundheit. §§. 64—69. Naturgesetze des Organismus. Normaler Zustand. Gesundheit. Absolute und relative Gesundheit. §. 70. Nähere Bestimmung der Krankheit. §§. 71 — 75. Genauere Entwicklung des aufgestellten Begriffes von Krankheit, welche als regelwidriger Zustand des innern Lebens des einzelnen Organismus aufgefaßt, und nicht allein auf die quantitativen, sondern auch auf die qualitativen Verhältnisse desselben und auf die aufgehobene Einheit in der Mannigfaltigkeit seiner Systeme und Organe bezogen werden muß. §. 76. Unterscheidung zwischen Krankheit und Krankheitsform.

Von dem Subjecte der Krankheit 64

§. 77. Die Krankheit muß zunächst auf das Leben bezogen werden, doch aber auch auf den Organismus, in welchem das Leben bestehet. §§. 78 — 82. Alles, was im Organismus am Leben Theil nimmt, nimmt auch Theil am Erkranken; da nun die Säfte des lebendigen Organismus belebt sind, so müssen sie auch der Krankheit theilhaftig werden. §. 83. Beweis, daß die Annahme ursprünglicher und geschiedener Krankheiten der Säfte eben so unzuläßig sey, als die Aufstellung ursprünglicher Krankheiten der festen Gebilde; daß demnach jede Humoral- und Solidarpathologie einseitig, und ein wahres pathologisches System nur vom dynamischen Standpunkte aus möglich sey.

Allgemeine Eintheilung der Krankheiten . . . 70

§§. 84 — 86. Hier kommt die Eintheilung der Krankheiten zur Sprache, welche sich auf ihre wesentlichen Verschiedenheiten, und zwar zuerst diejenige, welche sich auf die Verschiedenheit ihres nächsten Grundes (causa proxima) bezieht, und von diesem Gesichtspunkte aus werden die Krankheiten zuerst abgetheilt: in Krankheiten, welche auf gestörtem Mechanismus des thierischen Körpers beruhen, und in Krankheiten, welche ihren nächsten Grund in einer unmittelbaren Veränderung seiner dynamischen Verhältnisse haben. §. 87. Einwürfe gegen diese Eintheilung. §§. 88 — 92. Beseitigung dieser Einwürfe und Sicherstellung der gegebenen Eintheilung.

Erster Abschnitt. Von den dynamischen Krankheiten.

Erstes Hauptstück. Von den dynamischen Krankheiten überhaupt 76

§. 93. Beschränkung des Begriffes: dynamisch. §. 94. Bestimmung des besondern Lebens vom Standpunkte der Erfahrung. §. 95. Das Princip alles besondern Wirkens und Werdens ist Gegensatz der Kräfte. §. 96. Nachweisung dieses Grundsatzes in der Erfahrung. §. 97. Anwendung desselben auf das Leben im Einzelnen. §§. 98. 99. Dieser Gegensatz der Kräfte spricht sich in allen Äußerungen des Lebens aus. §§. 100. 101. Die Lebenskräfte sind ihrem Wesen nach von den gemeinen Naturkräften nicht verschieden. §§. 102 — 105. Beziehung der Lebenskräfte zu den organischen Stoffen: inniges Ineinandergreifen der dynamischen und materiellen Verhältnisse des Organismus. §. 106. Zurückweisung eines Einwurfes, der aus der aus dem Verstande in die Natur übertragenen Trennung der Lebenskräfte von den organischen Substanzen entsprungen ist. §. 107. Jeder Theil des Organismus trägt in sich selbst die dynamischen und materiellen Factoren des Lebensprozesses, lebt aus und durch sich selbst, zerstört sich aber auch wieder durch sein eigenes Leben. §§. 108 — 110. Die Unterhaltung des Lebens durch längere Zeit muß daher von außen geschehen, und sie kann nur vermittelt werden theils durch die organische Verbindung aller Theile eines Organismus unter sich, theils durch die dynamische und materielle Wechselwirkung des besondern Organismus mit der äußern Welt. §. 111. Jeder Zustand des Lebens hängt demnach von innern und äußern Verhältnissen ab. §. 112. Recapitulation des Begriffes einer dynamischen Krankheit. §. 113. Regelwidrige Stärke des Lebens. §. 114. Übermäßige Stärke desselben. §. 115. Ihre Entstehung und Folgen, §. 116. in wie fern sie sich als Krankheit darstelle. §. 117. Schwäche des Lebens. §. 118. Ursprung derselben. §§. 119. 120. Directe und indirecte Lebensschwäche. §. 121. Allgemeine Folgen jeder Lebensschwäche. §. 122. Qualitative krankhafte Veränderungen des Lebens. §§. 123. 124. Entstehungsweise. §. 125. Pathologische Wichtigkeit. §. 126. Beschränkte Kenntniß derselben. §. 127. Krankheiten von gestörter Harmonie des Lebens, in so fern es unter der Gestalt mehrerer organischen Thätigkeiten und Verrichtungen erscheint. §. 128. Nachweisung derselben in der Erfahrung. §. 129. Ihre Begründung, §§. 130. 131. besonders durch regelwidrigen Consensus und Antagonismus. §. 132. Unterabtheilung der dynamischen Krankheiten in Vegetations- und Erregungskrankheiten.

Seite

Zweytes Hauptstück. Von den Krankheiten der organischen Bildung 102

§. 133. Organischer Bildungsprozeß. §. 134. Zeugung, Entwicklung und Reproduction des Organischen sind durch dieselben Lebenskräfte begründet. §. 135. Ihr Verhältniß zur organischen Bewegung. §§. 136. 137. Innere und äußere Bedingung der Vegetation. §. 138. Allgemeine Andeutung ihrer Abweichungen von der Regel. §. 139. Üppigkeit des Bildungsprozesses. §. 140. Abzehrung. §. 141. Specifischer Charakter des vegetativen Lebens in den zwey Hauptvorgängen: der Ausbildung und Rückbildung des Organischen. §§. 142. 143. Nähere Bestimmung dieser beyden Hauptvorgänge. §§. 144. 145. Krankhafte Steigerung und Herabsetzung der Ausbildung oder vorwärtsschreitenden Umwandlung des Organischen. §§. 146. 147. Mißverhältniß der Rückbildung zur Ausbildung. Vorherrschen der desorganisirenden Thätigkeit unter der Form von Schwindsucht und Schmelzung. §. 148. Mangelhafte Rückbildung. §. 149. Andeutung der Lücken in der Erkenntniß der auf qualitativen Veränderungen beruhenden Vegetationskrankheiten. §. 150. Nothwendigkeit, den regelwidrigen Zustand der Vegetation durch die einzelnen Verrichtungen derselben zu verfolgen.

Krankhafter Zustand der Verdauung 114

§§. 151. 152. Verdauung. Verwandtschaft derselben mit der Gährung. §. 153. Abhängigkeit ihres Zustandes von der Lebensthätigkeit der Verdauungsorgane und von der Beschaffenheit der Nahrungsmittel. §. 154. Regelwidrigkeiten der Verdauung. Übermäßige Verstärkung und Beschleunigung derselben. §. 155. Hemmung der Verdauung. §. 156. Ausartungen ihrer Erzeugnisse. Freye Säure in den ersten Wegen. §. 157. Ihre Folgen. §. 158. Ranzige Entartung. §. 159. Überladung mit Schleim. §. 160. Faule Gährung. §. 161. Krankhafte Luftentwicklung in den ersten Wegen. §. 162. Hindeutung auf noch manche andere Entartungen, welche in den Producten der Verdauung und Chylification als möglich gedacht werden können.

Krankhafte Bildung, in so fern sie aus gestörter Assimilation und Blutbereitung hervorgeht . . . 125

§. 163. Allgemeine und besondere Assimilation. §. 164. Nothwendige Bedingnisse derselben und Unterscheidung von zwey Assimilationsstufen. §. 165. Für die erste Assimilation sind nicht bloß die Lymphgefäße, sondern höchst wahrscheinlich auch das Pfortadersystem und die Leber bestimmt. §§. 166. 167. Mögliche Fehler der Assimilation auf dieser ihrer ersten Stufe. §. 168. Pathologie der Blutbereitung. §. 169. Vollblütigkeit. §. 170. Folgen derselben. §. 171. Blutarmuth. §. 172. Entmischungen des Blutes. §. 173. Phlogistische Beschaffenheit. §. 174. Dichtigkeit. Vorherrschende Venosität. §. 175. Sogenannte Verschleimung. §. 176. Wässerige Beschaffenheit. §. 177. Schmelzung. §. 178. Die Verderbnisse des Blutes. §. 179. Frage über die Fäulniß des Blutes. §§. 180. 181. Die Streitfrage über Schärfen im Blute. §. 182. Unerwiesene Lehre von der Ansteckung desselben.

Krankhafter Zustand des Bildungsprozesses, begründet durch regelwidrige Secretion 142

§§. 183. 184. Vorgang der Absonderung. §. 185. Bestimmungsgründe des physiologischen und pathologischen Zustandes derselben. §. 186. Übermäßige Absonderung. §. 187. Verminderung und Unterdrückung derselben. §§. 188. 189. Stellvertretende Absonderung, zum Theil aus materieller, zum Theil aus dynamischer Mittheilung erklärbar. §. 190. Veränderungen der Secretionen in ihrem specifischen Charakter. §. 191. Wässerige Absonderungen. §. 192. Überladung der abgesonderten Flüssigkeit mit Eyweiß oder Schleim; §. 193. mit gerinnbarer Lymphe; §. 194. mit specifischen Stoffen; §§. 195—197. mit Salzen. §. 198. Gegenwart fremder Stoffe in denselben. §. 199. Einfluß der regelwidrigen Secretionen auf den gesammten Vegetationsprozeß.

Krankhafte Bildung, in so fern sie sich durch krankhafte Ernährung der festen Gebilde offenbart . . 157

§§. 200. 201. Ernährung und ihre Bedingnisse. §. 202. Krankhafter Zustand derselben, erkennbar in den materiellen Veränderungen der festen Theile. §§. 203. 204. Zu üppige Ernährung. §. 205. Unzulänglichkeit derselben. §. 206. Fehler der Ernährung hinsichtlich ihres specifischen Charakters. §§. 207—211. Offenbarung derselben durch regelwidrige Cohäsions-Veränderungen der festen Theile: durch krankhafte Zartheit,

XIII

Seite

Weichheit, Schlaffheit, Steifigkeit und Härte; §. 212. durch Ausartungen der organischen Substanz. §§. 213. 214. Krankhafte Umwandlungen des Gewebes. §. 215. Aftergebilde.

Von der regelwidrigen Excretion in Beziehung auf den krankhaften Bildungsprozeß 170

§. 216. Ausscheidung. Allgemeine und besondere. §. 217. Fehler der allgemeinen Ausscheidung; §§. 218. 219. der besondern.

Von der krankhaften Zeugung 173

§. 220. Einfluß der Zeugung auf das vegetative Leben des Erzeugten. §. 221. Entwicklung der durch Zeugung mitgetheilten Krankheitsanlagen in gewissen Lebensaltern. §. 222. Bestimmung des vegetativen Lebens durch die Ausbildung des Fötus im Mutterleibe.

Drittes Hauptstück. Von den Krankheiten der organischen Bewegung 176

§. 223. Organische Bewegung oder äußere Lebensthätigkeit. §. 224. Bestimmungsgründe derselben: Erregbarkeit und Reiz. §. 225. Erregbarkeit. §. 226. Verhältniß zwischen Reizempfänglichkeit und Wirkungsvermögen in derselben. §. 227. Reize. §. 228. Dynamische Wirkungsart der Reize. Positive und negative. §. 229. Gesetze der Erregung. §. 230. Beschränkte Gültigkeit derselben. §. 231. Krankhafter Zustand der Erregung. §. 232. Hypersthenie. §. 233. Asthenie der Erregung. §§. 234. 235. Directe, indirecte Asthenie. §. 236. Mißverhältniß zwischen expansiver und contractiver Bewegung. §§. 237. 238. Regelwidrige Wechselerregung. §. 239. Zellen-, Nerven- und Muskelerregung.

Von der krankhaften Zellenbewegung . . . 188

§. 240. Charakter der Zellenbewegung. §§. 241 — 244. Krankhafter Zustand der Zellenbewegung, mit besonderer Berücksichtigung seines regelwidrigen Zusammenziehungsbestrebens und seiner Lebensfülle.

Von der krankhaften Nervenerregung . . . 191

§. 245. Nervenerregung, bedingt durch eine strahlende Bewegung. §§. 246—250. Die allgemeinen Abweichungen der Erregung auf das Nervensystem bezogen.

Von der krankhaften Muskelerregung 194

§§. 251—255. Modificationen der krankhaften Erregung in der Muskelbewegung.

Zweyter Abschnitt. Von den Organisationskrankheiten 198

§. 256. Wiederhohlte Rechtfertigung der Annahme von Organisationskrankheiten. §. 257. Vorzüglich jener, die auf gestörtem Mechanismus beruhen. Gattungen derselben.

Erstes Hauptstück. Von den Verletzungen des Zusammenhanges 200

§. 258. Verletzung des Zusammenhanges. Sie ist entweder mechanischen oder dynamisch-chemischen Ursprungs. §. 259. Quetschung. §. 260. Wunde. §. 261. Eintheilung der Wunden. §. 262. Gequetschte und nicht gequetschte. §. 263. Knochenbruch. §. 264. Geschwür. §. 265. Verschiedenheit der Geschwüre.

Zweytes Hauptstück. Von den Organisationsfehlern, welche sich auf regelwidrige Größe und unverhältnißmäßige Gestalt der Organe beziehen . 205

§. 266. Bezeichnung der Gattungen. §. 267. Regelwidrige Größe. §. 268. Geschwulst. §. 269. Mannigfaltigkeit der Geschwülste. Balggeschwülste. §. 270. Auswüchse. §. 271. Ursprung derselben. §. 272. Regelwidrige Größe des innern Raums der hohlen Organe. §. 273. Krankhafte Erweiterung. §. 274. Anastomose. §. 275. Verengerung. §. 276. Verstopfung. §. 277. Erwiesene Existenz derselben. §. 278. Obstipation. §. 279. Zusammendrückung, Zusammenfallen, Zusammenziehung. §. 280. Verwachsung.

Drittes Hauptstück. Von der regelwidrigen Verbindung der Organe unter einander . . . 216

§. 281. Regelwidrige Verbindung überhaupt. §. 282. Zu straffe Verbindung. §. 283. Atresie. §. 284. Ankylose. §. 285. Zu schlaffe Verbindung. Mangel derselben.

Seite

Viertes Hauptstück. Von der regelwidrigen Lage der Organe 219

§. 286. Fehler der Lage. §. 287. Verrenkung. Unvollständige und vollständige. §. 288. Ursprung derselben. §. 289. Verschiebung der Muskeln. §. 290. Vorfall. §. 291. Bruch. §. 292. Unterleibsbrüche. Größere Anlage dazu. §. 293. Erzeugende Schädlichkeiten. §. 294. Allgemeine Wirkungen der Unterleibsbrüche. §. 295. Eintheilung derselben. §. 296. Brustbruch. §. 297. Gehirnbruch. §. 298. Das Ineinanderschieben. §. 299. Die Abweichung der Organe. Bruch der Krystallinse. §. 300. Umbeugung der Gebärmutter nach verschiedenen Richtungen. §. 301. Schwangerschaft außer der Gebärmutter. §. 302. Noch einige andere Fehler dieser Gattung.

Fünftes Hauptstück. Von dem regelwidrigen mechanischen Verhältnisse der Flüssigkeiten zu ihren Gefäßen 232

§. 303. Mechanische Verhältnisse der Säfte zu ihren Gefäßen überhaupt. §§. 304—308. Die Lehre von der Verirrung der Säfte und von ihren verschiedenen Arten.

Symptomatologie.

Bestimmung der Symptomatologie 237

§. 309. 310. Symptom. Symptomatologie. Aufgabe derselben. §. 311. Wichtigkeit und Nutzen. Beziehung zur Semiotik. §. 312. Eigentliche Symptomatologie und allgemeine Krankheitsgeschichte.

Eigentliche Symptomatologie.

Von den Krankheitserscheinungen überhaupt . . 239

§. 313. Feststellung des Begriffes: Symptom. §. 314. Eintheilung der Symptome in wesentliche und zufällige; §. 315. in ursprüngliche und abgeleitete, nebst Bemerkung über die ältere Eintheilung in Symptome der Ursache, der Krankheit, und Symptome der Symptome. §. 316. Hülfssymptome. §. 317. Beharrliche und vorübergehende. §. 318. Zweckmäßige Benutzung dieser verschiedenen Arten von Symptomen von

Seite des Arztes. §. 319. Anordnung der Symptome nach den zwey Hauptsystemen des Organismus.

Erster Abschnitt. Von den Krankheitserscheinungen im vegetativen Systeme . . . 243

§. 320. Bezeichnung des vegetativen Systems.

Erstes Hauptstück. Von den Krankheitserscheinungen in den Verrichtungen des Speisekanals . 243

§. 321. Physiologische und pathologische Wichtigkeit des Speisekanals. §. 322. Anordnung der in ihm vorkommenden Krankheitserscheinungen. §. 323. Symptome gesetzwidriger Erregung im Speisekanal. §. 324. Krankhafte Gefühle daselbst. Mangel an Appetit. Widerwille gegen Speisen. §. 325. Hunger. §. 326. Durst, in Hinsicht auf Mangel und Übermaß. §. 327. Sodbrennen. Magenweh. §. 328. Kolik. Stuhlzwang. §. 329. Abgestumpftes Gefühl des Darmkanals. §. 330. Symptome der Muskelbewegung im Speisekanal. §. 331. Fehlerhaftes Saugen und Kauen. §. 332. Schlingen. §. 333. Symptome der wurmförmigen Bewegung. §. 334. Aufstoßen. §. 335. Erbrechen. §. 336. Darmgicht. §. 337. Durchfall. Lienterie. §. 338. Brechdurchfall. §. 339. Krampf im Darmkanal. §. 340. Trägheit der peristaltischen Bewegung. §. 341. Symptome krankhafter Bildung im Speisekanale. §. 342. Belege der Zunge. §. 343. Aus dem Magen aufgestoßene Luft oder Flüssigkeit. §. 344. Durch Erbrechen ausgeleerte Stoffe. §. 345. Abgänge durch den After. §. 346. Äußere Untersuchung des Unterleibes.

Zweytes Hauptstück. Von den Erscheinungen der krankhaften Assimilation. 263

§. 347. Schwierigkeit, den Zustand der ersten Assimilation aus den ihr entsprechenden Erscheinungen zu erkennen. §. 348. Blutbereitung. Beziehung der Symptome des Athmens und des Kreislaufes auf dieselbe.

Drittes Hauptstück. Von den Erscheinungen des krankhaften Athmens. 265

§. 349. Übersicht dieser Erscheinungen. §. 350. Lästige

und schmerzhafte Gefühle beym Athmen. §. 351. Das krankhafte Athmen nach verschiedenen Beziehungen betrachtet. §. 352. Regelwidrige Raumverhältnisse des Athmens. Kurzer und tiefer Athem. §. 353. Einseitiges, Hoch= und Bauchathmen. §. 354. Regelwidrige Zeitverhältnisse des Athmens. Zu geschwinder und langsamer Athem. §. 355. Arten des schweren Athems. §. 356. Außerordentliche Modificationen des Athems. §. 357. Husten. §. 358. Niesen. §. 359. Schluchzen. §. 360. Seufzen. §. 361. Krankhaftes Lachen. §. 362. Weinen. §. 363. Gähnen. §. 364. Keuchendes, pfeifendes, schnarchendes, röchelndes Athmen. §. 365. Verschiedener Ton des Hustens. §. 366. Erscheinungen, welche sich auf den dynamisch=chemischen Respirationsprozeß beziehen. §. 367. Temperatur, Geruch, chemischer Gehalt der ausgeathmeten Luft. §. 368. Beziehung der Hautfarbe auf den Respirationsprozeß. §. 369. Erscheinungen an den aus den Respirationsorganen ausgeworfenen Stoffen. §. 370. Schall des Brustkorbes vom äußern Anschlagen.

Die Symptome der Stimme und Sprache . . 280

§. 371. Semiologische Bedeutung der Stimme. §. 372. Schwache Stimme und Stimmlosigkeit. §. 373. Zu helle und tiefe Stimme. §. 374. Heiserkeit. Stimme beym Einathmen. §. 375. Einfluß der Gebrechen der Mund= und Nasenhöhle auf die Stimme. §. 376. Phänomene der Sprache. §. 377. Unvermögen, bestimmte Buchstaben auszusprechen. Sprachlosigkeit. Zu träge und hastige Sprache.

Viertes Hauptstück. Die krankhaften Erscheinungen im Kreislaufe des Blutes . . . 283

§. 378. Wichtigkeit dieser Symptome und Eintheilung derselben nach der zweyfachen Äußerung des Lebens, als vegetativen und animalischen Lebens. §. 379. Erscheinungen der krankhaften Erregung im Blutgefäßsysteme. §. 380. Aufwallung des Blutes. §. 381. Stocken des Kreislaufes. Ohnmacht. Scheintod. §. 382. Krankhafte Congestion. Active, passive, gemischte Congestion. §. 383. Stockung in einzelnen Theilen. §. 384. Symptome des Kreislaufes, in so fern sie auf die ein-

zelnen Organe deſſelben bezogen werden. Herzklopfen. §. 385.
Puls. §. 386. Unterſcheidung des Pulſes in Hinſicht auf ſeine
Stärke in den ſtarken, ſchwachen, harten und weichen. §. 387.
Verſchiedenheit des Pulſes in Rückſicht ſeiner Raumverhältniſſe.
Großer, kleiner, voller und leerer Puls. §. 388. Verſchiedenheit rückſichtlich ſeiner Zeitverhältniſſe. Häufiger, ſeltner,
geſchwinder und langſamer Puls. §. 389. Vergleichung der
einzelnen Pulsſchläge unter einander ſelbſt. Ausſetzender, ver-
doppelter, ſägeförmiger, wellenförmiger Puls u. ſ. w. §. 390.
Klopfen der Venen. Rückgängige Bewegung in denſelben.
§. 391. Erſcheinungen an den Lymphgefäßen. §. 392. Symptome, welche ſich auf das bildende Leben im Gefäßſyſtem beziehen. §. 393. Erſcheinungen, welche die Lymphe und das
Blut im kranken Zuſtande darbieten. §. 394. Symptome der
krankhaften Ernährung der Lymph- und Blutgefäße.

Fünftes Hauptſtück. Die Erſcheinungen krankhafter Abſonderungen 300

§. 395. Hinweiſung auf die Symptome der regelwidrigen
Abſonderung überhaupt. §. 396. Symptome der Schleimab-
ſonderung; §. 397. der Fettabſonderung; §. 398. des wäſſerigen Dunſtes des Zellgewebes und der Höhlen; §. 399. des
Gelenkwaſſers, der wäſſerigen Flüſſigkeit des Auges, des Speichels; §. 400. des Magen-, pankreatiſchen und Darmſaftes,
§§. 401 — 406. Der Gallenabſonderung und ihres Productes.

Sechstes Hauptſtück. Die Symptome der Ernährung. 310

§. 407. Andeutung derſelben.

Siebentes Hauptſtück. Die Symptome der
Ausleerungen. 311

§. 408. Erſcheinungen, welche ſich auf die Ausleerung im
Allgemeinen beziehen.

Von den Erſcheinungen geſtörter Hautausdünſtung . 311

§. 409. Die Symptome der Hautausdünſtung in ihrem
Zuſammenhange mit den übrigen Erſcheinungen, welche die

Haut im krankhaften Zustande darbietet. §. 410. Verminderung und Unterdrückung der Hautausdünstung. §. 411. Vermehrung derselben. Schweiß. §. 412. Chemische Veränderungen der Ausdünstungsmaterie. §. 413. Veränderte Temperatur der Haut. §. 414. Veränderungen der Hautfarbe. §. 415. Hautausschläge. §. 416. Erscheinungen des krankhaften Zusammenhanges, der Elasticität und Lebensfülle der Haut. §. 417. Regelwidriger Zustand der Haare.

Erscheinungen der Harnausleerung im krankhaften Zustande 319

§. 418. Bedeutung und Übersicht dieser Erscheinungen. §. 419. Das Unvermögen, den Harn frey zu lassen. Das beschwerliche Harnen. §. 420. Der Harnzwang. §. 421. Harnverhaltung. §. 422. Unvermögen, den Harn zurück zu halten. §. 423. Erscheinungen in Bezug auf die Menge und Beschaffenheit des Harns. §. 424. Außerordentliche Menge; §. 425. zu geringe Menge des Harns. §. 426. Regelwidrige Beschaffenheit des Harns, §. 427. der wasserhelle, §. 428. der röthlich flammende, §. 429. der trübe Harn, und zwar der öhlige, der Rindviehharn, der milchweiße, der gelbe, braune, blutrothe und schwarze Harn. §. 430. Geruch und Geschmack des Harns. §. 431. Die Scheidungen und Niederschläge in demselben. §. 432. Der Harnrahm. §. 433. Das Wölkchen und Enäorem. §§. 434. 435. Der Bodensatz im Harn, und seine verschiedenen Arten. §. 436. Chemische Prüfung des Harns. Freye Säuren in demselben. §. 437. Alkalien. §. 438. Niederschläge durch ätzenden Sublimat, durch die Hitze, durch Gerbestoff, Salpeter- und Salzsäure. §. 439. Schleimzucker. §. 440. Harnsteine. Ihre Gattungen. §. 441. Ihre Erzeugung. §. 442. Folgen.

Achtes Hauptstück. Die Krankheitszufälle in den Geschlechtsverrichtungen.

A. Beym männlichen Geschlechte 338

§. 443. Vorläufige Aufzählung der in den Geschlechtsverrichtungen des Mannes vorkommenden Symptome. §. 444.

Seite

Unvermögen der Erection des männlichen Gliedes und der Ausspritzung des Samens. §. 445. Krankhafte Samenergießung. §. 446. Priapismus und Geilheit. §. 447. Regelwidrige Absonderungen in den Geschlechtsorganen. §§. 448. 449. Erscheinungen vom regelwidrigen Zustande des Kreislaufes und der Ernährung in denselben Organen.

B. Beym weiblichen Geschlechte 344

§. 450. Kurze Übersicht der in den Geschlechtsverrichtungen des Weibes vorkommenden Symptome. §. 451. Symptome des Monatflusses. §. 452. Zu spätes Eintreten der monatlichen Periode. §. 453. Krankhafte Zurückhaltung. §. 454. Unterdrückung. §. 455. Zu frühes Eintreten, Übermaß des monatlichen Blutflusses. §. 456. Erscheinungen desselben am unrechten Orte. §. 457. Beschwerlicher Monatfluß. §. 458. Veränderte Beschaffenheit des abfließenden Blutes. §. 459. Blennorrhoe. §. 460. Regelwidriger Begattungstrieb des Weibes. §. 461. Unfruchtbarkeit. §. 462. Zufälle während der Schwangerschaft. §. 463. Symptome bey der Niederkunft. §. 464. Regelwidrigkeit der Geburtswehen. §. 465. Gesetzwidriger Gang des Geburtsgeschäftes. §. 466. Blutflüsse vor, während und nach der Niederkunft. §. 467. Ohnmachten und Zuckungen. §. 468. Zurückhaltung der Nachgeburt. §. 469. Zu häufige, sparsame, unterdrückte, specifisch veränderte Kindbettreinigung. §. 470. Fehler der Milchabsonderung in Rücksicht auf ihre Menge. §. 471. In Hinsicht auf den Gehalt der Milch.

Zweyter Abschnitt. Krankheitserscheinungen im animalischen Systeme . . . 359

§. 472. Eintheilung und Anordnung.

Erstes Hauptstück. Von den Krankheitserscheinungen der äußern Sinnlichkeit . . . 360

§. 473. Das Gebiet der äußern Sinnlichkeit.

	Seite
Von den Symptomen des Gemeingefühls . .	360

§. 474. Das Gemeingefühl und seine semiologische Wichtigkeit. §. 475. Fehler desselben überhaupt. Krankhafte Erhöhung. §. 476. Zu lebhafte Gefühle. Schmerz. §. 477. Jucken. §. 478. Angst. §. 479. Gefühl veränderter Temperatur. §. 480. Gefühl der Schwäche. §. 481. Abstumpfung des Gemeingefühls. §. 482. Verkehrtheit desselben und täuschende Gefühle.

Von den Symptomen des Tastsinnes, des Geschmackes und Geruches	366

§§. 483 — 486. Erscheinungen, welche sich auf zu große Schärfe, Abstumpfung und Täuschung dieser Sinne beziehen.

Die Symptome des Gehörsinnes . . .	369

§. 487. Zu große Schärfe des Gehörs. §. 488. Schweres Gehör und Taubheit. §. 489. Täuschungen dieses Sinnes. §. 490. Erscheinungen abnormer Vegetationsprozesse im Gehörorgane.

Die Symptome des Gesichtsinnes . . .	371

§. 491. Wichtigkeit des Auges für den Arzt. §. 492. Lichtscheue. Tagesblindheit. §. 493. Gesichtschwäche. Nachtblindheit. §. 494. Kurz- und Weitsichtigkeit. §. 495. Blindheit. §. 496. Täuschungen des Gesichtsinnes — durch falsche Färbung, §. 497. durch falsche Darstellung der Zahl und Umrisse der sichtbaren Gegenstände. §. 498. Schwindel. §. 499. Täuschende Bilder. §. 500. Verengerung und Erweiterung der Pupille. §. 501. Abnorme Bewegung des Augapfels, vermittelst seiner Muskeln. §. 502. Der Blick und Ausdruck des Auges. §. 503. Symptome, welche sich auf das bildende Leben in den einzelnen Theilen des Auges beziehen. Erscheinungen an den Augenliedern. §. 504. In der Absonderung und Weiterbeförderung der Thränen. §. 505. An der Bindehaut, weißen Haut und durchsichtigen Hornhaut. §. 506. An der wäsferigen Feuchtigkeit der Augenkammern, an der Traubenhaut. §. 507. An der Krystalllinse und ihrer Kapsel, am Glaskörper.

Zweytes Hauptstück. Von den Zufällen, welche sich auf die Äußerungen des Erkenntnißvermögens und des Gemüthes beziehen . . . 338

§. 508. In wie weit aus den Äußerungen des psychischen Lebens auf den Zustand des organischen geschlossen werden könne. §. 509. Scheidung der Erscheinungen, welche sich auf das Erkenntnißvermögen beziehen, von jenen, welche vom Gemüthe abgeleitet werden. §. 510. Erscheinungen regelwidriger Thätigkeit der Einbildungskraft, und Einfluß derselben auf die Äußerungen der höhern Erkenntnißvermögen. §. 511. Übermäßige Erhöhung der Einbildungskraft. §. 512. Herabstimmung derselben. §. 513. Mißverhältniß zwischen ihr und der äußern Sinnlichkeit, so wie zwischen den ihr angehörigen einzelnen Organen. §. 514. Erscheinungen an den höhern Erkenntnißvermögen im krankhaften Zustande. §. 515. Dummheit. §. 516. Blödsinn. §. 517. Narrheit. §. 518. Schwermuth. §. 519. Manie. §. 520. Aufgehobene Äußerungen des Denkvermögens. §. 521. Gemüthszustand der Kranken. Instincte. Gemüthsaffecten. Willensbestimmung.

Drittes Hauptstück. Die Symptome der willkürlichen Muskelbewegung 395

§. 522. Schwäche der Muskelbewegung. Zittern. Sehnenhüpfen. Lähmung. Krampf. Zuckung.

Viertes Hauptstück. Von den Symptomen, welche der Schlaf darbietet 396

§. 523. Bedeutung des Schlafs. Schlaflosigkeit. §. 524. Träume. §. 525. Schlafwandeln. §. 526. Krankhafte Schlafsucht.

Allgemeine Geschichte der Krankheit . 400

§. 527. Erklärung des Begriffes der allgemeinen Geschichte der Krankheit.

Erstes Hauptstück. Allgemeine Raumverhältnisse der Krankheit 400

§. 528. Allgemeine Angabe dieser Verhältnisse.

	Seite
1. Verhältnisse der Krankheiten, welche durch ihren Sitz und durch ihre Ausbreitung im ergriffenen Organismus bestimmt werden	401

§. 529. Einfluß des Sitzes der Krankheit auf ihre Gestaltung. §. 530. Oertliche und allgemeine Krankheiten. §. 531. Existenz örtlicher Krankheiten. §. 532. Weitere Ausbreitung ursprünglich örtlicher Krankheiten. §. 533. Verschiedene Art dieser Verbreitung. §. 534. Idiopathische und sympathische Krankheiten.

2. Verhältnisse der Krankheiten zum erkrankten Individuum	405

§. 535. Allgemeine Andeutung dieser Verhältnisse.

3. Verhältnisse der Krankheiten zur menschlichen Gesellschaft und ihren Gliedern	405

§. 536. Unterscheidung der Krankheiten in sporadische und pandemische. Bestimmung der sporadischen. §. 537. Unterabtheilung der pandemischen in endemische und epidemische. Endemische Krankheit. §. 538. Epidemische. §§. 539. 540. Begründung der epidemischen Krankheiten durch die kosmischen und menschlichen Verhältnisse des Menschen. §. 541. Epidemische Constitution. Stehende, jährliche, enger beschränkte. Wechsel derselben. §. 542. Unterscheidung zwischen epidemischen und ansteckenden Krankheiten.

Zweytes Hauptstück. Die zeitlichen Verhältnisse der Krankheit	412

§. 543. Bezeichnung dieser zeitlichen Verhältnisse.

1. Von der Entstehung der Krankheit in der Zeit	412

§. 544. Angeborne und erworbene Krankheiten. §. 545. Unterscheidung der angebornen in erbliche und nicht erbliche. §. 546. Ursprüngliche und Folgekrankheiten.

	Seite
2. Von dem Verlaufe der Krankheit	414

§§. 547. 548. Theilung des Krankheitverlaufes in zwey Hälften. §. 549. Zeiträume der Krankheit. §. 550. Ältere Bezeichnung dieser Zeiträume, als Zeitraum der Rohheit, Kochung und Krise. §. 551. Neueste Ansicht derselben, und Annahme von sechs Zeiträumen. §. 552. Betrachtung der einzelnen Zeiträume. Zeitraum der Vorläufer und des Anfangs einer bestimmten Krankheitsform. §. 553. Wachsthum. §. 554. Höhe. §. 555. Abnahme. §. 556. Ende.

3. Von dem Typus der Krankheiten . . . 421

§. 557. Typus. §. 558. Beziehung des Typus auf den ganzen Verlauf der Krankheit, und auf ihren Wechsel in ihren einzelnen Zeiträumen. §. 559. Eintheilung des Typus. Anhaltender. §. 560. Nachlassender. §. 561. Aussetzender. §. 562. Perioden der Krankheit. §. 563. Verschiedenes Zeitmaß der einzelnen Perioden. §. 564. Nachfrage nach dem Grunde des typischen Verlaufes. Begründung desselben durch die Gesetze des Lebens. §. 565. Insonderheit durch das Gesetz der Polarität. §. 566. Durch die periodischen Veränderungen in der äußern Natur, §. 567. als den täglichen Umschwung der Erde um ihre Achse, §. 568. die Bewegung des Mondes um die Erde, §. 569. den Umlauf der Erde um die Sonne. §. 570. Anwendung dieser Gesetze auf die Krankheit. §. 571. Verhältniß zwischen dem nachlassenden und aussetzenden Typus.

4. Von der Dauer der Krankheit . . . 430

§. 572. Verschiedene Dauer der Krankheiten. §. 573. Angabe ihrer Gründe.

5. Von dem Ausgange der Krankheit . . . 432

§. 574. Vierfacher Ausgang der Krankheit. §. 575. Entscheidung. Gute und böse. Krisis im engern Sinne und Lysis. §. 576. Heilkraft der Natur. Bewiesen aus der Erfahrung. §. 577. Aus dem Wesen des Lebens. §. 578. Aus der Natur der Krankheit. §. 579. Verhalten der Kunstheilung zur Naturheilung. §. 580. Verschiedene Art und Weise heilsamer Krisen. §. 581. Kritische Ausleerungen. §. 582. Ihr Verhalten zur Krankheit. §. 583. Verschiedene Wege der kritischen Ausleerungen. Nothwendige Eigenschaften derselben. §. 584. Kritische und anzeigende Tage. §. 585. Zwischentage und Heilungstage der Alten. §. 586. Genesung. §. 587. Nachtheilige Entscheidung der Krankheit. Rückfall. §. 588. Metaschematismus. §. 589. Metastase. §. 590. Tod. §. 591. Allmähliches Absterben der einzelnen Systeme des Organismus. §. 592. Bedeutung des Todes.

Ätiologie.

Allgemeine ätiologische Begriffe 450

§. 593. Nothwendigkeit der Wechselwirkung zwischen dem lebenden Organismus und der äußern Natur. Abhängigkeit des jedesmaligen Zustandes des erstern von dieser Wechselwirkung. §. 594. Begriff der Ätiologie. §. 595. Wichtigkeit derselben. §. 596. Worin liegt der Grund, daß der lebende Organismus durch äußere Einflüsse regelwidrig bestimmt werden kann? §. 597. Krankheitsanlage und äußere Schädlichkeiten als Bedingnisse zur Erzeugung der Krankheit. Unterscheidung der Krankheitsanlage in die gemeinschaftliche und eigenthümliche. §§. 598. 599. Nothwendiges Wechselverhältniß zwischen beyden. §. 600. Begriff der Krankheitsursache. §. 601. Ältere Eintheilung der Krankheitsursachen in entfernte und nächste. Unterabtheilung der entfernten in vorbereitende und Gelegenheitsursachen.

Erster Abschnitt. Von der Krankheitsanlage 455

§. 602. Unterschied zwischen Krankheitsanlage und Opportunität zur Krankheit.

Von der allgemeinen Krankheitsanlage des Menschen . 455

§. 603. Begründung derselben in der eigenthümlichen Natur des menschlichen Organismus und seines Lebens.

	Seite
Von der besondern Krankheitsanlage	456

§. 604. Grund derselben. Ihr quantitativer und qualitativer Charakter. §. 605. Ihre verschiedenen Quellen.

Erstes Hauptstück. Von der erblichen und angebornen Krankheitsanlage 457

§. 606. Angabe ihrer Gründe.

Zweytes Hauptstück. Von der durch das Alter bedingten Krankheitsanlage 458

§. 607. Die Lebensalter. §. 608. Eintheilung derselben. §. 609. Krankheitsanlage der Frucht im Mutterleibe. §. 610. Kindliches Alter. §. 611. Krankheitsanlage des kindlichen Alters im ersten Abschnitte desselben. §. 612. Im zweyten Abschnitte. §. 613. Im Knabenalter. §. 614. Im Jünglingsalter. §. 615. Im männlichen. §. 616. Im Greisenalter.

Drittes Hauptstück. Von der Krankheitsanlage, welche aus den Eigenthümlichkeiten des Geschlechtes hervorgeht 464

§. 617. Vorläufige Hinweisung auf die Eigenthümlichkeiten beyder Geschlechter. §. 618. Eigenthümliches Gepräge des Organismus und der Lebensthätigkeit des Mannes, und der dadurch begründeten Krankheitsanlage. §. 619. Charakteristik des Weibes von denselben Gesichtspunkten aus. §. 620. Nähere Entwicklung der Krankheitsanlage, welche aus den mannigfaltigen Geschlechtsverrichtungen des Weibes entspringt.

Viertes Hauptstück. Von der Krankheitsanlage, in so fern sie vom Temperamente abzuleiten ist. 468

§. 621. Begriff des Temperaments. Eintheilung. §. 622. Einfluß des Temperaments auf die Bestimmung der Krankheitsanlage. §. 623. Das cholerische Temperament. §. 624. Das sogenannte phlegmatische. §. 625. Das sanguinische. §. 626. Das melancholische — mit jedesmahliger Hinsicht auf Krankheitsanlage. §. 627. Stufenfolge und Zusammensetzung der Temperamente. §. 628. Idiosyncrasie.

Seite

Fünftes Hauptstück. Von der mit dem Körperbau in Verbindung stehenden Krankheitsanlage 474

§. 629. Bestimmung des Begriffes vom Körperbau. Jedem Temperamente entspricht sein bestimmter Körperbau. §. 630. Mannigfaltigkeit des Körperbaues, welche aus der ungleichmäßigen Entwicklung der Systeme und Organe des Organismus hervorgeht, und Einfluß desselben auf Modificirung der Krankheitsanlagen. §. 631. Krankheitsanlage, begründet durch ungleichmäßige Entwicklung des Nervensystems, §. 632. des Blutgefäßsystems, §. 633. der Lymphgefäße, der verschiedenen Häute, §. 634. der beyden Körperhälften, der Kopf-, Brust- und Bauchhöhle u. s. w.

Sechstes Hauptstück. Von der durch die Lebensweise und Gewohnheit bestimmten Krankheitsanlage 477

§. 635. Naturgemäße und naturwidrige Lebensart. §. 636. Hinblick auf die verschiedenen Lebensweisen der Menschen. §. 637. Macht der Gewohnheit. §. 638. Bereits überstandene Krankheiten, als Quelle von Krankheitsanlage.

Zweyter Abschnitt. Von den krankheiterregenden Schädlichkeiten 479

§. 639. Schädlichkeit. Ihr ursächliches Verhältniß zur Krankheit. §. 640. Wirkungsart der Schädlichkeiten. §. 641. Quantitative und qualitative Schädlichkeiten. §. 642. Innere und äußere, absolute, relative, allgemeine und specifische. §. 643. Die Aufnahmsorgane für die schädlichen Einflüsse. §. 644. Verschiedenes Verhältniß der letztern zu den erstern. §. 645. Die äußern und innern Sinne als Krankheitsvorhalle. §. 646. Die Respirationsorgane. §. 647. Der Darmkanal. §. 648. Die äußere Haut. §. 649. Die Geschlechts- und Harnwerkzeuge. §. 650. Anordnung der Schädlichkeiten für den Vortrag.

Erstes Hauptstück. Von den äußern Schädlichkeiten.

A. Von den äußern dynamischen Schädlichkeiten . 486

§. 651. Die dynamischen Verhältnisse des menschlichen Organismus überhaupt.

XXVIII

Seite

Von dem Einflusse der kosmischen Verhältnisse auf die Entstehung der Krankheiten 487

§. 652. Die ätiologischen Beziehungen des menschlichen Organismus zum Weltall sind schwer zu erkennen. §. 653. Eben so schwierig ist die Erkenntniß des Einflusses der Planeten unseres Sonnensystems auf die Erzeugung der Krankheiten; am deutlichsten ausgesprochen ist in dieser Hinsicht die Macht der Sonne.

Von den ätiologischen Verhältnissen der Sonne zum menschlichen Organismus 489

§. 654. Vielfacher Einfluß der Sonne auf den Gang des Lebens.

Von dem Lichte 489

§. 655. Das Licht wirkt nicht nur auf das Sehorgan, sondern auch auf den Gesammtorganismus des Menschen. §. 656. Zu starkes Licht. §. 657. Entziehung des Lichtes, als Schädlichkeiten für den Lebensprozeß. §. 658. Nachtheilige Wirkungen des unverhältnißmäßigen Lichtreizes auf das Sehorgan.

Von der Elektricität 492

§. 659. Innere und äußere elektrische Spannung des menschlichen Organismus. §. 660. Zu starke elektrische Einwirkung. §. 661. Zu schwache. §. 662. Umstände, welche den Einfluß der Elektricität auf den lebenden Organismus näher bestimmen. §. 663. Die elektrische Einwirkung wird theils durch Berührung, theils durch chemische Prozesse vermittelt. §. 664. Sie wird durch die äußere Haut, durch die Luftwege und den Darmkanal aufgenommen, und §. 665. durch mancherley äußere Dinge als Luft, Bäder, Kleider, Nahrungsmittel u. s. w. angebracht.

Von der äußern Wärme 495

§. 666. Große Macht der äußern Wärme über das Leben. §. 667. Die Wirkungen der äußern Wärme auf den lebenden menschlichen Körper sind relativ und von mancherley Umständen abhängig. §. 668. Allgemeine Wirkungen des zu hohen Wärmegrades auf den Menschen. §. 669. Nähere Bestimmungen dieser Wirkungen durch die Außendinge, vermittelst welcher die Wärme wirkt. Heiße Luft. Einfluß derselben auf das Athmen, §. 670. auf die äußere Haut. §. 671. Heiße Dünste. §. 672. Zu warmes Getränk. §. 673. Warme und heiße Bäder. §. 674. Wirkung der Wärme, vermittelst fester Körper, Kleider, Betten. §. 675. Allgemeine Wirkungen der Kälte auf den Menschen. §. 676. Wirkung der Kälte auf die Respirationsorgane vermittelst der Luft. §. 677. Auf die äußere Haut durch die Luft. §. 678. Durch Bäder. §. 679. Durch feste Körper. §. 680. Wirkungen der Kälte auf den Darmkanal durch kühles und kaltes Getränk, durch Eis. §. 681. Verschiedenheit dieser Wirkungen nach Verschiedenheit des Zustandes, in welchem sich der Mensch zur Zeit der Einwirkung befindet, und anderer Nebenumstände.

Von den krankmachenden Einflüssen der atmosphärischen Luft 511

§. 682. Abhängigkeit des Lebens von der atmosphärischen Luft. §. 683. Hinblick auf die Natur der Atmosphäre, auf ihre innere und äußere Wirksamkeit, ihre dynamischen, chemischen und mechanischen Verhältnisse. §. 684. Die veränderten Elektricitätsverhältnisse der Luft als Krankheitsursachen. §. 685. Veränderungen in der Temperatur — im Druck der Luft. §. 686. Chemischer Gehalt derselben. §. 687. Verändertes Verhältniß ihrer wesentlichen Bestandtheile. Zu- und Abnahme des Oxygengas in ihr. §. 688. Bemerkungen über das Azotgas. §. 689. Unreine Luft. §. 690 Nachtheilige Wirkungen des eingeathmeten kohlensauren Gas, §. 691. des Wasserstoffgas, §. 692. durch Weingährung, Kohlendampf, Pflanzenausdünstung, §. 693. durch das Athmen und die Ausdünstung der Thiere, §. 694. durch Fäulniß, verdorbene Luft. §. 695. Sumpfluft. §. 696. Verunreinigung der Luft durch scharfe und giftige Dämpfe. §. 697. Trockenheit und Feuchtigkeit der Luft.

  Seite

Von den Jahreszeiten und der Witterung . . 525

§. 698. Hohe ätiologische Bedeutung der Jahreszeiten.
§. 699. Ätiologische Verhältnisse des Winters, §. 700. des
Frühlings, §. 701. des Sommers, §. 702. des Herbstes.
§. 703. Modification der Lebensart der Menschen während
den verschiedenen Jahreszeiten. §. 704. Witterung überhaupt.
§. 705. Frost. Thauwetter. §. 706. Nebel. Wolken. Regen.
§. 707. Gewitter. Sturm. §. 708. Heitere Witterung.
§§. 709—711. Winde, in Hinsicht auf ihre Entstehung, ihren
Grad, ihre Richtung.

Von dem Klima 533

§. 712. Ätiologische Bestimmung des Klima. §. 713. Das
geographische Klima. Die Erdzonen. §. 714. Das physische
Klima. Einfluß des Grundes und Bodens einer Gegend auf
die Gesundheit ihrer Bewohner. §. 715. Die Bewässerung.
§. 716. Die Lage und Erhebung über die Meeresfläche. §. 717.
Bestimmung des Klima eines Landes durch seine nächsten Umgebungen. §. 718. Wechselseitiges Verhältniß der das Klima
bestimmenden Momente unter einander.

Von den dynamischen Verhältnissen des Menschen zur
   Erde, ihren Erzeugnissen und Bewohnern . 539

§. 719. Dynamische Verhältnisse des Menschen zur Erde
und ihren unorganischen Producten. §. 720. Dasselbe Verhältniß zwischen ihm und anderen lebenden Wesen. Blick auf
den thierischen Magnetismus.

Von den Nahrungsmitteln 540

§. 721. Wichtigkeit der Nahrungsmittel in ätiologischer
Hinsicht. §. 722. Unterscheidung derselben in Speisen und Getränke.

Von den Speisen 541

§. 723. Nachtheilige Wirkungen der in zu großer Menge
genossenen Speisen. §. 724. Zu geringe Menge und gänzliche
Entziehung derselben, als Krankheitsursachen. §. 725. Regel-

widrige Beschaffenheit der Speisen, §. 726. in Hinsicht auf ihre nährende Kraft, §. 727. auf ihre Verdaulichkeit und Assimilirbarkeit, §. 728. auf ihre reizende Kraft. §. 729. Bestimmung der aus Fleisch- und Pflanzenspeisen gemischten Kost für den Menschen. Macht der Gewohnheit bey der Wahl der Nahrung. §. 730. Die Beziehung der Fleischkost zum menschlichen Organismus im Allgemeinen. §. 731. Bezeichnung der Umstände, durch welche die Einwirkungen dieser Kost auf den Menschen näher bestimmt werden. §. 732. Verschiedene Verhältnisse der nähern Bestandtheile des Fleisches. §. 733. Verschiedenheit des Fleisches nach der verschiedenen Classe der Thiere, von welcher es abstammt; §. 734. nach Verschiedenheit des Alters, des Aufenthaltes und der Nahrung der Thiere. §. 735. Das Fleisch kranker Thiere. §§. 736. 737. Nachtheilige Beschaffenheit des Fleisches, welche von der Aufbewahrungs- und Zubereitungsart desselben abhängt. §. 738. Allgemeine Betrachtungen über die Verhältnisse der Pflanzenkost zum menschlichen Organismus. §. 739. Ihre diätetischen und ätiologischen Beziehungen. §. 740. Nähere Bestimmung der letztern durch die verschiedenen Gattungen und Arten der Pflanzenspeisen. §. 741. Die Krautarten. §. 742. Die Obstspeisen. §. 743. Die süßen, eyweißhaltigen Wurzeln. §. 744. Die öhligen Samen. §. 745. Die Hülsenfrüchte. §. 746. Die Mehlspeisen. §. 747. Verderbnisse des Mehles, §. 748. durch krankhafte Entartung der Getreidesamen, §. 749. durch Beymischung giftiger Samen, durch fehlerhafte Aufbewahrung, Beymischung schädlicher Dinge. §. 750. Schwämme. §. 751. Nachtheilige Wirkungen der fremdartigen, nicht plastischen Stoffe, welche in den Pflanzen enthalten sind. §. 752. Das Küchensalz.

Von dem Getränke 563

§. 753. Schädliche Wirkungen des Getränkes, welche von seiner Menge abhängen. §. 754. Unterschied des Getränkes nach seiner verschiedenen Beschaffenheit. In wie fern das Wasser der Gesundheit nachtheilig werden könne. §. 755. Nährende Getränke. Die thierische Milch. §. 756. Die Samenmilch, Die schleimigen Absüde §. 757. Die Schokolade. §. 758. Das Bier. §. 759. Die reizenden Getränke, und zwar zuerst die geistigen. Der Wein. §. 760. Verschiedene Gattung und Beschaffenheit des Weines. §. 761. Der Branntwein. §. 762. Kaffee und Thee. §. 763. Die kühlenden Getränke.

Von den Arzneyen als Schädlichkeiten 572

§. 764. In wie fern Arzneyen schädlich werden können. §. 765. Unzeitige, §. 766. Verkehrte Anwendung derselben.

Die Gifte 573

§. 767. Was ist Gift? §. 768. Gift ist etwas Relatives. §. 769. Eintheilung der Gifte nach verschiedenen Gesichtspunkten. §§. 770. 771. Ätzende und scharfe Gifte. §. 772. Styptische Gifte. §. 773. Narkotische Gifte. Wirkungen der rein narkotischen Gifte. §. 774. Versuch, diese Wirkungen aus einem negativen Verhalten derselben zum menschlichen Organismus zu erklären. §. 775. Narkotisch-scharfe Gifte. §. 776. Septische Gifte.

Von den Ansteckungsstoffen 581

§. 777. Begriff von Ansteckung und Ansteckungsstoff. §. 778. Wesentliche Merkmahle des Ansteckungsstoffes. §. 779. Ursprung der Ansteckungsstoffe. §. 780. Nothwendige Empfänglichkeit für ihre Einwirkung von Seite des thierischen Organismus. §. 781. Verschiedenheit der Ansteckungsstoffe. §. 782. Krankheitsprozesse, welche sie erzeugen. §. 783. Diese sind entweder fieberhafte oder fieberlose. §. 784. Verschiedenheit der durch einen und denselben Ansteckungsstoff erweckten Krankheit in Hinsicht ihres Grades und Charakters in verschiedenen Individuen. §. 785. Pathogenie der Ansteckung und ihrer Verbreitung über den angesteckten Organismus. §. 786. Ansichten der Humoralpathologie. §. 787. Der Solidarpathologie darüber. §. 788. Neuerer Versuch, den Vorgang der Ansteckung aus der Analogie derselben mit der Zeugung zu erklären. §. 789. Der Vorgang der Ansteckung beruhet höchst wahrscheinlich auf einem eigenthümlichen Vegetationsprozesse, welcher in der Substanz des ursprünglich angesteckten Theiles und seiner Fortsetzungen hervorgerufen wird. §§. 790 — 792. Versuch, die vorhin angeführten Eigenthümlichkeiten und Verschiedenheiten der ansteckenden Krankheiten aus dieser Ansicht zu erklären. §. 793. Gang der ansteckenden Krankheit, wenn sie epidemisch geworden ist.

B. Von den äußern mechanischen Schädlichkeiten . 596

§. 794. Vorläufige Angabe derselben. §. 795. Die passiven Bewegungen, als Fahren zu Schiffe und im Wagen, Reiten, Wiegen. §. 796. Druck der Atmosphäre. Tropfbare Flüssigkeiten. §§. 797. — 799. Kleidungsstücke und die verschiedenen Gattungen derselben. §. 800. Feste Körper, verletzende Werkzeuge.

Zweytes Hauptstück. Von den innern Schädlichkeiten.

A. Von den innern dynamischen Schädlichkeiten . 600

§. 801. Bezeichnung derselben im Allgemeinen.

Von den Anstrengungen der Geistesthätigkeit in ihren ätiologischen Beziehungen . . . 601

§. 802. Überblick dieser Beziehungen.

Von dem Erkenntnißvermögen und dessen Verrichtungen in Bezug auf ihre ätiologischen Verhältnisse . 602

§. 803. Anordnung des Vortrages.

Von der nachtheiligen Wirkung der äußern Sinne . 602

§. 804. Die Verhältnisse der äußern Sinne zum geistigen und organischen Leben überhaupt. §. 805. Nachtheiliger Einfluß der zu starken Anstrengung der äußern Sinne auf die Gesundheit. §§. 806. 807. Vernachläßigte und ungleichmäßige Übung derselben.

Von dem Einflusse der Einbildungskraft auf die Erzeugung von Krankheiten 605

§. 808. Beziehung der Einbildungskraft zum Denken und

zum Lebenszustande des Organismus. §§. 809—811. Schädliche Rückwirkung der ausschweifenden, der vernachläßigten und der ungleichmäßigen Thätigkeit der Einbildungskraft auf die Gesundheit.

Von dem Mißbrauche der höhern Geistesvermögen . 607

§. 812. Mächtiger Einfluß des angestrengten Nachdenkens auf das Nervensystem und die Geschäfte des gesammten Organismus. §. 813. Vernachläßigte Kultur des Verstandes.

Von der nachtheiligen Macht der Gemüthszustände auf die Gesundheit des Menschen 609

§. 814. Die in das Gebiet des Gemüthes gehörenden Functionen. §. 815. Gemüthsaffecte und ihre Eintheilung. §. 816. Einfluß derselben auf den menschlichen Organismus im Allgemeinen. §. 817. Die erhebenden Gemüthsaffecte von ihrer ätiologischen Seite. §. 818. Verschiedenheit derselben. Die Liebe. §. 819. Die Hoffnung. §. 820. Die Freude. §. 821. Der Zorn. §. 822. Die niederschlagenden Gemüthsaffecte. Die Traurigkeit. §. 823. Furcht. §. 824. Schrecken. §. 825. Verdruß. §. 826. Scham. Reue. §. 827. Die Leidenschaften. §. 828. Die nachtheiligen Wirkungen derselben.

Von der willkürlichen Muskelbewegung als Schädlichkeit 619

§. 829. Einfluß der Muskelbewegung auf alle Äußerungen des Lebens. §. 830. Nachtheil der übertriebenen Muskelbewegung, §. 831. der Unterlassung derselben, §. 832. der ungleichmäßigen Übung aller Muskeln. §. 833. Die verschiedenen Lagen und Stellungen des Körpers. Das Aufrechtstehen. §. 834. Das Sitzen. Liegen. §. 835. Hinblick auf die regelwidrige Thätigkeit einzelner Muskeln.

Vom Schlafe und Wachen, in ihrer Beziehung zur Erzeugung der Krankheit 623

§. 836. Verhältniß des Schlafes und Wachens zum Leben

des Menschen. §. 837. Entbehrung des Schlafes. §. 838. Übermaß desselben. §. 839. Die Zeit des Schlafes.

Vom Mißbrauche des Geschlechtstriebes . . . 626

§. 840. In wie fern derselbe schädlich sey. §. 841. Sein nachtheiliger Einfluß auf die Zeugungsorgane, §. 842. auf das Nervensystem, §. 843. auf die Entwicklung und Reproduction des Organismus. §. 844. Selbstbefleckung. §. 845. Enthaltsamkeit vom Liebesgenusse.

Von den Erzeugnissen der Desorganisation und der regelwidrigen Vegetation als Schädlichkeiten . 628

§. 846. Die zur Excretion bestimmten Stoffe. §. 847. Ansteckungsstoffe, Eiter, Jauche. Aftergebilde. §. 848. Aftergebilde, welche mit dem menschlichen Organismus im organischen Zusammenhange stehen. §. 849. Eingeweidewürmer. Die fünf Ordnungen derselben. §. 850. Aus der Ordnung der Rundwürmer kommen im menschlichen Körper sechs Gattungen vor: 1) der Fadenwurm. 2) Der Fühlwurm. §. 851. 3) Der Peitschenwurm. 4) Der Pfriemenschwanz. §. 852. 5) Der Spulwurm. §. 853. 6) Der Pallisadenwurm. §. 854. Aus der Ordnung der Saugwürmer hausen zwey Gattungen in den menschlichen Eingeweiden. 1) Das Doppelloch und 2) das Vielloch. §. 855. Die Ordnung der Nestelwürmer liefert dem menschlichen Körper zwey Gattungen: 1) den Bandwurm, Bothriocephalus, und 2) den Kettenwurm, Taenia. §. 856. Gattungen, welche aus der Ordnung der Blasenwürmer im menschlichen Leibe gefunden werden, sind bis jetzt zwey: 1) der Blasenschwanz, Cysticereus, und 2) der Hülsenwurm, Echinococcus. §. 857. Wie entstehen die Eingeweidewürmer im menschlichen Leibe? §. 858. Kommen ihre Eyer und Brut von außen in denselben und wie? §. 859. Schwierigkeiten, auf welche diese Annahme führt. §. 860. Ursprüngliche Zeugung der Eingeweidewürmer. §. 861. Bedingungen, durch welche ihre Entstehung und Entwicklung begünstiget werden. §. 862. Ihre Wirkungen. Die Eingeweidewürmer können nicht in jedem Falle als unschädliche

Bewohner des menschlichen Leibes betrachtet werden. §. 863. Bestätigung der nachtheiligen Wirkungen der Eingeweidewürmer durch die Erfahrung. §. 864. Insecten und Würmer, welche von außen in den menschlichen Körper gelangen.

B. Von den innern mechanischen Schädlichkeiten . 643

§. 865. Angabe dieser Schädlichkeiten. Schlußbemerkung.

Einleitung.

§. 1.

Heilung der Krankheiten war die ursprüngliche Bestimmung des Arztes: denn bey seiner einfachen Lebensweise und vollen Lebensstärke wurde der unverdorbene Naturmensch nur selten von Krankheit überrascht, und — da seine jugendliche Lebenskraft meistens siegend aus dem Kampfe mit ihr hervorging — noch seltner gezwungen, zur Hülfe der Kunst seine Zuflucht zu nehmen. Allein in eben dem Maße, als der Mensch vom Ackerbau an durch Handwerke, Künste, Wissenschaften und die mannigfaltigsten gesellschaftlichen Verhältnisse in seiner menschlichen Ausbildung von Stufe zu Stufe emporstieg, wurde auch seine Lebensweise verwickelter, vielfacher wurden seine Berührungspunkte mit andern Menschen und der äußern Natur, immer zahlreicher die krankheiterregenden Schädlichkeiten (größten Theils Kinder seiner eigenen Betriebsamkeit), immer zugänglicher sein geschwächter Körper für ihre Angriffe, und so wuchs nach und nach das Heer der Krankheiten und die Gefahr für sein Leben zu einer furchtbaren Größe hinan. Umgeben von so vielen Feinden wurde er bald durch die Klugheit bestimmt, auch dann schon Schutz gegen sie beym Arzte zu suchen, wenn sie nur aus der Ferne droheten, und diesem daher sein Leben auf der ganzen Bahn, welche es von dem Mutterschooß bis zum Grabe zu durchlaufen hat, zur Obhut anzuvertrauen.

§. 2.

Der gesammte Wirkungskreis des Arztes ist daher um das Leben als seinen Mittelpunkt gezogen, dem er sich immer freundlich, und zwar, je nachdem es ihm unter der Gestalt der Gesundheit oder der Krankheit erscheint, als Heil erhaltend oder wiedergebend, zuwendet. Um diesem hohen Berufe zu entsprechen, muß er sich vor Allem Einsichten in das Leben verschaffen — Einsichten in das Leben überhaupt und insbesondere, und in die mannigfaltigen Verhältnisse, welche zwischen ihm und der übrigen Natur obwalten — um von diesen auf die Mittel der Erhaltung und Heilung hingeleitet zu werden. Diese Einsichten bietet ihm die **Heilkunde (Medicin)**, welche nichts anderes ist, als **Wissenschaft des Lebens und der Art und Weise, dessen Heil zu erhalten und wieder herzustellen**.

§. 3.

Man treibt die Heilkunde auf eine zweyfache: **wissenschaftliche** und **(roh=) empirische Weise**. Die **wissenschaftliche** Heilkunde geht an der Hand der Vernunft von allgemeinen Grundsätzen aus, um für das Erkennen höhere Standpunkte, und von diesen aus für das Handeln sichere Grundlagen zu finden. Die **(roh=) empirische**, geführt und verführt durch die Sinnlichkeit, kennt von ihrem Gegenstande nichts als die Erscheinungen, ohne von dem Innern des Lebens, der Krankheit und den Wechselverhältnissen zwischen dieser und ihren Heilmitteln eine Ahnung zu haben. Bey einer einfachen Vergleichung von beyden muß es sogleich in die Augen springen, welcher der Preis gebühre; indem es keinen Augenblick zweifelhaft bleiben kann: ob das Wichtigste aller Menschengeschäfte mit oder ohne Vernunft getrieben werden solle. Nur verwechsle man rohe Empirie nicht mit vernünftiger **Erfahrung**; denn bloß von dieser kann die Heilwissenschaft ihren nährenden Stoff erhalten, so wie sie den belebenden Geist und die systematische Form von der Vernunft empfängt.

§. 4.

Die wissenschaftliche Heilkunde hat den Arzt nicht bloß in der Erkenntniß, sondern auch in der Behandlungsweise des lebenden Organismus zu unterrichten, und daher zerfällt sie mit Recht in zwey Haupttheile: in den **theoretischen** — **Theorie der Heilkunde** — **Heilwissenschaft** im engern Sinne, — und den **praktischen** — **Heilkunst**. Zwischen beyden aber muß organische Verbindung Statt finden, wenn der Arzt durch sein Wissen seinem höhern Ziele entgegen geführt werden soll. Eine Theorie kann nicht Theorie der Heilkunde heißen, die nicht die Schritte des Arztes zum Heil der Kranken leitet.

§. 5.

Die **Theorie der Heilkunde** führt von allgemeinen Grundsätzen zur Erkenntniß des Lebens und seiner verschiedenen Zustände, um dadurch zugleich zur Auffindung der allgemeinen Regel für die Behandlungsweise desselben geleitet zu werden. Das Leben des einzelnen Organismus kann sich in der Wirklichkeit nur von zwey Seiten, entweder als **Gesundheit** oder als **Krankheit**, der Erkenntniß darbieten. Eben so kann der Zweck des Arztes bey der Behandlung desselben nur ein zweyfacher: entweder **Erhaltung der Gesundheit** oder **Heilung der Krankheit** seyn, und hieraus entwickelt sich ganz ungezwungen die fernere Eintheilung der Theorie der Heilkunde. Sie verzweiget sich nämlich in die **Wissenschaft des gesunden Lebens: Physiologie** im gewöhnlichen Sinne; in die **Wissenschaft des kranken Lebens: Pathologie**; in die **Theorie der Gesundheitserhaltung: Hygieine**, und in die **Theorie der Heilung: allgemeine Therapie.**

So wie die Gesundheitserhaltungskunde die Erhaltungsmittel in sich aufnehmen muß; so muß der allgemeinen Heilkunde die Lehre von den Heilmitteln: Jamatologie, untergeordnet werden.

§. 6.

Die praktische Heilkunde — die Heilkunst — hat es mit der Anwendung der aus der Theorie geschöpften Grundsätze und Regeln auf die Erkenntniß und Behandlung einzelner, unter bestimmten Raum- und Zeitverhältnissen in die Wirklichkeit tretender Krankheiten oder Krankheitsformen, zu thun. Je nachdem sie entweder die inneren Lebens- oder die äußeren Organisationsverhältnisse dem Zwecke der Heilung gemäß ordnet und leitet, erhält sie entweder den Namen der eigentlichen (innern) Medicin, oder jenen der Chirurgie.

Bey allem diesen ist aber nicht zu vergessen, daß Theorie allein noch nicht den vollendeten praktischen Arzt mache; daß diesem vielmehr das Besondere, auf welches er das Allgemeine anwenden soll, von einer andern Seite gegeben werden, daß ihm daher außer der wissenschaftlichen Bildung auch die Naturgeschichte der Krankheiten zu Gebote stehen müsse, welche aber ohne Erfahrung und Übung am Krankenbette nicht erworben werden kann.

§. 7.

Die übrigen Theile der Heilkunde müssen als Unterabtheilungen der bisher angeführten Haupttheile betrachtet werden. So gehören Anatomie und Zoochemie in den Kreis der Physiologie, Semiotik in jenen der Pathologie, Geburtshülfe zur Chirurgie u. s. w., obschon ihr großer Umfang, zum Theil auch ihre Beziehungen auf Vorübung und Anwendung, es nothwendig und ersprießlich machen, sie abgesondert von jenen Haupttheilen vorzutragen.

§. 8.

So viel und weit umfassend aber auch die Heilkunde immer ist; so darf man doch nicht glauben, daß sie eine in sich geschlossene und von allen übrigen scharf geschiedene Wissenschaft sey. Ihr nächster Gegenstand, der besondere belebte Organismus, steht zur gesammten Natur in vielseitigen und innigen Verhältnissen: denn eben so, wie er die Stoffe zur Bildung seiner Organisation aus dem Schooße der übrigen Natur in sich aufnimmt, eben so schöpft er auch die Principien seiner lebendigen Thätigkeit aus der gemeinschaftlichen Quelle aller Naturkräffe, und bloß in der beständigen Wechselwirkung mit der äußern Natur kann er leben, gesund seyn, erkranken und genesen. Wahre Einsichten in das Leben, seine Zustände und Verhältnisse können daher nur vom Standpunkte der Naturwissenschaft erworben werden, und die Heilkunde muß betrachtet werden als Naturkunde, auf bestimmte Gegenstände und Zwecke angewandte wissenschaftliche und empirische Naturkunde, und die verschiedenen Zweige der letzteren: Naturbeschreibung, Chemie u. s. w., machen die Grundlage wahrer ärztlicher Bildung aus.

§. 9.

Allein — ist denn die Heilkunde wirkliches Bedürfniß für die Menschen? — Wenn der Mensch nach jener Vorschrift lebte, welche die Natur in sein Inneres geschrieben hat, d. h. wenn er weise und heiter, thätig und einfach sein Leben vollbrächte, wenn er in Genuß und Anstrengung nicht weiter ginge, als die Natur begehrt und trägt; so würde er höchst selten ärztlicher Hülfe bedürfen, und die nämliche Hand, die ihm das Leben gegeben, würde es auch pflegend und schützend durch alle Gefahren hindurch unversehrt zu dem von ihr selbst gesteckten Ziele führen. Allein in der Lage der Dinge, in welcher jetzt der größte Theil des Menschengeschlechtes lebt, wo dem noch nicht erzeugten Menschen schon die Sünden der

Ältern ein sieches Leben vorbereiten, wo ihn bey seiner Geburt die Albernheiten der Hebamme, die Grausamkeit der Mutter, die ihn vom nährenden Busen zurückstößt, die Nachlässigkeit der Amme — bey seinem Heranwachsen eine ganz verkehrte Erziehung — im Jünglingsalter Ausschweifungen in der Liebe — in den männlichen Jahren die Last der Geschäfte und düstere Sorgen verfolgen — wo verdorbene Luft, schlechte Nahrungsmittel, Müßiggang oder übermäßige Anstrengung, unzählige Ansteckungsstoffe, sich mit einander zum Verderben des Menschen verschworen haben — wo bey brach liegender Vernunft weichliche Sinne, üppige Einbildungskraft und stürmische Gemüthsbewegungen ihre despotische Herrschaft über ihn ausüben — wo bey so vielen Menschen nicht die Zahl der Jahre, sondern der überstandenen Krankheiten den Maßstab für die zurückgelegte Lebensbahn abgibt — wo die von allen Seiten angegriffene und geschwächte Lebenskraft so vielen und großen Übeln allein durchaus nicht gewachsen ist; — — in dieser Lage der Dinge sind des Menschen Heil und Leben höchst unsicher und gefährdet, und niemand ist, zu dem er seine Zuflucht nehmen könnte, als der Arzt, welcher an der einen Hand die Hoffnung führt, die treue Freundinn der Leidenden, an der andern Hygieen, und dessen Machtgebote die unerbittlichen Parcen oft gern gehorchen.

§. 10.

Eine verfänglichere Frage ist die: Hat sich die Heilkunde desjenigen Grades von Wahrheit und Zuverlässigkeit zu erfreuen, daß man ihr das Leben der Menschen anvertrauen darf? — Ein Blick auf die Entstehungs- und Entwicklungsgeschichte der Heilkunde belehrt uns; daß sie von Beobachtung zur Erfahrung hinangestiegen sey, daß sie in der Erfahrung allgemeine Naturgesetze aufgefunden, und diese zuletzt auf die höhern Principien des menschlichen Wissens zurückgeführt habe; daß sie sodann vom Standpunkte dieser höhern Principien aus das Ganze systematisch geordnet und in die Form der Wissenschaft gebracht habe. Wenn nun Erfahrung und Entwicklung aus allgemein anerkannten wissenschaftlichen Gründen den Menschen zur Erkenntniß der Wahrheit führen; so muß diese auch in der Heilkunde sich finden; vorausgesetzt, daß ächte Erfahrung und vernunftgemäße Ableitung aus dem Höhern ihre Grundlagen sind. Ob aber auch eine Heilkunde, welche nicht aus menschlichem Sinne, Verstande und Vernunft entsprossen, sondern durch einen intellektuellen Blick in das All aus dem Unendlichen herüber gezaubert worden ist, diejenige Zuverläßigkeit besitze, daß man ihr Gesundheit und Leben der Menschen anvertrauen könne? darüber walten, gelind gesprochen, noch sehr große Bedenklichkeiten, und so lange diese nicht gehoben sind; so lange kann auch diese Medicin weder dem Arzte für seinen Kranken, noch dem Kranken für sein Heil sichere Gewähr leisten. Es wird demnach der Vernunft am gemäßesten seyn, indessen noch immer derjenigen Heilkunde zu huldigen, welche aus der Vernunft selbst hervorgegangen ist.

§. 11.

Diese Heilkunde ist es denn nun auch, die ihre Gediegenheit und Wahrheit durch die Früchte bewährt, welche sie getragen hat. Denn wenn sie bisher etwas zum Heil der Menschen und der Völker geleistet hat; so vermochte sie dieses nur in so weit, als sie sich auf Wahrheit stützte. Aus dem Irrthume und der Lüge entspringen nur Übel und Verderben. Und wahrhaftig, nicht wenig an der Zahl und nicht gering sind die Wohlthaten, welche das Menschengeschlecht aus der Hand der Heilkunde empfangen hat. Wie viele hat nicht schon die vorsichtige Hygieine unversehrt durch die Gefahren des Lebens hindurch geführt? Welche ungeheure Niederlagen und Verwüstungen, mit welchen uns die Pest des Orients immerdar bedrohet, sind nicht schon durch die Maßregeln der Staatsarzneykunde hintan gehalten worden? Und welcher Unterrichtete wird in Abrede stellen, daß Tausende von Kranken, welche, sich selbst überlassen, verloren gewesen wären, und welche weder die heilende Natur, noch der Zufall gerettet haben würde, Gesundheit, Leben und alles Glück des Lebens der heilenden Kunst verdanken? Man denke nur an die, von der Lustseuche, vom bösartigen Wechselfieber, vom Steinleiden, Hospitalbrande und von so mancher andern toddrohenden Krankheit Ergriffenen, und man wird in diesen schon die Belege von dem segenreichen Einflusse der Heilkunde auf das Wohl der Menschheit und von ihren gegründeten Ansprüchen auf dankbare Anerkennung ihres Werthes finden.

§. 12.

Wenn mit der wachsenden Zahl der Ärzte weder das Heer der Krankheiten, noch die Häufigkeit der Sterbfälle abgenommen haben; so möchte davon wohl einige Schuld auf die Ärzte, wie sie meistens sind, und auf die Kranken selbst, keineswegs aber auf den Mangel an Wahrheit in der Heilkunde fallen. — Denn nicht überall halten sich die Ärzte an die wahre Heilkunde, und die Kranken an den wahren Arzt. Nur wenige Kranke wenden sich an einen Arzt, der es in der höhern Bedeutung des Wortes ist; noch wenigere begehren seine Hülfe zur rechten Zeit, und äußerst wenige befolgen gewissenhaft seinen heilsamen Rath. Die Vorschriften, welche die Gesundheiterhaltungskunde gibt, sind den meisten unbekannt oder gleichgültig, und so fallen sie aus eigener Schuld aus einer Krankheit in die andere: rettet sie auch die Thätigkeit des Arztes aus neun Krankheiten; so werden sie doch vor der Zeit das Opfer von der zehnten.

Auch läßt sich nicht bergen, daß bey weitem nicht alle, welche sich den ärztlichen Namen beylegen, jene höheren Geistesanlagen, jenen Grad von wissenschaftlicher Bildung, Menschenliebe und Thätigkeit besitzen, welche für diese Würde unentbehrlich sind. Die meisten sind nicht gründliche und allseitige Kenner der gesammten Heilkunde, sondern flüchtig und oberflächlich gebildete Anhänger irgend einer geschlossenen Sekte, welche kühn auf das Leben der Kranken losarbeiten, ohne je daran zu denken, den Gehalt der eingesogenen Lehren zu prüfen, und ihre Irrthümer zu berichtigen. Darum handelt es sich mehr um zweckmäßige Bildungsanstalten und behutsame Auswahl der Ärzte, als um die Wahrheit in der Heilkunde selbst.

§. 13.

Damit wollen wir aber durchaus nicht behaupten, daß sich alle Lehren der Heilkunde eines gleichen Grades von Wahrheit rühmen können: im Gegentheile wollen wir es offen eingestehen, daß es da noch manches Ungewisse, weniger Begründete, auch wohl offenbar Falsche gebe. Ein flüchtiger Überblick der Geschichte der Heilkunde belehrt uns schon, daß diese gar häufig Grundsätze und Ansichten gewechselt, mitunter auch von einem und demselben Gegenstande ganz entgegengesetzte Meinungen vorgetragen habe, von welchen nothwendig immer die eine irrig seyn mußte. Indessen wird derjenige, der den rechten Weg zur Wissenschaft zu finden weiß, auf eine Höhe sich erheben, von welcher aus vieles im klaren Lichte vor ihm liegen wird, das vom unrechten Standpunkte angesehen in ein undurchdringliches Dunkel verhüllt zu seyn scheint.

§. 14.

Welchem Leitstern soll nun aber der Arzt folgen, um zu einem wahren Systeme der Heilkunde zu gelangen? — Vielleicht dem Ansehen großer Männer in diesem Fache? — Bewahre der Himmel! in Wissenschaften gilt kein Ansehen, da gelten nur Gründe! Und doch war gerade in der Medicin das Ansehen von jeher eine unversiegbare Quelle von Irrthümern. Blinder Glaube hängt eben so hartnäckig an Irrlehren als an Wahrheiten, er scheuet alles eigene Forschen und Prüfen, und hemmet jeden Fortschritt in der Wissenschaft. Bestätigung davon findet man in den Schulen aller Ärzte, welche neue An= und Aussichten in der Heilkunde eröffneten. Darum vergesse man nie, daß es nie der Geist e i n e s Menschen vermögen wird, in einer grenzenlosen Wissenschaft, wie die Heilkunde, alles zu erhellen, hüte sich daher vor Sektengeist, und schwöre nie auf die Worte eines Meisters.

§. 15.

Die wahre M e t h o d e, sich in die Geheimnisse der wahren Heilkunde einzuweihen, besteht in einem gründlichen Studium der gesammten Wissenschaft, und einer strengen Prüfung aller Theorien und Systeme, in welche sie sich nach und nach ausgebildet hat. Jedes System muß bis auf seine ersten und höchsten Gründe zurückgeführt, der Gehalt dieser Gründe genau untersucht, die Folgerichtigkeit in der Entwicklung des Besondern aus dem Allgemeinen unverwandt und scharf im Auge behalten, und immerdar den Aussprüchen der Vernunft und der Erfahrung bereitwilliges Gehör verliehen werden.

§. 16.

Philosophische Entwicklung aus dem Allgemeinen, und sorgfältige Naturforschung im Besondern und Einzelnen — Speculation und Erfahrung — müssen mit einander im Bunde seyn. Wenn sich die Erfahrung von der treuen Beobachtung einzelner Erscheinungen zu den Gesetzen der Natur und ihren Principien hinaufgeschwungen, die Speculation aber von den höchsten Principien des menschlichen Wissens bis zu den allgemeinen und besondern Gesetzen der erscheinenden Welt systematisch ausgebildet haben wird: dann wird sich das Geistige und Körperliche der Wissenschaft — Form und Gehalt — organisch durchdringen, und den vollendeten wissenschaftlichen Organismus voll Schönheit, Gediegenheit und Lebensfülle darstellen. Die bloße Speculation liefert systematische Umrisse ohne wirklichen Gehalt; sie wandelt im Reiche der **Möglichkeit**, ohne die Brücke zur **Wirklichkeit** zu finden. Nackte Beobachtung liefert ein Chaos ohne Ordnung und Regel. In ihrer Geschiedenheit führt daher keine zur Wahrheit in der Wissenschaft und zum Heil in der Kunst.

§. 17.

Da uns durch das Bisherige (§§. 15 — 16) der rechte Weg, zur wahren Theorie der Heilkunde zu gelangen, geöffnet ist; so wollen wir versuchen, auf demselben fortwandelnd, den einen Theil dieser Theorie, d. h. die Theorie des kranken Lebens, oder die **Pathologie** zu entwickeln.

* * *

Was ist Medicin? — Umriß zu einer Encyklopädie derselben. In Troxler's Versuchen in der organischen Physik. Jena, 1804. 8.

Chr. Fr. Reuſs, primae lineae Encyclopediae et methodologiae universae scientiae medicae, et theoreticae et practicae, omniumque ejus scientiarum, tam praeparantium, quam affinium et subjunctae cujusve historiae. Tubing., 1783.

K. Fr. Burdach's Propädeutik zum Studium der Heilkunde. Leipzig, 1800. 8.

G. E. Stahl, de necessitate artis medicae. Hal. 1712. 4.

Idem de potestate artis medicae. Hal. 1712. 4.

Conr. Barthol. Behrens, selecta medica de medicinae natura et certitudine. Francof. et Lips. 1708. 4.

Junker, de certitudine artis medicae in genere. Hal. 1743. 4.

Fr. Hildebrand, über die Arzneykunde. Erlangen, 1795. 8.

Vertheidigung der rationellen Arzneywissenschaft gegen Arkesilas. — Im Journal der Erfindungen XVIII. St. n. 3.

Allgemeine Pathologie.

Allgemeine Pathologie.

Bestimmung und Eintheilung derselben.

§. 18.

Der Gegenstand des Arztes, als solchen, ist der erkrankte thierische und menschliche Organismus. Sein erstes Bestreben geht immer dahin, in das Wesen und die mannigfaltigen Verhältnisse der Krankheit einzudringen, um in der Erkenntniß derselben zugleich die Art und Mittel der Heilung aufzufinden. Zu dieser Erkenntniß nun führt die Pathologie, oder die Wissenschaft der Krankheit.

§. 19.

Wohl begründet ist die übliche Eintheilung der Pathologie in die allgemeine und besondere. Die allgemeine Pathologie beschäftigt sich mit der Betrachtung der Krankheit überhaupt, ihrem Wesen und ihren allgemeinen Verhältnissen nach: die besondere stellt die einzelnen Krankheiten dar, in so fern sie unter bestimmten Gestalten in der Wirklichkeit erscheinen; sie ordnet sie zugleich nach ihren Übereinstimmungen und Verschiedenheiten, und bringt auf diese Weise das nosologische System zu Stande.

§. 20.

Die allgemeine Pathologie soll Theorie der Krankheit seyn: d. h. sie soll zur philosophischen (vernunft=

gemäßen) Erkenntniß der Krankheit führen. Da nun aber philosophische Erkenntniß nur diejenige genannt werden kann, welche Wesen, Grund und Folgen der Dinge durchdringt; so wird die allgemeine Pathologie, näher bestimmt, derjenige Theil der Theorie der Heilkunde seyn, welcher, zu einer vernunftgemäßen Erkenntniß der Krankheit führend, das Wesen derselben, ihre Entstehung und Folgen im Allgemeinen darstellt. Sie verhält sich zu dem erkrankten Organismus, wie die Physiologie im gemeinen Sinne zu dem gesunden, und wird hier und da nicht unschicklich Physiologie (Naturlehre) der Krankheit genannt.

§. 21.

Aus der richtigen Bestimmung der allgemeinen Pathologie geht klar hervor, daß sie es mit der Beleuchtung eines dreyfachen Gegenstandes zu thun habe: 1) des Wesens der Krankheit und dessen Verschiedenheit; 2) der Entstehung derselben aus bestimmten Verhältnissen des lebenden thierischen Organismus zur äußern Natur, und 3) der Folgen der Krankheit, welche, in so fern sie sich in den einzelnen Verrichtungen des Thierkörpers und ihren Organen sinnlich wahrnehmbar darstellen, Krankheitserscheinungen oder Symptome genannt werden. Es behauptet sich demnach die alte Eintheilung der allgemeinen Pathologie in die allgemeine Krankheitsdarstellung (Nosologia generalis), nicht ganz treffend mit Pathogenie bezeichnet; in die Lehre von der Entstehung der Krankheit aus bestimmten ursächlichen Verhältnissen (Aetiologia), und in die Symptomenlehre (Symptomatologia).

Anmerkung. In neueren Zeiten hat man es versucht, die Erscheinungen der Krankheit in Verbindung mit ihrem Wesen vorzutragen: ein Unternehmen, welches zwar seine guten Gründe für sich hat, in der Ausführung selbst aber, zumahl beym Unterrichte von Anfängern, wegen der übergroßen Mannigfaltigkeit der Gegenstände und ihrem vielfachen Ineinandergreifen große Schwierigkeiten findet. Wir halten es daher dem Zwecke des Unterrichtes für angemessener, in der allgemeinen Nosologie das Allgemeine (das Wesen der Krankheit) bis zu jenem Punkte zu entwickeln, wo es sich in das Besondere (die Krankheitserscheinungen) ausbildet; und dann in der Symptomatologie die einzelnen Symptome wieder auf das Wesen der Krankheit zurück zu führen.

§. 22.

Die allgemeine Pathologie wurzelt in einem zweyfachen Boden: in der **Physiologie** und in der **Erfahrung am Krankenbette**. Die **Physiologie** enthüllt zwar nur das Innere des Lebens und die mannigfaltigen Verhältnisse des belebten Organismus zur übrigen Natur; allein gerade hiermit macht sie zugleich auf die große Wandelbarkeit des Lebens im besondern Organismus und auf die Möglichkeit mannigfaltiger Störungen durch veränderte Verhältnisse aufmerksam, und führt demnach den Physiologen schon zu allgemeinen pathologischen Ansichten.

§. 23.

Nicht weniger kräftig bildet sich die allgemeine Pathologie vom Standpunkte der **Erfahrung am Krankenbette** aus. Die Beobachtung einzelner Krankheitsfälle führt den Arzt zur Erkenntniß von Krankheitsformen, deren sorgfältige Untersuchung die Einsicht in innere krankhafte Zustände öffnet, welche diesen Formen zu Grunde liegen. Von den erkannten krankhaften Zuständen erhebt er sich endlich zu allgemeinen Begriffen von der Krankheit überhaupt, ihrem Wesen, ihrer Entstehungs= und Erscheinungsweise.

Der vorsichtige Bearbeiter der Pathologie wird sie von beyden Seiten auszubilden suchen, immer dahin strebend, daß das, was er aus physiologischen Principien folgerecht entwickelt, in den Aussprüchen der Erfahrung seine volle Bestätigung finde: denn nur auf diese Weise kann eine Krankheitswissenschaft zu Stande kommen, in welcher sich Regelmäßigkeit der Form und Wahrheit des Inhalts innig mit einander verschmelzen.

§. 24.

Dieses führt zugleich zur Einsicht in die Verhältnisse der Pathologie zur übrigen Heilkunde, und zur Erkenntniß ihrer Vorbereitungs- und Hülfswissenschaften. Dem Lehrer der Pathologie muß Wissenschaft der Natur und des Lebens im Allgemeinen und Besondern, eine vorausgegangene kritische Würdigung aller pathologischen Systeme und eine Fülle eigener Erfahrung im Gebiete der Medicin zu Gebothe stehen. Der Anfänger aber kann nur durch den vertrauten Umgang mit der Physiologie für die Pathologie vorbereitet werden.

§. 25.

Die allgemeine Pathologie behauptet den Rang einer Grundwissenschaft der gesammten Heilkunde, in so fern sich diese mit dem Heil der Kranken befaßt: denn der höchste Zweck des Arztes in seinem Wirkungskreise am Krankenbette ist wahre, sichere und gründliche Heilung der Krankheit, welche als Werk der Kunst ohne Erkenntniß der letztern nicht denkbar ist. Jede künstliche Heilung setzt ein planmäßiges Eingreifen in den regelwidrigen Gang des Lebens durch bestimmte Leitung seiner Verhältnisse zur Außenwelt voraus, um dasselbe auf den regelmäßigen Weg zurück zu führen: wer aber wird dieses vermögen, wenn er nicht mit der Art und dem Grade der Abweichung von der Regel bekannt ist? Die allgemeine Pathologie ist es, welche dem Arzte den Charakter des Vernunftgemäßen gibt, und ihn in den Stand setzt, mit Bewußtseyn der Gründe Krankheiten zu bestimmen und zu behandeln, und das Heil der Kranken zu handhaben, in so weit es in der Macht des Menschen steht. Der von allen pathologischen Grundsätzen entblößte Empiriker kennt von den Krankheiten nichts als die Erscheinungen, von den Heilmitteln nichts als die Namen, und alles, was er gegen eine Krankheit unternimmt, ist nichts, als blinde Eingriffe in den Gang des Lebens, die eben so leicht zum Untergange als zum Heil des Kranken ausschlagen können.

§. 26.
Geschichte der allgemeinen Pathologie.

Die Geschichte der allgemeinen Pathologie soll nicht bloß die Schicksale dieser Wissenschaft erzählen, wie sie in der Zeit auf einander folgten, sondern sie soll zugleich die organische Entwicklung derselben aus ihrem Keime darstellen: sie soll Lebensgeschichte, Biographie derselben seyn: sie soll dem Arzte Einsicht in ihren innern Lebenszustand während ihrer Kindheit, ihrem Jünglings- und männlichen Alter, in ihre Vollkommenheiten, Mängel und Gebrechlichkeiten verschaffen.

Betrachtet man die Wissenschaften nach ihrem Alter, so gehört die allgemeine Pathologie nicht zu den ersten; denn lange schon wurde die Heilkunst von Laien und Priestern mit verschiedenem Erfolge ausgeübt, ehe über ihren Gesichtskreis das Licht der allgemeinen Pathologie heraufstieg. Dieser Gang war der natürliche: denn die Heilkunde muß, wie jede andere Wissenschaft, mit dem Wissenden, d. h. mit dem menschlichen Geiste, dieselben Bildungsstufen durchgehen. Sie konnte demnach bey ihrem ersten Beginnen nichts anderes, als Werk der Sinnlichkeit und Phantasie, oder mit andern Worten rohe Empirie und Spiel des Aberglaubens seyn, in der Folge erst unter die Herrschaft des Verstandes, folglich einer gründlichen Erfahrung kommen, und nur spät unter dem Einflusse der Vernunft sich zur Wissenschaft ausbilden, und eine allgemeine Pathologie erhalten.

§. 27.

Die allgemeine Pathologie hat zwey Hauptquellen: die eine in der Physiologie und mit dieser in der Philosophie, und die andere in der ärztlichen Erfahrung (§. 22); daher hatten denn auch der verschiedene Bildungsgang der Philosophie und die verschiedene Benützungsweise der ärztlichen Erfahrung auf ihren Gehalt, ihre Form und ihr ganzes Schicksal von jeher den entschiedensten Einfluß: denn dadurch wurde die Natur und der Wechsel ihrer Principien, und durch diese wieder die Richtung und der ganze innere Haushalt der pathologischen Systeme bestimmt.

§. 28.

Alle pathologischen Systeme, welche vom Urbeginn der Pathologie bis auf unsere Zeiten um die Herrschaft gestritten haben, sondern sich in zwey Hauptreihen: nämlich in die mehr materiellen und mehr dynamischen. Den materiellen liegt entweder ein mechanisches oder chemisches Princip zum Grunde, die mehr dynamischen gehen entweder von geistigen oder physischen Thätigkeitsprincipien aus. Nach Verschiedenheit des Substrates aber, auf welches die aus diesen Principien abgeleiteten ursprünglichen krankhaften Veränderungen im Organismus zunächst bezogen wurden, erhielten die pathologischen Systeme die Beynamen: Humoral- oder Solidarpathologie, unter den letztern wurde eine, welche die regelwidrige Thätigkeit der Nerven als die Grundlage aller Krankheiten betrachtet, Nervenpathologie genannt.

§. 29.

Um einige klare Standpunkte zu gewinnen, von welchen aus man die Entwicklungsgeschichte der verschiedenen pathologischen Systeme aus den angeführten Principien um so leichter übersehen kann, wollen wir diese Geschichte in zwey große Zeiträume eintheilen, deren erster mit der Entstehung der allgemeinen Pathologie beginnt, und bis zum Verfall der Wissenschaften in Europa reicht, der zweyte vom Wiederaufleben der Wissenschaften bis auf unsere Zeiten sich ausdehnt.

§. 30.

Erster Zeitraum. Die erste Pathologie, welche wir in den bis auf uns gekommenen schriftlichen Denkmahlen der Vorzeit erreichen können, war Humoralpathologie, und ihr Princip ein chemisches. Die Grundzüge davon sind in Hippokrates Schriften enthalten, und die Zusammenfügung derselben liefert uns folgende Skizze dieser Pathologie.

Nach der Naturphilosophie des Empedocles sind alle Körper der Welt aus den vier Grundstoffen: Wasser, Erde, Luft und Feuer, zusammengesetzt. Der in der Zusammensetzung vorwaltende Grundstoff bestimmt die Eigenschaft der Körper, die demnach feucht, trocken, kalt oder warm seyn kann.

Auch der Menschenkörper geht ursprünglich aus der Vereinigung dieser Grundstoffe hervor, welche zuerst die vier Hauptflüssigkeiten: Blut, Schleim, gelbe und schwarze Galle bilden, aus denen dann die Organe erzeugt werden.

Den aus diesen Stoffen gebildeten Körper durchdringt als Lebensprincip (enormon) die angeborne Wärme (calidum innatum), und gibt ihm das Vermögen, auf äußere Antriebe zurück zu wirken.

§. 31.

Krankheit ist regelwidrige Wechselwirkung zwischen dem Lebensprincip und einer entarteten Hauptflüssigkeit, welche überall die Hauptrolle spielt.

Jede Krankheit durchlauft drey Stadien, welche Stadien der Roheit, der Kochung und der Krise genannt wurden. Jener Abschnitt der Krankheit, in welchem die entartete Flüssigkeit die Oberhand behauptet, stellt den Zeitraum der Roheit dar; Kochung bezeichnet das regere Bestreben des Lebensprincips, die entartete Flüssigkeit umzuwandeln und zur künftigen Ausleerung vorzubereiten; die Krise oder Entscheidung beginnt mit der anfangenden Ausleerung des gekochten Krankheitsstoffes.

Bey der Beurtheilung der Krankheit muß man auf die äußern Einflüsse, besonders Klima, Jahreszeit, epidemische Constitution, Beschaffenheit der Nahrungsmittel, Rücksicht nehmen. So mahnt an vielen Stellen Hippokrates.

§. 32.

Man sieht aus dem eben Angeführten, daß die hippokratischen Bücher zwey wichtige Bestandtheile zur allgemeinen Pathologie liefern: eine Theorie der Krankheit und eine allgemeine Geschichte derselben. Die Theorie der Krankheit ist so mangelhaft, wie sie die damahlige Zeit und der unvollkommene Zustand der erst auffkeimenden Naturkunde überhaupt, und der Physiologie der organischen Wesen insbesondere nur gebären konnten; allein die allgemeine Geschichte der Krankheit bleibt ein unsterbliches Denkmahl von Hippokrates scharfem Beobachtungs- und Beurtheilungsgeiste. Seine Darstellung der Krankheit als eines bestimmten, an bestimmte Verhältnisse zur Zeit gebundenen Prozesses, die Erkenntniß des Heilungsbestrebens, welches im Wesen des lebenden Organismus verborgen liegt, die umsichtige Würdigung aller Krankheitserscheinungen zur Begründung einer festen Diagnose und Prognose, das vorsichtige Benehmen bey der Behandlung der Krankheit, welches von diesen Grundsätzen aus dem Arzte zur Richtschnur gemacht wurde, sind die Grundlagen der rationellen Heilkunde aller künftigen Zeiten geworden.

§. 33.

Die Theorie der Krankheit, welche in den hippokratischen Schriften enthalten ist, ohne daß man deßwegen berechtiget wäre, den Hippokrates für den wahren Urheber derselben zu erklären, wurde in der Folge in der **dogmatischen Schule** weiter ausgebildet. Der in ihr herrschende Geist leuchtet am klarsten aus folgender Stelle des Plato in seinem Timäus hervor. »Das Mißverhältniß der physischen Elemente des Körpers ist die nächste Ursache aller Krankheiten; »da nun das Mark, die Knochen, die Muskeln und Bänder »aus diesen Elementen eben so zusammen gesetzt sind, als das »Blut und die aus demselben abgesonderten Säfte, so entstehen »dergestalt die Verderbnisse der Säfte aus dem Mißverhältnisse »ihrer Elemente, und aus den erstern wieder die Unterschiede »der Krankheiten. Wenn alte, harte Muskeltheile schmelzen »und in Verderbniß übergehen; so erzeugt sich die **scharfe** »**schwarze Galle**: die **gelbe Galle** aber, wenn frische »zarte Muskelfasern von der Hitze schmelzen. Mit Unrecht »scheinen beyde Flüssigkeiten den Namen der Galle zu führen. »Wenn frisches, zartes Fleisch mit Luft zusammen schmilzt; so »entsteht eine seröse, phlegmatische, Ausartung der »Säfte, die theils von saurer, theils von salziger Beschaffenheit ist. Die gefährlichsten bösartigen Krankheiten haben »ihren Grund in Verderbniß des Markes. — Auch der **Geist** »**(pneuma)** macht sehr schwere Krankheiten, da alle Krämpfe »und heftige Schmerzen davon hergeleitet werden. — Aus »Entzündung der Galle entstehen die meisten hitzigen und entzündlichen Krankheiten; die Epilepsie und andere chronische »Übel aus schwarzgalliger Verderbniß. Vom Phlegma entstehen

»die meisten Flüsse, wie Ruhren und Bauchflüsse. Vom Über-
»flusse des Feuers rühren die anhaltenden Fieber, vom Über-
»flusse der Luft die alltäglichen, von dem Wasser die dreytägi-
»gen, und von der Erde die viertägigen Fieber her.«

§. 34.

Diese pathologischen Ansichten blieben zwey Jahrhunderte nach Hippokrates die herrschenden. Und nur zwey Männer bereiteten im Verlaufe dieser Zeit unserer Wissenschaft ein besseres Schicksal für die Zukunft vor. Aristoteles (geb. 384 J. v. Christ.) und Erasistratus von Kos, welcher zu Alexandrien lebte: der erstere durch seine großen Bemühungen im Felde der Naturgeschichte und der vergleichenden Anatomie, der letztere durch genauere Zergliederung der menschlichen Leichname: denn das hellere Licht, welches dadurch über die Physiologie geworfen wurde, mußte sich in der Folge nothwendiger Weise auch über die Pathologie verbreiten. Erasistratus wagte es sogar, das pathologische System der Dogmatiker umzustürzen; indem er als obersten Grundsatz der Pathogenie die Behauptung aufstellte: daß nicht Verderbniß, sondern Verirrung (error loci) der Säfte und des Luftgeistes (pneuma) in fremde Gefäße den Grund der Krankheit enthielte. So entstünden Fieber und Entzündungen nur daher, wenn das Blut aus den Venen in die größern oder kleinern Schlagadern (von denen man damals noch glaubte, daß sie nicht Blut, sondern bloßen Luftgeist enthielten) sich verirrte. Auch die Lähmung leitete er von Verirrung des Nahrungssaftes der Nerven in ihre Höhlen ab.

§. 35.

Indessen behauptete sich dennoch das System der Dogmatiker, indem es in der alexandrinischen Schule eifrige Lehrer und Beschützer fand. Da sich aber diese mehr an sophistische Deductionen aus willkürlichen Wortbestimmungen, als an wahre Naturanschauungen hielten; so erhielt die Pathologie unter ihren Händen wohl die hohle Form, keineswegs aber den gediegenen Gehalt einer Wissenschaft, und gab so den Ärzten mehr Stoff zu unnützen Streitigkeiten, als Anleitung zum sichern Handeln am Krankenbette.

Eine solche Theorie verdiente allerdings die Verachtung, welche ihr von vielen Ärzten der damahligen Zeit zu Theil wurde, und man konnte es diesen nicht verargen, wenn sie sich in Ermanglung einer bessern der Erfahrung allein in die Arme warfen, und die Krankheiten mehr nach ihrer äußern Form, als nach ihrer innern Natur zu bestimmen und zu behandeln suchten. Die Erscheinungen der Krankheiten, die Analogie und später der Epilogismus, oder der Schluß von dem Erscheinenden auf das ihm zum Grunde liegende Verborgene, waren ihre leitenden Hülfsmittel. Der Verein der Ärzte, welche sich zu dieser Verfahrungsweise bekannten, wurde die **empirische Schule** genannt, deren Begründung gegen das Jahr 250 vor Christi Geburt fällt. Der Urheber derselben war **Philinus von Kos**, ihre vorzüglichsten Beförderer aber **Serapion der Alexandriner**, und **Heraklides von Tarent**.

§. 36.

Allein mit bloß sinnlichen Anschauungen kann sich der menschliche Geist nicht begnügen, da ihn sein inneres Wesen unaufhörlich treibt, den innern Zusammenhang der Dinge und ihre ersten Gründe aufzusuchen. Da nun also weder diese Empirie, noch die bisherige Theorie der Dogmatiker den Ärzten eine sichere Grundlage zur Erkenntniß und Behandlung der Krankheiten abgaben; so suchten sie dieselbe in einem neuen pathologischen System, welche, von einem **mechanischen Princip** ausgehend, die ursprünglichen krankhaften Veränderungen auf die festen Theile des Organismus bezog, und in der **Schule der Methodiker** vorgetragen wurde.

Dieses System der Methodiker schlägt seine tiefste Wurzel in der Corpuscular-Philosophie des Epikur, deren erste Begründer ältere griechische Philosophen, Anaxagoras, Leukippus und Demokritus waren.

Nicht verschiedenartige Urstoffe, sondern unendlich kleine Grundkörperchen, Atome, die sich bloß durch ihre Gestalt von einander unterscheiden, bilden, indem sie in verschiedenen Raumverhältnissen zusammentreten, die Körper, deren Eigenschaften durch die Menge der Atome, welche sie enthalten, und durch ihr Verhältniß zu den leeren Zwischenräumen (Poren), welche bey ihrer Vereinigung zwischen ihnen übrig bleiben, bestimmt werden. Auf gleiche Weise entstehet der menschliche Körper, und sein regelmäßiger oder regelwidriger Zustand hängt einzig und allein von dem Wechselverhältnisse zwischen seinen Atomen und Poren ab. Alle Krankheiten wurden auf drey Gattungen (communitates), die Straffheit, die Schlaffheit und den gemischten Zustand zurückgeführt. Straffheit (strictum) entstand aus übermäßiger Anhäufung und zu enger Verbindung der Atome in den Theilen des Organismus, woraus nothwendiger Weise eine Abnahme der Poren und eine geringere wechselseitige Beweglichkeit der Atome erfolgen mußten. Die Schlaffheit (laxum) bezeichnete die krankhafte Veränderung in den Gebilden des Organismus, welche aus dem, dem vorigen entgegengesetzten Verhältnisse zwischen Atomen und Poren hervorging. Litten einige Theile des Körpers an Schlaffheit, während andere zu straff waren, so stellte dieses den gemischten Zustand (mixtum) dar.

Dieses System, welches in dem Jahrhunderte vor Christi Geburt zu Rom das größte Aufsehen machte, wurde von Asklepias von Bithynien gegründet, in der Folge von Themison und Thessalus mehr ausgebildet. Die beste Übersicht desselben lieferte Cälius Aurelianus. Zu den

Zierden dieser Schule gehört als classischer Schriftsteller Cornelius Celsus.

§. 37.

Die **Pneumatiker**, welche im ersten Jahrhunderte nach Christi Geburt zu Rom ihr Wesen trieben, waren nichts anderes, als Dogmatiker, welche die Lehre vom Pneuma und dessen krankhaften Veränderungen mehr ausbildeten, oder vielmehr verbildeten. Nach ihnen könnte das Pneuma im lebenden menschlichen Körper verdichtet, verdünnt, trocken, feucht, warm, kalt und trübe werden, und in diesen Veränderungen den Grund der mannigfaltigsten Krankheiten enthalten.

§. 38.

Der Einseitigkeit, welche in allen diesen Systemen herrschte, glaubten manche Ärzte der damahligen Zeit dadurch zu entgehen, daß sie die vorzüglichsten Lehren der Dogmatiker, Methodiker und Empiriker in ein Ganzes zusammen zu tragen suchten. Sie nannten sich **Eklektiker**, und erkannten als ihren Anführer den Agathinus von Sparta. Unter die ausgezeichnetsten Anhänger derselben gehört Aretäus aus Kappadocien, ein trefflicher Zeichner der Krankheitsformen.

§. 39.

So stand es mit der Pathologie bis in das zweyte Jahrhundert nach Christi Geburt: schwankend lagen die Systeme der Dogmatiker und Methodiker in der Wagschale der Kritik; da erstand Claudius Galenus und warf das schwere Gewicht seines vielumfassenden Geistes und seiner außerordentlichen Gelehrsamkeit in die Schale des dogmatischen, und von nun an war seine Alleinherrschaft noch auf tausend Jahre und darüber entschieden. Es gibt außer Hippokrates keinen Lehrer in der Medicin, welcher eine solche unumschränkte Gewalt über die Denk- und Handelsweise der Ärzte durch so viele Jahrhunderte ausgeübt hätte, als Galenus. Er ward im Jahre 131 nach Christus zu Pergamus geboren, und legte seine ruhmvolle Laufbahn zu Rom zurück.

Er bearbeitete das dogmatische System in seinem ganzen Umfange, gab ihm eine wissenschaftliche Form und jenen Grad von Vollendung, für welchen es nur immer empfänglich war. Der Geist desselben mag aus folgender Skizze, die wir nach Sprengel liefern, hervorleuchten.

§. 40.

Die Quelle des Lebens ist das Pneuma, welches durch das Athmen aus der Luft in das Blut gelangt; aus ihm gehen die Lebens-, die thierischen und natürlichen Kräfte hervor, deren Centralorgane das Herz, das Gehirn und die Leber sind. Jedes einzelne Organ besitzt außer diesen noch seine eigenthümlichen Kräfte: eine anziehende, zurückhaltende, umwandelnde und austreibende, vermittelst welcher die einem jeden eigenthümliche Verrichtung vollbracht wird.

Der thierische Körper entsteht aus den gemeinen vier Elementen, über welche Galenus noch Uranfänge der Dinge hinaussetzte, welchen keine sinnlichen Eigenschaften mehr zukommen. Das in der Zusammensetzung eines Körpers vorschlagende Element bestimmt seine ersten Eigenschaften, das Gesammt-Verhältniß aller, oder die ganze Mischung (crasis s. temperies) begründet seine zweyten.

Aus den vier Grundstoffen werden durch Zusammensetzung nach bestimmten Verhältnissen die vier Cardinalsäfte des thierischen Körpers: Blut, Schleim, gelbe und schwarze Galle, gebildet. Im Blute waltet ein gewisses Ebenmaß der Elemente; im Schleime überwiegt das Wasser, in der gelben Galle das Feuer, in der schwarzen die Erde. Die Gesundheit gehet aus einem bestimmten Verhältnisse zwischen den

Elementen und zwischen den festen und flüssigen Theilen des Organismus hervor.

§. 41.

Auf diese physiologischen Grundsätze stützten sich folgende für die Pathologie.

Krankheit ist der Zustand des Körpers, wodurch die Verrichtungen gestört werden. Das nächste Erzeugniß der Krankheit ist demnach die Störung der Verrichtung oder das Leiden (passio), aus welchem dann die Krankheitserscheinungen (Symptome) entspringen.

Die Krankheiten werden auf die festen und flüssigen Theile des Organismus bezogen. Die Krankheiten der festen Theile beruhen entweder auf regelwidrigen Veränderungen der einfachen Theile (morbi partium similarium), und haben ihren Grund im gestörten Verhältnisse der Elemente, oder sie betreffen zusammengesetzte Gebilde, Organe (morbi organorum), und gehen von regelwidriger Zahl, Gestalt, Größe und Lage derselben aus. Die Verletzung ist den einfachen Theilen und den Organen gemein.

Die Abweichungen der Säfte von der Regel sind in fehlerhafter Menge und im Verderbniß derselben begründet. Der Überfluß des Blutes ist entweder absolut oder relativ. Jede Verderbniß der Säfte wurde von Galen mit dem Namen Fäulniß belegt, und die meisten Fieber von dieser abgeleitet, das alltägliche ausgenommen, dessen Grund in einem fehlerhaften Zustande des Pneuma gesucht wurde.

Die Ursachen der Krankheiten wurden von ihm schon in entfernte und nähere, in innere und äußere, in vorbereitende und erweckende eingetheilt.

Die Krankheitserscheinungen mußten in den gestörten Verrichtungen, in den sinnlich wahrnehmbaren Eigen=

schaften des Körpers und in den ab = und ausgeschiedenen Stoffen gesucht werden.

§. 42.

Unter dem Galen hat die Heilwissenschaft des Alterthums die höchste Stufe ihrer Entwicklung erreicht; nach ihm fing sie an zu altern, und versank endlich in einen Winterschlaf von tausend Jahren, welcher höchstens durch magische und astrologische Träume unterbrochen wurde. Mit dem römischen Reiche gingen alle Bildungsanstalten mit allen ihren Hülfsmitteln unter: alle Kenntnisse von der Natur der Dinge schwanden: die Entstehung der Krankheiten und ihre Heilung wurden von übersinnlichen Mächten, von dem Einflusse der Dämonen und Gestirne abgeleitet; mit einem Worte: auch im Gebiete der Heilkunde hatte sich die zügellose Phantasie des Herrschersitzes der Vernunft bemeistert, um der Welt ihre nächtlichen Geburten für Kinder des Lichtes und der Weisheit aufzudringen.

§. 43.

Die Araber, welche vom siebenten Jahrhundert an die alte Welt zu beherrschen anfingen, eigneten sich auch die Philosophie und Medicin der Griechen an, und folgten in der Pathologie dem Galen, den sie mit peripatetischer Spitzfindigkeit commentirten, und dadurch dessen Lehrsätze mehr verwirrten, als aufklärten.

§. 44.

Im christlichen Abendlande schlummerte indessen der menschliche Geist in der tiefen Nacht der Unwissenheit bis gegen das eilfte Jahrhundert hin, wo die salernitanische Schule zu blühen anfing. Wenn auch der Charakter dieser Schule viele Ähnlichkeit mit jenem der ehemahligen alexandrinischen hat, wenn auch blinder Glaube an Galens und der arabischen Ärzte Aussprüche und scholastischer Wortkram das Vorzüglichste war, was man in dieser Schule fand; so bleibt ihr doch das Verdienst, das Studium der griechischen Heilkunde wieder mehr in den Gang gebracht zu haben.

§. 45.

Zweyter Zeitraum. Schon im dreyzehnten und vierzehnten Jahrhunderte zeigte sich wieder eine leichte Dämmerung im Reiche der Wissenschaften, aber der hellere Morgen brach erst im funfzehnten Jahrhundert an. Die günstigen Umstände, welche in der Wissenschaft überhaupt und in der Heilkunde insbesondere ein neues Leben weckten und beförderten, die Ärzte von der Sclaverey, in welcher sie Aristoteles, Galenus und die arabischen Schriftsteller gefesselt hielten, wieder erlöseten, und sie zum Studium der ältern classischen Griechen, zum Selbstdenken und Selbstprüfen der Natur bestimmten, waren: die Flucht vieler gelehrten Griechen aus ihrem von den Türken erorberten Vaterlande nach dem Abendlande von Europa, wo sie nun eine bessere Bekanntschaft mit den Werken ihrer Nation aus der Vorzeit verbreiteten; die Erfindung der Buchdruckerkunst, welche das wirksamste Mittel zu einem schnellern geistigen Verkehr an die Hand gab; das Umsichgreifen von Krankheiten, welche in Europa bisher unbekannt gewesen waren, z. B. vom englischen Schweiße, vom Scharbock, von der Lustseuche, für welche man im Galenus und den Arabern keinen Rath fand; endlich die Entdeckung von Amerika, wodurch die Ärzte mit so manchen bisher unbekannten Naturerzeugnissen und Arzneymitteln bekannt wurden.

Eines der wirksamsten Beförderungsmittel ihres Emporkommens fanden insonderheit Physiologie und Pathologie in dem neu erwachten Eifer, mit welchem die Zergliederung menschlicher Leichname von nun an betrieben wurde.

§. 46.

Am Ende des funfzehnten Jahrhunderts wurde Philippus Aureolus Theophrastus Paracelsus Bombastus von Hohenheim geboren, ein Mann von außerordentlicher Geisteskraft, aber ohne wissenschaftliche und sittliche Bildung. Er war es, welcher das bisher allein herrschende scholastisch-galenische System der Medicin von Grund aus umstürzte, um auf dessen Trümmern ein ganz neues aufzuführen, welches von einem chemisch-dynamischen Princip ausgehend, sich in bloße alchemische und astrologische Träumereyen einwickelte. Drey Elemente sind es, welche den menschlichen Körper zusammensetzen: Schwefel, Salz und Merkur. Den aus dem Zusammentritt dieser Elemente gebildeten Körper beherrscht der Lebensgeist, Archäus. Das gestörte Verhältniß der Elemente, das Aufbrausen des Salzes, das Verbrennen des Schwefels, die Gerinnung des Merkurs enthalten den nächsten Grund der Krankheiten. Zu den erzeugenden Ursachen derselben zählt er außer den bekannten äußern Einflüssen noch die göttliche Prädestination, vor allen aber den Einfluß der Gestirne.

§. 47.

Eine andere Gestalt erhielt die Pathologie im siebzehnten Jahrhundert von Johann Bapt. Helmont, welcher sie auf ein rein dynamisches Princip zurückführte. Ein mit Bewußtseyn begabter Geist, welcher im Magen seinen Sitz hat, der Archäus, ist die Quelle alles Lebens, und in ihm liegt der Grund aller Veränderungen und des gesammten Schicksals des Organismus. Er bildet sich denselben aus Wasser, dem einzigen Urstoffe aller Körper, vermittelst eines Ferments, und leitet durch Hülfe des letztern von seinem Wohnsitze, dem Magen, aus alle Verrichtungen. Nicht Verderbnisse der Säfte, nicht Veränderungen der festen Theile enthalten den nächsten Grund der Krankheiten, sondern diese werden durch die Selbstbestimmung des Archäus hervorgerufen, wenn er durch äußere Veranlassungen aufgeregt, erzürnt, erschreckt u. s. w., dadurch in seinen Geschäften verwirrt und außer Stand gesezt wird, in der Versendung seines Ferments aus dem Magen nach andern Theilen das gehörige Maß und Ziel zu beobachten. Die Krankheit erregenden Schädlichkeiten wirken weder auf die Säfte, noch auf die feste Organisation, sondern immer auf den Lebensgeist. Alle materiellen Veränderungen im Organismus sind Wirkungen der regelwidrigen Thätigkeit des Archäus. — Unstreitig liegt in diesen Ansichten der erste Keim der neuern dynamischen Systeme der Pathologie verborgen.

§. 48.

Gegen die Mitte desselben Jahrhunderts gab Franz de le Boe Sylvius der Pathologie wieder eine chemische Grundlage von eigenthümlichem Charakter, und führte ein System der Medicin auf, welches eine Zeitlang das herrschende in Europa wurde. Saure und alkalische Substanz sind die ursprünglichen Anreger aller Vorgänge in der Natur. Aus ihrer Wechselwirkung entstehet Gährung, die Quelle aller Erzeugnisse in der Natur. Auch das Leben ist nichts anderes, als Gährung, und die Verrichtungen des Organismus stellen nur verschiedene Modifikationen derselben dar: Die Gesundheit geht demnach einzig und allein aus einem bestimmten Verhältnisse zwischen Säure und Alkali hervor, und jede Krankheit beruhet auf einem Mißverhältnisse zwischen beyden. Daher zerfällt das ganze Reich der Krankheiten in zwey Hauptklassen, wovon die eine jene enthält, welche aus Übermaß von Alkali, die andere das ungleich größere Heer der Übel begreift, welche der vorherrschenden Säure ihren Ursprung verdanken. Die Lebensgeister haben den geringsten Antheil an Erzeugung der Krankheiten. — Wenn auch die Grundvorstellung dieses Systems zu einer viel zu einseitigen

Ansicht des Organismus, seines Lebens und der Krankheit, und zu einer sehr häufig verderblichen Behandlungsmethode führte; so ist doch in demselben schon ein Grundsatz ausgesprochen, dessen vollständigere Entwicklung zu den dynamischen Systemen der neuesten Zeit geführt hat; nämlich der Grundsatz: daß alles besondere Leben nur aus innerer und äußerer Wechselwirkung und Gegensatz begriffen werden könne.

§. 49.

So gestaltet gelangte die Pathologie ins achtzehnte Jahrhundert, in welchem sie einen fruchtbareren Boden, als in allen vorhergehenden, fand, um tiefere Wurzel zu schlagen, und sich im raschern Wachsthume vielseitiger auszubilden. Keines der vergangenen Jahrhunderte bot aber auch dem Gedeihen der Heilkunde überhaupt und der Pathologie insbesondere, so viele günstige Umstände und wirksame Beförderungsmittel dar, als eben das gegenwärtige. Die großen Fortschritte, welche die Naturkunde in allen ihren Theilen machte, das hellere Licht, welches sich seit der Entdeckung des Kreislaufes des Blutes, welche im vorigen Jahrhunderte (1619) durch Harvey geschah, über das Gebieth der Physiologie verbreitete, der regere Beobachtungsgeist am Krankenbette, welcher seit Sydenham unter den Ärzten erwachte, — alles dieses vereinigte sich jetzt, um eine bessere Begründung und vollere Entwicklung der Pathologie herbey zu führen. Dennoch spaltete sich auch die Pathologie der neuesten Zeit wieder in verschiedene Systeme nach Verschiedenheit der Principien, von welchen die verschiedenen Schulen ausgingen; so zwar, daß auch die neueste Zeit wieder die Entstehung und das Wesen der Krankheiten entweder aus bloß mechanischen oder aus bloß chemischen, oder aus den dynamischen Verhältnissen des lebenden Organismus allein abzuleiten suchte; bis man endlich zu der Einsicht gelangte, daß die wahre Ansicht des Lebens im gesunden und kranken Zustande nur jene seyn könne, welche die mechanischen und chemischen Verhältnisse des belebten Organismus unter der Herrschaft der höhern dynamischen umfasse.

§. 50.

Aus der mechanischen Grundansicht des Lebens ging eine Humoral= und eine Solidarpathologie hervor, deren Bekenner Jatromathematiker, auch Jatromechaniker genannt wurden. Als ihren Stifter erkannten sie Joh. Alfons Borelli an.

Die Anhänger der aus einem mechanischen Princip entwickelten Humoralpathologie erklärten den Organismus für eine hydraulische Maschine, und das Leben für eine Bewegung, welche aus der mechanischen Wechselwirkung zwischen den flüssigen und festen Theilen des Organismus hervorgeht. Jede Krankheit beruhet auf Störung dieser mechanischen Wechselverhältnisse, deren erster Grund immer in einer Veränderung der Säfte zu suchen ist. Die Flüssigkeitsgrade der Säfte, ihre Mischung, ihre milde oder scharfe Beschaffenheit hängen ganz von den mechanischen Eigenschaften ihrer kleinsten Theile, von deren Größe, Festigkeit, Elasticität, Gestalt und Theilbarkeit ab. Der Zustand der festen Theile wird durch den Grad ihrer Cohäsion, und dieser wieder durch das Verhältniß ihrer erdigen Bestandtheile und des zwischen diesen befindlichen Leimes bestimmt, und im kranken Zustande auf übermäßige Stärke und Schwäche zurückgeführt. Aus der fehlerhaften mechanischen Wechselwirkung zwischen den flüssigen und festen Theilen entstehen Fieber, Verirrung der Säfte an unrechte Orte, Verstopfung, Entzündung u. s. w. Der vorzüglichste Bearbeiter, Lehrer und Verbreiter dieses Systems war Hermann Boerhaave.

§. 51.

Aus demselben mechanischen Princip entwickelte

Friedrich Hoffmann seine Solidarpathologie. Das Leben ist auch ihm bloße mechanische Bewegung, hervorgehend aus der Wechselwirkung zwischen der expansiven Thätigkeit des Blutes und der contractiven des Herzens und der Arterien. Das Bewegungsvermögen der Theile des Organismus wird durch den Nervenäther unterhalten, welcher im Gehirne aus dem Blute ausgeschieden, und vermittelst der Nerven in alle Theile des Körpers geleitet wird. Die Krankheit beginnt in den festen Theilen, auf welche die schädlichen Einflüsse zunächst einwirken, und beruhet entweder auf zu starker Bewegung — Krampf — oder auf Trägheit und Schwäche derselben — Atonie. — Zwar verdienen die regelwidrige Menge und Mischung, die Schärfen der Säfte und besonders die Unreinigkeiten in den ersten Wegen die Aufmerksamkeit des Arztes; indessen sind sie doch in den meisten Fällen als Erzeugnisse der krankhaften Bewegungen der festen Theile zu betrachten. Nicht ganz einig mit sich selbst nimmt Friedr. Hoffmann hier und da auch ursprüngliche Fehler der Säfte an.

§. 52.

Zu derselben Zeit und an demselben Orte (zu Halle) gab Ernst Stahl der Theorie der Medicin eine neue dynamische Grundlage. Die Quelle aller Lebensthätigkeit ist die Seele, welche sich ihren Organismus selbst baut und durch beständige Bewegung erhält. Diese Bewegung ruft die Seele durch ihre Einwirkung auf die Spannkraft (tonus) der festen Theile hervor. Alle Krankheiten werden zuletzt auf unordentliche Bewegungen zurückgeführt, welche die Seele absichtlich erregt, um schädliche Dinge aus dem Organismus zu entfernen. Diese krankhaften Bewegungen sind entweder zu stark oder zu schwach, oder verkehrt. Der Hauptfeind der Gesundheit ist die Vollblütigkeit, welche zur Verdickung, zu Stockung des Blutes u. s. w. führt. Andere Verderbnisse der Säfte werden nicht zugegeben; daher ist dann auch die Seele immerdar auf Verminderung der Blutmenge bedacht, und sie erreicht diesen Zweck entweder durch Erweckung von Fieber, wodurch ein Theil des Blutes zerlegt und unbemerkt ausgeleert wird, oder dadurch, daß sie Congestionen des Blutes nach einzelnen Theilen, und in deren Gefolge Blutungen hervorruft. Hierin liegt der Grund, warum jedes Alter seinen eigenthümlichen Blutflüssen unterworfen ist, hierin liegt der Grund der Nothwendigkeit des Hämorrhoidalflusses für das männliche Geschlecht.

§. 53.

Die höhere Ausbildung, welche in der Zwischenzeit der Physiologie, besonders durch die Bemühungen des großen Hallers, zu Theil wurde, äußerte ihren wohlthätigen und fördernden Einfluß auch auf die Pathologie, in welcher die dynamischen Verhältnisse des Organismus immer mehr ins Licht gesetzt wurden. Diese wurden vorzüglich von Gaubius, dem ersten Pathologen dieser Zeit, gewürdiget, der in seinem klassischen Werke über diese Wissenschaft alle Verhältnisse des Organismus, die dynamischen, chemischen und mechanischen, zu umfassen suchte; indem er den Grund der Krankheiten zum Theil in der Veränderung der Lebenskraft, welche er für eine von allen Naturkräften wesentlich verschiedene Grundkraft ansah, zum Theil in den materiellen—chemischen und mechanischen — Veränderungen der festen und flüssigen Theile des Organismus suchte, ohne jedoch den innern Zusammenhang und das einende Princip aller aus dem Dunkeln hervor zu ziehen.

§. 54.

Das pathologische System, welches später Wilh. Cullen und Jak. Gregory vortrugen, war nur darin von jenem Friedr. Hoffmanns unterschieden, daß sie das

Princip der organischen Bewegung, die Nervenkraft, nicht mechanischen, sondern eigenen Lebensgesetzen unterwarfen. Die Zurückführung der Krankheiten auf abnorme Zurückwirkung der festen Theile, der untergeordnete Rang, welchen die Veränderungen der Säfte einnahmen, die Eintheilung der Krankheiten, waren dieselben, wie die von Friedr. Hoffmann vorgetragenen.

§. 55.

Bey diesem Emporstreben der Solidarpathologie nach höhern dynamischen Ansichten blieb ein großer Theil der Ärzte der Humoralpathologie getreu, welche man nun fortan von einem chemischen Gesichtspunkte aus bearbeitete. Christ. Ludwig Hoffmann setzte den Grund des Lebens zwar in die Sensibilität und Irritabilität der festen Theile, und in die Zurückwirkung derselben auf die auf sie einwirkenden Reitze: allein der Ursprung der Krankheit wurde von ihm von entarteten Säften abgeleitet, welche als fremdartige Reitze die empfindlichen und reitzbaren Gebilde zu regelwidriger Thätigkeit bestimmen. Alle Entartungen der Säfte wurden auf die saure und faule zurückgeführt, von welchen letztere am häufigsten vorkommt, und die Quelle der meisten Krankheiten darstellt. Denn im Blute und in den übrigen Flüssigkeiten des Organismus waltet immerdar eine große Neigung zur Fäulniß, und es fehlt in ihnen nie an Theilen, welche von derselben bereits ergriffen worden sind. Die Anhäufung fauler Stoffe in den Säften des Organismus hindern nun die Reinigungsorgane: Lungen, Haut, Nieren, Darmkanal, durch die beständige Ausscheidung derselben. Werden die Verrichtungen dieser Organe gehemmt; so sammelt sich eine größere Menge des Faulenden in den Säften, und bestimmt nun durch seinen widerwärtigen Reitz die Gefäße, Nerven u. s. w. zu krankhafter Thätigkeit, woher Fieber, Entzündungen und so viele andere Krankheiten ent=

stehen müssen. Der Ursprung dieses Systems fällt gegen das Jahr 1770.

§. 56.

Eine noch haltbarere Stütze glaubte die Humoralpathologie an den großen Entdeckungen zu erhalten, welche bald darauf im Felde der **Chemie** gemacht wurden, und welche ein großes Licht über die Naturkunde überhaupt, über die materiale Seite des lebenden Organismus und dessen chemische Verhältnisse zur Außenwelt verbreiteten. Allein der Gewinn, welchen die Pathologie daraus hätte schöpfen können, wurde dadurch sehr beschränkt, daß die Bearbeiter derselben eine zu voreilige und einseitige Anwendung von diesen Entdeckungen machten, und Wahrheiten von untergeordnetem Range zu den höchsten Principien der ganzen Wissenschaft erhoben.

So fehlte es nicht an Ärzten, welche einen einzelnen Grundstoff, z. B. das Oxygen, für das Princip des gesammten Lebens erklärten, und aus dessen Vermehrung und Verminderung die Grundkrankheiten ableiteten. Andere betrachteten das Leben als eine besondere Gattung des chemischen Prozesses, wie z. B. **Brandis**, der in ihm einen Verbrennungsprozeß des Kohlenstoffes vermittelst des eingeathmeten Sauerstoffes erkannte. Andere endlich, wie **Joh. Christ. Reil**, legten den Grund des Lebens und seines Wechsels in der gesammten Mischung und Form der Organisation. **Joh. Bapt. Baumés** bauete auf diese Ansicht ein durchgeführtes pathologisches System. Nach ihm beruhet jede Krankheit auf dem gestörten Verhältnisse der Grundstoffe des thierischen Körpers, für welche ihm Sauer=, Wärme=, Wasser=, Stick= und Phosphorstoff galten: woher dann so viele Krankheitsclassen als Grundstoffe des Organismus entstehen, deren jede durch Übermaß oder Mangel eigene Krankheiten zu erzeugen im Stande ist. — Auf den ersten Anblick erkennt man an diesem Systeme nichts anderes, als einen verjährten Dogmatismus in einer neuen Gestalt, und ein Gewebe, welches sich zuletzt in lauter willkürliche Annahmen auflöset.

§. 57.

Von sehr wichtigen Folgen für unsere Wissenschaft war die Umwälzung, welche die Theorie der Medicin gegen das Jahr 1780 durch John Brown erlitt, welcher aus einem dynamischen Princip ein höchst einfaches pathologisches System entwickelte. Der Grund des Lebens ist die Erregbarkeit, oder die Eigenschaft des Organismus, durch äußere Reize zur Zurückwirkung bestimmt zu werden: das Leben selbst und jeder Zustand desselben beruhen einzig und allein auf dieser Zurückwirkung der mit Erregbarkeit begabten Gebilde auf äußere Reize oder auf Erregung. Jedem organischen Individuum wird ein bestimmtes Maß der Erregbarkeit angeboren, welche durch die Einwirkung der Reize allmählich verzehrt, durch Entziehung der Reize aber wieder erhöhet wird.

Jeder Zustand des lebenden Organismus wird durch den Stärkegrad der Erregung bestimmt. Aus einem, dem Individuum angemessenen mittleren Grade derselben gehet die Gesundheit hervor: Abweichung der Erregung von diesem Grade — über oder unter ihn — gibt den Begriff der Krankheit. Die Krankheiten werden in allgemeine und örtliche unterschieden, je nachdem sie aus einer regelwidrigen Bestimmung des Lebensprincips, der Erregbarkeit, oder aus chemischen und mechanischen Veränderungen der Organisation entspringen. Die Beschaffenheit der festen und flüssigen Theile im Gesammtorganismus ist überall Wirkung der Erregung. Jeder allgemeinen Krankheit geht eine Hinneigung des Organismus zu selber (opportunitas) vorher, d. h. ein zwischen Gesundheit und Krankheit schwankender Zustand, der sich jedoch letzterer mehr annähert. Alle allgemeinen Krankheiten scheiden sich in zwey Reihen: sthenische und asthenische. Die Sthenie bezeichnet Übermaß der Erregung und leitet ihren Ursprung von der Einwirkung zu starker Reize auf die Erregbarkeit ab. Die Asthenie drückt ein zu geringes Maß der Erregung aus und ist nach dem Verhältnisse der Erregbarkeit, oder vielmehr der Reizempfänglichkeit, welches dabey Statt findet, von zweyfacher Gattung: entweder directe, oder indirecte. Die directe Asthenie ist Schwäche der Erregung mit erhöheter Erregbarkeit, oder vielmehr Reizempfänglichkeit, und entstehet immer von verminderter Einwirkung der äußern Reize: indirecte Asthenie bedeutet Schwäche der Erregung mit Abstumpfung der Erregbarkeit und erkennt übermäßig starke, oder zu lang anhaltende Einwirkung der Reize als ihre äußere Ursache an, ist demnach eine Tochter vorausgegangener, mehr oder weniger wahrnehmbarer Sthenie. Außer diesen gibt es zwischen den in der Erfahrung vorkommenden Krankheiten keine andern Verschiedenheiten, als jene, welche sich auf die verschiedenen Abstufungen von Sthenie und Asthenie gründen.

§. 58.

Bevor wir die Geschichte des Brown'schen Systems bis an ihr Ende verfolgen, wollen wir inzwischen noch desjenigen erwähnen, welches zu gleicher Zeit Erasmus Darwin in seiner Zoonomie entwickelte, und welches in seiner Grundansicht von dem Brown'schen nicht verschieden ist. Die sensorielle Kraft, welche in den Nerven und Muskelfasern ihren Sitz hat, bringt, durch Reize dazu aufgefordert, die Lebensbewegungen hervor, und steht hierbey unter denselben allgemeinen Gesetzen, als Browns Erregbarkeit. Jede Krankheit beruhet auf regelwidriger Lebensbewegung, welche durch Zu= oder Abnahme, oder auch durch ihre Richtung von ihrem gesetzmäßigen Gange abweichen kann. Da es nun aber vier Gattungen von Lebensbewegungen: nämlich, Reitzungs-, Empfindungs-, Willens- und Associations-Bewegungen im menschlichen Organismus gibt; so muß man auch in Bezug auf dieselben vier Classen von Krankheiten aufstellen, deren jede drey Ordnungen unter sich enthält, je nachdem jede Gattung der Lebensbewegungen durch Übermaß, durch Schwächung oder verkehrte Richtung fehlerhaft erscheint.

§. 59.

Mehrere Anhänger fand indessen das Brown'sche System, besonders in Italien und Deutschland, in welchem letztern es unter dem Namen der Erregungstheorie mehr ausgebildet wurde. Als Vorzüge derselben rühmte man die Einheit des Princips, die Folgerichtigkeit in der Entwicklung, die Leichtigkeit der Übersicht des ganzen Systems, dessen Übereinstimmung mit der Erfahrung und große Anwendbarkeit am Krankenbette.

Allein bald erschienen Männer, welche, dieses System mit unbefangenem Geiste und tiefer dringendem Blicke untersuchend, sich und andere überzeugten: daß die Erregbarkeit im Sinne Browns nicht zum höchsten Princip des Lebens geeignet, daß das Leben etwas mehr, als bloße Erregung durch äußere Reitze sey; daß die Zeugung, Entwicklung und beständige Wiederherstellung des Organischen im gesunden und kranken Zustande nicht als der Erregung untergeordnet betrachtet werden können; daß die Verhältnisse des lebenden Organismus zur äußern Natur und in sich selbst einseitig betrachtet würden, wenn sie bloß von ihrer *quantitativen* Seite, mit Vernachlässigung der *qualitativen* aufgefaßt würden, und daß sich endlich dieses System am Krankenbette bey weitem nicht in dem Maße als heilbringend bewähre, als seine Anhänger behaupteten.

§. 60.

Durch diese und andere Einwendungen gedrängt, nahm

die Erregungstheorie ihre Zuflucht zur Naturphilosophie, um in dieser ihre Grundlage mehr zu befestigen; fand aber statt Unterstützung nur Beschleunigung ihres Unterganges. Denn gerade die damahlige Medicin wurde von der Naturphilosophie am meisten geeignet gefunden, von ihr unterjocht und nach ihren Grundansichten umgebildet zu werden. Die Theorie der Heilkunde, welche von diesem Boden empor trieb, kann ihrem Geiste nach an folgendem kurzen Grundrisse erkannt werden.

Aus der absoluten Identität des Idealen und Realen wurde das allgemeine Naturleben, und aus diesem jedes besondere Leben abgeleitet. In der erscheinenden Natur offenbart sich das allgemeine Leben von seiner idealen Seite als Licht, von seiner realen als Schwere, und tritt, indem die ursprüngliche Einheit sich entzweyet, und das Entzweyete zur ursprünglichen Einheit zurückstrebt, unter den drey Formen des dynamischen Prozesses: Magnetismus, Electricität und Chemismus in die Erscheinung. In der organischen Natur waltet dasselbe allgemeine Leben, jedoch zu einer höhern Stufe gehoben und sich in dem Streben nach Indifferenz dem Urleben mehr annähernd, unter den Formen der Productivität, Irritabilität und Sensibilität. Die Zusammenstimmung dieser Thätigkeitsformen zur Einheit des Organismus nach der ihm in der absoluten Natur vorgebildeten Idee gibt den Begriff der Gesundheit: Abfall des besondern Organismus von der ihm zum Grunde liegenden Idee stellt sich in der Erscheinung als Krankheit dar, und beruhet auf dem gestörten Zusammenklange der Dimensionen des Organismus zur Einheit desselben. Nach Verschiedenheit dieser Dimensionen oder Grundfunctionen, welche ursprünglich, oder überwiegend ergriffen sind, werden die Krankheiten unterschieden: in Krankheiten der Productivität, der Sensibilität und Irritabilität u. s. w. Unter den vielen Versuchen, die Pathologie nach diesen Grundansichten wissenschaftlich zu gestalten, zeichnen sich die von Troxler, Reil und Kieser auf eine vortheilhafte Weise aus.

§. 61.

Wenn wir auch mit der Grundlage der Naturphilosophie und mit der in ihr herrschenden Methode nicht einverstanden sind; so können wir doch keineswegs in Abrede stellen, daß sich dieselbe um unsere Wissenschaft wesentliche Verdienste dadurch erworben hat: daß sie die Ärzte von ihrem Grundwahne, das Leben der organisirten Körper könne nur von einem seiner Natur nach unbekannten Wesen (qualitas occulta), von einer Lebenskraft eigener Art, von einer Erregbarkeit, oder einem — wie der deus ex machina immer heißen mag — abgeleitet werden, erlöset hat; daß sie den innigen Zusammenhang zwischen Leben im Einzelnen und im Ganzen in ein helleres Licht gesetzt und eben dadurch die unumgängliche Nothwendigkeit des Studiums der Natur für den Arzt nachgewiesen, und daß sie ihm endlich die Einseitigkeit der Betrachtungsweise des lebenden Organismus im gesunden und kranken Zustande gezeigt hat, nach welcher nur die innern und äußern **quantitativen** Verhältnisse der Lebensthätigkeit alle Aufmerksamkeit auf sich zogen, die **qualitativen** Verhältnisse derselben aber und ihrer Producte, welche doch die meiste Rücksicht verdienen, gänzlich außer Acht gelassen wurden. Dagegen fällt ihr aber auch zur Last, daß sie, oder vielmehr diejenigen ihrer Jünger, welche in den Geist weder dieser, noch irgend einer andern Philosophie tief genug eingedrungen waren, den Fortschritten der Pathologie und der Heilwissenschaft überhaupt ein mächtiges Hinderniß dadurch in den Weg gelegt haben: daß sie mit Vernachlässigung aller Untersuchung des Besondern durch unmittelbare Anschauung und Erfahrung, das System in allen seinen Theilen und Gliedern durch bloße Speculation aus dem Höchsten und Allgemeinsten zu entwickeln strebten und die bedeutenden Lücken, welche sich bey dieser Methode ergeben mußten, mit kühnen willkürlichen Behauptungen und monströsen Geburten einer verirrten Phantasie ausfüllten.

§. 62.

Durch alle diese Entwicklungsstufen hindurch ist die Theorie der Krankheit und der Heilkunde überhaupt da angekommen, wo sie sich jetzt befindet, und wo es nahe daran ist, daß die Ärzte von dem höchsten Gipfel der Speculation in die tiefsten Abgründe der Empirie zurück stürzen. Zwar fehlt es nicht an geisteskräftigen und vielseitig gebildeten Männern, die alles, was Naturwissenschaft und ärztliche Erfahrung in Fülle darbieten, zum Gedeihen der Pathologie verwenden, welcher sie nicht bloß äußere wissenschaftliche Form, sondern auch innern gediegenen Gehalt und organische Verbindung mit dem Handeln am Krankenbette zu geben suchen. **Hufeland, Harles, Burdach, Grossi, Sprengel, Kieser, Sachs** u. a. m. müssen aus dem deutschen Volke zu diesen Männern gezählt werden. Mustert man indessen das große Heer der praktischen Ärzte, so überzeugt man sich bald, daß die allermeisten unter dem Deckmantel der hippokratischen Medicin, der Naturphilosophie, des Contrastimulus, der Broussais'schen Irritations-Lehre, des Magnetismus, oder auch wohl der Homöopathie, nichts, als rohe Empirie am Krankenbette ausüben.

K. **Sprengels** Versuch einer pragmatischen Geschichte der Medicin. 5 Thle. Halle, 1792 — 1803. 8.

Desselben Kritische Übersicht des Zustandes der Arzneykunde im letzten Jahrzehend. Halle, 1801. 8.

A. Fr. **Hecker**, die Heilkunde auf ihrem Wege zur Gewißheit, oder die Theorien, Systeme und Heilmethoden der Ärzte seit Hippokrates bis auf unsere Zeiten. Erfurt, 1808. 8.

E. **Windischmann**, Versuch über den Gang der Bildung in der heilenden Kunst. Frankf. a. M. 1809. 8.

Dietr. G. **Kieser's** System der Medicin. Erst. B. Jena, 1817. S. 3 — 96.

Literatur der Pathologie überhaupt.

A. Allgemeine Pathologie in Verbindung mit dem gesammten Systeme der Medicin.

Hippocratis opera omnia, quae extant, in sectiones distributa, nunc recens latina interpretatione et annotationibus illustrata ab *Anutio Foësio.* Francof. 1595. Editio nova. Genevae, 1657. Fol. Recudi curavit G. J. *Pierer.* Altenb. 1806. III Tom. 8.

K. *Sprengel's* Apologie des Hippocrates und seiner Grundsätze. 2 Thle. Leipz. 1789. 1792. 8.

Prosper Alpinus de medicina methodica. Patavii, 1611. Fol. Lugd. Batav. 1719. 4.

Paul. Gottl. Werlhof, de medicina methodicae sectae ejusque usu et abusu. Helmst. 1723. 4.

Asclepiadis Bithyni fragmenta. Digessit et curavit *Chr. Gottl. Gumpert.* Vimar. 1794. 8.

Asclepiades und *John Brown.* Eine Parallele, von Carl Friedrich *Burdach.* Leipz. 1800.

A. Cornelii Celsi de medicina libr. VIII. Edid. *Thom. Jansen ab Almeloveen* Amstelod. 1685. 12. — 1713. 12. — Lugd. Bat. 1730. 8. — Roderod. 1751. 8.

A. Corn. Celsus, von der Arzneywissenschaft, in 8 Büchern. Aus d. Lat. mit dem Leben des Celsus nach *Bianconi.* Jena u. Leipz. 1799. 8.

Caelii Aureliani de morbis acutis et chronicis libr. VIII. J. Conr. *Amman* recensuit notasque adjecit. Accedunt *Th. Jansen ab Almeloveen* notae et animadversiones. Amstelod. 1709 — 1722 — 1755. 4.

Claud. Galeni opera. Venetiis apud Aldum. 1525. Fol. 1541. 8. — 1550 — 1556. — 1625. Fol.

Medicae artis principes post Hippocratem et Galenum. Ed. *Henr. Stephanus.* Paris, 1567. Fol.

Artis medicae principes. Recens. et praefat. est

Alb. ab Haller. Tom. XI. Lausann. 1769 — 1774. 8. Ed. altera. Ibid. 1787. 8.

Haly Abbas theoretice et practice, interprete *Stephano.* Venet. 1492. Fol. Lugd. 1515. Fol. — 1525. 4.

Avicennae Canon. Ed. *Gerhard* Patavii 1473. Fol. — 1479. Fol. — Jn lat. transl. a Gerardo. Venet. 1544. Fol.

Phil. Aureolus Theophrastus Paracelsus Werke. X Bände. Basel, 1589. 4. Frankf. 1603. IV. B. 4. Strasb. 1605. III B. Fol.

Joh. Fernelii universa medicina. Venet. 1564. 4. — Paris, 1567. Fol.

Dan Sennert, institutiones medicae. Viteb. 1611. 4.

Ejusdem opera omnia. Lugd. 1650 — 1676. VI. vol. Fol.

Joh. Bapt. van Helmont opera. Venet. 1651. Fol. Amstelod. 1652. 4. Lugd. 1661. Fol.

Franc. Sylvii de le Boë opera. Amstelod. 1679. 4. Ed. II. 1680. 4. — 1686. 4. — Ultrajecti 1695. 4. — Venet. 1708. Fol. — 1736. Fol.

Mich. Ettmüller opera omnia theoretico-practica, cura *Jo. Casp. Westphal.* Francof. 1696. Fol.

Chr. Joh. Langii opera omnia theoretico-practica, curante *Aug. Quirino Rivino.* Lips. 1704.

Georg Ern. Stahl opera. Ed. *Mich. Alberti.* Halae, 1707. II Vol. 4.

Ejusd. theoria medica vera. Hal. 1708. 4. Ed. *Jo. Junker.* 1737. 4.

G. E. Stahl's Theorie der Heilkunde. Dargestellt von *Wendelin Ruf.* Halle, 1802. 8.

Herm. Boerhaave institutiones medicinae. Lugd. Batav. 1707. 8. — 1727. Ed. V. 1734. Ed. VI. 1746 — 1774.

Frid. Hoffmann medicina rationalis systematica. Hel. 1738. IV. Tom. 4.

Ejusd. opera omnia. Genev. 1740. IX. Vol. Fol.

Joh. de Gorter, compendium medicinae. Lugd. Bat. Pars I. et II. 1731. 1737. 4.

Joh. Brunonis elementa medicinae. Edimburg. 1780. 12. Ed. II. Londin. 1784. II. Tom. 8. Edimb. 1788. 8. Ed. *Petr. Moscati*, Mediolani, 1792. — Hildburgh. 1794. 8.

J. Brown's System der Heilkunde. A. d. Engl mit einer kritischen Abhandlung über, die Brown'schen Grundsätze, von *C. H. Pfaff.* Kopenhagen, 1796. II. verb. u. verm. Aufl. 1798. III. Aufl. 1804. 8.

Jos. Franks Erläuterungen der Brown'schen Arzneylehre. Heilbronn, 1797. 8. II Aufl. 1803.

Marc. Herz, Grundriſs aller medicinischen Wissenschaften. Berlin, 1782. 8.

Zoonomie or the laws of organis life. By *Erasm. Darwin.* London, 1797. 8.

Zoonomie, oder Gesetze des organischen Lebens, von *Erasm. Darwin.* A. d. Engl. u. mit einigen Anmerkungen von *J. D. Brandis.* IV B. Hannover, 1795—1799. 8.

Primae lineae studii medici, quas auditorum suorum commodo ducit *Franc. Schraud.* Pest. 1794.

Essai d'un système chimique de la science de l'homme, par *J. B. T. Baumés.* À Nimes, an 6.

J. B. T. Baumés Versuch eines chemischen Systems der Kenntnisse von den Bestandtheilen des m. Körpers. A. d. Franz. von *J. B. Karsten.* Mit Anm. von *S. J. Hermbstädt.* Berlin, 1802.

System der gesammten Heilkunde nach der Erregungstheorie, von *L. G. Müller.* III. B. Leipz. 1803—1807.

Entwurf eines Systems der gesammten Medicin. Von *E. G. Kilian.* Jena, 1802.

Grundriſs der Theorie der Medicin, von *Troxler.* Wien, 1805.

Curtii Sprengel institutiones medicae. VI. Tom. Amstelodami 1811 — 1816.

Chrift. Fried. Harles, Handbuch der ärztlichen Klinik. I. Band, enthaltend die Grundzüge der allgemeinen Biologie und der allgemeinen Krankheitslehre. Leipz. 1816.

Dietr. Ge. Kieser's System der Medicin, I. und II. Band. Leipz. 1817. 1819.

Fried. Ludwig Kreyſigs System der praktischen Heilkunde. I. u. II. Thl. Auch unter dem Titel: Handbuch der praktischen Krankheitslehre. Leipz. 1818, 1819.

B. Pathologie in Verbindung mit Physiologie.

Joh. Varandaei physiologia et pathologia. Hannov. 1619. 8.

J. Junker, institutiones physiologiae et pathologiae medicae. Hal. 1745. 8.

Jo. Th. Eller, physiologia et pathologia medica, s. philosophia corporis humani sani et aegroti. Altenb. 1770. 8.

E. Theod. Ellers Physiologie und Pathologie, herausgegeb. u. verm. durch J. Chr. Zimmermann. Schneeberg u. Leipz. 1748. II. B. 8. II. Aufl. 1756. III. Aufl. Altenburg, 1768.

Conspectus medicinae theoreticae, auct. *Jac. Gregory*. Ed. II. auct. et emend. Edimb. 1782. II. Vol. 8.

Jac. Gregorys Übersicht der theoretischen Arzneywissenschaft. A. d. Lat. II Thl. Leipz. 1785. 8.

L. M. A. Caldani, institutiones physiologiae et pathologiae. Ed. *Sandifort*. Lugd. Bat. 1784. II. Tom. 8.

Trattato di anatomia, fisiologia et pathologia di *Lor. Nannoni*. Tom. III. Siena, 1788 — 1790.

Fr. L. Kreyſigs neue Darstellung der physiologischen und pathologischen Grundlehren. II Theile. Leipz. 1798—1800.

C. H. Pfaff's Grundriſs einer allgemeinen Physiologie und Pathologie. Kopenh. 1801.

Lezioni critiche di fisiologia et pathologia di *Giac. Tomasini*. Parma, 1802—1805. IV. Vol. 8.

C. Allgemeine Pathologie, zum Theil für sich, zum Theil in Verbindung mit besonderer Pathologie.

Fr. Magiri pathologia morborum et affectuum omnium praeternaturalium, ex veteribus. Francof. 1518. 8.

Sebast. Marcellani praelectiones de differentiis et causis morborum. Patav. 1564. 16.

Gavasetti, de rebus praeternaturalibus. Venet. 1586.

Ad. Loniceri pathologia. Francof. 1594. 8.

Ant. Possevini theoriae morborum libr. V. Mant. 1604. 8.

Franc. de Franciscis pathologia universalis. Genev. 1618. 8,

Lud. Gardinii manuductio Hortensii ad pathologiam. Duaci 1626. 8.

Ge. Wolfg. Wedel, pathologia medica dogmatica. Jen. 1692. 4.

J. F. Vallade, idea generalis morborum et passionum hominis. Roterod. 1694. 4.

Joach. Targini pathologia compendiaria. Lugd. Bat. 1698. 8.

J. Junker, conspectus pathologiae et semiologiae. Hal. 1736. 4.

J. Heinr. Schulze, pathologia generalis. Ed. *Strumpf.* Hal. 1747. 8.

Jo. de Gorter, morborum generalium systema. Harderovici, 1749. 8.

Joh. Gottl. Krügers Naturlehre, 3ter Thl., welcher die Pathologie in sich faßt. Halle, 1750. 8.

Jo. Astruc, tractatus pathologicus. Ed. IV. Paris, 1767. 4.

Pathologia methodica, seu de cognoscendis morbis. Auct. *Fr. Boissier de Sauvages*. Lugd. 1752. 8. — Ed. III. aucta et emendata. 1759. 8.

Eschenbach, nova pathologiae delineatio. Rost. 1754. 8.

Chr. Gottl. Ludwig, institutiones pathologiae. Lips. 1754. 8. Ed. II. 1767.

Chr. Gottl. Ludwigs Einleitung in die Pathologie. A. d. Lat. von J. Hedwig. Erlangen, 1777. 8.

Institutiones pathologiae medicinalis, auct. *H. D. Gaubio.* Lugd. Bat. 1758. 8. — Ed. II. Lugd. B. 1763. 8. — Venet. 1766. 8. — L. B. 1774. 8. — Ad editionem tertiam edidit cum additamentis *C. G. Ackermann.* Norimb. 1787. 8.

H. D. Gaubius, Anfangsgründe der medicinischen Krankheitslehre. Aufs neue a. d. Lat. übersetzt mit Anmerk. u. Zusätzen von Chr. Gottfr. Gruner. Berlin, 1784. 8. — II. verb. u. verm. Aufl. 1791. — III. verb. u. verm. Aufl. 1797.

Commentaria in institutiones pathologiae medicinalis, auctore *H. D. Gaubio*, collecta et digesta a *Ferd. Dejean.* Tom. III. Viennae, 1792 — 1794. 8.

Ferd. Dejean's Erläuterungen über Gaubs Anfangsgründe der medicinischen Krankheitslehre. A. d. Lat. mit Anm. u. Zusätzen von Chr. Gottl. Gruner. III. Thle. Berlin, 1794 — 1797. 8.

J. Ludw. Leberecht Löseke's Pathologie, oder Lehre von den Krankheiten des menschlichen Körpers. Dresden u. Warschau, 1762. 8. — II. Aufl. 1769.

Elementa pathologiae universae, auctore *Ad. Nietzky.* Hal. 1766. 8.

Thadd. Bayers Grundriß der allgemeinen Pathologie. Wien, 1769. 8. — II. Aufl. 1786.

Nikolai, Pathologie, oder Wissenschaft von Krankheiten. Halle, 1769 — 1783. IX Bände. 8.

Institutiones pathologiae, auctore *M. A. L. Caldano.* Paduae, 1772. 8. Ed. nova Patavii 1776. — Ed. *Landifort.* Lugd. Bat. 1784. 8.

Ad. Andr. Senfft, elementa physiologiae pathologicae. II Vol. Wirceb. 1774 — 1775. 8.

Fr. Grh. Theod. Gönners Einleitung in die Pathologie. Berlin, 1778. 8.

Ant. de Haen, praelectiones in H. Boerhaave institutiones pathologicas. Collegit, rec. auxit, ed. *de Wasserberg*. Tom. V. Viennae, 1780 — 1782. 8.

Chr. Fr. Daniels, Systema aegritudinum. II Vol. Lips. 1781 — 1782.

Christ. Fr. Daniels Pathologie, oder vollständige Lehre von den Krankheiten u. s. w. A. d. Lat. mit Anmerk. u. Zusätz. II Thle. Leipz. 1794.

Considerationes pathologico-semeioticae de omnibus humani corporis functionibus, auctore *N. F. Rougnon*. Vesuntione Fascic. II. 1786. 1788.

Rougnon's pathologisch-semiotische Betrachtungen aller Verrichtungen des menschlichen Körpers. Nebst einer Vorrede, herausgegeben von C. G. Kühn. II Thle. Leipz. 1793 — 1794.

Conspectus eorum, quae in pathologia medicinali pertractantur. Scripsit *J. Chr. Guil. Junker*. II Vol. Hal. 1789 — 1790.

Bernh. Albini causae et signa morborum. II Tom. Dantisc. 1791 — 1792. 8.

Aug. Fried. Heckers Grundriß der Physiologia pathologica, oder die Lehre von dem Bau, von der Mischung und von den Verrichtungen des menschlichen Körpers und seiner Theile im widernatürlichen Zustande. II Thle. Halle, 1791 — 1799. 8.

Grundlinien zur Kenntniß der wichtigsten Krankheiten des Menschen, oder Handbuch der medicinischen Pathologie, von Gerh. Wilh. von Eicken. Mannheim, 1794. 8.

Kurt Sprengels Handbuch der Pathologie. III Thle. Leipz. 1795 — 1797. — II. Aufl. 1798. III. gänzlich umgearbeitete Auflage 1802 — 1810.

Fr. Hildebrandt, primae lineae pathologiae generalis. Erlangae, 1795. 8.

Fr. Hildebrandt's Anfangsgründe der allgemeinen Pathologie. Erlangen, 1797. 8.

Chr. Wilh. Hufelands Ideen über Pathogenie und Einfluß der Lebenskraft auf Entstehung und Form der Krankheiten. Jena, 1795. 8.

Desselben Pathologie. Erster Theil. Pathogenie. Jena, 1799. 8.

Andr. Röschlaubs Untersuchungen über Pathogenie, oder Einleitung in die medicinische Theorie. III Thle. Frankf. 1798—1800. — II. veränd. Aufl. 1800—1803.

Ph. K. Hartmanns Analyse des Brown'schen Systems. II Thle. Wien, 1802.

Jos. Frank's Grundriss der Pathologie nach den Grundsätzen der Erregungstheorie. Wien, 1803.

Ant. Winkelmanns Entwurf der dynamischen Pathogenie. Erstes Buch. Braunschweig, 1805. 8.

Aug. Fr. Hecker, kurzer Abriss der Pathologie und der Semiotik. Berlin, 1806. 8.

Adolph Henke's Handbuch der allgemeinen Pathologie. Berlin, 1806. 8.

Desselben Handbuch der speciellen Pathologie. II Thle. Berlin, 1807—1808. 8.

J. D. Brandis, Pathologie, oder Lehre von den Affecten des lebenden Organismus. Hamburg, 1808. 8.

K. Fr. Burdachs Handbuch der Pathologie. Leipz. 1808. 8.

Joh. Malfatti's Entwurf einer Pathogenie aus der Evolution und Revolution des Lebens. Wien, 1809. 8.

A. Heimann, pathologiae medicae elementa. Vilnae, Varsoviae et Lips. 1811. 8.

Ern. Grossi, Versuch einer allgemeinen Krankheitslehre. Entworfen auf dem Standpunkte der Naturgeschichte. II B. München, 1811.

F. G. Gmelins allgemeine Pathologie des menschlichen Körpers. Tübingen, 1813. 8.

Fr. Aloys Fonzago, institutiones pathologicae. II Tom. 1813—1816.

Joh. Chr. Reil's Entwurf einer allgemeinen Pathologie. III B. Halle, 1815—1816. 8.

Ang. Dalla-Decima, Istituzioni di Patologia generale. P. I. Padova, 1819. P. II. sezione I. 1820.

D. Allgemeine Pathologie in Verbindung mit allgemeiner Therapie.

Jo. Fr. Cartheuseri Fundamenta pathologiae et therapiae. II Tom. Francof. 1758—1762. 8.

Joh. Dan. Metzgers, Grundsätze der sämmtlichen Theile der Krankheitslehre. Königsberg, 1792.

Pathologia Therapiaque, quas in usum praelectionum suarum, praesertim ex aphorismis Boerhaavii, tum ex operibus Ger. van Swieten, Heisteri etc. concinnavit *Math. Collin*. Viennae, 1793. 8.

Wilh. Gottfr. Plouquets Pathologie mit allgemeiner Therapie in Verbindung gesetzt. Tübing. 1798. 8.

Ph. Hoffmann, Grundriß eines Systems der Nosologie und Therapie. Elberfeld, 1798. 8.

Troxlers Ideen zur Grundlage der Nosologie und Therapie. Jena, 1803. 8.

Chr. Euseb. Raschigs, Untersuchung und Erklärung der allgemeinsten pathologisch-therapeutischen Grundlehren. Dresden, 1803. 8.

Fr. Wilh. von Hoven, Grundsätze der Heilkunde. Rothenburg, 1807. 8.

Joh. Spindler's allgemeine Nosologie und Therapie als Wissenschaft. Frankf. 1810. 8.

J. Ad. Walther's Grundzüge der Nosologie und Therapie. Erfurt, 1811.

J. W. H. Conradi's Grundriß der Pathologie und Therapie. Marburg, 1811. 8.

Dietr. G. Kieser, Grundzüge der Pathologie und Therapie. Jena, 1812. 8.

E. Periodische Werke.

Journal der Erfindungen, Theorien und Widersprüche in der Natur- und Arzneywissenschaft, I. — XLIV. Stück. Gotha, 1792—1809.

Neues Journal der Erfindungen, Theorien und Widersprüche in der gesammten Medicin. Gotha, 1810.

Magazin zur Vervollkommnung der theoretischen und praktischen Heilkunde; herausgegeben von *Andr. Röschlaub*. I.—X. Band. 1799—1807. 8.

J. J. Dömmling's und *Phil. Jos. Horsch's* Archiv für die Theorie der Heilkunde. Nürnberg, 1809.

Jahrbücher der Medicin als Wissenschaft, herausgegeben durch *A. F. Marcus* und *F. W. Schelling*. I. — III. Band. Tübing. 1806—1808.

Annalen der gesammten Medicin als Wissenschaft und als Kunst, zur Beurtheilung ihrer neuesten Erfindungen, Theorien, Systeme und Heilmethoden, von *Aug. Fr. Hecker*. III Bände. Leipz. 1810—1811.

* * *

K. F. Burdachs Literatur der Heilwissenschaft, 2 Bände. Gotha, 1810—1811. 8.

Joh. Sam. Ersch, Literatur der Medicin seit der Mitte des achtzehnten Jahrhunderts bis auf die neueste Zeit. Amsterd. u. Leipz. 1812.

Allgemeine Nosologie.

§. 63.
Von der Krankheit überhaupt.

Alle Welt hält den für krank, welcher lebt und nicht gesund ist, und erkennt dadurch zugleich an, daß Gesundheit und Krankheit einander wechselseitig aufheben, und daß sich außer diesen beyden Zuständen kein dritter im Leben denken lasse. Wohl könnte man dazu verleitet werden, das Hinneigen zur Krankheit (opportunitas) und die Genesung von derselben als Mittelzustände zwischen Gesundheit und Krankheit gelten zu machen; allein eine schärfere Untersuchung zeigt, daß beyde noch in den Kreis des krankhaften Zustandes gezogen werden müssen, wenn sie auch keine bestimmte Krankheitsform darstellen. Daher kommen auch alle Krankheitsbestimmungen, welche wir in den Handbüchern der Pathologie finden, darin überein, daß sie alle die Krankheit als Abweichung des Lebens vom gesunden Zustande betrachten.

§. 64.

Dieses ist aber nur eine entferntere Andeutung dessen, was man Krankheit nennt, wodurch wir jedoch auf die Nothwendigkeit hingewiesen werden, die nähere Bestimmung der Krankheit auf einen wahren Begriff von der Gesundheit zu stützen. Was ist also Gesundheit? — Man antwortet gewöhnlich zunächst darauf: Gesundheit ist der Zustand des einzelnen lebenden Organismus, in welchem derselbe seinem

Naturgesetze (seiner Norm) entspricht, und führt uns dadurch auf die andere Frage: Worin besteht das Naturgesetz eines jeden einzelnen Organismus und seines Lebens? —

§. 65.

Jeder neu erzeugte Organismus empfängt im Augenblicke seiner Erzeugung und durch dieselbe eine bestimmte Art und ein bestimmtes Maß von innerem Leben, und in sich selbst zugleich die Grundzüge einer bestimmten organischen Entwicklung, welche sodann eben durch sein inneres Leben und dessen Wechselwirkung mit gewissen äußern Einflüssen in bestimmten Zeit- und Raumverhältnissen vollbracht wird. Gleichen Schrittes mit der organischen Ausbildung entwickelt sich zugleich das Vermögen der Organe, aufgefordert durch äußere Einwirkungen, durch bestimmte organische Bewegungen äußerlich thätig zu werden. Die dem Organismus in der Urquelle der Natur zum Grunde liegende Idee, wodurch die Art und das Maß seines Seyns und Wirkens und seine Verhältnisse zur übrigen Welt voraus bestimmt werden, bietet sich uns als das Grundgesetz desselben dar.

§. 66.

Das Grundgesetz für den einzelnen Organismus fordert also:

a) daß er durch die Erzeugung in seinem Keime die Art und das Maß des innern Lebens und diejenige organische Grundform erhalte, welche der Gattung und Art von Organismen, zu denen er vermöge seiner Abstammung gehört, und dem individuellen Charakter, welcher durch seine Zeugung bestimmt wird (z. B. dem männlichen oder weiblichen Geschlechte) angemessen sind.

b) Daß er in diejenigen Wechselverhältnisse mit der äußern Natur gesetzt werde, wodurch die in der Grundform vorgezeichnete organische Entwicklung begünstiget und die dieser entsprechende, äußere Lebensthätigkeit möglich gemacht wird.

§. 67.

Aus diesem Grundgesetze (vorige §.) lassen sich nun folgende untergeordnete Gesetze für die beyden Seiten des Lebens, I. organische Entwicklung und II. organische Bewegung, und zugleich für die Wechselbeziehung von beyden ableiten.

I. Die organische Entwicklung muß

1) ihrem innern eigenartigen Charakter nach so beschaffen seyn, daß sie eine bestimmte, der Art und dem individuellen Gepräge des Organismus entsprechende, organische Substanz hervor bringt.

2) Sie muß, in bestimmten Raumverhältnissen wirkend, diese Substanz zu den, von dem specifischen und individuellen Charakter des Organismus vorgezeichneten Geweben und organischen Formen ausbilden.

3) Diese Ausbildung muß nach bestimmten Zeitverhältnissen, d. h. in bestimmten Lebensaltern erfolgen, und jedesmal demjenigen Lebensalter, in welchem sie sich gerade befindet, angemessen seyn.

4) Die organische Entwicklung muß sich nicht bloß als ursprüngliche organische Bildung, sondern auch als Wiedererzeugung (Reproduction) des durch die Lebensanstrengung im Organismus immerdar Zerstörten äußern. Als Reproduction muß sie in den vier ersten Lebensaltern die Zerstörung beständig besiegen, in dem letztern aber derselben nur langsam und immer widerstrebend weichen.

5) Die Entwicklung muß endlich ihrer Art und ihrem Grade nach für die organische Bewegung zureichen.

II. Die organische Bewegung muß

1) in Hinsicht auf ihre Stärke, Dauer und auf das Wech-

felverhältniß zwischen den Systemen und Organen, dem Lebenszwecke des Organismus und der Stellung, welche ihm in der Natur angewiesen ist, entsprechen.

2) Sie muß der Entwicklung überhaupt und jeder ihrer einzelnen Perioden angemessen seyn, und die Selbsterhaltung des Organismus nicht gefährden.

§. 68.

Befolgt der lebende Organismus in seinem Seyn und Wirken diese ihm von der Natur vorgezeichneten Gesetze; so ist sein Zustand gesetzmäßig, oder, wie man auch wohl im gemeinen Leben zu sagen pflegt, naturgemäß, und verkündiget sich als Gesundheit. Gesundheit kann demnach bestimmt werden, als derjenige Zustand des innern Lebens eines einzelnen Organismus, wodurch es vermögend wird, die Entwicklung desselben in den, seiner Art und seinem individuellen Charakter entsprechenden, Substanz- Raum- und Zeitverhältnissen zu bewirken, und zugleich die ihm zukommenden organischen Bewegungen seiner Entwicklungsstufe und seinem Lebenszwecke gemäß zu vollbringen.

§. 69.

Nur ein Organismus, der sich unveränderlich auf der höchsten Stufe organischer Entwicklung behauptete, immer jugendlich, schön und kräftig, jede gegen ihn ankämpfende Zerstörung siegend zurückwiese und durch keine Lebensanstrengung zu erschöpfen und aufzureiben wäre, nur ein solcher Organismus könnte sich einer unbeschränkten (absoluten) Gesundheit rühmen. Daß auf eine solche absolute Gesundheit die irdischen organischen Körper, welche durch Raum und Zeit beschränkt, in ihrem Leben selbst den Keim der Zerstörung und des Todes tragen, und nur unter bestimmten Verhältnissen zur übrigen Natur als organisch und lebend bestehen können, keinen Anspruch machen dürfen, und sich bloß mit einer beziehungsweisen (relativen) — d. h. nur unter gewissen Beziehungen und Bedingungen möglichen — Gesundheit begnügen müssen, gehet schon aus der einfachen Erklärung dieser Begriffe hervor. So haben der Säugling, der Jüngling, der Mann, der Greis, die Jungfrau, die Schwangere, die Wöchnerinn u. s. w. ihre eigne Art von Gesundheit, welche nur in Bezug auf diesen oder jenen individuellen Charakter diesen Namen behaupten kann und sogleich aufhört, als solche zu gelten, wenn sie auf einen andern bezogen wird.

§. 70.

Krankheit ist Abweichung des Lebens im einzelnen Organismus von seiner Gesetzmäßigkeit (§. 65—69); in ihrer näheren Bestimmung wird sie daher dargestellt werden müssen: als diejenige Veränderung des innern Lebens eines besondern Organismus, wodurch seine regelmäßige Entwicklung gestört, seine Zerstörung befördert und seine organische Bewegung in ein Mißverhältniß zur Entwicklung und zu dem gesammten Lebenszwecke des Individuums gesetzt wird.

§. 71

Die Bestimmung des allgemeinen Begriffes der Krankheit gibt der gesammten Pathologie ihre Grundlage und Richtung, und einseitige pathologische Systeme schlagen ihre tiefste Wurzel immer in einseitiger Grundansicht der Krankheit: daher wird es wichtig, die (im vorh. §.) gegebene Bestimmung der Krankheit etwas näher zu beleuchten.

Die Krankheit wird zuerst erklärt, als regelwidriger Zustand des innern Lebens im Organismus — als regelwidriger Lebensprozeß — und dadurch angedeutet, daß zufällige

Störungen der äußern Lebensthätigkeit — der organischen Bewegung — so lange nicht den Namen von Krankheiten verdienen, so lange sie ohne bleibende Regelwidrigkeit im Innern bestehen. Die Ermüdung von einer Fußreise, das Herzklopfen vom hastigen Stiegensteigen, die Blindheit vom Verbinden der Augen u. ähnl. gehören aus diesem Grunde nicht in das Gebiet der Krankheit.

§. 72.

Der gesetzwidrige Zustand des innern Lebens, welcher das Wesen jeder Krankheit ausmacht, kann unter einer dreyfachen Beziehung gedacht werden, je nachdem das Leben a) in seiner Stärke, b) in Rücksicht seiner eigenthümlichen Beschaffenheit, c) in Rücksicht des Wechselverhältnisses zwischen den mannigfaltigen Thätigkeiten und Verrichtungen des Organismus, oder durch aufgehobene Übereinstimmung derselben zur Einheit des Lebens, von seiner Gesetzmäßigkeit abweicht. Wird die Krankheit nur auf eine dieser Kategorien bezogen, so wird die Bestimmung derselben zu enge und einseitig.

§. 73.

So ist es eine viel zu beschränkte Ansicht der Krankheit, wenn dieselbe **allein** auf Abweichung des Lebens von seinem gesetzmäßigen Stärkegrade (Quantität) zurückgeführt wird. So wie das Wesen der Dinge überhaupt, so beruhet auch das Wesen der lebendigen organisirten Körper und ihre verschiedenen Zustände: Gesundheit und Krankheit, auf ihrer eigenthümlichen, innern Natur (Qualität), und die einzelnen Organismen, ja selbst die einzelnen Systeme und Organe in einem und demselben Organismus unterscheiden sich von einander nicht bloß durch verschiedene Stufen von Lebensstärke, sondern auch, und zwar sehr wesentlich, durch den eigenartigen Charakter ihres innern Lebens: ein

Unterschied, welcher sich sehr vernehmlich durch die verschiedengearteten Producte des Lebens in den verschiedenen Organismen und deren Systemen und Organen ausspricht. Wollte man dagegen einwenden, daß sich alle Verschiedenheiten in der Natur dennoch endlich und allein auf verschiedene *quantitative* Verhältnisse der Urkräfte zurück führen lassen, so haben wir nur zu bemerken: daß denn doch diese Urkräfte ihren eigenartigen (qualitativen) Character haben müssen, und daß aus mannigfaltig wechselnden Verhältnissen eigenthümlich gearteter Urkräfte eine unübersehbare Mannigfaltigkeit qualitativ verschiedener Producte hervor gehen könne. Es bleibt demnach dabey, daß man, um in das Wesen der Krankheit einzudringen, auf die qualitativen Veränderungen des Lebens sein Hauptaugenmerk richten müsse.

§. 74.

Dadurch wollen wir aber keinesweges zu einer Vernachläßigung der *quantitativen Lebensverhältnisse* bey der Bestimmung der Krankheit Veranlassung geben. Wir wissen es recht gut, daß es bey dem gegenwärtigen Standpunkte unseres physiologischen und pathologischen Wissens in hundert Fällen von Krankheiten äußerst schwer sey, die qualitativen Abweichungen des Lebens von der Regel zu bestimmen und daß dem Arzte in allen diesen Fällen, bey der Bestimmung des Characters der Krankheit und dem Entwurfe ihres Heilplans, nichts übrig bleibe, als sich durch die erkannten quantitativen Verhältnisse leiten zu lassen; was denn auch, bey dem innigen Ineinandergreifen und der Wechselbestimmung der quantitativen und qualitativen Verhältnisse des Lebens, häufig zu einem glücklichen Ziele führt.

§. 75.

Eben so wenig wird der Begriff der Krankheit erschöpft durch die Erklärung: daß sie nur auf aufgehobener Harmonie der Thätigkeiten und Verrichtungen eines Organismus beruhe. Zwar verzweiget sich das Leben des besondern Organismus durch seine verschiedenen Systeme und Organe hindurch, in eine Mannigfaltigkeit von organischen Thätigkeiten und Verrichtungen, deren Wechselverhältniß ein solches seyn muß, daß allgemeine Übereinstimmung und Einheit des Lebens aus demselben hervorgehe. Treten die einzelnen Thätigkeiten und Verrichtungen aus diesem harmonischen Wechselverhältnisse heraus; so wird die Einheit des Lebens aufgehoben, die regelmäßige Entwicklung des Organismus gestört, seine Selbsterhaltung gefährdet, mit einem Worte, es wird Krankheit ins Daseyn gerufen. Allein bey einer solchen Krankheit mit aufgehobener Harmonie des Lebens wird uns immer zunächst die Frage vorgelegt: wie und wodurch ist in jedem einzelnen Falle die Einheit des Lebens gestört? Bey der Lösung dieser Frage wird sich finden, daß es immer veränderte quantitative und qualitative Verhältnisse der Lebensthätigkeit sind, welche den nächsten Grund von der aufgehobenen Harmonie derselben in sich enthalten, und daß man folglich in das Wesen der Krankheit nicht eindringen kann, wenn man nicht auf jene Verhältnisse die vorzüglichste Rücksicht nimmt.

§. 76.

Bisher haben wir den allgemeinen Begriff der Krankheit entwickelt, der aber eben wegen seiner Allgemeinheit keine nähere Bestimmung mehr zuläßt. Jeder Versuch, ihn noch näher zu bestimmen, schließt ihn in einen zu engen Kreis ein und macht ihn unfähig, alle besondere Krankheiten in demselben zusammen zu fassen. Manche ältere und neuere Bestimmungen der Krankheit überhaupt geben hierzu beweisende Belege.

Noch unterscheiden wir Krankheit von Krankheitsform und verstehen unter Krankheit den innern gesetzwidrigen Zustand des Lebens und des Organismus; unter Krankheitsform aber das, was von der Krankheit äußerlich erscheint, d. h. den Inbegriff aller regelwidrigen Erscheinungen am lebenden Organismus, welche unter bestimmten Raum- und Zeitverhältnissen mit einander verbunden, ein Ganzes — das Krankheitsbild — darstellen, und aus der Krankheit als aus ihrem innern Grunde hervorgehen.

* * *

Siebold, tentamen evolvendi notionem de sanitate hominis. Wirceburg. 1794. 8.

Theod. Gttl. Aug. Roose, über die Gesundheit des Menschen, ein physiologischer Versuch. Gött. 1795. 8.

J. Jak. Bernhardi, Beurtheilung des gesunden und kranken Zustandes organisirter Körper. Erfurt, 1805. 8.

Chr. Gttl. Ludwig, resp. *Seiddel*, diss. de morbi notione. Lips. 1764. 4.

H. A. W. Klapp, commentatio sist. indagationem naturae morbi ejusque definitionis, principiis philosophiae Kantianae superstructam. Marb. 1792. — In collect. diss. Marb. fasc. III. nr. 3.

Andr. Röschlaub, über Krankheit. In dessen Magazin zur Vervollkommnung der Heilk. X. B. I. S. n. 2. II. St. n. 5.

---

§. 77.

Von dem Subjekte der Krankheit.

Nur was lebt, kann erkranken; mit dem Tode schweigt jede Krankheit: darum kann diese zunächst nur auf das Leben bezogen, und nur dieses für ihr nächstes Subjekt erklärt werden. Allein nicht das unbedingte Leben kann der Krankheit unterworfen werden, sondern nur das bedingte, veränderliche, an bestimmte Raum- und Zeitverhältnisse gebundene, d. h.

das in einem besondern Organismus rege Leben. In wie fern also der Organismus der Träger des Lebens ist, in so fern wird er auch Träger der Krankheit, und diese kann immer noch regelwidriger Zustand des belebten Organismus genannt werden; versteht sich, in so fern er auf einer Störung des innern Lebens beruhet.

§. 78.

Wenn man den lebenden Organismus als das der Krankheit Unterworfene betrachtet; so findet man sich damit auf einmahl in die alte Streitfrage verwickelt: ob bloß allein die festen, oder auch die flüssigen Theile des Organismus von der Krankheit ergriffen werden? — Nur was lebt, kann erkranken (vorhergehender §.); es muß daher, um die so eben aufgeworfene Frage gründlich zu beantworten, zuvor eine andere gelöset werden: Kann man bloß den festen Theilen des Organismus Leben beylegen, oder nehmen auch die flüssigen an demselben Antheil?

§. 79.

Nur von einer richtigen Ansicht des Lebens aus kann diese Frage gründlich behandelt werden. Wenn man nichts für belebt gelten lassen will, als nur das, was auffallende Erscheinungen von Sensibilität und Irritabilität von sich gibt; so kann man allerdings Anstand nehmen, das Blut und andere Säfte des thierischen Körpers für belebt gelten zu lassen. Allein dieser Begriff faßt offenbar nur eine Seite des Lebens (Erregung durch Reize) auf, und übersieht die andere (die Vegetation aus innerer Kraft) ganz und gar. Ihm zu Folge müßten im thierischen Körper nicht bloß das Blut, sondern auch die Knochen, Knorpel, Bänder, Flechsen, Häute, Haare, aus dem Kreise des Lebendigen ausgeschlossen werden. Das Leben ist ein innerer, dynamischer Prozeß, wodurch sich das Organische bildet, verzehrt und wieder ersetzt, und wo=

durch die gebildeten Organe zugleich ihr eigenthümliches Bewegungsvermögen erhalten.

§. 80.

Von diesem Standpunkte das Leben betrachtet, wird man sein Daseyn im Blute nicht verkennen. Im Blute findet eine immer rege innere Thätigkeit Statt, aus welcher Blutbildung, Wärmeentwicklung, und selbst Arten von Bewegungen, die sich mit den organischen Bewegungen der festen Theile vergleichen lassen, hervorgehen. Denn die Umwandlung des Nahrungssaftes in Blut kann nicht als die bloße Wirkung von der Bewegung des Herzens und der übrigen Gefäße betrachtet werden; sie setzt Zersetzungen und neue Verbindungen voraus, welche nicht ohne eine innere Wechselwirkung zwischen dem bereits gebildeten Blute und dem Chylus möglich sind. Dasselbe gilt von der fernern Ausbildung der das Blut in ihrer Verbindung darstellenden einzelnen Bestandtheile, von der Verwandlung des Eyweißes in Faserstoff, in Cruor, von der Entwicklung der Wärme aus dem Blute u. s. w. Noch deutlicher spricht sich das Leben im Blute durch das Bestreben aus, sich gerade so, wie die festen Theile, in expansiver und contractiver Richtung zu bewegen. Ein Theil des Blutes, besonders des arteriellen, ist immer in lebendiger Ausdehnung begriffen, und wirkt dadurch vorzüglich reizend auf das Herz und die Arterien, während der andere sich in der Zusammenziehung befindet. Die Ausdehnung des Blutes verkündigt sich durch die Bildung des Blutdunstes, die Zusammenziehung durch die Gestaltung der Blutkügelchen und durch die große Neigung des Blutes zur Gerinnung. So wie demnach das Leben seine Gegenwart im Herzen durch innere Ernährung und durch äußere expansive und contractive Bewegung offenbart, so beurkundet es dieselbe durch dieselben Merkmahle auch im Blute.

§. 81.

Zur Anerkennung dieser Wahrheit hätte man schon längstens durch gehörige Würdigung folgender Thatsachen geführt werden sollen.

a) Zwischen festen und flüssigen Theilen des Thierkörpers findet in Hinsicht auf ihre Substanz und Wesen durchaus kein Unterschied Statt: in seinen Säften sind eben dieselben Factoren und Bedingnisse des Lebens, als in den festen Theilen vorhanden. Ganz allein der höhere Grad des Zusammenhangs unterscheidet die festen Gebilde von den Flüssigkeiten: man müßte also, wenn man bloß jenen Leben zuschreiben wollte, und diesen nicht, den Grund desselben in dem höhern Grade von Zusammenhang suchen: eine Annahme, welcher die Erfahrung geradezu widerspricht: denn diese belehrt uns, daß die Höhe des Lebens in den verschiedenen Gebilden des thierischen Organismus mit den steigenden Zusammenhangsgraden derselben nicht im gerade fortschreitenden, sondern vielmehr im umgekehrten Verhältnisse stehe. So finden wir vom halbflüssigen Gehirnmarke an, durch die Nerven, Muskeln, Häute, Sehnen hindurch, bis zum Knorpel und Knochen eine Stufenreihe von immer zunehmender Cohäsion, und parallel mit dieser sinkt das Leben durch diese Gebilde hindurch immer tiefer herab, zum deutlichen Beweise, daß höhere Cohäsion nicht das Begünstigungs-, sondern vielmehr das Hemmungsmittel des Lebens sey. Das, was hier an einzelnen Theilen nachgewiesen wird, bestätigen auch die Umwandlungen, welche der Gesammtorganismus durch seine Lebensalter hindurch erfährt.

b) Lebendige feste Theile, das Wort fest im strengen Sinne genommen, gibt es gar nicht; die sogenannten festen belebten Theile, z. B. Nerven, Muskeln u. s. w., bestehen in ihrer innern Substanz größten Theils aus Flüssigkeit — Das Gehirnmark enthält vier Fünftheile seines Gewichtes an Wasser. — In wie fern nun aber die Flüssigkeiten in die

Substanz der festen Theile eingehen, in so fern müssen sie auch des in diesen waltenden Lebens theilhaftig werden.

c) Die belebten festen Theile ersetzen aus dem Blute nicht bloß die materiellen, sondern auch die dynamischen Bedingungen und Factoren ihres Lebens; es ist demnach alles in ihm, was Leben begründet und ins Daseyn ruft.

d) Alles, was von außen her das Leben erweckt und unterhält, Nahrung, Sauerstoffgas der Atmosphäre, Wärme, Elektricität, Wasser u. s. w., stehet beynahe in näherer Beziehung zum Blute, als zu den festen Theilen.

§. 82.

Wenn aber, wie aus allem diesen folgt, das Blut lebt; wenn es selbst für die festen Theile die Quelle des Lebens ist; so behauptet es auch seinen alten Rang in der Pathologie; indem es an der Krankheit, wie am Leben, Antheil nimmt. Was aber hier vom Blute erwiesen ist, dieses läßt sich auch auf die, aus demselben abgeschiedenen Säfte anwenden, in so fern diese nicht als Auswurfstoffe aus dem Kreise des Lebens bereits herausgetreten sind.

§. 83.

Eine andere Frage, von welcher aus sich ehemahls die Humoral- und Solidarpathologen nach zwey verschiedenen Richtungen trennten, ist folgende: Liegt der erste Grund der Krankheit in einer ursprünglichen, für sich bestehenden Entartung der Säfte? oder, geht jede Krankheit ursprünglich von gestörter Lebensthätigkeit der festen Theile aus, und sind die regelwidrigen Veränderungen in den Säften immer nur als Erzeugniß jener krankhaften Thätigkeit zu betrachten? — Sieht man auf das innige dynamische und materielle Wechselverhältniß, welches zwischen flüssigen und festen Theilen des lebendigen thierischen Organismus vorhanden ist; so kann man keine getrennte und einige Zeit für sich bestehende Veränderung der Säfte denken, die nicht bald eine ihr entsprechende in den festen Theilen hervorrufen müßte, und umgekehrt; denn:

1) findet eine immerwährende dynamische Wechselwirkung zwischen flüssigen und festen Theilen Statt, und vermöge dieser muß jeder veränderte Lebenszustand in jenen auch eine andere Lebensbestimmung in diesen und umgekehrt zur Folge haben.

2) Mit jedem Pulsschlage treten die Säfte in das Innere der festen Theile und in den Kreis ihres Lebens. Was in dem vorigen Augenblicke noch Flüssigkeit war, ist in dem folgenden schon Bestandtheil eines festen Gebildes, so wie das, was vorhin fest war, sich bald darauf wieder als Flüssigkeit darstellt. Wie kann aber bey diesem immer wechselnden Übergange aus einem Zustande in den andern eine krankhafte Veränderung entweder in den flüssigen oder in den festen Theilen des Organismus bestehen, ohne sich in der kürzesten Zeit von diesen an jene, und umgekehrt mitzutheilen?

Es kann demnach weder Humoral- noch Solidarpathologie geben: es kann nur eine Pathologie des Lebens geben, welche nämlich Krankheit als gesetzwidrigen Zustand des Lebens betrachtet, und dieselbe eben sowohl in den flüssigen als in den festen Theilen des Organismus wiederfindet.

* * *

Wilh. Hewson, vom Blute, seinen Eigenschaften und einigen Veränderungen desselben in Krankheiten. Nürnberg, 1780.

J. Fr. Blumenbach, de vi vitali sanguini deneganda, vita autem propria solidis quibusdam partibus adserenda. Gotting. 1788. Edit. 2. 1795. 4.

J. Hunters Versuche über das Blut, die Entzündung

und die Schußwunden. A. d. Engl. von E. B. Ottl. Hebenstreit. 1797 — 1798.

F. L. Kreysig, de sanguine vita destituto, Progr. 1 — 5. 1798. 4.

Adolf Henke, über die Vitalität des Blutes und primäre Säftekrankheiten. Berlin, 1806 — 8.

Joseph Dömling. Gibt es ursprüngliche Krankheiten der Säfte? welche sind es, und welche sind es nicht? Würzburg, 1800. 8.

Becker, de humorum mutationibus primariis. Gotting. 1802. 8. — Deutsch im Journ. der Erfindungen ꝛc. XLI. St.

Allgemeine Eintheilung der Krankheiten.

§. 84.

In der Wirklichkeit kommt eine große Mannigfaltigkeit von Krankheiten vor, deren Übersicht und wahre Erkenntniß ohne systematische Anordnung und wissenschaftliche Eintheilung derselben nicht möglich ist. Der allgemeinen Pathologie kommt es zu, die allgemeinsten Gesichtspunkte anzugeben, von welchen aus die Eintheilungen der Krankheiten versucht werden können. Solche Gesichtspunkte bieten ihr die allgemeinsten wesentlichen und zufälligen Verschiedenheiten der Krankheiten. Daß in der allgemeinen Nosologie nur von jener Eintheilung der Krankheiten die Rede seyn kann, die sich auf ihre wesentlichen Verhältnisse und deren Verschiedenheiten zurückführen läßt, ergibt sich schon aus der Bestimmung derselben.

§. 85.

Die erste und wichtigste Verschiedenheit der Krankheiten ist wohl die, welche sich auf den verschiedenen nächsten Grund derselben (die causa proxima der ältern Pathologen) stützet; denn Verschiedenheit im nächsten Grunde erzeuget Verschiedenheit im Wesen der Krankheiten, und fordert den Arzt zu verschiedener Bestimmung des Heilplanes auf. Jede Krankheit verdankt ihr Daseyn einem regelwidrigen Wechselverhältnisse zwischen dem lebenden Organismus und den auf ihn einwirkenden äußern Einflüssen. Alle äußeren Einflüsse können den lebenden Organismus nur auf eine zweyfach verschiedene Weise gesetzwidrig bestimmen: entweder indem sie mechanisch wirkend den Mechanismus des thierischen Körpers stören, oder, indem sie durch dynamische Einwirkung die Lebenskräfte unmittelbar zur regelwidrigen Thätigkeit auffordern. In jedem dieser zwey Fälle entsteht Krankheit, aber auch in jedem derselben zeichnet sich die Krankheit durch Eigenthümlichkeit ihres Wesens aus. Die Krankheit, welche auf gestörtem Mechanismus des thierischen Körpers beruhet, ist in ihren innern und äußern Verhältnissen eine andere, als jene, welche ihren nächsten Grund in einer unmittelbaren Veränderung seines Dynamismus hat.

§. 86.

Aus diesen Vordersätzen fließt nun unsere erste und allgemeinste Eintheilung in dynamische und Organisationskrankheiten. Dynamische Krankheit ist gesetzwidriger Lebensprozeß, welcher aus unmittelbarer Veränderung der Lebensprincipien oder Lebenskräfte hervorgehet. Organisationskrankheit ist nicht minder gesetzwidriger Lebensprozeß, allein zunächst bedingt durch gestörten Mechanismus der Organisation.

§. 87.

Diese Eintheilung hat bey neuern Pathologen Widerspruch gefunden; indem sie von Organisationskrankheiten nichts wissen wollen. Sie behaupten: Krankheit sey überall nichts, als regelwidrige Bestimmung des Lebensprozesses; mit jeder Veränderung des Lebensprozesses sey nothwendig und zugleich eine entsprechende Veränderung im Organischen gesetzt; es könne demnach von geschiedenen Krankheiten der Lebensthätigkeit und der Organisation keine Rede seyn; das, was man bisher Organisationskrankheit genannt habe, sey entweder als Product oder als Ursache der Krankheit zu betrachten, und keineswegs selbst mit dem Namen Krankheit zu bezeichnen.

§. 88.

Wir geben alle diese Vordersätze zu, ohne uns deßwegen genöthiget zu sehen, in die letzte Schlußfolgerung einzustimmen, und unsere Eintheilung der Krankheiten aufzugeben. Auch wir sind überzeugt, daß Krankheit zunächst auf einen gesetzwidrigen Zustand der Lebensthätigkeit bezogen werden muß: wir sind überzeugt, und haben es in der ersten Ausgabe dieses Lehrbuches auf das bestimmteste ausgesprochen: daß sich keine Veränderung in der Lebensthätigkeit ohne gleichzeitige Veränderung in der Organisation, und umgekehrt, denken lasse; daß demnach in jeder Krankheit Leben und Organisation zugleich ergriffen seyn müssen; indem die Organisation zugleich Product und Subject des Lebensprozesses ist. Wer uns demnach eine objective Scheidung zwischen Krankheiten der Lebensthätigkeit und der Organisation aufbürden wollte, der müßte uns nur sehr mißverstanden haben. Unsere Eintheilung der Krankheiten in dynamische und organische (eigentlicher Organisations=) Krankheiten hat eine ganz andere Bedeutung, und beruhet auf Gründen, welche in der Natur des individuellen Thier= und Menschenlebens selbst liegen.

§. 89.

Vor allem darf man das Leben des einzelnen Thieres und Menschen nicht betrachten als reine, unbeschränkte Thätigkeit, wie dieses unsere meisten neuesten Theoretiker zu thun pflegen, und dadurch eine, für jede Anwendung in der Wirklichkeit ewig unfruchtbare Theorie zur Welt befördern. Das Leben des Individuums ist ein bestimmtes und beschränktes, an gewisse Raum= und Zeitverhältnisse gebundenes. Diesen ihm vorgezeichneten Raum= und Zeitverhältnissen entsprechend, gestaltet es seinen Organismus aus eigenthümlicher Substanz und nach bestimmter Form. Der durch das Leben ursprünglich erzeugte und gebildete Organismus ist aber nicht bloß ruhendes Product, sondern er trägt, unterhält und bestimmt das folgende Leben, und dieses nicht bloß durch seine innere Substanz, sondern auch durch seine äußere Form. Die Bildung der Organe aus der Zusammensetzung einfacherer Gewebe, ihre Verknüpfung zu ganzen Systemen, und dieser dann wieder zur Einheit des Organismus, gibt dem Leben seine bestimmten Richtungen im Raume, macht, daß es unter der Form verschiedener Thätigkeiten und Verrichtungen hervortreten kann, macht, daß diese Verrichtungen und Thätigkeiten zweckmäßig in einander eingreifen, und zur Einheit des Lebens zusammenstimmen können. Es muß demnach einleuchten, daß das einzelne Leben und jeder seiner Zustände — Gesundheit und Krankheit — nicht bloß durch ein bestimmtes Verhältniß von Kräften und deren Thätigkeit in der Zeit, sondern auch durch ein bestimmtes Verhältniß derselben zum Raume, d. h. durch den Mechanismus seines Organismus bestimmt werden, daß mithin beyde Verhältnisse — die zeitlichen und räumlichen — in das Wesen des lebenden Organismus eingreifen. Wird dieser in seinen zeitlichen Verhältnissen — in seinen Kräften — gesetzwidrig bestimmt; so entstehet Krankheit, welche in seinem veränderten Wesen begründet ist: wird er aber in seinen räumlichen Verhältnissen — in seinem Mechanismus — gestört; so entstehet auch Krankheit, welche eben so nothwendig mit Veränderung seines Wesens zusammenhängt.

§. 90.

Diese Störungen im Mechanismus nennt man allgemein abnorme Zustände und Organisationsfehler; allein man will diese Organisationsfehler nicht mit dem Namen von Krankheiten belegt wissen. Dagegen wollen wir uns nicht auflehnen. Niemand aber wird läugnen können, daß der durch Organisationsfehler hervorgebrachte Zustand des Lebens Krankheit sey, daß diese Krankheit zunächst durch den Organisationsfehler begründet sey, indem sie mit ihm entstehet, beharret und verschwindet; daß sie ihrem Wesen nach von der bloß durch dynamische Verhältnisse hervorgerufenen verschieden sey, und daß diese wesentliche Verschiedenheit den Grund zu einer Eintheilung derselben abgebe.

§. 91.

Man hat behauptet (Reil, Pathologie I. B. S. 312 u. s. f.), die Organisationsfehler seyen bloß als Producte oder als Ursachen von Krankheiten zu betrachten. Allerdings sind viele Organisationsfehler, z. B. die Afterorganisationen, Balggeschwülste, Polypen, Verhärtungen, Verknöcherungen u. s. w. Erzeugnisse eines krankhaften Vegetationsprozesses: allein einmahl erzeugt, greifen sie dynamisch und mechanisch in den Gang des Lebens ein, und rufen Nachkrankheiten ins Daseyn, deren nächster Grund einzig und allein in den Organisationsfehlern liegt. In Rücksicht auf die ursprüngliche Krankheit ist hier die Afterorganisation immerhin als Product anzusehen; allein zu der Folgekrankheit stehet sie in ganz andern Verhältnissen: hier ist sie das zunächst Begründende, das Wesen der Folgekrankheit Bestimmende, und folglich auch in dem Kreise desselben Eingeschlossene. Man sagt: die verdunkelte Krystalllinse ist nicht Krankheit, sondern Krankheitsproduct. Das Letztere ist richtig: allein — wie verhält sich nun die verdunkelte Krystalllinse zu der Blindheit, welche sie ins Daseyn ruft? Wenn Jemand am schwarzen

Staare leidet; so nennt ein jeder Arzt die Blindheit das Symptom desselben, und setzt die Krankheit selbst in eine Lähmung des Sehnerven. Beym einfachen grauen Staar ist die Blindheit doch wohl auch nichts mehr als Symptom? Wo haftet aber nun die Krankheit? Abgesehen von der verdunkelten Krystalllinse, befinden sich alle Theile des Auges im normalen Zustande, und sind gesund. Nur die einzige Krystalllinse lebt und functionirt gesetzwidrig; nur sie ist krank, und sie allein enthält den Grund aller übrigen Symptome des grauen Staars. Spricht man ihr den kranken Zustand ab, so hat man hier, indem man alle übrigen Theile des Auges für gesund erklären muß, Krankheitserscheinungen, man hat eine Krankheitsform und doch keine wirkliche Krankheit, d. h. man verwickelt sich in grobe Widersprüche und Ungereimtheiten.

Daraus wird zugleich ersichtlich, in wie weit man Recht habe, wenn man den gestörten Mechanismus des lebenden Körpers nur als Ursache der Krankheit gelten lassen will. Allerdings enthält er die Ursache der Krankheit in sich, aber nicht die sogenannte entfernte, sondern die nächste (causa proxima); denn aus ihm fließen alle Krankheitserscheinungen; wird er gehoben, so verschwinden sie alle; in ihm ist die ganze Krankheit begründet; er hängt demnach nothwendig und wesentlich mit ihr zusammen, und muß in den Begriff derselben hineingezogen werden.

§. 92.

Es behauptet sich demnach die Eintheilung der Krankheiten in dynamische und sogenannte organische, oder, wenn man lieber will, mechanische Krankheiten, und weiset uns zugleich auf die Abtheilung der allgemeinen Nosologie in zwey Abschnitte hin, von welchen der erste die dynamischen, der zweyte die Organisationskrankheiten in dem oben erklärten Sinne abhandeln wird.

Erster Abschnitt.
Von den dynamischen Krankheiten.

Erstes Hauptstück.
Von den dynamischen Krankheiten überhaupt.

§. 93.

Dynamische Krankheit des Menschen ist gesetzwidrige Lebensthätigkeit des menschlichen Organismus, zunächst begründet durch eine regelwidrige Bestimmung seiner Lebenskräfte (§. 85 u. 86).

Um jedem Mißverständnisse vorzubeugen, muß hier bemerkt werden, daß man dem Ausdrucke: dynamisch, keine zu strenge Bedeutung beylegen, und unter dynamischen Krankheiten nicht rein dynamische Zustände des menschlichen Organismus verstehen dürfe: denn zwischen seinen Lebenskräften und seinen Stoffen ist ein so enges Wechselverhältniß, daß jeder dynamischen Veränderung im lebenden menschlichen Organismus nothwendig eine materielle, und umgekehrt, entsprechen muß.

§. 94.

Um unsere Leser hiervon zu überzeugen, und ihnen zugleich eine klare Einsicht in den Grund, das Wesen und die Verschiedenheit der dynamischen Krankheiten zu verschaffen, halten wir es für zweckmäßig, sie zuvor mit unserer Ansicht des Lebensprozesses, in ihren Grundzügen wenigstens, bekannt zu machen (man s. zugleich Ph. K. Hartmanns Grundzüge zu einer Physiologie des Denkens S. 85. u. s. f.).

Der Lebensprozeß des einzelnen Organismus, vom Standpunkte der Erfahrung aus betrachtet, ist eine in der Zeit fortschreitende, und an einen bestimmten Raum gebundene Naturthätigkeit, durch welche unter bestimmten Verhältnissen derselben zur übrigen Natur organische Bildung und organische Bewegung zu Stande kommen.

§. 95.

Der Grund einer Thätigkeit heißt Kraft (vis, dynamis). Soll es zu einem bestimmten, in Raum und Zeit beschränkten Thätigkeitsvorgange — zu einem bestimmten Prozesse — und zu einem bestimmten Producte kommen; so muß nothwendig auch die der Thätigkeit zum Grunde liegende Kraft bestimmt und beschränkt werden. Dieses kann nur geschehen, indem sie sich entweder selbst bestimmt, oder indem sie von außen, durch eine andere Kraft, bestimmt wird. Sich selbst zu bestimmen vermag nur eine Kraft, deren Wesen Freyheit und Vernunft ist, keineswegs aber eine untergeordnete Naturkraft, die überall dem Gesetze der Nothwendigkeit gehorcht. Daraus folgt nun unmittelbar, daß nicht eine Naturkraft einen bestimmten Prozeß und ein bestimmtes Product hervorbringen könne, sondern daß dazu überall zwey einander wechselseitig bestimmende und beschränkende, mithin einander entgegengesetzte Kräfte nothwendig erfordert werden — daß demnach Gegensatz der Kräfte — Polarität — das Princip alles besondern Wirkens und Werdens in der erscheinenden Natur sey.

§. 96.

Was hier die Vernunft aus allgemeinen Gründen erkennt, findet in der Erfahrung durchaus seine vollkommene Bestätigung. Alles, was die Natur nur immer an besondern und bestimmten Thätigkeitsvorgängen aufzuweisen hat, kommt überall durch die Wechselwirkung zweyer entgegengesetzter Factoren zu Stande: es gibt keinen magnetischen, keinen elektrischen, keinen chemischen Prozeß, keine Auflösung, keine Krystallisation, keine Verbrennung u. s. w., ohne daß zwey verschiedenartige Körper, zwey Stoffe, und, was am Ende auf das Nämliche hinausläuft, indem die Stoffe die Kräfte in der Erscheinung repräsentiren, ohne daß zwey Kräfte auf einander wirken und zurückwirken.

§. 97.

Was von jedem besonderen Naturprozesse gilt, das muß auch auf den besondern Lebensprozeß anwendbar seyn; indem sich der einzelne Organismus, in welchem derselbe waltet, als Theil und Glied der gesammten Natur, ihren allgemeinen Gesetzen nicht entziehen kann. Das Leben im Einzelnen wird daher nicht durch eine Kraft, wie man ehemahls glaubte, sondern durch Wechselwirkung zweyer, einander entgegengesetzter Kräfte hervorgerufen, welche, in so fern sie den Grund des Lebens enthalten, immerhin Lebenskräfte genannt werden können.

§. 98.

Und in der That spricht sich in jeder besondern Thätigkeit, durch welche das Leben in die Erscheinung tritt, unverkennbar eine Wechselwirkung entgegengesetzter Kräfte aus. Man betrachte die organischen Bewegungen des Thierkörpers, die sich als Zellen-, Muskel- und Nervenbewegung darstellen. Im Zellgewebe herrscht offenbar ein immer reges Streben nach Zusammenziehung, und es würde sich auch aufs äußerste zusammenziehen; wenn diesem Streben nicht ein anderes, nach entgegengesetzter Richtung wirkendes — ein expansives — in der Lebensfülle (turgor vitalis) von innen heraus sich entgegen stämmte. Daß in der Muskelbewegung Contraction und Expansion mit einander abwechseln, ist eine bekannte Sache. Die Bewegung im Nerven ist eine strahlende — folglich höchst expansive — allein damit sie ihre eigenthümliche Richtung erhalte, und auf den Verlauf der Nerven eingeschränkt werde, muß ihr eine hemmende — isolirende — entgegen wirken. Jede Art von organischer Bewegung im Thierkörper verkündigt also laut ihren Ursprung aus der Wechselwirkung entgegengesetzter Thätigkeiten und Kräfte.

§. 99.

Auf denselben Schluß führt die Betrachtung des bildenden Lebens. Alle organische Bildung im Thierkörper beginnt — in der Verdauung — mit Zersetzung des Nahrungsstoffes, um aus dem Zersetzten durch wieder gesteigertes Cohäsionsbestreben in demselben das Gerinnbare — Eyweiß, Faserstoff u. s. w., und aus diesem das Feste und Starre zu gestalten. Parallel mit diesem offenbar überwiegenden Contractionsbestreben in dem Bildenden und Gebildeten, regt sich in dem nämlichen Prozesse ein entgegengesetztes, welches sich durch Verflüssigung des Festen, durch Dunst- und Luftbildung aus dem Flüssigen, also eben so deutlich durch vorherrschende Expansion äußert. Selbst die Grundform, in welcher sich das Organische gestaltet, verkündiget entgegengesetzte — einen attractiven und einen expansiven — Factoren im gestaltenden Prozesse. Wenn das Organische aus dem Gestaltlosen — dem Flüssigen — in die organische Form übergeht, so erscheint es an dem einen Pole unter der Gestalt des Kügelchens, als des Ausdruckes des überwiegenden attractiven, an dem andern unter der Gestalt der Faser, als dem Symbol des vorherrschenden expansiven Factors, und in der Mitte — im

Punkte der Ausgleichung — unter der Form des Zellchens.

§. 100.

Wenn nun aber jede Lebensäußerung aus einer Wechselwirkung entgegengesetzter Thätigkeiten hervorgehet; so kann der Grund des Lebens selbst, oder des Lebensprozesses, auch nur in der Wechselwirkung entgegengesetzter Kräfte — entgegengesetzter Pole, oder Factoren — gesucht werden. Wie verhalten sich nun aber diese Lebenskräfte zu den gemeinen Naturkräften? — Wie verhalten sie sich zu dem Organismus, in welchem sie wirken, und zu seinen Stoffen?

Die Thätigkeit in der gesammten Natur bestehet in einem immerwährenden Schaffen, Zerstören und Wiederschaffen, und in immerwährender Bewegung nach entgegengesetzten Richtungen; aber auch die Lebensthätigkeit im thierischen Organismus bestehet in nichts anderem, als in einem beständigen Bilden, Zerstören und Wiederbilden, und in Bewegungen nach entgegengesetzten Richtungen. Wenn aber gemeine Natur- und Lebensthätigkeit in Rücksicht ihrer Äußerung vollkommen mit einander übereinstimmen, so müssen sie es auch in Hinsicht ihres Grundes: daraus folgt, daß die gemeinen Natur- und die Lebenskräfte in Rücksicht ihres Wesens nicht von einander verschieden seyn können.

§. 101.

Auf diese Wahrheit wird man auch durch folgende Schlußweise geführt. Überall, wo gleiche Stoffe erscheinen, dort wirken auch gleiche Kräfte: denn Stoffe sind ja am Ende nichts, als Erscheinungen von Kräften, wenn sie unter bestimmten Verhältnissen zusammentreten. So wie sich also die Stoffe eines lebenden Organismus zuletzt in die gemeinen Urstoffe: Sauer-, Wasser-, Kohlen- und Stickstoff zerlegen lassen, so müssen auch die Lebenskräfte zuletzt auf die gemeinen Naturkräfte zurückgeführt werden.

Einen unwiderlegbaren Beweis für diesen Satz liefert uns die ursprüngliche Zeugung einfacherer Organismen (generatio aequivoca). Gibt es eine solche Zeugung, so wird durch dieselbe auch laut verkündiget: daß die gemeinen Naturkräfte unter bestimmten Bedingnissen und Verhältnissen Organisation und Leben ins Daseyn rufen können. Und wie könnte sich der einzelne Organismus in seiner Wechselwirkung mit der äußern Natur als solcher behaupten, entwickeln und reproduciren, wenn es nicht so wäre? Der thierische Organismus reibt durch seine Lebensanstrengung nicht bloß seine Stoffe auf, sondern er erschöpft auch seine Kräfte; beyde ersetzt er immerdar aus der äußern Natur, und beweiset dadurch, daß so, wie die gemeinen Stoffe in organische umgebildet, auch die gemeinen Naturkräfte zur Würde der Lebenskräfte erhoben werden können.

§. 102.

Eine andere wichtige Frage, welche uns bereits im Vorhergehenden aufgestoßen ist, ist folgende: **In welchem Verhältnisse stehen die Lebenskräfte zu ihrem Organismus und seinen Stoffen?** Man hat dieses Verhältniß meistens unrichtig aufgefaßt, indem man der gesammten Heilwissenschaft entweder eine zu hoch fliegende dynamische, oder eine zu tief sinkende materielle Form, und dadurch immer eine einseitige Richtung mittheilte. Viele denken sich unter Lebenskräften reine Thätigkeiten, welche gar nichts Materielles an sich haben. Andere machen die Lebenskräfte materiell; indem sie die sogenannten unwägbaren Stoffe (Imponderabilien) für das im Organismus allein Lebendig=thätige, das Leben zunächst Begründende, erklären. Für Beyde sind die wägbaren organischen Stoffe an sich träge und todte Masse, und nichts anderes, als bloße Träger oder

Leiter jener Kräfte oder feinern Stoffe. Beyde Ansichten sind irrig, gründen sich auf eine unrichtige Vorstellung von dem ursprünglichen Verhältnisse zwischen Kraft und Materie, und hauptsächlich darauf, daß man eine subjective Unterscheidung in eine objective Trennung verwandelt hat.

§. 103.

Materie und Kraft sind an sich nicht geschieden. Sobald die Urkräfte der Natur unter bestimmten Verhältnissen zum Raume zusammentreten, so e r s ch e i n e n sie als Materie. Man denke sich von der Materie alle ihre Kräfte, ihre Schwere, ihre Cohäsions= und Ausdehnungskraft hinweg, und man hat die Materie selbst vernichtet. Jeder besondere Stoff ist daher nichts anderes, als der Ausdruck eines bestimmten Verhältnisses der Urkräfte, und ein Stoff ohne Kraft ein barer Widerspruch.

Aus diesem folgt zugleich, daß auch diejenigen eine falsche Ansicht haben, welche bloß die unwägbaren Stoffe für thätig, die wägbaren aber für unthätig halten. In beyden Arten von Stoffen herrschen die Urkräfte der Natur, in jeder aber in einem andern Verhältnisse, in jener mit überwiegendem expansiven, in dieser mit vorwaltendem attractiven Principe. Beyde Principien aber sind gleich wesentlich und nothwendig zur Hervorrufung eines jeden dynamischen Prozesses.

§. 104.

Werden diese Grundsätze (vorh. §.) auf den lebenden Organismus angewandt; so verbreitet sich von ihnen aus zugleich ein helleres Licht über das Wechselverhältniß zwischen Lebenskräften und organischen Stoffen. Jeder organische Stoff ist zwar zu betrachten als das Erzeugniß der Lebens= kräfte; er muß aber auch zugleich angesehen werden als der Ausdruck eines bestimmten, im Raume festgehaltenen Ver= hältnisses dieser Kräfte, als der sinnliche Repräsentant der=

selben. Diesem zu Folge ist der organische Stoff nicht die bloße todte Unterlage oder der Leiter der Lebenskraft, sondern er ist in seinem innern Wesen selbst lebendig: alles, was einen Theil des lebendigen Organismus ausmacht, muß auch lebendig thätig und lebenskräftig seyn, und zwischen Lebenskräften und organischen Stoffen kann eben so wenig eine objective Geschiedenheit Statt finden, als zwischen Kraft und Stoff überhaupt. Hieraus wird die Einseitigkeit derjenigen Ansicht klar, welche die sogenannten Imponderabilien im lebenden Organismus für die alleinigen Erwecker des Lebensprozesses erklären will.

§. 105.

So wie man daher vom dynamischen Standpunkte aus sagen kann und muß: der Lebensprozeß beruhet auf der Wechselwirkung entgegengesetzter Kräfte; so kann man auch vom materiellen Gesichtspunkte aus behaupten: der Lebensprozeß geht aus der Wechselwirkung verschiedenartiger organischer Stoffe hervor. Und in der That, wenn irgend etwas seine volle Bestätigung in der Erfahrung findet, so ist es diese Behauptung. Sie (die Erfahrung) zeigt uns nämlich:

1) daß jeder Theil des thierischen Organismus durch das Zusammentreten verschiedenartiger Stoffe: Wasser, Eyweiß, Faserstoff, phosphorsaurer Kalkerde und einigen andern Salzen, gebildet werde;

2) daß diese Stoffe offenbar in zwey einander entgegengesetzte Reihen aus einander treten; indem die einen dem Oxygen-, die andern dem Hydrogenpol zufallen;

3) daß mit der Vermehrung der organischen Stoffe im thierischen Körper das Leben steige; daß es mit deren Verminderung falle; daß es sich seiner Art nach verändere, wenn jene Stoffe der Art nach verändert werden; daß also im lebenden thierischen Organismus jedem bestimmten materiellen Verhältnisse ein entsprechendes dynamisches parallel gehe; daß

folglich auch bey der Betrachtung des besondern Lebens die materielle Ansicht von der dynamischen nicht ganz getrennt werden darf.

§. 106.

Und dennoch behaupten einige, daß das Leben ganz aufhören könne, ohne daß man auffallende Veränderungen in seinem materiellen Träger — dem Organismus — wahrnehme. Prüfet man aber diese Behauptung etwas genauer; so findet man, daß sie von einer oberflächlichen Untersuchung der Leichen, und von einer mangelhaften Einsicht in das Verhältniß, welches zwischen Materie und ihrer Thätigkeit obwaltet, ausgehend, ganz auf einem Irrthume beruhe. Wenn man in Leichnamen keine Veränderung in der **Form und Textur** der Theile findet; hat man deßwegen schon ein Recht, auch auf unveränderten Zustand ihrer innern **Substanz** zu schließen? Beweisen nicht im Gegentheile alle, am Leichname wahrnehmbaren Erscheinungen, die veränderte Cohäsion, Elasticität, Temperatur, die eintretende Fäulniß u. s. w. auffallende, und in das Wesen eingreifende Veränderungen des organischen Stoffes? — Gründe und Erfahrung stimmen demnach darin überein, zu beweisen, daß überall, wo im Organismus Veränderung seiner Lebensthätigkeit eintritt, auch eine entsprechende Veränderung in seinen Stoffen Statt finde und Statt finden müsse. Soll aus der Wechselwirkung organischer Stoffe der Lebensprozeß in einer bestimmten Form hervorgehen; so müssen **Stoffe von bestimmter Natur unter bestimmten Verhältnissen** zusammentreten. Wird die Natur der Stoffe bedeutend verändert, werden jene bestimmten Verhältnisse aufgehoben; so kann ihre Wechselwirkung nicht mehr unter der Form eines bestimmten Lebensprozesses in die Erscheinung hervorbrechen: allein deßwegen sind die Stoffe noch nicht kraftlos und todt im strengsten Sinne. In ihrer neuen Gestalt und unter andern Verhältnissen treten sie sogleich wieder in Wechselwirkung: der Lebensprozeß geht in Gährungsprozeß über, welcher von jenem nicht durch sein Wesen, sondern nur durch das Verhältniß seiner Factoren verschieden ist.

§. 107.

Aus den bisher entwickelten Grundsätzen ergibt sich nun folgende Ansicht des Lebens im thierischen und menschlichen Organismus.

So wie sich in jedem Theile des thierischen Organismus Gegensatz der Stoffe findet, so findet sich auch in jedem Gegensatz der Kräfte: jeder Theil des Organismus trägt daher in seiner Substanz die materiellen und dynamischen Factoren des Lebensprozesses, hat demnach sein Leben und die Quelle seines Lebens aus und in sich selbst.

Entgegengesetzte Kräfte steigern durch wechselseitige Erregung ihre Thätigkeit bis auf einen gewissen Höhegrad: auf dieser Höhe angelangt, fangen sie an, einander wechselseitig zu erschöpfen, wodurch sie endlich zur Ausgleichung und Ruhe, und der Prozeß, welcher aus dieser Wechselwirkung hervor geht, zum Stillstand gelangt.

Parallel mit diesem Widerstreit und dieser Ausgleichung der Lebenskräfte geht eine chemische Umwandlung der organischen Stoffe, welche im Lebensprozesse befangen sind: auch sie treten aus dem ursprünglichen Gegensatze in den Zustand der Gleichartigkeit, verlieren ihren organischen Charakter und werden zur fernern Unterhaltung des Lebensprozesses untauglich.

Diesem zu Folge kann das Leben eines jeden Theiles des Organismus aus und für sich selbst nur eine kurze Zeit bestehen, indem der innere Lebensprozeß sich selbst tödtet und seine Organisation selbst desorganisirt.

§. 108.

Die Unterhaltung des Lebens in jedem einzelnen Theile des thierischen Organismus durch längere Zeit muß also von außen geschehen. Die Ausgleichung, nach welcher die Lebensfactoren immerdar hinstreben, muß immer wieder aufgehoben, der ursprüngliche Gegensatz wieder hergestellt werden. Dazu nun werden nothwendig erfordert: a) Entfernung des im Organismus Abgestorbenen aus dem Kreise des Lebens; b) Wiederersatz der abgenutzten und erschöpften Lebensfactoren in ihren ursprünglichen dynamischen und materiellen Verhältnissen. Beydes aber wird nur möglich: 1) durch zweckmäßige dynamische und materielle Verbindung aller lebendigen Theile zu einem systematischen Ganzen — zu einem Organismus: 2) durch dynamische und materielle Wechselwirkung dieses Organismus mit der äußern Welt.

§. 109.

1) Durch die organische Verbindung mehrerer lebendigen Theile zu einem Gesammtorganismus wird nicht nur eine wechselseitige dynamische Erregung, Steigerung und nähere Bestimmung des Lebensprozesses in den verschiedenen Theilen desselben, sondern auch die Entfernung des Abgestorbenen aus dem Kreise des Lebendigen und der Wiederersatz des Abgenützten und Abgestoßenen vermittelt. Denn in jedem Theile des Organismus waltet zwar sein inneres und eigenthümliches Leben: allein so wie jeder seine eigenartige Substanz und Gestalt hat, so hat auch sein inneres Leben seine eigenartige (specifische) Modification und Form, und diese beruhen auf eigenthümlichen Verhältnissen seiner Kräfte. Durch diese mannigfaltigen Verhältnisse der Lebenskräfte in den verschiedenen Theilen des Organismus kommen nun Ungleichartigkeit und Gegensatz zwischen die verschiedenen Systeme und Organe desselben Organismus, wodurch sie einander dynamisch erregen, ihre Lebensthätigkeit wechselweise anfa-

chen und näher bestimmen, und die absolute Ausgleichung der Lebenskräfte und somit den Stillstand des Lebens in jedem einzelnen verhindern.

Ferner wird durch die organische Verbindung, besonders in so fern sie durch Gefäße vermittelt ist, die Entfernung des Abgestorbenen aus dem Kreise des Lebens, der Wiederersatz der materiellen und dynamischen Factoren des Lebens und hiermit die beständige Erneuerung ihres ursprünglichen Gegensatzes möglich gemacht.

§. 110.

Was im lebenden Organismus ein Organ und System für das andere ist, das ist für den Gesammtorganismus die äußere Natur mit ihren Erzeugnissen, d. h. sie bestimmt ihn auf gleiche Weise dynamisch und materiell. Sie erregt durch ihre Kräfte die Lebenskräfte zu immer erneuerter Thätigkeit, sie liefert in ihren Erzeugnissen dem Organismus seine Nahrungsstoffe und nimmt zugleich seine Auswürfe wieder in sich auf.

§. 111.

Aus dieser Entwicklung des Lebens im thierischen und menschlichen Organismus geht nun der für die dynamische Pathologie sehr wichtige Grundsatz hervor: daß jeder Zustand des Lebens von seinen innern und äußern Verhältnissen abhängt, daß aber die innern Verhältnisse wieder durch die äußern bestimmbar sind.

Zunächst wird der Zustand des Lebens bestimmt durch die Menge und Beschaffenheit und den daraus hervorgehenden Gegensatz seiner Factoren: denn daraus fließt wieder die Bestimmung der Stärke und Eigenthümlichkeit der Lebensthätigkeit selbst und des Wechselverhältnisses zwischen den mannigfaltigen organischen Thätigkeiten und Verrichtungen, wodurch das Leben als gesundes, oder krankes bezeichnet wird.

§. 112.

Dynamische Krankheit ist demnach vorhanden, wenn der Lebensprozeß in Hinsicht auf seine Stärke und eigenthümliche Natur, oder durch die aufgehobene Zusammenstimmung der mannigfaltigen Thätigkeiten und Verrichtungen zur Einheit des Lebens von seiner Gesetzmäßigkeit abweicht, und wenn diese Abweichung in einer unmittelbaren regelwidrigen Bestimmung der Lebenskräfte begründet ist,

Wenn auch quantitative und qualitative Veränderungen im lebendigen Organismus in der Wirklichkeit selbst nicht geschieden vorkommen; so wird es doch zum Behufe der deutlichen Einsicht in dieselben nothwendig, sie subjectiv und im Lehrvortrage zu unterscheiden.

§. 113.

a) In Rücksicht auf sein Maß (Quantität) ist der Lebensprozeß von seiner Gesetzmäßigkeit abgefallen, wenn seine innere Stärke, seine Dauerhaftigkeit und Geschwindigkeit, weder der menschlichen Bestimmung überhaupt, noch dem individuellen Charakter des Menschen, noch der Entwicklungsstufe, auf welcher er sich gerade befindet, entsprechen. Wird unter den so eben aufgestellten Beziehungen ein Normalgrad des Lebens festgesetzt; so läßt sich von demselben nur eine zweyfache Abweichung des Lebens denken, nämlich: Übermaß und Schwäche desselben.

§. 114.

Übermäßige Stärke des Lebensprozesses (Hypersthenie des Lebensprozesses) ist vorhanden, wenn dieser Prozeß an Kraft und Geschwindigkeit so gesteigert wird, daß dadurch die Selbsterhaltung des Organismus gefährdet wird.

Der nächste Grund dieses regelwidrigen Zustandes kann

nur in einer übermäßigen Erhöhung der Lebenskräfte gesucht werden. Im thierischen Organismus aber kann Steigerung der Lebenskräfte nur bewirkt werden: a) durch Vermehrung der organischen Substanzen mit gleichzeitiger höherer Ausbildung ihres Gegensatzes; b) durch stärkere Anfachung ihrer dynamischen Wechselwirkung.

§. 115.

Unter diesen Beziehungen können reichliche Nahrung, Unterbrechung von Ausleerungen wichtiger Säfte, an welche der Organismus bereits gewohnt war, eine reine, trockne, elektrische, auf einen gewissen Grad erwärmte Luft, verstärkte Einwirkung des Lichtes, heitere Gemüthsstimmung, geistige Getränke, Gewürze u. s. w. zu einer zu kräftigen Anfachung des Lebens beytragen.

Durch Übermaß des Lebens wird anfänglich die Ausbildung des Organischen übertrieben und die Entwicklung der Erregbarkeit unter der Form der Sensibilität und Irritabilität zu sehr verstärkt; daher zu heftige Bewegungen der Organe und zu schnelle Umwandlung ihrer Substanz, welche endlich zur Erschöpfung der Lebenskräfte und Aufreibung des Organismus führen müssen.

§. 116.

Eine allgemeine und gleichmäßige Verstärkung des Lebens über den Normalgrad sollte man eher für ein Übermaß von Gesundheit, als für Krankheit erklären; indessen, wenn man bedenkt, daß nach einem unwandelbaren Naturgesetze im einzelnen Organismus Entwicklung und Zerstörung immer ein gleiches Verhältniß zu einander beobachten; so überzeugt man sich auch alsogleich, daß eine zu heftige Anfachung des Lebens den Organismus zwar schneller zur höchsten Entwicklungsstufe hinauf hebe, daß aber auch dieser um so geschwinder von dem höchsten Gipfel seiner organischen Ausbildung wieder herabsinke und seinem Untergange entgegen eile, je geschwinder er auf denselben erhoben wurde, daß demnach auch durch eine übermäßige Verstärkung des Lebens die Selbsterhaltung des Organismus gefährdet werde.

Als unverkennbare Krankheit zeigt sich die Hypersthenie des Lebensprozesses, wenn sie einzelne Systeme oder Organe des thierischen Organismus mit Übergewicht ergreift und dadurch die Übereinstimmung aller zur Einheit des Lebens störet.

§. 117.

Schwäche (Asthenie) des Lebensprozesses deutet ein Sinken des Lebensprozesses in Hinsicht seiner innern Kraft unter den, dem Individuum und seiner Entwicklungsperiode zukommenden, gesetzmäßigen Grad.

Wahre Lebensschwäche beruhet immer auf Verminderung der Lebenskräfte, welche dann wieder aus einer dreyfachen Quelle entspringen kann: nämlich a) aus absoluter Verminderung der Lebensfactoren, folglich auch der organischen Substanzen, b) aus Verminderung ihres Gegensatzes, und c) aus verminderter Anregung ihrer Wechselwirkung von außen.

§. 118.

a) Durch absolute Verminderung der Lebensfactoren schwächen vorzüglich Mangel an Nahrung, bedeutender Verlust von Blut oder andern plastischen Säften, beschleunigte Zersetzung der organischen Substanzen.

b) Der Gegensatz (die Polarität) der Lebensfactoren wird aufgehoben durch Annäherung derselben zum absoluten Gleichgewicht, und zur Gleichartigkeit ihres Wesens. Auf diese Weise erzeugt vorausgegangene heftige Anstrengung des Lebens zulezt bleibende Schwäche. Oder durch unmittelbare Herabsetzung eines von beyden Lebensfactoren. So wirken

Kälte, Salpeter, Blausäure u. ähnl. durch unmittelbare Entziehung des expansiven Princips des Lebens.

c) Durch verminderte Anregung der Wechselwirkung zwischen den Lebensfactoren werden unreine, feuchte Luft, verminderter Einfluß der Lebensluft, der Elektricität, des Lichtes, der Wärme, Niedergeschlagenheit des Geistes u. s. w. eben so viele Veranlassungen von Lebensschwäche.

Nur ist hierbey noch zu bemerken, daß diese Erzeugungsarten der Lebensschwäche in der Wirklichkeit nicht so geschieden vorkommen, wie sie hier dargestellt werden, indem ein und derselbe schwächende Einfluß auf mannigfaltige Weise zugleich wirken kann. So muß dasjenige, was die Summe der Lebensfactoren absolut vermindert, eben dadurch auch ihren Gegensatz herabsetzen. Auf gleiche Weise verhindert alles, was zu schwache Wechselwirkung derselben veranlaßt, eine höhere Ausbildung ihres Gegensatzes (ihrer positiven und negativen Beschaffenheit).

§. 119.

Nach der verschiedenen Einwirkungsart der schwächenden Einflüsse und nach dem verschiedenen Verhältnisse der Lebenskräfte, welches dadurch gesetzt wird, nimmt die Lebensschwäche eine zweyfache verschiedene Gestalt an, und wird **directe und indirecte Schwäche des Lebensprozesses** genannt. Die **directe Lebensschwäche** zeichnet sich durch innere Kraftlosigkeit und äußere Hastigkeit der Lebensthätigkeit aus; daher mangelhafte Ausbildung des Organischen mit großer Veränderlichkeit des Stoffes und der Temperatur, geringes Wirkungsvermögen mit hoher Reizempfänglichkeit in den empfindlichen und reizbaren Organen. Herabsetzung der Lebenskräfte, jedoch mit einem bleibenden relativen Überwiegen des expansiven Princips, welches sich im Nervensystem als Princip der Sensibilität, im Gefäßsysteme als Princip der Lebensfülle (turgor vitalis), und der Lebenswärme entwickelt, begründet zunächst directe Schwäche. Daher begünstiget alles, was die materielle Unterlage des Lebensprozesses mindert, was Zartheit und Weichheit der Organisation herbey führt, die Entstehung dieser Schwäche: daher sind ihr vorzüglich kindliches Alter, weibliches Geschlecht, sanguinisches Temperament, abgemagerte, ausgemergelte Körper, unterworfen.

§. 120.

Die indirecte Lebensschwäche beurkundet sich durch Mangel an innerer Kraft und äußerer Bestimmbarkeit der Lebensthätigkeit, mithin durch große Trägheit derselben. Mangelhafte Ausbildung des Organischen mit geringer Temperatur, schwaches Wirkungsvermögen der Organe mit gesunkener Reizempfänglichkeit sind ihre beständigen Begleiter; Erschöpfung der gesammten Lebenskräfte und dadurch herbey geführte bedeutende Verminderung ihres Gegensatzes, vorzüglich aber verhinderte Entwicklung des expansiven Lebensprincips ihre nächsten Begründerinnen. Daraus wird es begreiflich, wie diese Art von Schwäche durch zu starke Anstrengung der Thätigkeit, durch Übermaß von Reizen, durch Mißbrauch betäubender Gifte, durch Mißbrauch alles dessen, was die Cohäsion des Organischen zu sehr vermehrt, ins Daseyn gerufen werde.

§. 121.

Je mehr übrigens die Lebensschwäche zunimmt, sie sey von welcher Art sie immer wolle, desto sicherer führt sie den Organismus seinem Untergange entgegen: denn aus ihr gehen organische Bewegungen hervor, die so kraftlos sind, daß sie weder für die menschliche Bestimmung überhaupt, noch für den Zweck der Selbsterhaltung hinreichen; sie begründet mangelhafte Entwicklung und unvollständigen Wiederersatz des Organismus und beraubt ihn endlich des Vermögens, seine Selbstständigkeit gegen die beständigen dynamischen, chemischen und mechanischen Angriffe der äußern Natur zu behaupten. Daher unterliegt er endlich der Gewalt der äußern Naturthätigkeit, welche sich ihn wieder aneignet, um aus seinen Stoffen neue Erzeugnisse zu bilden.

§. 122.

b) **In Rücksicht seiner eigenthümlichen Natur (Qualität)** ist der Lebensprozeß krankhaft ergriffen, wenn sein qualitativer Charakter nicht mehr der Gattung und Art, zu welchen der thierische Organismus gehört, nicht seinen individuellen Verhältnissen und seiner Entwicklungsstufe entspricht. So ist der Lebensprozeß des Menschenorganismus in Rücksicht auf seine specifische Eigenheit von der Regel abgewichen, wenn er sich dem Lebensprozesse niederer Thiere, wie z. B. in der Wurmkrankheit, oder gar dem Pflanzenleben — wie bey der Zuckerbildung in der Harnruhr — annähert. Nicht weniger gehen qualitative Veränderungen im Leben vor; wenn sich das Muskelleben in Zellenleben — bey der Verwandlung des Muskels in Fettmasse — das Leben der Häute in Knochenleben — bey der Verknöcherung weicher Gebilde — u. s. w. verwandelt. Wo wir demnach qualitative Veränderungen in den Erzeugnissen des Lebens wahrnehmen, dort dürfen wir auch veränderte qualitative Bestimmungen im Lebensprozesse selbst voraussetzen.

§. 123.

Der nächste Grund der krankhaft veränderten Natur des Lebensprozesses liegt entweder 1. in veränderter Qualität der Lebensfactoren, oder 2. in verändertem wechselseitigen Verhältnisse derselben.

1. Veränderte Qualität der Lebenskräfte? — wird man einwenden — wie wird diese möglich seyn, wenn die Lebenskräfte von den Urkräften der Natur nicht verschieden

sind; da sich an einer einfachen Urkraft außer einem Mehr und Weniger keine andere Veränderung denken läßt? — Dieser Einwurf scheint auf den ersten Anblick von Gewicht zu seyn, welches er aber bey einer näheren Beleuchtung alsogleich verliert. Unsere Lebenskräfte sind nämlich nicht **einfache** Naturkräfte; sondern jede einzelne Lebenskraft ist schon ein Zusammengesetztes aus jenen Naturkräften, **deren bestimmtes Verhältniß die Eigenthümlichkeit (Qualität) jeder einzelnen Lebenskraft begründet.** So ist die expansive Lebenskraft schon der Ausdruck eines bestimmten Verhältnisses der Expansiv- und Attractivkraft der Natur mit überwiegender Expansivkraft. Das nämliche gilt auf umgekehrte Weise von der attractiven Lebenskraft, und es läßt sich hier wieder das Nämliche auf die Lebenskräfte anwenden, was von den organischen Stoffen gilt: so wie nämlich die organischen Stoffe aus bestimmten Verbindungen der gemeinen Natur-Elemente hervorgehen; so kommen auch die organischen Kräfte durch das Zusammentreten der gemeinen Naturkräfte unter festgesetzten Verhältnissen zu Stände.

Ist dieses gegründet; so wird daraus auch alsogleich die Möglichkeit qualitativer Veränderungen der einzelnen Lebensfactoren begreiflich, indem sie von jedem veränderten Verhältnisse ihrer qualitativ verschiedenen Elemente selbst eine andere Qualität annehmen müssen.

§. 124.

2. Selbst das Mißverhältniß zwischen den Lebensfactoren als solchen, welches als zweyter Grund des seiner eigenthümlichen Natur nach regelwidrigen Lebensprozesses angegeben wurde (vorh. §.), muß auf gestörte Wechselbeziehungen ihrer Elemente zurück geführt werden. Es gibt übrigens der Krankheiten nicht wenige, in welchen ein Mißverhältniß der Lebensfactoren und ein regelwidriges

Vorschlagen oder Sinken des einen oder des andern den qualitativen Charakter des Lebensprozesses umändert. Herrscht das expansive Princip in demselben vor; so verkündiget sich dieses durch erhöhete Empfindlichkeit, Vermehrung der thierischen Wärme, der Lebensfülle, durch vermehrtes Streben nach Ausdehnung, Dunst= und Gasbildung, durch verminderten Zusammenhang des organischen Stoffes, durch vorwaltende Zersetzung und Verzehrung desselben.

Überwiegen des attractiven Lebensprincips ruft in der organischen Bewegung und Bildung den entgegengesetzten Zustand hervor: herrschende Zellen= und Muskelzusammenziehung, stärkere Entwicklung des Cohäsionsbestrebens in den Flüssigkeiten und festen Gebilden.

§. 125.

Veränderungen in der eigenartigen Beschaffenheit des Lebensprozesses werden demnach durch alles dasjenige hervor gebracht, was das regelmäßige Wechselverhältniß der Lebensfactoren, oder ihrer Elemente zu stören vermag. Dieses aber vermag jeder äußere Einfluß, welcher sich in einem bedeutenden dynamischen Gegensatze gegen das Lebendige befindet: es ergibt sich daraus, daß die Zahl der äußern Einflüsse, welche den Lebensprozeß in Hinsicht auf seinen qualitativen Charakter regelwidrig bestimmen, nicht geringer sey, als das Heer der krankheiterregenden Schädlichkeiten überhaupt, und daß **jede Krankheit ihren eigenen qualitativen Charakter an sich trage.**

§. 126.

Die Erkenntniß der mannigfaltigen regelwidrigen qualitativen Veränderungen des Lebens ist übrigens das höchste Ziel der gesammten Heilkunde, dessen Erreichung dieser die Krone aufsetzen wird. Indessen dürfen wir uns nicht bergen, daß wir von diesem Ziele noch ziemlich weit entfernt sind.

Man frage nur die Ärzte: was sind Blattern, Masern, Scharlach, Lustseuche, Scrofeln, Scorbut, Gicht, Krebs u. s. w. ihrem Wesen nach? aus welchen qualitativen Veränderungen des Lebensprozesses gehen sie hervor? und man wird durch die Antworten, welche man auf diese Fragen erhält, bald überzeugt werden, wie mangelhaft ihre Kenntnisse noch in dieser Hinsicht sind. Die allgemeine Pathologie hat zwar bereits einige allgemeine Grundzüge zu der Lehre von den qualitativen Krankheitszuständen entworfen; allein allgemeine Grundsätze können erst dann zur Erkenntniß des Besondern und Einzelnen führen, und so, wie man zu sagen pflegt, praktische Brauchbarkeit erhalten, wenn erst die Mittelglieder, welche Allgemeines und Besonderes organisch verbinden, aufgefunden seyn werden. Bis dahin halten sich die Ärzte noch immer bey Bestimmung und Behandlung der Krankheiten an die quantitativen Verhältnisse, und erwarten, daß durch eine zweckmäßige Leitung derselben zugleich die qualitativen in ihr gesetzmäßiges Geleis zurück treten werden.

§. 127.

c) In Rücksicht auf das Wechselverhältniß zwischen den mannigfaltigen Thätigkeiten und Verrichtungen des Organismus entsteht krankhafter Zustand des Lebensprozesses durch aufgehobene Übereinstimmung aller jener Thätigkeiten und Verrichtungen zur Einheit des Lebens. So wie nämlich im thierischen Körper die plastischen Stoffe zu organischen Grundformen, diese zu einfachen organischen Gebilden, die einfachen organischen Gebilde zu Organen zusammentreten; so wie sich ferner die Organe in bestimmte Reihen ordnen und zu ganzen Systemen sich verbinden, die sich endlich zu einem Gesammtorganismus vereinigen; so schmelzen auch die einzelnen Lebensprozesse in den Grundtheilen des Organismus zu größern dynamischen Erregungen zusammen, die, unter bestimmten Verhältnissen verbunden, die einzelnen Verrichtungen darstellen: eine Vielheit von Verrichtungen unter bestimmten Beziehungen zu Raum und Zeit zur Einheit zusammen fließend, erscheint als einzelnes Systemleben, alle Systemleben aber nach dem Princip der Einheit zusammen stimmend, als Gesammtleben *eines* Organismus. Einheit des Lebens, hervorgehend aus einer Mannigfaltigkeit von Systemleben, Verrichtungen und einzelnen Spannungen ist demnach ein Hauptgrund seines Bestehens im Normalzustande, der alsogleich verschwindet, wenn einzelne Systeme und Organe durch quantitative und qualitative Störungen ihres Eigenlebens von dieser Übereinstimmung zur Einheit abfallen, und dadurch die Wirksamkeit des Organismus nach den ihm von der Natur vorgezeichneten Zwecken hemmen und seine Selbsterhaltung gefährden.

§. 128.

Die Erfahrung zeigt uns eine Menge krankhafter Zustände, in welchen die gestörte Harmonie des Lebens, mithin ein Mißverhältniß zwischen den mannigfaltigen Thätigkeiten und Verrichtungen, eines der wichtigsten Momente der Krankheit ausmacht. So findet man häufig genug ein Mißverhältniß zwischen organischer Bewegung und Bildung; in der organischen Bewegung selbst Mißverhältniß zwischen dehnender und zusammenziehender Bewegung, in dem Bildungsprozesse zwischen Reproduction und Verzehrung. Wendet man sich zu dem Wechselverhältnisse zwischen den verschiedenen Verrichtungen; so stößt man nicht selten auf Mißverhältnisse zwischen äußerer und innerer Sinnesverrichtung, zwischen Verdauung und Blutbereitung, zwischen Absonderung und Einsaugung. Selbst in einer einzelnen Verrichtung treten die einzelnen Erregungen aus ihrem gesetzmäßigen Verhältnisse, z. B. die auf- und abwärts strebende Bewegung der Därme u. s. w.

§. 129.

Der Grund von der gestörten Harmonie des Lebens liegt 1. in der aus dem Eigenleben (vita propria) eines jeden Systems und Organs hervorgehenden eigenthümlichen Empfänglichkeit für äußere Einflüsse, und 2. in dem besondern und engern dynamischen Wechselverhältnisse, welches zwischen einzelnen Systemen und Organen des Thierkörpers obwaltet.

1. Die eigenthümliche (specifische) Empfänglichkeit der Systeme und Organe macht, daß jeder schädliche Einfluß irgend ein System, eine Organenreihe, oder ein einzelnes Organ mit größerer Gewalt, als die übrigen, ergreift, und dadurch Mißverhältniß in die Gesammtheit bringt.

2. Die gleiche Folge hat das innigere dynamische Wechselverhältniß zwischen bestimmten Systemen und Organen des Organismus: denn dadurch geschieht es, daß bey dem Leiden eines derselben immer diejenigen Systeme, oder Organe, welche mit demselben in einem engern dynamischen Wechselverkehr stehen, leichter und stärker ergriffen werden, als alle übrigen, wodurch dann wieder ein ungleicher Zustand in den verschiedenen Theilen des Organismus gesetzt wird.

§. 130.

Das dynamische Wechselverhältniß zwischen den verschiedenen Theilen des Organismus und die dadurch begründete wechselseitige Bestimmung derselben — die sogenannte Mitleidenschaft — erscheint unter zweyerley Gestalt: entweder als Übereinstimmung (consensus), oder als Gegensatz (Antagonismus). Dynamische Übereinstimmung zwischen zwey Organen ist vorhanden, wenn eine bestimmte Veränderung in dem einen eine gleichartige Veränderung in dem andern hervorruft. Z. B. wenn bey der Entzündung des einen Auges bloß durch dynamische Wechselbestimmung Entzündung in dem andern erweckt wird. Dynamischer Gegensatz zwischen zwey Organen findet Statt, wenn eine Veränderung in dem einen, in dem andern eine entgegengesetzte durch Wechselbestimmung hervor bringt. Ein Beyspiel liefert das Sinken der Sensibilität in dem Ganglienssysteme bey zu hoher Steigerung derselben im Cerebralsysteme in der Manie.

§. 131.

Dieser verschiedenartige dynamische Wechselverkehr zwischen den Systemen und Organen des thierischen und menschlichen Organismus spielt nun bey den dynamischen Krankheiten eine bedeutende Rolle, und gibt, wenn er von seiner Gesetzmäßigkeit abweicht, nicht selten die vorzüglichste Veranlassung zur Störung der Einheit des Lebens. In jedem von diesen dynamischen Wechselverhältnissen lassen sich aber drey regelwidrige Zustände denken: a) Steigerung und Ausdehnung derselben über ihre vorgezeichneten Grenzen. So tritt ein krankhaft ergriffenes Organ nicht allein mit den ihm physiologisch verwandten, sondern nicht selten auch mit vielen, ihm ehemals fremden, in enge Mitleidenschaft. b) Sinken und gänzliches Aufhören des dynamischen Wechselverhältnisses. c) Umschlagen des einen in das andere, des Consensus in Antagonismus und umgekehrt.

§. 132.

Dieses wären die allgemeinsten krankhaften Zustände des Lebensprozesses im thierischen und menschlichen Organismus; soll nun aber ihre Erkenntniß fruchtbringend für den Arzt werden, und ihn bey der Bestimmung und Behandlung der Krankheiten leiten, so muß die Entwicklung derselben durch die verschiedenen Formen des Lebens durchgeführt werden. Im thierischen und menschlichen Organismus tritt der innere

Lebensprozeß unter einer zweyfachen Form in die Wirklichkeit: als bildendes Leben — Pflanzenleben, Vegetation — und als bewegendes Leben, thierisches Leben im engern Sinne, Erregung im Brown'schen. — Das höhere menschliche Leben — das geistige — gehört als solches nicht in die Sphäre der Pathologie, indem die regelwidrigen Äußerungen desselben nur in so fern Gegenstand der Heilkunde werden können, als sie durch krankhafte Zustände des thierischen Lebens vermittelt sind, wie wir an einem andern Orte hinlänglich gezeigt zu haben glauben (der Geist des Menschen in seinen Verhältnissen zum physischen Leben. S. 326 ff.).

Tritt der innere Lebensprozeß mit Stoffen in Wechselwirkung, die dem Organischen durch einen gewissen Grad von Gleichartigkeit verwandt sind, d. h. mit nährenden Einflüssen; so äußert er sich als bildendes Leben. Erst, wenn die Bildung des Organischen bis auf eine gewisse Stufe der Höhe gediehen ist, entwickelt sich aus ihr das Bewegungsvermögen der Organe, die Erregbarkeit nach Brown. Kommt nun das Lebendige vermittelst dieser mit äußern, dem Organischen ungleichartigen Einflüssen, d. h. mit Reitzen, in Wechselwirkung, so äußert sich das Leben als organische Bewegung. Bildungsprozeß und Erregung in der angegebenen Bedeutung fließen daher beyde aus einer gemeinschaftlichen Quelle — dem innern Lebensprozesse — sie stehen unter sich selbst in einem innigen Wechselverhältnisse; sie sind aber deßwegen noch nicht absolut eins; indem sie a) durch ein verschiedenes Verhältniß des Lebendigen zur Außenwelt zu Stande kommen, und indem b) organischer Bildungsprozeß da seyn kann, ohne in äußere Erregung durchzubrechen, wie in den Pflanzen, in den Knochen, Knorpeln, Haaren der Thiere. Es ist daher durch Gründe gerechtfertiget, es ist wichtig und nothwendig, daß man zwischen organischer Bildung und organischer Bewegung im gesunden und kranken Zustande unterscheide.

Durch alle diese Betrachtungen werden wir auf die Unterabtheilung der dynamischen Krankheiten: in Krankheiten mit vorherrschender gesetzwidriger Bildung (Vegetationskrankheiten), und in Krankheiten mit überwiegender regelwidriger organischer Bewegung (Erregungskrankheiten) geführt, deren näheren Untersuchung folgende Kapitel gewidmet seyn werden.

K. E. Schelling, über das Leben und seine Erscheinungen. Landshut, 1806. 8.

J. P. V. Troxler, über das Leben und sein Problem. Götting. 1807. 8.

G. Prochaska, Disquisitio anatomico-physiologica organismi corporis humani ejusque processus vitalis. Viennae, 1812. 4.

Der Lebensprozeß, von Ph. K. Hartmann. Medicinische Jahrb. des k. k. österreich. Staates III. B. III. St. S. 57.

C. Sprengel, rudimentorum nosologiae dynamicae prolegomena. Hal. 1787.

K. Himlys Abhandlung über die Wirkung der Krankheitsreize auf den menschlichen Körper. Braunschweig, 1795. 2. Aufl. 1797.

Ph. J. Horsch, Versuch über den fundamentalen Theil der Krankheitslehre. In Dömlings u. Horsch's Archiv für die Theorie der Heilk. Nürnb. 1804. 1. B. N. 3.

Ludwig, de vigore et debilitate corporis animalis. — In ejusdem adversarior. medico-practic. Vol. III. part. 1. n. 1. part. II. n. 2.

C. C. Fr. Jäger, über die Natur und Behandlung der krankhaften Schwäche des menschlichen Organismus. Stuttg. 1807. 8.

Zweytes Hauptstück.
Von den Krankheiten der organischen Bildung.

§. 133.

Der organische Bildungsprozeß (Vegetationsprozeß) ist diejenige Wirksamkeit des Lebens, durch welche es die Erzeugnisse der äußern Natur in organische Substanz verwandelt, und dieser die organische Gestalt mittheilt.

Dieser Prozeß besteht nicht bloß in der ursprünglichen Erzeugung und Entwicklung des Organischen (productio), sondern auch in der beständigen Wiedererzeugung desselben (reproductio); denn der Hauptcharakter des organischen Bildungsprozesses im thierischen Organismus ist immerwährende Verwandlung (Metamorphose) seines Objectes, die sich in ihrer ersten Hälfte als immer höher steigende Ausbildung des Organischen, in der zweyten als Zurückführung desselben in den Kreis des Unorganischen darstellt. Das Lebendige wird demnach zwar durch sich selbst gebildet, aber auch durch sich selbst immer wieder zerstört. Das Bestehen des Organismus und die Unterhaltung seines Lebens durch längere Zeit wird diesem zu Folge nur möglich durch beständige Ausscheidung des Zerstörten aus dem Kreise des Lebendigen, und durch Wiederersatz desselben durch neue lebens- und organisationsfähige Substanz, d. h. durch Reproduction.

§. 134.

Die Reproduction ist ihrem Wesen nach nichts, als immer erneuerte Zeugung und Bildung des Organischen, und die nämlichen Lebenskräfte, welche durch ihre Thätigkeit die ersten Grundzüge zu einem organischen Keime entw.. fen, erhalten auch den Grund seiner fernern Entwickl. g, Ausbildung,

Erhaltung, Wiederherstellung und Heilung. Die nämlichen Kräfte, welche durch ihre Wechselwirkung die erste Lebensspannung erzeugen, bewirken auch die Umwandlung der Stoffe und ihrer Formen, sie heben das Nichtorganische zur Würde des Organischen, und führen das Organisirte wieder in die nichtorganische Natur zurück. Man hatte daher kein Recht, als Grund der Vegetation eine eigene Kraft, den sogenannten Bildungstrieb aufzustellen: noch weniger war man berechtigt, sie als Product der Sensibilität und Irritabilität in ihrer wechselseitigen Ausgleichung (Indifferenz) zu betrachten; da im Gegentheile Sensibilität und Irritabilität nur das Erzeugniß einer höhern Ausbildung des Lebendigen sind und seyn können.

§. 135.

Von hier aus öffnet sich alsogleich eine klare Einsicht in das Wechselverhältniß zwischen organischer Bildung und Bewegung. Es ist wahr, ohne bestimmte organische Bewegungen kann im thierischen Organismus der Vegetationsprozeß nicht dauernd unterhalten werden: denn es müssen Nahrungsstoffe aufgenommen, den Verdauungs- und Assimilations-Organen übergeben, allen Theilen des Organismus zugeführt, von da wieder zurückgeführt werden u. s. w., um die mannigfaltige Umwandlung und Gestaltung jener Stoffe in den Gang zu bringen. Allein, wenn die organische Bewegung auf diese Weise nothwendige Bedingung zur Unterhaltung der Vegetation in allen Theilen des thierischen Organismus wird, so enthält sie deßwegen noch nicht den letzten und alleinigen Grund derselben: denn erst muß das Organ seyn, muß erst erzeugt und gebildet seyn, bevor es organisch thätig und äußerlich bewegbar werden kann. Das Leben ist daher auf seiner tiefern Stufe bloß erzeugend und bildend, je höher aber die Bildung des Organischen steigt, desto mehr entwickelt sich aus ihr das organische Bewegungsvermögen unter der Form von Contractilität, Irritabilität und Sensibilität.

§. 136.

Der nächste Grund der Vegetation ist daher in dem innern, in allen Theilen des Organismus waltenden Lebensprozesse zu suchen, welcher bey den Organismen höherer Art in dem Augenblicke ihrer Erzeugung von den Erzeugern in den neu erzeugten Keim übergehet; bey den einfachern organischen Körpern aber, welche durch die ursprüngliche Zeugung (die sogenannte generatio aequivoca) ins Daseyn kommen, aus den allgemeinen Naturkräften, in so fern sie unter bestimmten Verhältnissen zusammentreten, entspringt.

§. 137.

Das innere Leben des neu erzeugten organischen Keimes kann nicht aus sich selbst neue organische Substanz erzeugen. Dazu müssen ihm organisch-bildsame Stoffe — Nahrungsmittel — von außen geliefert werden. In den Pflanzen können bloßes Wasser und Luft durch allmählige Umwandlung endlich zu der Stufe organischer Stoffe erhoben werden, wie dieses angestellte Versuche erwiesen haben. Die Thiere aber, besonders die höher stehenden Gattungen derselben, deren Organisation viel feiner und mannigfaltiger, deren organische Substanz mehr entwickelt, in welchen die Lebensthätigkeit viel angestrengter, die Verzehrung des Organischen viel rascher, der Wiederersatz in kürzeren Zeiträumen nothwendig sind — fordern Nahrungsstoffe, welche ihrer Natur schon näher stehen, und zu einer Umwandlung höherer Art durch den Lebensprozeß anderer Organismen bereits vorbereitet sind. Dieserwegen suchen sie ihre Nahrung im Pflanzen- und übrigen Thierreiche, bedürfen aber außer dieser auch noch des Wassers zur Unterhaltung ihres Vegetationsprozesses.

§. 138.

Inneres Leben und Nahrungsstoffe sind daher die beyden wesentlichen Momente, welche den Vegetationsprozeß und jeden seiner Zustände bestimmen. Weichen beyde, oder auch nur eines derselben in Rücksicht auf Art und Maß von der, ihnen vorgezeichneten Regel ab, so verfällt auch der Bildungsprozeß selbst in Unordnung und Krankheit.

Da der organische Bildungsprozeß nur Äußerung des Lebens unter einer bestimmten Form ist; so können seine Krankheiten auch nach keinem andern, als nach dem für die dynamischen Krankheiten überhaupt (§. 112) entworfenen Plane abgehandelt werden.

§. 139.

Diesem Gange folgend, stoßen wir zuerst auf **Übermaß oder Üppigkeit des Bildungsprozesses**, welche vorhanden ist, wenn die Erzeugung der organischen Substanz die Bedürfnisse des Organismus übersteigt, d. h. wenn eine größere Menge derselben gebildet wird, als zum verhältnißmäßigen Wiederersatz des Verzehrten, zur Unterhaltung der Entwicklung ihrer gegenwärtigen Periode gemäß, und des nothwendigen Ebenmaßes aller Theile des Organismus erfordert wird.

Reichliche Nahrung, kräftiger Lebensprozeß im Reproductionssysteme mit gemäßigter Verzehrung durch Anstrengung oder Säfteverlust, begründen zunächst diesen Zustand des Bildungsprozesses, der, allgemein durch den Körper verbreitet, Vollsäftigkeit, Fettleibigkeit, üppige Ernährung der Organe, Anlage zu hypersthenischen und entzündlichen Krankheiten zur Folge hat.

Oft ist der übermäßige Bildungsprozeß mehr örtlich und auf einzelne Organe beschränkt, wodurch die Masse derselben im Mißverhältnisse zum allgemeinen Ebenmaße vermehrt, und nicht bloß ihre dynamischen, sondern auch ihre mechanischen Beziehungen zu den übrigen Theilen des Organismus gestört werden. Waltet dieser Fehler in einem Secretionsorgane, so verursacht er zugleich übermäßige Vermehrung der Secretion. Alles, was das Eigenleben einzelner Organe bis auf einen gewissen Grad steigert, und mehr ernährende Säfte in dieselben hinzieht, muß als Ursache dieser örtlichen Ausschweifung der organischen Bildung erklärt werden.

§. 140.

Entgegengesetzte Umstände rufen den entgegengesetzten Zustand des Vegetationsprozesses ins Daseyn, welchen wir mit dem allgemeinen Namen Abzehrung (atrophia) belegen wollen. Ihr nächster Grund liegt immer in einem Mißverhältnisse zwischen Ausbildung und Zersetzung des Organischen, wobey entweder jene an sich gehemmt, oder diese unverhältnißmäßig angefacht wird. Karge oder schlechte Nahrung, Schwäche des Lebens im Reproductionssysteme, veranlassen das Erstere; Verschwendung wichtiger Säfte, zu große Hastigkeit des Lebensprozesses mit vorwaltender expansiver Thätigkeit das Letztere.

Auch dieser Fehler kann über den ganzen Organismus verbreitet, oder auf einzelne Theile beschränkt seyn. Das örtliche Schwinden ist Folge von gehemmtem Zuflusse der Säfte, vom Sinken des Lebens in einzelnen Theilen, welches durch Lähmung ihrer Nerven oder auf andere Weise veranlaßt werden kann, von örtlichem Substanzverlust, welcher durch zu starke Anstrengung, zu hastige Einsaugung, örtliche Schmelzung und ähnliche Umstände herbeygeführt wird.

Die allgemeinen Wirkungen der Abzehrung sind: Säftemangel, schmächtige, zarte, weiche Beschaffenheit der festen Theile, fortschreitende Zunahme der Lebensschwäche und deren Folgen.

§. 141.

Mit den Veränderungen, welche sich auf den Stärkegrad der organischen Bildung beziehen, stehen immer Veränderungen ihrer eigenthümlichen Natur in enger Verbindung. Diese machen das Wesen der meisten Krankheiten aus, und ihre Würdigung ist für den Arzt von der höchsten Wichtigkeit: da uns nun aber nur die Einsicht in das Wesen des organischen Bildungsprozesses zur Erkenntniß der regelwidrigen qualitativen Veränderungen desselben führen kann; so wird das Unvollständige unseres bisherigen Wissens von der Art und Weise und von den mannigfaltigen Prozessen, auf und durch welche unorganische Stoffe in organische verwandelt werden, für die Pathologie und die gesammte Heilkunde sehr fühlbar.

Um uns indessen der Erkenntniß des Qualitativen im Vegetationsprozesse so weit zu nähern, als es von dem gegenwärtigen Standpunkte der Physiologie und ärztlichen Erfahrung aus nur immer möglich ist, wird es nothwendig, fürs erste zwey Hauptvorgänge in diesem Prozesse zu unterscheiden, von welchen wir den einen die vorwärts-, den andern die rückwärtsschreitende Verwandlung — Organisirung und Desorganisirung, Ausbildung und Rückbildung — nennen.

§. 142.

Die vorwärtsschreitende Verwandlung — die organische Ausbildung — besteht in der Entwicklung einer, der Gattung und Art des Organismus und seinen individuellen Eigenthümlichkeiten entsprechenden, organischen Substanz, und in der Gestaltung derselben zu organischen Gebilden. Diese Entwicklung des organischen Charakters im nährenden Stoffe geschieht stufenweise, und auf jeder Entwicklungsstufe nimmt der organische Stoff eine andere Gestalt an. So sehen wir den Speisebrey in Milchsaft, den Milchsaft in eine dem Blut näher stehende Flüssigkeit, diese dann in wahres Blut, das

Blut in Zellen-, Knochen-, Muskel-, Nervensubstanz verwandelt werden. Auf gleiche Weise gehen die nähern Bestandtheile dieser organischen Erzeugnisse, das Eyweiß, der Faserstoff, Cruor u. s. w. durch allmähliche Verwandlung einer in den andern über. Je höher aber die Entwicklungsstufe des organischen Stoffes stehet, desto mehr wird dieser organisch bildsam, desto geneigter zur Gerinnung und organischen Krystallisation. Zugleich zeigt die organische Substanz mit zunehmender Ausbildung des organischen Charakters ein immer deutlicheres Vorschlagen der brennbaren Grundstoffe, des Wasser- und Kohlenstoffes, und im Thierischen vorzüglich des Stickstoffes.

§. 143.

Vom höchsten Gipfel des Lebens führt der Weg jenseits wieder zum Tode hinab, und über die höchste Stufe organischer Ausbildung hinüber beginnt schon wieder die Desorganisirung des Organischen. Denn wenn eine Substanz, wie die organische, in deren Wesen die höchste Veränderlichkeit liegt, nach ihrer vollendeten organischen Ausbildung immer noch dem rastlos umwandelnden Einflusse des Lebensprozesses ausgesetzt bleibt; so muß sie nothwendiger Weise ihren organischen Charakter wieder verlieren, und in die Reihe nicht organischer Stoffe zurückgeworfen werden. Hierbey verliert sie ihre bildsame Natur, ihr kräftigeres Cohäsionsbestreben, geht aus dem festen in den flüssigen Zustand zurück, und kommt endlich unter der Gestalt von Extractivstoffen und Oxyden — Alkalien und Säuren — zum Vorscheine.

§. 144.

In dieser vor- und rückwärtsschreitenden Umwandlung des Organischen müssen nun die Veränderungen in der eigenthümlichen Beschaffenheit des Vegetationsprozesses gesucht werden, welche mit seiner, von der Regel abgewichenen Stärke immer in Verbindung stehen. — So ist mit wahrer Verstärkung der Vegetation immer auch Steigerung der vorschreitenden Metamorphose verbunden, welche sich durch raschere Ausbildung des plastischen Stoffes unter der Gestalt der gerinnbaren Lymphe und des Cruors und durch erhöhte Gerinnbarkeit derselben offenbart. So wie aber hierin auf der einen Seite das Attractivthätige stärker hervortritt, so muß auf der andern Seite sein Entgegengesetztes, das Expansivwirksame gleicher Weise kräftiger sich aussprechen; daher diesem Zustande zugleich stärkere Wärmeentwicklung parallel geht. Am reinsten ausgeprägt zeigt sich dieser Zustand in der ächten — plastischen — Entzündung und dem gleichnahmigen Fieber, und verdankt sein Entstehen allem dem, was heftig erregend, d. h. den Gegensatz der Lebensfactoren hastig steigernd, auf das Reproductionssystem einwirkt. Woher nimmt aber die beschleunigte und vermehrte Ausbildung des Plastischen ihre Urstoffe; da während dieses Krankheitszustandes die Aufnahme der Nahrungsmittel von außen fast immer bedeutend vermindert ist? — Spielt nicht hier das Wasser, welches in Krankheiten dieser Art in großer Menge zugeführt, und dessen Ausführung durch die Se- und Excretionen verhältnißmäßig sehr vermindert ist, eine wichtige Rolle? Gibt nicht die Zersetzung, oder, wenn man lieber will, die Polarisirung desselben, die Urstoffe, welche zur fernern Metamorphose des Organischen verwendet werden können?

§. 145.

Bey Herabsetzung des gesammten Vegetationsprozesses muß sich auch ein mangelhafter Zustand in der Ausbildung des Organischen und in der Entwicklung des höhern thierischen Charakters in demselben offenbaren. Dieses Übel erscheint dann nach Verschiedenheit seines Grades und seiner Art unter mancherley Gestalten. Zuweilen stehet die ausbildende Metamorphose auf einer so niedrigen Stufe, daß sie ihre Producte nicht über die Pflanzennatur erheben kann. Auf diese Weise werden im thierischen Organismus vegetabilische Stoffe gebildet; z. B. Zucker in der Harnruhr, Übermaß an fettem Öhle bey der Fettleibigkeit. In andern Fällen geht die vorschreitende Metamorphose kaum etwas höher, als zur Ausbildung seröser Flüssigkeiten, wie in gewissen Arten von Wassersuchten. Nicht selten werden zwar plastische Stoffe erzeugt, aber in Absicht auf den thierischen Charakter so unvollkommen entwickelt, daß sich dieser mehr den niederen Thiergattungen nähert. Aus solcher thierischen Substanz entstehen dann leicht Infusorien und Eingeweidwürmer.

Unvollkommene Entwicklung des Eyweißes, zurückgehaltene Bildung des Faserstoffes, der Knochensubstanz, des Cruors, erzeugen Scrofeln, Rhachitis, gespaltenen Rückgrad, Bleichsucht u. s. w.

Lebensschwäche in den zum Reproductionssysteme gehörigen Organen, mithin alle Schädlichkeiten, welche diese hervorbringen, besonders aber feuchte, kalte, verdorbene Luft, Lichtmangel, Traurigkeit, sitzende Lebensweise, verbunden mit schwer verdaulichen, schwer assimilirbaren, zähen, schleimigen, mehligen, zu fetten Nahrungsmitteln, sind als Ursachen der mangelhaften Ausbildung des Organischen anzuklagen.

Die Folgen davon sind schon im Vorhergehenden angedeutet worden. Sie können auf wässerige oder albuminöse Beschaffenheit der Säfte, verminderte Gerinnbarkeit derselben, unvollkommene Ernährung der festen Gebilde mit Zartheit, Weichheit und Schlaffheit, auf leichtere Verletzbarkeit und Zerstörbarkeit derselben durch mechanische Gewaltthätigkeit, durch Entzündung, Vereiterung, auf Vermehrung der vorhandenen Lebensschwäche, auf Hemmung der organischen Bewegungen, zurückgeführt werden.

§. 146.

Sehr bedeutend wird die Vegetation im thierischen Organismus in Rücksicht ihres qualitativen Charakters durch Mißverhältnisse der Rückbildung zur Ausbildung des Organischen gestört. Die Rückbildung kann die Ausbildung überwiegen, d. h. es kann in einer gegebenen Zeit eine größere Menge organischer Substanz zersetzt, desorganisirt und ausgeschieden werden, als die ausbildende Metamorphose wieder zu ersetzen vermag. Im geringern Grade kann man diesen Zustand S ch w i n d s u ch t (phthisis), im höhern S ch m e l z u n g (liquatio aut colliquatio) nennen.

Der Ursprung dieses Übels ist verschieden. Oft entspringt es aus zu hastiger Anfachung des Lebensprozesses mit überwiegender expansiver Thätigkeit. Auf diese Weise bringen länger anhaltende hitzige Fieber immer eine Art von Schwindsucht hervor, oder gehen selbst in sogenannte Faulfieber über. Ähnliche Folgen hat übermäßige Anstrengung der Nerventhätigkeit. Auf der entgegengesetzten Seite kann es durch ein tiefes Sinken des Lebensprozesses dahin kommen, daß dieser in einen mehr chemischen, das Organische zerstörenden Prozeß umschlägt. Es gibt eigenthümliche Krankheitsprozesse, deren Streben auf Zersetzung und Schmelzung der organischen Substanz ausgeht, z. B. Eiterung, Verschwürung mancherley Gattungen, Syphilis, Krebs, Pest, Typhus u. s. w. Gleiche Wirkungen haben gewisse chemische Einflüsse, wenn sie mit zu großer Gewalt oder durch längere Zeit auf den Organismus einwirken, z. B. Alkalien, andere Metall-, vorzüglich Quecksilberoxyde u. s. w. Endlich kann selbst die unvollkommene Ausbildung des Organischen dasselbe zur leichtern und schnellern Entbildung und Zersetzung vorbereiten.

Die allgemeinsten Folgen dieses krankhaften Zustandes sind Verminderung der Masse und des Zusammenhangs in den festen und flüssigen Theilen, Abnahme des Bildsamen, Überwiegen der zersetzten Stoffe, der Extractivstoffe, der

Salze, Vermehrung der Excretionen, größere Neigung zur offenbaren Fäulniß im und am thierischen Organismus.

§. 147.

Der Schmelzungsprozeß ist nicht selten bey seinem Beginnen örtlich und auf einzelne Organe beschränkt, z. B. bey der frisch entstehenden Lustseuche, beym Krebse, Brande u. s. w., geht aber meistens auf die benachbarten oder den ursprünglich ergriffenen am meisten verwandten über, und wird zuletzt eine über den Organismus weit verbreitete Krankheit. Dieses Umsichgreifen wird zum Theil durch die Erzeugnisse jenes krankhaften Prozesses vermittelt, welche in vielen Fällen auch auf andere Organismen Ansteckungsvermögen äußern. Der Gang, welchen die Schmelzung bey ihrer Weiterverbreitung in demselben Organismus einschlägt, ist nicht überall der nämliche: beym kalten Brande z. B. greift die Zerstörung durch die gesammte organische Substanz durch: bey andern Arten schleicht sie nur gewissen Gebilden nach, z. B. bey der syphilitischen, krebsigen u. s. w.

Der Schmelzungsprozeß, welcher in einzelnen Theilen des thierischen Körpers auftritt, und seine Erzeugnisse, bestimmen den Lebensprozeß im übrigen Organismus auf verschiedene Weise, nicht selten zu einer lebhaftern Gegenwirkung, woraus dann mancherley Krankheitsformen hervorgehen, deren näheres Gepräge zum Theil von der eigenthümlichen Natur des Schmelzungsprozesses, zum Theil von den leidenden Gebilden, zum Theil von der Art und Stärke des lebendigen Gegenstrebens des übrigen Organismus abhängt.

§. 148.

Ferner kann die rückbildende Metamorphose dadurch vom Normalzustande abweichen, daß die des organischen Charakters beraubten Stoffe vermittelst der Auflösung von der übrigen organischen Substanz nicht verhältnißmäßig geschieden, und folglich in größerer Menge in dem organischen Gewebe zurückgehalten werden. Auf diese Weise häufen sich phosphorsaure Kalkerde, Harnsäure, Extractivstoffe u. s. w. in den festweichen Gebilden, verursachen übermäßigen Zusammenhang, Steifigkeit, Verhärtung, Verknöcherung derselben, und geben wieder zu Regelwidrigkeiten ihrer Lebensprozesse Veranlassung.

Sinken des Lebensprozesses, mit verminderter Entwicklung der Wärme, der Lebensfülle und Sensibilität, also mit Abnahme der expansiven Thätigkeit, begründen dieses Übel. Daher führt zu schnelle Hemmung einer schon vollkommen ausgebildeten Entzündung oft Verhärtung des ergriffenen Theiles herbey; daher stellen sich im Gefolge des höhern Alters Steifigkeit, Verhärtung und Verknöcherung der festweichen Organe ein.

§. 149.

Obschon wir nun durch die Würdigung des Mißverhältnisses zwischen vor- und rückschreitender Metamorphose der Erkenntniß des Wesens der Vegetationskrankheiten etwas näher gebracht werden; so bilden wir uns deßwegen noch nicht ein, dieses Wesen für jeden Fall bereits vollkommen enthüllt zu haben. Die Vegetation ist in ihrer vor- und rückschreitenden Bildung mancherley eigenthümlich gearteten (specifischen) Krankheitsprozessen unterworfen, die sich durch eigenthümliche Afterproducte und Afterorganisationen auszeichnen. Dahin rechnen wir die ansteckenden Krankheiten: Blattern, Masern, Scharlach, Lustseuche u. dgl., viele Cachexien, als Scrofeln, Rhachitis, Scorbut, Gicht, Skyrrhus, Krebs u. s. w., und fragen: was wir von der Natur dieser Krankheiten bis jetzt Gründliches wissen? — —

8

§. 150.

Um indessen unsern Kenntnissen von dem krankhaften Zustande der Vegetation denjenigen Grad der Vollständigkeit und Entwicklung zu verschaffen, für welchen die Pathologie bey dem gegenwärtigen Stande der Physiologie und ärztlichen Erfahrung nur immer empfänglich ist, halten wir es für nothwendig, den krankhaften Bildungsprozeß durch alle seine Entwicklungsstufen, mithin durch alle Verrichtungen, aus deren Gesammtheit der ganze Vegetationsprozeß hervorgeht, zu verfolgen, und zu untersuchen, welche nähere Bestimmungen die regelwidrige Bildung in jeder einzelnen Verrichtung — Verdauung, Assimilation, Secretion, Ernährung und Excretion — annehme, und welchen Einfluß die Störung der einzelnen auf die übrigen und auf das Ganze haben.

Krankhafter Zustand der Verdauung.

§. 151.

Der Vegetationsprozeß in dem vom Mutterleibe geschiedenen thierischen Organismus beginnt mit der Verdauung. Die Verdauung ist Zersetzung organischer Stoffe, die von dem Thiere und dem Menschen als Nahrungsmittel verwendet wurden, vermittelst der Verdauungssäfte, unter dem Einflusse des Lebens, in ihre Bestandtheile, um eine neue Verbindung derselben unter sich und mit den abgeschiedenen Säften der Verdauungsorgane einzuleiten. Das Erzeugniß der Verdauung ist der Speisebrey (Chymus), ein breyartiges Gemische aus den zersetzten Nahrungsstoffen und den Verdauungssäften, dessen eigentlicher Gehalt nach Verschiedenheit der Nahrungsmittel wechselt, welcher aber doch immer deutliche Spuren vorherrschender Oxydation an sich trägt.

§. 152.

Der Verdauungsvorgang ist ein ganz eigenthümlicher

dynamisch = chemischer Prozeß, dessen nächste Factoren die Nahrungsmittel und die Verdauungsäfte sind. Als Beförderungsmittel desselben müssen betrachtet werden: die mit Speise, Trank und Speichel dem Magen zugeführte atmosphärische Luft, ein bestimmter Grad von Flüssigkeit der Verdauungsäfte, also Wasser, thierische Wärme, innigere Mischung der in der Verdauung begriffenen Masse durch Muskelbewegung, und endlich kräftiger Einfluß des Lebensprozesses der Verdauungsorgane, den unter andern auch die Nerven mächtig bestimmen.

In Hinsicht auf seine Bedingnisse und Gesetze hat der Verdauungsprozeß große Ähnlichkeit mit dem Gährungsprozesse, der überhaupt dem Leben nicht so fremd ist, wie man hier und da zu glauben gewohnt ist. Die Verwandtschaft zwischen Verdauung und Gährung spricht sich sehr deutlich durch folgende Umstände aus: a) beyde Prozesse finden in plastischen Stoffen Statt; b) zu beyden gehören als äußere Bedingnisse: Luft, Wasser, Wärme; c) beyde beginnen mit Zerlegung organischer Erzeugnisse, um aus den zerlegten wieder neue organische Producte zu bilden: denn Gährung ist zugleich Zeugungsprozeß der Infusorien; d) die Verdauung kann in den Verdauungsorganen selbst unter veränderten Bedingnissen in eine gemeine Gährung übergehen.

§. 153.

Aus dem Bisherigen ergibt sich, daß der Zustand der Verdauung bestimmt werde: 1) durch die Lebensthätigkeit der Verdauungsorgane und die von dieser abhängigen Beschaffenheit der Verdauungsäfte; 2) durch die Nahrungsmittel und deren Natur. Die Abhängigkeit der Verdauung von der Lebensthätigkeit ihrer Organe wird wohl allgemein anerkannt; allein weniger wird von manchen Ärzten der bestimmende Einfluß der Nahrungsmittel auf die Producte der Verdauung gewürdiget, und doch ist dieser selbst durch die Erfahrung außer allen Zweifel gesetzt. Einen andern Speisebrey und Milchsaft liefert Pflanzenkost, und wieder einen andern thierische Nahrung. Bey den Thieren findet man die Spuren von den Nahrungsmitteln mit hervorstechenden Eigenschaften nicht allein in der Milch, sondern selbst in ihrem Fleische, wo sie Geruch und Geschmack oft entdecken. Belege liefern uns Gänse, welche mit Leinsamen gefüttert sind; Vögel, die sich von Fischen nähren u. s. w.

§. 154.

Ist die Lebensthätigkeit der Verdauungsorgane von ihrem regelmäßigen Gange abgewichen, oder sind die Nahrungsmittel in Rücksicht auf ihre Menge und Beschaffenheit dem Charakter des individuellen thierischen Organismus und dem gegenwärtigen Zustande der Verdauungsorgane nicht angemessen; so müssen daraus Mißverhältnisse und Störungen in dem Verdauungsvorgange selbst entstehen, welche den ganzen übrigen Vegetationsprozeß nothwendiger Weise regelwidrig bestimmen.

Es gibt Fälle, wo der Verdauungsprozeß auf eine auffallende Weise verstärkt und beschleunigt wird, und in unmäßige Gefräßigkeit ausartet. Bekömmt der gefräßige Magen so viel Nahrungsmittel, als er verlangt; so erzeugt sich Überfluß von Speisebrey und — da die Chylificationsorgane mit dem Magen gewöhnlich auf das innigste sympathisiren — auch von Milchsaft. Die Folgen, welche daraus für die gesammte Vegetation entstehen, sind nun verschieden, nach dem verschiedenen Verhältnisse, welches zwischen der Verdauung und den übrigen Vegetationsverrichtungen Statt finden kann. Sind alle übrigen Reproductionsverrichtungen gleichmäßig gesteigert; so muß daraus allgemeine Üppigkeit des Bildungsprozesses entstehen. Herrschen aber Verdauung und Milchsaftbereitung einseitig vor, und die übrigen Verrichtungen folgen nicht gleichen Schrittes nach;

so wird der Körper zwar mit Nahrungssäften überhäuft, diese werden aber nicht zu den höhern Stufen des thierischen Charakters hinaufgeführt. Auf diese Weise bildet sich im Körper mancher säugenden Frau ein Übermaß milchähnlicher Flüssigkeiten, in schlaffen Körpern Übermaß von Fett u. s. w.

Erhält der Magen bey diesem Zustande nicht den entsprechenden Vorrath von Nahrungsmitteln; so entwickelt sich bey dem raschen Lebensprozesse in demselben in seinen Verdauungssäften die sogenannte Hungerschärfe, welche die Magennerven heftig ergreift, Heißhunger, Schmerzen, Entkräftung, Ohnmachten u. s. f. hervorbringt.

Der nächste Grund dieser Ausschweifung der Verdauung muß in zu starker Anregung der Lebensthätigkeit ihrer Organe, in vermehrter Absonderung der Verdauungssäfte, wahrscheinlich auch in vorwaltender Oxydation derselben, in beschleunigter Einsaugung, mithin in allen jenen Einflüssen, welche die eben genannten Umstände veranlassen, gesucht werden.

§. 155.

Eine höhere pathologische Bedeutung hat die Hemmung der Verdauung, welche in verschiedenen Graden vorhanden seyn, und demnach verschiedene, immer aber sehr wichtige Folgen für die gesammte Vegetation haben kann. Die Verdauung ist gehemmt, wenn sie langsam, unvollständig und mit Beschwerden vor sich geht, mithin weniger und mangelhaft ausgebildetes Product liefert. Dieser Zustand verdankt seine Entstehung innern und äußern Bedingungen. Zu den innern müssen gezählt werden: verminderte Menge der Verdauungssäfte, Ausartung derselben in ihrer Beschaffenheit; Schwäche der Lebensthätigkeit in den Verdauungsorganen, mechanisch gehemmte Äußerung derselben, z. B. durch Überfüllung des Magens, durch äußern Druck auf ihn u. s. w.; regelwidrige Richtung derselben auf andere Krankheitsprozeſſe in der Subſtanz der Verdauungsorgane, z. B. auf Entzündung, Afterorganiſation; Beſtimmung derſelben zu krankhaften Bewegungen, z. B. beym Erbrechen; übermäßige Steigerung des Lebens in andern Syſtemen und Organen, und dadurch hervorgerufener antagoniſtiſcher Zuſtand in den Verdauungsorganen.

Die äußern Bedingungen von Hemmung und Störung der Verdauung liegen in Überfüllung mit Nahrungsmitteln; denn in einer beſtimmten Zeit kann nur eine beſtimmte Menge von Nahrungsmitteln zerlegt werden: eine dieſes Maß überſchreitende Maſſe derſelben widerſtehet dieſer Zerlegung um ſo mehr, da ſie die Abſonderung der Verdauungsſäfte und die lebendige Einwirkung der Verdauungsorgane auf den Verdauungsprozeß auch auf eine mechaniſche Weiſe zurückhält. — Ferner abſolute oder relative Unverdaulichkeit der Nahrungsmittel, und endlich alle jene äußern ſchädlichen Einflüſſe, welche die Lebensthätigkeit in den Verdauungsorganen auf die vorhin angeführte mannigfaltige Weiſe zu ſtören im Stande ſind.

Daß Hemmung der Verdauung einen mangelhaften Zuſtand der geſammten Vegetation hervorbringen müſſe, iſt an ſich klar, indem erſtere der letztern größten Theils den bildſamen Stoff liefert. Aus dieſer Quelle müſſen aber auch zugleich bedeutende qualitative Veränderungen in dem geſammten Bildungsprozeſſe entſpringen, deren Verſchiedenheit ſich wieder nach dem verſchiedenen Charakter richten wird, welchen die Verdauung bey ihrem geſtörten Zuſtande annehmen, und ihren Producten mittheilen kann.

§. 156.

Es gibt zuverläßig mancherley eigenthümliche Veränderungen in dem geſtörten Verdauungsprozeſſe, und mancherley daher rührende Ausartung ſeiner Erzeugniſſe. Wir wollen hier nur diejenigen zur Sprache bringen, über deren Daseyn die Erfahrung bereits entschieden hat.

Hierher gehört zuerst die **Entwicklung freyer Säure in den ersten Wegen**, welche bey Säuglingen und Erwachsenen, besonders Hypochondristen, Hysterischen, Bleichsüchtigen und Gichtkranken vorkömmt. Die Säure selbst ändert ihre Natur nach ihrem verschiedenen Ursprunge, und ist bald vegetabilischer, bald mehr animalischer Abkunft — Essigsäure im ersten, und wahrscheinlich Phosphor- oder Harnsäure im letzten Falle. Wird nämlich bey Schwäche der Verdauungsorgane eine zu große Menge saurer Nahrungsmittel genossen; so kann ihre vorwaltende Säure durch den Verdauungsprozeß nicht zersetzt werden, und sie wird in die Erzeugnisse der Verdauung übergehen. Werden unter derselben Bedingung Nahrungsmittel genossen, in welchen das Hinstreben zur sauren Gährung vorwaltet; so wird die geschwächte Lebensthätigkeit nicht im Stande seyn, den Ausbruch dieser Gährung zu hemmen; der Verdauungsprozeß wird sich der gemeinen sauren Gährung annähern, und in seinen Producten überwiegende freye Säure erzeugen. Häufig aber ist eine regelwidrige Secretion und eine dadurch begründete Säurung der Verdauungssäfte selbst die Quelle der vorherrschenden Säure in den ersten Wegen, die alsdann auch bey dem Genusse von Nahrungsmitteln entsteht, aus denen sich durch Gährung keine freye Säure zu entwickeln pflegt. Da der Magensaft und die ihm ähnlichen Verdauungssäfte schon im Normalzustande den Charakter oxydirter Flüssigkeiten an sich tragen, so kann es durch eine krankhafte Stimmung des Lebensprozesses, z. B. durch vorwaltenden Nerveneinfluß auf die Secretion, leicht geschehen, daß die Oxydation bis zur Säurebildung gesteigert wird. Daher sind denn auch sehr empfindliche und leidenschaftliche Menschen, Hypochondristen, Hysterische, Bleichsüchtige u. s. w. so sehr zur Säureerzeugung in den ersten Wegen geneigt.

§. 157.

Freye Säure in den erſten Wegen, vorausgeſetzt, daß ſie längere Zeit herrſcht, hat nicht bloß auf alle Verrichtungen des Darmkanals, ſondern auch auf den geſammten Bildungs- und Lebensprozeß einen ſehr bedeutenden Einfluß. Im Magen und Darmkanal verurſacht ſie läſtige Reitzung der Nerven, krampfhafte Bewegung der Muskelhaut, Magenkrampf, Kolik, aus welcher bey Kindern Zuckungen entſtehen können, ſaures Aufſtoßen, Zerſetzung der Galle, Diarrhöe u. ſ. w. Wird die Säure im Milchſafte durch die erſten Aſſimilationsvorgänge nicht gebunden oder ausgeſchieden; ſo kömmt dieſer in einem höhern Maße geſäuert zum Venenblute, und verſetzt auch dieſes in einen Zuſtand von Oxydation. Dadurch aber muß das Venenblut ſeinen Gegenſatz zum Säuerſtoff der atmosphäriſchen Luft mehr oder weniger verlieren, und damit ſogleich auch die Lebhaftigkeit der dynamiſch-chemiſchen Wechſelwirkung, welche beym Athmen zwiſchen dem Blute und der atmosphäriſchen Luft Statt findet, abnehmen. Wer nun den großen Einfluß kennt, welchen der beym Athmen vorgehende Prozeß auf die Entwicklung des Blutes, der Wärme, der Irritabilität und Senſibilität, mithin auf das ganze thieriſche Leben, im engern Sinne des Wortes, hat, dem kann es nicht lange unerklärt bleiben, warum bey herrſchender Säure in den erſten Wegen der thieriſche Charakter in der thieriſchen Subſtanz nur unvollkommen ausgebildet wird, warum dabey Bläſſe, Kälte, Schlaffheit des Körpers, fehlerhafte Abſonderungen und allgemeine Lebensſchwäche entſtehen.

§. 158.

Wird unter denſelben Umſtänden, unter welchen ſich ſonſt Säure in den erſten Wegen zu erzeugen pflegt, eine zu große Menge fetter Nahrungsmittel genoſſen; ſo ſind die Verdauungsſäfte nicht vermögend, das überwiegende fette Öhl zu zersetzen, und dessen innigere Verbindung mit den übrigen Nahrungsstoffen zu vermitteln. Das Fett bleibt geschieden, wird für sich, wie es scheint, oxydirt, und dadurch ranzig. Ranziges Ohl, es mag nun dem Magen und den Gedärmen schon als solches von außen zugeführt, oder daselbst auf die vorhin angeführte Weise erzeugt werden, hemmt nicht nur den Vorgang der Verdauung und Assimilation, sondern wirkt auch als feindlicher Reitz auf die eben genannten Organe, verursacht ranziges Aufstoßen, Sodbrennen, Schmerzen, Durchfälle, und stört den ganzen Vegetationsprozeß.

§. 159.

Ein anderer, nicht selten vorkommender Fehler der Verdauung bestehet darin, daß ihre Erzeugnisse, der Speisebrey und Milchsaft, mit gallertartigen, klebrigen, schleimigen Stoffen überladen sind. Übermäßiger Genuß von schleimigen, klebrigen, gallertartigen und fetten Nahrungsmitteln bey schwachen Verdauungsorganen, und krankhafter Zustand der Schleimhaut des Darmkanals, wodurch eine zu häufige Schleimabsonderung unterhalten, und die Verdauungssäfte mit Schleim überladen werden; ähnliche Beschaffenheit der Galle, sind die nächsten Veranlassungen dazu. Dieser Fehler des Speisebreyes und des Milchsaftes hat nicht bloß für die Verrichtungen des Darmkanales, sondern auch für den gesammten Vegetationsprozeß wichtige Folgen. Im Milchsafte dieser Art bildet sich der Gegensatz der Stoffe, welcher sich durch seine Gerinnbarkeit ausspricht, nur langsam aus: seine dynamische Einwirkung auf die lebendigen Organe (durch Reitz), ist geringe: daher ist die peristaltische Bewegung des Darmkanals träge, eben so träge die Einsaugung und Stuhlentleerung. Langsam wird ein solcher Milchsaft durch die einsaugenden Gefäße und Drüsen bewegt: er häuft sich gern in den letztern, und macht käseartige Niederschläge. Seine Assimilation erfolgt spät und unvollständig, und er liefert endlich eine organische Substanz, welche sich immer noch zur Natur der Pflanzen oder der niederen Thiergattungen hinneiget (§. 145). Die Folgen, welche daraus für den ganzen Organismus und seinen Lebensprozeß entspringen, sind jenen ähnlich, welche wir (§. 157) von der Säure der ersten Wege abgeleitet haben.

§. 160.

Sinkt das bildende Leben in den Verdauungsorganen und dem übrigen Darmkanale auf eine sehr tiefe Stufe herab; so kann sich in dem daselbst Enthaltenen **faule Gährung** entwickeln, z. B. in Faulfiebern, beym eintretenden Brande. Zuweilen wird der Zunder zur faulen Gährung von außen in den Darmkanal eingeführt, z. B. wenn bey geschwächter Verdauung Nahrungsmittel, welche in der faulen Gährung begriffen sind, in größerer Menge genossen werden. Dadurch kann der Verdauungsprozeß so bestimmt werden, daß er selbst zu jener Gährung hinneigt. In jedem Falle aber werden die Producte dieser Entartung sowohl dem Darmkanale, als auch dem gesammten Vegetationsprozesse sehr nachtheilig: sie verursachen Ekel, Aufstoßen fauler Stoffe, Erbrechen, Bauchgrimmen, erschöpfenden Durchfall mit ganz zersetzten, unerträglichen Gestank verbreitenden Auswurfstoffen. Der unter diesen Umständen erzeugte Milchsaft enthält wenige bildsame Substanz, kann daher Blutbereitung und Ernährung nicht ausgiebig unterhalten, sondern muß bey längerem Fortbestehen dieses Übels zur allgemeinen Schmelzung führen.

§. 161.

In allen jenen Fällen, in welchen sich die Verdauung zu irgend einer Art gemeiner Gährung hinneigt, oder diese jene zu beherrschen strebet, entwickelt sich zugleich im Magen und übrigen Darmkanale eine bald geringere, bald größere Menge von Luft, welche nach Verschiedenheit der Stoffe, aus welchen sie entbunden wird, und nach Verschiedenheit des Erzeugungsprozesses selbst verschieden, bald kohlensaures, bald Wasserstoffgas in Verbindung mit Schwefel, Kohlenstoff u. s. w. seyn kann. Solche Luftarten wirken wieder auf mechanische und dynamische Weise auf den Darmkanal und den übrigen Organismus störend zurück. Durch die thierische Wärme verdünnt, verursachen sie starke Ausdehnung des Darmkanals, Schmerzen, an einzelnen Stellen krampfhafte Zusammenschnürung desselben, und auf beyderley Weise große Hemmung seiner peristaltischen Bewegung. Einige dieser Luftarten haben zugleich eine betäubende und lähmende Wirkung auf die Nerven, woraus manche Zufälle erklärbar werden, welche sich oft zu Blähungsbeschwerden hinzu zu gesellen pflegen. Welchen nähern Einfluß übrigens die im Darmkanale entwickelte Luft auf den gesammten Vegetationsprozeß habe, ob sie eingesogen werde, welche Veränderungen sie in den nährenden Säften hervorbringe; dieses läßt sich bey dem gegenwärtigen Stande unseres Wissens nicht mit Bestimmtheit angeben.

§. 162.

Außer den bisher angeführten qualitativen Veränderungen des Verdauungsprozesses und seiner Erzeugnisse gibt es zuverläßig noch manche andere, welche in den mannigfaltigen Verstimmungen des Lebensprozesses in den Verdauungsorganen, und in den, diesen entsprechenden, mannigfaltigen, eigenthümlichen Veränderungen der Verdauungssäfte begründet sind, deren Natur sich aber bis jetzt so wenig deutlich ausgesprochen hat, daß wir nicht im Stande sind, sie näher zu bezeichnen Auch die verschiedenartige Beschaffenheit und Mischung der Nahrungsmittel können die Verdauung und ihre Producte noch auf manche andere Weise regelwidrig bestimmen. In dieser Hinsicht verdienen besonders jene Stoffe, welche für den organischen Charakter wenig oder gar nicht empfänglich sind, z. B. Weingeist, ätherisches Ohl, Harz, Extractivstoff, Gerbestoff, Metalle, Salze u. s. w., wenn sie in den Nahrungsmitteln vorwalten, unsere Aufmerksamkeit. Diese Stoffe werden oft durch den Verdauungsprozeß nicht zerlegt oder verwandelt; sie theilen vielmehr dem Speisebrey und Milchsafte unverkennbare Spuren ihrer ursprünglichen Natur mit, und indem sie das materielle Substrat des Lebens auf mannigfache Weise umändern, drücken sie zugleich dem Lebensprozesse, und mithin auch der gesammten übrigen organischen Bildung ein verschiedenes regelwidriges Gepräge auf. Dieses bestätiget sich in der Erfahrung durch die Folgen, welche Nahrungsmittel, die mit brennbaren Stoffen, unter der Form des Geistigen, Gewürzhaften u. s. w. überladen sind, im menschlichen Organismus hervorbringen. Indem sie nämlich im Organischen, z. B. im Blute, dem Brennbaren das Übergewicht verschaffen, steigern sie zugleich den Gegensatz zwischen ihm und dem Oxygen, verursachen dadurch einen raschern Gang des Respirationsprozesses, befördern die Entwicklung der thierischen Wärme, der Irritabilität und Sensibilität, beschleunigen zwar die Ausbildung des Plastischen, aber auch dessen Rückbildung und Zersetzung.

* * *

G. Fr. Hildebrandts Geschichte der Unreinigkeiten im Magen und in den Gedärmen. 3 Bände. Braunschw. 1789 — 90. 8.

Ch. Gl. Wedekind, de morborum primarum viarum vera notitia et curatione. Norimb. 1791. 4. — Deutsche Übersetzung. Ebendas. 1792. 8.

Gerh. Ant. Gramberg, de vera notione et cura morborum primarum viarum commentatio. Erlang. 1793. 8.

Joh. Jos. Dömling, morborum gastricorum acutorum pathologia. Wirceb. 1797. 4. — Deutsch im Journal der Erfind. Theor. und Widersprüche. XXVI u. XXVII St.

J. G. Roederer et *C. Gtl. Wagler*, de morbo mucoso liber singularis. Götting. 1762. 4. Denuo rec. ed. *H. Aug. Wrisberg.* Gött. 1783. 8.

Krankhafte Bildung, in so fern sie aus gestörter Assimilation und Blutbereitung hervorgeht.

§. 163.

Assimilation ist Entwicklung des thierischen Charakters in dem von außen zugeführten Nahrungsstoffe nach dem speciellen und individuellen Gepräge des Organismus, in welchem sie vor sich geht. Wir unterscheiden eine allgemeine und besondere Assimilation: die allgemeine, welche sich auf den gesammten Organismus bezieht, beginnt mit der ersten Erzeugung des Milchsaftes im Zwölffingerdarme, und erreicht ihr Ende mit der vollendeten Ausbildung des Blutes: die besondere ist das Werk der einzelnen Organe, in so fern sie die Nahrungsstoffe, welche sie aus ihrer allgemeinen Nahrungsquelle, dem Blute, schöpfen, ihrer eigenthümlichen Natur aneignen. Der Gegenstand unserer gegenwärtigen Untersuchung kann bloß die allgemeine Assimilation — die Milchsaft- und Blutbildung seyn; indem die besondere in den Kreis der Ernährung gehört.

§. 164.

Zur Assimilation gehören eine assimilirbare Flüssigkeit — der Speisesaft — und lebendige umwandelnde Thätigkeit der zu diesem Geschäfte bestimmten Organe. Beyde, der zu assimilirende Stoff und die vom Leben ausgehende assimilirende Thätigkeit bestimmen den Zustand des Assimilationsprozesses und seiner Producte; auf beyde muß daher bey der Untersuchung ihrer Abweichung vom Normalzustande Rücksicht genommen werden. Um uns aber in die regelwidrigen Veränderungen dieses Prozesses und seiner Erzeugnisse, welche für die Pathologie des gesammten Vegetationsprozesses von der höchsten Bedeutung sind, so viel wie möglich klare Einsichten zu verschaffen, wird es nothwendig werden, denselben durch alle seine Entwicklungsstufen zu verfolgen. Zu diesem Ende unterscheiden wir zwey Assimilationsstufen, für deren erste der enge Darm, die einsaugenden Gefäße und Drüsen, und für deren zweyte das Blutgefäßsystem und — wahrscheinlich auch — das zellige Parenchym des Thierkörpers bestimmt sind.

§. 165.

Wenn wir die erste Assimilationsstufe nebst dem Darmkanale in die einsaugenden Gefäße und Drüsen setzen; so müssen wir hierbey bemerken, daß wir sehr geneigt sind, dem Gebiete der einsaugenden Gefäße und assimilirenden Drüsen eine größere Ausdehnung zu geben, als man gewöhnlich zu thun pflegt, und das Pfortadersystem und die Leber mit in dasselbe hinein zu ziehen. Für uns hat der Ausspruch der Alten: die Leber sey das blutbereitende Organ, ganz das Gepräge eines tiefern Blickes in das Innere des thierischen Organismus, und wir halten es für ersprießlich, diesem Eingeweide seine hohe pathologische Wichtigkeit von neuem zu sichern.

Betrachten wir die Größe dieses Organs in Vergleichung mit anderen Absonderungsorganen — seinen außerordentlichen Gefäßreichthum — seine Verbindung vermittelst der Pfortader mit dem Speisekanale — seinen innigen Zusammenhang von der ersten Entstehung des thierischen Organismus an bis an sein Ende mit dessen gesammtem Vegetationsprozesse — sehen wir darauf, daß im Embryo der aus dem Mutterkuchen aufgenommene Nahrungsstoff (denn die alleinige Ernährung des Embryo aus dem Schafwasser ist eine, für uns wenigstens nicht hinlänglich erwiesene Behauptung) größten Theils der Leber zugeführt wird, um hier die erste Assimilation zu erfahren — erwägen wir die Thatsachen, welche einen Übergang von Flüssigkeiten aus dem Darmkanal in die Venen des Gekröses außer Zweifel setzen — übersieht man endlich den großen Einfluß nicht, welchen krankhafte Zustände der Leber auf Störung des gesammten Vegetationsgeschäftes haben — dann kann man sich des Glaubens nicht erwehren, daß ein großer Theil des Nahrungssaftes durch die Pfortader zur Leber gebracht werde, und hier eine wichtige Umwandlung erleide, wodurch er der eigenthümlichen Natur des thierischen Organismus um einen bedeutenden Schritt näher gebracht wird, und daß die Abscheidung der Galle mit diesem Assimilationsprozesse in der innigsten Verbindung stehe *).

§. 166.

Wo aber auch immer die erste Assimilation Statt finden möge, überall ist sie dem forschenden Blicke so sehr entrückt, daß man über die krankhaften Veränderungen derselben nur wenig zu sagen im Stande ist. Einige Blicke in die hier **möglichen** Abweichungen von der Regel sind uns nur vom Standpunkte der Physiologie aus gestattet. Wenn diese uns nämlich belehrt, daß in dem Milchsafte, welcher im Zwölfinger-

---

*) Sollte man die Galle nicht mit mehr Recht für einen Niederschlag aus dem Nahrungssafte, als für etwas aus dem eigentlichen Venenblute Ausgeschiedenes gelten lassen? — Findet hier nicht das Nämliche Statt, was bey so vielen andern dynamischen Prozessen beobachtet wird; daß nämlich das eine Product des Prozesses zugleich der Zunder zur Wiederanfachung desselben Prozesses in einer für ihn empfänglichen Materie wird; daß also die Galle, welche in der Leber als Niederschlag (als Hefe) von dem Assimilationsprozesse abtritt, in dem Zwölffingerdarm den nämlichen Prozeß im Speisebrey wieder hervorrufe?

darm aus dem Speisebrey geschieden wird, die vorhin vorherrschende Oxydation um so mehr zurücktrete, je mehr die Assimilation vorschreitet, daß sich in gleichem Verhältnisse der plastische Stoff anfangs unter der Form des Eyweißes, später unter jener des Faserstoffes immer deutlicher entwickle, so läßt sich daraus, mit Wahrscheinlichkeit wenigstens, auf dasjenige schließen, was bey zurückgehaltener oder auch zu sehr beschleunigter Assimilation erfolgen könne.

§. 167.

Die Assimilation kann in verschiedenen Graden mangelhaft seyn, wenn entweder der Speisebrey schon seiner Natur nach dem Aneignungsprozesse widersteht, oder wenn die in den Assimilationsorganen abgeschiedenen Säfte nicht die zu demselben erforderlichen Eigenschaften besitzen, oder, wenn der Lebensprozeß in diesen Organen zu tief gesunken, oder durch eine fehlerhafte Richtung von dem Assimilationsprozesse abgewendet ist.

Die Veränderungen, welche daraus in dem Producte der Assimilation, dem Milchsafte, entstehen, müssen nach der verschiedenen Beschaffenheit des Speisebreyes, der Assimilationssäfte, und nach der verschiedenen Stimmung des, das Assimilationsgeschäft beherrschenden Lebensprozesses sehr verschieden ausfallen. Der Chylus wird dadurch zu wässerig und arm an bildsamen Stoffen, oder er nähert sich noch zu sehr der Pflanzennatur, und zeichnet sich durch vorwaltende Oxydation aus; oder er enthält zwar eine bedeutende Menge plastischer Substanz, die aber auf der niederern Stufe der Ausbildung, wo sie nur ein unvollkommenes Eyweiß darstellt, zurückbleibt, und ihm eine gallertartige, klebrige Beschaffenheit mittheilt, oder er nimmt endlich ganz fremdartige Stoffe und Eigenschaften in sich auf.

Ein so gearteter Chylus wirkt zuerst auf die Assimilationsorgane selbst und ihre übrigen Geschäfte, mithin auf den Darmkanal, die Milchgefäße, die Gekrösdrüsen, die Leber und Gallenabsonderung nachtheilig zurück, und veranlaßt sodann einen mangelhaften Zustand der Blutbereitung und der gesammten Vegetation.

Es läßt sich in der Assimilation auch der entgegengesetzte Fehler, eine zu hastige Entwicklung des Chylus und der in ihm enthaltenen plastischen Stoffe denken, ein Fehler, dessen Folgen sich schon aus dem beurtheilen lassen, was wir von dem ähnlichen Zustande der Verdauung (§. 154.) gesagt haben.

§. 168.

Durch eine höhere Ausbildung im Blutgefäßsysteme wird der Chylus in **Blut** verwandelt, und der Ausbildungsprozeß **Blutbereitung** (sanguificatio) genannt. Um die Blutbildung und ihre verschiedenartigen Abweichungen vom Normalzustande gehörig zu würdigen, muß man folgende, dieselben bestimmende, Momente im Auge behalten: a) die Menge und Beschaffenheit des Chylus, aus welchem das Blut gebildet wird; b) den Stand des Lebensprozesses im Gefäßsysteme, welcher dann seine nähere Bestimmung wieder von dem bereits vorhandenen Blute, von dem Respirationsprozesse, von dem lebendigen Einflusse des Nervensystems auf das Gefäßsystem, von der Einwirkung der äußern Wärme, erhält; c) den Gang der Secretionen und der Einsaugung im übrigen Organismus.

Der pathologische Zustand der Blutbereitung wird durch abweichende **Menge und Beschaffenheit** ihres Productes, des Blutes, offenbar.

§. 169.

In Rücksicht auf die **Menge** kann die Blutbildung zu üppig werden, woraus Überfluß an Blut oder **Vollblütigkeit** (plethora) entspringt. Diese setzt allzeit ein Mißverhältniß zwischen Erzeugung und Aufwand des Blutes, wobey erstere letzteren auffallend überwiegt, voraus, und entsteht bey ausgiebiger Nahrung und lebhafter Chylusbildung von einem bis auf einen gewissen Grad gesteigerten Lebensprozesse im Gefäßsysteme und vom beschränkten Verbrauche des Blutes zur organischen Bewegung, Ernährung, Secretion, oder zu gewissen, dem Organismus zum Gesetze oder zur Gewohnheit gewordenen Ausleerungen.

§. 170.

Die Wirkungen der Vollblütigkeit lassen sich von einem mechanischen und dynamischen Gesichtspunkte betrachten. Denn eine zu große Menge des Blutes wirkt durch Überfüllung und Ausdehnung zuerst mechanisch auf seine eigenen Gefäße, und diese, strotzend vom Blute, wirken dann wieder durch Druck und Spannung auf andere Organe, deren Verrichtungen dadurch nicht selten auf eine auffallende Weise gehemmt werden. Die dynamischen Wirkungen der Vollblütigkeit bestehen, anfangs wenigstens, in Erhöhung des Lebensprozesses im Gefäßsysteme, in gesteigerter Ausbildung des Faserstoffes und der Blutkügelchen im Blute selbst, in einer kräftigern Circulation, die aber auch, besonders bey den höhern Graden der Vollblütigkeit, unterdrückt seyn kann, in Vermehrung der thierischen Wärme, der Lebensfülle und der Röthe des Körpers, und in einer größern Anlage zu Krankheiten mit hypersthenischem und entzündlichem Charakter.

§. 171.

Wenn die Menge des vorhandenen Blutes nicht hinreicht, die Reproduction des Organismus und seinen Lebensprozeß in dem erforderlichen Stärkegrade zu unterhalten, so ist Blutarmuth zugegen, welche eine, entweder an sich (absolut) oder in Bezug auf den Statt findenden Blutaufwand (relativ) unzureichende Blutbildung voraussetzt. Mangel an gutem Chylus, Sinken der Lebensthätigkeit in dem Gefäßſyſteme, oder auch zu heftige und haſtige Anſtrengung des Lebens und dadurch herbeygeführte übermäßige Verzehrung des organiſchen Stoffes, ſtarker Verluſt wichtiger Säfte, ſind die veranlaſſenden Urſachen.

Mit dem Blute verſieget die Quelle des Lebens im übrigen Organismus: Abnahme des Kreislaufes, der Lebensfülle, der Abſonderung, der Ernnährung; zarte, welke, eingeſchrumpfte Beſchaffenheit, Bläſſe des ganzen Körpers, Schwäche in allen Lebensbewegungen, große Geneigtheit zu aſtheniſchen, hektiſchen, colliquativen Krankheiten ſind die unvermeidlichen Folgen der Blutarmuth.

§. 172.

Außer dem Steigen und Sinken der blutbildenden Thätigkeit verdienen die, mit dieſen zugleich vorkommenden Veränderungen in der Art die beſondere Aufmerkſamkeit des Arztes. Denn daraus entſtehen die Entmiſchungen des Blutes (Dyskraſieen) oder regelwidrigen Verhältniſſe ſeiner Beſtandtheile, welche ehemals eine ſo bedeutende Rolle in der Pathologie ſpielten; indem man das als den Hauptgrund der meiſten Krankheiten betrachtete, was, genauer unterſucht, in den meiſten Fällen nichts anderes, als das Mittelglied zwiſchen urſprünglicher und Folgekrankheit iſt.

§. 173.

Wir betrachten zuerſt diejenige Veränderung der Blutbildung, welche ſich durch die phlogiſtiſche Beſchaffenheit des Blutes kund gibt, eine Benennung, die, aus der ältern Schule der Ärzte hervor gegangen, nicht ohne tiefern Sinn iſt. Alle Erſcheinungen, welche ſich der Beobachtung bey dieſem krankhaften Zuſtande darbieten, zeugen nicht bloß von einer lebhaftern Wechſelwirkung zwiſchen dem Blute und ſeinen Gefäßen, ſondern auch von einer höhern Lebendigkeit in dem erſtern ſelbſt, die ſich durch erhöhte Wärme und Erpansion des Blutes auf der einen Seite, und durch gesteigerte Ausbildung des Cruors und des Faserstoffes auf der andern deutlich ausspricht. Der höhere Gegensatz, welcher hierbey im Blute Statt findet, äußert sich durch das lebhaftere Bestreben desselben, sich in seine nähern Bestandtheile zu trennen und jeden derselben in seiner vollkommnern Ausbildung und Lebendigkeit darzustellen. Daher die große Neigung zur Absonderung gerinnbarer Lymphe und in dieser dann das vermehrte Organisationsbestreben, wodurch sie sich in kurzer Zeit zu neuem Zellgewebe, zu Häuten und Gefäßen gestaltet: daher die Bildung der Speckhaut auf dem aus der Ader gelassenen Blute.

Alles, was den Gegensatz im Blute, mithin auch den Lebensprozeß in ihm und dem ganzen Gefäßsysteme zu steigern vermag, z. B. Überladung des Blutes mit phlogistischen Stoffen durch Mißbrauch geistiger Getränke, Gewürze u. dergl., Einwirkung einer höchst reinen, trocknen, sehr elektrischen, kalten Luft, verstärkter dynamischer Einfluß der Nerven auf die Gefäße, wie er bey heftigen Gemüthsbewegungen Statt findet — erzeugt diesen phlogistischen Zustand des Blutes.

Die Wirkungen davon lassen sich auf anfängliche Verstärkung aller von dem Blutgefäßsysteme zunächst abhängigen Verrichtungen, des Respirationsprozesses, des Kreislaufes, der Wärmeentwicklung, auf regelwidrigen Zustand der Absonderung und Ernährung, auf Mißbildungen der Organisation, zurück führen, welche aber durch Überspannung des Lebensprozesses in dem Gefäßsysteme in Erschöpfung und überhandnehmende Schmelzung übergehen können.

Die Verbreitung dieses Zustandes über den gesammten Organismus, oder die Beschränkung desselben auf einzelne Organe werden dann die größere oder geringere Ausbreitung dieser Wirkungen näher bestimmen.

§. 174.

Von dem so eben geschilderten Zustande der Blutbildung und ihres Productes unterscheidet sich ein anderer, bey welchem bey der Abnahme des Blutwassers die Menge des Faserstoffes und der Blutkügelchen überwiegt, wodurch das Blut einen höhern Grad von Dichtigkeit erhält, und zugleich eine geringere Neigung, sich in seine nähern Bestandtheile zu trennen. Ausgiebige Nahrung, gute Verdauung und Assimilation, bey sparsamern Genusse des Wassers, und hauptsächlich zurück gehaltene Umwandlung des venosen Blutes in arterielles, möchten wohl diesen Fehler der Blutbereitung, welchen manche die vorherrschende Venosität nennen, zunächst begründen. Ein solches Blut erschwert den Kreislauf, verursacht Hemmung der Secretionen, venöse Congestionen, Stockungen, Geschwülste der Eingeweide und alle ihre Folgen.

§. 175.

Das Sinken der blutbildenden Thätigkeit hat nach dem verschiedenen Grade dieses Übels verschiedene Veränderungen in der Blutmischung zur Folge. Auf den ersten Stufen der Abweichung erzeugt die unvollkommne Blutentwicklung zwar noch eine ziemliche Menge plastischer Stoffe; allein sie vermag dieselben nicht zu den höhern Formen des Faserstoffes und Cruors auszubilden. Es waltet demnach im Blute ein unvollkommen entwickelter Eyweißstoff vor, und theilt diesem eine zähe, klebrige Beschaffenheit mit, die man ehemals nicht gar treffend die Verschleimung des Blutes genannt hat. Phlegmatisches Temperament, fortgesetzter Genuß von Nahrungsmitteln, denen es an Stickstoff gebricht, in Verbindung mit schädlichen Einflüssen, welche den Lebensprozeß im Gefäßsysteme bis auf einen gewissen Grad herabsetzen, z. B. mit sitzender Lebensart in eingesperrter Luft, mit niedergedrücktem Gemüthe u. dergl. sind die Umstände, wodurch diese mangelhafte Ausbildung des Blutes begünstiget wird. Daß daraus ein schleichender Kreislauf, gehemmte Entwicklung der Wärme, Sensibilität und Irritabilität, mangelhafte Ernährung der festen Theile, die sich durch Weichheit und Schlaffheit ausspricht, schleimige Beschaffenheit der abgeschiedenen Säfte, mit einem Worte ein träger Gang aller zur Vegetation gehörigen Verrichtungen entstehen müssen, darüber wird derjenige nicht lange im Zweifel bleiben, dem es klar geworden ist, daß gehörig ausgebildeter Gegensatz im Blute eine der Grundbedingungen des gesammten Lebensprozesses sey.

§. 176.

Sinkt das bildende Leben im Blutgefäßsysteme noch tiefer herab; dann bringt es sein Erzeugniß nicht viel höher, als zur Bildung des Blutwassers, und hat dann die sogenannte wässerige Beschaffenheit des Blutes, d. h. Überschuß an Wasser mit einem geringen Verhältnisse von plastischen Stoffen, zur Folge. Bedeutender Verlust plastischer Säfte, vorzüglich des Blutes, anhaltender Gebrauch gehaltloser, wässeriger Nahrungsmittel aus dem Pflanzenreiche, krankhafter Zustand der Organe der Verdauung und ersten Assimilation, und alle im vorhergehenden §. angeführten schädlichen Einflüsse liegen als veranlassende Ursachen dieser Art von mangelhafter Blutbildung im Hintergrunde. Bey einem so gearteten Blute sind kümmerliche Ernährung, Wässerigkeit der abgeschiedenen Säfte, Wasseransammlungen im Zellgewebe und in den Höhlen des Körpers, und allgemeine Schwäche unvermeidlich.

§. 177.

Ein ganz anderer krankhafter Zustand stellt die Auflösung des Blutes, oder dessen Schmelzung dar, welche eine Zersetzung des schon gebildeten plastischen Stoffes, mithin ein auffallendes Überwiegen der entbildenden Metamorphose über die organisirende voraussetzt. Das Blut verliert hierbey seine Gerinnbarkeit und seine Trennbarkeit in seine verschiedenartige Bestandtheile, zeigt Mangel an Faserstoff und ein größeres Verhältniß seiner eigenthümlichen Salze. Dasjenige, was (§. 146. 147.) über den colliquativen Zustand, seine Entstehung und Folgen im Allgemeinen gesagt worden ist, erläutert zugleich, wenn es auf die Blutbildung angewendet wird, den Ursprung und die Wirkungen dieser Entartung des Blutes.

§. 178.

Hier wäre nun der Ort, die eigentlichen Verderbnisse des Blutes zur Sprache zu bringen, wodurch man den regelwidrigen materiellen Gehalt desselben verstehet, welcher daraus entspringt, daß dem Blute entweder fremdartige Stoffe beygemischt werden, oder, daß seine eigenen Bestandtheile einen, dem Gefäßsysteme fremdartigen Charakter annehmen. Die wichtigsten dieser Verderbnisse und zugleich diejenigen, welche zu den meisten Streitigkeiten zwischen den verschiedenen pathologischen Schulen Veranlassung gegeben haben, sind: die Fäulniß des Blutes, die Entwicklung von Schärfen in ihm und dessen Ansteckung durch Contagien. —

§. 179.

Kann das Blut im lebendigen thierischen Körper von der Fäulniß ergriffen werden? — Das Leben bildet, die Fäulniß zerstört das Organische; sie sind demnach zwey einander gerade entgegengesetzte Prozesse. Je kräftiger das Leben wirkt, desto mehr beschränkt und tilgt es die Fäulniß: je mehr aber das Leben im Organischen zurück tritt, desto mehr wird dieses der Zerstörung und der Fäulniß Preis gegeben. So lange demnach noch Leben im Gefäßsysteme und

Blute bestehet; so lange kann auch **vollkommne und offenbare Fäulniß** in demselben nicht überhand nehmen, und bis jetzt hat dieselbe durch nichts in der Erfahrung nachgewiesen werden können. Dessen ungeachtet wird niemand folgende Sätze in Abrede stellen: 1. Es gibt einen colliquativen Zustand des Blutes. 2. Der Prozeß der Schmelzung ist von dem Prozesse der Fäulniß nur dem Grade nach verschieden; er ist ein Zersetzungsprozeß, der, bis zum höchsten Grade gesteigert, das Leben vertilgt und in offenbare Fäulniß übergeht. Richtiger möchte er als Kampf zwischen Leben und Fäulniß mit beginnendem Übergewichte der letztern bezeichnet werden. Darum tragen die Producte des colliquativen Zustandes schon den Keim der Fäulniß mit sich aus dem Organismus, und diese bricht alsogleich mit dem Erlöschen des Lebens mit aller Gewalt aus denselben hervor.

§. 180.

Diejenigen Stoffe, welche des organischen Charakters beraubt, das Lebendige als fremdartige Reitze angreifen und auch wohl das Plastische zu desorganisiren streben, hat man in der Pathologie mit dem Namen **Schärfen** belegt, und deren Daseyn, welches sich in den abgesonderten Säften nicht läugnen läßt, auch im Blute behauptet. Man ließ sie dem Blute entweder aus der Außenwelt oder aus den verschiedenen Organen des eigenen Organismus durch die einsaugenden Gefäße zuführen, oder in dem Kreise des Gefäßsystems selbst erzeugt werden, und sah in ihnen eine Hauptquelle der Humoralpathologie. Da aber die Annahme von Schärfen im Blute Widerspruch bey den Solidarpathologen fand, so gab dieses zu einem gelehrten Streite Veranlassung, welcher lange mit abwechselndem Glücke geführt wurde. Muth und Eifer schöpften beyde Parteyen aus folgenden Gründen und Gegengründen.

1. Waren die Solidarpathologen der Meinung, daß die einsaugenden Gefäße der Regel nach nichts Fremdartiges aufnehmen und daß sie in dem Falle, wenn sich von ungefähr etwas Fremdartiges in dieselben eingeschlichen haben sollte, sie noch immer Kraft genug hätten, demselben seine Schärfe zu benehmen, und es dem Organismus anzueignen.

Dagegen aber konnten die Humoralpathologen unabweisliche Thatsachen aufführen, aus denen erhellet, daß die einsaugenden Gefäße allerdings auch Fremdartiges aufnehmen, und daß ihr umwandelndes und aneignendes Vermögen schon im gesunden Zustande seine Grenzen habe. Sie hatten also auch das Recht, zu behaupten, daß dieses Vermögen im kranken Zustande noch mehr herabgesetzt werde, daß demnach die einsaugenden Gefäße bey weitem nicht immer für die Reinheit des Blutes von fremdartigen Stoffen und Schärfen hinreichende Gewähr leisten könnten.

2. Berufen sich die Solidarpathologen auf die Thätigkeit der ausscheidenden Organe, wodurch das Blut immerdar von solchen nicht organischen und scharfen Stoffen befreyet werde; wenn dergleichen von ungefähr in dasselbe eingeführt seyn, oder sich in ihm entwickelt haben sollten.

Das ist ganz gut, erwiedern darauf die Humoralpathologen, so lange jene Ausscheidungs- und Reinigungsorgane ihr Amt zweckmäßig verwalten. Allein sie können eben so wie alle übrigen Organe durch krankhafte Störungen in ihren Verrichtungen gehemmt und eben dadurch außer Stand gesetzt werden, das Blut gegen das Hervortreten von Schärfen in ihm zu schützen.

3. Ein großes Gewicht legen endlich die Solidarpathologen noch auf die chemischen Analysen des Blutes im krankhaften Zustande, durch welche keine Schärfen und offenbaren Ausartungen desselben nachgewiesen werden konnten.

Allein auch gegen diesen Grund bleiben den Humoralpathologen noch folgende Einwendungen übrig.

a) Bis jetzt haben wir äußerst wenige genaue Analysen des Blutes in Krankheiten, deren Diagnose sorgfältig bestimmt war. Es fehlt uns an Analysen, die in den verschiedenen Stadien einer und derselben Krankheit angestellt worden wären.

b) Die Chemiker widersprechen sich in dem, was sie durch ihre Analysen aufgefunden haben. Einige fanden z. B. Galle im Blute, andere nicht; einige behaupten das Daseyn von Zucker im Blutwasser bey der Zuckerharnruhr, andere läugnen es.

c) Die Zerlegung thierischer Flüssigkeiten ist noch sehr unvollständig, und es gibt Erzeugnisse und Verbindungen in denselben, die unsere gegenwärtigen chemischen Hülfsmittel nicht zu Tage zu fördern vermögen.

Zu diesen Einwendungen möchten wir selbst noch folgende hinzufügen.

d) Manchen desorganisirten Stoff findet man wahrscheinlich deßwegen nicht im Blute, weil man ihn nicht am rechten Orte sucht. Gewöhnlich unterwirft man das Venenblut den chemischen Untersuchungen. Es muß aber in Rücksicht auf den materiellen Gehalt ein nicht unbedeutender Unterschied zwischen arteriellem und venösem Blute obwalten. Viele fremdartigen Stoffe im thierischen Organismus gehen mit dem Serum chemische Verbindungen ein. Nun aber tritt ein großer Theil des Blutwassers in den Capillargefäßen von dem übrigen Blute ab, drängt sich zum Theil in das Parenchym der Organe, und kehrt aus diesem durch die lymphatischen Gefäße zu den Centralorganen der Circulation zurück. Daher umgehen manche Stoffe, welche im arteriellen Blute enthalten sind, die meisten Venen gänzlich, können folglich im Venenblute nicht aufgefunden werden. Dieser Umstand scheint uns von großer pathologischer Wichtigkeit und bey künftigen Un=

terſuchungen des Blutes der Beachtung ſehr werth zu
ſeyn.

§. 181.

Man ſieht aus allem dieſen wohl ein, daß die Verhand=
lungen über die Frage: ob fremdartige und ſcharfe Stoffe
von außen in das Blut eingeführt, oder in demſelben erzeugt
werden, noch nicht als geſchloſſen betrachtet werden können.
Das, was man darüber bis jetzt mit ziemlicher Zuverläßig=
keit behaupten kann, läßt ſich auf folgende Punkte zurück
führen. 1. Die Erfahrung beſtätiget es, daß durch die
einſaugenden Gefäße dem Blute fremdartige und ſogenannte
ſcharfe Stoffe zugeführt werden können. 2. Im Blute wal=
tet eben ſo, wie in jedem andern belebten Theile nicht bloß
eine organiſirende, ſondern auch eine desorganiſirende Ver=
wandlung; es müſſen daher im Blute eben ſo, wie in jedem
andern Theile, desorganiſirte Stoffe erzeugt werden (und daß
ſie wirklich unter der Form von Salzen, Extractivſtoffen u.
ſ. w., ſelbſt im geſunden Zuſtande, erzeugt werden, hat die
Erfahrung ſchon längſtens außer Zweifel geſetzt): warum ſoll
nun bey überhand nehmender desorganiſirender Metamorphoſe
das Blut nicht mit ſolchen zerſetzten Stoffen überladen wer=
den können? 3. Dieſe fremdartigen und desorganiſirten
Stoffe müſſen dem zu Folge in ſehr vielen Fällen allerdings
als Erzeugniſſe krankhafter Vegetationsprozeſſe betrachtet
werden: indeſſen können ſie doch auch wieder von der andern
Seite, als der Zunder neuer krankhafter Zurückwirkungen
und regelwidriger Bildungsprozeſſe im Organismus ange=
ſehen werden.

§. 182.

Dagegen hält die eigenthümliche krankhafte Umwand=
lung des Blutes durch Anſteckungsſtoffe, oder die A n ſt e ck u n g
deſſelben, welche man früher, und hier und da auch wohl

jetzt noch, behauptet hat, eine strengere Prüfung nicht aus. Denn 1. weiß man aus Erfahrung, daß die Ansteckungsstoffe so zersetzbar sind, daß sie schon durch die Verdauung, ja durch die bloße chemische Einwirkung des Magensaftes zerstört und ihres Ansteckungsvermögens beraubt werden. Daraus läßt sich nun mit gutem Grunde schließen, daß die Ansteckungsstoffe noch viel weniger im Stande sind, den mannigfaltigen und viel lebhaftern Umwandlungsprozessen, welche im Blute und in dem Gefäßsysteme wirksam sind, ohne Veränderung in ihrer Natur zu widerstehen; viel leichter können sie sich da einnisten und einen eigenthümlichen Vegetationsprozeß ins Daseyn rufen, wo der Lebensprozeß weniger kräftig waltet, d. h. außer dem Gefäßsystem und an den äußersten Grenzen des Organismus. 2. Legen die Vertheidiger der Ansteckung des Blutes dem Gefäßsysteme das Vermögen bey, den im Blute in größerer Menge erzeugten Ansteckungsstoff wieder auszuscheiden und nach außen hin abzusetzen. Warum soll aber dieses Vermögen nicht gleich anfangs gegen den ursprünglich von außen aufgenommenen Ansteckungsstoff in Wirksamkeit treten und auf diese Weise das Blut gegen jede fernere Ansteckung schützen, da doch unmittelbar nach der Aufnahme des äußern Ansteckungsstoffes das ganze Secretionsgeschäft noch ungestört von Statten gehet? — 3. Durch Versuche, die man absichtlich mit dem Blute von Kranken, welche an ansteckenden Krankheiten litten, angestellt hat, ist es erwiesen, daß dieses keinen Ansteckungsstoff in sich führt. 4. Läßt sich die Entwicklung der ansteckenden Krankheit und der Vermehrungsprozeß des Ansteckungsstoffes auch ohne Ansteckung des Blutes erklären.

* * *

Chr. Fr. Ludwig, de systemate absorbente Physiologorum et Pathologorum recentissimor. quaedam decreta. Lips. 1789. 4.

H. Fr. Isenflamm, de absorptione morbosa. Erlang. 1791. 8.

Affalini's Versuch über die Krankheiten des lymphatischen Systems. A. d. Franz. Dresd. 1792. 8.

J. Nep. Constant. D'hame, idea pathologiae systematis absorbentis. Colon. 1792. 8.

G. Basilewitsch, Pathologie des Saugadersystems. In Schregers theoretischen und praktischen Beyträgen zur Cultur der Saugaderlehre. 1. B. Leipz. 1793.

S. Th. Sömmering, de morbis vasorum lymphaticorum. Francof. 1795.

J. Ant. Schmidtmüller, de lympha comment. chem. et pathologici argumenti. Erlang. 1804. 8.

Barth. Eustachius, de multitudine, s. de plethora. Lugd. Bat. 1746. — Argent. 1789.

W. Hm. G. Remer, diss. de plethora sanguinea. Helmst. 1797. 4.

W. Hewson, vom Blute u. s. w. sieh oben S. 69.

P. Hunters Versuche über das Blut u. s. w. S. 69.

Jos. Pasta's Versuche über das Blut und über die Gerinnungen desselben als Ursache von Krankheiten. Leipz. 1789.

L. Mende, über Krankheit des Blutes und der Säfte. — In dessen Beyträgen zur Prüfung und Aufhellung ärztlicher Meinungen. Leipzig, 1802. I. B. n. 1.

Fr. Cartheuser, diss. de acrimonia humorum. Francof. 1751. 4.

C. Ludw. Hoffmann, von der Schärfe und ihrem Wesen überhaupt. — In dessen vermischten medicinischen Schriften, herausgegeben von H. Chavet. 4 Theile. Münster, 1790—795. 8. im II. Thle. n. 6.

G. S. Müller's Abhandlung von verschiedenen Krankheiten, welche ursprünglich aus einer Schärfe der Säfte entstehen, als verschiedenen Hautkrankheiten, Scrofeln, Lustseuche, Krebs und Gicht, nebst beygefügter Heilart. Frankf. a. M. 1796. II. Aufl. 1799. 8.

Andr. Röschlaubs Erörterung der Begriffe: Scharf, Reitzend, besonders in Hinsicht der Säfte des Organismus. — In dessen Magaz. zur Vervollkommnung der Heilk. V. B. I. St. n. 4.

J. Bapt. Gaber, specimen experimentorum circa putrefactionem humorum animalium. — In miscellan. societ. Taurin. T. I. pag. 75.

Ejusd. experimentor. de putrefact. humor. corp. animal. specimen secundum, in quo praecipue agitur de sedimento seri purulento et membrana pleuritica. — In misc. soc. Taurin. T. II. n. 4.

Cp. Ludw. Hoffmann, von der Auflösung. — In dessen vermischten med. Schriften. II Thle. n. L.

Ad. Seybert, über die Fäulniß des Blutes im lebenden thierischen Körper. A. d. Engl. von W. Davidson. Berlin, 1798. 8.

Über Fäulniß und fäulnißwidrige Mittel. — Im Journal der Erfindungen ꝛc. XIII. St. n. 2.

Krankhafter Zustand des Bildungsprozesses, begründet durch regelwidrige Secretion.

§. 183.

Die Absonderung bestimmter Flüssigkeiten aus dem Blute (secretio) ist für das bildende Leben des Organismus eine der wichtigsten Verrichtungen, indem sie der gesammten, außer den Grenzen des Gefäßsystems Statt findenden, Vegetation zur Grundlage dient. Sogar die Ernährung setzt Absonderung des nährenden Stoffes aus dem Blute voraus. Es bedarf daher keiner tiefen Forschung, um einzusehen, wie sehr krankhafte Störungen der Absonderungen regelwidrig bestimmend auf den übrigen Vegetationsprozeß einwirken müssen.

§. 184.

Alle Absonderung geschieht zwar aus dem Blute, doch wird (mit wahrscheinlicher Ausnahme der Gallenabsonderung, die ganz eigenen Gesetzen gehorcht) nicht das Blut in seiner Gesammtheit, sondern nur das mit bildsamen Stoffen geschwängerte Blutwasser zunächst dazu verwendet. Dieses wird in den Capillargefäßen von dem mehr entwickelten Faserstoffe und dem rothen Bestandtheile des Blutes getrennt, durch diese Gefäße in das Parenchym der Organe geleitet, und erleidet hier durch den Einfluß des jedem Organe eigenen Lebens diejenigen chemischen Veränderungen, welche ihm den specifischen Charakter mittheilen, wodurch sich jede abgesonderte Flüssigkeit auszeichnet.

§. 185.

Der Zustand einer jeden Absonderung und ihres Productes wird demnach bestimmt: a) durch die Menge und Beschaffenheit des Blutes und zunächst des Blutwassers, welches zur Absonderung verwendet wird. b) Durch den Gang des Lebens im Absonderungsorgane, welcher seine eigenthümliche Richtung und Gestalt nicht allein von der eigenartigen Natur dieses Organs selbst, sondern auch von dem mannigfaltigen dynamischen Einflusse anderer Organe, vorzüglich aber der Nerven auf dasselbe erhält. c) Von den Einwirkungen, denen der bereits abgeschiedene Saft noch ausgesetzt wird. Dahin gehören die Einwirkung der einsaugenden Gefäße, bey manchen der Einfluß der atmosphärischen Luft, die Beymischung anderer Säfte u. s. w.

§. 186.

Die genaue Würdigung dieser Bestimmungsgründe öffnet

zugleich die Einsicht in die Entstehungsweise der krankhaften Veränderungen dieser Verrichtung.

In Rücksicht auf die **Menge** kommt oft ein Übermaß von Absonderung vor. Dieses geschieht am häufigsten dann, wenn entweder das Blut einen Reichthum an abzusondernden Stoffen dem absondernden Organe darbietet, oder wenn die Lebensthätigkeit in demselben bis zu einem gewissen Grade — jedoch nicht über denselben hinaus — gesteigert wird, oder, noch sicherer, wenn beydes zugleich Statt findet. Daher wird ein gereizter Zustand des Absonderungsorgans sehr oft die nächste Veranlassung zu diesem Übermaß: denn die Reizung verursacht Erhöhung des Lebensprozesses: die nächste Folge davon ist vermehrte Entwicklung der Wärme, vermehrte Expansion im gereizten Organe, vermehrtes Fassungsvermögen der Gefäße für das Blut, vermehrter Andrang desselben, welcher in Verbindung mit der zu gleicher Zeit erhöheten absondernden Thätigkeit nothwendig eine größere Menge des Absonderungsproductes geben muß. Oft liegt der Grund von der Vermehrung einer Absonderung in der Verminderung einer andern. Aber auch Lebensschwäche und eine durch vermindertes Contractionsvermögen herbey geführte Erschlaffung im Absonderungsorgane kann vermehrte Capacität seiner Gefäße für die andringenden Säfte und hiermit zugleich Vermehrung der Absonderung zur Folge haben. Noch sicherer wird diese durch den colliquativen Zustand herbey geführt.

Die Folgen, welche daraus entspringen, sind nach dem verschiedenen Grade und der verschiedenen Ausdehnung dieser Abweichung, und nach den mannigfaltigen Verhältnissen, unter welchen sie ins Daseyn tritt, sehr verschieden. Je nachdem dadurch der allgemeinen Säftemasse nützliche oder schädliche Stoffe entzogen, eine Verminderung anderer Absonderungen bewirkt, der Kreislauf und die Ernährung des absondernden Organs selbst mehr oder weniger gestört, die Verrichtung, welcher der abgeschie=

dene Saft dienſtbar iſt, entweder verſtärkt, oder verwirrt, je nachdem dadurch verſchiedenartige Ausflüſſe erzeugt werden, das Gleichgewicht der mannigfaltigen Thätigkeiten des Organismus aufgehoben, oder wieder hergeſtellt wird: je nachdem wird auch die vermehrte Abſonderung entweder vortheilhaft, oder auch auf vielſeitige Weiſe nachtheilig auf den geſammten Vegetationsprozeß zurück wirken.

§. 187.

Nach der entgegengeſetzten Richtung weicht die Abſonderung von der Regel ab, wenn ſie bedeutend **vermindert** oder gar gänzlich **unterdrückt** wird. Auch dieſe Abweichung läßt ſich auf eine verſchiedenartige Entſtehungsweiſe zurück führen. Die erſte Urſache kann eine allgemeine Säftearmuth, oder doch Mangel der zur Abſonderung zunächſt beſtimmten Stoffe ſeyn. Eine andere iſt verminderte Secretionsthätigkeit im Ausſcheidungsorgane, die dann wieder durch verſchiedene krankhafte Zuſtände begründet werden kann; denn bald beruhet ſie auf einer durch Lebensſchwäche begründeten Unthätigkeit, bald auf überwiegender Contraction und krampfhaftem Zuſtande ſeines Parenchyms und ſeiner Gefäße, bald auf Hinwendung ſeiner geſammten Lebensanſtrengung auf andere in ihm Statt findende krankhafte Prozeſſe, z. B. auf Entzündung, krankhafte Ernährung und dadurch bedingte regelwidrige Veränderungen ſeiner organiſchen Subſtanz und Structur; bald auf mechaniſchen Hinderniſſen. Endlich werden einzelne Secretionen auch durch das Übermaß anderer, oder auch durch zu ſtarke Anſtrengung der Lebensthätigkeit anderer Organe, d. h. antagoniſtiſch, vermindert.

Die Wirkungen der verminderten, oder gänzlich unterdrückten Abſonderung müſſen wieder in ihrer Beziehung zum ganzen Gefäßſyſteme, zum Abſonderungsorgane, zu der mit der Secretion zunächſt in Verbindung ſtehenden Verrichtung und zu den übrigen Absonderungen betrachtet werden. Es können daraus regelwidrige Veränderungen der gesammten Säftemasse, gestörte Ernährung des Absonderungsorganes, Hemmung derjenigen Verrichtung, zu welcher die abgesonderte Flüssigkeit verwendet wird, antagonistische Vermehrung anderer, schon der Regel nach vorhandener, oder auch ganz neuer, stellvertretender Absonderungen entspringen.

§. 188.
Diese stellvertretenden Absonderungen (secretiones vicariae) haben eine nicht geringe pathologische Wichtigkeit und auf den günstigen, oder ungünstigen Gang einer Krankheit nicht selten einen entscheidenden Einfluß. Stellvertretend wird eine, dem Organismus schon eigenthümliche, oder neu hervor gerufene Absonderung genannt, wenn sie die Verrichtung einer andern, krankhaft gehemmten, oder unterdrückten, dadurch übernimmt, daß sie ein, wenigstens ähnliches Erzeugniß zu Tage fördert. Es ist wichtig, das Wechselverhältniß zwischen der gehemmten und der stellvertretenden Absonderung gehörig zu würdigen und genau zu untersuchen, ob materielle Mittheilung oder dynamische Wechselbestimmung demselben zum Grunde liege. Die materielle Mittheilung bestehet darin, daß das Blut durch Beschränkung einer Absonderung mit den Stoffen, welche durch diese hätten ausgeschieden werden sollen, überladen, dieselben nun an andere — ordentliche, oder außerordentliche — Secretionsorgane überträgt. Das dynamische Wechselverhältniß, welches der stellvertretenden Absonderung zum Grunde gelegt wird, beruht auf Wechselerregung, oder sympathischer Reitzung. Dieselbe krankhafte Thätigkeit, welche die Absonderung in dem einen Organe hemmt, bestimmt durch Sympathie ein anderes, mit diesem sympathisch verbundenes, zu einem analog secernirenden.

Es fragt sich nun, welche von beyden Erklärungsarten

die wahre sey? — Bey einer unbefangenen Prüfung ergibt sich, daß man einseitig verfährt, wenn man bloß eine derselben gelten machen und die andere gänzlich ausschließen will. Es gibt stellvertretende Absonderungen, deren Hauptgrund nach allem, was die Erfahrung darüber aussagt, in einer Überladung des Blutes mit auszuscheidenden Stoffen gesucht werden muß. Als Belege führen wir die stellvertretenden Absonderungen an, welche bey gehemmter Secretion der Galle, des Urins, auch bey Eiterungen, eintreten. Bey unterdrückter Gallen- und Harnabsonderung in der Leber und den Nieren enthält zwar das Blut weder gebildete Galle noch Harn als solchen: allein an jenen Grundstoffen, aus deren Verbindung endlich Galle und Harn entstehen, muß es doch überladen seyn, weil es durch die gewöhnlichen Anstalten nicht davon befreyet wird. Diese Grundstoffe befinden sich im Blute unter ganz andern Verhältnissen und mit andern Theilen des Blutes, vorzüglich dem Blutwasser, in einer solchen innigen chemischen Verbindung, daß sie keinesweges unter der Form von Galle oder Harn in die Erscheinung treten können. Gelangen sie aber in Organe, welche das Blutwasser zu zersetzen vermögen; alsdann treten jene Grundstoffe von den übrigen Theilen des Blutes ab und unter einander selbst in neue Verbindungen, in welchen sie nun Flüssigkeiten darstellen, welche mit Galle und Harn wenigstens große Ähnlichkeit haben. Hier bedarf es keiner, durch Sympathie mitgetheilter krankhafter Stimmung der stellvertretend absondernden Organe, um normal beschaffene Bestandtheile des Blutes in gall- oder harnähnliche Flüssigkeiten zu verwandeln; sondern die übrigens regelmäßig vorschreitende Thätigkeit gewöhnlicher Secretionsorgane reicht hin, die vorhin genannten Stoffe aus dem Blute, im strengsten Sinne des Wortes auszuscheiden. Ganz dasselbe ist anwendbar auf die Eiterabsonderung durch Harn bey Geschwüren in Eingeweiden, welche von den Harnorganen entfernt sind, z. B. in den Lungen. Hier wird niemand mit Grunde behaupten können, der Eiter, welcher sich aus dem Harn niederschlägt, werde durch eine krankhaft sympathische Thätigkeit in den Nieren erzeugt: denn Eiterbildung setzt einen gewissen Grad von Entzündung voraus, von welcher aber in unserem Falle keine Spur in den Nieren vorhanden ist. Hier bleibt also keine andere, als die ältere Erklärung übrig: nämlich Einsaugung des Eiters aus dem Lungengeschwüre und Übertragung desselben durch das Gefäßsystem an andere Secretionsorgane — Ja — aber — man findet doch unter diesen Umständen, selbst mit dem Mikroskope, keine Spur vom Eiter im Blute. — Das mag seine Richtigkeit haben: allein, wie kann man mit bloßen, oder bewaffneten Augen eine Flüssigkeit im Blute suchen, sobald sie mit einem seiner Bestandtheile chemische Verbindungen eingegangen ist? daß dieses aber mit dem eingesogenen Eiter wirklich der Fall sey, beweiset der Umstand, daß derselbe mit dem frisch gelassenen Harne noch so innig verbunden ist, daß er keinesweges durch das Gesicht entdeckt werden kann, bevor er sich nicht durch das Erkalten von demselben geschieden hat.

§. 189.

Es gibt aber noch andere stellvertretende Absonderungen, bey welchen sich eine solche materielle Übertragung nicht nachweisen läßt, und für welche die dynamische Mittheilung einen bessern Erklärungsgrund abgibt. Indessen wird durch consensuelle Reizung, welche sich von einem Absonderungsorgane auf einen andern Theil des Organismus fortpflanzt, und diesen zu einer stellvertretenden Secretion bestimmt, dieser pathologische Vorgang noch lange nicht in das gewünschte Licht gesetzt; wenn hierbey nicht auf ein zweyfaches dynamisches Wechselverhältniß, welches zwischen dem ursprünglich leidenden und dem erst in der Folge ergriffenen Organe Statt findet, Rücksicht genommen wird. Wenn sich in irgend einem Organe ein Krankheitsprozeß mit einem gewissen Grade von Stärke entwickelt; so verbreitet er sich von seiner oft sehr beschränkten Ursprungsstätte nicht allein über das ganze Organ, sondern auch nach und nach über die mit diesem in nächster Verwandtschaft stehenden Organenreihen. Obschon nun aber diese in denselben Krankheitsprozeß allmählich hinein gezogenen Organe in Rücksicht **auf die Art der krankhaften Thätigkeit in Übereinstimmung** (consensus) stehen; so bildet sich doch oft zwischen denselben in Hinsicht **auf den Grad** des Krankheitsprozesses ein unverkennbarer **Gegensatz** (Antagonismus) aus, d. h. in demselben Verhältnisse, in welchem dieser Prozeß auf der einen Seite steigt, fällt er auf der andern, und umgekehrt. Wird nun dieses Wechselverhältniß auf krankhafte Secretionen angewendet, so wird es zu einer Erklärung über die Entstehung der stellvertretenden Absonderungen führen, welche die bisherigen an Deutlichkeit und Folgerichtigkeit zuverläßig übertreffen wird. Jede krankhafte Secretion setzt einen Krankheitsprozeß in dem krankhaft secernirenden Organe voraus, der aber auf dieses nicht beschränkt bleibt, sondern sich, wiewohl in geringeren Graden, auf die demselben zunächst verwandten Organe ausbreitet. Wird nun der Krankheitsprozeß in dem ursprünglich leidenden Organe so tief herab gesetzt, daß dadurch die Secretion unterdrückt wird, so steigert sich derselbe durch das antagonistische Wechselverhältniß in dem secundär, oder sympathisch ergriffenen zu einer solchen Höhe, daß er nun hier als krankhafte Absonderung für die Erscheinung durchbricht. — Da nun aber der unterdrückten und der statt ihrer neu hervorgerufenen Secretion ein und derselbe Krankheitsprozeß zum Grunde liegt, so müssen sie auch in ihren Producten einander in so weit gleich, oder ähnlich seyn, als es die übereinstimmende, oder verschiedene Natur der absondernden Organe zuläßt. Beyspiele können diese Darstellungsweise anschaulicher machen. Bey einer länger bestandenen und tief eingewurzelten Krätze beschränkt sich die eigenthümliche krankhafte Metamorphose nicht bloß auf die äußere Haut, sondern sie ergreift auch, wiewohl in geringeren Graden, die innern, mit der äußern in näherer Verbindung stehenden Häute, vorzüglich die Schleimhäute. Wird sie nun, durch was immer für Ursachen, in der äußern Haut so sehr beschränkt, daß sie nicht mehr als krankhafte Secretion in die Erscheinung treten kann (wird die Krätze zurück getrieben, wie man zu sagen pflegt); so hebt sich durch das antagonistische Verhältniß die vorher kaum merkbare krankhafte Metamorphose in irgend einer der innern Häute zu jener Höhe, auf welcher sie als krankhafte Absonderung erscheint. — Bey der Gicht leiden nicht bloß die, die Gelenke umgebenden, sondern auch andere Häute des Organismus an einem bestimmten Krankheitsprozesse, der an dem einen Theile beschränkt, an dem andern desto auffallender hervortritt und so bald jenen, bald diesen zu regelwidrigen Absonderungen bestimmt. Hier hat man den Schlüssel zur Erklärung so mancher Krankheitsversetzungen, welche nach dem sogenannten Zurücktreten, oder Zurücktreiben von acuten und chronischen Hautausschlägen, von Rheumatismus, Gicht, veralteten Geschwüren, Blenorrhöen u. s. w. zu erfolgen pflegen, ohne zu einem Herumwandern bestimmter Krankheitsstoffe seine Zuflucht nehmen zu müssen.

§. 190.

Regelwidrige Zustände der absondernden Thätigkeit haben fast immer Veränderungen in der eigenthümlichen Beschaffenheit ihrer Erzeugnisse — der abgeschiedenen Flüssigkeiten — zur Folge. Das bildende Leben gehorcht überall im thierischen Organismus denselben Gesetzen. Deßwegen kommen in der Bildung der Absonderungssäfte, wenn man von den specifischen Stoffen, die viele derselben auszeichnen, absieht, in Rücksicht auf ihre eigenartige Natur und Mischung beynahe dieselben Abweichungen, wie in der Blutbildung, vor.

§. 191.

Solche qualitative Veränderungen abgeschiedener Säfte kündigen sich dem aufmerksamen Arzte schon durch die von der Regel abweichenden Zusammenhangs- und Dichtigkeitsgrade an. So sind die abgeschiedenen Flüssigkeiten für ihre Bestimmung häufig zu wässerig. Dieser wässerige Zustand des Abgesonderten kann unter einem zweyfachen Gesichtspunkte aufgefaßt, und bald als eine Zunahme, bald als eine Abnahme seiner Cohäsion dargestellt werden. Das Erstere ist der Fall, wenn Flüssigkeiten, welche der Regel nach in Dunstgestalt abgesondert werden, im tropfbarflüssigen Zustande auftreten, wie sich dieses bey Wassersuchten im Zellgewebe und in den Höhlen des Körpers ereignet. Der Grund dieser Regelwidrigkeit liegt entweder in einer fehlerhaften Beschaffenheit der absondernden Thätigkeit, und gewöhnlich noch höher hinauf, in der Blutbildung selbst, oder auch außer dem Secretionsorgane in einem mangelhaften Verhältnisse der Einsaugung. Unvollkommene Blutbereitung mit Abnahme der lebendigen expansiven Spannung der Säfte macht oft, daß diese in den Absonderungsorganen nicht in Dunstgestalt dargestellt werden können. Auf der andern Seite macht Mangel an Einsaugung, daß die von dem Secretionsorgane dunstförmig ausgegangenen Flüssigkeiten in den Zellen und Höhlen sich häufen, und durch Druck und Gegendruck in den tropfbar flüssigen Zustand übergehen.

Eine andere Art von Wässerigkeit der abgesonderten Flüssigkeiten ist diejenige, welche auf einem überwiegenden Verhältnisse von Wasser zu den plastischen Stoffen derselben abgeleitet wird, und bey welcher jenen Flüssigkeiten eine verminderte Dichtigkeit beygelegt wird. Der gleiche Zustand des Blutes, Sinken der bildenden Thätigkeit im Absonderungsorgane, auch wohl überwiegende Zusammenziehung und krampfhafter Zustand seiner Gefäße, sind die Hauptursachen dieser wässerigen Beschaffenheit der abgesonderten Flüssigkeiten, wodurch diese unkräftig werden, und den Verrichtungen, zu welchen sie verwendet werden, nur geringen Antrieb geben.

§. 192.

Nicht selten finden sich die plastischen Stoffe in den abgesonderten Flüssigkeiten im Überschusse, und theilen denselben einen höhern Grad von Zusammenhang und Dichtigkeit mit. Jedoch finden sich hierbey jene plastischen Stoffe auf verschiedenen Stufen der Ausbildung; indem sie sich bald in der Gestalt eines unvollkommen entwickelten Eyweißstoffes oder Schleimes, bald in jener der gerinnbaren Lymphe darstellen. Eine schleimige Beschaffenheit erhalten die abgeschiedenen Flüssigkeiten bey unvollkommener Ausbildung des plastischen Stoffes im Blute (§. 175), oder auch bey geschwächtem Assimilations- und Scheidungsvermögen der Absonderungsorgane selbst. Nicht selten wird den bereits abgeschiedenen Säften wirklicher Schleim in größerer Menge von außen beygemischt, wenn die Schleimabsonderung auf den Schleimhäuten ihre Schranken überschreitet. So geartete Flüssigkeiten sind träge (indifferent), man mag sie als Reize betrachten oder als Beförderungsmittel bestimmter Vegetationsprozesse. Sie werden daher aus ihren Behältnissen und durch ihre Kanäle nur langsam weiter bewegt, und veranlassen dadurch in diesen leicht Stockungen und Ansammlungen, außer diesen aber in jedem Falle Hemmung derjenigen Verrichtung, für welche sie zunächst bestimmt sind.

§. 193.

Oft sind die abgesonderten Flüssigkeiten ungewöhnlich reich an höher ausgebildeten organischen Stoffen, was dann immer ein erhöhtes Ausbildungsvermögen des Organischen entweder in dem gesammten Reproductionssysteme (§. 144), oder auch nur im Absonderungsorgane voraussetzt. So lange solche Säfte einen bestimmten Grad von Flüssigkeit erhalten, sind sie kräftig erregend, nicht nur für ihre eigenen Gefäße, sondern auch für die Verrichtungen, welchen sie als Hülfsmittel dienen müssen.

Dieses ist aber nicht immer der Fall. Bey der höchsten Anstrengung des Bildungsprozesses — in der Entzündung — wird in dem Secretionsorgane nichts als vollkommen ausgebildeter, thierisch-plastischer Stoff (höchst gerinnbare Lymphe) abgesondert, und so der *Absonderungsprozeß in reinen Ernährungsprozeß verkehrt*; indem in dem Secretionsorgane statt bestimmter Flüssigkeiten überall neue, feste organische Substanz gebildet wird, wodurch die Secretion als unterdrückt erscheinen muß.

Läßt die auf das höchste gespannte bildende Thätigkeit bis auf einen gewissen Grad nach — der Entzündungsprozeß in seiner zurückschreitenden Richtung — so wird auch in der abgesonderten gerinnbaren Lymphe das Organisirungsbestreben dahin gemäßiget, daß es sich nicht mehr über die Bildung von Kügelchen, welche in einer Flüssigkeit schwimmen, zu erheben vermag. Das Organ sondert nun *eiterähnliche Materie* (materia puriformis) ab. Es ist ihm hiermit eine fremdartige Absonderung aufgedrungen, die seine eigene Ernährung zurückhält, Störung derjenigen Verrichtung veranlaßt, welcher die abgeschiedene Flüssigkeit als Beförderungsmittel dargeboten werden sollte, und dem gesammten Reproductionsprozesse oft eine große Menge von plastischen Stoffen entzieht.

§. 194.

Auch an denjenigen Stoffen, von denen manche abgesonderte Flüssigkeiten einen ganz eigenthümlichen Charakter erhalten, zeigen diese nicht selten einen auffallenden Überfluß.

Reichlichere Erzeugung ihrer Elemente im Blute, erhöhetes Bildungs- und Scheidungsvermögen im Secretionsorgane, lebhaftere Einsaugung in demselben, können einen größeren Gehalt an solchen specifischen Stoffen in den Producten der Absonderung begründen, wodurch diese für ihre Zwecke kräftiger und erregender, aber auch, sobald sie diese Eigenschaft im Übermaß besitzen, für ihre bestimmten Verrichtungen eher störend, als fördernd werden.

§. 195.

Eine noch auffallendere Abweichung von der Regel verkündiget sich durch Überschuß an salzigen Substanzen in den abgesonderten Flüssigkeiten, die sich als Säuren, Alkalien und als chemische Verbindungen von beyden darstellen, welche ihren Ursprung entweder dem Mißbrauche salziger Nahrungsmittel, oder der entweder im ganzen Organismus, oder auch nur in einzelnen Theilen desselben vorwaltenden Rückbildung des Organischen in das Unorganische, oder auch der Verwandlung einer Absonderung in die stellvertretende einer andern verdanken.

§. 196.

So zeichnen sich oft die abgeschiedenen Säfte durch regelwidrig vorherrschende freye Säure aus. Wird ihnen diese Säure nicht von außen durch die Nahrungsmittel mitgetheilt (s. §. 156.), so setzt sie überwiegende Oxydation entweder in dem gesammten Gefäßsysteme, oder auch in dem Secretionsorgane selbst voraus. Es gibt Thatsachen, welche es wahrscheinlich machen, daß regelwidriger Nerveneinfluß auf die Absonderungssäfte chemisch polarisirend, und folglich unter bestimmten Umständen auch oxydirend einwirken könne. Dasselbe kann das Secretionsorgan durch sich selbst, wenn es durch bestimmte dynamische und materielle Veränderungen dazu ermächtiget wird. Saure Säfte wirken als fremdartige

Reize auf die lebendigen Theile, mit welchen sie in Berührung kommen, und äußern zugleich das Vermögen, den Säurungsprozeß auch in andern organischen Flüssigkeiten hervorzurufen, woraus dann alle die Folgen entstehen, welche wir (§. 157) von der in den ersten Wegen herrschenden Säure abgeleitet haben.

Die Säure selbst, welche in den abgesonderten Säften vorschlägt, ist nach Verschiedenheit des Nahrungsstoffes und der krankhaften Metamorphose verschiedener Natur, und nähert sich als Kohlensäure, Essigsäure, Zucker- und Milchsäure bald mehr dem vegetabilischen, als Harn- und Phosphorsäure aber bald mehr dem thierischen Charakter.

§. 197.

Mit Alkalien und meistens zugleich mit Neutral- und Mittelsalzen werden die abgeschiedenen Säfte überladen, wenn die Entbildung des Organischen entweder allgemein oder örtlich überhand nimmt, oder auch, wenn bestimmte Absonderungen für andere, welche ihrem Berufe nach salzige Substanzen ausscheiden, stellvertretend wirken. In vielen Fällen muß man diese Ausartung von eigenthümlichen krankhaften Reizungen, oder vielmehr von specifischen (z. B. catarrhalischen, rheumatischen, arthritischen, scrofulösen, herpetischen u. a.) Krankheitsprozessen ableiten. Woher aber auch immer solche Schärfen entstehen mögen, immer werden die abgesonderten Säfte dadurch zu heterogen und reizend für die lebendigen Flächen, auf welche sie zunächst einwirken, sie wirken zersetzend und zerstörend auf das Plastische anderer Flüssigkeiten, verursachen krankhafte Ausflüsse und Unordnungen in allen jenen Verrichtungen, zu welchen sie in näherer Beziehung stehen.

§. 198.

Oft enthalten die abgesonderten Flüssigkeiten Stoffe,

die ihnen in der Regel ganz fremdartig sind. Diese werden ihnen entweder erst zugemischt, nachdem sie schon abgeschieden sind, z. B. Schleim, Eiter, Jauche, gerinnbare Lymphe, Blut u. s. w., oder sie werden dem Secretionsorgane von einem regelwidrig gebildeten Blute zugeführt, oder sie sind Erzeugnisse krankhafter Thätigkeit dieses Organes selbst. So leicht diese Angabe im Allgemeinen ist, so schwierig wird oft die Anwendung auf einzelne Fälle. So ist man z. B. in dem Falle, wo sich ein bedeutendes Verhältniß von zuckerartiger Substanz in den abgeschiedenen Säften findet, noch nicht darüber einig, ob bloß regelwidrige Thätigkeit der absondernden Organe, oder ein Fehler des gesammten Vegetationsprozesses als die Quelle dieses krankhaften Erzeugnisses zu betrachten sey. Wir unserer Seits sind sehr geneigt, beyde Veranlassungsgründe in Anspruch zu nehmen, da uns mehrere Umstände, welche diese Art regelwidriger Absonderung zu begleiten pflegen, darauf hindeuten, daß dieselbe durch unvollkommene Assimilation des vegetabilischen Nahrungsstoffes und durch mangelhafte Ausbildung des thierischen Charakters in ihm vorbereitet werde, und da es uns auf der andern Seite aus den neuern Untersuchungen über Zuckerbildung leicht erklärbar wird, wie ein solcher Stoff, der noch immer die vegetabilische Natur in sich trägt, durch überhand nehmende Oxydation, welche allerdings im Absonderungsorgane Statt finden kann (vergl. §. 196) in Zuckersubstanz verwandelt werden mag (vergl. §. 145).

§. 199.

Eine gründliche Würdigung alles dessen, was bisher über krankhafte Veränderungen der Absonderungen vorgetragen wurde, kann keinen Zweifel darüber übrig lassen, daß regelwidrige Secretionen einen mächtig bestimmenden Einfluß auf den gesammten Vegetationsprozeß äußern müssen. Diesen Einfluß äußern sie nun auf mannigfaltige Weise: indem sie nämlich dem Blute bestimmte Stoffe entziehen, ihm andere, oft entartete, auf dem Wege der Einsaugung zurückgeben, indem sie die einzelnen, zur gesammten Vegetation mitwirkenden Verrichtungen, Verdauung, Assimilation, Ernährung, Excretion, auf verschiedene Weise stören, krankhafte Ausflüsse veranlassen, in ihren Producten Zunder zu neuen Krankheitsprozessen liefern u. s. w.

* * *

Hn. Chr. Th. Schreger, fluidorum corporis animalis chemiae nosologicae specimen. Erlang. 1800. 8.

Fr. Marabelli, Untersuchung einiger, durch Krankheit veränderter, thierischer, besonders milchähnlicher Flüssigkeiten. — In der italienisch=medicin.=chirurg. Bibliothek. III. B. II. St. 12. 7.

Krankhafte Bildung, in so fern sie sich durch krankhafte Ernährung der festen Gebilde offenbart.

§. 200.

Die Ernährung der festen Theile ist Äußerung des bildenden Lebens, wodurch es seinen Erzeugnissen Beharrlichkeit im Raume und organische Gestaltung mittheilt. Sie besteht nicht bloß in der Entwicklung der durch die Zeugung in ihren Grundrissen entworfenen Organe, sondern auch in der beständigen Wiederbildung (Reproduction) derselben, welche durch die im Lebendigen immer waltende Desorganisirung nothwendig gemacht wird. Sie steht mit der Absonderung, mit welcher sie überall beginnt, unter denselben Gesetzen, und die zu ihrem Bestehen wesentlich nothwendigen Stücke sind **nährender Stoff** und **eigenthümlich bildende Thätigkeit**.

§. 201.

Den nährenden Stoff zieht der Ernährungsprozeß aus dem Blutwasser der Capillargefäße, welches in einem mehr ausgedehnten Zustande in das zellige Parenchym aller Organe eintritt, überall gerinnbaren und bildsamen Stoff zu neuen Bildungen darbietend. In so fern nun der Zustand dieser nährenden Flüssigkeit von dem, im gesammten Gefäßsysteme regen Vegetationsprozesse und allen zu diesem mitwirkenden Verrichtungen abhängig ist, in so fern hat das bildende Leben des gesammten Reproductionssystems auch einen bestimmenden Einfluß auf den Gang der Ernährung.

Nicht weniger wird die Ernährung eines jeden festen Gebildes durch die, in ihm selbst waltende, eigenthümlich bildende Thätigkeit, welche aus dessen eigenem Leben hervorgeht, bestimmt. Dieses beweiset sich schon durch die Thatsache, daß die Ernährung einzelner Theile, beym regelmäßigen Fortgange der organischen Bildung im ganzen übrigen Reproductionssysteme, gestört werden kann, sobald das eigene Leben derselben in einen regelwidrigen Zustand versetzt wird.

§. 202.

Um bey der Entwicklung der Abweichungen des Ernährungsprozesses vom gesetzmäßigen Wege einen ordnenden Leitfaden zu haben, wollen wir sie hier nach denjenigen in seinen Producten wahrnehmbaren Veränderungen betrachten, welche sich auf den Umfang und die Masse der festen Theile, auf ihre innere Substanz und deren Zusammenhangsgrade, endlich auf ihr inneres Gewebe und äußere Gestalt beziehen.

§. 203.

Die Ernährung kann zu üppig von Statten gehen, wovon ein, in Rücksicht auf Umfang und Masse der organischen Gebilde übermäßiges Wachsthum die nächste Folge seyn muß. Die Quelle davon wird aus dem erkannt, was oben (S. 139) von der zu großen Üppigkeit des Bildungsprozesses überhaupt gesagt wurde. Dieser Fehler bezieht sich nun entweder auf den ganzen Organismus, oder auf einzelne Theile desselben. **Das verstärkte Wachsthum des ganzen menschlichen Körpers** kann nur alsdann für regelwidrig erklärt werden, wenn es entweder der Entwicklungsperiode, in welcher sich der Organismus gerade befindet, oder dem Ebenmaße der Richtungen — in die Länge, Breite und Tiefe — nicht entspricht.

So kann ein Wachsthum, welches für ein bestimmtes Lebensalter zu rasch vorschreitet, für die ganze Dauer eines Organismus nicht vortheilhaft seyn; indem man weiß, daß das Leben in seinem Steigen und Fallen meistens gleiche Verhältnisse beobachtet.

In Hinsicht auf das Ebenmaß der Richtungen wird das Wachsthum des Organismus fehlerhaft, wenn die Richtung in die Länge unverhältnißmäßig vorschlägt, und seinen Organen eine zu sehr gedehnte, schmächtige Form mittheilt. Damit ist zugleich große Zartheit der Organisation verbunden, von deren Folgen weiter unten die Rede seyn wird. Verfolgt man nun das nach einer Richtung ausschweifende Wachsthum bis auf seine Wurzel; so wird man dasselbe am besten aus einem Überwiegen des Nervenlebens über das Zellenleben, mithin aus demjenigen Mißverhältnisse zwischen den Grundthätigkeiten des Lebens, bey welchem die contractive von der expansiven zu auffallend besiegt wird, ableiten können.

Unter den entgegengesetzten Verhältnissen nimmt das Wachsthum seine Richtung mehr in die Breite: der Körper erhält dadurch die untersetzte Gestalt, und seine Organisation mehr Dichtigkeit. Bey lebhafter Blutbildung, zu welcher dieser Körperbau vorzüglich geneigt ist, entsteht unter diesen

Umständen leicht ein Mißverhältniß zwischen der Blutmenge und dem Fassungsvermögen des Gefäßsystems, und hierdurch begründet sich dann wieder eine Anlage zu sehr bedeutenden Krankheiten dieses Systems, z. B. zu Entzündungen, Mißbildungen des Herzens, Schlagflüssen u. s. w.

Wenn das Wachsthum bloß im Umfange, und nicht gleichmäßig im innern Gehalte (in der Masse) zunimmt; so ist diese Zunahme eine bloß scheinbare, und beruht auf regelwidriger Bildung des innern Gewebes der Organe, muß daher unter einem andern Gesichtspunkte und an einem andern Orte betrachtet werden.

§. 204.

Zu üppiges Wachsthum einzelner Theile, dessen Entstehung oben (§. 139) erläutert wurde, stört das Ebenmaß des Ganzen und die Übereinstimmung seiner Thätigkeiten zur Einheit des Lebens. Eine besondere Aufmerksamkeit verdient in dieser Hinsicht die bey manchen Menschen auf eine auffallende Weise ungleiche Ausbildung der beyden Seiten des Körpers, wodurch ungleiche Vertheilung des Blutes, ungleiche Entwicklung der Empfindlichkeit und Reizbarkeit, ungleiche Empfänglichkeit für schädliche Einflüsse, und hiermit Anlage zu mancherley Krankheiten und zu besondern Modificationen derselben begründet werden. Ob sich diese ungleiche Ausbildung der beyden Seiten des menschlichen Leibes auf ein eigenes Entwicklungsgesetz zurückführen lasse, wie einige mit vielem Scharfsinne behaupten, oder ob sie von mehr zufälligen Bestimmungen herrühre, dieses bedarf, trotz allem, was darüber gesagt worden ist, doch noch einer nähern Prüfung.

§. 205.

Es bedarf übrigens wohl keiner umständlichen Nachweisung, daß das überwiegende Wachsthum einzelner Theile oft nur relativ sey, und daß manche Organe bloß deßwegen am

Umfange und Gehalt vergrößert scheinen, weil die übrigen wegen unzulänglicher Ernährung in ihrer Ausbildung zurückgehalten werden. Die Quelle und Wirkungen der abnehmenden Ernährung sind aus dem abzunehmen, was §. 140 über mangelhafte Vegetation, ihre Entstehung und Folgen gesagt worden ist; unter den letztern ist, in so fern sie auf die zu ärmlich genährten festen Gebilde bezogen werden, das Sinken ihres dynamischen und mechanischen Wirkungsvermögens vorzüglich zu bemerken.

§. 206.

Noch wichtiger sind die Fehler der Ernährung fester Gebilde, in so fern sie eine regelwidrige Bildung und Umbildung ihrer eigenthümlichen Substanz, und hiermit gewöhnlich auch krankhafte Cohäsions-Veränderungen zur Folge haben. Alle Organe erhalten ihren nährenden Stoff aus einer gemeinschaftlichen Quelle, aus dem Blute, und für die meisten besteht er zunächst in Blutwasser, d. h. in Wasser und gerinnbarer Lymphe. Diese werden dann durch das eigenthümliche Leben und durch die hierin begründete specifisch bildende Thätigkeit eines jeden einzelnen Organs dergestalt aus- und umgebildet, daß sie endlich, unter eigenen Formen und Verhältnissen hervor- und zusammentretend, die dem eigenartigen Charakter eines jeden Organs entsprechende Substanz darstellen, deren Natur jedoch nicht bloß durch ihre Ausbildung, sondern auch durch ihre Rückbildung, und somit durch das Wechselverhältniß zwischen beyden Metamorphosen bestimmt wird. Weicht nun die bildende Thätigkeit entweder im ganzen Organismus, oder in einzelnen Theilen desselben von der Regel ab, so verkündiget sich diese Abweichung auch durch regelwidrige Beschaffenheit ihrer organischen Substanz, die sich auf der niedrigern Stufe der Abweichung bloß als Mißverhältniß der nächsten Bestandtheile dieser Substanz: des Wassers, Eyweißes, Faserstoffes, Knochenerde u. s. w., auf einer höhern Stufe aber als wirkliche Ausartung darstellt.

§. 207.

Im lebenden Zustande hat der Arzt beynahe kein anderes Hülfsmittel, das **Mißverhältniß** der nächsten Bestandtheile der organischen Substanz zu erkennen, als ihre wechselnden Cohäsionsgrade, die mit der verschiedenen Stufe ihrer Ausbildung im engsten Zusammenhange stehen. So schließt er aus der **Abnahme** der Cohäsion in den organischen Gebilden, welche sich durch **Zartheit, Weichheit** und **Schlaffheit** ausspricht, auf mangelhafte Entwicklung der organischen Substanz in den festen Gebilden; hingegen aus der **Zunahme** des Zusammenhangs, welche sich durch **Steifigkeit** und **Härte** wahrnehmbar darstellt, auf ein vorherrschendes Verhältniß des Gerinnbaren unter der Form des geronnenen Eyweißes, Faserstoffes oder Knochensubstanz. Von diesem Gesichtspunkte bleibt es immer noch lehrreich, die regelwidrigen Cohäsionsverhältnisse der festen Gebilde pathogenetisch zu verfolgen, um durch sie auf die innern krankhaften Veränderungen des Ernährungsprozesses geführt zu werden.

§. 208.

Zartheit drückt einen zu geringen Zusammenhang der festen Gebilde aus, welcher sich auf ein zu geringes Verhältniß fester Masse gründet. Sie ist nur dann krankhaft zu nennen, wenn sie der Entwicklungsperiode oder den individuellen Verhältnissen des gesammten Organismus oder einzelner Organe nicht angemessen ist, und entspringt aus zu sparsamer Entwicklung des Plastischen in der organischen Materie; daher zarte Organisationen immer einen geringern Antheil von ausgebildetem Eyweiß, Faserstoff und phosphorsaurem Kalke darbieten. Eine Abart des Zarten ist das **Mürbe**, welches sich von einem innern Zersetzungsprozesse der geronnenen organischen Substanz, wie er z. B. in colliquativen Krankheiten Statt findet, herschreibt. Jede regelwidrige Zartheit der Organisation hat Abnahme des mechanischen und dynamischen Wirkungsvermögens zur Folge, und erhöht ihre Empfänglichkeit für schädliche Einflüsse jeder Art.

§. 209.

Weichheit bezeichnet eine andere Art des verminderten Zusammenhanges, welche von einem zu großen Antheile des Flüssigen in dem festen Gebilde herrühret. Ein weniger lebhaftes Streben zum Gerinnen in der plastischen Materie, welches sich zunächst wieder auf unvollkommene Ausbildung des thierischen Stoffes zurückführen läßt, enthält den nächsten Grund davon. Daher kömmt die regelwidrige Weichheit häufig in Verbindung mit Zartheit vor, und hat auch ähnliche Folgen.

§. 210.

Die Schlaffheit ist diejenige Art verminderter Cohäsion des Lebendigen, welche sich durch gleichzeitige Abnahme der Lebensfülle und der lebendigen Contractilität auszeichnet: daher denn schlaffe Organe ihre Form gegen äußere Gewalt nur schwach behaupten, und nach erlittenen Veränderungen träge wieder herstellen. Sie ist oft dynamischen Ursprungs, wie z. B. die Schlaffheit, welche nach Überreizung und anderweitiger Erschöpfung der Lebenskräfte eintritt. Nicht weniger oft entsteht sie aus unvollkommener Ausbildung der organisch thierischen Substanz, besonders aus der §. 175 erläuterten unvollkommenen Entwicklung des Eyweißes. Da hierbey die organischen Substanzen nicht zu höhern Gegensätzen ausgebildet werden; so sinkt in schlaffen Organen immer auch der Lebensprozeß, und mit diesem Empfänglichkeit und Wirkungsvermögen derselben; zugleich erzeugt diese unvollkommene Ausbildung der Organisation große Anlage zu

11*

Störungen in ihrem Mechanismus, und besonders zu denjenigen Fehlern, welche von Ausdehnung, Erweiterung, geschwächter Verbindung und regelwidriger Lage entspringen.

§. 211.

Nach der entgegengesetzten Richtung weicht die Ernährung vom gesetzmäßigen Pfade ab, wenn sie den festen Gebilden einen zu hohen Grad von Zusammenhang mittheilt, einen Fehler, der, nach der verschiedenen Stufe seiner Ausbildung, erst als Steifigkeit, dann als Härte erscheint; je nachdem nämlich der übermäßige Zusammenhang der Substanz der festen Gebilde noch einige Biegsamkeit derselben, oder Veränderlichkeit ihrer Gestalt durch äußere Gewalt gestattet oder nicht. Der nächste Grund dieser Mißbildung liegt immer in überwiegender Menge starrer Materie, d. h. geronnenen Eyweißes, Faserstoffes, Knochensubstanz, in der festen Grundlage der Organe; dieses Übergewicht mag nun an sich (absolut) oder bloß beziehungsweise (relativ) vorhanden seyn. Absolutes Übergewicht der starren Substanz in den festen Gebilden ist Product des zu sehr angestrengten Bildungsprozesses in denselben: daher lassen starke Anstrengungen der Lebensthätigkeit der Organe, acute oder chronische Entzündung derselben, oft Steifigkeit und Verhärtung in ihnen zurück. Nicht selten aber sind die eben genannten Fehler der Cohäsion Folgen von einem bloß relativen Vorschlagen der starren Materie, und verdanken ihren Ursprung vielmehr dem abnehmenden Verhältnisse der Flüssigkeit, welche in die Bildung der Organe mit eingeht. Hierin liegt der Grund, warum beym Sinken des Lebens mit Abnahme der Sensibilität, der Wärme und der Lebensfülle, folglich auch mit Abnahme desjenigen Lebensprincips, von welchem diese Lebensäußerungen und zugleich die Verflüssigung des Organischen zunächst abhängen, Steifigkeit und Härte im menschlichen Organismus überhand zu nehmen beginnen, wie wir dieses im hohen Alter zu beobachten Gelegenheit haben.

In steifen und harten Theilen muß der innere Lebensprozeß abnehmen, einmahl, weil es an der zu diesem Prozesse erforderlichen Flüssigkeit gebricht, und das andere Mahl, weil die Polarität zwischen den organischen Substanzen nicht genug ausgebildet wird; es muß daher mit der Verminderung der mechanischen Beweglichkeit solcher Theile zugleich eine Herabstimmung ihres innern Lebensvermögens verbunden seyn. Außerdem wirken, vorzüglich verhärtete Theile, auch noch durch mechanische Hemmung auf die ihnen zunächst liegenden organischen Gebilde.

§. 212.

Von hoher Bedeutung für die Heilkunde sind die Ausartungen des Ernährungsprozesses, wodurch dem Producte desselben, der organischen Substanz, ein der Natur und Bestimmung der Organe ganz fremdartiger Charakter mitgetheilt wird. Die Erfahrung zeigt uns solche Eigenthümlichkeiten des Gehaltes und des Gepräges der festen Gebilde, welche mit allgemeinen Abweichungen des Vegetationsprozesses von seiner gesetzmäßigen Beschaffenheit in ursächlichem Zusammenhange stehen (§. 144—149), und deren Quelle nicht bloß in ungünstigen Verhältnissen des Organismus zur Außenwelt gesucht, sondern oft noch tiefer und bis zu seiner Zeugung hinab verfolgt werden muß. Wir rechnen dahin den scrofulösen, rhachitischen, arthritischen und manchen andern noch nicht hinlänglich bestimmten specifisch-krankhaften Habitus. Oft beschränkt sich diese eigenthümliche krankhafte Metamorphose der organischen Substanz auf einzelne Gewebe und Organe des Körpers, und muß also auch in specifischen Veränderungen ihres eigenthümlichen Lebens begründet seyn. Als Belege sollen hier die Umwandlung der Muskelsubstanz in Fett, die scirrhöse Verwandlung mancher Gebilde, angeführt werden. Diese Ausartungen des Ernährungsprozesses und seiner Producte bieten dem Arzte noch ein weites Feld zu den wichtigsten Entdeckungen dar, wozu aber die ersten Schritte von Seite des beobachtenden und im Einzelnen forschenden Arztes gethan werden müssen. Sorgfältige Beobachtung der Entstehung solcher eigenthümlichen Krankheitszustände aus bestimmten regelwidrigen Verhältnissen des Organismus zur Außenwelt, aufmerksame Verfolgung ihrer Entwicklung, und genaue Würdigung aller dabey sich darbietenden Erscheinungen, endlich sorgfältige Untersuchung der Producte dieser Krankheiten, d. h. der entarteten Gebilde und Afterorganisationen, werden nach und nach ein Licht über dieses Gebiet der Pathologie verbreiten, welches man vergebens von der bloßen Speculation erwartet, welche ihre allgemeinen Principien erst alsdann mit Erfolg auf das ganz Besondere und Einzelne anwenden kann; wenn auf dem Wege der Erfahrung die organisch verbindenden Mittelglieder aufgefunden seyn werden.

Daß aber die in ihrer innern Substanz entarteten Gebilde auf ihren fernern Lebensprozeß einen regelwidrig bestimmenden Einfluß äußern, und daß jede solche eigenthümliche Entartung den Keim zu künftigen eigenartigen krankhaften Metamorphosen in sich trage; dieses läßt sich schon zum voraus begreifen, und wird auf der andern Seite durch die Erfahrung hinlänglich bestätiget. So entwickelt sich aus der scrofulösen, arthritischen, scorbutischen, scirrhösen Metamorphose häufig Entzündung, und aus dieser wieder Eiterung und Verschwürung; aber auch bey jeder derselben nimmt Entzündung und Verschwürung ihren eigenen Charakter an, welcher dem Arzt erst dann in allen seinen eigenthümlichen Verhältnissen klar erscheinen wird, wenn er tiefere Einsichten in das Wesen jener krankhaften Metamorphosen gewonnen haben wird.

§. 213.

Wenn diese krankhaften Umwandlungen der innern Substanz der Organe bis zu einem gewissen Grade von Ausbildung gediehen sind; so haben sie auch Umwandlung ihres Gewebes zur Folge; indem die Form und der Gehalt derselben durch die nämliche bildende Thätigkeit bestimmt werden. Jedes organische Gewebe läßt sich in eine dreyfache organische Grundform: die körnige, zellige und faserige, zerlegen, welche unter mannigfaltigen Verhältnissen zusammentretend, einem jeden Gewebe sein eigenthümliches Gepräge mittheilen, und die schon als Form das Wechselverhältniß der expansiven und attractiven Lebensthätigkeit verkündigen, welchem sie ihren Ursprung verdanken. Man sieht also leicht ein, daß ein Mißverhältniß der Lebenskräfte, in so fern sie das bildende Leben begründen, auch regelwidriges Umbilden der organischen Gewebe zur Folge haben kann, und — da die Gestaltung des Gewebes mit der Entwicklung der organischen Substanz in der engsten Verbindung steht; so wird hieraus zugleich begreiflich, daß dynamische Störungen krankhafte Metamorphosen der Substanz und des Gewebes der festen Gebilde bewirken können.

§. 214.

Auf diese Weise wird oft die körnige Masse (die sogenannte Breymasse) in den Gebilden übermäßig angehäuft, z. B. in den schwieligen Oberflächen der Geschwüre, in den Speckgeschwülsten, bey manchen Verhärtungen. Oder es wird bey mangelhafter Ausbildung dieser körnigen Masse oder überhandnehmender Verzehrung derselben die ganze Organisation fast bloß auf ein lockeres Zellgewebe zurückgeführt — die schwammige Auflockerung der Gebilde — z. B. bey der Erzeugung des sogenannten wilden Fleisches in den Geschwüren, bey der Mißbildung des Gewebes in den Krebsgeschwüren, beym Blutschwamme und andern schwammigen

Auswüchsen. Endlich kann sich auch das **Fasergewebe** am unrechten Orte entwickeln, z. B. in manchen Polypen und scirrhösen Verhärtungen. Sind diese krankhaften Gewebe einmahl gebildet, so bleiben sie deßwegen noch nicht auf der nämlichen Bildungsstufe unverändert stehen, sondern sie gehen immer gleichen Schrittes mit den Krankheitsprozessen, welchen sie ihren Ursprung verdanken, ihre fernern Umwandlungen ein, und so geschieht es, daß sich aus dem zelligen Gewebe ein faseriges bildet, z. B. in manchen Polypen; oder daß sich das faserige in ein schwammig-zelliges auflockert, z. B. bey der Verwandlung des Muskels in Fettmasse, bey dem Übergange des Scirrhus in Krebsgeschwür.

Daß solche Mißbildungen der Gewebe nicht bloß den Mechanismus der Organe stören, sondern auch regelwidrig bestimmend auf die innere Lebensthätigkeit der Organe und ihre Richtung einwirken müssen; dieses wird aus den bisher aufgestellten Grundsätzen sehr leicht begreiflich.

§. 215.

Zuweilen geht der Ernährungsprozeß über die ihm vorgezeichneten Grenzen hinaus; indem er ganz neue, dem Organismus fremdartige Gebilde, d. h. **Aftergebilde** erzeugt, und dadurch die äußere Form der Organe auffallend entstellt. Die Pathogenie dieser Aftergebilde entwickelt sich aus folgenden Betrachtungen. In jedem belebten organischen Punkte waltet ein Streben, sich nach innen und außen vollkommen auszubilden: **jeder kann demnach als Keim einer vollkommnern Organisation betrachtet werden.** Dieses auf Vergrößerung des Gehaltes und Erweiterung des Umfanges gerichtete Bildungsbestreben wird durch das lebendige Gegenstreben der umgebenden Organtheile auf einen bestimmten Raum beschränkt. Wird nun dieses relative Gleichgewicht zwischen Streben und Gegenstreben entweder durch absolute Verstärkung des Bildungstriebes in einzelnen Theilen, z. B. bey

Entzündung derselben, oder durch Schwächung des äußern Widerstandes, z. B. bey Erschlaffung, Verletzung, innerer Zersetzung des Zellgewebes, der Häute u. s. w. an einzelnen Stellen, aufgehoben; so wird eben damit der Grund zur Entstehung eines Aftergebildes gelegt. Denn nun geht die in bestimmten Stellen freyer gewordene Expansivthätigkeit über ihre Schranken hinaus, und trägt entweder den plastischen Stoff und in diesem zugleich das bildende Leben über die Grenzen der schon bestehenden Organe, wie dieses in der Entzündung durch Ausschwitzung höchst gerinnbarer Lymphe geschieht, oder sie schafft mehr Raum im Innern, in welchem sich nun Nahrungsstoff häufen, und durch das in ihm erwachte Organisationsbestreben zu Aftergebilden gestalten kann. So entstehen durch Entzündungen neue Membranen und Gefäße, durch äußern Druck, Verletzung, zuweilen durch specifische Krankheitsprozesse Auswüchse und Balggeschwülste, welche sich zu den Organen, an und in welchen sie sich bilden, wie Schmarotzergewächse verhalten, indem sie ihr eigenes Leben führen, jenen den Nahrungsstoff entziehen, und auf sie nicht bloß mechanisch, sondern auch durch die eigenthümlichen Krankheitsprozesse, denen sie oft unterworfen werden, nachtheilig zurückwirken.

* * *

Jo. Bapt. Morgagni, de sedibus et causis morborum per anatomen indagatis. Libr. V. Venet. 1762. II vol. in Fol. Neap. 1763. VIII vol. in 4. Ed. II. ab auctore recognita. Venet. 1765. Fol. Lugd. Bat. 1769. 4. Ed. *Tissot.* Yverduni, 1779. III vol. 4. — Deutsche Übersetzung, Altenburg, 1771 — 1776. 8 Bde. 8.

Jos. Lieutaud, Historia anatomico-medica sistens numerosissima cadaverum humanorum extispicia etc. Paris. 1767. II vol. recensuit quondam *Ant. Portal,* resudi jam curavit, correx. et locuplet. *J. Chr. Trg. Schlegel.* Langosal. III vol. 1786—1802. 8.

Matth. Baillie, Anatomie des krankhaften Baues von einigen der wichtigsten Theile im menschl. Körper. A. d. Engl. mit Zusätzen von S. Th. Sömmering. Berlin, 1794. 8. II. Aufl. Leipzig, 1800.

Al. Rdf. Vetters, Aphorismen aus der pathologischen Anatomie. Wien, 1803. 8.

Fr. G. Voigtels Handbuch der pathologischen Anatomie. Mit Zusätzen von P. Fr. Meckel. Halle, 1804—1805. III B. 8.

J. Fr. Meckel, Handbuch der pathologischen Anatomie. II Thle. Leipz 1812—1816. 8.

Ruttger Gottl. Hoernik, de induratione partium praeter naturam. Lips. 1753. — In *Halleri* disputationum pathologicarum T. VI. n. 207.

Alb. Haller, de praeternaturali partium variarum corporis nostri in os mutatione. — In *Halleri* opusc. pathol. p. 124.

Von der regelwidrigen Ausscheidung (Excretion) in Beziehung auf den krankhaften Bildungsprozeß.

§. 216.

Die Ausscheidung des nicht assimilirbaren oder des wieder desorganisirten Stoffes aus dem Kreise des Organischen hat auf den Zustand des gesammten organischen Bildungsprozesses einen höchst wichtigen Einfluß: denn durch ihren regelmäßigen Gang wird verhindert, daß der lebendige Organismus durch seinen eigenen Lebensprozeß nicht sehr bald in eine unorganische, und folglich auch todte Masse umgewandelt wird: in ihr liegt eine der ersten Bedingungen der Selbsterhaltung des Organismus vermittelst der Reproduction. Um aber die Be=

ziehungen der Ausscheidung auf den gesammten Vegetationsprozeß gehörig zu würdigen, wird es nothwendig, die allgemeine Excretion von der besondern zu unterscheiden.

Die allgemeine Excretion, welche in allen, auch
den kleinsten Theilen des Organismus Statt findet, besteht
in der Sonderung des durch den Lebensprozeß Desorganisirten
von dem Organischen, und in der Zurückführung desselben
vermittelst der einsaugenden Gefäße zur allgemeinen Säftemasse, um dort, nach dem verschiedenen Grade seiner Desorganisation, entweder der Assimilation von neuem unterworfen, oder, wenn es hierzu gänzlich untauglich seyn sollte,
den besondern Excretionsorganen übergeben zu werden. Die
besondere Excretion besteht in der Übertragung der nicht
assimilirbaren oder desorganisirten Stoffe an eigene, dieser
Verrichtung gewidmete Organe, und durch dieselbe über die
Grenzen des Organismus hinaus an die äußere Natur.

§. 217.

Manche Krankheiten der Vegetation stehen mit dem regelwidrigen Zustande dieser zweyfachen Excretion in der engsten
Verbindung; und jene können nur allseitig beleuchtet werden,
wenn zuvor diese in ihren pathologischen Beziehungen untersucht worden ist.

So verursacht es eine große Verwirrung in der gesammten Vegetation; wenn die allgemeine Excretion gehemmt wird. Da dieser Vorgang immer Entbildung des
Organischen, Zurückführung desselben in den flüssigen Zustand, und Wiedereinsaugung voraussetzt; so kann alles,
was die eine oder die andere dieser einzelnen Thätigkeiten beschränkt, auch eine krankhafte Verminderung der allgemeinen
Excretion herbeyführen. Daraus wird es begreiflich, warum
bald allgemeine Lebensschwäche, besonders mit vorwaltendem Sinken der expansiven Thätigkeit, wie z. B. im
höhern Alter; bald zu rasche Zersetzung und Verzehrung des

Flüssigen im Organismus, wie z. B. in hitzigen Fiebern; bald Lebensschwäche mit sinkender contractiver Thätigkeit des zelligen Parenchyms und der einsaugenden Gefäße, wie z. B. in manchen Arten von Wassersuchten; diesen Fehler der allgemeinen Excretion begründen können. Die Folgen davon bestehen in Verminderung der besondern Excretionen, in Entartung der organischen Substanz der festen (§. 212) und der flüssigen Theile (§. 180), und in allem, was mit diesen wieder in Verbindung steht.

Das Überhandnehmen der allgemeinen Excretion ist Wirkung der überwiegenden Entbildung, Zersetzung, Verflüssigung des Organischen (§. 146). Es bringt entweder Wassersucht oder übermäßige Vermehrung der besondern Excretionen hervor, welche in diesem Falle die sogenannten schmelzenden Ausleerungen darstellen, und kann nicht anders, als zerstörend auf den ganzen Organismus zurückwirken.

§. 218.

Man sieht also schon aus dem eben Gesagten, daß der Zustand der besondern Excretionen in Rücksicht auf ihre Menge in vielen Fällen von dem Gange der allgemeinen abhängig ist: jedoch ist dieses nicht immer der Fall. Nicht selten hängen die Vermehrung, Verminderung oder gänzliche Unterdrückung einzelner Excretionen mit den bereits §§. 186 ff. angeführten, auf einzelne Se= und Excretionsorgane mehr beschränkten krankhaften Zuständen zusammen. Wird eine Excretion auf diese Weise zu sehr vermehrt; so werden durch sie oft noch organisch=plastische Stoffe zum Nachtheil des ganzen Organismus in bedeutender Menge ausgeleert.

Noch auffallendere üble Wirkungen hat die sehr beschränkte oder gänzlich unterdrückte besondere Excretion. Zwar entstehen statt derselben oft stellvertretende Ab= und Aussonderungen, allein nur selten wird dadurch die un=

terdrückte vollkommen ersetzt. Gewöhnlich häufen sich die desorganisirten Stoffe im Innern des Organismus, verursachen starke Reitzungen der Gefäße und Nerven, stören die nach innen gerichteten Secretionen, hemmen die Ernährung und führen zuletzt allgemeine Aufreibung des Organismus herbey.

§. 219.

Die Auswurfsstoffe zeigen oft bedeutende Mißverhältnisse in ihren Bestandtheilen, oder auch beygemischte ganz fremdartige Substanzen, und weisen damit entweder auf fehlerhafte Assimilation, oder auf regelwidrige rückschreitende Metamorphose, oder auch auf einen krankhaften Zustand des Se= und Excretionsorgans hin. Das, was §. 194—198 über qualitative Veränderungen der Secretionen gesagt worden ist, kann auf dieselben Abweichungen der Excretionen angewendet werden, um die Verschiedenheit, den Ursprung und die Folgen derselben zu erklären.

Von der krankhaften Zeugung.

§. 220.

Die tiefste Wurzel der Bildungskrankheiten läßt sich bis zum neu erzeugten Keime des Organismus verfolgen, und mancher Mensch empfängt schon im Augenblicke seines Werdens den Zunder seines künftigen Elends. Denn dasselbe, welches den Organismus ins Daseyn ruft, drückt auch dem werdenden Keime das Vorbild seiner ganzen künftigen Entwicklung ein: daher müssen die Erzeugten nicht allein in ihrer äußern Gestalt, sondern auch in ihrem materiellen Gehalte, in dem Maße und dem Wechselverhältnisse ihrer Kräfte ihren Erzeugern ähnlich werden, und so wenig das krankhafte bildende Leben seinen eigenen Organismus musterhaft zu ent-

wickeln und wieder herzustellen vermag, eben so wenig vermag
es auf den neu erzeugten die Grundlage zu einer normalen
Ausbildung zu übertragen. Leidet demnach der zeugende
Organismus an einer Krankheit, welche tiefer in die Vegetation desselben eingreift, so muß diese Krankheit selbst, oder
doch eine auffallende Anlage dazu auch auf den neu erzeugten
übergehen. Eine Wahrheit, welche in der Erfahrung der
Ärzte ihre volle Bestätigung findet: indem diese tagtäglich
Fälle von scrofulöser, rhachitischer, arthritischer, phthisischer,
nervöser Körperbildung aufweiset, welche von den Ältern auf
die Kinder durch die Zeugung überging.

§. 221.

Ist es nicht die ausgebildete Krankheit selbst, sondern
bloß eine überwiegende Anlage zu derselben, welche dem Kinde
durch die Zeugung mitgetheilt wird; so bricht diese gewöhnlich
erst in einer bestimmten Entwicklungsperiode des Organismus
in die wirkliche Krankheit aus. Auf diese Weise bildet sich
die scrofulöse und rhachitische Anlage bereits im Kindes- und
Knabenalter, die phthisische im Jünglings-, die arthritische
im Mannesalter u. s. f. zur bestimmten Krankheit aus. Der
Grund hiervon ist nicht schwer einzusehen: denn zur Entstehung
einer bestimmten Krankheit gehört eine gewisse Stärke, Beschaffenheit und Richtung des Lebens in dem der Krankheit
am meisten bloß gestellten Organe oder Systeme, und ein bestimmtes Wechselverhältniß desselben zur äußern Natur. So
bricht die Lungensucht am leichtesten bey einer stärkeren Anfachung des Lebensprozesses in den Lungen, wie solche im
Jünglingsalter Statt findet, aus ihrer Anlage hervor: so
können regelwidrige Zustände der Geschlechtsverrichtungen
nur dann erst ins Daseyn gelangen; wenn diese Verrichtungen
selbst schon im Gange sind u. s. w.

§. 222.

Nicht allein die Zeugung, sondern auch die fernere Entwicklung des organischen Keimes im Mutterleibe, und die Verhältnisse, unter welchen diese geschieht, hat auf den fernern Gang des Bildungsprozesses einen großen Einfluß. Zwar lebt der Fötus sein eigenes Leben, und dieses beherrscht vorzüglich seine weitere Ausbildung: allein den bildsamen Stoff empfängt er doch vom mütterlichen Organismus, und dieser tritt mit jenem in dynamische Wechselverhältnisse. Fehlerhafter Nahrungsstoff und regelwidrige dynamische Einflüsse von Seite der Mutter müssen den Entwicklungsprozeß im Fötus regelwidrig bestimmen, und den Grund zu Vegetationskrankheiten legen, die dann wieder verschieden ausfallen müssen, nach Verschiedenheit des krankhaften Zustandes der Mutter, und nach der verschiedenen Schwangerschaftsperiode, in welcher dieser krankhafte Zustand seinen Einfluß auf die Frucht äußert: denn da sich die Organe der letztern nicht alle zu gleicher Zeit, sondern vielmehr in einer gewissen Reihenfolge entwickeln; so müssen sich auch krankhafte Zustände des Bildungsprozesses, welche in bestimmten Zeiten der Schwangerschaft eintreten, immer auf einzelne Organe mehr, als auf die übrigen beziehen, und in denselben vorzugsweise entweder bloß äußere Mißbildungen, oder auch Störungen ihres innern Lebens begründen.

Drittes Hauptstück.
Von den Krankheiten der organischen Bewegung.

§. 223.

Die organische Bewegung (Erregung im Brownschen Sinne) ist die äußere Lebensthätigkeit der Organe, welche sich durch veränderte Verhältnisse derselben und ihrer Kräfte zum Raume offenbart. Alle organische Bewegung ist entweder zusammenziehend (contractiv) oder ausdehnend (expansiv), und letztere in ihrer höchsten Entwicklung, — in welcher sie sich im Nerven darstellt — strahlend.

Noch immer gibt es Ärzte, welche äußere und innere Lebensthätigkeit — organische Bewegung und Lebensprozeß — mit einander verwechseln, und dennoch ist es ausgemacht, daß ein Organ innerlich, in allen seinen Theilen, leben kann, ohne als Ganzes in äußerer Bewegung begriffen zu seyn. Und wie kann denn ein Organ, als solches, bestimmte Bewegungen vollbringen; wenn es nicht als solches durch sein inneres, bildendes, Leben ist und besteht? Jede organische Bewegung setzt schon innere lebendige Spannung zwischen den Lebenskräften voraus, und sie kann nur durch Störung ihres relativen Gleichgewichts zu Stande kommen. Das organische Bewegungsvermögen, die sogenannte Erregbarkeit, ist demnach nicht als Grund, sondern vielmehr als Product des Lebens anzusehen.

§. 224.

Jedes Organ hat ein bestimmtes Maß, ein bestimmtes Verhältniß von Lebenskräften. So lange dieses Wechselverhältniß von der Art ist, daß die Lebenskräfte einander zwar wechselseitig anregen, aber einander auch in ihrer Wechselwirkung dergestalt beschränken, daß weder die eine, noch die andere vollkommen siegt, oder unterliegt, so lange wird auch das Organ, in seinem Innern zwar lebendig thätig, nach außen aber im Zustande der Ruhe seyn. Wir nennen dieses bestimmte Wechselverhältniß das **relative Gleichgewicht der Lebenskräfte**, und unterscheiden es sorgfältig von dem **absoluten**, wohl wissend, daß das absolute Gleichgewicht der Kräfte — oder die vollkommene Ausgleichung (Indifferenz) derselben — auch das Erlöschen der Wechselwirkung zur Folge hat.

Soll nun äußere Bewegung eines Organs hervor gerufen werden; so muß das relative Gleichgewicht seiner Lebenskräfte aufgehoben und einer derselben für eine Zeit das Übergewicht über die andere zugewendet werden. Da dieses aber nur durch eine äußere Bestimmung möglich ist; so folgt aus allem bisher Gesagten, daß zur Hervorbringung jeder organischen Bewegung zwey Stücke gleich wesentlich erfordert werden, nämlich a) ein bestimmtes Verhältniß von Lebenskräften, und die darin begründete **Erregbarkeit**; b) äußere, das relative Gleichgewicht der Lebenskräfte störende Einwirkung, oder **Reiz**.

§. 225.

Die **Erregbarkeit** ist demnach das Vermögen des lebendigen Organismus, in der Wechselwirkung mit äußern Einflüssen organische Bewegungen hervor zu rufen. Sie beruhet auf einem zweyfachen, einem äußern und innern Gegensatze, nämlich auf dem Gegensatze der Lebenskräfte zu einander selbst, und auf dem Gegensatze des Lebendigen zu den äußern Einflüssen. Der innere Gegensatz der Lebenskräfte unter sich begründet das Vermögen des Lebendigen, sich selbst in Bewegung zu setzen: das **Wirkungsvermögen — die Selbstbestimmung**. Der Gegensatz des Lebendigen zu den äußern Einflüssen macht, daß Wechselwirkung zwischen diesen und jenem, und die Aufhebung des relativen Gleichgewichtes der Lebenskräfte möglich wird, und begründet so die Empfänglichkeit für Reize — die Bestimmbarkeit von außen. Man sieht daraus, unter welchen Beziehungen man Reizempfänglichkeit und Wirkungsvermögen an der Erregbarkeit unterscheiden könne.

§. 226.

Man hat, durch einseitige Ansichten verleitet, vor einiger Zeit als allgemein gültigen Grundsatz aufgestellt: daß im Erregbaren Reizempfänglichkeit und Wirkungsvermögen immer im umgekehrten Verhältnisse zu einander stehen: eine Behauptung, welche zu bedeutenden Fehlgriffen bey der Bestimmung der Krankheiten und ihrer Heilmethode Veranlassung gibt, und deren Unrichtigkeit in der Theorie und Erfahrung nachgewiesen werden kann. Denn die Stärke des Wirkungsvermögens beruht auf dem Maße der Lebenskräfte und ihrem Gegensatze; die Größe der Reizempfänglichkeit aber auf dem Grade von Leichtigkeit, mit welcher ihr relatives Gleichgewicht gehoben werden kann. Ein relatives Gleichgewicht läßt aber eine Stufenfolge von Wechselverhältnissen zu, bey welcher der eine oder der andere Factor desselben immer mehr und mehr vorschlagen, oder zurück weichen kann. Je mehr nun noch innerhalb der Grenzen des relativen Gleichgewichtes die eine oder die andere Kraft bereits vorschlägt, desto leichter kann dieses durch äußere Einwirkung gänzlich gehoben werden, d. h. desto größer ist die Reizempfänglichkeit. Ein solches relatives Überwiegen kann nun aber sowohl bey großer, als geringer Intensität der Lebenskräfte Statt finden: es kann folglich auch zwischen Wirkungsvermögen und Reizempfänglichkeit eben sowohl ein gleiches, als auch ein umgekehrtes Verhältniß Statt finden. Die Erfahrung besitzt eine Fülle von Thatsachen, welche das eben Gesagte auf das vollkommenste bestätigen.

§. 227.

Reiz ist alles, was, auf ein erregbares Organ einwirkend, durch Aufhebung des relativen Gleichgewichtes der Lebenskräfte organische Bewegung erregt. Da jede Wechselwirkung Gegensatz zwischen den auf einander Wirkenden voraussetzt; so kann jeder äußere Einfluß nur in so fern Reiz für das Lebendige werden, als er mit demselben eine Art von Gegensatz eingehet, ihm also **ungleichartig** — different — ist. Je mehr das Äußere dem lebendigen Organischen ungleichartig ist, desto mehr wirkt es bestimmend auf dieses ein, desto höher steigt seine reizende Kraft. Je näher das Äußere dem Organischen verwandt, je gleichartiger es ihm ist, desto weniger ist es für dasselbe reizend, desto leichter wird es vielmehr von diesem bestimmt, assimilirt, d. h. desto mehr wird es nährend.

§. 228.

Alle Reize wirken zunächst auf die Lebenskräfte, und die Erregung der organischen Bewegung ist nicht unmittelbare Wirkung des Reizes, sondern des veränderten Verhältnisses der Lebenskräfte. Da nun aber die lebendige Spannung des Erregbaren nur durch die dynamische Spannung des Erregenden ergriffen und verändert werden kann; so folgt daraus, daß die Wechselwirkung zwischen Erregbarem und Reize zunächst eine **dynamische** seyn muß.

Jedes dynamische Wechselverhältniß ist entweder ein positives, oder negatives, und deßwegen können auch alle Reize in **positive** und **negative** unterschieden werden, vorausgesetzt, daß man hier diese Ausdrücke nur in ihrer quantitativen Bedeutung anwendet. **Positive Reize** sind in dieser Bedeutung diejenigen, welche durch Steigerung der Lebenskräfte, also durch Zugabe, Erregung hervor rufen; **negative**, welche durch Herabsetzung der einen oder der andern Lebenskraft, mithin durch Entziehung, organische

Bewegung bewirken. Die Wirkungsart von Wärme und Kälte, von positiver und negativer Elektricität, von phlogistischen und antiphlogistischen Reitzen, kann diese Unterscheidung in ein helleres Licht setzen.

§. 229.

Auf dieses Wechselverhältniß zwischen Reitz und Erregbarkeit stützen sich nun die Gesetze der Erregung, deren vorzüglichste wir in folgenden angeben.

a) **Jeder positive Reitz erweckt und verstärkt die Erregung und steigert zugleich für eine Zeit die Erregbarkeit**: denn da er den Lebensprozeß anfacht; so muß er auch zugleich sein Product, die Erregbarkeit, erhöhen. So verursachen Wärme, Elektricität, geistige und aromatische Substanzen u. ähnl. nicht bloß lebhaftere und stärkere Empfindungen und Muskelbewegungen; sondern sie erhöhen auch offenbar die Empfindlichkeit und Reitzbarkeit für andere Reitze.

b) **Zu heftige und zu lang anhaltende Reitze überspannen die Erregung und erschöpfen die Erregbarkeit**; denn übermäßige Anstrengung verursacht Erschöpfung der Lebenskräfte und nähert sie ihrer wechselseitigen Ausgleichung, deren nothwendige Folge Sinken des Lebensprozesses und des Vermögens, auf äußere Reitze zurück zu wirken, seyn muß.

c) **Negative Reitze erwecken organische Bewegung, beschränken aber den Lebensprozeß und vermindern mit ihm die Erregbarkeit**, z. B. Kälte, Salpeter, u. s. w.

d) **Ist durch einen bestimmten Reitz die Erregbarkeit bis auf einen gewissen Grad abgestumpft, so läßt sie sich doch oft noch durch einen neuen Reitz zur Zurückwirkung auffordern**: denn je länger ein Reitz auf das Lebendige einwirkt, desto mehr gleicht er sich mit demselben dynamisch aus, desto mehr schwindet zwischen beyden der Gegensatz und mit diesem auch die reitzende Kraft des erstern. Durch den neuen Reitz wird der dynamische Gegensatz hergestellt und folglich auch neue Wechselwirkung begründet. Daher kann durch Abwechselung der Reitze die Erregung durch längere Zeit kräftig unterhalten werden.

e) **Durch Entziehung von Reitzen wird, wenn sie gewisse Schranken nicht überschreitet, die Erregbarkeit erhöhet.** Denn dadurch wird den erregbaren Organen Ruhe und Zeit gewährt, die durch die vorausgegangene Anstrengung verzehrten Principien der Erregbarkeit wieder herzustellen. Überschreitet aber die Entziehung, vorzüglich der zur Unterhaltung des Lebensprozesses nothwendigen Reitze, bestimmte Grenzen; so hat sie Sinken des Lebensprozesses und verminderte Entwicklung der Principien der Erregbarkeit zur Folge.

§. 230.

Die so eben angeführten Gesetze haben aber nur so lange ihre volle Gültigkeit, als zwischen dem Erregbaren und dem Erregenden kein anderes, als bloßes Reitzungsverhältniß Statt findet. Mischen sich andere Verhältnisse ein, so erhalten dadurch auch diese Gesetze ihre Abänderungen. So hat z. B. ein Reitz, welcher zugleich einen nährenden Einfluß auf den Organismus äußert, eine ganz andere Wirkung auf die Erregbarkeit, als jener, welcher bloße Reitzung verursacht: denn, je mehr er zugleich nährt, desto weniger erschöpft er die Erregbarkeit. So wirkt das Blut wohl reitzend auf das Herz; allein es ist auch zugleich die Quelle seiner Ernährung, aus welcher es Stoff und Kraft ersetzt. Hierin liegt der Grund, warum die Reitzbarkeit des Herzens durch den Reitz des Blutes so wenig erschöpft wird, daß es durch denselben oft an hundert Jahre in Bewegung gesetzt wird, ohne daß ihm diejenige Ruhe zu Theil würde, welche den willkürlichen Muskeln verstattet wird.

§. 231.

Bey den krankhaften Veränderungen der Erregung kömmt vorzüglich der Stärkegrad derselben in Betrachtung. Zwar kann man auch in qualitativer Hinsicht regelwidrige expansive und contractive Bewegung unterscheiden: allein die Abweichungen derselben von dem Normalzustande lassen sich bloß auf ein fehlerhaftes Wechselverhältniß zurück führen, bey dessen Begründung man zuletzt wieder auf nichts, als auf ein regelwidriges Mehr oder Weniger der einen oder der andern hingeleitet wird.

Bey der Schätzung des Stärkegrades der Erregung muß man auf ihre innere Kraft, Beharrlichkeit und Geschwindigkeit Rücksicht nehmen, und sich wohl hüthen, jede hastige Bewegung für wahrhaft verstärkte auszugeben, indem äußere Hastigkeit und innere Schwäche sehr leicht mit einander verbunden vorkommen können.

Um sich übrigens eine richtige Ansicht von dem krankhaften Stärkegrade der Erregung zu verschaffen, muß man denselben immer mit dem Normalgrade vergleichen, dabey aber ja nicht vergessen, daß dieser kein absoluter, für alle menschlichen Individuen gültiger, sondern bloß ein relativer, auf die individuellen Verhältnisse der Menschen, Alter, Geschlecht, Temperament u. s. w. beziehbarer sey und seyn könne.

§. 232.

In Beziehung auf diesen normalen Stärkegrad kann die Erregung nun entweder zu sehr verstärkt, oder geschwächt seyn. Übermäßige Verstärkung, Hypersthenie der Erregung, drückt diejenige Zunahme der organischen Bewegung an innerer Stärke und Geschwindigkeit aus, wodurch diese mit der normalen Reproduction des Gesammtorganismus in Mißverhältniß gesetzt wird. Sie entspringt aus der Wechselwirkung zwischen einer kräftigen Erregbarkeit und äußern Reitzen, welche im Verhältniß zu derselben zu stark sind, sie mögen nun physischer oder psychischer Natur seyn, und gibt sich durch zu große Lebhaftigkeit und Stärke der Empfindungen, der Muskelbewegungen, des Kreislaufes und durch Steigerung des Lebensprozesses in den ergriffenen Organen zu erkennen. Die Vegetation wird durch sie nicht selten bis zur Verbildung angestrengt. Wenn aber die Hypersthenie der Erregung durch ihre Heftigkeit oder Dauer einen bestimmten Grad überspringt; alsdann geht sie durch Erschöpfung der Kräfte und Aufreibung der organischen Substanzen in Schwäche der Erregung und des innern Lebensprozesses über.

§. 233.

Krankhafte Schwäche, Asthenie der Erregung, bezeichnet das Sinken der innern Stärke der organischen Bewegung, durch welches die Organe außer Stand gesetzt werden, für die regelmäßige Entwicklung, Reproduction und die gesammte Bestimmung des Organismus zweckmäßig zu wirken. Auf die Geschwindigkeit der organischen Bewegung wird bey der Schätzung ihres Schwächegrades weniger Rücksicht genommen: denn diese kann bey gleichem Grade innerer Kraftlosigkeit zugleich abnehmen, oder in demselben Maße verharren, oder auch noch zunehmen.

Jede Schwäche der Erregung hat ihren Grund entweder in der Abnahme der Erregbarkeit, oder in der Entziehung an sich nothwendiger, oder zur Gewohnheit gewordener Reitze, oder in beyden zugleich.

Ihre allgemeinsten Wirkungen bestehen in Abnahme der Reproduction, in immer zunehmender Schwäche des Lebensprozesses und allen ihren Folgen. (§. 121.)

§. 234.

Nach dem verschiedenen Wechselverhältnisse, welches bey herrschender Schwäche der Erregung zwischen dem Wirkungsvermögen und der Reizempfänglichkeit Statt finden kann, unterscheidet man Schwäche mit erhöheter und verminderter Reizempfänglichkeit.

Die Schwäche der Erregung mit erhöheter Reizempfänglichkeit wird auch die unmittelbare oder directe Asthenie der Erregung genannt. Sie zeichnet sich durch kraftlose, leicht zu erschöpfende Bewegungen und dadurch aus, daß diese durch ungewöhnlich geringe Reize hervor gerufen werden. Sie ist die Folge der directen Lebensschwäche (§. 119.), mithin aller jener Schädlichkeiten, wodurch diese zum Daseyn befördert wird: sehr häufig verdankt sie der Entziehung nothwendiger oder gewohnter Reize ihren Ursprung. Nach Verschiedenheit der Organe, in welchen sie herrscht, tritt sie unter verschiedenen Gestalten in die Erscheinung, von welchen weiter unten die Rede seyn wird.

§. 235.

Schwäche der Erregung mit verminderter Reizempfänglichkeit, mittelbare, oder indirecte Asthenie der Erregung, deutet kraftlose und träge organische Bewegung an, welche nur durch ungewöhnlich starke Reize erweckt werden kann. Sie geht aus der indirecten Lebensschwäche hervor, und es läßt sich in Rücksicht der Ursachen und Folgen auf sie das nämliche anwenden, was von dieser (§. 120.) gesagt worden ist. Oft, aber nicht immer, wird sie durch voraus gegangene, zu hoch getriebene, oder zu lang unterhaltene, Hypersthenie der Erregung, mithin durch unmäßige Anwendung der Reize, hervor gebracht. Auf ihrer höchsten Stufe geht die indirecte Schwäche der Erregung in Lähmung, d. h. in gänzliche

Vertilgung aller Erregbarkeit, über. Gelähmte Glieder leben zwar noch innerlich, aber nur ein schwaches, niedrigeres, unvollkommen vegetatives Leben, welches sich nicht zu jener Höhe zu erheben vermag, wo es unter der Form von Irritabilität und Sensibilität mit äußern Reizen in Wechselwirkung treten kann.

§. 236.

Betrachtet man die organische Bewegung ihrer **eigenthümlichen Natur** nach, so findet man sie überall aus zwey Grundthätigkeiten, einer expansiven und einer contractiven, zusammen gesetzt, welche einander wechselseitig anregen, bestimmen und begrenzen. Eine jede Art von Organen hat ihr eigenes, ihrer Bestimmung entsprechendes **Verhältniß dieser Grundthätigkeiten, dessen Störung in vielen Krankheiten der Erregung das Hauptmoment ausmacht.**

So gibt es Krankheiten, in welchen die expansive Bewegung durch regelwidrige Zu- oder Abnahme zur contractiven in Mißverhältniß tritt; es gibt dagegen andere, in welchen derselbe Fehler der contractiven Bewegung zur Last fällt. Diese sehr wichtigen, von den Pathologen noch nicht nach Verdienst gewürdigten Abweichungen der Erregung vom gesunden Zustande, gedenken wir erst in der Folge noch in ein helleres Licht zu setzen; wenn wir das von den Erregungskrankheiten überhaupt Vorgetragene auf die einzelnen Arten organischer Bewegung anwenden werden.

§. 237.

Außer dem fehlerhaften Wechselverhältnisse zwischen der expansiven und contractiven Bewegung, als den eigentlichen Elementen aller organischen Bewegung, gibt es noch ein anderes, welches in Absicht derselben organischen Thätigkeit zwischen den verschiedenen Organen und Systemen des Organismus obwaltet, und welches unter dem Namen der **krankhaften Wechselerregung** der Aufmerksamkeit der Pathologen in einem hohen Grade würdig ist. Die organischen und dynamischen Beziehungen, in welchen die Organe und Systeme unter einander stehen, und aus welchen hier übereinstimmende Mitleidenschaft (consensus), dort aber Gegensatz (antagonismus) hervor geht, machen, daß krankhafte Veränderungen der Erregung in einem Organe oder Systeme in einem andern, zu welchem das zuerst ergriffene in einer nähern organischen oder dynamischen Beziehung sich befindet, entweder ähnliche oder entgegengesetzte Abweichungen hervorrufen. Nichts kann so geschwind und leicht die Zusammenstimmung aller Thätigkeiten und Verrichtungen zur Einheit des Lebens aufheben, als eben diese regelwidrige Wechselerregung. (§. 127. 128.)

§. 238.

Es lassen sich aber, wie bereits im Vorhergehenden angedeutet wurde, nur **zwey Arten krankhafter Wechselerregung** denken, je nachdem sie nämlich durch **regelwidrigen Consensus oder Antagonismus** begründet wird.

Gesetzwidriger Consensus kann auf vierfache Weise krankhafte Wechselerregung verursachen.

a) Durch Steigerung des Consensus zwischen bestimmten Theilen des Organismus über den normalen Grad. Dadurch geschieht es, daß in einem Theile schon bedeutende Störungen hervor gerufen werden, wenn ein anderer mit ihm verwandter auch nur leicht gereizt wird.

b) Durch Ausbreitung des Consensus über seine vorgeschriebene Grenze. Hierdurch verbreiten sich ursprüngliche örtliche krankhafte Reitzungen oft über einen großen Theil des Organismus.

c) Durch Aufhebung des Consensus zwischen Organen

und Systemen, zwischen welchen er der Regel nach vorhanden seyn sollte: mithin durch Aufhebung der Wechselerregung verwandter Organe und Systeme.

d) Durch Umschlagen des Consensus in Antagonismus.

Daß die Wechselerregung durch Antagonismus ganz denselben Abweichungen von der Regel unterworfen seyn müsse, dieses bedarf wohl keiner weitern Erläuterung (vergl. §. 130. 131.).

§. 239.

Bisher haben wir die Erregungskrankheiten im Allgemeinen dargestellt; allein es gibt mehrere sich eigenthümlich auszeichnende Arten von organischen Bewegungen, deren jede in ihrem krankhaften Zustande ein eigenes Gepräge annimmt, dessen nähere Würdigung noch immer in die Grenzen der allgemeinen Nosologie gehört. Wir unterscheiden nämlich drey verschiedene Arten organischer Bewegung, deren jede durch eine eigene organische Vorrichtung vermittelt wird: Zellen-, Nerven- und Muskelerregung, und halten es für nothwendig und nützlich, auf dasjenige aufmerksam zu machen, wodurch sich jede derselben in ihrem krankhaften Zustande auszeichnet.

* * *

Chr. Wlh. Schmid's Kritik der Lehre von den sthenischen Krankheiten. Zur Beurtheilung der neuern Theorie und Praxis. Jena, 1803. 8.

L. Mende, von der Hypersthenie der Erregung. — In dessen Beyträgen 1. B. n. 5.

Über scheinbar vermehrte und verminderte Thätigkeit und Receptivität der Organe, als Erscheinungen des Übelseyns. — In H. A. Fd. Gutfelds Untersuchungen über verschiedene Sätze der herrschenden medicinischen Lehrgebäude. Hamburg, 1802. 1. B. n. 4.

Etwas über directe und indirecte Schwäche. In W. Ant. Fickers Aufsätze und Beobachtungen mit jedesmahliger Hinsicht auf die Erregungstheorie. II Bände. Hannover, 1804—1806. 8. II. B. n. 1.

Über gemischte Asthenie der Erregung. In G. C. Winikers Beyträge zur Erregungstheorie. Gött. 1803. 1. B. n. 5.

H. Jos. Rega, de sympathia s. consensu partium humani corporis ac potissimum ventriculi in statu morboso. Harlem. 1721. 1767. Francof. 1762.

J. H. Rahn, exercitationes physicae de causis mirae illius tum in homine, tum inter homines, tum denique inter caetera naturae corpora sympathiae. Tuguri, 1786—1797.

J. Chr. Trg. Schlegel, sylloge selectorum opusculorum de mirabili sympathia, quae partes diversas corporis humani intercedit. Lips. 1787. 8.

H. A. Fd. Gutfeld, über das Wechselverhältniß der Wechselerregung, Nervenwirkung und Bewegung im thierischen Organismus. Göttingen, 1805. 8.

Von der krankhaften Zellenbewegung.

§. 240.

So wie jede Äußerung des Lebens, so wird auch die Erregung der Zellenbewegung durch den Widerstreit entgegengesetzter Grundthätigkeiten vermittelt. Im Zellgewebe wohnt ein immer reges Streben nach Zusammenziehung; damit sich aber dieses Gewebe nicht auf das Äußerste zusammenziehe und gänzlich erstarre, so wirkt jenem Streben eine andere dehnend-spannende Thätigkeit entgegen, welche unter der Gestalt der Lebensfülle (des turgor vitalis) in die Erscheinung tritt. Das Maß und Wechselverhältniß dieser beyden Grundthätigkeiten bestimmt nun den Zustand der Zellenbewegung, welche erfolgt, wenn durch äußere

Reitze das relative Gleichgewicht dieser Grundthätigkeiten auf einige Zeit gestört wird. Die Zellenbewegung hat übrigens in der Physiologie und Pathologie eine hohe Bedeutung, welche man künftig mehr, als bisher, würdigen wird, wenn man nicht aus dem Gesichte verlieren wird, daß viele organische Bewegungen ganz auf Zellenbewegung beruhen, daß diese andere Arten von Bewegungen (Muskel = und Nervenbewegungen) unterstützt und leitet, daß sie es endlich ist, welche der organischen Bildung Raum und Schranken anweiset.

§. 241.

Auf diese Zellenbewegung lassen sich nun die allgemeinen krankhaften Zustände der Erregung anwenden: sie kann in allen ihren Momenten zu sehr verstärkt und geschwächt (hypersthenisch und asthenisch) werden; wenn nämlich beyde Grundthätigkeiten, aus denen sie hervor geht, über oder unter das normale Maß erhöhet, oder vermindert werden. Diese Abweichungen von der Regel, deren Ursprung aus dem, was über die Entstehung der Hypersthenie und Asthenie der Erregung (§. 232—236.) überhaupt vorgetragen wurde, erklärt werden muß, bringen die ihnen entsprechenden Wirkungen vorzüglich in jenen Verrichtungen hervor, welche von der Zellenbewegung größten Theils abhängig sind: z. B. in der Einsaugung, in der Bewegung der Säfte durch die Lymphgefäße und Venen, durch die Ausführungskanäle der Secretionsorgane, in der Ausdehnung und Zusammenziehung des Parenchyms der Eingeweide u. s. w.

§. 242.

Gewöhnlich ist bey den so eben angeführten krankhaften Veränderungen der Erregung des Zellgewebes zugleich das erforderliche Wechselverhältniß zwischen ausdehnender und zusammenziehender Bewegung gestört. So zeigt nicht selten das Zusammenziehungsbestreben des Zellgewebes ein offen=

bares Übergewicht, wodurch Straffheit und Steifigkeit der Organe, Verengerung der Gefäße und Höhlen, Magerkeit, große Neigung zu Krämpfen und Beschränkung aller übrigen Bewegungen und Verrichtungen bewirkt werden. Der Grund dieses Übels liegt entweder in einer absoluten Verstärkung der Contractivkraft des Zellgewebes, oder auch in einem bloß relativen Vorschlagen derselben wegen Abnahme der Lebensfülle und der diese erzeugenden Grundthätigkeit. Durch das erstere kann der Mißbrauch adstringirender Pflanzenproducte, durch das andere die Kälte die angeführte regelwidrige Zusammenziehung zelliger Organe veranlassen.

§. 243.

Die krankhafte Verminderung des Zusammenziehungsvermögens im Zellgewebe hat entgegengesetzte Folgen: Erschlaffung der Theile, Erweiterung der Behältnisse und Kanäle, trägere Fortbewegung und Anhäufung der Säfte in denselben, sparsamere Einsaugung, geschwächten Zusammenhang der Organe unter einander u. s. w. Auch dieser Fehler ist entweder von absoluter Schwächung der Contractionskraft im Zellgewebe, oder von einem relativen Unterliegen derselben wegen übermäßiger Expansion und Lebensfülle abzuleiten: daher kann er durch Überreitzung, durch starke mechanische Ausdehnung der Theile, durch den Mißbrauch oxydirender Substanzen, z. B. Alkalien, Mercurialien, Neutral- und Mittelsalze, durch kraftlose Kost, durch den Mißbrauch warmer Getränke, durch zu feuchte und heiße Luft, durch vermindertes elektrisches Verhältniß derselben u. s. w. ins Daseyn gefördert werden.

§. 244.

Auf gleiche Weise kann die **Lebensfülle** des Zellgewebes (turgor vitalis) unverhältnißmäßig verstärkt werden. Die zu starke ausdehnende Spannung des Zellgewebes ist eine

Wirkung expansiver Reize, d. h. solcher, welche den Lebensprozeß mit überwiegender Entwicklung des expansiven Princips erhöhen, die Reizung mag nun von äußern Einflüssen, oder von dem dynamischen Wechselverhältnisse der Organe unter sich, ausgehen. Ihre Folgen sind Vermehrung des Umfangs der zelligen Organe, des Säftezuflusses, der Wärme, der Ernährung und Empfindlichkeit und, wenn die Spannung einen gewissen Grad übersteigt, Schwächung des Contractionsvermögens des Zellgewebes. Oft beruht aber die Zunahme dieser Lebensfülle nicht sowohl auf einer wirklichen Steigerung ihres Princips, als vielmehr auf dem Sinken des ihm entgegengesetzten Contractionsvermögens.

Werden die so eben entwickelten Verhältnisse umgekehrt; so werden eben damit die Erklärungsgründe von der Entstehung und den Folgen der Abweichung der Lebensfülle nach der entgegengesetzten Richtung gegeben.

Von der krankhaften Nervenerregung.
§. 245.

Die Erregbarkeit der Nerven hat den Namen Sensibilität (Empfindlichkeit) erhalten, welche hier, so wie überall, aus einem bestimmten Wechselverhältnisse der Grundkräfte des Lebens hervorgeht. Dieses Wechselverhältniß zeichnet sich in den Nerven durch ein offenbares Überwiegen des expansiven Princips aus, welches, durch äußere Reize angeregt, eine strahlende Bewegung im Innern des Nervens hervorruft, die in allen ihren Äußerungen mit den Bewegungen des Lichtes und der Elektricität die meiste Ähnlichkeit hat. Die Nervenerregung ist übrigens den allgemeinen Gesetzen der Erregung, so wie denselben Abweichungen vom Normalzustande unterworfen, welche jedoch von der Eigenthümlichkeit der Nerven und ihrer Bestimmung auch ihre eigenthümlichen Modificationen erhalten.

§. 246.

Der hypersthenische Zustand der Nervenerregung ist immer die Folge von der Wechselwirkung zwischen sehr erregbaren und zugleich kräftigen Nerven und stärkern äußern Reitzen. Sie wird durch lebhafte Wechselwirkung zwischen dem Blute und der Nervensubstanz, dergleichen bey vermehrtem Blutandrange nach dem Gehirn und Rückenmarke Statt findet, durch starke Sinnes- und Gemüthsreize hervor gebracht, und äußert sich unter der Form von Wahnsinn, Wuth und hypersthenischen Zuckungen.

§. 247.

Die Schwäche der Nervenerregung folgt in Hinsicht auf ihre Verschiedenheit der allgemeinen Eintheilung der Asthenie der Erregung, und tritt demnach bald als directe, bald als indirecte Nervenschwäche in die Erscheinung.

Die directe Nervenschwäche äußert sich durch kraftlose Nervenerregung mit hoher Sensibilität. Bey diesem krankhaften Zustande verursachen sonst geringe Reize hastige, unordentliche, erschöpfende Nervenbewegungen, lästige Empfindungen, Schmerzen, Angst, Sinnestäuschungen, Träumereyen, Verstandesverrückungen, Krämpfe, Zuckungen.

Indessen muß man sich doch sehr hüthen, aus dem bisher Gesagten den voreiligen Schluß zu ziehen: daß erhöhete Sensibilität überall wahre Nervenschwäche voraussetze. Denn der von der Erregungstheorie aufgestellte Satz: daß Reizempfänglichkeit und Wirkungsvermögen immer und nothwendig im umgekehrten Verhältnisse stehen, ist weder in der Wissenschaft hinlänglich begründet, noch durch die Erfahrung bestätiget. Im Gegentheile weiset uns die letztere auf Fälle hin, wo auffallend verstärktes Wirkungsvermögen und sehr hoch gesteigerte Sensibilität in der engsten Verbindung stehen: z. B. in der Gehirnentzündung. Auch kann die Theorie ein Wechselverhältniß der Lebenskräfte darlegen, wodurch sich kräftiges Wirkungsvermögen und zugleich hohe Reitzempfänglichkeit begründen läßt.

§. 248.

Die indirecte Nervenschwäche zeichnet sich durch schwaches Wirkungsvermögen und gleichzeitige Abstumpfung der Empfindlichkeit für Reize aus, und offenbart sich durch Stumpfsinn der Sinnorgane und durch Trägheit der willkürlichen Bewegungen. Ihr Ursprung ist leicht aus dem zu erklären, was über die Entstehung der indirecten Schwäche überhaupt (§. 235.) vorgetragen worden ist. Auf ihrer höchsten Stufe geht die indirecte Nervenschwäche in Lähmung über, durch welche die Nerven, deren Sensibilität erloschen ist, zu einem bloß vegetativen Leben herabsinken. Der Ursprung der Nervenlähmung ist mannigfaltig, läßt sich aber doch entweder auf Überreizung der Nerven, oder auf unmittelbare Erschöpfung ihrer Sensibilität, oder auf gestörte organische und dynamische Verbindung mit dem übrigen Nervensysteme, oder auch mit dem Blutgefäßsysteme zurückführen.

§. 249.

Nirgends im Organismus spielen die Gesetze der sympathischen Mittheilung eine so bedeutende Rolle, als im Nervensysteme, welche theils aus den vielfachen organischen und dynamischen Verbindungen, welche die Nerven nicht nur unter einander selbst, sondern auch mit den übrigen Theilen des Organismus unterhalten, theils aus der eigenthümlichen Natur der Nervenbewegung, welche als strahlende sich in die Ferne zu verbreiten strebt, erklärt werden muß. Daher beruhen so viele regelwidrige Zustände der Nervenerregung auf consensuellen und antagonistischen Wechselverhältnissen, welche folglich bey der Bestimmung und Behandlung der Nervenkrankheiten eine besondere Würdigung verdienen.

§. 250.

Die krankhaften Veränderungen der Erregung in den Nerven werden dem Arzte auch noch wegen des großen Einflusses, welchen sie auf die übrigen Aeußerungen des Lebens haben, wichtig. Sie verursachen nicht bloß Störungen in den übrigen Arten der organischen Bewegungen, am auffallendsten in der Muskelbewegung, sondern wirken auch bestimmend auf die Geschäfte der organischen Bildung, welche sie nicht bloß anzufachen, zu hemmen, sondern auch ihrem eigenthümlichen Charakter nach umzuändern vermögen. Bekannt sind die großen Veränderungen, welche Gemüthsbewegungen durch verstimmte Nervenerregung in den Absonderungen und ihren Producten, z. B. im Speichel, in der Milch, der Galle u. a. hervor bringen, und diese machen zugleich den Einfluß begreiflich, welchen die krankhafte Erregung der Nerven auf ihre eigene und auf die Ernährung anderer Organe haben muß.

Von der krankhaften Muskelerregung.

§. 251.

Die Erregbarkeit der Muskelfasern ist unter dem Namen der Reitzbarkeit (Irritabilität) bekannt. Sie ist auch hier das Product des innern, eigenthümlichen Lebensprozesses der Muskelfasern, welches gleichsam aus der Verschmelzung des Nerven- und Zellenlebens unter einander hervor geht. Die Muskelbewegung selbst besteht in Zusammenziehung der Muskelfasern, welche mit einer, von innen nach außen wirkenden Ausdehnung abwechselt. Das, was man gewöhnlich, aber unrichtig, Erschlaffung des Muskels nennt, ist nichts weniger, als ein leidender Zustand, sondern setzt immer eine innere lebendige Thätigkeit voraus. Die Ruhe des Muskels während des Lebens ist nur eine scheinbare, und wird bloß begründet durch wechselseitiges Gleichgewicht, in welchem sich das innere Zusammenziehungs- und Ausdehnungsstreben gegen einander befinden. Der äußere Reiz hebt dieses innere Gleichgewicht, verschafft dem Zusammenziehungsbestreben für den Augenblick das Übergewicht, und veranlaßt dadurch die wirkliche Zusammenziehung des Muskels.

§. 252.

Auf den krankhaften Zustand der Muskelerregung läßt sich alles anwenden, was von den Krankheiten der Erregung (§. 231. ff.) überhaupt gesagt worden ist.

Wirken auf kräftige, sehr reizbare Muskeln zu starke äußere Reize, so wird dadurch Hypersthenie der Muskelerregung erzeugt, welche sich durch eine auffallende Zunahme beyder Momente der Muskelbewegung. — Contraction und Expansion — verkündet. Ein Beyspiel davon liefern uns die heftigen Bewegungen des Herzens bey dem entzündlichen Fieber, die außerordentlichen Muskelanstrengungen bey Gehirnentzündung. Die zu starken Reize, wodurch Hypersthenie der Muskelbewegung hervorgerufen wird, sind bey den willkürlichen Muskeln gewöhnlich in einem zu sehr verstärkten Nerveneinflusse, bey den unwillkürlichen in der Vermehrung ihrer gewohnten Reize, z. B. beym Herzen in einem mehr reizenden Blute, beym Darmkanale in stärker reizenden Stoffen, welche in ihm enthalten sind, oft aber auch in der Einwirkung außerordentlicher und fremdartiger Einflüsse zu suchen. Die erhöhte und kräftigere Reizbarkeit des Muskels ist immer Folge seines stärker angefachten innern Lebens.

§. 253.

Werden diese Umstände in ihrem entgegengesetzten Verhältnisse gedacht, und wird zugleich auf das Rücksicht genommen, was (§. 233. ff.) von der Schwäche der Erregung überhaupt und ihrer Verschiedenheit gelehrt worden ist; so wird von daher schon hinlängliches Licht über die Entstehung und das Wesen der directen und indirecten Schwäche der Muskelerregung geworfen. Die directe Schwäche der Muskelerregung zeichnet sich dadurch aus, daß geringe Reize zwar hastige, aber dennoch kraftlose und wenig beharrliche Muskelbewegung erwecken, welche leicht in Krampf und Zuckungen ausarten. Bey der indirecten Schwäche erfolgen selbst auf starke Reize nur träge und ohnmächtige Zurückwirkungen. Das Erlöschen der Reizbarkeit eines Muskels, oder die Lähmung desselben geht entweder von der Lähmung seines Nerven (§. 248.) oder von einem bedeutenden Sinken seines eigenthümlichen Lebens aus. Das Letztere kann die Folge von der erschwerten Gemeinschaft des Muskels mit dem Gefäßsysteme, von unvollkommner Ernährung, von Ausartung seiner organischen Substanz, von übermäßiger Ausdehnung seiner Fasern, von Erschütterung oder Quetschung seyn.

§. 254.

Fehlerhaft wird endlich die Muskelbewegung noch durch das gestörte Wechselverhältniß ihrer Factoren, d. h. des contractiven und expansiven Strebens, wodurch dem einen oder dem andern ein beharrliches Übergewicht zugewendet wird. So entstehen die **krampfhaften Zusammenziehungen** muskulöser Organe, wenn die einmal erfolgte Zusammenziehung ihrer Muskelfasern einen solchen Grad von Stärke und Beharrlichkeit annimmt, daß sie durch das innere ausdehnende Streben (die Lebensfülle) nicht wieder aufgehoben werden kann. Oft liegt diesen sogenannten tonischen Krämpfen eine zu starke Einwirkung äußerer Reize zum Grunde, durch welche das Gleichgewicht zwischen den beyden einander entgegengesetzten Thätigkeiten des Muskels immerdar von neuem gestört wird: nicht selten sind aber auch solche

Krämpfe wirklich negativen Ursprungs, und entspringen aus absoluter Schwächung der expansiven Thätigkeit im thierischen Organismus, wodurch die contractive ein relatives Übergewicht erhält. Daher verursacht dasjenige, was die Lebensfülle der Organe vermindert und den lebendigen Einfluß der Nerven schwächt, z. B. Kälte, starker Blutverlust, Gemüthsleiden u. ähnl. so häufig auch Krämpfe.

Manche Schriftsteller behaupten auch die Existenz eines **aufblähenden Krampfes** (spasmus inflativus), dessen Entstehung sich aus unsern Prämissen leicht erklären lassen würde.

§. 255.

Wer die physiologischen Verhältnisse der Muskeln zu dem übrigen Organismus, seinen Lebensäußerungen und Verrichtungen erkannt hat, dem können auch die mancherley nachtheiligen Folgen nicht dunkel bleiben, welche die regelwidrigen Zustände der Muskelbewegung in der Ernährung der Muskeln selbst, in der Lebensthätigkeit des Nerven- und Gefäßsystems, und besonders in denjenigen Verrichtungen hervorbringen müssen, zu welchen die Muskeln in näherer Beziehung stehen.

Zweyter Abschnitt.
Von den Organisationskrankheiten.

§. 256.

Der gesunde Zustand des Lebens im einzelnen Organismus wird nicht allein begründet durch bestimmte Stärke und Beschaffenheit der mannigfaltigen Thätigkeiten und Verrichtungen, in welche es sich in diesem Organismus verzweiget, sondern auch durch ein bestimmtes wechselseitiges Eingreifen derselben in einander, woraus Übereinstimmung aller zur Einheit des Lebens hervorgeht. Ein zweckmäßiges Ineinandergreifen aller Thätigkeiten im lebenden Organismus setzt aber bestimmte Richtungen derselben nothwendig voraus, und diese können nur durch die bestimmte Gestaltung der Organe bedingt werden. Die Gesundheit des einzelnen lebenden Organismus ist demnach eben so wesentlich durch eine bestimmte Gestaltung seiner Organisation, als durch gewisse Grade und innere Eigenthümlichkeiten seiner Lebensthätigkeit begründet. Nun aber muß alles, was der Idee der Gesundheit wesentlich angehört, unter umgekehrten Verhältnissen auch in den Begriff der Krankheit aufgenommen werden. Mit eben demselben Rechte also, mit welchem man Störungen der Lebensthätigkeit, welche sich zunächst auf regelwidrige Stärke und Beschaffenheit derselben beziehen, Krankheiten nennt, mit demselben kann man auch die fehlerhaften Äußerungen des Lebens, welche zunächst von gesetzwidriger Richtung der organischen Thätigkeiten, und folglich von gesetzwidriger Form der Organisation abhängen, mit den Namen von Krankheiten belegen, und da jene, wegen ihrer Beziehung auf die Lebenskräfte, als dynamische bezeichnet werden, so können diese wegen ihrer Begründung durch die räumlichen Verhältnisse der Organisation allerdings Organisationskrankheiten genannt werden.

§. 257.

Zum Wesen der Organisation, in so fern sie im Raume existirt, gehört ein eigenthümlicher materieller Gehalt, welcher aus nähern und entferntern Bestandtheilen nach bestimmten Verhältnissen gebildet wird, und eine eigene Form sowohl in Rücksicht auf das innere Gewebe, als den äußern Umriß. Der materielle Gehalt der Organisation hängt auf das innigste mit der organischen Bildungsthätigkeit zusammen; daher können auch seine Abweichungen vom Normalzustande nur in ihrem Zusammenhange mit der krankhaften Vegetation dargestellt und begriffen werden. Die Form der Organisation wird wohl auch, und wesentlich, durch die Verhältnisse des bildenden Lebens bedingt; indessen ist sie zugleich mechanischen Beziehungen unterworfen, und kann durch Veränderung der letztern unmittelbar regelwidrig verändert werden, ohne daß man berechtigt wäre, den Grund davon in einer vorausgehenden Störung der Lebensthätigkeit zu suchen. Jede Veränderung der organischen Form aber, sie mag nun mechanischen oder auch dynamischen Ursprungs seyn, gibt der Lebensthätigkeit des ergriffenen Organes eine andere Richtung, und legt dadurch sehr oft den Grund zu Krankheiten, welche sich ihrem Wesen nach von den dynamischen Krankheiten unterscheiden; daher auch getrennt von diesen abgehandelt werden müssen, und füglich nach dem Organisationsfehler benannt werden, aus welchem sie zunächst hervorgehen.

Zu diesen Krankheiten vom **gestörten Mechanismus** im lebenden thierischen und menschlichen Körper rechnen wir nun alle diejenigen, welche sich

1) auf die Verletzung des Zusammenhanges; 2) auf regelwidrige Verhältnisse der Größe und des Umrisses; 3) auf fehlerhafte Lage; 4) auf gestörte wechselseitige Verbindung der Organe, und 5) auf gesetzwidrige mechanische Wechselverhältnisse der festen und flüssigen Theile beziehen.

Erstes Hauptstück.
Von den Verletzungen des Zusammenhanges.

§. 258.

Verletzung des Zusammenhanges bezeichnet Aufhebung der wechselseitigen Berührung und Anziehung der das Ganze eines Organes bildenden Theile, sie mag nun mit wahrnehmbarer Trennung verbunden seyn oder nicht. Solche Verletzungen sind entweder **mechanischen** oder **dynamisch-chemischen** Ursprungs. Zu den, durch **mechanische** Gewalt hervorgebrachten Verletzungen gehören: die **Quetschung**, die **Wunde** und der **Knochenbruch**. Verletzungen, welche durch **dynamisch-chemische** Prozesse erzeugt werden, heißen **Geschwüre**.

§. 259.

Eine einfache **Quetschung** besteht in der durch mechanische Gewalt aufgehobenen innigen Berührung und wechselseitigen Anziehung der kleinsten Theile eines Organs, ohne wahrnehmbare Trennung oder Entfernung derselben von einander. Die letztere kann indessen vorhanden seyn, wenn die Quetschung mit Verwundung verbunden ist.

Jede Quetschung hat außer dem gestörten Mechanismus des leidenden Theiles immer auch regelwidrige Zurückwirkung seiner Lebensthätigkeit zur Folge; indem durch die Verschiebung seiner kleinsten Theile aus ihrer Lage die wechselseitigen dynamischen Spannungen derselben ihre normalen Richtungen verlieren, und eben dadurch aus ihrer Übereinstimmung zur Einheit heraustreten. Daher das Sinken der Sensibilität, Irritabilität und Reproduction, der vermehrte Zufluß der Säfte, zum Theil mit Austreten derselben aus ihren Gefäßen verbunden, und dadurch veranlaßte Geschwulst des leidenden Theiles. Die verstärkte Zurückwirkung, welche zum Theil durch die mechanische Gewalt, zum Theil durch die materiellen und dynamischen Veränderungen des gequetschten Organes in seinem lebendigen Umfange hervorgerufen wird, wird häufig bis zur Entzündung gesteigert, welche, wegen der, in den am meisten gequetschten Organtheilen vorhandenen, Desorganisation, so leicht in Eiterung, und bey höhern Graden des Übels selbst in Brand übergeht.

§. 260.

Die Wunde ist wirkliche und sinnlich wahrnehmbare Trennung des Zusammenhangs in festweichen Theilen, welche durch mechanische Gewalt bewirkt worden ist. Die Entblößung innerer Theile, die stärkere Reitzung derselben durch ergossene Säfte, durch die äußere Atmosphäre, die durch den gestörten Mechanismus des verwundeten Organs erzeugte regelwidrige Wechselwirkung seiner Bestandtheile, rufen erhöhte Zurückwirkung seiner reproductiven Lebensthätigkeit, und als Folge davon Entzündung hervor, welche bey allen Beschwerden, die sie veranlasset, zugleich das Mittel zur Heilung wird. Diese wird nun entweder durch die so genannte geschwinde Vereinigung oder durch die Eiterung vollbracht. Die geschwinde Vereinigung findet nur bey einfachen, nicht gequetschten Wunden, bey der wechselseitigen Berührung der Wundlippen und bey gemäßigter Heftigkeit der Entzündung Statt: denn unter diesen günstigen Umständen wird durch die abgesonderte und schnell organisirte gerinnbare Lymphe der Zusammenhang der vorhin getrennten Theile und der regelmäßige Mechanismus des Organs hergestellt. Sind aber die Wundlefzen zu weit von einander entfernt oder gequetscht, oder fehlt es dem bildenden Leben in dem verwundeten Organe an der erforderlichen Stärke und Beschaffenheit; dann kann die Heilung der Wunde nur durch die Eiterung vermittelt werden. Statt der gerinnbaren Lymphe wird nun auf der innern Oberfläche der Wunde eine körnige plastische Flüssigkeit abgesondert, von welcher der eine Theil zur Bildung neuer organischer Substanz, der andere zur vollkommenen Schmelzung des in der Wunde vorhandenen Desorganisirten verwendet wird. Durch diesen doppelseitigen Prozeß von Schmelzung mit überwiegender Reproduction wird die Wunde nach und nach durch organische Substanz ausgefüllt, und die Heilung durch Vernarbung ihrer äußern Oberfläche vollendet. Daß nun aber eben durch diese Anstalten zur Heilung sowohl, als durch die Verletzung des Organes selbst die Verrichtungen desselben auf mannigfaltige Weise gestört werden müssen, dieses bedarf wohl keiner umständlichen Entwicklung.

§. 261.

Die Eintheilung der Wunden richtet sich nach verschiedenen Gesichtspunkten, z. B. nach ihrer Beziehung auf die Heilbarkeit, Gefährlichkeit und Tödtlichkeit, auf die Verschiedenheit der verwundeten Theile des Organismus, endlich auf die verschiedene Beschaffenheit der Wunden selbst, welche dann vorzüglich durch die Eigenthümlichkeiten der verletzenden Gewalt bestimmt wird. Die Pathogenie kann nur auf denjenigen Unterschied der Wunden Rücksicht nehmen, welcher aus ihrem verschiedenen Wesen hervorgeht, und diesen im

Auge behaltend, theilt sie die Wunden in **nicht gequetschte** und **gequetschte** ein.

§. 262.

Zu den ungequetschten Wunden rechnet man **Schnitt-, Hieb- und Stichwunden**, obschon es nicht an Fällen gebricht, wo auch sie mit Quetschung verwickelt seyn können, was durch die verschiedenen Grade von Schärfe der verwundenden Werkzeuge, durch die verschiedene Anwendung derselben, durch die verschiedene Stärke des Widerstandes, welchen die Theile des Organismus der verletzenden Gewalt entgegensetzen, näher bestimmt wird. Zu den **gequetschten Wunden** gehören die **Zerreissungen, die Berstungen, die Biß- und Schußwunden**, überhaupt alle, welche mit stumpfen Werkzeugen hervorgebracht worden. Ihre Eigenthümlichkeiten und Folgen finden ihre Erklärung in dem, was über Quetschung und Verwundung oben (§. 259 u. 260) erörtert worden ist.

§. 263.

Der **Knochenbruch** bedeutet den verletzten Zusammenhang eines Knochens mit Trennung desselben in mehrere Stücke, die **Knochenspalte** aber eine linienförmige Trennung, über deren Grenzen hinaus der Knochen unversehrt und immer noch in ein Ganzes verbunden ist. Ihre Veranlassungen sind mechanische Gewaltthätigkeiten. Indessen gibt es doch auch in einzelnen Menschen eine überwiegende Anlage zu dieser Verletzung und eine krankhafte Zerbrechlichkeit der Knochen, welche auf zu großer Zartheit, Weichheit, Mürbigkeit oder auf Sprödigkeit derselben beruhet, eine Folge fehlerhafter Entwicklung und Ernährung der Knochen ist, und macht, daß auch eine geringere mechanische Gewalt, zuweilen die eigene Muskelbewegung des Körpers zur Hervorbringung des Knochenbruches hinreicht.

Der gebrochene Knochen macht die Bewegung des Gliedes, zu welchem er gehört, unmöglich; die getrennten Stücke desselben verschieben, drucken, spannen und verletzen die benachbarten weichen Theile: daraus entstehen Reitzungen, vermehrter Säftezufluß, Erhöhung des bildenden Lebens in der Beinhaut des verletzten Knochens, verstärkte Absonderung des plastischen Stoffes, welcher sich endlich durch mehrere Stufen der organischen Metamorphose hindurch in Knochensubstanz (callus) verwandelt, wodurch die getrennten Knochenstücke wieder vereiniget werden.

§. 264.

Die zweyte Klasse von Verletzungen des Zusammenhanges begreift diejenigen unter sich, welche ihren Ursprung krankhaften dynamisch-chemischen Prozessen im Organismus, also regelwidrigen Vegetations-, oder eigentlicher, überwiegenden Destructionsprozessen verdanken, und Geschwüre heißen. Die Verschwürung, welche den nächsten Grund von dem Daseyn des Geschwüres enthält, ist eine Abart der Eiterung. Beyde unterscheiden sich von einander dadurch, daß in dieser die Reproduction neuer organischer Substanz die gleichzeitige Schmelzung überwiegt, in jener aber der Zerstörungs- und Schmelzungsprozeß des Organischen offenbar vorwaltet. Daher sondert die schwärende Fläche eine dünne, wenig plastische, scharfe (in einem höhern Grade oxydirte) Flüssigkeit ab, die man Jauche nennt, und aus welcher entweder gar keine neue organische Substanz erzeugt wird, oder doch nur eine solche, welche sich nicht über die niedrigsten Stufen organischer Bildung zu erheben vermag, z. B. schwammiges oder schwieliges Fleisch.

§. 265.

Es gibt verschiedene krankhafte Zustände der organischen Bildung, durch welche der Übergang der Eiterung in Verschwürung begünstiget wird. Dahin gehören Überreitzung einer eiternden Fläche, kachectischer, hectischer, colliquativer Zustand der Vegetation, specifisch-krankhafte Metamorphosen, Scrofeln, Gicht, Lustseuche, Krätze u. s. w.

Die Eintheilung der Geschwüre geht entweder von dem krankhaften Zustande aus, durch welche sie erzeugt oder unterhalten werden, und von diesem Gesichtspunkte aus werden die Geschwüre in scrofulöse, arthritische, syphilitische, krätzige, scorbutische, brandige u. s. w. unterschieden. Oder sie richtet sich nach der sich sinnlich darstellenden Beschaffenheit der schwärenden Oberfläche und der auf derselben abgesonderten Jauche, und führt so auf die Unterscheidung von schwammigen, schwieligen, speckichten, unreinen, fressenden und fauligen Geschwüren.

Oder sie nimmt auf die Gestalt der Geschwüre Rücksicht, und stößt auf den Unterschied, welcher zwischen offenen und röhrigen (fistulösen) Geschwüren Statt findet.

Zweytes Hauptstück.
Von den Organisationsfehlern, welche sich auf regelwidrige Größe und unverhältnißmäßige Gestaltung der Organe beziehen.

§. 266.

Die Stärke der Lebensthätigkeit eines Organs steht im Verhältniß zu der Größe seiner, übrigens zweckmäßig gearteten, Masse, die Richtung und Beziehung jener Thätigkeit zu den übrigen Theilen des Organismus aber wird hauptsächlich durch seine innere und äußere Gestaltung bestimmt. Daraus folgt, daß bedeutende Abweichungen von der normalen Größe und Gestaltung der Theile unmittelbar auch Störung in dem regelmäßigen Gange des Lebens zur Folge haben, und daß dadurch das zweckmäßige Ineinandergreifen der mannigfaltigen Bewegungen und Verrichtungen, und die Übereinstimmung aller zur Einheit des individuellen Organismus aufgehoben werden müsse.

Die Regelwidrigkeiten in der Größe und Gestaltung der Theile äußern sich nun in der Wirklichkeit: a) durch über‐mäßig starkes oder unverhältnißmäßig gehemmtes Wachsthum: b) durch Geschwulst; c) durch Aus‐wuchs; d) durch Erweiterung, und e) durch Veren‐gerung der Höhlen.

§. 267.

Die regelwidrige Größe wird entweder auf den ganzen Organismus, oder nur auf einzelne Theile desselben bezogen, wenn nämlich entweder das Wachsthum des Ge‐sammtorganismus der Entwicklungsperiode, in welcher er sich gerade befindet, nicht angemessen ist (§. 203), oder wenn die Ausbildung der einzelnen Theile in Rücksicht auf Masse und Umfang von dem allgemeinen Ebenmaße abweicht. Vor‐züglich wird durch den letztern Fehler der Mechanismus der Organisation, und eben dadurch auch die harmonische leben‐dige Ineinanderwirkung der Organe gestört.

Am auffallendsten sehen wir dieses an Organen bestäti‐get, deren Größe das vorgeschriebene Maß auf eine bedeu‐tende Weise überschreitet, wodurch nicht bloß ihren eigenen Verrichtungen, sondern auch der freyen Lebensäußerung be‐nachbarter Theile mancherley Hindernisse in den Weg gelegt werden. Zwar nimmt vom Anfange mit der Zunahme an organischer Masse, vorausgesetzt, daß Substanz, Gewebe und äußere Gestaltung regelmäßig beschaffen bleiben, das in‐nere Leben und mit diesem auch seine Verrichtung an Stärke zu. Hat aber das Wachsthum eines einzelnen Theiles seine Grenzen einmahl so weit überschritten, daß ihm durch das Gegenstreben seiner Umgebungen der Raum zur fernern Aus‐dehnung beengt wird, dann wird ihm auch die eigene Masse ein Hinderniß seiner freyen Lebensthätigkeit. Nicht weniger kann sie dieses für die benachbarten Theile werden, indem sie ihre volle Ausbildung durch Beschränkung des Raumes zurückhält, ihr inneres und äußeres Leben, den Kreislauf in ihnen, die freye Entwicklung der Sensibilität und Irritabilität und den dynamischen Wechselverkehr derselben mit dem übrigen Organismus erschwert oder gänzlich unterdrückt.

Über den Ursprung des übermäßigen Wachsthums einzelner Organe ist hier dem, was §. 204 darüber bereits aus einander gesetzt worden ist, nichts mehr beyzufügen.

Eben so finden wir es überflüssig, uns hier über die Abnahme der Größe einzelner Organe, ihre Entstehung und Folgen weitläufiger auszulassen; indem diese jedem klar seyn müssen, welcher die Verhältnisse, die sich auf das übermäßige Wachsthum beziehen, umzukehren versteht.

§. 268.

Geschwulst ist Vergrößerung des Umfanges eines Theiles durch eine von innen wirkende ausdehnende Gewalt, ohne wahre Vermehrung seiner eigenthümlichen Substanz. Die Ausdehnung rührt von verschiedenartigen Stoffen her, welche entweder unmittelbar von außen, oder auf dem Wege der Circulation oder der Secretion in den leidenden Theil eingeführt, oder durch gehemmte Einsaugung oder Ausleerung in demselben angehäuft, oder durch Afterbildung darin erzeugt werden.

Die allgemeinen Wirkungen der Geschwulst bestehen zum Theil in denjenigen mechanischen Störungen der Organisation, welche wir kurz zuvor von der vergrößerten Masse der Organe entspringen sahen; zum Theil aber auch in eigenthümlichen krankhaften Metamorphosen, denen die Geschwülste in ihrem Innern unterworfen sind, und die nach der verschiedenen Natur der Geschwulst sehr verschieden seyn können.

§. 269.

Es gibt eine große Mannigfaltigkeit von Geschwülsten, die sich entweder auf die Verschiedenheit des leidenden Theiles oder auf die Verschiedenheit des Krankheitsprozesses, durch welchen die Geschwulst erzeugt wird, oder auf die in der Geschwulst enthaltenen Stoffe, beziehet.

Geschwülste, welche eine besondere Art von Schmarotzergewächsen im thierischen Organismus darstellen, und in einer eigenthümlichen Hülse verschiedenartige Stoffe enthalten, werden Balggeschwülste genannt. Sie entstehen meistens im Zellgewebe, seltener in Drüsen, und sind wahrscheinlich in dem, durch mechanische oder dynamische Veranlassung geschwächten Zusammenziehungsvermögen des Zellgewebes begründet. Denn dadurch geschieht es, daß die in einzelne Zellen oder Drüsen abgesonderten Säfte in dem gehörigen Verhältnisse nicht wieder aufgesogen und weiter befördert werden, sondern ihre Behälter nach und nach ausdehnen, sich durch das in ihnen waltende vegetative Leben auf niedern Stufen der Bildung organisiren, und in dieser Bildung verschiedene Verwandlungen durchlaufen.

Die verschiedene Gestalt, welche die in der Balggeschwulst enthaltene Materie durch diese Metamorphose erhält, gibt zu verschiedenen Benennungen derselben Veranlassung. Man nennt sie nämlich daher Honiggeschwulst (meliceris), Breygeschwulst (atheroma), Speckgeschwulst (steatoma), Knochenspeckgeschwulst (osteosteatoma); je nachdem die in dem Balge enthaltenen Stoffe das Ansehen einer honig-, brey- oder käse- oder knorpelartigen Masse haben. Zuweilen findet man in diesen unförmlichen, bloß körnigen Massen auch schon ausgebildete, einfachere, organische Formen, z. B. Haare und Zähne.

Die Hülle der Balggeschwülste ist oft ein häutiger Sack, welcher aus mehreren auf einander liegenden Schichten besteht, oft aber in seinem Innern mit Zellgewebe durchzogen ist.

Sie steht mit dem Theile, an welchem sie haftet, gewöhnlich bloß durch Zellstoff, keinesweges aber durch Gefäße in Verbindung. Anfänglich lebt die Balggeschwulst ein niederes, bloß vegetatives Leben, nimmt zuweilen an Größe bedeutend zu, und beeinträchtiget allein durch mechanische Einwirkung die Geschäfte des übrigen Organismus. Indessen geschieht es auch, daß durch äußere Reitzung ihr Leben bis zur Entzündung gesteigert wird, welche dann oft in üble Eiterung übergeht, und dadurch einen zerstörenden Einfluß auf die übrigen organischen Gebilde gewinnt.

§. 270.

Mit den Balggeschwülsten sind die Auswüchse (excrescentia) in Rücksicht auf ihren Ursprung und ihre Folgen nahe verwandt. Sie sind organische Aftergebilde, welche, in der Substanz anderer Organe wurzelnd, sich über ihre äußere Oberfläche erheben, und von den verschiedenen organischen Substanzen, aus welchen sie bestehen, oder auch von den verschiedenen Gebilden des thierischen Körpers, an welchen sie vorkommen, verschiedene Namen erhalten. Es gehören hieher die Polypen, Fleischgewächse, Feigwarzen, Blutschwämme, Markschwämme, Warzen, Hühneraugen, Knochenauswüchse.

Polypen sind Auswüchse der Schleimhäute, welche aus derselben organischen Substanz, wie die Schleimhäute, bestehen, meistens einen dünnern Stiel und einen dickern Körper haben, und in den mit einer Schleimhaut überzogenen Höhlen, z. B. in der Nase, dem Rachen, in der Mutterscheide, Gebärmutter, im Mastdarm u. s. w. ihren Sitz haben.

Zellige Auswüchse, welche an andern Theilen des Körpers entstehen, weich, röthlich und fleischartig sind, werden Fleischgewächse (sarcomata) genannt, Feigwarzen aber (condylomata), wenn sie sich an der Mündung des Afters, oder an den Geschlechtstheilen befinden, wo sie nicht selten venerischen Ursprungs sind. Der Blutschwamm (fungus haemotodes) ist ein Aftergebilde, welches aus Zellgewebe und zahlreichen in einander verschlungenen Blutgefäßen besteht. Der **Markschwamm** (fungus medullaris) ist ebenfalls ein zelliges Aftergebilde, dessen Zellen mit einer, dem Gehirnmarke ähnlichen Substanz angefüllt sind. **Warzen** (verrucae) sind schwielige Auswüchse der Haut, welche aber oft in die Tiefe bis auf die Beinhaut der Knochen einbringen. Ähnliche Auswüchse an den Zehen der Füße, die nicht selten die Natur der Balggeschwülste haben, werden **Hühneraugen** oder **Leichdorne** (clavi) genannt. Der **Knochenauswuchs** (exostosis) treibt Knochenmasse über die Oberfläche eines Knochen hervor.

§. 271.

Der Ursprung der Auswüchse muß im Allgemeinen auf dieselben Ursachen zurückgeführt werden, wie jener der Balggeschwülste. Wenn die Contractivkraft des Zellgewebes, wodurch vorzüglich dem bildenden Leben seine bestimmten Schranken angewiesen werden, an einzelnen Stellen von Organen in einem höhern Grade geschwächt oder aufgehoben wird, dann kann der neu gebildete organische Stoff durch das innere Streben nach Expansion an diesen Stellen leicht über die Grenzen der Organe hinausgeschoben werden, und der Bildungstrieb in Aftergebilden wuchern. Auf diese Weise geben nicht bloß mechanische Einwirkungen, z. B. Druck, Ausdehnung, Stoß u. s. w., sondern auch dynamische, besonders aber gewisse Krankheitsprozesse, welche zerstörend auf die Substanz des Zellgewebes wirken, z. B. syphilitische, scorbutische, krebshafte Metamorphose zur Entstehung der Auswüchse Veranlassung.

Auch in Rücksicht der nachtheiligen Folgen reihen sich die Auswüchse zunächst an die Balggeschwülste; indem sie nicht nur den Mechanismus der Organisation stören, sondern auch durch krankhafte Verwandlungen, welchen sie selbst unterworfen sind, mit dem übrigen Organismus in lebendige, immer aber schädliche, oft zerstörende Wechselwirkung treten. In der Regel stehen die Auswüchse auf einer höhern Stufe des Lebens, als die Balggeschwülste, ihre lebendige Verbindung mit den übrigen Organen ist inniger, und sehr oft durch Blutgefäße vermittelt, und eben dadurch bekommen sie auch eine größere Neigung zur Entzündung, die sehr häufig in üble Verschwürung übergeht, welche dann durch eine Art von Ansteckung auf den übrigen Organismus zurückwirkt.

§. 272.

Auch der innere Raum der Höhlen und Gefäße kann durch regelwidrige Größe von dem vorgeschriebenen Maße abweichen, und entweder zu sehr vergrößert oder verkleinert werden: ein Fehler, welcher entweder den ganzen Umfang oder nur einen Theil der Höhle, oder auch bloß ihre Mündungen einnimmt, und als Ursache das gestörte relative Gleichgewicht zwischen der von innen nach außen strebenden Ausdehnung des in der Höhle Enthaltenen, und dem von außen nach innen gerichteten contractiven Gegenstreben ihrer lebendigen Wände voraussetzt.

§. 273.

Die übermäßige Vergrößerung einer Höhle durch zu große Entfernung ihrer Wände von einander stellt die krankhafte Erweiterung (evrisma) derselben dar, welche ihren Grund entweder in zu starker Ausdehnung von innen, oder in zu schwacher Gegenwirkung der Wände der Höhle, oder des Gefäßes hat. Unverhältnißmäßige Vermehrung der Menge oder des Umfanges des in der Höhle Enthaltenen, Schwächung der Lebenskraft oder des Zusammenhanges in den Häuten, welche die Wände der Höhle bilden, oder auch in den Theilen, welche sie von außen unterstützen, sind die gewöhnlichen Veranlassungen dieses Fehlers.

Die krankhafte Erweiterung der Gefäße hat nach Verschiedenheit des Grades verschiedene, aber immer bedeutende Folgen. Sie schwächt den Zusammenhang in den Häuten der Gefäße, und mit diesem zugleich ihre lebendige Bewegungskraft: daher sinkt die Wechselwirkung zwischen den Gefäßen und ihrem Inhalt: es entstehen Anhäufungen, Stokkungen, Zersetzungen der Säfte u. s. w. Auf den höhern Stufen verursacht die Erweiterung der Gefäße zugleich eine solche Vergrößerung der in ihren Häuten befindlichen Poren, daß sie tropfbare Flüssigkeiten durchschwitzen lassen. Die Alten nannten dieses Gebrechen Diapedesis, und unterschieden es von Diaeresis, welche nicht bloße Erweiterung der Poren, sondern wirkliche Verletzung des Zusammenhangs in den Häuten der Gefäße bezeichnete. Wurde diese Verletzung durch eine innere ausdehnende Gewalt bewirkt, so hieß sie Berstung (Rexis); Anfressung aber (Diabrosis), wenn sie einer chemisch-zerstörenden Einwirkung — z. B. von Jauche — ihren Ursprung verdankte.

§. 274.

Übermäßige Erweiterung der Mündungen der Gefäße, sie mag nun durch Ausdehnung, oder Schwächung oder gänzliche Lähmung ihrer Häute oder Schließmuskel entstanden seyn, erhielt den Namen: Anastomosis. Über das Daseyn dieses Fehlers an den Mündungen größerer Behälter, und der Ausführungsgänge der Se- und Excretionsorgane hat die Erfahrung längstens entschieden. Weniger erwiesen ist das Vorhandenseyn desselben an den Endigungen oder Anfängen der Blutgefäße, und es wird so lange zweifelhaft bleiben, bis die Anatomie aushauchende Mündungen der letzten Schlagaderzweige und einsaugende Öffnungen der Venenanfänge nachgewiesen haben wird. Bis dahin mag es immer erlaubt bleiben, diejenigen krankhaften Erscheinungen, welche man ehemahls von der Anastomose der Gefäßmündungen — in dem eben entwickelten Sinne — ableitete, durch Diapedesis zu erklären.

Die allgemeinste Wirkung der übermäßigen Erweiterung der Mündungen besteht in krankhafter Ergießung der in den Behältern und Kanälen enthaltenen Säfte und deren Folgen.

§. 275.

Sehr beträchtliche Hindernisse stellen sich den Geschäften des Organismus in der regelwidrigen Verengerung oder gänzlichen Tilgung des innern Raumes der Höhlungen entgegen, deren Ursprung und Folgen sich am besten bey der Betrachtung der einzelnen Arten derselben beleuchten lassen. Als Arten dieses Gebrechens werden nämlich herkömmlicher Weise die Verstopfung, die Obstipation, die Zusammendrükkung, das Zusammenfallen und das Zusammenwachsen gezählt.

§. 276.

Die Verstopfung (obstructio, emphraxis) bezeichnet die Unterbrechung des freyen Durchgangs durch einen Kanal, vermittelst einer in demselben festsitzenden Masse. Sie entsteht auf mannigfaltige Weise; indem sie mechanisch und dynamisch begründet werden kann. Fremde Körper, welche von außen in einen Kanal gelangen, und in Hinsicht auf ihre Dichtigkeit und ihren Umfang so beschaffen sind, daß sie durch die ganze Länge des Kanals nicht frey bewegt werden können, werden zuweilen die Hauptveranlassung zur Verstopfung. In vielen Fällen aber leitet diese ihren Ursprung von Unthätigkeit der Gefäße selbst, von krampfhafter Zusammenziehung, von Zusammendrückung derselben von außen, am häufigsten aber von einem entzündlichen Zustande ab; denn durch alle diese Umstände kann Stockung des Kreislaufes, Gerinnung der stockenden Säfte, und durch die geronnenen Massen Verstopfung der Gefäße hervorgebracht werden. Die Hindernisse, welche aus der Verstopfung für die Verrichtung des lebenden Theiles, für den Kreislauf, die Abſonderung, Ernährung, Einſaugung, Excretion u. ſ. w. entſtehen, fallen ſo ſehr in die Augen, daß eine umſtändlichere Auseinanderſetzung derſelben überflüſſig werden muß.

§. 277.

Über das Daſeyn dieſes Gebrechens kann keine Frage ſeyn, da es in größern Kanälen, z. B. im Darmkanale, den Gallengängen, Urinwegen u. ſ. w. dem unbewaffneten Auge zur Beobachtung ſich darbietet, in den Blutgefäßen aber ſich nicht ſelten durch den Widerſtand kund gibt, welchen die verſtopften Eingeweide nach dem Tode der Einſpritzung entgegenſetzen. Indeſſen iſt es doch nicht weniger wahr, daß manche Krankheiten, welche man gewöhnlich von wahrer Verſtopfung der Gefäße ableitet, auf einem ganz andern Grunde, nämlich auf paſſiver Säfteanhäufung und daher rührender Anſchwellung der Drüſen und Eingeweide beruhen. Daher findet man in den Leichen die Gefäße der ſogenannten verſtopften Eingeweide nicht ſelten erweitert, und für die künſtlichen Einſpritzungen viel wegſamer, als im regelmäßigen Zuſtande.

§. 278.

Verengerung einer Höhle oder eines Kanals durch Verdickung ſeiner Wände wird **Obſtipation** (stenochoria) genannt, und durch Anſchwellung, zu üppige Ernährung der Häute einer Höhle, durch krankhafte Umwandlung ihrer Subſtanz, durch Entſtehung von Auswüchſen auf ihrer innern Fläche ins Daſeyn gerufen.

§. 279.

Oft wird eine Höhle dadurch verändert, daß ihre Wände durch einen äußern Druck einander genähert werden — die **Zuſammendrückung** (thlipsis).

Waren die Wände einer Höhle oder eines Gefäßes vorhin übermäßig ausgedehnt, und dadurch oder durch eine andere Ursache erschlafft, oder in einen lähmungsartigen Zustand versetzt worden, und hört sodann die innere Ausdehnung plötzlich auf; so ziehen sie sich nicht durch ihre lebendige Kraft zusammen, sondern sinken, gleichsam verwelkt, vermöge ihrer Schwere gegen einander, und stellen einen gefahrvollen Organisationsfehler dar, welcher das Zusammenfallen (collapsus) genannt wird.

Eines ganz andern und noch lebendigen Ursprungs ist Zusammenziehung (contractio) der Gefäße, d. h. eine regelwidrige Verengerung ihrer Höhle durch absolut oder relativ überwiegende Thätigkeit ihrer Reitzbarkeit oder lebendigen Contractivkraft, über deren Begründung §. 242. nähern Aufschluß gegeben hat.

§. 280.

Wenn man das Zusammenfallen ausnimmt, so kann eine jede andere Art von Verengerung der Höhlen in Verwachsung (coalitus) übergehen, d. h. in gänzliche Schließung derselben durch innige Vereinigung ihrer Wände entweder mit einander, oder mit dem in der Höhle enthaltenen geronnenen Stoffe. Bleiben nämlich die Wände eines Gefäßes längere Zeit unter einander, oder mit dem in ihnen enthaltenen, geronnenen Stoffe in inniger Berührung; so erfolgt durch die an ihrer innern Oberfläche ausschwitzende gerinnbare Lymphe allmählich Verklebung, und endlich gänzliche Verwachsung derselben unter einander. Nichts aber begünstiget und beschleuniget diese so sehr, als Entzündung der in wechselseitige Berührung gebrachten Theile.

Drittes Hauptstück.
Von der regelwidrigen Verbindung der Organe unter einander.

§. 281.

Soll eine Mannigfaltigkeit von Functionen zu **einem** Leben zusammen stimmen; so muß eine Vielheit von Organen durch organische Verbindung zur Einheit des Organismus zusammen treten. Die verschiedenartigen dynamischen und mechanischen Beziehungen aber, in welchen die einzelnen Organe des Organismus unter einander stehen, fordern verschiedene Arten und Maßen dieser Verbindung, welche also überall bestimmten Gesetzen unterworfen seyn muß. Abweichung derselben von diesen Gesetzen hat Störung des Mechanismus und damit zugleich auch Trübung der Harmonie des Lebens zur Folge, erzeugt demnach Krankheiten, welche mit der fehlerhaften Verbindung im wesentlichen Zusammenhange stehen.

Man könnte hier die regelwidrigen Arten der organischen Verbindungen von den fehlerhaften **Graden** unterscheiden; indessen lassen sich die Abweichungen in Hinsicht auf die Art gleich unter jene in Rücksicht des Grades bringen, wodurch die Betrachtung dieser Gebrechen an Einfachheit gewinnt.

§. 282.

Die Verbindung zwischen einzelnen Organen fehlt durch **Übermaß**, a) wenn Theile, welche nach der Regel so locker verbunden seyn sollen, daß sie einen gewissen Grad von Beweglichkeit zulassen, nun so straff an einander gehalten werden, daß die Beweglichkeit dadurch auffallend gemindert, oder gänzlich aufgehoben wird. Zunahme des Zusammenhanges in den Verbindungsgliedern, z. B. im Zellgewebe, in den Häuten, Bändern, Vergrößerung der Berührungsflächen zwischen den verbundenen Theilen, z. B. zwischen den Gelenkflächen, Verminderung der Trennungsmittel, z. B. des Gelenkwassers, des Zellendunstes, des Fettes u. s. w. sind die vorzüglichsten Ursachen dieses Fehlers, dessen Folgen an sich klar sind.

Als Beyspiele führen wir die zu straffe Anheftung der Zunge durch ein zu langes, bis an ihre Spitze reichendes, oder ein zu sehr zusammengezogenes Zungenbändchen an (ankyloglosson), wodurch bey neugebornen Kindern das Saugen, bey mehr erwachsenen das Reden erschwert werden: ferner die Steifigkeit der Gelenke, deren Ursprung aus demjenigen begreiflich wird, was wir weiter unten über die Ankylose vortragen werden.

§. 283.

Noch größere Störungen im Mechanismus des belebten Körpers entstehen b) durch die Verbindung von Theilen, welche der Regel nach von einander geschieden seyn sollten, ein Gebrechen, welches nach der Verschiedenheit der organischen Gebilde, an denen es vorkömmt, in den Handbüchern der Pathologie unter dem Namen der Atresie und Ankylose aufgeführt wird.

Die Atresie (atresia) bezeichnet eine durch Verwachsung bedingte Vereinigung festweicher Theile, welche im Normalzustande von einander getrennt sind. Innigere Berührung der sonst geschiedenen Gebilde, Mangel der trennenden Zwischenkörper, z. B. des Oberhäutchens, des wässerigen Dunstes, des Fettes u. s. w., Erhöhung des Bildungsprozesses in den, in wechselseitiger Berührung stehenden Flächen, vor allen aber Entzündung derselben, sind die veranlassenden Ursachen dieser fehlerhaften Verbindung: denn unter diesen Umständen wird an den Berührungsflächen eine, in einem höhern Grade plastische, Lymphe gebildet, welche sehr schnell durch Gerinnung in organische Form übergeht, und so ein neues Verbindungsglied zwischen den vorhin getrennten Theilen hinein schiebt. Daß übrigens durch diesen Organisationsfehler die freye Bewegung der Organe, ihre Vegetation und lebendige Wechselwirkung unter einander in verschiedenen Graden gestört werden müssen, geht aus der Natur der Sache deutlich genug hervor.

Belege dazu finden sich am und im menschlichen Körper sehr häufig. So beobachtet man nicht selten Verwachsung der Augenlieder unter sich und mit dem Augapfel (ankyloplepharon), der Kryſtalllinſe mit der Traubenhaut, der harten Hirnhaut mit dem Schädel und den übrigen Gehirnhäuten, des Brustfelles mit der Lunge, des Herzbeutels mit dem Herzen, des Bauchfelles mit den Eingeweiden des Unterleibes, der Scheidenhaut des Hodens mit dem Hoden; man beobachtet Verschließung des äußern Gehörganges, der Nasen, des Afters, der Mutterscheide, des Muttermundes durch Verwachsung u. dergl. m. entweder als Folge von einer ursprünglich fehlerhaften Bildung, oder — was am häufigsten der Fall ist — von vorausgegangener Entzündung.

§. 284.

Die Gelenkverwachsung (ankylosis) besteht in einer innigen Vereinigung der, ein Gelenk bildenden, oder zunächst umgebenden Theile, wodurch seine Beweglichkeit aufgehoben wird. Die Entstehung derselben wird begünstiget durch Mißstaltung der knochigen Bestandtheile des Gelenkes, durch gehemmte Absonderung der Gelenkfeuchtigkeit, oder durch diejenige Entartung derselben, welche sich durch Überschuß an Faserstoff und Knochenerde auszeichnet; durch Anschwellung, Steifigkeit, Zusammenschrumpfen, Verwachsung der Gelenkbänder und ihrer nächsten Umgebungen, und schnell erzeugt durch Entzündung der eben genannten Gebilde.

§. 285.

Nicht weniger beeinträchtigt werden die Verrichtungen einzelner Organe und ihre mechanischen und dynamischen Wechselverhältnisse durch bedeutende Verminderung, oder gänzliche Aufhebung ihrer wechselseitigen **organischen** Verbindung, welche durch Schwächung, Erschlaffung, Verletzung, Zerstörung der Verbindungsglieder hervor gebracht werden. Hierher gehören die Schwäche der Gelenke, die Lostrennung der Knorpel und Knochenansätze von ihren Knochenkörpern, das Wackeln der Zähne u. s. w. Steigt dieses Gebrechen bis auf einen gewissen Grad von Höhe, so hat es regelwidrige Lage der Organe zur Folge, von welcher wir im nächstfolgenden Hauptstück umständlicher sprechen werden.

Viertes Hauptstück.
Von der regelwidrigen Lage der Organe.

§. 286.

Soll der Organismus das seyn, was der Name ausdrückt: soll ein jedes Organ desselben nicht bloß für sich, sondern auch für das Ganze, und dieses wieder für jedes Einzelne zweckmäßig wirken; so muß jeder Theil bestimmten räumlichen Verhältnissen unterworfen seyn, und in Beziehung zu den übrigen eine bestimmte Lage behaupten. Sobald ein Organ aus der ihm angewiesenen Lage verdrängt wird, so kann es weder dasjenige, was zu seinem Bestehen und regelmäßigen Wirken erfordert wird, von dem übrigen Organismus gehörig empfangen, noch **das** zweckmäßig leisten, was die Erhaltung des Ganzen von ihm erheischet. Es wird demnach dadurch wieder die Übereinstimmung aller Thätigkeiten des Organismus zur Einheit des Lebens aufgehoben und Krankheit ins Daseyn gerufen, die ihrem nächsten Grunde nach bloß auf jene Störung des Mechanismus bezogen werden kann.

Nach Verschiedenheit der Art und Weise, auf welche die regelwidrige Veränderung der Lage erfolgt, und nach Verschiedenheit der organischen Gebilde, welche diesem Gebrechen unterworfen werden, unterscheidet man gewöhnlich folgende Hauptarten derselben: die **Verrenkung**, die **Verschiebung der Muskeln**, den **Vorfall**, den **Bruch**, das **Ineinanderkriechen**.

§. 287.

Die **Verrenkung** (luxatio) besteht in dem Heraustreten eines Gelenkkopfes aus seiner Höhle, und erscheint auf zwey Stufen: als **unvollständige** und **vollständige** Verrenkung.

Die **unvollständige Verrenkung** (subluxatio, pararthrema) ist der leichtere Grad dieses Übels, welcher Statt findet, wenn der Gelenkkopf entweder nur zum Theil aus seiner Höhle gedrängt wird, oder, obgleich für einen Augenblick gänzlich herausgetrieben, von sich selbst wieder zurück springt, und Ausdehnung, Erschlaffung, Quetschung, zum Theil Zerreissung in den umgebenden Bändern, Sehnen, Nerven und Gefäßen, und daher Schmerz, Geschwulst, Entzündung, Unbeweglichkeit des Gliedes im Gelenke hinterläßt.

Die **vollständige Verrenkung** (luxatio completa, exarthrema) beruhet auf dem gänzlichen Austritte des Gelenkkopfes aus seiner Höhle und darauf folgendem Beharren desselben an einem fremden Orte. Die Folgen davon sind Ausdehnung, Quetschung, Zerreissung des Kapselbandes und der umgebenden Theile, besonders der Nerven und Gefäße, woraus Ergießung der Säfte, Geschwulst, Schmerz, Entzündung, Knochenfraß in den Theilen des Gelenkes und ihren nächsten Umgebungen entspringen. Die Zerreissung der Nerven, oder der Druck auf ihre Hauptstämme durch den ausgetretenen Gelenkkopf kann Betäubung oder Lähmung des ganzen verrenkten Gliedmaßes zur Folge haben, welches übrigens schon in Folge des gestörten Gelenkmechanismus Unbeweglichkeit, Veränderung in der Länge, verdrehte Stellung, darbieten muß. Wird die Einrichtung des Gelenkkopfes — welche indessen nicht in jedem Falle gegen alle Folgen der Quetschung, Entzündung und Eiterung schützen kann — vernachlässiget, so geschieht es zuweilen, daß die alte Gelenkhöhle allmählich aufgelöst und eingesogen wird, und unter dem beständigen Drucke des Gelenkkopfes eine neue Gelenkhöhle, und mit dieser ein stellvertretendes Gelenk erzeugt wird.

§. 288.

Bey der Nachforschung über die Ursachen der Verrenkung stößt man bey manchen Menschen auf eine auffallende Anlage zu diesem Gebrechen, welche aus einer unvollkommenen Ausbildung und Ernährung der zur Gestaltung der Gelenke beytragenden Theile, aus scrofulöser, rhachitischer, syphilitischer, oder einer andern krankhaften Metamorphose, aus Entzündung und Vereiterung derselben hervor geht, und die Sache dahin bringt, daß die leichteste Veranlassung, z. B. die eigene Muskelbewegung, die Verrenkung — die in diesem Falle die **von sich selbst entstandene** (luxatio spontanea) genannt wird — hervor zu rufen im Stande ist.

Wo diese Anlage fehlt, da wird immer eine stärkere mechanische Gewaltthätigkeit, welche vorzüglich auf das Gelenk wirkt, zur Erzeugung dieses Übels erfordert.

§. 289.

Die **Verschiebung der Muskeln** (luxatio musculorum) besteht in der gewaltsamen Absonderung eines Muskels von den übrigen wegen starker Ausdehnung oder Zerreißung des verbindenden Zellgewebes. Äußere Gewaltthätigkeit, heftige Anstrengung eines einzelnen Muskels, bey welcher die übrigen, mit denen er in Verbindung steht, nicht gleichmäßig folgen, erzeugen diese regelwidrige Lage, wodurch Krampf, Schmerz, Geschwulst im leidenden Muskel und Unbeweglichkeit des Gliedes, zu welchem er gehört, hervorgebracht werden.

§. 290.

Der **Vorfall** (prolapsus, proptosis) besteht in dem Heraustreten eines Eingeweides aus seiner Höhle nach auswärts, wo es sich ohne Hülle der Wahrnehmung darbietet. Erschlaffung, Zerreissung, Zerstörung der Verbindungsmittel, durch welche die Eingeweide in ihrer bestimmten Lage erhalten werden, z. B. des Zellgewebes, der Häute u. s. w. äußere Gewalt, geben zum Vorfalle Veranlassung, welcher nicht lange bestehen kann, ohne den Kreislauf in dem vorgefallenen Organe, seine Ernährung und äußere organische Thätigkeit zu stören und zugleich hemmend auf diejenigen Theile zu wirken, mit welchen jenes in Verbindung steht.

Es kann zwar ein jedes Eingeweide durch eine, durch Verwundung, oder auf eine andere Weise entstandene Offnung aus seiner Höhle vorfallen; indessen sind doch die gemeinsten Vorfälle folgende: der **Vorfall des Mastdarmes**, der **Mutterscheide**, bey welchen meistens die innere erschlaffte Haut hervor tritt, der Vorfall der **Gebärmutter**, welcher **vollständig** und **unvollständig**, **mit** und **ohne Umkehrung** dieses Eingeweides seyn kann; der Vorfall der **Regenbogenhaut** durch eine Wunde der Hornhaut, des **Auges** u. s. w.: der sogenannte Vorfall des obern Augenliedes und des Zäpfchens gehören nicht hierher.

§. 291.

Der **Bruch** (hernia) ist die fehlerhafte Lage eines

Eingeweides, wobey dasselbe aus seiner Höhle an einen fremden Ort ausgetreten ist, und daselbst, von einer ein- oder mehrfachen Hülle umgeben, verweilet. Diejenige Hülle, welche das ausgetretene Eingeweide zunächst einschließt, wird der **Bruchsack** genannt.

Der nächste Grund zur Entstehung eines Bruches ist entweder in regelwidrigen Veränderungen der Eingeweide, oder in einem fehlerhaften Zustande der Wände der einschließenden Höhle zu suchen: denn so wie diese durch Erweiterung ihrer eigenthümlichen, oder Bildung ganz neuer Oeffnungen den enthaltenen Eingeweiden den Durchgang nach außen gestatten können, so können jene durch ihren vermehrten Druck gegen die Wände sich den Ausgang aus der Höhle erzwingen.

Jeder Bruch ändert die Form der ergriffenen Organe, erschwert ihre dynamische Verbindung mit dem übrigen Organismus vermittelst der Nerven und Gefäße, hemmt ihre freye organische Thätigkeit, stört ihre Ernährung, und führt dadurch oft bedeutende Entartung ihrer Organisation herbey.

Die **Haupteintheilung** der Brüche richtet sich nach den Haupthöhlen des Körpers, und man unterscheidet von diesem Gesichtspunkte aus **Bauch-, Brust-** und **Kopfbrüche**.

§. 292.

Am häufigsten kommen die **Unterleibsbrüche** vor, und bilden in den gewöhnlichsten Fällen Geschwülste am Umfange der Bauchhöhle, in welchen irgend ein oder das andere Eingeweide des Unterleibes enthalten ist, das meisten Theils vom Bauchfelle — als dem eigentlichen Bruchsacke — umgeben, unter der Hautdecke, oder auch im Hodensacke verborgen liegt.

Es gibt viele Umstände, welche die große Häufigkeit der Unterleibsbrüche begünstigen, und welche sich auf die eigenthümliche Beschaffenheit dieser großen Höhle, der sie umgebenden Wände, der in ihr enthaltenen Eingeweide und der Verhältnisse derselben zum übrigen Organismus beziehen. Es ist bekannt, daß die Wände der Bauchhöhle größten Theils aus festweichen Theilen, nämlich aus einer nicht gar dicken Muskelschichte, die nach innen vom Bauchfelle, nach außen von der Hautdecke überzogen wird, gebildet werden. In den sehnigen Zwischenräumen dieser Muskeln befinden sich Oeffnungen für den Austritt größerer Gefäß- und Nervenstämme, welche bloß durch lockeres Zellgewebe verwahrt sind. Hierzu kommt die zwar zähe, aber äußerst nachgiebige Beschaffenheit des Bauchfelles. Es fehlt demnach im Umfange der Bauchhöhle nicht an Stellen, wo die Eingeweide bey ihrem Drange nach außen wenig Widerstand finden.

Nicht weniger wird die Entstehung von Bauchbrüchen begünstiget durch die große Last der in dem Sacke des Bauchfelles eingeschlossenen Eingeweide, durch ihre Schlaffheit, Beweglichkeit, durch ihren sehr veränderlichen Umfang, durch ihre Lage und ihr Verhältniß zu den übrigen Theilen des menschlichen Organismus, wodurch es geschieht, daß sie jeder mechanischen Einwirkung, die mit stärkerem Athmen, heftiger Anstrengung, gewaltsamer Bewegung oder Stellung des Körpers in Verbindung steht, bloß gestellt sind.

Diese natürliche Anlage wird noch sehr durch alle jene Umstände gesteigert, wodurch Zartheit, Weichheit und Schlaffheit der Organisation erzeugt wird.

§. 293.

Kommt nun zu der so eben geschilderten Anlage eine schädliche Einwirkung hinzu, wodurch der Drang der Eingeweide nach außen vermehrt, oder das Gegenstreben der Bauchwände bedeutend vermindert wird, so ist die Entstehung eines Bauchbruches unvermeidlich. Zu den Schädlichkeiten dieser Art gehören nun: jede mechanische Gewalt, welche von außen, besonders an jenen Stellen, welche die Entstehung der Brüche am meisten begünstigen, auf die Bauchdecken angebracht wird; zu starke Ausdehnung der Bauchwände von innen durch Bauchwassersucht, Trommelsucht, übermäßige Fettanhäufung, Vergrößerung der Eingeweide; gewaltsame Zusammenpressung der Baucheingeweide durch zu heftige Wirkung des Zwerchfelles und der Bauchmuskeln bey starker Anstrengung mit zurückgehaltenem Athmen, wie sie beym Heben schwerer Lasten, bey heftigem Drange zur Geburt, zur beschwerlichen Afterausleerung u. dergl. Statt findet; ähnliche Zusammendrückung von außen durch enge Kleidungsstücke, Schnürbrüste, Binden u. s. w. Erschütterung derselben Eingeweide durch Springen, Reiten, Schreyen, Niesen, Husten, Erbrechen u. s. f.

§. 294.

Bauchbrüche haben immer nachtheilige Wirkungen auf die Geschäfte der Unterleibsorgane. Da sie in den meisten Fällen den Darmkanal mit in ihr verderbliches Spiel ziehen; so verursachen sie bey ihrem ersten Entstehen gewöhnlich Störung der Verdauung, Kolikschmerzen, Blähungsbeschwerden, Leibesverstopfung und Hindernisse in der Bewegung des Körpers, Erscheinungen, welche sich aus der Zerrung des im Bruche enthaltenen Eingeweides, seiner Nerven und Gefäße, aus der Verengerung des Darmkanals, aus seiner erschwerten peristaltischen Bewegung leicht erklären lassen. In der Folge fügen sich die ausgetretenen Eingeweide zwar immer mehr und mehr in ihre neue Lage, und daher nehmen die eben genannten Zufälle nach und nach ab: allein es senkt sich immer mehr von den Eingeweiden des Unterleibes in die Höhle des Bruches, und dieser wächset oft zu einer ungeheuren Größe an: es erfolgen wegen gehemmten Kreislaufes regelwidrige Ernährung der im Bruchsacke enthaltenen Theile, Verdickung, Entartung, Verwachsung derselben unter einander und mit dem Bruchsacke u. s. w. Unter allen Folgen ist aber keine so gefährlich, als die Einklemmung des Bruches, d. h. die aufgehobene organische Gemeinschaft der in ihm enthaltenen Theile mit den in der Unterleibshöhle befindlichen Organen durch eine beträchtliche Verengerung des Halses des Bruchsackes, welche durch Entzündung, durch krampfhafte Zusammenziehung, durch zu starke Anfüllung desselben mit geschwollenen oder verdickten Organen, oder durch einen äußern Druck bewirkt werden kann, und woraus dann wieder hartnäckige Leibesverstopfung mit beständigem Erbrechen, Entzündung, Vereiterung, Brand, Tod, oder neue Afteröffnung entspringen. Zuweilen entsteht die Einklemmung mit dem Bruche selbst, d. h. in demselben Augenblicke, in welchem ein Theil eines Eingeweides sich einen Ausweg durch die Zwischenräume der Bauchmuskeln bahnen will, wird er alsogleich daselbst eingezwängt, und so werden alle Zufälle und Gefahren der Einklemmung herbey geführt, ohne daß sich der Bruch nach außen hin deutlich wahrnehmbar darstellt.

§. 295.

Die Eintheilung der Unterleibsbrüche geht von verschiedenen Gesichtspunkten aus, und liefert eine große Mannigfaltigkeit derselben.

So unterscheidet man nach den verschiedenen Stellen im Umfange des Bauches, an welchen Brüche zu entstehen pflegen: den Leistenbruch (hernia inguinalis — bubonocele —), welcher so lange diesen Namen führt, als der Bruch am Leistenringe haftet — den Hodensackbruch (hernia scrotalis — ischiocele —), welcher aus dem vorigen entsteht, indem er sich in den Hodensack hinab senkt, und welchen man den angebornen nennt, wenn ein Theil eines Eingeweides im Fötus schon mit dem Hoden in den Hodensack hinabsteigt und demnach in der Scheidenhaut des Hoden eingeschlossen ist; den erworbenen hingegen, wenn der Bruch nach dieser Periode entsteht und das herausgetretene Eingeweide sich außer der Scheidenhaut im Hodensacke befindet. — Den Schenkelbruch (hernia femoralis — myrocele —), welcher unter dem Poupart'schen Bande an der Durchgangsstelle der großen Schenkelgefäße entsteht — den Bruch am Verstopfungsloche, in der Mutterscheide, im Mittelfleische, in der weißen Linie — den Nabelbruch (h. umbilicalis — ompholocele —); außer denen noch, jedoch seltner, an jeder andern Stelle im Umfange des Unterleibes Brüche vorkommen können.

Ferner unterscheidet und benennt man die Bauchbrüche nach Verschiedenheit der Eingeweide, welche im Bruchsacke enthalten sind. So gibt es Darm-, Netz-, Harnblasen-, Gebärmutter-, Magenbrüche u. s. w.

Endlich macht man noch auf den Unterschied zwischen neu entstandenen und veralteten Brüchen aufmerksam.

§. 296.

Die Brusthöhle, welche viel fester verwahrt ist, als der Unterleib, ist aus eben diesem Grunde den Brüchen viel weniger unterworfen, welche nur dann in ihrem Umfange entstehen können, wenn in ihren Wänden durch irgend eine Verletzung, z. B. Verwundung, Knochenbruch, Eiterung, Knochenfraß, eine Öffnung entstanden ist. In diesem Falle kann allerdings ein Eingeweide der Brusthöhle, umgeben vom Brustfelle, aus derselben zum Theil heraustreten und einen Brustbruch bilden.

§. 297.

Eben so kann ein Theil des Gehirns durch eine Öffnung am Schädel austreten, und, von der harten Gehirnhaut eingeschlossen, einen Gehirnbruch bilden, durch welchen die äußern Bedeckungen in eine Geschwulst erhoben werden, die sich gleichzeitig mit dem Aus- und Einathmen senkt und hebt, und, von außen stärker gedrückt, die Zufälle von Betäubung, Schläfrigkeit, Lähmung oder Zuckungen erregt.

§. 298.

Das Ineinanderschieben (volvulus) kommt am häufigsten an den Därmen vor, und bestehet darin, daß ein Theil der Därme sich faltet und in den eigenen Kanal entweder nach unten, oder oben hineingeschoben wird, wodurch Verengerung des Darmkanals an dieser Stelle, Hemmung des freyen Durchgangs, hartnäckige Kolik, Umkehrung der peristaltischen Bewegung und Kothbrechen erregt werden. Dieser Fehler kann entstehen, wenn ein Theil des Darmkanals krampfhaft zusammen gezogen, oder zusammen gedrückt, und der andere zu gleicher Zeit erweitert wird, und dabey eine äußere Anstrengung, wie beym Niesen, Husten, Erbrechen, Stuhlzwang, u. s. w. Statt findet.

§. 299.

Wenn ein Theil des Organismus aus seiner regelmäßigen Lage verrückt und an einen fremden Ort hingeschoben wird, ohne eines der bisher beschriebenen Gebrechen darzustellen; so nennt man diese regelwidrige Lage mit einem allgemeinen Namen die Abweichung (aberratio), und rechnet dahin außer manchen andern besonders folgende Fehler.

Den sogenannten Bruch der Krystalllinse, wobey die Krystalllinse mit ihrer Kapsel von dem Glaskörper getrennt und an die Traubenhaut und Pupille angelehnt ist. Sie ist entweder Wirkung von einer äußern Gewaltthätigkeit oder von einer vorausgegangenen Vereiterung der Kapsel.

§. 300.

Die Umbeugung der Gebärmutter, d. h. die fehlerhafte Lage derselben, wobey sich ihr Grund in verschiedenen

Richtungen nach abwärts senkt, ihr Mund hingegen auf der entgegengesetzten Seite in die Höhe steigt, erhält eben nach der verschiedenen Richtung des Gebärmuttergrundes verschiedene Namen.

Die Umbeugung nach der Seite bezeichnet das Herabsinken des Gebärmuttergrundes in die rechte oder linke Beckenseite, wobey der Gebärmuttergrund in der entgegengesetzten Seite schief aufwärts gerichtet wird. Mißbildung des Beckens mit Erweiterung der einen und Verengerung der andern Seite desselben, vergrößertes Gewicht des Gebärmuttergrundes auf der einen oder der andern Seite, Verdrängung desselben aus seiner Lage durch fremde Körper, Geschwülste, Aftergebilde u. s. w. begründen diese fehlerhafte Lage, deren üble Folgen vorzüglich während der Schwangerschaft und Niederkunft wahrnehmbar hervortreten. Während der Schwangerschaft verursacht sie ungleiche Anschwellung des Bauches, Druck auf die Gefäße und Nerven des einen Schenkels, Oedem an demselben, Betäubung, Blutaderknoten; während der Niederkunft ungleiche Zusammenziehungen der Gebärmutter, Erschwerung der Geburt, der Nachgeburt, Blutflüsse u. s. w.

Bey der Umbeugung nach vorn wird der Gebärmuttergrund gegen die Harnblase geneigt, ihr Mund nach rück- und aufwärts getrieben. Dieser Fehler entsteht, wenn sich die Masse des Gebärmuttergrundes nach vorn beträchtlich vermehrt, wenn sich der Mutterkuchen in dieser Gegend ansetzt, wenn hinter der Gebärmutter Geschwülste und Aftergebilde sich befinden, wenn die Bauchmuskeln sehr geschwächt und erschlafft sind. Die Folgen davon sind ein Hängebauch während der Schwangerschaft, Druck auf die Harnblase und daher rührende Verhaltung des Harns, oder auch unwillkürlicher Abgang desselben, endlich mancherley Beschwerden bey der Niederkunft.

Die gefährlichste unter allen ist die Umbeugung der Gebärmutter nach rückwärts, wobey der Gebärmuttergrund zwischen Mastdarm und Harnblasenhals, ihr Mund gegen die Vereinigung der Schambeine zu stehen kommt. Am meisten sind diesem Gebrechen magere Frauen mit einem Becken, welches unten weiter, oben enger ist, in den drey ersten Monaten der Schwangerschaft unterworfen, und sie ziehen sich dasselbe unter diesen Umständen durch längere Verhaltung des Harns und zu starke Ausdehnung der Blase, durch heftiges Drängen bey der Stuhlentleerung u. dgl., durch Zusammenschnüren des Bauches, oder durch andere auf den Unterleib einwirkende Gewaltthätigkeiten leicht zu. Ist es einmahl entstanden, und wird es übersehen; dann keilt sich die schwangere Gebärmutter nach und nach zwischen den Mastdarm und den Blasenhals ein, verursacht Stuhl- und Harnverhaltung, hartnäckiges Erbrechen, Entzündung, kalten Brand und Tod.

§. 301.

Eine sehr wichtige Abweichung von der regelmäßigen Lage stellt die Schwangerschaft außer der Gebärmutter vor, die Frucht mag nun ursprünglich in der Gebärmutter empfangen und durch einen Riß derselben aus ihr in die Bauchhöhle gelangt seyn, oder sie mag sich gleich bey der Empfängniß an den Eyerstock oder an die innere Wand der Fallopischen Röhre, oder auch an irgend ein Eingeweide der Bauchhöhle angewurzelt haben, und daselbst fortwachsen.

Die Empfängniß in der Fallopischen Röhre war bisher immer tödtlich: denn die in derselben wachsende Frucht verursacht eine ungeheure Ausdehnung dieser Röhre, beträchtliche Erweiterung ihrer Blutgefäße, zuletzt Berstung mit innerer tödtlicher Verblutung.

Die Bauchschwangerschaft erzeugt zwar eine Menge Beschwerden, als Schmerzen, Erbrechen, schweren Athem, Unordnungen in der Stuhlausleerung, zu ihrer Zeit Geburtswehen, die aber, wie leicht einzusehen, ohne Erfolg bleiben, und eine, oft viele Jahre dauernde Bauchgeschwulst, in welcher die mit einer kalkartigen Kruste überzogene Frucht enthalten ist. Zuweilen geschieht es, daß diese in eine Jauche aufgelöset wird, und daß derselben sammt den Knochen der Frucht durch ein in den Bauchdecken oder den Gedärmen geöffnetes Geschwür ein Ausweg gebahnt, und so die Schwangerschaft am unrechten Orte vollkommen gehoben wird.

§. 302.

Andere Fehler in der Lage sind: die Verwechslung der Eingeweide der beyden Körperhälften, bey welcher die Eingeweide der linken Seite auf die rechte zu liegen kommen, und umgekehrt, und welche meistens Folge einer ursprünglich regelwidrigen Bildung, zuweilen aber auch krankhafter Veränderungen ist. So hat man z. B. das Herz zuweilen in der rechten Brusthöhle gefunden, nachdem das Mittelfell und die rechte Lunge durch Vereiterung zerstört waren. Ferner das Herabsinken des Magens in die Unterleibsgegend, welches zuweilen bey großen Brüchen Statt findet: das Stekkenbleiben der Hoden in der Bauchspalte, was oft ohne Nachtheil ertragen wird, nur nicht mit einem Leistenbruch verwechselt und verkehrt behandelt werden darf.

Fünftes Hauptstück.
Von dem regelwidrigen mechanischen Verhältnisse der Flüssigkeiten zu ihren Gefäßen.

§. 303.

Die Bildung und immerwährende Wiederbildung des Organismus in allen seinen Theilen und jede Äußerung des Lebens fordert einen großen Aufwand von Flüssigkeiten, welche allen Organen in bestimmten Gefäßen zu und von denselben zurückgeführt werden müssen, damit jedes einzelne für sich und für das Ganze in Rücksicht auf Art und Maß zweckmäßig wirke. Indem nun die Flüssigkeiten in ihren Gefäßen enthalten und bewegt werden, treten sie zu denselben nicht bloß in dynamische, sondern auch in mechanische Wechselverhältnisse, welche letztere durch ihre Menge, Dichtigkeit und ihren Umfang bestimmt werden, und sich durch einen bestimmten Grad von Anfüllung und Ausdehnung der Gefäße äußern. Welchen nachtheiligen Einfluß eine bedeutende Störung dieser mechanischen Verhältnisse auf die Gestaltung der Organe und ihre Lebensgeschäfte haben könne; das wird schon aus dem ersichtlich, was oben §. 272 ff. über die krankhafte Erweiterung und Verengerung der Gefäße und ihre Folgen aus einander gesetzt wurde.

§. 304.

Außer diesem soll hier nur noch die sogenannte **Verirrung der Säfte** (error loci), welche zu jener Zeit, wo die mechanische Ansicht des Organismus die herrschende in der Medicin war, eine so wichtige pathologische Rolle spielte, unsere Aufmerksamkeit einiger Maßen beschäftigen. Man verstand darunter diejenigen regelwidrigen räumlichen Verhältnisse der Säfte, welche Statt finden, wenn sie aus ihren eigenthümlichen Gefäßen an fremde Orte geführt werden, und unterschied mehrere Gattungen derselben, z. B. die Verirrung der Nahrungssäfte (error nutrimenti), die Verirrung mit Einzwängung der Säfte (error impactorum), die Verirrung der fließenden (error fluentium) und der ergossenen Säfte (error effusorum).

§. 305.

Die Verirrung der Nahrungssäfte beruhet auf unerwiesenen Voraussetzungen. Man nahm an, daß ein jeder Theil des Organismus seinen eigenthümlichen Nahrungsstoff im Blute schon vorbereitet und ausgebildet finde, und ihn aus demselben auf eine mechanische und chemische Weise aufnehme. Durch veränderten Mechanismus der kleinsten Gefäße und veränderten Chemismus der zu ernährenden Organe sollte es nun geschehen, daß sich ganz fremdartige Nahrungsstoffe an gewisse Organe ansetzten, und so erklärte man die krankhafte Entartung der organischen Substanz in manchen Gebilden, z. B. die Umwandlung der Muskelfasern in Fettwachs, die Verknöcherung der Häute u. s. w. Daß man hierbey das eigenthümliche Leben, Bildungs- und Umbildungsvermögen der zu ernährenden Organe übersah, darüber kann man nicht lange zweifelhaft bleiben, wenn man dasjenige gehörig beherziget haben wird, was §. 212 über die Entartung der organischen Substanzen vorgetragen wurde.

§. 306.

Eben so hypothetisch begründet war die Verirrung der Säfte mit Einzwängung derselben, indem sie sich auf die mechanische Zusammensetzung der Flüssigkeiten aus kleinen, dichten, elastischen Kugeln von bestimmten und beharrlichen Durchmessern stützte. Man ließ solche Kügelchen von unverhältnißmäßig großem Durchmesser in engere Gefäße getrieben werden, daselbst stocken, und daraus Verstopfungen der Gefäße, eine der ergiebigsten Quellen anderer Übel, entstehen. Es braucht wohl keiner umständlichen Nachweisung, daß bey dieser Erklärung auf die Lebensverhältnisse zwischen den Säften und ihren Gefäßen, und auf die große chemische und mechanische Veränderlichkeit der erstern durch den Einfluß des Lebensprozesses auf sie gar keine Rücksicht genommen wurde.

§. 307.

Wenn eine Flüssigkeit aus ihren eigenen in fremde Gefäße übertritt, und durch dieselben fortbewegt wird, so nannte man dieses die Verirrung der fließenden Säfte. Dieser Übergang kann durch regelwidrige Absonderung und Einsaugung, oder auch dadurch erfolgen, daß rothes Blut aus den eigentlichen Blutgefäßen in die Capillargefäße hinüber getrieben wird, welches bey unverhältnißmäßiger Thätigkeit von jenen, und bey zu geringem Widerstande von diesen der Fall seyn kann. Indessen scheint doch das in den Capillargefäßen enthaltene rothe Blut nicht immer aus den Blutgefäßen in sie übertragen, sondern oft ursprünglich in denselben erzeugt worden zu seyn. Die übeln Folgen, welche aus dieser Art von Verirrung der Säfte entstehen müssen, werden sogleich begreiflich, wenn man auf das neue Reitzverhältniß, welches eine fremdartige Flüssigkeit in den, an sie nicht gewohnten, Gefäßen zu Stande bringt, und auf die Unordnungen, welche daraus in den verschiedenen Geschäften der Vegetation entstehen, Rücksicht nimmt.

§. 308.

Der Austritt einer Flüssigkeit aus ihrem Gefäße in irgend eine fremde Stelle, wo sie still steht, ist bey den Alten die Verirrung mit Ergießung; deren Quelle mannigfaltig ist, indem sie durch Verletzung der Gefäße, durch übermäßige Erweiterung derselben, durch Auflösung der Säfte, durch

aufgehobenes Gleichgewicht zwischen Abſonderung und Einſaugung veranlaßt werden kann. Auch ſind die Wirkungen
dieſes Fehlers nach dem verſchiedenen Grade deſſelben, nach
Verſchiedenheit der ausgetretenen Flüſſigkeit und nach Verſchiedenheit des Theiles, in welchen die Ergießung Statt
findet, ſehr verſchieden. Die ergoſſene Flüſſigkeit wirkt zuerſt
mechaniſch auf die Theile, mit welchen ſie zunächſt in Berührung kömmt, und hemmt durch Druck, Ausdehnung, Zerrung ihre Lebensbewegungen, oder ſtört ſie auch als fremdartiger Reitz, deſſen nachtheilige Einwirkung um vieles verſtärkt wird, wenn die ſtockende Flüſſigkeit zerſetzt, und mancherley Verderbniſſen unterworfen wird. Aus allem dieſen
entſtehen läſtige Gefühle, Geſchwulſt, Entzündung, Eiterung,
Verſchwärungen, mit allen ihren traurigen Folgen.

Symptomatologie.

Bestimmung der Symptomatologie.

§. 309.

So wie die allgemeine Nosologie die Vernunfterkenntniß der Krankheit entwickelt, so führt uns die Symptomatologie zur sinnlichen Anschauung derselben: denn so, wie jene lehrt, was und wie die Krankheit ist, so erklärt uns diese, wie die Krankheit in der Wirklichkeit erscheint: Erscheinen aber kann uns die Krankheit nur durch die sinnlich wahrnehmbaren Veränderungen, welche sie in den Lebensäußerungen des Organismus — den mannigfaltigen Verrichtungen desselben — und ihren Erzeugnissen — den organischen Stoffen und Gebilden — hervorbringt. Eben diese Veränderungen nennt man deßwegen Krankheitserscheinungen (Symptome) und die systematische Darstellung derselben Symptomatologie.

§. 310.

Es ist aber nicht genug, daß die Symptomatologie die Krankheitserscheinungen historisch aufzählt; sie hat vielmehr die höhere Aufgabe, sie wissenschaftlich zu verfolgen, und durch alle ursächlichen Verhältnisse hindurch, auf ihre erste Quelle, die Krankheit, aus welcher sie entspringen, zurück zu führen. Sie muß daher den umgekehrten Weg von jenem einschlagen, auf welchem die allgemeine Nosologie einge=

schritten ist. So wie nämlich diese von dem Innern, Einfachern, zu dem Äußern, Mannigfaltigen sich entwickelt, so muß die Symptomatologie von der Mannigfaltigkeit der Erscheinungen zu der Einheit des Wesens der Krankheit hinansteigen.

§. 311.

Auf diese Weise behandelt, enthält die Symptomatologie eine höhere Bedeutung und einen sehr großen Werth für den Arzt. Denn die Symptome, in ihrer Beziehung auf die Krankheit erkannt, geben dem Arzte zugleich die **Kennzeichen** ab, vermittelst welcher er nicht bloß die **Form**, sondern in vielen Fällen auch das **Wesen** der Krankheit erkennt. Daß die **Form** der Krankheit aus ihren Symptomen erkannt werde, ergibt sich schon aus dem Begriff von Krankheitsform, welche nichts anderes aussagt, als den Inbegriff aller Krankheitserscheinungen, welche unter bestimmten Raum- und Zeitverhältnissen zu einem Ganzen verbunden sind. Aber auch zur Erkenntniß des **Wesens** der Krankheit oder ihres Charakters — in so fern sie nämlich der menschlichen Vernunft auf dem gegenwärtigen Standpunkte unseres ärztlichen Wissens erreichbar ist — führt eine gründliche Würdigung der Symptome: dieses folgt aus der innigen ursächlichen Verbindung, welche zwischen diesen und der Krankheit obwaltet.

Zwar ist es wahr, und auch nie ernstlich in Abrede gestellt worden, daß **einzelne** Symptome, in ihrer Geschiedenheit betrachtet, bey der Untersuchung des Wesens der Krankheit sehr unzuverläßige Führer sind; indem ganz verschiedene, ja einander entgegengesetzte Krankheitszustände dieselben Erscheinungen zu Tage fördern können. Dieses ist aber keineswegs auf den Inbegriff **aller** Symptome einer Krankheit anwendbar, indem dieser als der äußere Ausdruck des inneren Wesens der Krankheit zur sichern Erkenntniß des letztern führen muß.

Hieraus wird zugleich die enge Verbindung ersichtlich, welche zwischen **Symptomatologie** und **Semiotik** Statt findet. **Semiotik** ist im Grunde nichts anderes, als Symptomatologie, auf den bestimmten Zweck der Erkenntniß der Krankheit angewendet; in so fern nämlich die Krankheitserscheinungen als Kennzeichen des krankhaften Zustandes benutzt werden.

§. 312.

Die Krankheitserscheinungen können von einem zweyfachen Gesichtspunkte aus betrachtet werden, **einzeln** nämlich und **in ihrer Gesammtheit**, in so weit sie nämlich die erscheinende Krankheit oder die Krankheitsform darstellen. Die einzelnen Krankheitserscheinungen in ihrer Beziehung zur Krankheit sind Gegenstände der eigentlichen **Symptomatologie**. Betrachtet man die Krankheitserscheinungen in ihrer Gesammtheit, oder die Krankheitsformen, so sind die ersten und allgemeinsten Verhältnisse, auf welche man bey dieser Betrachtung geleitet wird, diejenigen, welche aus ihrem Seyn im Raume und in der Zeit hervorgehen, und deren Entwicklung man am füglichsten die **allgemeine Krankheitsgeschichte** nennen kann.

Eigentliche Symptomatologie.

Von den Krankheitserscheinungen überhaupt.

§. 313.

Krankheitserscheinung, Krankheitszufall, Symptom, ist der äußere Ausdruck der Krankheit, wodurch diese ihre Gegenwart dem Kranken und dem Arzte verkündiget. Sie bestehet, wie bereits §. 309 erwähnt wurde, in jeder sinnlich wahrnehmbaren abnormen Veränderung der Lebensäußerungen, Verrichtungen und ihrer materiellen Producte.

§. 314.

Die Krankheitserscheinungen werden nach verschiedenen Gesichtspunkten eingetheilt; indem nicht alle regelwidrigen Phänomene, welche am Kranken beobachtet werden, in gleicher Beziehung zur Krankheit stehen. Hierauf gründet sich zuerst die Unterscheidung der Symptome in wesentliche und zufällige, je nachdem sie mit der Krankheit in nothwendigem, ursächlichem Zusammenhange sind, oder ohne nothwendige Verbindung mit der Krankheit selbst, aus Nebenverhältnissen, welchen der Kranke während derselben ausgesetzt ist, entspringen.

Das enge Verhältniß, in welchem die wesentlichen Zufälle zu der Krankheit stehen, erfordert, daß jene mit dieser entstehen, zu= und abnehmen und verschwinden müssen. Die zufälligen Krankheitserscheinungen hingegen sind keineswegs so nothwendig an die Krankheit gebunden: sie sind bloß die Folge der neuen Verhältnisse, in welche das erkrankte Organ zu den übrigen Theilen des Organismus, oder der Organismus zu den Außendingen durch die Krankheit versetzt wird. So entstehen während einer Krankheit nicht selten consensuelle und antagonistische Bewegungen, und aus diesen entspringen Zufälle, die nicht immer in einem nothwendigen Zusammenhange mit der Krankheit selbst stehen. Nicht minder wird die Empfänglichkeit des erkrankten Organismus für die äußern Einflüsse durch die Krankheit selbst mächtig umgestimmt, und so geschieht es, daß diese auf jenen auf eine ganz andere Weise wirken, als im gesunden Zustande, und nicht selten regelwidrige Erscheinungen hervorrufen, die, obschon nicht nothwendig aus der Krankheit fließen, des Kranken Leiden nicht wenig vermehren, die Krankheit selbst verschlimmern, verwickeln, die Wirkungen der Heilmittel hemmen, zuweilen aber auch zum Heil des Kranken ausschlagen, und die Heilung der Krankheit einleiten, welche mit Unrecht die stolze Kunst auf ihre Rechnung schreibt.

§. 315.

Die Krankheitserscheinungen können ferner in **ursprüngliche** und **abgeleitete** unterschieden werden. Die **ursprünglichen** (symptomata primaria) gehen zunächst aus der Krankheit selbst hervor; die **abgeleiteten** (s. secundaria) sind Wirkungen der ursprünglichen. So kann das Erbrechen bald ein ursprüngliches Symptom, bald die Wirkung eines andern, z. B. eines heftigen Hustens, seyn.

In den ältern Handbüchern der Pathologie hatte diese Eintheilung eine andere Wendung, indem man **Symptome der Ursache, Symptome der Krankheit** und **Symptome der Symptome** darstellte. Allein bey näherer Prüfung dieser Eintheilung überzeugt man sich bald, daß die sogenannten Symptome der Ursache kein Glied derselben werden können: denn jeder schädliche Einfluß kann nur in so fern Symptome, d. h. Krankheitserscheinungen, ins Daseyn rufen, in wie fern er zuvor einen krankhaften Zustand im Organismus erzeugt hat: Symptome können daher immer nur, es sey unmittelbar oder mittelbar auf die Krankheit bezogen werden; und wenn eine und dieselbe Schädlichkeit außer der Hauptkrankheit noch Nebenleiden erzeugt, so sind die Erscheinungen, welche aus dem letztern entspringen, nicht Phänomene der Ursache, sondern Zufälle einer verwickelten Krankheit. Es kann daher nur Symptome der Krankheit und Symptome der Symptome, oder, wie wir vorhin schärfer bestimmten, ursprüngliche und abgeleitete Krankheitszufälle geben.

§. 316.

Man macht ferner einen Unterschied zwischen den Erscheinungen, welche der krankhaften Veränderung an sich angehören, und zwischen jenen, welche man der aufgeregten Zurückwirkung des Lebens und dessen Heilungsbestreben zuschreibt, und bezeichnet die letztern mit dem Namen der thätigen oder Hülfssymptome. Man rechnet dahin die consensuellen und antagonistischen Bewegungen, welche krankhafte Zustände einzelner Systeme und Organe in den übrigen hervorrufen, und überhaupt jede Erscheinung, welche sich auf erhöhte Lebensthätigkeit, sey es unter der Form der Erregung oder der Reproduction, gründet, in so fern diese durch den Krankheitsprozeß oder durch die denselben veranlassende Schädlichkeit erweckt wird.

§. 317.

In ihrer Beziehung zur Zeit theilt man die Krankheitszufälle in beharrliche und vorübergehende. Die erstern begleiten die Krankheit ohne Unterbrechung vom Anfange bis zu ihrem Ende: die letztern treten nur zu bestimmten Zeiten wahrnehmbar hervor, und verschwinden wieder in längern oder kürzern Zwischenräumen für die Wahrnehmung. Die beharrlichen Symptome, obschon sie beständige Begleiter der Krankheit sind, zeigen sich dennoch während des ganzen Verlaufes derselben nicht immer in demselben Grade von Heftigkeit: denn so wie der Krankheitsprozeß an bestimmte

Raum- und Zeitverhältnisse gebunden, während seines Verlaufes in seiner Zu- und Abnahme bestimmte Zeitabschnitte beobachtet, so muß dieses auch von seinen Äußerungen, d. h. von seinen Symptomen gelten. Das Sinken des Krankheitsprozesses kann aber auch bis auf einen Grad herabgehen, wo er sich nicht mehr für die Wahrnehmung zu äußern vermag, ohne deßwegen im Innern gänzlich erloschen zu seyn, wo demnach seine Zufälle auf eine bestimmte Zeit verschwinden müssen.

§. 318.

Es ist immer wichtig, die mannigfaltige Beziehung der Krankheitserscheinungen zur Krankheit gehörig zu würdigen, und zu bestimmen, welche Symptome der Krankheit an sich, welche dem Heilbestreben des Lebens, der Kunst oder dem Zufall beyzumessen seyn. Denn auf diese Würdigung stützen sich Diagnose, Prognose, und die Bestimmung eines bald mehr, bald minder thätigen Heilverfahrens; auf sie stützt sich der Grad von Zuverläßigkeit der Krankheitsbeobachtungen und Heilungsgeschichten.

§. 319.

Die Erkenntniß der Symptome kann nur aus der genauen Beobachtung der einzelnen Verrichtungen des Organismus und des Zustandes ihrer Organe und Erzeugnisse geschöpft werden (§. 309). Um aber bey der Musterung der in den mancherley krankhaften Zuständen möglichen Symptome einem ordnenden Leitfaden zu folgen, scheint es uns zweckmäßig, dieselben nach den zwey Hauptsystemen des thierischen Organismus in Reih und Glied zu stellen, und zuerst die Krankheitserscheinungen im vegetativen, dann jene im animalischen Systeme zu betrachten, überall aber so zu Werke zu gehen, daß wir den Lebensäußerungen unter jeder Form, in so fern sie nämlich unter der Gestalt der Erregung, oder unter jener der organischen Bildung in die Erscheinung treten, unsere Aufmerksamkeit schenken.

Erster Abschnitt.
Von den Krankheitserscheinungen im vegetativen Systeme.

§. 320.

Als vegetatives System bezeichnen wir hier das Gefäßsystem im weitern Sinne, indem wir unter Gefäß jedes hohle Organ verstehen, welches zur Aufnahme, Umwandlung und Weiterbeförderung der Nahrungs- oder Auswurfsstoffe des thierischen Organismus bestimmt ist. Wir werden demnach in diesem Abschnitte alle Symptome durchgehen, welche sich auf die zur Vegetation zunächst beytragenden Verrichtungen: die Verdauung, Chylification, Assimilation und Blutbereitung, Ernährung, Se- und Excretion, ihre Organe und Producte beziehen.

Erstes Hauptstück.
Von den Krankheitserscheinungen in den Verrichtungen des Speisekanals.

§. 321.

Der Speisekanal, welcher mit der Mundhöhle anfängt, und am After endiget, hat die vielfache Bestimmung, die Nahrungsmittel zur Verdauung vorzubereiten, die Verdauung und Bereitung des Milchsaftes zu vollbringen, diesen den einsaugenden Gefäßen darzubieten, und die Auswurfsstoffe durch den After nach außen zu befördern. Er steht zu diesem vielfachen Zwecke mit dem übrigen Organismus in mannigfaltiger organischer und dynamischer Verbindung, welche durch die Fortsetzung seiner Häute, durch seine zahlreichen Nerven, besonders durch die vom Ganglienssysteme erhaltenen, durch die große Anstalt der Saugadern, durch Blutgefäße, vorzüglich durch das bedeutungsvolle Pfortadersystem, vermittelt wird. Daher erhalten denn auch die Krankheitszufälle, welche sich vom Speisekanal aus der Beobachtung darbieten, eine hohe diagnostische Bedeutung in sehr vielen Krankheiten, vor allen aber in den Krankheiten mit überwiegendem Leiden der Vegetation, welche in den allermeisten Fällen mit Unordnung in diesem Kanale beginnen, oder in der Folge doch mit derselben in Verbindung treten.

§. 322.

Die Zahl dieser Krankheitserscheinungen ist sehr beträchtlich, und wir hoffen eine leichtere Übersicht derselben zu gewinnen, wenn wir die Erscheinungen krankhafter Erregung von jenen der regelwidrigen Bildung in dieser Organenreihe trennen, und beyde Gattungen besonders in ihren Beziehungen zu den krankhaften Zuständen, von welchen sie ausgehen, darstellen.

§. 323.

Zu den Symptomen gesetzwidriger Erregung im Speisekanal gehören die krankhaften Gefühle, die Erscheinungen regelwidriger Muskel- und Zellenbewegung.

Zu den krankhaften Gefühlen, welche vom Speisekanale ausgehen, zählen wir außer den mancherley Fehlern des Geschmacks, verminderte Eßlust, Widerwillen gegen Speisen, die verschiedenen Arten von krankhaftem Hunger, als Heiß-, Hunds- und Wolfshunger, die Gelüste, welche die Schriftsteller unter den Namen malacia und pica unterscheiden, den verminderten und übermäßigen Durst, das Sodbrennen, den Magenkrampf, die Kolik und den Stuhlzwang.

Die Muskel- und Zellenbewegung liefert an Krankheitserscheinungen: die Fehler des Saugens, Kauens und Schlingens, das Aufstoßen, Erbrechen, die Darmgicht, die Brechruhr, den Bauchfluß, die Leibesverstopfung, den Trommelbauch.

§. 324.

Krankhafte Gefühle. Die mancherley Arten regelwidrigen Geschmackes stehen zwar mit den Unordnungen in der Verdauung in der engsten Verbindung; indessen lassen sich doch die Symptome des Geschmackes nicht wohl von jenen der übrigen äußern Sinne trennen, und wir müssen uns deßwegen hier vorbehalten, ihre Beziehungen zur gestörten Verdauung weiter unten zur Sprache zu bringen.

Der Mangel an Appetit bedeutet gewöhnlich träge und gestörte Verdauung, und entspringt folglich mit dieser aus gleicher Quelle (§. 155).

Widerwille gegen Speisen bezeichnet nicht bloß einen Mangel an Appetit, sondern ein positives widerwärtiges Gefühl, welches bey dem Anblicke, Geruche, Geschmacke der Speisen, oder auch nur bey der Erinnerung an dieselben vom Magen ausgeht. Er weiset auf krankhaft gesteigerte Empfindlichkeit der Magennerven, wie sie bey Schwäche oder specifischen Krankheitsprozessen, z. B. Entzündung u. s. w., Statt findet, oder auf fremdartige, idiopathische oder sympathische Reitzung des Magens, z. B. von Überladung, ausgearteten Nahrungsmitteln, verdorbenen Verdauungssäften, Ekel erregenden Arzneyen, Giften, von widerwärtigen Eindrücken auf den Geruchs- oder Geschmackssinn, oder auf die Einbildungskraft, von regelwidrigen consensuellen oder antagonistischen Zurückwirkungen anderer, krankhaft ergriffener Organe auf den Magen. Diese Umstände verstimmen das Gefühl oft auf eine solche Art, daß der Widerwille bloß gegen eine bestimmte Gattung von Nahrungsmitteln gerichtet ist, z. B. gegen Fleischspeisen, fette, saure, schleimige Dinge u. s. w.

§. 325.

Ein zu lebhaftes Magengefühl, welches mehr Speisen fordert, als zur Erhaltung des Organismus nothwendig ist, stellt in verschiedenen Graden den krankhaften Hunger dar, welcher seinen Grund entweder in einer zu großen Beschleunigung der Verdauung, oder in einer zu schnellen Entleerung des Magens, oder auch in einer eigenthümlichen Verstimmung seiner Nerven haben kann. Er ist daher die Wirkung von einer schärfern, mehr oxydirten, oder offenbar sauren Beschaffenheit des Magensaftes; von zu rascher Einsaugung, welche dann wieder mit krankhaften Ausleerungen plastischer Säfte, oder mit einer zu sehr beschleunigten Verzehrung des organischen Stoffes in Verbindung steht; von zu lebhafter peristaltischer Bewegung, wodurch die Nahrungsmittel, wenn auch schon unvollkommen verdauet, zu früh aus dem Magen weiter befördert werden; von zu großem Umfange des Magens, oder von Gemeinschaft desselben mit hohlen Anhängen und Säcken; zuweilen von einem kranken Zustande der Nerven, wie bey Hysterie, Hypochondrie, Manie, welcher aber doch meistens wieder einen regelwidrig bestimmenden Einfluß auf die Verdauungssäfte äußert.

Man führt verschiedene Arten der krankhaften Freßsucht an, als: den Heißhunger (bulimus), d. h. Hunger mit einem so heftig angreifenden Gefühle, daß es leicht bis zur Ohnmacht steigt; den Hundshunger, diejenige Art des krankhaften Hungers, wobey die hastig verschlungenen Speisen durch Erbrechen in kurzer Zeit zurückgeworfen werden; den Wolfshunger, welcher sich durch schnelle Entleerung der begierig genossenen Nahrungsmittel durch den After auszeichnet.

Ferner gehören hierher noch die krankhaften Gelüste, welche bey den Schriftstellern unter den Namen malacia und pica vorkommen. Malacia bezeichnet eine heftige Begierde nach einer bestimmten Art von Nahrungsmitteln mit gleichzeitigem Widerwillen gegen jede andere: pica aber drückt ein Gelüste nach Dingen aus, die ihrer Natur nach nicht zu Nahrungsmitteln bestimmt sind, z. B. nach Erden, Kohle u. s. w. Diesen Gelüsten liegen oft dunkle Gefühle von der eigenthümlichen Beschaffenheit des krankhaften Zustandes des Magens, oder des übrigen Körpers zum Grunde, wodurch dann nicht selten der Instinct zur Aufsuchung heilsamer Gegenmittel aufgeregt wird; in andern Fällen aber sind sie Folge eines krankhaft verstimmten Nervensystems.

§. 326.

Der Durst zeigt sich in Krankheiten zuweilen auffallend vermindert, häufiger aber zu sehr vermehrt. Mangel an Durst (adipsia) entspringt aus Trägheit des Lebensprozesses überhaupt, aus Betäubung des Gefühles, aus zu reichlicher Absonderung im Schlunde und Magen, besonders aus vermehrter Schleimabsonderung, in manchen Fällen wahrscheinlich auch aus verstärkter Einsaugung der Haut, wodurch eine größere Menge von Feuchtigkeit aus der Atmosphäre aufgenommen wird.

Uebermäßiger Durst (polydipsia) ist ein Begleiter vieler, besonders fieberhafter Krankheiten. Sehr oft setzt er zu große Beschleunigung des Lebensprozesses und dadurch bedingte zu rasche Zersetzung und Verwendung des Wassers im lebenden Organismus, nicht selten auch großen Verlust desselben durch zu häufige wässerige Ausleerungen voraus; zuweilen wird er durch eine Schärfe, welche sich im Munde, Schlunde oder Magen befindet, mitunter durch bloße Nervenaffection bewirkt. Dieses Symptom vermehrt die Beschwerden der Kranken, und hat, wenn dem übermäßigen Durste durch zu reichlichen Genuß von Getränken Genüge geleistet wird, Überladung des Magens mit Flüssigkeiten; wenn aber dem Kranken das Getränk versagt wird, entweder große Hinfälligkeit, oder — bey fieberhaften Krankheiten — Zunahme der Hitze und des ganzen Krankheitsprozesses zur Folge.

§. 327.

Andere krankhafte Gefühle, die sich zunächst auf den Magen beziehen, sind das Sodbrennen und das Magenweh. Das Sodbrennen (soda, pirosis) bestehet in einer lästigen, brennenden Empfindung, wie von einer scharfen Säure, welche vom Magen ausgeht, und sich dem Schlund entlang nach aufwärts verbreitet. Es entsteht von Magensäure, von ranziger Entartung des Speisebreyes, von genossenen Schärfen, von oberflächlicher Entzündung der Schleimhaut des Rachens und Schlundes.

Das Magenweh (cardialgia) drückt ein heftigeres schmerzhaftes Gefühl aus, welches sich durch Druck, Stechen, Reissen, Zusammenziehen, Winden oder Zusammenschnüren des Magens äußert. Krankhaft gesteigerte Empfindlichkeit dieses Organs, welche aus verschiedener Quelle entspringet: mechanische Reitzungen desselben von zu großer Ausdehnung durch übermäßig genossene Nahrungsmittel, durch entwickelte Luft, Reitzung von verschluckten harten, spitzigen Körpern, von Würmern, von organischen Fehlern des Magens oder der benachbarten Eingeweide, z. B. Geschwülsten, Verhärtungen, Verknöcherungen, Steinen u. s. w. chemische Reitzung von Giften, entarteten Säften u. dgl., consensuelle Reitzungen, welche sich von andern erkrankten Organen dem Magen mittheilen, bieten sich dem forschenden Blicke als erregende Ursachen dieses lästigen Zufalles dar, welcher wieder andere Beschwerden, Entzündung, Krämpfe,

Zuckungen, Ohnmachten u. s. w. in seinem Gefolge haben kann.

§. 328.

Dieselben schmerzhaften Gefühle stellen, wenn sie im Darmkanale hervortreten, die Kolik dar, welche auch in Rücksicht ihres verschiedenartigen Ursprungs mit dem Magenweh die größte Ähnlichkeit hat. Eine schmerzhafte Empfindung an der Mündung des Mastdarmes mit beständigem Drängen zur Stuhlentleerung ist Stuhlzwang (tenesmus), welcher von übermäßiger Empfindlichkeit des Mastdarms bey einem entzündlichen, krampfhaften oder andern Krankheitszustande, von idiopathischen Reitzungen, z. B. Madenwürmern, Hämorrhoidalgeschwülsten, scharfen Säften, oder auch von consensuellen Reitzungen, welche von der Urinblase, der Gebärmutter u. s. w. ausgehen können, hervorgebracht wird.

Daß übrigens bey diesen schmerzhaften Empfindungen im Magen und Darmkanale die peristaltische Bewegung, die Absonderung und Einsaugung der Säfte, und mit allem diesen das Verdauungs- und Chylificationsgeschäft, so wie die Afterentleerung auf mannigfaltige Weise gestört werden müssen, dieses bedarf für den, welcher den großen Einfluß der Nerven auf das Muskel- und Gefäßleben gehörig zu würdigen weiß, keiner weitern Erklärung.

§. 329.

Auch das abgestumpfte Gefühl im Darmkanale, vorzüglich aber an der Mündung des Afters, verdient die Aufmerksamkeit des Arztes. Das letztere bringt den Menschen nicht selten dahin, daß er zur gehörigen Zeit die Stuhlausleerung vernachlässiget, und sich dadurch habituelle Leibesverstopfung zuziehet. Ist aber dabey zugleich der Schließmuskel des Afters gelähmt, so hat dieses unwillkürlichen Abgang des Darmunrathes zur Folge.

§. 330.

Außer den krankhaften Gefühlen spielen die Symptome, welche von gestörter Muskelbewegung im Speisekanale ausgehen, eine sehr bedeutende Rolle, und verdienen die Aufmerksamkeit des Arztes in einem hohen Grade. Vielfach ist die Muskelbewegung, welche zur Vorbereitung und Vollbringung der Verdauung und zu allen übrigen Geschäften des Darmkanals wesentlich beyträgt, am Ein- und Ausgange des Nahrungskanals der Willkür, in der ganzen übrigen Ausdehnung desselben aber bloß organischen Gesetzen unterworfen. Die Symptome, welche sich auf sie beziehen, verkündigen sich durch einen fehlerhaften Zustand des Saugens, Kauens, der wurmförmigen Bewegung des Magens und der Därme und der Afterausleerung.

§. 331.

Bey neugebornen Kindern beobachtet man nicht selten ein Unvermögen zu saugen, welches dann gewöhnlich in einer fehlerhaften Bildung der Lippen, der Zunge — am meisten in einer, durch ein bis zur Spitze der Zunge vorgestrecktes Zungenbändchen verursachten, Unbeweglichkeit derselben — oder auch in andern Mißbildungen der Mund- und Rachenhöhle begründet ist. Entsteht dieser Zufall später, so liegen ihm fast die nämlichen Ursachen zum Grunde, als dem gehinderten Kauen, abgesehen von den Fehlern der Kinnladen und Zähne, deren Beyhülfe letzteres bedarf.

Das Kauen wird nämlich erschwert oder gänzlich unmöglich gemacht durch große Schwäche oder gänzliche Lähmung, durch entzündlichen, schmerzhaften, krampfhaften, desorganisirten Zustand der Muskeln, welche die untere Kinnlade, die Lippen, die Zunge bewegen, durch Gelenkverwachsung, Verrenkung, Bruch der untern Kinnlade, durch

Mangel der Zähne, durch jeden andern krankhaften Zustand der Mundhöhle.

Mitunter bemerkt man eine auffallende Hastigkeit beym Saugen oder Kauen, welche eine convulsivische Bewegung der bey diesen Geschäften wirksamen Muskeln voraussetzt, und nicht selten als Vorläuferinn von Zuckungen oder Irrereden angesehen werden muß.

§. 332.

Das Schlingen wird erschwert oder unmöglich gemacht durch organische oder dynamische Gebrechen der Zunge, des Gaumens, Rachens oder Schlundes, z. B. durch Wunden, Geschwüre, Zerstörungen, Geschwülste, Auswüchse, Verhärtungen, Verengerung, Verstopfung durch fremde Körper; oder Entzündung, Krampf, Schwäche, Lähmung dieser Theile. Haftet das Hinderniß etwas tiefer im Rachen oder Schlunde, so werden die verschluckten Sachen zuweilen bis an die Stelle des Hindernisses hinab geführt, von da aber durch eine rückgängige Bewegung wieder aufwärts und manches Mahl mit Gewalt durch Mund oder Nase wieder ausgestoßen. Ist der Schlund gelähmt, dann werden die dem Rachen übergebenen Dinge nicht mehr durch lebendige Bewegung in den Magen befördert; sondern sie fallen, wie durch einen leblosen Schlauch, vermittelst ihrer Schwere in denselben hinab: Eine Erscheinung, die, wie leicht einzusehen ist, Lebensgefahr verkündet.

§. 333.

Die wurmförmige Bewegung (motus peristalticus), welche im Schlunde beginnt, durch den Magen und übrigen Darmkanal fortgeht, weicht in Hinsicht auf ihre Lebhaftigkeit, ihre Richtung und das Wechselverhältniß, welches zwischen den verschiedenen Abtheilungen des Darmkanals Statt finden muß, auf verschiedene Weise von der Regel ab, und öffnet dadurch eine ergiebige Quelle von Krankheitserscheinungen, welche sich zum Theil durch die bereits geschilderten krankhaften Gefühle (§.324.—329.), zum Theil durch einen regelwidrigen Zustand der Entleerungen des Speisekanals, nämlich durch Rülpsen, Erbrechen, Durchfall, Brechdurchfall, Leibesverstopfung u. s. w. dem Beobachter zu erkennen geben, und deren Ursprung und Bedeutung wir in der Folge etwas genauer nachforschen wollen.

§. 334.

Das Rülpsen oder Aufstoßen (ructus) besteht in einem gewaltsamen Austreiben von Luft aus dem Magen durch den Schlund und Mund, und scheint zunächst durch eine kräftigere Zusammenziehung des Magens und rückgängige peristaltische Bewegung desselben, welche durch eine gleichzeitige, oft willkürliche, Wirkung der Bauchmuskeln und des Zwerchfelles, welche den Magen von außen zusammen drücken, unterstützt wird, begründet zu werden. Veranlassung dazu gibt Luftentwicklung im Magen und dadurch bewirkte stärkere Ausdehnung seiner Muskelfasern, wodurch diese endlich zur lebhaftern Gegenwirkung aufgefordert werden.

Zuweilen wird statt Luft eine Flüssigkeit aus dem Magen in den Mund hinauf getrieben, welches besonders dann geschieht, wenn sich der abwärts strebenden peristaltischen Bewegung des Magens ein Hinderniß, es sey dynamischer oder mechanischer Art, entgegen stellt.

§. 335.

Das Erbrechen ist von dem Aufstoßen nur dem Grade nach verschieden, und bezeichnet, wie bekannt, eine gewaltsame Entleerung der in dem Magen enthaltenen Stoffe durch Schlund und Mund. Nach der herkömmlichen Vorstellung setzt es eine krampfhafte Zusammenziehung der Muskelhaut des Magens voraus, welche in eine rückgängige Bewegung nach dem Schlunde zu übergeht, zu gleicher Zeit aber consensuelle Thätigkeit der Bauchmuskeln und des Zwerchfelles, wodurch der Magen von außen zusammen gepreßt wird, und im Rachen den entgegengesetzten Mechanismus vom Schlingen hervorruft. Bey neuern Versuchen an lebenden Thieren hat man jedoch gefunden, daß sich der Magen beym Erbrechen nicht sowohl selbstthätig, als vielmehr leidend verhalte, und nicht durch eigene Zusammenziehung, sondern durch Zusammendrückung durch die Bauchmuskeln und das Zwerchfell zu dieser Ausleerung bestimmt werde. So wenig wir es wagen, die Wahrheit gemachter Versuche in Zweifel zu ziehen, so bleibt es uns doch immer noch auffallend, daß heftige Reitze auf die Magennerven wirken, die lästigsten Gefühle in ihnen verursachen, die gewaltsamsten Bewegungen in entfernten Muskeln hervor rufen und dennoch die eigene Muskelhaut des Magens nicht zur Gegenwirkung bestimmen können. Der Vorgang des Erbrechens mag übrigens in seinen einzelnen Momenten beschaffen seyn, wie er immer will, so sind wir doch über die Veranlassungen desselben durch die Erfahrung schon längstens im Reinen, und wissen, daß er immer auf einem regelwidrigen Reitzungsverhältnisse beruhet, wobey entweder übermäßig erhöhte Empfindlichkeit und Reitzbarkeit des Magens, oder zu starke idiopathische oder sympathische Reitze im Spiele sind. Die übergroße Empfindlichkeit und Reitzbarkeit ist hier, so wie überall, in Verbindung entweder mit directer Schwäche, oder mit Entzündung, oder einem andern Krankheitsprozesse. Zu den idiopathischen Reitzen, welche leicht Erbrechen erregen, gehören Überfüllung des Magens durch Speisen, Getränke, Luft, ekelhafte, verdorbene Nahrungsmittel, heftig reitzende Arzneyen, Gifte, entartete, abgeschiedene Säfte, Schleim, Magensaft, Galle, Eiter, Jauche, Blut, mechanische Hemmung der fortschreitenden peristaltischen Bewegung des Magens durch organische Fehler, z. B. durch Verhärtungen, Auswüchse, besonders am Pförtner, äußerer Druck auf den Magen, z. B. durch einwärts gebogenen schwertförmigen Knorpel, durch geschwollene, desorganisirte Eingeweide. Sympathisch reitzend wirken auf den Magen ekelhafte Eindrücke auf den Geruchs-, Geschmacks-, Gesichtssinn, ekelhafte Bilder der Einbildungskraft, Reitzungen des Rachens, krankhafte Affectionen des Gehirns, der Eingeweide des Unterleibes, der äußern Haut u. s. w.

Die Wirkungen des Erbrechens haben ihre gute und ihre böse Seite. Es befreyet den Magen und Zwölffingerdarm von fremden, schädlichen Stoffen, wirkt kräftig erregend auf alle Schleimhäute und ihre Fortsetzungen, auf die Venen und Lymphgefäße, vorzüglich aber auf das Gangliensystem und durch dieses auf alle Eingeweide, welche von ihm Nerven erhalten: es gibt demnach den Absonderungen, der Einsaugung, dem Fortgange der Säfte durch die Lymphgefäße und Venen neuen Antrieb, und stellt das aufgehobene Gleichgewicht zwischen Cerebral- und Gangliensystem wieder her. Überschreitet es aber gewisse Schranken, alsdann verursacht es durch Säfteverlust und zu heftige Anstrengung Störungen in allen Verrichtungen des Speisekanals, Erschöpfung der Kräfte und Verletzungen der Organisation, z. B. Vorfälle, Brüche, Blutstürze, Mißfall bey Schwangern u. s. w.

§. 336.

Eine eigene Art des Erbrechens ist die Darmgicht (Ileus), nämlich ein hartnäckiges Erbrechen mit Leibesverstopfung, wodurch die im untern Theile des Darmkanals enthaltenen Stoffe ausgeworfen werden. Bey dieser Art des Erbrechens kann demnach eine rückgängige Bewegung im Darmkanale nicht in Abrede gestellt werden. Bedeutende Verengerung oder gänzliche Verschließung dieses Kanals an einer einzelnen Stelle durch Krampf, Ineinanderschieben, Geschwulst, Verdickung der Wände, Verdrehung, Druck von außen, Einklemmung u. dergl. geben die nächste Veranlassung zu diesem gefahrvollen Übel.

§. 337.

Wird die peristaltische Bewegung in ihrer Richtung nach unten zu lebhaft, und ist sie zugleich mit häufiger Secretion der Darmsäfte, der Galle und des pancreatischen Saftes verbunden, so entstehet daraus häufigere Entleerung flüssiger Excremente, oder Durchfall, welcher in Lienterie übergeht, wenn die peristaltische Bewegung vom Magen an nach abwärts so hastig wird, daß die Nahrungsmittel, welchen weder Ort noch Zeit zur Verdauung gegönnt werden, unverdauet durch den After ausgeleert werden.

So wie dem Erbrechen, so liegt auch dem Durchfalle ein regelwidriges Verhältniß zwischen Erregbarkeit und Reitzen zum Grunde. Besonders müssen aber hier diejenigen Veranlassungen beherziget werden, welche die Absonderungen der Schleimhaut der Därme, der Leber und der Pancreasdrüse über das vorgeschriebene Maß vermehren, und welche leicht aus dem abgeleitet werden können, was §. 186. über die krankhafte Vermehrung der Secretion überhaupt entwickelt worden ist, wenn man dabey auf die eigenthümliche Verhältnisse des Darmkanals zu den Außendingen und dem übrigen Organismus Rücksicht nimmt.

Die Wirkungen des Durchfalls müssen nach der Natur der ausgeleerten Stoffe, nach dem Maße des Säfteverlustes und der Anstrengung der Därme beurtheilt werden. Ein mäßiger Bauchfluß, wodurch überflüssige, oder ihrer Natur nach schadhafte Stoffe fortgeschafft werden, führt in mancher Krankheit eine heilsame Entscheidung herbey: sobald er aber übermäßig wird, hemmt er Verdauung, Chylification, Einsaugung und Reproduction des gesammten Organismus, und hat, wenn er zum Stillstande kommt, gewöhnlich Leibesverstopfung zur Folge.

§. 338.

Es gibt einen Zufall, welcher aus gleichzeitigem heftigen Erbrechen und Durchfalle zusammengesetzt ist, und welchen man den Brechdurchfall (cholera) nennt. Hier ist die peristaltische Bewegung des Darmkanals nach entgegengesetzten Richtungen entzweyet, und der Magen von dem übrigen Darmkanale gleichsam geschieden. Dieser Zufall entsteht aus denselben Ursachen, welche das Erbrechen für sich hervor zu bringen pflegen, wenn ihre Wirksamkeit auf einen höhern Grad von Heftigkeit gesteigert wird und eine größere Ausdehnung über den Speisekanal gewinnt: häufig liegt ihm eine krankhafte Gallabsonderung, wodurch der Galle eine sehr scharfe Beschaffenheit mitgetheilt wird, zum Grunde. Deßwegen gesellt er sich oft zu Krankheiten, die in heißen Klimaten endemisch, in unsern Gegenden aber in den heißen Sommermonaten epidemisch sind. Er ist übrigens gefahrvoll und tödtet nicht selten in kurzer Zeit durch Erschöpfung oder Zuckungen.

§. 339.

Es ist ein bedeutender Fehler in der peristaltischen Bewegung, wenn die gleichmäßige Aufeinanderfolge ihrer einzelnen Momente gestört ist. In das Gebiet dieser Abweichung von der Regel gehört die überwiegende Thätigkeit der kreisförmigen Muskelfaser an einzelnen Stellen des Darmkanals, wodurch partielle krampfhafte Verengerungen oder Verschließungen desselben verursacht werden, die dann wieder eine reichhaltige Quelle beschwerlicher Zufälle werden. Es können nämlich Magenweh und Kolik, gehinderter Fortgang der im Speisekanale entwickelten Luft und der übrigen in ihm enthaltenen Stoffe, Aufblähung des Bauches, Leibesverstopfung, Umkehrung der peristaltischen Bewegung, Erbrechen, Darmgicht u. s. w. daher entspringen. Die Entstehung dieser Krämpfe erklärt sich aus einem unglei=

chen Stande der Empfindlichkeit und Reizbarkeit in den verschiedenen Theilen des Darmkanales, oder aus den Wirkungen von Reitzen, die einzelne Stellen desselben vor den übrigen angreifen.

§. 340.

Die **Trägheit** der peristaltischen Bewegung offenbart sich durch Verzögerung aller Verrichtungen des Speisekanals, mithin durch langsame und unvollkommene Verdauung, Chylusbereitung, Einsaugung, durch Aufblähung der Därme, folglich auch des Bauches, und durch Trägheit der Afterausleerung. Sie ist die Folge von torpider Schwäche oder auch von erhöhetem Gegensatze zwischen der Lebensthätigkeit des Darmkanals und anderer Theile des Organismus. Daher beobachtet man sie nicht selten in jenen Krankheiten, in welchen krankhaft erhöheter Antagonismus zwischen dem Cerebral- und Ganglienfysteme hervor tritt.

§. 341.

Bisher haben wir die Krankheitserscheinungen aufgezählt, welche sich zunächst auf die regelwidrige Erregung im Speisekanale beziehen, und sich durch krankhafte Gefühle und Muskelbewegung äußern: es sind uns nun noch diejenigen Zufälle zu betrachten übrig, welche die in dieser Organenreihe gesetzwidrig wirkende Lebensthätigkeit in die Erscheinung hervor treibt, in so fern sie unter der Form des **organischen Bildungsprozesses** auftritt. Die Prozesse, welche zu dieser Form der Lebensäußerung in den Organen des Speisekanals gehören, sind die Verdauung, die Bereitung des Chylus, die Scheidung der Auswurfsstoffe, mannigfaltige Absonderungen von Flüssigkeiten, und die Ernährung jener Organe selbst. Nun ist es zwar wahr, daß alle diese Vorgänge der Beobachtung des Arztes mehr entrückt sind: indessen werden doch zuweilen ihre Erzeugnisse zu Tage gefördert, und der umsichtige Arzt versäumt alsdann nicht, die Eigenschaften derselben näher zu prüfen und sie als Kennzeichen des Zustandes jener innern Vorgänge zu benutzen. Zu diesem Ende untersucht er die Mundhöhle und ihre innern Überzüge, besonders die Belege der Zunge; ferner die Beschaffenheit dessen, was durch Aufstoßen, Erbrechen und Afterausleerung der Beobachtung dargeboten wird; endlich unterläßt er nicht, den Zustand des Bauches und der in diesem enthaltenen Eingeweide zu erforschen.

§. 342.

Sehr verschiedenartig ist die Beschaffenheit desjenigen, was in Krankheiten die innere Fläche der Mundhöhle, besonders der Zunge überzieht. Man findet da weiße, gelbe, braune, schwärzliche, weichere, zähere, ganz trockene Belege von verschiedenem Geruche und Geschmacke. In andern Fällen entdeckt man einen Mangel an abgeschiedenen Säften. Diese Erscheinungen sind oft Folgen von idiopathischen Krankheiten der Mundhöhle, von Störungen der Speichel- und Schleimsecretion, von krankhafter Reproduction ihrer Schleimhaut, oder sie stehen in Verbindung mit krankhaften Zuständen der Rachen- und Nasenhöhle, oder der Luftröhre und Lungen; am häufigsten aber deuten sie auf ein Leiden der Verdauungsorgane hin, mit denen die Mundhöhle durch Fortsetzung der Schleimhaut, durch Nervenverbindung und durch die Verwandtschaft ihrer beyderseitigen Verrichtungen in vielfacher engerer Beziehung stehet.

§. 343.

Durch das Aufstoßen werden luft- oder dunstförmige Stoffe, nicht selten auch tropfbare Flüssigkeiten aus dem Magen in die Mundhöhle befördert. Da man diese Stoffe nicht leicht näher untersuchen kann, so schließt man gewöhnlich aus dem Geschmacke und Geruche, welche der Kranke bey ihrer Entwicklung wahrnimmt, auf ihre Eigenschaften und weitere Bedeutung. Haben die Rülpser spät nach eingenommener Mahlzeit noch den Geschmack und Geruch der genossenen Nahrungsmittel, so zeigen sie langsame Verdauung an: saures, ranziges, bitteres, fauliges Aufstoßen verräth entsprechende Entartung des Speisebreyes, oder der abgeschiedenen Säfte.

§. 344.

Das Erbrechen leert mannigfaltige Stoffe aus, deren verschiedenartige Natur der Arzt gewöhnlich nur nach ihren sinnlichen Eigenschaften, Dichtigkeit, Farbe, Geruch und Geschmack abschätzen kann. Wird eine geschmacklose, mehr wässerige Flüssigkeit durch das Erbrechen ausgeworfen, so weiset dieses, wenn es nicht bald nach genossenem wässerigen Getränke geschieht, auf unvollkommene Ausbildung des Magensaftes hin, wie diese bey Lebensschwäche des Magens, oder bey organischen Fehlern desselben, z. B. Verhärtung, Statt findet. Bey zu häufiger Schleimsecretion im Magen und den benachbarten Organen, oder bey Umwandlung des Magensaftes in schleimartige Flüssigkeit wird diese mitunter in bedeutender Menge ausgebrochen. Galliges Erbrechen ist die Folge vom Übertritte der Galle in den Magen: die gelbe, lauchgrüne oder grünspanähnliche Farbe, welche die Galle alsdann darbiethet, erhält diese entweder schon in der Leber durch eine krankhafte Veränderung des Secretionsprozesses, oder sie wird ihr erst im Zwölffingerdarm, im Magen, durch chemische Zersetzung vermittelst der daselbst befindlichen Flüssigkeiten mitgetheilt. Eine auffallende Schärfe in den ausgebrochenen Stoffen deutet auf große Unordnung in den Absonderungen, so wie braune, faulriechende Materien ein Zeichen von fauliger Verderbniß des Mageninhaltes, oder von brandiger Zerstörung seiner innern Haut sind. Eine schocoladefärbige Materie wird bey krebsigen Geschwüren des Magens ausgebrochen. Wenn flüssiges, geronnenes, oft mit andern im Magen enthaltenen Stoffen zu einer braunen Masse gemischtes Blut durch das Erbrechen ausgeleert wird; so ist dieses, wenn es nicht von verschlucktem Blute herrührt, Folge von einer Blutung des Magens, des Zwölffingerdarms oder auch der Leber. Woher das Erbrechen von Eiter, Jauche, Steinen, Würmern komme, ist leicht zu erklären.

§. 345.

Auf gleiche Weise werden die Veränderungen, welche die **durch den After ausgeleerten Stoffe** in Hinsicht auf ihre sinnlichen Eigenschaften der Beobachtung liefern, von dem Arzte benutzt, um von ihnen auf den Zustand der Darm-, Leber- und Pancreasabsonderungen zu schließen.

Zu harter Darmunrath beweiset entweder einen zu langen Aufenthalt desselben und träge peristaltische Bewegung im weiten Darme, oder zu sparsame Absonderung des Darmschleimes, oder zu lebhafte Einsaugung in diesem Theile des Darmkanals. Häufen sich die zu harten Excremente in größerer Menge daselbst an, so wirken sie als mechanische Schädlichkeit auf den weiten Darm zurück, hemmen durch Ausdehnung seiner Häute und durch Druck auf die Venen den Zurückfluß des Blutes, geben zu Hämorrhoidalanhäufung und zu beschwerlicher und schmerzhafter Afterentleerung Veranlassung.

Flüssige Darmausleerungen sind Symptom vom Durchfall, und **unverdauete Nahrungsmittel** in denselben Zufall der Lienterie. Säuglinge, die an unvollkommener Verdauung und Säure in den ersten Wegen leiden, geben oft eine Masse durch den After von sich, die aus Stückchen, wie von gehackten Eyern bestehet.

Dunkelgelbe oder braune Excremente zeigen eine größere Menge von Galle in ihnen, **grüne** — eine Zersetzung derselben durch Säure, **graue oder weiße** — gänzlichen Mangel an Galle an.

Bey krankhaft vermehrter Schleimsecretion im Darmkanale wird auch durch den After eine größere Menge von Schleim abgesetzt. Dieser wird oft eiterähnlich und verwandelt sich in eine milchartige Flüssigkeit, die man schon hier und da für wirklichen Milchsaft erklärt hat, da sie doch in der That nichts anderes ist, als das Product von einer, meistens chronischen, Entzündung der Schleimhaut des weiten Darmes. Ein anderes Erzeugniß eines höhern Grades von Entzündung sind häutige Stücke, die von gerinnbarer, auf der innern Fläche des Darmkanals ausgeschwitzter Lymphe gebildet und durch den Stuhl ausgeleert werden.

Blut wird unter verschiedener Gestalt durch den After abgesetzt. Ist es flüssig und rein von Excrementen, so kommt es aus den Gefäßen des Mastdarms und ist Folge von fließenden Hämorrhoiden, von entzündlicher Reizung, wie z. B. bey der Ruhr, oder von einer Verletzung. Ist es geronnen, schwarz, mit andern Stoffen zu einer braunen Masse gemengt; so hat es seinen Ursprung höher im Darmkanale. Ist es sehr aufgelöset und geht es in größerer Menge ab, so kann es als Symptom eines allgemeinen colliquativen Zustandes betrachtet werden.

Höchst faule, aashaft stinkende Ausleerungen durch den After deuten auf äußerste Lebensschwäche oder kalten Brand in den Därmen hin.

Eiter, Jauche, Steine, Würmer, welche durch den After abgehen, sprechen ihre Bedeutung durch sich selbst aus.

§. 346.

Endlich liefert die äußere Untersuchung des Unterleibes vermittelst des Gesichtes und des Getastes manche Erscheinungen, welche den Arzt, einiger Maßen wenigstens, zur Erkenntniß des innern Zustandes des Magens und Darmkanals führen. Man nimmt hierbey besonders

auf den Umfang des Unterleibes und auf den Widerstand
Rücksicht, welche die in ihm enthaltenen Eingeweide der un=
tersuchenden Hand leisten. Verminderter Umfang des Bau=
ches mit Eingezogenheit desselben und wenigem Widerstande
von innen heraus beurkundet Leerheit des Speisekanals.
Ist der Unterleib elastisch aufgetrieben und gibt er beym An=
klopfen mit den Fingern einen trommelartigen Schall von sich,
so schließt man aus dieser Erscheinung (meteorismus) auf
eine größere Menge von entwickelter und im Darmkanale zu=
rück gehaltener Luft. Zuweilen unterscheiden die fühlenden
Finger einzelne Abtheilungen von Därmen, die mit Luft ge=
füllt und blasenartig ausgedehnt sind, was bey partiellen
krampfhaften und andern Verengerungen der Därme der Fall
ist. Zuweilen fühlt man die weiten Därme deutlich mit har=
tem Kothe wurstförmig gefüllt. Auch entdeckt man hier und
da in der Gegend des Magens und der Därme mehr oder
weniger harte, beharrliche Geschwülste von verschiedenem Um=
fange, wodurch sich Desorganisationen an diesen Organen
verrathen.

* * *

G. Rud. Böhmer resp. *Frenzel*, diss. de polyphago
et allotriophago Vitebergensi. Viteb. 1757.

Sam. Gottl. Vogel, comm. de polyphago et litho=
phago Ilfeldae nuper mortuo et dissecto. Gött. 1771.

Rud. Guil. Graufs, resp. *Falk*, diss. de siti immo-
derata. Jen. 1713.

Andr. El. Büchner, resp. *Lerche*, de aegrotantium
inappetentia salutari et morbosa. Hal. 1749.

J. Chr. Lischwitz resp. *Löber*, diss. de manducati-
one. Lips. 1735.

Jan Bleuland, diss. de difficili aut impedita ali-
mentorum depulsione. Lugd.B.1780, edit. aucta ibid. 1785.

G. Rud. Böhmer resp. *A. J. Hartmann*, de stomatoscopia medica. Viteb. 1786. — In *Schlegel* thesaur. semiotic. Vol. II. n. 8.

Dav. Heilbron's Abhandlung vom Belege auf der Zunge. A. d. Holländ. Hildburghausen, 1795. 8.

Domeyer, über die belegte Zunge. — Im phyſ. med. Journ. 1802. April. n. 4.

Seb. Jo. Lud. Doering, commentatio medica de vomitu. Marb. 1792. — In collectione diss. Marb. Fasc. II. n. 1.

N. Lambsma, ventris fluxus multiplex ex antiquis et recentiorum monumentis propositus. Amstelod. 1756. 8.

Herm. Boerhaave, diss. de utilitate explorandorum in aegris excrementorum, ut signorum. Lugd. B. 1710. Ed. alt. 1742.

Zweytes Hauptstück.
Von den Erscheinungen der krankhaften Assimilation.

§. 347.

Wir haben oben zwey Stufen der Assimilation unterschieden, von denen die erste in den einsaugenden Gefäßen und ihren Drüsen, nach unserer Ansicht aber auch im Pfortadersysteme, die andere im Blutgefäßsysteme Statt findet. s. §. 163. ff. Die Vorgänge der ersten Assimilation liegen so tief im Innern des Organismus verborgen, daß sich ihr Zustand nur durch wenige, nicht sehr verständliche Erscheinungen nach außen hin ausspricht. Zwar kann der Arzt aus gestörter Verdauung und Chylusbereitung auf regelwidrige Assimilation schließen, weil der Chylus der thierischen Aneignung um so mehr widersteht, je weniger er durch die ersten, den organischen Bildungsprozeß einleitenden Functionen dazu vorbereitet ist: zwar folgt ferner aus dem, was wir über den Einfluß des Pfortaderſyſtems auf die Aſſimilation vorgebracht haben, daß die Erſcheinungen krankhafter Leberfunction, welche ſich durch regelwidrige Gallenabſonderung, durch läſtige oder ſchmerzhafte Gefühle, durch Geſchwulſt, Härte in der Lebergegend u. ſ. w. kund gibt, auf einen geſetzwidrigen Zuſtand der Aſſimilation hindeuten: auch weiſen die Zufälle angeſchwollener Gekrösdrüſen, als aufgetriebener Unterleib mit unterſcheidbaren, in der Tiefe liegenden, umſchriebenen Geſchwülſten u. ſ. w. auf dieſelbe Abweichung hin: endlich laſſen die Erſcheinungen eines allgemein geſtörten Bildungsprozeſſes, wenn ſie mit den Symptomen krankhaft ergriffener Organe des Unterleibes in Verbindung ſtehen, einen geſetzwidrigen Gang der erſten Aſſimilation vermuthen: allein bey allem dieſen wird es immer ſchwierig bleiben, in der großen Reihe dieſer Krankheitsſymptome das erſte Glied aufzufinden, und noch ſchwieriger die eigenthümliche Art des krankhaften Zuſtandes der erſten Aſſimilation mit einiger Zuverläßigkeit zu beſtimmen.

§. 348.

Die Vollendung der Aſſimilation geſchieht in dem eigentlichen Blutgefäßſyſtem, wo der Nahrungsſaft den Charakter des Blutes annimmt. Um ihren Zuſtand zu beurtheilen, wird es nothwendig, diejenigen Functionen, welche zunächſt dem Blutgefäßſyſteme angehören: das Athmen nämlich und den Blutumlauf ſammt ihren Erzeugniſſen, in ſo fern ſie ihre Abweichung von der Regel durch beſtimmte Erſcheinungen kund geben, und zwar nicht bloß in ihrer Beziehung zur Aſſimilation, ſondern auch zu ihren übrigen Lebenszwecken in den folgenden Hauptſtücken zu betrachten.

Drittes Hauptstück.
Von den Erscheinungen des krankhaften Athmens.

§. 349.

Die Symptome, welche das Athmen in Krankheiten darbietet, sind für den Arzt von der höchsten diagnostischen und prognostischen Bedeutung, nicht allein wegen des Lichtes, welches sie über den Zustand dieser Function selbst und ihrer Organe verbreiten, sondern auch wegen des Aufschlusses, welchen sie dem Arzte über den Gang des Lebens im gesammten Gefäß- und Nervensysteme geben, indem dieses in der engsten Verbindung mit dem Geschäfte des Athmens steht. Indem wir die Zufälle der regelwidrigen Respiration wieder unter die Hauptgesichtspunkte krankhafter Erregung und Bildung bringen, werden wir unter der ersten Rubrik die krankhaften Gefühle und die Erscheinungen krankhafter Muskel- und Zellenbewegung, unter der zweyten aber diejenigen Phänomene erklären, welche sich auf den dynamisch-chemischen Prozeß zwischen Luft und Blut und auf die in den Respirationsorganen Statt findende Absonderung und Ernährung beziehen.

§. 350.

Die Kranken nehmen nicht selten beym Athmen und in den Organen desselben mancherley **lästige** und selbst **schmerzhafte Gefühle** wahr. Zuweilen ist die Empfindlichkeit in den Respirationsorganen, besonders in der Luftröhre und ihren Ästen, so groß, daß der geringste Reiz ein Gefühl von Kitzeln und Neigung zum Husten hervor bringt. Außer dem kommen Schmerzen aller Art: Brennen, Stechen, Druck, Zusammenschnüren in diesen Theilen vor. Manche Kranken haben das Gefühl einer schweren Last in der Brust, oder das Gefühl einer eigenen Angst, welches zuweilen mit Furcht vor Erstickung verbunden ist. Erhöhte Empfindlichkeit, krankhafte idiopathische oder sympathische Reitzungen, vorzüglich aber diejenigen Umstände, durch welche das Athmen gestört oder gehemmt wird, und welche in der Folge noch näher zur Sprache kommen werden, sind die Quelle dieser Gefühle, welche wieder nachtheilig auf das Geschäft des Athmens zurück wirken, und häufig eine neue Ursache seiner Hemmung werden.

§. 351.

Das Athmen, in so fern es aus dem Ein- und Ausathmen besteht, ist die Wirkung einer immer abwechselnden Erweiterungs- und Verengerungsbewegung des Brustkorbes und der Lungen, zu welcher außer einer großen Muskeleinrichtung auch die Lungen nicht bloß durch die Muskelfasern der Luftröhrenäste, sondern auch durch ihre eigenthümliche zellige Substanz das Ihrige beytragen. Diese Bewegung bietet im kranken Zustande mehrere äußerlich wahrnehmbare Abweichungen dar, welche unter den Symptomen der Respiration eine wichtige Rolle spielen. Um diese Symptome leichter übersehen, und in Beziehung zu ihrer Entstehung und Bedeutung besser würdigen zu können, nimmt der Arzt bey der Beobachtung derselben auf die Raum- und Zeitverhältnisse des Athmens und zugleich auf die Kraftanstrengung, mit welcher es vom Kranken vollbracht wird, besondere Rücksicht.

§. 352.

In Hinsicht auf die Raumverhältnisse unterscheidet man den kurzen und den tiefen Athem. Kurz wird der Athem genannt, wenn die Erweiterung und Verengerung der Brust beym Ein- und Ausathmen kleinere Räume, als im gesunden Zustande, beschreiben. Was der tiefe

Athem bedeute, ergibt sich hieraus von selbst. Der kurze Athem wird vorzüglich durch alle jene Umstände begründet, welche die volle Ausdehnung des Brustkorbes und der Lungen beym Einathmen durch mechanische oder dynamische Wirkungsweise erschweren. Dahin gehören Bildungsfehler des Brustkorbes, seiner Knochen, Knorpel, Muskeln, des Zwerchfelles, der Bauchmuskeln; Überfüllung der Bauchhöhle; verengerter Raum der Brusthöhle durch Luft, Flüssigkeiten, feste Körper; Verwachsung der Lungen mit dem Brustfelle; Unwegsamkeit der Luftzellchen in den Lungen und den Bronchien, hervorgebracht durch Knoten, ausgeschwitzte Lymphe, Wassersucht, Schleimanhäufung, ergossenes Blut u. dgl., ferner alles, was die freye Bewegung der eben genannten Organe dynamisch hemmt, z. B. große Lebensschwäche, Krampf, Entzündung u. s. w. Der ungewöhnlich **tiefe** Athem ist meistens ein Begleiter des schlafsüchtigen Zustandes.

§. 353.

Bey der Würdigung der Raumverhältnisse des Athems richtet der Arzt zugleich seine Aufmerksamkeit auf die gleichmäßige oder ungleichmäßige Zusammenwirkung aller Theile, welche zu diesem Geschäfte beytragen: denn nicht selten ist das Athmen nur **partiell**, d. h. es wird nur von einer Abtheilung der Respirationsorgane ausgeführt, während die übrigen für die Wahrnehmung ruhen, und dann ist es entweder **einseitiges**, oder **Hoch-** oder **Bauchathmen**. Das **einseitige Athmen** (respiratio obliqua) geschieht nur mit einer Seite des Brustkorbes, indessen die andere unthätig ist. Wenn bey ruhendem Brustkorbe das Athmen fast bloß vermittelst des Zwerchfelles und der Bauchmuskeln bewirkt wird, so ist dieses das **Bauchathmen** (respir. abdominalis), im Gegentheile aber, wenn nämlich, ohne daß sich Bauchmuskeln und das Zwerchfell bemerkbar bewegen, das Geschäft des Athmens fast allein durch die Wirkung der Zwischenrippenmuskeln, mit Beyhülfe derjenigen, welche die Schulterblätter und Schlüsselbeine emporheben, sehr mühsam vollbracht wird — **Hochathmen** (resp. sublimis). Man sieht wohl ein, daß bey allen diesen Arten von theilweiser Respiration das Hinderniß derselben in der ruhenden Abtheilung ihrer Organe haften, und immer von großer Bedeutung seyn müsse, daß demnach die Symptome des theilweisen Athmens zu den Gefahr drohenden Zeichen in Krankheiten gehören.

§. 354.

Auf die **Zeit** bezogen, kann das Athmen zu **geschwind** und zu **langsam** von Statten gehen. Zu geschwind ist das Athmen, wenn in einem gegebenen Zeitabschnitte das Ein- und Ausathmen häufiger wiederhohlt wird, als im gesunden Zustande. Diese Erscheinung hat ihren Grund entweder in zu sehr erhöheter Erregbarkeit der zum Athmen mitwirkenden Nerven und Muskeln, oder in einem gereizten Zustande derselben, oder in Beschleunigung des dynamischen Prozesses, welcher im Blute und seinem Gefäßsysteme waltet. Oft ist die Kürze des Athmens Schuld daran, daß Aus- und Einathmen schneller auf einander folgen müssen. Auf was immer für eine Weise aber auch diese Beschleunigung erfolgen mag, so kann sie keinen andern, als einen antreibenden Einfluß auf den Umlauf des Blutes und alle davon abhängenden Geschäfte haben.

Unter den entgegengesetzten Umständen beobachtet man einen zu **langsamen** Gang des Athmens, dessen Ursprung und Bedeutung aus dem kurz vorher Gesagten leicht zu erklären sind.

§. 355.

Auf die **Kraftanstrengung**, mit welcher das Athmen unterhalten wird, aufmerksam, bemerken wir oft **schweren Athem**, und unterscheiden davon mehrere Grade, welche von den Alten Dispnoe, Asthma und Orthopnoe genannt wurden.

Dispnoe, Schwerathmen, bezeichnet ein einfaches, anhaltendes, lästiges und mühsames Athmen.

Asthma, der Lungendampf, bedeutet einen höhern Grad von schwerem Athem, welcher anfallsweise eintritt, mit großer Angst, einem keuchenden oder pfeifenden Tone und sichtbar heftiger Anstrengung der Respirationsmuskeln verbunden ist.

Orthopnoe, Erstickungsathem, der höchste Grad von schwerem Athem, mit grenzenloser Angst, beständiger Furcht vor dem Ersticken, aufrechter Körperstellung und heftiger Anstrengung aller Muskeln, welche sich am Brustkorbe und der Luftröhre anheften.

Apnoe, oder gänzliche Athemlosigkeit, d.h. Unterbrechung des Athems durch eine bestimmte Zeit, kann eigentlich nicht zum schweren Athmen gerechnet werden.

Ursprung und Bedeutung des schweren Athems sind sehr mannigfaltig. Zuweilen liegt der Grund von diesem Zufalle nicht in einem kranken Zustande der Organe des Athmens, sondern außer dem Organismus in der zu athmenden Luft. So kann zu heiße, zu kalte, mit mephitischen Gasarten, mit scharfen, mit narkotischen Dünsten geschwängerte, an Sauerstoff arme, zu leichte Luft das Athmen auch bey dem gesündesten Menschen sehr erschweren. Außer dem gibt es aber zahlreiche krankhafte Zustände der Respirationsorgane, welche ihrer freyen Thätigkeit hinderlich sind. Dahin rechnen wir alle regelwidrigen Veränderungen der Mund- und Nasenhöhle, Stimmritze, Luftröhre und ihrer Äste, welche den Durchgang der Luft durch dieselben zu den Lungen mehr oder weniger hemmen, als Verengerung, Verschwellung, Anfüllung, Zusammendrückung dieser Theile: Fehler der Luftzellchen der Lungen, z. B. Anfüllung derselben mit Schleim, gerinnbarer Lymphe, Eiter, Blut, steinigen Gewächsen

u. s. w. Druck auf sie von außen durch die eben genannten Körper, durch Lungenknoten, Abscesse, aneurismatische oder varicöse Ausdehnung der Gefäße, Wasser u. dgl., welche sich in dem zelligen Parenchym der Lungen befinden: Fehler des Herzens und der großen, in der Brusthöhle liegenden Gefäße, des Schlundes: verengerter Raum der Brusthöhle durch ergossene Flüssigkeiten, Wasser, Eiter, Blut, eingedrungene Luft, Geschwülste, Gewächse: Verbildung der Theile des Brustkorbes, krankhafte Zustände des Unterleibes, welche die freye Bewegung des Zwerchfelles und der Bauchmuskeln hindern: gestörte Lebensthätigkeit der Nerven, Muskeln und übrigen Organe, welche beym Athmen mitwirken, sey es durch Schwäche, Lähmung, Krampf, Zuckung, Entzündung oder andere Krankheitsprozesse.

§. 356.

Außer den bisher angeführten Veränderungen des Athmens gibt es noch einige außerordentliche Modificationen des Aus- und Einathmens, welche in Krankheiten als eigene Symptome von verschiedener Beziehung und Bedeutung auftreten. Dergleichen sind: **Husten, Niesen, Schluchzen, krankhaftes Lachen und Weinen, Gähnen und Seufzen.**

§. 357.

Der **Husten** besteht in einer heftigen, convulsivischen Bewegung der Muskeln, welche das Ausathmen bewirken, wodurch ein stoßweise wiederhohltes, erschütterndes, schallendes Ausathmen bewirkt wird. Der Husten geht immer von einer Reitzung der Nerven der Luftröhre und ihrer Äste, oder auch der Lunge aus, welche auf die dem Athmen dienstbaren Muskeln zurückgeworfen wird. Diese Reitzung verdankt ihren Ursprung nicht selten einer zu hoch gesteigerten Empfindlichkeit und Reitzbarkeit der Respirationsorgane, wie sie bey

Nervenschwäche, bey Mangel an Schleim auf der Schleimhaut der Luftröhre, bey Entzündung und andern Krankheitsprozessen, z. B. contagiösen, welche in diesen Organen sich ausbilden, Statt finden, und wobey die gewöhnlichen Reitze schon hinreichen, Husten zu erregen. Häufiger aber ist sie das Werk außerordentlicher, äußerer oder innerer, idiopathisch oder sympathisch wirkender Reitze, und hier müssen wieder alle jene Einflüsse berücksichtiget werden, welche wir kurz zuvor (§. 355) als Veranlassungen des schweren Athmens aufgezählt haben.

In Hinsicht auf die Wirkungen verhält sich der Husten zu den Brustorganen, wie das Erbrechen zu den Organen des Unterleibes. Während des Hustens werden die Lungen nicht allein von außen durch die Wirkung des Zwerchfelles und der Zwischenrippenmuskeln in einen engern Raum gebracht und erschüttert, sondern sie befinden sich sammt der Luftröhre und ihren Ästen zugleich in dem Zustande einer thätigen Zusammenziehung; die unmittelbaren Folgen davon sind: Beförderung der Schleimabsonderung, Auswurf dessen, was in den Luftzellchen und den Luftröhrenästen enthalten ist, neuer Antrieb für den Kreislauf durch die Gefäße der Lungen. Diese Wirkungen sind wohlthätig: allein es gibt auch nachtheilige, die um so mehr hervortreten, je heftiger und je anhaltender der Husten ist. Die stärkere und oft wiederhohlte Erschütterung der Werkzeuge des Athmens hinterläßt Schwäche und Erschlaffung derselben: ist in denselben etwas dem Bersten nahe, so wird dieses mit seinen verschiedenen Folgen herbeygeführt: da endlich das Husten in einem gewaltsamen Ausathmen besteht; so werden durch lang anhaltendes Husten das Einathmen, mithin der regelmäßige Fortgang des Respirationsgeschäftes, die Umwandlung des arteriellen Blutes in venöses, der Kreislauf durch die Lungen, und das Zuströmen des Venenblutes in das Herz zurückgehalten. Daraus entstehen Überfüllung der Venen, Ausdehnung der-

selben, Druck auf wichtige Organe, Anschwellungen, Blutflüsse u. s. w. Ähnliche vortheilhafte und nachtheilige Einflüsse
äußert der Husten vermittelst des Zwerchfelles und der Bauchmuskeln auf die Eingeweide des Unterleibes: er kann auch hier
die Absonderungen und den Kreislauf frey machen; kann
aber auch Erbrechen bewirken, die Entstehung von Vorfällen,
Brüchen, das Ineinanderkriechen der Därme, unzeitige Geburten u. s. w. begünstigen.

§. 358.

Eine schnelle convulsivische Zusammenziehung der beym
Ausathmen thätigen Muskeln, der Lungen, Luftröhre und
Stimmritze, welche nach einem vorausgegangenen tiefen
Einathmen die eingeathmete Luft mit Gewalt und Geräusch
durch Stimmritze und Nase herausstößt, bewirkt das Niesen, welches gewöhnlich durch eine idiopathische oder sympathische Reitzung der Nasennerven erweckt wird, indem diese
durch Mitleidenschaft an die Zwerchfellsnerven übertragen
wird. Es hat übrigens ähnliche heilsame und nachtheilige
Folgen, wie der Husten. Es befördert die Absonderung des
Schleimes in der Luftröhre und Nase, gibt dem trägen Kreislaufe einen neuen Antrieb, und stellt die Ausgleichung der
Nerventhätigkeit in den verschiedenen Organen wieder her;
dabey kann aber auch die heftige Erschütterung, mit welcher
das Niesen verbunden ist, sehr leicht Organisationsverletzun-
gen bey jenen Menschen hervorbringen, welche bereits eine
überwiegende Anlage dazu besitzen.

§. 359.

Das Schluchzen (singultus) beruht auf einem convulsivischen Einathmen mit krampfhaft verengerter Stimmritze,
und hat seinen Grund in einer raschen Zusammenziehung des
Zwerchfells. Häufig wird es durch sympathische Reitzung,
welche vom Magen oder andern Eingeweiden des Unterleibes

ausgeht, veranlaßt, nicht selten durch eine kränkliche Empfindlichkeit und Reizbarkeit des Zwerchfelles selbst bedingt: mitunter aber scheint die aufgehobene lebendige Gegenwirkung anderer Organe den nächsten Grund von dieser einseitigen Wirksamkeit des Zwerchfelles zu enthalten, und daher dieses Symptom bey hoher Lebensschwäche, beym Eintritte des kalten Brandes in den Eingeweiden des Unterleibes, zu entstehen.

§. 360.

Das Seufzen bestehet in einem ungewöhnlich tiefen und langsamen Einathmen, worauf ein ähnliches, zuweilen hörbares Ausathmen folgt. Traurigkeit, Ermüdung, krampfhafter Zustand, wodurch das Athmen und der Kreislauf durch die Lungen erschwert werden, sind die gewöhnlichen Ursachen dieser Erscheinung.

§. 361.

Das Lachen ist krankhaft, wenn es ohne fröhliches Gefühl durch convulsivische Bewegung der Respirations- und Gesichtsmuskeln zu Stande kömmt. Es geht dann gewöhnlich von einer krankhaften Erregung der Antlitznerven vom Gehirn her aus, welche an den sympathischen Nerven übertragen, und auf diesem Wege den Werkzeugen des Athmens mitgetheilt wird. Auf diese Weise erfolget nun nach einem stärkern Einathmen eine Reihe heftiger, erschütternder, mit einem gellenden Schalle verbundener Ausathmungen. Meistens ist dieses Lachen ohne fröhliche Gemüthsstimmung ein Symptom von Nervenkrankheiten, z. B. Hysterie, St. Veitstanz, Manie, und kann durch seine Heftigkeit und lange Dauer dem Athmen, dem Kreislaufe und den Geschäften des Nervensystems sehr nachtheilig werden.

§. 362.

Auch das Weinen wird zuweilen Krankheitserscheinung:

wenn es nämlich aus einer kränklichen traurigen Gemüths=
stimmung, oder auch ohne traurigen Affect und Schmerzge=
fühl aus einer krankhaften Erregung eines bestimmten Theiles
des Nervensystems entspringt. Die Nervenpartieen, welche
beym Weinen vorzüglich ergriffen werden, sind der dreyästige,
der sympathische und der herumschweifende Nerve; daher ist
das Weinen aus Verzerrung der Gesichtsmuskeln, vermehrter
Thränenabsonderung, kläglicher Stimme und schnell auf einander folgenden, unterbrochenen Ausathmungen zusammengesetzt, und daher wird es zugleich erklärlich, wie das krank=
hafte Weinen sowohl von Affection des Cerebralsystems, als
des Gangliensystems ursprünglich ausgehen könne. Es tritt
eben so, wie das krankhafte Lachen, meistens als Symptom
von Nervenkrankheiten auf, und stört nicht minder durch
Übermaß den freyen Fortgang des Athmens und Kreislaufes,
erregt Krämpfe und wird den Augen nachtheilig.

§. 363.

Das Gähnen ist ein langes, tiefes Einathmen, wel=
ches mit aufgerissenem Munde, zurückgezogener Gaumen=
decke und erweiterter Stimmritze vollbracht wird, und
worauf dann nothwendig ein großes Ausathmen folgen muß.
Im gesunden Zustande ist es Wirkung von Müdigkeit und
langer Weile, nicht selten auch der bloßen Nachahmung,
indem das Gähnen, so wie Lachen, Weinen, Seufzen und
Husten, gleichsam ansteckt; im krankhaften beobachtet man es
oft als Vorläufer von Fieber= und Krampfanfällen, welche
letztere es nicht selten auch beschließt. Die meisten dieser
Thatsachen weisen darauf hin, daß das Gähnen von einem
Gefühle gehemmter Lebensthätigkeit im Nervensysteme aus=
gehe, wodurch eine antagonistische Zurückwirkung auf die
Werkzeuge des Athmens veranlaßt wird, um durch neuen An=
trieb des Athmens und Kreislaufes diese Hemmung, für eine
Zeit wenigstens, zu heben.

Das Gähnen wird oft durch das Strecken oder Rekken des Körpers, d. h. durch eine allgemeine Wirkung der Streckmuskeln des Rumpfes, der obern und untern Gliedmaßen unterstützt.

§. 364.

Bey den verschiedenen Arten des regelwidrigen Ein- und Ausathmens verdient endlich noch der verschiedene Ton, welcher zuweilen damit verbunden ist, die Aufmerksamkeit des Arztes. Von diesem Gesichtspunkte aus unterscheidet man den keuchenden, pfeifenden, schnarchenden und röchelnden Athem.

Der keuchende Athem, das Keuchen (anhelitus) drückt ein sehr angestrengtes, hastiges Athmen aus, wobey die ein- und ausfahrende Luft einen wehenden Ton hervorbringt. Es entsteht demnach aus allen jenen Veranlassungen, welche das Athmen übermäßig beschleunigen.

Der pfeifende oder zischende Athem setzt eine Verengerung der Luftröhre oder der Stimmritze, oder des Nasenkanals, oder auch nur der Mundspalte voraus.

Der schnarchende Athem wird hervorgebracht, wenn das Ein- und Ausathmen mit großen Zügen, offnem Munde und herabhängender Gaumendecke geschieht. Man beobachtet es bey der krankhaften Schlafsucht, beym Schlagflusse.

Befinden sich in der Luftröhre und ihren Ästen Flüssigkeiten, z. B. Schleim, Eiter, Blut u. dgl., welche durch die ein- und ausgeathmete Luft in Bewegung gesetzt werden; so entsteht daraus ein rasselndes Athmen, welches bey beginnender Lähmung der Lungen in ein tiefes Röcheln übergeht, welches alsdann unter diejenigen Symptome gehört, die den herannahenden Tod voraus verkündigen.

§. 365.

Nicht weniger wichtig für den Arzt ist es, die mannigfaltigen Modificationen des Tones zu würdigen, welche die verschiedenen Arten des Hustens auszeichnen, und welche sich nach den verschiedenen Zuständen der Brusthöhle, der Lungen, der Bronchien, der Luftröhre, des Kehlkopfes u. s. w. richten. Denn ganz anders klingt der Husten bey hohler, als bey gefüllter Brust; anders bey Unterdrückung, als beym freyen Gange der Secretionen; anders bey gespanntem, als bey erschlafftem Zustande der Respirationsorgane u. s. w. Alle diese Verschiedenheiten werden ihre Erklärung in dem finden, was wir in der Folge noch über die mannigfachen Veränderungen der Stimme sagen werden.

§. 366.

Die bisher vorgetragenen Symptome beziehen sich auf das Athmen, in so fern dieses eine bestimmte Bewegung im Raume darstellt; wir haben gegenwärtig noch einige andere zu erörtern, welche zunächst aus dem während des Athmens zwischen der geathmeten Luft und dem Blute Statt findenden dynamisch-chemischen Prozesse, sobald sich dieser im regelwidrigen Zustande befindet, entspringen: die Hülfsmittel, welche der Arzt zur Erkenntniß der krankhaften Veränderungen dieses, der unmittelbaren Beobachtung entrückten Prozesses führen, sind bis jetzt noch sehr beschränkt, und ihm bleibt weiter nichts übrig, als aus den Erscheinungen, welche die ausgeathmete Luft und das Blut im menschlichen Körper darbieten, auf den verschiedenen Zustand von jenem mit einiger Wahrscheinlichkeit zu schließen.

§. 367.

Bey der Untersuchung des Gemisches von Dunst und Luft, welches ausgeathmet wird, sieht man auf die Temperatur, den Geruch, und, so weit es ausführbar ist, auf den chemischen Gehalt derselben.

In Rücksicht der Temperatur ist der Athem für das

Gefühl zuweilen ungewöhnlich kühl, in andern Fällen zu heiß. Man schließt daraus auf Sinken und Steigen der Lebensthätigkeit und des Respirationsprozesses.

Der Geruch des Athems verbreitet bey dem gegenwärtigen Stande unseres Wissens sehr wenig Licht über die chemischen Veränderungen in dem innern Vorgange des Athmens: doch leitet er zuweilen einiger Maßen zur Erkenntniß regelwidriger Vegetation in den Respirationsorganen. So vermuthet man bey einem üblen Geruche des Athems scorbutischen Zustand, Geschwüre oder andere Fehler der in den Respirationswegen Statt findenden Absonderungen.

Die chemische Prüfung des ausgeathmeten Dunstes und Gases in Hinsicht auf das Verhältniß der Kohlensäure oder auf andere fremdartige, beygemengte Stoffe würde wohl noch manche Aufflärung über die Abweichungen des Respirationsprozesses von der Regel verschaffen können; allein bis jetzt ist auf diesem Felde ärztlicher Forschung noch so wenig geschehen, daß wir hier auf weiter nichts, als auf künftige Möglichkeiten hindeuten können.

§. 368.

In so fern die Verwandlung des Blutes aus dem venösen ins arterielle eine Wirkung des Respirationsprozesses ist, in so fern können auch die Erscheinungen, welche die verschiedenen Stufen, auf welchen das Blut im lebenden Körper in Hinsicht seiner venösen oder arteriellen Natur stehet, dazu benutzt werden, um die Art der Wechselwirkung, welche zwischen Luft und Blut beym Respirationsprozesse Statt findet, zu beurtheilen. Zu diesem Zwecke wird vorzüglich die Farbe äußerer Theile, in so fern sie vom durchscheinenden Blute abhängt, in Anspruch genommen, und aus einer hochrothen Farbe der äußern Haut auf eine stärkere Ausbildung des arteriellen Charakters des Blutes — aus einem dunkeln, bläulichen Ansehen auf den entgegengesetzten Zustand, auf vorherrschende venöse Natur, mithin auch auf entsprechende Abänderungen des Respirationsprozesses geschlossen, besonders wenn zugleich noch andere Zeichen von gestörtem Athmen vorhanden sind.

§. 369.

Endlich gibt es noch Erscheinungen, welche über den Gang der eigenen Vegetation der Respirationsorgane, d. h. ihrer Ernährung, vorzüglich aber der in denselben Statt findenden Absonderungen im krankhaften Zustande einiges Licht verbreiten. In dieser Hinsicht erhalten die durch Husten oder auf andere Weise aus der Luftröhre und ihren Ästen ausgeworfenen Stoffe, so wie der Ton, welchen der Brustkorb beym Anschlagen von außen von sich gibt, eine semiologische Bedeutung.

Durch Husten, mitunter auch durch bloßes Räuspern, werden aus der Luftröhre und den Lungen verschiedene Stoffe, als Schleim, gerinnbare Lymphe, eiterähnliche Materie, Eiter, Jauche, Blut, steinartige Concremente u. dgl. ausgeworfen.

Der Schleim, welcher aus den Luftwegen ausgeleert wird, ist in Rücksicht seiner Menge, Dichtigkeit, Farbe, seines Geruches und Geschmackes sehr verschieden, und deutet hiermit auf mannigfaltige krankhafte Zustände der Schleimhaut und ihrer Drüsen hin, welche wir weiter unten, wenn von den Erscheinungen der krankhaften Schleimabsonderung die Rede seyn wird, zur Sprache bringen werden.

Der Auswurf von gerinnbarer Lymphe aus den Gängen des Athems ist Erzeugniß von Entzündung, welche, wenn sie auf der Schleimhaut haftet, den Schleim in eine eiterähnliche Flüssigkeit verwandelt.

Eiter, welcher mit Husten ausgeworfen wird, hat seine Quelle in einem Absceß, Jauche in einem Geschwüre der Luftröhre oder Lungen.

Das Blut, welches ausgehustet wird, ist entweder flüssig, hellroth und schaumig, oder geronnen und dunkler gefärbt, entweder rein oder mit Schleim, Eiter u. s. w. gemischt, und die Entleerung desselben beruhet entweder auf activer oder passiver Überfüllung der Lungenadern, auf Entzündung oder auf Verletzung der Blutgefäße der Lungen oder Luftröhre.

Feste käsige Körperchen, stein- oder beinartige Concremente, welche sich im Auswurfe befinden, kommen aus den Drüsen und Zellen der Luftröhre und Lungen, und sind Begleiter von Scrofeln, Lungenknoten, Verhärtungen, Verknöcherungen.

§. 370.

Außer allen diesen Erscheinungen benutzt endlich der Arzt auch noch den Schall, welchen der Brustkorb beym äußern Anschlagen mit den Fingern von sich gibt, zur Beurtheilung des Zustandes der Brusthöhle. Ein tiefer, hohler Schall zeigt Freyheit der Brusthöhle von fremden Körpern, und offene Beschaffenheit der Luftwege an, so wie ein dumpfer, unterdrückter, auf Beengung und Anfüllung der Brusthöhle, oder der Luftwege an jenen Stellen, an welchen diese Art des Schalles wahrgenommen wird, hindeutet. Noch mehr Aufschluß verspricht in dieser Hinsicht das Behorchen des Athmens, des Hustens, der Stimme vermittelst des Stetoscops von Laennec. Hierbey kommen dann wieder als Ursachen die meisten Umstände in Betrachtung, welche den Athem zu erschweren pflegen, und §. 355 angeführt wurden.

* * *

W. Davidson, observations anatomical, physiological and pathological on the pulmonary system. Lond. 1795. 8.

Rob. Brees, praktische Untersuchungen über krankhaftes Athemhohlen, besonders über das convulsivische Asthma. A. d. Engl. Leipz. 1800. 8.

Chr Gottl. Fr. Webel, diss. de sputis. Lips. 1783. — In *Schlegel* thesaur. semiolog. n. 11.

Leop. Auenbrugger, inventum novum ex percussione thoracis humani ut signo abstrusos interni pectoris morbos detegendi. Vindob. 1761. — Ed. II, Vindob. 1763. 8. — In *Wasserberg* oper. min. fasc. I. p. 316.

Die Symptome der Stimme und Sprache.

§. 371.

Die Stimme ist das Werk von organischen Bewegungen des Kehlkopfes, welche durch angestrengtes und willkürlich modificirtes Ausathmen angeregt und näher bestimmt werden. Die regelwidrigen Veränderungen der Stimme verbreiten daher nicht nur über den krankhaften Zustand des Kehlkopfes und seiner nächsten Umgebungen, sondern auch der Werkzeuge des Athmens einiges Licht. Man unterscheidet aber in Krankheiten nicht bloß die verschiedenen Grade von Stärke, sondern auch die mannigfaltigen Modulationen, durch welche sich die Stimme auszeichnet.

§. 372.

Eine zu schwache und leise Stimme beurkundet eine zu schwache oder auch nur unterdrückte Lebensäußerung in den Respirations- und Stimmorganen. Bey höchster Schwäche oder äußerster Erschwerung des Athmens, bey Krämpfen der Muskeln, welche die Stimmritze erweitern, oder Lähmung derjenigen, welche sie verengern, endlich bey Organisationsgebrechen der Theile, welche den Kehlkopf bilden, entsteht gänzliche Stimmlosigkeit.

§. 373.

Zu hell wird die Stimme bey einem gereizten, krampfhaft oder entzündlich gespannten Zustande der Luftröhre und des Kehlkopfes, wenn dabey die Muskeln, welche die Stimmritze verengern und den Kehlkopf emporheben, ein absolutes oder relatives Übergewicht erhalten.

Alles hingegen, was den innern Raum der Luftröhre und des Kehlkopfes vergrößert, und den Muskeln, welche den Kehlkopf herabziehen und die Stimmritze erweitern, die Oberherrschaft innerhalb gewisser Grenzen zuwendet, gibt zu einer tiefern Stimme Veranlassung.

§. 374.

Die heisere Stimme beruhet auf gedämpften Schwingungen der Theile des Kehlkopfes, welche die Stimme bilden, und schreibt sich von zu großer Trockenheit, von Anschwellung derselben, oder von Druck, welcher von außen auf sie wirkt, her.

Eine besondere Art von regelwidriger Stimme ist diejenige, welche beym Einathmen entstehet, wenn nämlich durch eine convulsivische Bewegung der Muskeln, welche das Einathmen vollbringen, die Luft mit Heftigkeit durch die krampfhaft gespannte Stimmritze eingezogen wird. Der Keuchhusten beginnt seinen Anfall gewöhnlich mit dieser Art von Stimme.

§. 375.

Mancherley regelwidrige Abänderungen erhält endlich die Stimme noch durch fehlerhaften Wiederhall in der Mund- und Nasenhöhle, wozu unzweckmäßige Bildung und Thätigkeit der in diesen Höhlen gelegenen Theile, z. B. gestörte Absonderungen, erschwerte Bewegungen, Geschwülste, Auswüchse, Geschwüre, gänzlicher Verlust einzelner Theile, Veranlassung geben.

§. 376.

Die Stimme wird durch mannigfaltige Modulationen, welche ihr durch die Bewegungen der Zunge, des weichen Gaumens, der Lippen mitgetheilt werden, zu Buchstaben umgebildet, und diese unter vielfachen Verhältnissen zur Sprache zusammengesetzt. Die Phänomene, welche die **Sprache** im krankhaften Zustande darbietet, leiten zunächst zur Erkenntniß regelwidriger Thätigkeit derjenigen Organe, besonders der Muskeln und Nerven, hin, von denen die Bildung der Sprache unmittelbar abhängt, mittelbar verbreiten sie aber auch Licht über den Gang des Athmens und der Denkgeschäfte.

§. 377.

Man beobachtet nicht selten ein **Unvermögen**, bestimmte Buchstaben auszusprechen, und schließt daraus auf Hindernisse, welche den Bewegungen derjenigen Organe, die zur Bildung dieser Buchstaben beytragen, nach bestimmten Richtungen entgegen stehen. Im Allgemeinen kann man hier wieder auf dynamische und organische Fehler dieser Organe hinweisen: als Entzündung, Krampf, Trägheit, Lähmung einzelner Muskeln, vermehrten oder verminderten Umfang des Gaumensegels, des Zäpfchens, zu langes Zungenbändchen, Geschwülste, Auswüchse, Geschwüre in der Mundhöhle, Unbeweglichkeit der untern Kinnlade, Mangel der Zähne, besonders der Schneidezähne, Mißstaltung der Lippen, Hasenscharte u. s. w.

Sprachlosigkeit (alalia) ist eine Folge von Betäubung, Lähmung oder Krampf der Nerven und Muskeln, welche zu den Sprachorganen gehören, oder auch von mannigfaltigen Fehlern in der Bildung derselben, welche mit denjenigen übereinstimmen, die §. 372 als Ursachen der Stimmlosigkeit angeführt wurden.

Der **träge Gang der Sprache** steht entweder mit erschwertem Athmen oder mit gehemmter Bewegung der Sprachorgane, oder auch mit Niedergeschlagenheit des Gemüthes in Verbindung: die zu rasche, heftige, in Geschrey ausartende Sprache hingegen geht entweder von einem gereizten Zustande des Gemüthes oder von Verrücktheit des Verstandes, oder von convulsivischen Bewegungen der Sprachorgane selbst aus.

Viertes Hauptstück.
Die krankhaften Erscheinungen im Kreislaufe des Blutes.

§. 378.

Das Blut ist die wahre Quelle des Lebens, und durch den Kreislauf desselben, welcher aus der lebendigen Wechselwirkung zwischen dem Blut und seinen Gefäßen hervorgeht, werden allen Theilen des Organismus die Bedingnisse ihres eigenen Lebens zugeführt, wogegen diese wieder durch die mannigfaltigen Abänderungen ihrer Lebensthätigkeit auf mannigfaltige Weise bestimmend auf das Blutgefäßsystem zurückwirken. Aus diesem Wechselverhältnisse wird es klar, daß die Erscheinungen, welche das Blutgefäßsystem in seiner Thätigkeit und seinem Producte im krankhaften Zustande der Wahrnehmung darbietet, von hoher Bedeutung seyn müssen: indem sie nicht nur den Charakter des Lebens im Blutgefäßsysteme, sondern auch im übrigen Körper ins Licht setzen helfen.

Wir werden diese Symptome wieder nach der von uns festgesetzten Ordnung so aus einander setzen, daß wir zuerst diejenigen vortragen, welche sich auf die in diesem Systeme Statt findenden organischen Bewegungen beziehen, und zweytens zu denjenigen übergehen, welche ihren Ursprung aus dem in diesem Systeme waltenden, abnormen Bildungsprozesse ableiten.

§. 379.

Die Erscheinungen, welche sich auf abnorme Erregung des Blutgefäßsystemes zurückführen lassen, können wieder so gestellt werden, daß man zuerst die Circulation überhaupt in ihrer Beziehung zum ganzen Organismus und zu einzelnen Theilen desselben ins Auge faßt, sodann aber diejenigen Symptome einzeln aufzählt, welche mit abnormer Thätigkeit der einzelnen, zum Blutgefäßsystem gehörigen Organabtheilungen — der arteriellen und venösen Gefäße — in näherer Verbindung stehen. Zu den Symptomen der erstern Gattung zählen wir die Aufwallung (orgasmus) und das Stocken des gesammten Kreislaufes, den Andrang des Blutes in einzelne Theile des Körpers (congestio) und die Stockung (stagnatio) in denselben.

§. 380.

Die Aufwallung des Blutes (orgasmus sanguinis) besteht in vermehrter Ausdehnung des Blutes, welche sich durch beschleunigten Kreislauf, durch einen höhern Grad von Lebenswärme, Lebensfülle, und von Röthung der äußern Theile des Körpers ausspricht. Sie beruht zunächst auf einem raschern Gange des Lebensprozesses im Gefäßsysteme, und wird durch alles hervorgerufen, was die Gewalt expansiver Thätigkeit im Organismus vermehrt, wie durch höhere Grade äußerer Wärme, durch höhere elektrische Spannung der Atmosphäre, durch Einwirkung geistiger, ätherischer und anderer flüchtig reizender Substanzen, durch vermehrten Einfluß der Nerventhätigkeit auf das Blutgefäßsystem, wie dieser z. B. bey aufregenden Gemüthsaffecten Statt findet. Alle diese Veranlassungen verursachen gewöhnlich eine vorübergehende Aufwallung des Blutes: wird aber diese durch einen bleibenden, in dem Blutgefäßsysteme selbst oder in den, mit diesem in einer innigen Verbindung stehenden, Organen auftretenden Krankheitsprozeß bedingt, so geht jene in wirkliches Fieber über. Aufwallung des Blutes hat meistens erhöhte Lebensstimmung in den übrigen Theilen des Organismus, raschere Entwicklung der Sensibilität, und bey vorhandener Disposition vermehrten Andrang des Blutes nach einzelnen Organen und dessen Wirkungen zur Folge.

§. 381.

Die entgegengesetzten Bedingungen bringen den Kreislauf zum Stocken, welches, sich in verschiedenen Graden äußernd, unter der Gestalt verschiedener Symptome auftritt. Mit Umgehung der ältern, viel zu sehr ins Kleinliche gehenden Eintheilung dieser Symptome, unterscheiden wir drey Grade von Abnahme des Kreislaufes, und nennen den ersten Anwandlung von Ohnmacht (leipothymia), den zweyten wirkliche Ohnmacht (syncope), und den dritten Scheintod (asphyxia).

Die Anwandlung von Ohnmacht bezeichnet denjenigen Grad von Stockung des Kreislaufes, welcher sich durch auffallende Schwäche des Athmens und Pulses, durch Blässe der äußern Haut, Verminderung der Wärme, der Sinnesthätigkeit, und große Hinfälligkeit in der willkürlichen Bewegung kund gibt.

Wirkliche Ohnmacht ist ein Sinken des Kreislaufes auf den tiefsten Grad, bey welchem kaum noch Spuren von Athem und Pulse wahrnehmbar sind, und mit allgemeiner Kälte ein vorübergehender Stillstand von Sinnesthätigkeit und willkürlicher Bewegung eintritt.

Scheintod ist gänzliche Unterbrechung aller Lebensäußerungen, wobey der Organismus das Bild des Todes so darstellt, daß es kaum möglich wird, diesen Zustand von dem wirklichen Tode zu unterscheiden.

Die Ursachen, welche die so eben geschilderten Erscheinungen hervor zu bringen pflegen, sind immer von der Art, daß sie den im Blutgefäßsysteme waltenden Lebensprozeß aufs äußerste schwächen, oder in seiner Äußerung hemmen. Wir rechnen dahin Entziehung der zur Unterhaltung dieses Lebensprozesses nöthigen Einflüsse und Bedingungen: der Wärme, der Sauerstoffluft; großen Blutverlust; unmittelbare Schwächung desselben durch Einathmen mephitischer Gasarten, Anwendung von Giften, Erschöpfung oder Lähmung der Irritabilität des Herzens durch die so eben genannten Schädlichkeiten oder durch zu heftige Anstrengung, oder durch aufgehobene dynamische Verbindung mit den übrigen Organen, besonders aber mit dem Nervensysteme; mannigfaltige Störungen im Mechanismus der Organe des Kreislaufes.

§. 382.

Der Kreislauf im regelwidrigen Zustande, auf einzelne Theile des Organismus bezogen, liefert zwey, der Aufmerksamkeit der Pathologen allerdings würdige, Erscheinungen: den krankhaften Andrang oder die Anhäufung des Blutes in einzelnen Theilen (congestio) und die Stockung.

Die krankhafte Congestion (es gibt auch Congestionen, die noch innerhalb des Kreises der Gesundheit gehören) zeiget denjenigen regelwidrigen Zustand einzelner Organe an, bey welchem sie eine ihr Bedürfniß übersteigende Blutmenge in ihre Gefäße aufnehmen. Die Entstehung dieses Symptomes setzt immer vermehrtes Fassungsvermögen der Blutgefäße (Capacität) des leidenden Theiles voraus, welches dann wieder sowohl durch vermehrte, als durch verminderte Lebensthätigkeit desselben begründet werden kann. Bey gesteigerter Lebensthätigkeit eines Theiles vermehren sich seine lebendige Expansion, die Entwicklung der Wärme in demselben und hiermit zugleich das Fassungsvermögen seiner Gefäße für das Blut, welches noch überdieß von dem in Frage stehenden Organe vermittelst seiner verstärkten lebendigen Anziehung in größerer Menge an sich gerissen zu werden scheint. Beym Sinken der Lebensthätigkeit in einem einzelnen Theile, wird auch das Contractionsbestreben seiner Gefäße geschwächt, eben dadurch ihre Capacität für das Blut vermehrt und in demselben Verhältnisse der Widerstand, welchen sie dem Andrange des Blutes von andern Theilen her entgegen setzen, vermindert.

Bey der Erklärung des Ursprunges der Congestion muß nicht allein auf den absoluten Lebensstand des leidenden Organes, sondern auch auf sein Verhältniß zum Gefäßsysteme des übrigen Organismus Rücksicht genommen werden. Der Hauptgrund der Congestion ist oft mehr in einer absolut oder relativ zu starken Thätigkeit des Gefäßsystems im übrigen Körper, als im leidenden Theile selbst zu suchen. Eben so kann Verminderung der Capacität in einem Theile des Gefäßsystems, sey sie durch Krampf oder auf andere Weise bedingt, verursachen, daß sich der Blutstrom mehr nach jenen Theilen hinwendet, welche von dieser Verengerung der Gefäße frey bleiben.

Hierin findet zugleich die Eintheilung der Congestionen in active und passive ihren Aufschluß. Die active Blutanhäufung hat ihren vorzüglichen Grund in überwiegender Lebensthätigkeit der Gefäße entweder im leidenden Theile, oder im übrigen Organismus: die passive hingegen wird hauptsächlich durch geschwächte Lebensthätigkeit des ergriffenen Organes begründet. Daß bey manchen Congestionen beyde Umstände, nämlich Schwäche und Schlaffheit im leidenden Theile und stärker aufgeregte Thätigkeit in dem übrigen Gefäßsysteme zugleich Statt finden können, und es demnach Congestionen gemischten Ursprunges gebe, dieses läßt sich aus dem bisher Gesagten leicht ableiten.

Die krankhaften Congestionen geben eine sehr ergiebige Quelle von andern Beschwerden und Symptomen ab. Es entstehen nämlich daher Vermehrung des Umfanges, der Lebensfülle, der Wärme und Röthe des ergriffenen Theiles, Zunahme der Absonderung, der Ernährung, bey höhern

Graden Entzündung oder Blutfluß, oder bey übermäßiger Anfüllung der Blutgefäße eines Organes, Erschwerung oder gänzliche Unterdrückung seiner Verrichtung. Je öfter sich übrigens die Congestion nach demselben Theile wiederhohlt, desto größer wird seine Neigung zu Rückfällen: zuletzt wird die Congestion anhaltend und der Grund von bleibenden Fehlern in der Absonderung und Ernährung, und endlich von Desorganisation des leidenden Theiles.

§. 303.

Beym Sinken der lebendigen Wechselwirkung zwischen Blut und Gefäßen einzelner Organe des Körpers nimmt die Bewegung des erstern durch letztere an Lebhaftigkeit ab. Diese Trägheit des Kreislaufes durch einzelne Organe findet, aus leicht begreiflichen Gründen, besonders in den Venen derselben Statt, und wird gewöhnlich Stockung (stagnatio) genannt. Häufig ist diese Stockung in Verbindung mit passiver Congestion, und man findet daher in den Eingeweiden, welche an diesem Fehler leiden, die Blutgefäße viel mehr erweitert, als verengert und wirklich verstopft, obschon praktische Ärzte in vielen Fällen wahre Verstopfungen der Gefäße sehen, wo an sich nichts anderes, als einfache Stockung vorhanden ist. Daß übrigens bey größerer Trägheit des Kreislaufes durch einzelne Organe alle Äußerungen ihres eigenthümlichen Lebens, die in ihnen Statt findende Absonderung, ihre Ernährung, ihr lebendiger Einfluß auf andere Organe, bedeutend gestört werden müssen, ist aus physiologischen Gründen schon an sich klar genug.

§. 384.

Es gibt ferner Symptome des Kreislaufes, welche zunächst auf die einzelnen Organe desselben bezogen werden. Dahin gehören die regelwidrigen Bewegungen des Herzens, der Schlagadern und Venen.

Da die regelwidrigen Bewegungen des Herzens auf die Veränderung des Arterienschlages einen entscheidenden Einfluß haben, so wird auf dieselben auch bey der Würdigung der mannigfaltigen Abweichungen des Pulses Rücksicht genommen. Doch gibt es ein Symptom, bey welchem das Leiden des Herzens für die Wahrnehmung zu auffallend ist, als daß es die Aufmerksamkeit der Ärzte nicht besonders auf sich ziehen sollte, und dieses ist das Herzklopfen, d. h. ein heftiges Schlagen des Herzens, welches dem Kranken durch ein lästiges, ängstliches Gefühl, dem Arzte aber vermittelst der untersuchenden Hand, oft schon vermittelst des Gesichtes wahrnehmbar wird. Die Ursachen, von welchen sich diese Erscheinung ableiten läßt, sind mannigfaltig: zu reitzende Beschaffenheit des Blutes, welche wieder durch zu große Menge, übermäßige Ausdehnung, oder innere qualitative Veränderungen desselben begründet werden kann; absolute oder relative Zunahme der Reitzbarkeit des Herzens, wie sie bey Entzündung oder andern Krankheitsprozessen in diesem Organe, bey verstärktem Nerveneinflusse, welcher z. B. durch heftige Gemüthsbewegungen veranlaßt wird; oder auch bey directer Schwäche Statt findet; Unterbrechung der freyen Gemeinschaft zwischen den verschiedenen Theilen des Gefäßsystems, welche durch krampfhafte Zusammenziehungen in einzelnen Abtheilungen dieses Systems, oder durch Organisationsgebrechen des Herzens, des Herzbeutels, der großen Gefäßstämme, der Respirationsorgane, der Eingeweide des Unterleibes, herbey geführt werden kann.

§. 385.

Alle übrigen Veränderungen, welche sich auf die lebendige Wechselwirkung zwischen dem Blute und dem Herzen beziehen, geben sich dem Arzte durch die mannigfaltigen Abwechslungen des Pulsschlages größerer Schlagadern zu erkennen. Er benutzt die Erscheinungen des veränderten Pulsschlages, um daraus, mit Berücksichtigung der vielfachen Modificationen desselben, welche schon im gesunden Zustande eintreten, und mit gleichzeitiger genauer Würdigung aller übrigen Symptome, den Zustand der Lebensthätigkeit im Blutgefäßsystem zu beurtheilen.

Um die große Mannigfaltigkeit in den Veränderungen des Pulses leichter übersehen zu können, wird es zweckmäßig, denselben in folgenden Beziehungen zu untersuchen: 1. in Beziehung auf seine **Stärke**, 2. in seinem Verhältnisse zum **Raume**, 3. zur **Zeit** und 4. in Rücksicht des **Wechselverhältnisses, welches zwischen den einzelnen Pulsschlägen** in allen diesen Beziehungen Statt findet.

§. 386.

1. In Rücksicht auf die **Stärke** unterscheidet man den **starken** und **schwachen**, den **harten** und **weichen Puls**. Der starke Puls verräth sich durch ein kräftiges Anschlagen der Schlagader an den untersuchenden Finger, und durch den größern Widerstand, welchen er dem Versuche, ihn zu unterdrücken, entgegen setzt. Er beurkundet kraftvolle Zusammenziehungen des Herzens und ein stärkeres Einwirken des Blutes auf die Wände der Schlagadern, was dann wieder größere Menge, höhere Ausbildung und Lebendigkeit desselben voraussetzt. Die entgegengesetzten Eigenschaften bestimmen den Puls als **schwach**, welcher seinen Ursprung nur aus entgegengesetzten Bedingungen ableiten kann. Indessen würde man sich sehr irren, wenn man in jedem Falle, in welchem man den Puls schwach findet, sich berechtigt glaubte, auf das Daseyn von wahrer Lebensschwäche im Gefäßsysteme zu schließen: es können alle Factoren und Bedingungen des Lebens im Übermaße vorhanden und dennoch die freye Äußerung der Lebensthätigkeit

in dem genannten Systeme durch mancherley Hindernisse unterdrückt seyn, wodurch dann ein schwacher Puls begründet wird, welcher mit wahrer Lebensschwäche durchaus in keinem ursächlichen Zusammenhange stehet.

Hart wird der Puls genannt, wenn sich die ausgedehnte Arterie wie eine festgespannte Schnur anfühlt. Diese Härte hat ihren Grund gewöhnlich in größerer Dichtigkeit des Blutes und vermehrtem Contractionsbestreben der Schlagader; oft in letzterem allein: wobey noch zu bemerken kommt, daß zuweilen die Steifigkeit oder Härte der Schlagaderhäute den Arzt verführt, den Puls für hart zu erklären, welcher es in der That nicht ist. Unter entgegengesetzten Umständen wird der Puls weich, wenn nämlich die Blutwelle, welche die Arterie ausdehnt, nur eine geringe Spannung derselben bewirkt, und sich von dem untersuchenden Finger leicht durchdringen läßt.

§. 387.

2. Untersucht man den Puls in Hinsicht auf seine Verhältnisse zum Raume; so stellt er sich entweder als großen und vollen oder als kleinen und leeren dar. Der Puls ist groß, wenn die Ausdehnung und Zusammenziehung der Schlagader große Räume durchlaufen. Er entsteht bey Reichhaltigkeit an Blute von kräftiger, gleichmäßiger und freyer Wechselwirkung zwischen diesem und seinen Gefäßen.

Was kleiner Puls sey, ergibt sich, wenn man die entgegengesetzten Verhältnisse vom großen denkt. Die Kleinheit des Pulses, oder der kleinere Raum, welchen die Ausdehnung und Zusammenziehung der Schlagader durchlaufen, hat ihren Grund entweder in Blutmangel und Lebensschwäche des Gefäßsystems, oder in Unterdrückung der freyen Äußerung seiner Lebensthätigkeit. Nicht selten macht das absolut oder relativ überwiegende Contractionsbestreben des Herzens und der Schlagadern, daß diese der Expansion nicht hinlänglich nachgeben, woraus ein kleiner, zugleich harter Puls entsteht, welchen die Ärzte den **zusammengezogenen** zu nennen pflegen.

Voll ist der Puls, wenn die Schlagader während ihrer Ausdehnung einen großen Umfang einnimmt und sich dem Gefühle des untersuchenden Fingers als einen strotzenden Kanal darstellt; **leer**, wenn eine kleine, kaum fühlbare Blutwelle nur eine sehr geringe Ausdehnung der Schlagader und sehr schwache Einwirkung auf den untersuchenden Finger verursacht. Die Vollheit des Pulses zeigt größere Menge, oder auch nur vermehrte Ausdehnung des Blutes mit gemäßigter Contraction der Arterien an; die Leerheit entspringt aus denselben Quellen, als die Schwäche des Pulses (§. 386).

§. 388.

3. In seinen **Zeitverhältnissen** berücksichtiget, ist der Puls entweder **häufig** oder **selten**, **geschwind** oder **langsam**. Die Häufigkeit des Pulses drückt nichts anderes aus, als eine größere Anzahl von Pulsschlägen in einem gegebenen Zeitabschnitte; die Seltenheit das entgegengesetzte Verhältniß. Die Häufigkeit des Pulses setzt wohl oft eine lebhaftere und wahrhaft verstärkte Wechselwirkung zwischen Blut und Gefäßsystem voraus; allein bey weitem nicht immer: nicht selten macht das sinkende Lebensvermögen in diesem Systeme, daß die Ausdehnungen und Zusammenziehungen des Herzens und der Schlagadern bedeutend kleiner werden, eben dadurch aber auch schneller auf einander folgen und die Pulsschläge häufiger machen müssen. Abnahme des innern Lebens im Blute selbst und damit zugleich seines specifischen Reizes für das Herz, Herabstimmung der Reitzbarkeit dieses Centralorganes entweder durch Schwächung seines eigenthümlichen Lebens, oder durch Zurückhaltung des dynamischen Einflusses, welchen die Nerven auf

dasselbe äußern, wie diese z. B. im soporösen Zustande Statt finden kann, geben zu einer regelwidrigen Seltenheit des Pulses Veranlassung.

Die **Geschwindigkeit** des Pulses wird von vielen Ärzten auf einzelne Pulsschläge bezogen, und diese **geschwind** genannt, wenn die einzelnen Zusammenziehungen, besonders aber die Ausdehnungen der Schlagadern, in einer sehr kurzen Zeit vollbracht werden. Der häufige Puls ist wohl immer zugleich geschwind: allein es lassen sich doch auch Fälle denken, zumal beym ungleichen Pulse, wo sich einzelne Pulsschläge durch größere Geschwindigkeit auszeichnen, ohne daß deßwegen der Puls im Ganzen genommen häufiger wird. Der **langsame** Puls bedarf nach dem eben Vorgetragenen keiner nähern Erklärung.

§. 389.

4. **Bey der Vergleichung der einzelnen Pulsschläge unter einander selbst**, müssen wieder ihre Stärke sowohl, als auch ihre Raum- und Zeitverhältnisse ins Auge gefaßt werden. Stimmen alle einzelnen Pulsschläge in Rücksicht der eben genannten Verhältnisse mit einander überein, so ist der Puls **gleich**; **ungleich** aber, wenn einzelne Pulsschläge in Hinsicht des einen oder des andern derselben eine Verschiedenheit darbieten. Der Puls kann demnach in der Stärke, in der Größe, in dem Zeitmaße und, was nicht selten der Fall ist, in mehreren dieser Beziehungen zugleich ungleich seyn. Einige merkwürdige Arten des ungleichen Pulses sind folgende.

Der **aussetzende** Puls, also genannt, wenn nach einer Reihe von Pulsschlägen einer oder der andere, welcher nach dem gegenwärtigen Zeitmaße folgen sollte, ausbleibt. Er entstehet, wenn das Herz nach einigen oder mehreren Pulsschlägen durch eine unverhältnißmäßig lange Zeit in dem Zustande der Ausdehnung oder Zusammenziehung verweilt, und ist die Folge entweder von großer Schwäche im Gefäßsysteme, wodurch das Herz bestimmt wird, in einzelnen Expansionen gleichsam auszuruhen, oder von einem gereizten krampfhaften Zustande, wodurch dasselbe Organ über das vorgeschriebene Maß in einzelnen Contractionen zurückgehalten wird, diese Reizung mag sich nun unmittelbar auf das Herz selbst beziehen, oder in einem sympathischen Verhältnisse mit andern krankhaft ergriffenen Organen, z. B. mit den übrigen Eingeweiden der Brust, des Unterleibes u. s. w. ihren Grund haben. Häufig steht dieser Zufall mit Organisationsgebrechen des Herzens und der aus ihm entspringenden Gefäßstämme, mit Anevrismen, Verknöcherungen der Klappen, mit Herzbeutelwassersucht, Verwachsungen des Herzens mit seinem Beutel u. dergl. in ursächlicher Verbindung.

Der verdoppelte Puls bezeichnet diejenige Art von Ungleichheit, bey welcher zwey schnell auf einander folgende Schläge mit einer nachherigen längern Pause abwechseln. Übertrifft von diesen beyden Schlägen der erstere den zweyten an Größe und Stärke, so nennt man den Puls dicrotus; beym entgegengesetzten Verhältnisse aber den hüpfenden, (caprizans). Gewöhnlich deutet dieser Puls auf große, jedoch nicht freye Wirksamkeit des Herzens hin.

Man führt auch einen sägeförmigen Puls (serratus) an, und legt ihm diesen Namen alsdann bey, wenn die Schlagader während der Expansion an mehreren Punkten zusammen gezogen bleibt und dadurch eine gleichsam zackige Gestalt annimmt. Dieser Puls zeigt starke Wechselwirkung zwischen Blut und Herzen mit überwiegendem Contractionsbestreben der Schlagadern an.

Wellenförmig (unduosus) ist der Puls, wenn mehrere, an Größe immer zunehmende Ausdehnungen der Schlagader so schnell auf einander folgen, daß die kleinen, dazwischen liegenden Contractionen kaum bemerkbar werden.

Diese Veränderung des Pulses gibt ein Zeichen von freyer werdender Expansion des Blutes und von gemäßigtem Contractionsbestreben des Herzens und der Arterien. Daraus wird erklärbar, warum dieser Puls oft als Vorläufer von kritischen Ausleerungen, besonders von kritischem Schweiße beobachtet wird.

Die Alten hatten noch eine Art von Puls, welche sie mit dem Namen pulsus miurus belegten, wenn nämlich beym schwachen Pulse mehrere Schläge schnell auf einander folgen, dabey aber an Stärke immer mehr abnehmen, bis wieder ein kräftiger Schlag dieselbe Reihenfolge beginnt. Der Puls wird dem **Ameisenkriechen ähnlich**, wenn sehr kleine, schwache, ungleiche Schläge mit äußerster Schnelligkeit auf einander folgen. Man sieht leicht ein, daß diese Modificationen des Pulses nur von großer Hemmung oder wirklichem Sinken der Lebensthätigkeit im Gefäßsysteme abgeleitet werden können.

§. 390.

Auch die **Venen** liefern durch regelwidrige Bewegung Erscheinungen, welche der Aufmerksamkeit des Arztes nicht unwürdig sind. So beobachtet man bey Hindernissen, welche sich der fortschreitenden Bewegung des Blutes durch das Herz oder die Lungen entgegen stellen, ein **Klopfen der Drosseladern**, welches auch bey der aufsteigenden Hohlader Statt finden kann, und sehr wahrscheinlich den Grund von vielen lästigen Gefühlen der Kranken und von manchen andern Krankheitserscheinungen enthält. Es ist mit **rückgängiger Bewegung** des Blutes verbunden, welche aber auch hier und da, besonders in jenen Venen, welche nicht mit Klappen versehen sind, ohne Klopfen zu erfolgen scheint, und wieder andere Symptome, z. B. venöse Blutungen, veranlassen kann. Erscheinen die Venen von dem enthaltenen Blute über ihren normalen Durchmesser erweitert, oder auch an einzelnen Stellen zu knotigen Geschwülsten (Varices) ausgedehnt, welche mit stockendem Blute gefüllt sind, so darf man als Ursache davon entweder mechanische Hindernisse, welche dem Fortgange des Blutes im Wege stehen, z. B. Druck auf die größeren Venenstämme u. dergl. oder geschwächte Wechselwirkung zwischen Blut und Venen annehmen.

§ 391.

Die Lymphgefäße stehen in so naher Beziehung zu den Venen, daß die Erscheinungen, welche sie, in so fern sie zum Kreislaufe der Säfte beytragen, im kranken Zustande darbieten, sehr füglich ihre Stelle nach den den Venen angehörigen Symptomen einnehmen. Da sich die Thätigkeit derselben nicht unmittelbar beobachten läßt, so kann auf ihren regelwidrigen Gang nur aus ihrer gestörten Verrichtung, d. h. aus zu sehr beschleunigter oder zurück gehaltener Einsaugung und aus einigen Veränderungen, welche die Lymphgefäße, besonders ihre Drüsen in ihrem Umfange darbieten, z. B. aus Anschwellung derselben, geschlossen werden.

§. 392.

So zahlreich die bisher erklärten Symptome, welche sich zunächst auf abnorme Erregung im Gefäßsysteme beziehen lassen, auch immer sind, so gibt es doch noch eine andere Reihe krankhafter Erscheinungen, welche unmittelbar von einem regelwidrigen Zustande des bildenden Lebens in eben diesem Systeme abgeleitet werden müssen, und welche sich durch veränderte Menge und Beschaffenheit seiner Producte, d. h. der Lymphe und des Blutes von der einen, und durch einen abnormen Ernährungszustand ihrer Gefäße von der andern Seite aussprechen.

§. 393.

Der Erscheinnngen, durch welche die Lymphe, so

lange sie in ihren lebendigen Gefäßen enthalten ist, ihre Abweichungen von der Regel nach außen hin wahrnehmbar verkündiget, sind wohl sehr wenige, und sie beschränken sich wohl größten Theils auf die Veränderungen, welche sie in ihren Gefäßen, besonders aber in den Drüsen derselben hervor bringen, und auf die Folgen, welche sie in dem übrigen Bildungsprozesse nach sich ziehen.

Weniger geheimnißvoll geht die Bildung des Blutes vor sich, und sie gibt ihre Unvollkommenheiten durch mancherley Erscheinungen zu erkennen, welche auf Überfluß oder Mangel an Blute, oder auf fehlerhafte Umwandlung seines innern Gehaltes hindeuten. Wir haben diese als Wirkungen krankhafter Blutbereitung bereits oben §. 168. u. ff. angeführt, und halten es daher für unnütze Wiederhohlung, sie hier noch einmahl aus einander zu setzen.

Den Symptomen, welche das Blut im lebenden Körper darbietet, fügt man nun noch, wo sich die Gelegenheit dazu gibt, diejenigen Erscheinungen hinzu, welche sich an demselben, wenn es durch Zufall oder Kunst dem Kreise des Lebens entzogen worden ist, wahrnehmen lassen, und welche sich durch verschiedene Grade von Flüssigkeit, durch verschiedene Färbung, durch größere oder geringere Neigung zur Gerinnung, durch vollkommenere oder unvollkommenere Trennung seiner nähern Bestandtheile, durch verschiedenes Verhältniß derselben, durch Erzeugung der Entzündungshaut, durch geschwindere oder langsamere Fäulniß, durch mannigfaltiges Verhalten gegen chemische Reagentien, zu erkennen geben, ihre Erklärung aber größten Theils wieder in demjenigen finden, was am vorhin angeführten Orte über krankhafte Blutbereitung gesagt worden ist.

§. 394.

Endlich offenbaren die Lymph- und Blutgefäße einen regelwidrigen Gang ihrer eigenen Ernährung durch die Erscheinungen von Schlaffheit, Zartheit, Mürbigkeit, Steifigkeit und Härte ihrer Häute, durch krankhafte Verwandlung ihres eigenthümlichen Gewebes in ein anderes, wie z. B. bey der Verknorpelung und Verknöcherung derselben, durch Entzündung, Eiterung, Erweiterung, Verengerung, u. s. w., Erscheinungen, über deren Entstehung das, was in der allgemeinen Nosologie über krankhafte Ernährung überhaupt gesagt wurde, bereits hinlänglichen Aufschluß gegeben hat.

* * *

Ant. de Haen, historia pulsus ab Hippocrate ad nostra usque tempora. — In ejusd. rat. medend. P. XII. cap. 1 — 4.

K. Sprengels Beyträge zur Geschichte des Pulses. Leipz. 1787. 8.

Ars sphygmica, s. pulsuum doctrina, supra 1200 annos perdita et desiderata, a *Joh. Struthio*. Patavii, 1555. — Basil. 1602. 8.

Andr. Cleyer, specimen medicinae Sinicae, s. opuscula medica ad mentem Sinensium, continens de pulsibus libros. Francof. 1682. 4.

Franc. Solani, Lydius lapis Apollinis. Antequarae, 1737. Fol.

E. A. Nicolai, theoretisch-praktische Betrachtung des Pulsschlages. Halle, 1746. 8.

Theoph. de Barden, recherches sur le pouls par rapport aux crises. à Paris, 1756. Ed. II. 1767 — 1772. 12.

Henr. Fouquet, essai sur le pouls, par rapport aux affections des principaux organes. à Montpellier, 1767. 12.

Car. Gandini, gli elementi dell' arte sfigmica, ossia la dottrina del pulso ricavata dell' antica e moderna storia della medicina chinese et europee. Genova, 1769. 8.

J. J. Webst, medicina ex pulsu, s. systema doctrinae sphygmicae. Viennae, 1770. 8.

W. Falconers Beobachtungen über den Puls und Berichtigung der Anzeigen desselben bey Krankheiten, und insbesondere bey Fiebern. A. d. Engl. mit Anmerkungen und einer Beylage von Joh. Jof. Kausch. Leipz. 1797. 8.

J. Petr. Eberhard resp. *Bang*, de pulsu ut signo fallaci. Hal. 1767. recus. in *Schlegel* thesaur. Semiolog. Vol. I. n. 9.

Ge. Ern. Stahlii, excusatio respondens examini pulsuum celeris et frequentis eorumque constans distinctio. — In *Halleri* disputat. ad morbor. histor. facient. T. II. n. 62.

Ern. Ant. Nicolai, progr. I. II. III, de pulsu celeri crebro et frequenti. Jen. 1763.

Ern. Ant. Nicolai resp. *Köhler*, diss. de pulsu magno et parvo. Jen. 1790.

Bure. Dav. Mauchart, de pulsu intermittente et decrépitante. Tubing. 1748. — In *Haller* disp. patholog. T. II. n. 62.

Delins, von dem aussetzenden Pulse, einigen andern Pulsarten und Angelegenheiten des Herzens. Erlangen, 1784. 8.

J. A. Albers, über Pulsationen im Unterleibe. Bremen, 1803. 8.

Joh. Jesseni a Jessen, de sanguine vena secta dimisso judicium. Pragae, 1618. 4. cum notis et castig. *J. P. Brunonis*. Norimb. 1668. 12.

Fried. Hoffmann, diss. de judicio ex sanguine per venaesectionem emisso. Hal. 1727. — In medicin. rational. systemat. T. III. Sect. I. cap. 12.

Fünftes Hauptstück.
Die Erscheinungen krankhafter Absonderungen.

§. 395.

Die meisten Erscheinungen, welche die Absonderungen im kranken Zustande darbieten, haben ihre Erklärung bereits in der allgemeinen Nosologie bey der Untersuchung des regelwidrigen Vorganges der Absonderung überhaupt gefunden, wir dürfen uns daher bey der Aufzählung derselben kürzer fassen, und nur bey denjenigen etwas länger verweilen, die ihres eigenthümlichen Charakters wegen eine besondere Aufmerksamkeit verdienen.

§. 396.

Die Schleimabsonderung liefert in manchen Fällen eine zu große, in andern eine zu geringe Menge von Schleim. Nicht selten ist dieser zu dünnflüssig und dabey mitunter mit einer überwiegenden Menge von Salzen geschwängert. Er wird dadurch für die Häute, über welche er herab fließet, zu reißend, verursacht lästige Empfindung und heftige Zurückwirkung der Muskeln, woher dann Niesen, Husten, Stuhlzwang, Harndrang u. dergl. entstehen. Ist er im Gegentheile zu dick und zähe, so klebet er fest an die Membranen an, hemmt die Einwirkung der äußern erregenden Einflüsse auf ihre Nerven, zieht Trägheit in den Bewegungen der Organe nach sich, und hemmt ihre Verrichtungen oft auch noch auf mechanische Weise. Zuweilen beurkundet der Schleim durch seinen süßen Geschmack Entwicklung von Zucker in ihm, häufiger aber wird er durch einen bestimmten Grad von Entzündung in eine eiterähnliche Flüssigkeit umgewandelt. Das, was §§. 183. u. ff. über die Fehler der Absonderungen überhaupt aus einander gesetzt wurde, wird, gehörig angewendet auf die Schleimsecretion, hinreichen, den Grund und folglich auch die Bedeutung dieser Erscheinungen in das erforderliche Licht zu setzen.

Parallel mit diesen Veränderungen des Schleims gehen immer auch entsprechende Veränderungen in dem Absonderungsorgane desselben, in der Schleimhaut, welche bald gerötheter, bald blässer, bald straffer, bald schlaffer, bald verdichtet, bald aufgelockert, auch wohl mit Afterorganisationen, mit Ausschlägen besetzt erscheint, und durch alle diese Symptome auf einen mannigfaltigen Wechsel ihres eigenthümlichen Lebens, oder auf specifische Krankheitsprozesse, welche sich in ihr entwickelt haben, hindeutet.

§. 397.

Die Fettabsonderung zeichnet sich oft durch eine große Üppigkeit aus. Die Überfüllung des Körpers mit Fett, welche daher entspringt, setzt der freyen Lebensäußerung der Organe nicht bloß mechanische Hindernisse entgegen, sondern hat auch, laut den Aussprüchen der Erfahrung, eine größere Anlage zur Wassersucht in ihrem Gefolge. Als Grund davon muß man zwar einen raschern Fortgang der Vegetation, jedoch nur auf ihren untern Stufen annehmen; denn offenbar kömmt es hierbey nicht zur vollkommenern Ausbildung des Organischen und zur Erhebung desselben zu dem höhern Range des thierischen Charakters, indem sich ihr Product — das fette Öhl — noch so auffallend zur vegetabilischen Natur hinneiget.

Mangel an Fett entsteht, wie leicht begreiflich, aus mangelhaftem Ersatze oder unverhältnißmäßig großem Aufwande des organischen Stoffes. Da das Fett den übrigen Organen zur Einhüllung und zum Schutze dient, so macht die Magerkeit empfindlicher und für die Einwirkung mancher Schädlichkeiten empfänglicher.

Das Fett mag wohl auch manchen Veränderungen in

Rücksicht auf seine eigenthümliche Natur unterworfen seyn; da aber die Erscheinungen, durch welche sie sich aussprechen können, bis jetzt noch nicht zu dem gehörigen Grade von Verständlichkeit erhoben worden sind, so fühlen wir uns auch außer Stande, darüber etwas Gründliches vorzutragen.

§. 398.

Die Absonderung des **wässerigen Dunstes** in das Zellgewebe und die Höhlen des Körpers bietet in Rücksicht auf ihre Menge dieselben Erscheinungen dar. Er verdichtet sich oft zu einer tropfbaren Flüssigkeit, die sich sodann in größerer Menge ansammelt und Wassergeschwulst bildet. Der Ursprung der Wassersucht ist verschieden. In manchen Fällen liegt ihr offenbar eine erhöhete Thätigkeit im Gefäßsysteme und Zellgewebe zum Grunde, welche in regelwidrige Wasserbildung auszuschlagen scheint. Häufiger aber findet der entgegengesetzte Zustand des Lebens in demselben Systeme und Gewebe Statt, und hier macht die mangelhafte Ausbildung des Organischen, daß das Wasser im Blute und in den abgeschiedenen Säften vorschlägt: zugleich liegt im Sinken der lebendigen Expansion der Grund, warum die abgesonderte Flüssigkeit nicht in der Gestalt des Dunstes, sondern in jener des tropfbaren Wassers aus den Gefäßen in die Zellen und Höhlen austritt. In andern Fällen muß die Ursache der Wassersucht in Unthätigkeit des Zellgewebes und der Lymphgefäße gesucht werden.

Mangel dieses Dunstes im Zellgewebe ist die Folge von beschränktem Wiederersatze des Blutwassers, oder von zu großem Aufwande desselben durch Entleerung, oder zu starke Anfachung des Lebensprozesses, oder auch von zu stark angeregter Einsaugung. Die Wirkungen davon sind leicht einzusehen. Sie bestehen in der Abnahme der Lebensfülle, in dem Zusammenschrumpfen der Theile, in Vermehrung der wech=

selseitigen Berührungspunkte, in Verwachsungen, in Hemmung der organischen Bewegung.

Es fehlt endlich nicht an Erscheinungen, welche auf fehlerhafte Mischung dieser abgeschiedenen Flüssigkeit hinweisen. So beobachtet man nicht selten eine überwiegende Menge gerinnbaren Stoffes, besonders Eyweißes, und daher rührende Zunahme an Dichtigkeit und Klebrigkeit in derselben, in andern Fällen aber zu große Wässerigkeit aus Mangel an plastischem Stoffe. Zuweilen trägt die aus wassersüchtigen Geschwülsten ausfließende Flüssigkeit unverkennbare Spuren von Schärfe oder auch von tiefer eingreifender Zersetzung, welche sich durch schwefelleberartigen Geruch zu erkennen gibt, an sich.

§. 399.

Ähnliche Erscheinungen bieten andere seröse Flüssigkeiten, z. B. das Gelenkwasser, die wässerige Flüssigkeit des Auges u. s. w. dar, welche sich nach der Verschiedenheit des Organes, in welchem die Absonderung geschieht, und der Verrichtung, zu welcher sie ihren Beytrag liefern, näher gestalten.

Noch deutlicher für die Wahrnehmung sprechen sich die Erscheinungen aus, welche der Speichel liefert, wenn die Secretionsthätigkeit der Speicheldrüsen von der Regel abweicht. Es wird zuweilen in einer außerordentlichen Menge abgeschieden und zugleich großen Theils ausgeleert, ein Symptom, das man mit dem Namen des Speichelflusses belegt, und das seinen Ursprung idiopathischen oder sympathischen Reitzungen der Speicheldrüsen oder auch specifischen Krankheitsvorgängen, welche sich in der Schleimhaut der Mundhöhle entwickeln und von da aus ihre Wirkung auf die genannten Drüsen fortpflanzen, verdankt: der übermäßige Verlust dieses Saftes schwächt nicht bloß die Verdauung, sondern entzieht auch dem übrigen Organismus geradezu einen Theil seiner plastischen Stoffe.

Mangel an Speichel entsteht, wenn diejenigen Ursachen, welche jede Absonderung beschränken oder gänzlich unterdrücken, vorzüglich auf die Quelle desselben, die Speicheldrüsen wirken. Dieser Mangel hat dann aus leicht begreiflichen Gründen, Verminderung des Geschmackes, der Eßlust und der Verdauung zur Folge.

Auffallende Veränderungen in der Consistenz und dem Geschmacke des Speichels deuten auf veränderte Mischung derselben hin. Nicht selten findet man den Speichel zu dickflüssig und klebrig, in andern Fällen zu wässerig, von Geschmacke sauer, alkalisch, salzig, süß, bitter u. s. w. und schließt aus diesen Veränderungen auf mancherley Störungen in der Secretionsthätigkeit, oder auf fehlerhafte Beschaffenheit des Blutwassers, welches zur Bildung des Speichels verwendet wird, deren nähere Bestimmung auf dasjenige zurück geführt werden muß, was §§. 190. u. ff. von den Veränderungen der Absonderungen rücksichtlich ihres eigenthümlichen Charakters überhaupt näher entwickelt worden ist.

§. 400.

Die Abweichungen des Magen-, des pankreatischen und des Darmsaftes müssen mit jenen des Speichels große Ähnlichkeit haben; da sie aber der Wahrnehmung nicht unmittelbar zugänglich sind, so kann man nur mittelbar, und zwar aus denjenigen Erscheinungen auf sie schließen, welche sich auf den regelwidrigen Zustand des Geschmackes, der Eßlust, der Verdauung, der peristaltischen Bewegung, der Darmentleerung und auf die fehlerhafte Beschaffenheit desjenigen beziehen, was durch Rülpsen, Erbrechen, Stuhlgang ausgeleert wird. Die Erscheinungen, welche mit der krankhaften Schleimsecretion im Darmkanale in Verbindung stehen, sind bereits oben §§. 345 u. 396. aufgezählt worden.

§. 401.

Eben so gibt sich die krankhaft veränderte Absonderung der Galle nur durch die Störungen zu erkennen, welche in denjenigen Verrichtungen wahrnehmbar auftreten, auf die die Galle einen bestimmenden Einfluß hat. So schließt man aus bitterem Geschmacke, gelb belegter Zunge, gallichtem Erbrechen, schmerzhaften Gefühlen im Darmkanale, gallichtem Durchfalle, auf übermäßig vermehrte Absonderung dieser Flüssigkeit. Als Ursache davon kann man überwiegende Entwicklung des Brennbaren im Blute und eine zu stark aufgeregte Lebensthätigkeit der Leber angeben. Als Veranlassungen dazu lassen sich zu große äußere Hitze, Mißbrauch von thierischer, zum Theil schon von der Fäulniß ergriffener, oder auch von vegetabilischer, mit Extractivstoff, mit Harz und ähnlichen Stoffen überladener Nahrung, sympathische Reitzungen, welche sich vom Kopfe, vom Magen, von den Gedärmen, von der äußern Haut, auf die Leber fortpflanzen, in der Erfahrung nachweisen.

§. 402.

Träge peristaltische Bewegung der Därme und daher rührende, seltnere Darmausleerung mit blasser Färbung des Unrathes verrathen verminderten — weißgraue oder weiße Excremente gänzlich gehemmten Zufluß der Galle in den Darmkanal. Bey diesem verminderten oder gehemmten Zuflusse der Galle in den Darmkanal muß man nun wohl unterscheiden, ob er zugleich mit Verminderung oder gänzlicher Unterdrückung der Gallenabsonderung in Verbindung stehe, oder nicht. Denn es kommen Fälle vor, wo die Galle in der Leber auf gewöhnliche Weise abgesondert wird, aber wegen Unterbrechung des freyen Durchganges durch den gemeinschaftlichen Gallengang in den Darmkanal nicht übertragen werden kann. In diesem Falle muß die abgeschiedene Galle vermittelst der Lymphgefäße wieder eingesogen und andern stellvertretenden Secretionsorganen, in ihren Elementen wenigstens, zugeführt werden. Mangelt die Galle im Darmkanale wegen zurück gehaltener Absonderung derselben; so kann die Hemmung dieser Absonderung entweder bloß in unterdrückter Secretionsthätigkeit der Leber, oder in einem Mangel der zur Bildung der Galle nothwendigen Stoffe im Blute begründet seyn. Im ersten Falle werden die im Blute vorhandenen Gallenstoffe an andere Secretionsorgane übertragen werden und stellvertretende Absonderungen veranlassen; im andern aber wird beym Mangel der Galle im Darmkanale dennoch keine Spur solcher stellvertretender Secretionen, mithin auch kein Symptom von Gelbsucht wahrgenommen werden. Daß diese verschiedenen Verhältnisse der Gallenabsonderung auf den Gang der gesammten Vegetation einen zwar verschiedenartigen, aber immer sehr wichtigen Einfluß haben müssen, dieses kann für denjenigen kein Geheimniß seyn, welchem die Bedeutung der Leber und ihre Beziehung zum thierischen Bildungsprozesse nicht ganz dunkel geblieben sind.

§. 403.

Bey der krankhaft veränderten Menge der Galle finden sich gewöhnlich zugleich Erscheinungen, welche auf Veränderungen ihres eigenthümlichen Charakters hindeuten, und die sich durch regelwidrige Consistenz, Farbe, Geschmack und außer diesen durch die Wirkungen zu erkennen geben, welche die Galle zum Theil in ihren eigenen Behältern, zum Theil im Darmkanale hervorbringt. So ist sie oft zu dünnflüssig, wässerig und kraftlos, oft aber auch zu dick und zähe und erhält diese letztere Eigenschaft entweder von einer größeren Menge von Schleim, welcher ihr in der Gallenblase zugemischt wird, oder auch von überwiegender Ausbildung ihres eigenen plastischen Stoffes. Die zu wässerige Galle ist eben so wenig für ihre Bestimmung geeignet, als die zu zähe; letztere aber führt noch den Nachtheil mit sich, daß sie mit mehr Schwierigkeit durch die Gallengänge bewegt wird, und daher leicht zu Stockungen und ihren Folgen Veranlassung gibt.

§. 404.

Die Veränderungen in der Farbe und dem Geschmacke der Galle stehen mit veränderten Eigenschaften und Verhältnissen ihres eigenthümlichen Gallenstoffes und ihrer Salze in Verbindung. Eine starke, gesättigte Farbe und einen höhern Grad von Bitterkeit erhält die Galle, wenn ihr eigenthümlicher Stoff in einem größern Verhältnisse ausgebildet wird, welches seinen Grund in Überladung des Pfortaderblutes mit phlogistischen Stoffen und in gesteigerter Lebensthätigkeit der Leber zu haben scheint. Durch Säuerung erhält die Galle eine lauchgrüne oder grünspanähnliche, oder auch eygelbe, zuweilen eine röthliche Farbe. Diese Veränderung erleidet der eigenthümliche Gallenstoff in den meisten Fällen erst im Darmkanale; jedoch läßt sich hierbey die Möglichkeit nicht abläugnen, daß auch bereits in der Leber durch Verstimmung ihrer Lebensthätigkeit überwiegende Oxydation der Galle Statt finden könne. Schwärze und Aschfarbe der Galle deutet auf eine tiefer eingreifende Umwandlung ihrer eigenthümlichen Substanz und auf eine bedeutende Zerrüttung in der Secretionsthätigkeit der Leber hin.

§. 405.

Eine merkwürdige Umwandlung des eigenthümlichen Gallenstoffes ist die Verwandlung desselben in Fettwachs, welches in den Gallengängen, oder noch häufiger in der Gallenblase aus der übrigen Flüssigkeit niedergeschlagen, den Hauptbestandtheil der Gallensteine ausmacht. Diese haben in ihrem Mittelpunkte gewöhnlich einen strahligen Krystallisationskern, welcher nach außen zu mit mehreren concentrischen Lagen umgeben ist: sie sind übrigens von verschiedener Farbe, Härte und eigenthümlicher Schwere, alle aber entzündbar und verbrennlich wie Wachs. Die chemische Analyse findet in den meisten als Hauptbestandtheil Fettwachs, welchem gewöhnlich noch etwas von der unveränderten eigenthümlichen Gallenmaterie anhängt. Der Vorgang, durch welchen die Umwandlung des Gallenstoffes in Fettwachs und die Bildung der Gallensteine aus demselben bedingt werden, ist noch in Dunkelheit verhüllt; desto lauter aber sprechen sich in vielen — nicht in allen — Fällen die übeln Folgen aus, welche sie als mechanische Schädlichkeiten hervorbringen. Sie verursachen lästige Gefühle, Schmerzen, Krämpfe, Entzündung, Verdickung der Häute der Gallenblase, Vereiterung oder Brand derselben; sie verstopfen die Gallengänge, in welchen sie zuweilen gewaltsam eingeklemmt werden, verhindern den Einfluß der Galle in den Darmkanal und verursachen dadurch, so wie durch Magenkrampf und Kolik, welche sie durch Mitleidenschaft erregen, die auffallendsten Störungen in den Geschäften der ersten Wege.

§. 406.

Nicht selten verräth die Galle, zum Theil durch den Geschmack, welchen sie beym Erbrechen bewirkt, zum Theil durch lästige Gefühle und gewaltsame Bewegungen, welche sie im Darmkanale hervor ruft, eine scharfe, heftig reizende Beschaffenheit, welche man entweder von einer besondern Entartung des Gallenstoffes, oder von unverhältnißmäßiger Entwicklung der Salze in der Galle ableiten muß, und über deren Ursprung wir hier nicht mehr sagen können, als wir bereits oben §. 404. vorgebracht haben.

Es wären hier wohl noch einige andere Absonderungen in Bezug auf ihre krankhaften Erscheinungen zu betrachten: allein zum Theil finden diese in dem bisher Vorgetragenen hinlängliche Erklärung, zum Theil sind sie mit den Symptomen derjenigen Verrichtungen, mit welchen eben diese Absonderungen in wesentlicher Verbindung stehen, so innig verflochten, daß sie nicht wohl abgesondert von denselben dargestellt werden können. Wir werden daher für einige von ihnen in der Folge noch eine schickliche Stelle und Gelegenheit zu ihrer Erklärung finden.

* * *

P. F. Hm. Grasmeyers Abhandlung vom Eiter, und den Mitteln, ihn von allen ihm ähnlichen Feuchtigkeiten zu unterscheiden. Gött. 1790. 8.

Fr. v. Paula Gruithuisens naturhistorische Untersuchung über den Unterschied zwischen Eiter und Schleim durch das Mikroskop. München, 1809. 8.

Jo. Gttlb. Leidenfrost, diss. de morbis adipis humani, Duisb. 1772. 4.

Lorry, von dem Fette im menschlichen Körper, von den Wirkungen und Fehlern desselben und den Krankheiten, welche es verursachen kann. Samml. auserl. Abh. f. pr. Ärzte. IX. B. S. 222.

Fried. Hoffmann, de necessaria salivae inspectione ad conservandam et instaurandam sanitatem. Hal. 1698. — In opp. supplem. II. part. I.

Mart. Schurig, Sialologia. Dresd. 1725. 4.

G. Cp. Siebold, historia systematis salivalis physiologice et pathologice considerati. Jen. 1797. 4.

Seb. Goldwitz, neue Versuche über die Pathologie der Galle. Bamberg, 1789. 8.

Reil, diss. de polycholia. Hal. 1782. 4.

P. G. Schröder, de alienata bilis qualitate, ubi viridis est alvo excretorum aut vomitu rejectorum color. Gött. 1767. 4. — In *Schröder* opuscul. Vol. I.

J. H. Cobet, de atra bile. Marburg, 1793. 8. — In collect. diss. Marburg, Fasc. IV.

Th. Coe, Abhandlung von den Gallensteinen. Nebst Jam. Maclurg's Versuchen mit der menschlichen Galle und dessen Bemerkungen über die gallichte Absonderung. A. d. Engl. 1783. 8.

Titii analyseos calculorum humanorum et animalium chemicae specimen. Lipsiae, 1789.

S. Th. *Sömmering*, de concrementis biliariis corporis humani. Francof. ad Moen. 1795. 8.

Masovii diss. de calculis animal. eorumque inprimis biliariorum origine et natura. Berolin. 1812.

Sechstes Hauptstück.
Die Symptome der Ernährung.

§. 407.

Zu den Symptomen der krankhaften Ernährung der festen Theile gehören alle sinnlich wahrnehmbaren Veränderungen ihres Umfanges, ihrer Masse, ihres Zusammenhanges, ihres innern Gewebes und ihrer äußern Gestaltung, welche wir bereits in Hinsicht auf ihre Entstehung und Folgen in der allgemeinen Nosologie unter der Aufschrift von krankhafter Ernährung §§. 200. u. ff. und unter jener von den Organisationsgebrechen §§. 256. u. ff. so umständlich aus einander gesetzt haben, daß wir uns des Vorwurfes unnöthiger Wiederhohlung schuldig machen würden, wenn wir hier mehr thäten, als daß wir bloß auf jene Stellen zurück weisen.

Siebentes Hauptstück.
Die Symptome der Ausleerungen.

§. 408.

Da die Ausleerungen zu dem gesammten Bildungsprozesse des thierischen Organismus in naher Beziehung stehen, so erhalten auch die Erscheinungen, welche sie und ihre Producte im krankhaften Zustande darbieten, eine, in gar vielen Fällen wichtige, semiologische Bedeutung, und verdienen überall von dem Arzte näher gewürdiget zu werden. Da wir von den regelwidrigen Veränderungen der Ausleerungen im Allgemeinen bereits §§. 216. u. ff. Rechenschaft abgelegt haben, so bleibt uns hier nur noch die Untersuchung derjenigen Erscheinungen übrig, welche die einzelnen Excretionen und ihre Producte zu jener Zeit liefern, während welcher sie von ihrer Norm abgewichen sind.

Von den Erscheinungen gestörter Hautausdünstung.

§. 409.

Man kann die Veränderungen, welche die Hautausdünstung im krankhaften Zustande der Beobachtung darbietet, keiner gründlichen Prüfung unterziehen, wenn man seine Aufmerksamkeit nicht zugleich auf das Organ derselben, die Haut, und ihre anderweitige Lebensthätigkeit, mithin auch auf die Erscheinungen, welche mit dieser im Zusammenhange stehen, auf den Wärmegrad, die Farbe, die Oberfläche der Haut, auf den Grad ihrer lebendigen Zusammenziehung und bey dieser Gelegenheit auch auf die Beschaffenheit der Haare richtet.

§. 410.

Ein häufig vorkommender Krankheitszufall ist Verminderung oder gänzliche Unterdrückung der Hautausdünstung, welche sich durch Trockenheit der Haut offenbart, und ihren Ursprung aus sehr verschiedenen Quellen ableitet. Man findet sie nämlich bald in Ableitung der serösen Flüssigkeit nach andern Ab- und Aussonderungsorganen, bald in verminderter expansiver Thätigkeit und Wärmeentwicklung im Blute, und damit in Verbindung stehender Abnahme der Bildung des Blutdunstes, bald in einem zu raschen Lebensprozesse im Gefäßsysteme, und gleichzeitiger zu schneller Zersetzung und Umbildung des Blutwassers, bald in überwiegender Contraction in dem Hautorgane und seinen Gefäßen begründet. Bey unterdrückter Hautausdünstung übernehmen meistens andere, ordentliche oder außerordentliche Absonderungsorgane diese Verrichtung der Haut, und daher können allerdings manche Unordnungen in den Geschäften des Lebens entstehen; indessen lassen sich doch nicht alle Krankheitsformen, welche mit dem gestörten Hautleben in Verbindung stehen, wie z. B. die katarrhalischen und rheumatischen Entzündungen, welche man so ziemlich allgemein von unterdrückter Hautausdünstung ableitet, so ganz einfach aus der materiellen Reitzung erklären, welche die auf die Schleim- und serösen Häute abgesetzte Ausdünstungsmaterie verursachen soll.

§. 411.

Wird die Hautausdünstung zu sehr vermehrt, so verdichtet sich der Hautdunst zu einer tropfbaren Flüssigkeit, welche unter der Gestalt des Schweißes von der Haut herabfließt. Der Schweiß hat seinen Grund in Vermehrung des Blutwassers durch häufigeres Getränk, durch Zurückhaltung anderer wässeriger Ausleerungen, durch Schmelzung der plastischen Stoffe mit gleichzeitiger Zunahme der expansiven Thätigkeit, und folglich auch der Entwicklung von Wärme und Blutdunste im Gefäßsysteme überhaupt, und dem Hautorgane insbesondere; endlich in gemäßigtem Contractionsbestreben der Haut und ihrer Gefäße, und dadurch vergrößerter Capacität der letztern. In den gehörigen Zeit- und Maßverhältnissen fließend, nimmt der Schweiß nicht selten seinen Platz unter den heilsamen Krisen ein, deren Beziehung zur Krankheit ihre Erklärung an einem andern Orte finden wird: im Übermaße aber unterhalten, entzieht er dem Blute das Blutwasser, und mit diesem zugleich einen Theil seiner plastischen Stoffe, gibt für die im lebenden Organismus erzeugte Electricität und Wärme einen guten Leiter ab, und trägt so auf mannigfache Weise zur Schwächung des Lebens bey.

§. 412.

Auch die chemischen Veränderungen, welche der Hautdunst und Schweiß in Krankheiten erleiden, und welche sich durch verschiedenartigen Geruch, Geschmack, verschiedene Consistenz oder durch chemische Prüfung zu erkennen geben, dürfen von dem Arzte nicht übersehen werden. Schon im gesunden Zustande findet man Spuren von freyer Säure in der Ausdünstungsmaterie, welche von Berzelius für Milchsäure erklärt wird, und welche sich in manchen Krankheiten zuweilen in überwiegender Menge entwickelt darstellt. Bey Gichtkranken soll sie Phosphorsäure, nach andern Harnsäure enthalten. Im Schweiße der Faulfieberkranken hat man freyes Ammonium gefunden. Bey allgemeiner Schmelzung wird der Schweiß klebrig, und enthält plastischen Stoff in größerer Menge aufgelöst. Wenn die Hautausdünstung zugleich die Verrichtung anderer Absonderungen übernehmen muß, so zeigt ihr Product auch Ähnlichkeit mit jenen Flüssigkeiten, deren stellvertretende Absonderung ihr zugewiesen ist. So enthält der Schweiß der Gelbsüchtigen den färbenden Stoff der Galle, so wie er bey Harnverhaltung die Kennzeichen von beygemischtem Harnstoffe an sich trägt.

§. 413.

Der Wechsel der Hautwärme, welchen man nicht bloß vermittelst des Gefühles, sondern auch durch Hülfe des Thermometers unterscheidet, gibt ein wichtiges Zeichen in Krankheiten ab, aus welchem man nicht bloß auf den Gang des Lebensprozesses im Hautorgane selbst, sondern auch im übrigen Organismus schließt. Die erhöhte Wärme der Haut weiset auf Erhöhung des gesammten Lebensprozesses, oder auch nur der expansiven Thätigkeit in demselben hin, diese Steigerung mag nun im ganzen Organismus Statt finden, oder mehr auf das Hautorgan beschränkt seyn. Denn oft entwickeln sich unmittelbar im letztern specifische Krankheitsprozesse, welche zugleich vermehrte Wärmeerzeugung zur Folge haben. In adynamischen Fiebern, in welchen ein lebhafteres Streben zur Zersetzung des Organischen erwacht, kündigt sich die erhöhte Hautwärme dem Gefühle als beißende Hitze an, und deutet hiermit auf eine eigenthümliche Umwandlung des frey werdenden expansiven Princips hin. Nähert sich hier vielleicht die thierische Wärme mehr der Form der Electricität? — —

Aus dem so eben Gesagten muß zugleich erhellen, unter welchen Umständen die Hautwärme abnehmen müsse, und was folglich die Kälte der Haut zu bedeuten habe.

Übrigens darf nicht übersehen werden, daß hier von dem Wechsel der Hautwärme nur in so fern die Rede ist, als sich dieser dem Tastsinne des Arztes und dem Thermometer kund gibt, und daß man bey der Beurtheilung desselben keineswegs dem Gefühle des Kranken überall trauen dürfe: indem dieses nicht immer dem wahren meßbaren Wärmegrade genau entspricht. Von diesem Wärmegefühle des Kranken wird weiter unten, wenn wir die Erscheinungen des krankhaften Gemeingefühls betrachten, gesprochen werden.

§. 414.

Bey der Würdigung derjenigen Erscheinungen, welche die Veränderungen der Hautfarbe im krankhaften Zustande darbieten, wird der Arzt nicht vergessen, daß diese schon beym gesunden Menschen mannigfaltigen Modificationen unterworfen ist, welche von der Verschiedenheit des Klima, der Lebensweise, des Temperamentes, der eigenthümlichen Organisationsbeschaffenheit jedes einzelnen Menschen abhängig sind; zugleich wird er sich ins Gedächtniß zurückrufen, daß die Beschaffenheit der Hautfarbe durch verschiedene Umstände, nämlich durch die Menge und Natur der Säfte, welche die Hautgefäße erfüllen, durch den verschiedenen Grad von Durchscheinbarkeit dieser Gefäße, endlich durch den Charakter des Absonderungs- und Ernährungsvorganges, welcher in der Haut und besonders in dessen Schleimnetze Statt findet, bestimmt werde.

Höhere Röthe der Haut deutet auf größere Anfüllung der feinern Hautgefäße mit rothem Blute hin, und sie leitet ihren Ursprung entweder von Überfüllung des ganzen Gefäßsystems mit Blute, oder von einem stärkern Andrange desselben in die Hautgefäße ab. Sie beurkundet zugleich Erhöhung des arteriellen Charakters im Blute.

Ins Blaue spielt die Farbe der Haut, wenn sich das Blut wegen gehemmtem Rückflusse in den Venen anhäuft, oder wenn die Umwandlung desselben in arterielles vermittelst des Respirationsprozesses aus was immer für Ursachen zurückgehalten wird.

Blässe der Haut ist die Folge von Blutmangel, oder doch von mangelhafter Ausbildung des rothen Bestandtheiles im Blute, oder auch von gehindertem Einflusse desselben in die Hautgefäße, woran Unthätigkeit oder krampfhafter Zustand dieser Gefäße, oder Ableitung des Blutes nach innern Organen Schuld seyn können.

Gelbe oder grünliche Färbung einer vorhin reinen Haut ist Symptom der Gelbsucht.

Wenn sich die vorhin reine Hautfarbe in eine schmutzige, erdfahle verwandelt, so zeigt dieses eine bedeutende Störung in der Vegetation der Haut an, welche gewöhnlich mit allgemeiner Cacherie in Verbindung steht.

Mannigfaltige Farben von der weißen durch die gelbe, rothe, bis in die braune und schwarze erhält die Haut endlich noch von den verschiedenen Ausschlägen, welche sich auf derselben bilden.

§. 415.

Diese Hautausschläge theilen zugleich der Oberfläche der Haut ein verschiedenes Ansehen mit. Manche derselben bilden bloß kleinere oder größere, eigenthümlich gefärbte Flekken, ohne sich über die Oberfläche der Haut zu erheben; andere aber treiben Erhabenheiten unter der Form von Bläschen, Knötchen, Eitersäckchen, Rauden, über dieselbe empor. Sie verdanken ihren Ursprung in den meisten Fällen Entzündungen, welche in verschiedenen Graden von Heftigkeit das Schleimnetz der Haut und ihre Drüsen ergreifen, und sich entweder bloß auf Zerstörung und Abschuppung des Oberhäutchens beschränken, oder Ergießung einer serösen Flüssigkeit unter das Oberhäutchen, wodurch dieses in Bläschen erhoben wird, oder endlich auch Eiterung in den Hautdrüschen und Zellchen zur Folge haben. Indessen werden doch auch zuweilen Säfte, als Blut, Blutwasser, ohne deutlich ausgesprochene Entzündung, und mitunter mehr in Folge eines Schmelzungszustandes, unter das Oberhäutchen ergossen, und dadurch Hautausschläge, z. B. Petechien, Friesel u. dgl. ins Daseyn befördert. Häufig liegt diesen Afterbildungen in der Haut ein eigenthümlicher, durch Ansteckung hervorgerufener, krankhafter Vegetationsprozeß zum Grunde.

Auch ohne Hautausschläge erleidet die Oberfläche der

Haut beachtungswerthe Veränderungen. So ist sie z. B. in dem Falle, wo die Haut durch eine Geschwulst übermäßig gespannt wird, ungewöhnlich glatt, und zuweilen sogar glänzend: bey überwiegender Zusammenziehung des Zellgewebes in der Haut wird sie rauh, und der Gänsehaut ähnlich.

§. 416.

Bey allen diesen krankhaften Zuständen zeigen sich zugleich der Zusammenhang, die Elasticität und Lebensfülle der Haut in einer veränderten Gestalt. Bey einem gereizten Zustande findet man die Haut straff und fest an das unterliegende Fleisch angezogen. Beym Sinken der Lebensthätigkeit in ihr wird sie welk und schlaff, behält eine eingedrückte Grube, oder eine aufgezogene Falte längere Zeit zurück, und beweiset dadurch die Abnahme ihrer lebendigen Contractilität und Lebensfülle. Ein günstigeres Zeichen in Krankheiten gibt die weiche, volle, elastische, mäßig warme und feuchte Beschaffenheit der Haut.

§. 417.

Endlich verbreiten auch noch die Schmarotzerpflanzen der Haut, die Haare, durch die Erscheinungen, welche sie in den Veränderungen ihrer Farbe, ihres Wachsthums und ihrer eigenthümlichen Substanz darbieten, einiges, wiewohl noch immer sparsames Licht über den Wechsel des vegetativen Lebens in der Haut. Je mehr das eigenthümliche Leben der Haut geschwächt wird, desto blässer wird die Farbe der Haare, und geht zuletzt in die weiße über. Unter gleichen Umständen schrumpfen die Haarzwiebel ein, und die Haare fallen aus. Zuweilen wachsen sie zu üppig an solchen Stellen, an welchen sie der Regel nach kaum sichtbar sind, z. B. am Kinne, an den Brüsten der Frauenzimmer, und deuten dadurch auf erhöhte Vegetation in diesen Hautstellen hin. Eine eigene krankhafte Metamorphose erleiden sie im Weichselzopfe, wo sie dicker und saftiger werden, und an ihrer Oberfläche eine klebrige Materie ausschwitzen, wodurch sie an einander kleben, und sich auf das innigste unter einander verfilzen. Alle Erscheinungen, welche bey diesem Übel vorkommen, beurkunden einen specifischen krankhaften Prozeß im Hautorgane.

Eben so, wie die Haare, nehmen auch die Nägel an den krankhaften Zuständen der Haut Antheil, und beweisen dieses durch Veränderungen in ihrer Farbe, Größe, Gestalt, und in ihrem innern Gewebe.

* * *

Sanctorii, de medicina statica aphorismi. Venetiis. 1614. 12. — 1664. 4.

S. Sanctorius, von der unempfindlichen Ausdünstung. Übers. von Joh. Timm. Bremen, 1738. 8.

Jo. de Gorter, de perspiratione insensibili Sanctoriana. Lugd. Bat. 1725—1736. 4.

Jul. Caesarius Baricelli, de hydronosa natura s. sudore libr. IV. Neap. 1614. 4.

Jördens, über pathologische Erscheinungen, welche das gestörte Ausdünstungsgeschäft zur Folge hat. — In Hufelands Journ. XIX. B. III. St.

Thenard, über die Analyse des Schweißes. — In Gehlens Journ. für Chemie und Physik. II. B. IV Hefte.

E. Brieude, über den aus dem Körper ausdünstenden Riechstoff, als ein Symptom des gesunden und kranken Zustandes betrachtet. — Im phys. medicin. Journ. 1800. Junius.

H. Callisen, momenta quaedam circa calorem animalem, vim vitalem et morbos inflammatorios. — In act. societ. Hafn. Vol. IV.

J. Z. Platner, de pallore per adversam valetudinem. Lips. 1739. 4.

J. Gllob. Leidenfrost, de statu praeternaturali retis

Malphighiani, s. de morbis supracutaneis. Duisb. 1771. 4. — In ejusdem opusc. phys. chem. et med. Lemgo, 1797—1798. T. IV.

Saguin H. Jacksons Dermato-Pathologie, oder prakt. Bemerkungen über die Pathologie und nächste Ursache der Krankheiten der wahren Haut und deren Anhänge, des Schleimnetzes und des Oberhäutchens u. s. w. A. d. Engl. Erfurt. 1794.

Rob. Willan, die Hautkrankheiten und ihre Behandlung. A. d. Engl. von F. G. Friese. 3 Bde. Breslau. 1799—1806. 8.

C. W. Hufelands allgemeine Aetiologie der Hautkrankheiten. — In dessen Journ. XXI. B. IV. St.

B. *Meibom,* de pilis eorumque morbis. Helmst. 1740. 4.

J. Gttfr. Kneiphof, Abhandlung von den Haaren, deren Beschreibung, Nutzen, Zufällen und Mitteln dagegen. Rotenburg, 1777. 8.

J. C. Pfaff, de pilorum varietatibus naturalibus et praeternaturalibus. Hal. 1799. 8.

Vauquelin, über die Haare. — In Gehlens Journ. für Chemie und Physik. II. B. II. H.

Erscheinungen der Harnausleerung im krankhaften Zustande.

§. 418.

Bey der Untersuchung der Erscheinungen, welche die Harnausleerung im krankhaften Zustande aufweiset, muß die Aufmerksamkeit nicht bloß auf die lebendige Thätigkeit, durch welche die Absonderung, Aufbewahrung und Entleerung des Harns vollbracht werden, sondern auch auf die Menge und Beschaffenheit des entleerten Harns selbst gerichtet werden.

Aus der gestörten organischen Thätigkeit der zur Absonderung, Weiterbeförderung, Aufbewahrung und Ausleerung des Harns bestimmten Organe können zwey einander entgegengesetzte Fehler in der Entleerung desselben entstehen: nämlich das Unvermögen, den Harn zu lassen, und das Unvermögen, denselben zurück zu halten, welche, in verschiedenen Graden vorkommend, verschiedene Krankheitszufälle darstellen.

§. 419.

Das Unvermögen, den Harn frey zu lassen, erhält nach den verschiedenen Stufen seiner Entwicklung entweder den Namen des beschwerlichen Harnens (dysuria), oder des Harnzwanges (stranguria), oder der Harnverhaltung (ischuria).

Das beschwerliche Harnen (dysuria) setzt ein Hinderniß im Harnlassen voraus, welches nur mit ungewöhnlich großer Anstrengung überwunden werden kann, dasselbe mag mit Schmerzen begleitet seyn oder nicht. Dieses Hinderniß kann entweder in der Harnblase oder in der Harnröhre, oder auch in der Beschaffenheit des Harns liegen, und diesemnach in Muskelschwäche der Harnblase, in Verengerung des Blasenhalses durch Krampf, durch entzündliche Anschwellung, durch Verdickung seiner Häute, Erweiterung seiner Gefäße, Auswüchse, oder durch Druck von außen, durch Verstopfung von Harnsteinen; in Verengerung der Harnröhre durch ähnliche Veranlassungen, oder in Verdickung des Harns durch Beymischung von Schleim, Blut, gerinnbarer Lymphe, Eiter, Sand, begründet seyn.

§. 420.

Der Harnzwang (stranguria) bedeutet einen gewaltsamen Drang zum Harnlassen, wobey der Harn in geringer Menge, oft nur tropfenweise und mit einem Gefühle von Brennen ausgepreßt wird. Große Schärfe des Harns, wie sie bey vorschlagender Harnsäure oder andern Salzen in ihm, oder auch nach dem Genusse scharfer Substanzen Statt findet; übermäßige Empfindlichkeit und Reizbarkeit der Harnblase, besonders in ihrem Halse, oder auch der Harnröhre, welche ihren Grund in Schwäche, Entzündung verschiedener Art, Entblößung von Schleim, Abschälung der Schleimhaut, Verschwärung, vermehrtem Blutandrang u. s. w. haben kann; mechanische Reizung des Blasenhalses durch Harnsteine oder andere fremde Körper, erzeugen diesen Zufall.

§. 421.

Die gänzliche Harnverhaltung (ischuria), oder die gänzliche Aufhebung der Harnentleerung entsteht aus mannigfaltiger Quelle. So kann fürs erste kein Harn ausgeleert werden, wenn keiner in den Nieren abgesondert wird (§. 187), oder, wenn der wirklich abgesonderte Harn wegen eines organischen oder dynamischen Gebrechen der Harnleiter in die Harnblase nicht abgeführt werden kann. In den allermeisten Fällen aber wird der Harn in der Blase zurückgehalten, und die Schuld davon liegt entweder in der Harnblase selbst, oder in der Harnröhre. Von Seite der Harnblase kann Lähmung ihres Körpers, Krampf ihres Schließmuskels, Verschließung ihres Ausganges durch Entzündungs- oder jede andere Geschwulst, durch Auswüchse, durch Verstopfung von Steinen, geronnenem Blute oder anderen fremden Körpern, durch Druck von außen, welcher vom Mastdarme, von den Samenbläschen, von der Vorsteherdrüse, von der Gebärmutter oder ganz fremdartigen Aftergebilden ausgehen kann — von Seite der Harnröhre: Verengerung derselben durch Auflockerung ihrer innern Haut, durch Verschwellung, durch Auswüchse, durch Zusammenziehung vernarbter Stellen, durch wirkliche Verstopfung u. s. w. den Grund der Harnverhaltung enthalten.

Die ersten beyden Arten der Harnverhaltung, welche

durch die gehemmten Verrichtungen der Nieren und Harnleiter bedingt werden (ischuria renalis et uretherica), hat man unter der Benennung der **unächten Harnverhaltung** (ischuria spuria) zusammengefaßt, weil in beyden die Blase leer von Harn gefunden wird; die beyden letztern, welche mit Fehlern der Harnblase und Harnröhre in ursächlicher Verbindung stehen (ischuria vesicalis et urethralis), und bey welchen die Blase mit Harn angefüllt und oft bis zu einer ungeheuren Größe ausgedehnt wird, sind hingegen als Arten von **ächter Harnverhaltung** (ischuria vera) aufgestellt worden.

Die Wirkungen der ächten Harnverhaltung bestehen in immer wachsender Anfüllung und Ausdehnung der Harnblase, in Lähmung oder Entzündung, Brand, Berstung derselben und tödtlicher Ergießung des Harns in die Bauchhöhle. Ähnliche Folgen hat jene Art der Harnverhaltung, bey welcher sich der Harn in den Harnleitern allein ansammelt. Die Wirkungen der Harnverhaltung von unterdrückter Harnabsonderung werden weiter unten zur Sprache kommen.

§. 422.

Das Unvermögen, den Harn zurück zu halten (incontinentia urinae, enuresis), kommt in zwey Graden vor. Bey dem erstern hat der Mensch die Zurückhaltung des Harns noch einiger Maßen in der Macht seiner Willkür. Die Harnblase kann dabey nur eine geringe Menge davon ertragen und aufbewahren, und wird durch eine etwas größere gewaltsam und unwiderstehlich zur Entleerung gezwungen. Die nämlichen Ursachen, welche den Harnzwang hervorbringen, können, wenn sie in geringerer Stärke wirken, auch diesen Zufall ins Daseyn rufen. Bey dem zweyten Grade des Unvermögens, den Harn zurück zu halten, geht alle Macht der Willkür über diese Entleerung verloren, und der Harn fließt ununterbrochen tropfenweise ab. Dieser

Zufall zeiget Lähmung der ganzen Blase, oder auch nur ihres Schließmuskels, Ausdehnung der Blasenmündung durch einen fremden Körper, ohne vollkommene Verstopfung derselben, Verletzung der Blase durch Verwundung oder Geschwüre an.

§. 423.

Da die Absonderung des Harns in naher Beziehung zu den Verrichtungen der Vegetation steht, so benutzt der Arzt die Erscheinungen, welche der ausgeleerte Harn in Rücksicht auf seine Menge und Beschaffenheit darbietet, um auch durch sie einige Aufschlüsse über den Gang der mannigfaltigen Prozesse der Vegetation zu erhalten, ohne jedoch dabey auf den Wechsel zu vergessen, welchem der Harn in den eben angeführten Rücksichten bereits im gesunden Zustande unterworfen ist.

§. 424.

Zuweilen wird eine außerordentliche Menge von Harn ausgeleert, welche zu der genossenen Flüssigkeit in gar keinem nahe kommenden Verhältnisse steht. Ist dieser Zufall anhaltend, und mit Abnahme der allgemeinen Reproduction verbunden; so bildet er sich zu einer eigenen Krankheitsform aus, welche man mit dem Namen Harnruhr (diabetes) belegt hat. Er wird wohl in vielen Fällen durch Verminderung anderer seröser Absonderungen, z. B. der Hautausdünstung, durch vermehrte Einsaugung aus dem Zellgewebe und den Höhlen des Körpers, wahrscheinlich auch aus der äußern Atmosphäre und durch vermehrten Andrang der Flüssigkeiten zu den Gefäßen der Nieren mit gleichzeitiger Steigerung ihrer absondernden Thätigkeit bedingt; jedoch gibt es auch Fälle, wo man den Grund desselben tiefer und in specifischen Störungen des Vegetationsprozesses, wobey es zu ausschweifender Bildung von Wasser, zu Erzeugung von Zucker und andern im Waſſer auflöslichen Subſtanzen kommt, zu ſuchen berechtiget iſt.

§. 425.

Die zu ſparſame Ab- und Ausſonderung des Harns ſteht entweder mit einer allgemeinen Vegetationsregelwidrigkeit, oder mit einem Fehler der Nieren in Verbindung. Das Erſtere findet Statt, wenn bey einem zu raſchen Gange des Lebensprozeſſes eine größere Menge von wäſſeriger Flüſſigkeit zerſetzt, und ihre Elemente entweder verflüchtiget, oder auch, was wenigſtens ſehr wahrſcheinlich iſt, zur höhern Ausbildung des plaſtiſchen Stoffes verwendet werden, oder wenn andere wäſſerige Ab- und Ausſonderungen über ihr vorgeſchriebenes Maß vermehrt werden. Nicht ſelten wird die Harnabſonderung durch krankhafte Zuſtände, die ſich mehr auf die Nieren beziehen, durch Entzündung, Krampf, durch Ausartung ihres organiſchen Gewebes zurückgehalten, und dadurch ſparſamer Urinabgang veranlaßt. Sind beyde Nieren von einem ſolchen Zuſtande ergriffen; ſo iſt, wenn nicht andere nach außen gerichtete Abſonderungen das Geſchäft der Nieren übernehmen, Anhäufung der durch den Harn auszuleerenden Stoffe im Organismus die unvermeidliche Folge davon. Daher entſtehen nun große Störungen in allen Verrichtungen der Vegetation, ſehr bedeutende Reizungen des Gefäß- und Nervenſyſtems, harnähnliche Secretionen nach innen, und zuletzt ein allgemeiner Schmelzungszuſtand.

§. 426.

Mit der Menge des Harns verändert ſich in den meiſten Fällen zugleich auch ſeine eigenthümliche Beſchaffenheit entweder durch veränderte Verhältniſſe ſeiner eigenen Beſtandtheile, oder durch Beymiſchung fremdartiger Stoffe. Veränderungen in dieſer Hinſicht verräth der Harn durch den Wechſel der Conſiſtenz, der Farbe, des Geruches, Geſchmakkes, durch die Eigenheiten seines Bodensatzes, am zuverlässigsten aber durch die Erscheinungen, welche er bey der chemischen Prüfung der Wahrnehmung darbietet.

§. 427.

Man findet den Harn oft ungewöhnlich **blaß und wasserhell**, und er erhält diese Beschaffenheit, vorausgesetzt, daß sie nicht mit dem zu häufigen Genusse von Getränken in Verbindung steht, während den Anfällen von Fieberfrost und Krämpfen. Chemisch untersucht, zeigt ein solcher Harn Überschuß an Wasser und Salzen, dagegen Mangel an eigenthümlichem Harnstoffe. Man leitet diese Beschaffenheit des Harns gewöhnlich von der durch überwiegende Contraction bewirkten Verengerung der absondernden Gefäße ab, und glaubt, daß diese unter den angeführten Umständen nur die dünnsten Bestandtheile des Harns durchlassen. Indessen läßt es sich doch leicht nachweisen, daß diese mechanische Veränderung der Gefäße zugleich mit einer dynamischen zusammen hängen müsse, wodurch aller Wahrscheinlichkeit nach das lebendig-chemische Scheidungsvermögen der Nieren umgestimmt wird.

§. 428.

Der **röthlich-flammende und zugleich klare** Harn, welcher in entzündlichen Krankheiten vorkommt, beweiset eine innige chemische Verbindung der dem Harn eigenthümlichen färbenden Stoffe mit dem Wasser. Ätzendes salzsaures Quecksilber und zuweilen auch Salpetersäure bringen in diesem Harn einen Niederschlag hervor. Bey der Abnahme der Krankheit erzeugen die eben angeführten Mittel jenen Niederschlag nicht mehr; statt desselben entsteht nun aber von selbst ein ziegelfarbner Bodensatz.

§. 429.

Oft verliert der Harn in Krankheiten seine Durchsichtigkeit, wird dichter, **trübe**, und wechselt dabey seine **Farbe** auf verschiedene Weise. Er kündiget dadurch gewöhnlich eine Überladung mit seinen eigenthümlichen Extractiv- und thierischen, oder auch Anschwängerung mit fremdartigen Stoffen, z. B. Blut, Galle, Eiter u. dgl. an.

So findet man ihn oft dick wie Öhl, trübe und dunkler gefärbt. Dabey sieht er zuweilen aus, als sey ihm ein feines Pulver beygemischt, und sein Ansehen nähert sich dadurch jenem des **Rindviehharnes** (urina jumentorum). Die erstere Gattung von Harn findet sich nicht selten bey Abzehrungen, die zweyte bey Störung der Verdauung, der Assimilation, oder auch beym Vorherrschen der rückgängigen Metamorphose des Organischen ein.

Befinden sich die mit dem Harn ausgeleerten thierischen Stoffe in demselben in einem halb geronnenen Zustande, und mehr mechanisch beygemischt; so erhält der trübe Urin daher ein **milchweißes** Ansehen. Gewöhnlich steht dieser Harn mit unvollkommener Verdauung und Assimilation, oder auch mit krankhafter Schleimsecretion in Verbindung, und wird bey der Wurmkrankheit, Scrofelsucht, Wassersucht, Gicht, Hämorrhoidal- und Steinbeschwerden beobachtet.

Nicht selten ist der trübe Harn stark **gelb** oder **gelbbraun** gefärbt, und theilt diese Farbe weißen Körpern mit, welche in ihn eingetaucht werden. Er leitet diese Färbung von beygemischtem Gallenstoffe ab, und zeigt gehemmte Gallenabsonderung in der Leber an.

Ist der trübe Harn **blutroth**, so ist er auch mit Blut vermischt, welches entweder inniger mit ihm verbunden, oder demselben auch bloß mechanisch beygemengt seyn kann, je nachdem das Blut schon in den Nieren mit dem Harne zugleich abgeschieden wird, oder sich demselben erst auf seinem

Wege durch die Harnleiter, Blase und Harnröhre aus blutenden Gefäßen beygesellt.

Sehr dunkle und selbst ins Schwarze übergehende Färbung des Harns deutet auf große Fortschritte in der Zersetzung des Organischen hin.

§. 430.

Hier und da kann der Geruch einigen Aufschluß über die Beschaffenheit des Harns geben. Abgesehen von jenen Gerüchen, welche ihm durch den Genuß bestimmter Nahrungs- oder Heilmittel, z. B. Spargel, Terpenthin, Freysamkraut u. a., mitgetheilt wird, schließt man aus einem stärkern unangenehmen Geruche auf ein größeres Verhältniß von thierischen und Extractivstoffen, aus einem sehr heftigen oder wirklich aashaften Gestanke auf die Gegenwart von üblem Eiter, oder auf schnell um sich greifende Fäulniß, aus einem süßlichen molkenartigen Geruche auf Zuckerstoff im Harne.

Da der Harn nicht besonders zu einem Gegenstande des Geschmackes geeignet ist, so wird dieser Sinn auch sehr selten zur Untersuchung dieser Flüssigkeit verwendet. Bey der Zuckerharnruhr haben jedoch manche schon den süßen Geschmack des Harns wahrgenommen, und es läßt sich auch ohne Versuche einsehen, daß die mannigfaltig wechselnden Verhältnisse der Bestandtheile desselben zugleich seinen Geschmack auf mannigfaltige Weise abändern müssen.

§. 431.

Die Scheidungen und Niederschläge, welche sich in dem gelassenen Harne bilden, wenn er ruhig stehend erkaltet, sind für den aufmerksamen Arzt nicht ohne Bedeutung, wenn er ihre Beziehungen zur Krankheit richtig zu würdigen verstehet. Nach dem verschiedenen Standpunkte, welchen die aus der übrigen Flüssigkeit sich scheidenden Bestandtheile in dem Gefäße, in welchem der Harn enthalten ist, einnehmen, liefern sie verschiedene Erscheinungen, und werden mit eben so vielen verschiedenen Namen belegt.

Man nennt sie **Harnrahm** (cremor urinae), wenn sie die Oberfläche des Harns überziehen — **Harnkranz** (corona urinae), wenn sie bloß den Umkreis der Oberfläche einnehmen — das **Wölkchen** (nubecula), wenn sie nahe unter der Oberfläche schweben — das **Enaorem** (enaeorema), wenn sie in einer geringern Entfernung über dem Boden des Gefäßes stehen — **Bodensatz** endlich (hypostasis, sedimentum) wenn sie sich in Folge ihrer größern specifischen Schwere auf den Boden des Gefäßes niedersenken.

§. 432.

Der Harnrahm erscheint oft in der Gestalt eines dünnen Häutchens, das zuweilen verschiedene Farben spielt, nicht selten auch in der Gestalt von Öhltropfen. Das erstere leitet man von abgeschiedenem Eyweiß, welches einige Salze mit sich fortgerissen hat; die letztere vom Fette her, welches in einem Zustande von Schmelzung eingesogen, und mit dem Harne ausgeleert wurde. Die Erfahrung lehrt, daß beyde Erscheinungen oft in Verbindung mit Abzehrung und hektischem Fieber vorkommen.

§. 433.

Das Wölkchen und Enaorem im Harne zeigen an, daß letzterer noch nicht mit Salzen überladen, und daß folglich die Ausleerung des Krankheitsproductes in dem kranken Organismus noch nicht im gehörigen Gange sey. Sie wurden daher von den ältern Ärzten mit Beziehung auf die Aussprüche der Erfahrung für Zeichen der Rohheit oder unvollkommener Kochung, oder eines bevorstehenden Metaschematismus erklärt.

§. 434.

Der Bodensatz im Harne hat nach Verschiedenheit seiner Beschaffenheit und der übrigen Umstände, unter welchen er sich bildet, eine sehr verschiedene Bedeutung. Ein leichter, krystallinischer, weißlicher, gelblicher oder röthlicher, ziemlich häufiger Bodensatz, welcher den übrigen Harn klar zurückläßt, gehört unter die günstigen kritischen Erscheinungen in Fiebern, vorausgesetzt, daß alles Übrige damit im Einklange stehet. Er besteht aus den verschiedenen Salzen des Harns mit freyer Säure und Harnstoff, mit denen der Harn so überladen ist, daß er sie, sobald er erkaltet ist, nicht mehr in sich aufgelöset erhalten kann. Dieser Bodensatz beweiset demnach, daß die Vorgänge im Organismus, durch welche die desorganisirten Stoffe im Wasser aufgelöset, und aus dem Kreise des Organischen ausgeschieden werden, wieder freyer von Statten gehen, und folglich die Hindernisse derselben überwunden seyn müssen.

§. 435.

Es gibt einen ziegelrothen Bodensatz (sedimentum lateritium), dessen Farbe man vom Überschusse an Harnsäure ableitet. Man beobachtet ihn in Wechselfiebern und Rheumatismen.

Einen schleimigen Bodensatz erzeugt der Harn, wenn er mit Schleim überladen ist, welches bald als eine Wirkung unvollkommener Verdauung und Assimilation, bald als Folge eines krankhaften Zustandes der Schleimhaut der Harnwege und anderer Organe betrachtet werden kann.

Bey einem gewissen Grade von Entzündung in der Schleimhaut der Harnwege läßt der Harn einen eiterähnlichen Bodensatz fallen. Wirklich eiterig ist derselbe bey Verschwärungen in den Harnwegen, oder auch in entfernten Organen. Im erstern Falle ist der Eiter dem Harne nur mechanisch beygemengt, und senkt sich schnell zum Boden des Gefäßes; im letztern ist er aber inniger mit dem Harne verbunden, und trennt sich erst nach dem Erkalten.

Zuweilen besteht der Bodensatz aus männlichem Samen, welcher anfangs in Gestalt leichter Flocken auf der Oberfläche des Harns schwimmt, und sich erst allmählich zu Boden setzt.

Der gelbbraune Harn der Gelbsüchtigen macht einen ähnlichen gefärbten Absatz, so wie der blutige Harn geronnenes Blut zu Boden fallen läßt.

Der dem äußern Ansehen nach sandige und griesige Bodensatz bestand nach einigen chemischen Untersuchungen aus geronnenem, mit Harnsäure und Ammonium geschwängertem Schleime. Man beobachtet ihn bey Hämorrhoidal-, Gicht- und Steinbeschwerden, also in Verbindung mit einem regelwidrigen Zustande des gesammten Bildungsprozesses, welcher sich unter andern auch durch krankhafte Schleimabsonderung ausspricht.

In seltenen Fällen findet man den Bodensatz des Harnes schwarz, auch wohl blau, und schließt daraus auf eine tiefer eingreifende Zersetzung der eigenthümlichen Stoffe des Harnes, ohne jedoch im Stande zu seyn, die nähere Natur derselben anzugeben.

§. 436.

Die chemische Prüfung des Harnes in Krankheiten verdient die Aufmerksamkeit der Ärzte in einem höhern Grade, als ihr bisher zu Theil geworden ist: indem sie in manchen Fällen Licht über die Natur und den Gang der Krankheit verbreitet, für deren Producte gewisse Bestandtheile des Harns angesehen werden müssen. Das, was wir jetzt über diesen Gegenstand zu liefern im Stande sind, stellt zwar nur einzelne Bruchstücke dar, die aber doch schon die Aussicht zu einer künftigen reichlichern Ausbeute in diesem Felde semiologischer Untersuchungen gewähren.

Der Harn, welcher schon im gesunden Zustande auf chemische Prüfungsmittel sauer zurückwirkt, zeigt in manchen Krankheiten bey genauerer chemischer Untersuchung einen unverhältnißmäßigen Überschuß an freyen Säuren, welche in demselben unter verschiedener Gestalt: als Klee=, Milch=, Salz=, Schwefel=, Phosphor= und Harnsäure auftreten. Sehr oft findet man die letztere, besonders bey Gicht und Steinkranken, überwiegend, und sie macht den Harn oft so reizend, daß er beständigen Drang zur Ausleerung, und oft wahre Strangurie erregt. Wird dem Harn diese Beschaffenheit nicht durch den übermäßigen Genuß saurer Dinge mitgetheilt, so setzt sie vorherrschende Oxydation im Organismus voraus, die oft in den Verdauungs= und Assimilationsorganen beginnt, in manchen Fällen aber auch auf die Secretionsorgane des Harns beschränkt seyn kann.

§. 437.

Eine ganz andere chemische Gestalt nimmt der Harn an, wenn die Alkalien in demselben vorschlagen, und in demselben entweder als freyes Ammonium, oder als Natrum, Kalk= oder Bittererde erscheinen. Dieses Vorschlagen ist entweder nur relativ, d. h. es findet in Bezug auf die mangelnden Säuren Statt, oder auch absolut, d. h. in unverhältnißmäßig großer Menge von Alkalien begründet. Freyes Ammonium findet man im Harne von Faulfieberkranken.

Über das Verhältniß der feuerbeständigen Alkalien, in so fern sie im freyen Zustande im Harne enthalten sind, fehlt es noch an genauern Untersuchungen. Die Kalkerde wird nicht selten in ungewöhnlich großer Menge aus demselben abgeschieden; allein immer in Verbindung mit Phosphorsäure. Dieses geschieht vorzüglich in jenen Krankheiten, in welchen die Knochen erweicht oder mürbe werden. Auch bey Gichtkranken ist es eine nicht seltene Erscheinung.

§. 438.

Wir haben bereits oben (§. 428) erwähnt, daß ätzender Quecksilbersublimat in dem klaren, flammenden Harne der Kranken, welche an einem entzündlichen Übel leiden, einen Bodensatz hervorbringe. Einige neuere Chemiker leiten diesen Niederschlag von Eyweiß her, welches sich in Verbindung mit einem eigenthümlichen färbenden Stoffe im Zustande einer vollkommenen Auflösung im Harne befinde.

Auch in der Wassersucht ist der Harn mit Eyweiß oft so überladen, daß er in der Hitze gerinnt.

Hierbey ist noch zu bemerken, daß der Niederschlag, welchen der Gerbestoff im Harne hervorbringt, nach Berzelius weder Gallert noch Eyweiß, sondern ein ganz eigener thierischer Stoff von bräunlich gelber Farbe sey, welcher immer in Verbindung mit dem sogenannten Harnstoffe mit Milchsäure und milchsaurem Ammonium vorkommt, und welchem der Harn seine Färbung zu verdanken hat.

Wenn die Salpeter= oder die Salzsäure einen grünen Niederschlag aus dem Harn scheidet; so ist dieses ein Beweis, daß er den färbenden Stoff der Galle enthält.

§. 439.

Einer der merkwürdigsten Stoffe, welchen schon der Geschmack, noch deutlicher aber die chemische Untersuchung im Harn entdeckt, ist der Schleimzucker. Der Harn, welcher diesen Stoff enthält, wird gewöhnlich in einer, das Gewicht der genossenen Flüssigkeiten übertreffenden Menge gelassen, ist meistens strohfärbig, molkenartig von Geruche und süß von Geschmack, und gibt beym Abdampfen ein Extract, welches außer den gewöhnlichen Salzen des Harns oft eine bedeutende Menge süßer Materie darbietet, die sich bey der Gährung und in allen übrigen Eigenschaften als Schleimzucker verhält, und neben welcher gewöhnlich der Harnstoff im Harne abnimmt. Bey dem reichlichen Verluste jener zuckerartigen Materie verfällt der Kranke in Abzehrung, welche sehr oft tödtlich wird. Man ist noch nicht einig darüber, ob diese krankhafte Bildung und Ausleerung von Schleimzucker bloß auf Rechnung einer regelwidrigen Secretionsthätigkeit der Nieren geschrieben werden dürfe, oder ob man ihren Grund tiefer, und in einem Fehler des gesammten Vegetationsprozesses suchen müsse. Aus dem, was wir §. 145 u. 198 aus einander gesetzt haben, wird man sehen, daß wir mehr für die letztere Ansicht gestimmt sind. Der Einwurf, welchen man dagegen zu machen pflegt: daß man die süße Materie bis jetzt noch nicht im Blute nachweisen konnte, findet seine Widerlegung in dem, was wir §. 100 u. 188 vorgetragen haben.

§. 440.

Aus dieser kurzen Andeutung ergibt sich schon, wie wichtig bereits die chemische Prüfung des Harns im kranken Zustande in semiologischer Hinsicht geworden ist, und wie vielmehr sie es bey fernerer fleißiger Bearbeitung für die Zukunft noch werden kann. So lehrreich aber auch die Zerlegung des Harns, wenn sie außerhalb des kranken Körpers erfolgt, für den Arzt werden kann, so unheilbringend wird sie für den Kranken, wenn sie innerhalb der Urinwege von freyen Stükken vor sich geht; indem dadurch die Erzeugung der **Harnsteine** veranlaßt wird. Die Harnsteine sind Salzbildungen, welche ihre Festigkeit von einem schleimigen Bindungsmittel erhalten. Ihre Bestandtheile sind Harnsäure im freyen Zustande, harnsaures Ammonium, phosphorsaurer Kalk, phosphorsaure Ammonium-Talkerde, kleesaurer Kalk und Kieselerde. Aus den verschiedenen Verhältnissen, in welchen diese Bestandtheile zur Bildung der Harnsteine zusammentreten, entstehen die verschiedenen Arten derselben, welche sich durch verschiedene Grade von Härte, durch Verschiedenheit ihrer äußern und innern Gestalt und ihrer Auflöslichkeit in verschiedenen Flüssigkeiten von einander unterscheiden.

Fourcroy und Vauquelin haben von diesem Gesichtspunkte aus alle Harnsteine unter drey Hauptgattungen gebracht, von denen die erste diejenigen, welche nur aus einem — die zweyte jene, welche aus zwey oder drey — und die dritte solche, welche aus mehr als drey Salzen und dem schleimigen Bindungsmittel gebildet werden.

Zu der ersten Gattung gehören die Harnsteine, welche ganz aus Harnsäure und Schleim bestehen, von gelblicher, röthlicher oder bräunlicher Farbe, dichtem, strahligem Bruche und glatter Oberfläche. Sie kommen sehr häufig vor.

Ferner die Harnsteine aus harnsaurem Ammonium und Schleim, von blasser, milchähnlicher Farbe und glatter Oberfläche.

Endlich die Harnsteine aus kleesaurem Kalke und Schleime, welche sich durch ihre Härte, ungleiche, warzenförmige, stachliche Oberfläche und schwarzbraune Farbe auszeichnen.

Zur Bildung der Harnsteine zweyter Gattung tritt zu einem oder zwey der eben angeführten Bestandtheile gewöhnlich noch ein dritter, nämlich entweder phosphorsaurer Kalk oder phosphorsaure Bittererde mit Ammonium. Die meisten Arten dieser Gattung bestehen aus abwechselnden Salzschichten, in deren Mitte man oft einen Krystallisationskern findet; diese Schichten sind im Durchschnitte weniger fest, sondern eher zerreiblich.

Die Harnsteine der dritten Gattung enthalten die angeführten Salze in vier- oder mehrfacher Verbindung, und außer diesen zuweilen auch noch Kieselerde beygemischt.

§. 441.

Die Erzeugung der Harnsteine wird erst alsdann in ein helleres Licht gesetzt werden können, wenn man von der Überzeugung ausgehen wird, daß dieselbe nicht von einem, sondern von mehreren Umständen bestimmt wird. Wir halten folgende für diejenigen, wodurch die Bildung der Harnsteine innerhalb der Urinwege am meisten begünstigt wird. a) Fremde

Körper, welche auf was immer für einem Wege in die Harn-organe gelangen, z. B. geronnenes Blut, Lymphe u. s. w., welche einen Anziehungskern für die Salze des Harns bilden. b) Krankhafter Zustand der Schleimhaut der Harnwege, wodurch die Absonderung des Schleims und seine Neigung zur Gerinnung vermehrt, und das Bindungsmittel der Harn-steine geliefert wird. c) Überladung des Harns mit Salzen. Besonders spielt die Überladung mit Harnsäure bey der Bil-dung der Harnsteine eine wichtige Rolle, indem sie nicht bloß die Gerinnung des Schleims in den Harnwegen begünstiget, sondern sich mit demselben auch zu wirklichen Concretionen verbindet, die sehr oft für die übrigen Arten der Harnsteine den Krystallisationskern abgeben. Auch kann die Erzeugung der Harnsteine sehr befördert werden durch eine übermäßige Anschwängerung des Harnes mit Salzen, welche einander wechselseitig zu fällen vermögen. d) Endlich haben auch höchst wahrscheinlich Verstimmungen der dynamischen Ver-hältnisse der Secretionsorgane durch Krankheitsprozesse, durch regelwidrigen Nerveneinfluß u. s. w. auf die Zersetzung des Harns und auf die erste Einleitung der Harnsteinbildung einen bestimmenden Einfluß. Auf diesen Gedanken muß man schon durch die Beobachtung der auffallenden chemischen Ver-änderungen, welche die durch Gemüthsbewegungen und Lei-denschaften gestörte Nerveneinwirkung in den abgeschiedenen Säften hervorbringt, hingeleitet werden.

§. 442.

Die traurigen Folgen, welche die Harnsteine nach sich ziehen, haben ihren Grund in der mechanischen Belästigung und Reitzung der Harnwege, welche sie verursachen. Durch Verstopfung der Kanäle hindern sie die Fortleitung und Aus-leerung des Harns, durch ihre Härte, rauhe und eckige Oberfläche bewirken sie starke Reitzung und selbst Verletzung der Harnorgane, Krampf, Schmerzen, Entzündung und

Verschwärung derselben. Daher entstehen nun beschwerliches Harnen, Harnzwang, Harnverhaltung oder Unvermögen den Harn zurück zu halten, consensuelle Störungen in den Verrichtungen benachbarter Organe, beständige Unruhe, Abzehrung und der Tod.

* * *

Chr. Gottfr. Gruner, diss. de incontinentiis. Jen. 1792.

Theophili, de urinis libellus. *Thom Guidotius* restituit notas adjecit. Lugd. Bat. 1703. 8.

Actuarius, de urinis. Basil. 1529. 8.

Chr. Vater, diss. semiot. quinta, in qua indicium diagnosticum et prognosticum de sudore renali. Viteberg. 1720.

Henr. Jos. Regae, tractatus duo de urinis. Louan. 1733. Ed. II. Francof. et Lips. 1761. 8.

Ant. de Haën, de urinis.—In ejusd. rat. med. P. I. cap. 5.

Ant. Franc. Metternich, de urina ut signo. Mogunt. 1784. 8.

K. Ant. Kortum, vom Urin als einem Zeichen in Krankheiten und von den Kunstgriffen der Harnärzte, wenn sie daraus die Krankheiten sagen. Duisb. 1795. 8.

Ge. Ern. Stahl, de uromantiae et uroscopiae abusu tollendo. Hal. 1711. Übers. Koburg. 1739. 8.

Abr. Vater, de prudentia et circumspectione in uroscopiae administratione a medico rationali adhibenda. Vitib. 1729.

Ern. Ant. Nicolai, progr. de urina viridi. Jen. 1790.

Ejusd. diss. de urina nigra. Jen. 1790.

Jan. Planci epistola de urina veneta cum sedimento caeruleo. Arimin. 1756. 8. — In comment. Bonon, T. v. P. I. — In Baldingers Magaz. für Ärzte. St. II.

Andr. Ott. Gölicke, diss. de sedimentis urinarum. Francof. 1727.

C. Fried. Hundertmark, diss. de urina cretacea Lips. 1761. — In *Sandifort* thesaur. diss. Vol. I.

Jos. Wenc. Tichy, de arenulis in lotio adparentibus ut infallibili salutaris morborum eventus signo prognostico. Prag. 1774. — In *Klinkosch* Dissert. med. Prag. select. Vol. I.

G. Prochaska, diss. de urinis. Vienn. 1776. 8.

Chr. Ehrenfr. Weigel, progr. de lotii arenulis. Gryphisv. 1778.

Joh. Friedr. Johns chemische Tabellen des Thierreiches. Berlin, 1714. Fol. Seite 37. u. ff.

Joh. Bapt. Helmont, de lithiasi s. ortu calculi. — In ejusd. Opp.

Car. Linné, de genesi calculi. Upsal. 1749. — In ejusd. amoenit. academ. Vol. II.

Ant. de Haen, experimenta in calculosis et de calculo varia. — Ratio medendi Pars III.

Idem de calculo renum et vesicae. — Bat. med. contin. Tom. II. Pars. II.

G. Pearson, Versuche und Beobachtungen über die Mischung und Eigenschaften der Blasensteine. — In Scherers Journ. d. Chemie. 1. B. 1. H.

H. F. Link, de analysi urinae et origine calculi. Gott. 1788. 4.

Austin, über den Blasenstein. — In Sammlung auserles. Abh. für pr. Ärzte. XVI. B.

Al. Ph. Wilsons Untersuchung der entfernten Ursache des Blasensteins oder Grieses. A. d. Engl. Stendal, 1795.

Fourcroy und Vauquelin, über die Analyse der Blasensteine. — Im neuen Journ. der ausländ. Liter. VI. B. I. St.

A. N. Scherer, die neuesten Untersuchungen über die Mischung der Blasensteine. Jena, 1800. 8.

Joh. Fr. John, a. a. O. S. 51. u. ff.

Achtes Hauptstück.

Die Krankheitszufälle in den Geschlechtsverrichtungen.

A. Beym männlichen Geschlechte.

§. 443.

Die Erscheinungen, welche die Geschlechtsverrichtungen des Mannes im krankhaften Zustande darbieten, lassen sich wieder entweder auf regelwidrige äußere Thätigkeit dieser Organe, oder auf fehlerhafte Veränderungen in ihren Absonderungen und ihrer Ernährung zurück führen. Zu den erstern gehören das Unvermögen der Erection und des Fortschnellens des Samens, das Unvermögen, den Samen in den gehörigen Zeitverhältnissen zurück zu halten, der Priapismus und die kränkliche Geilheit; zu der zweyten Gattung von Erscheinungen diejenigen, welche der Same, die Flüssigkeit der Vorsteherdrüse, der Schleim der Harnröhre und die an der Krone der Eichel abgesonderte talgartige Substanz — endlich die Veränderungen in der Gestalt und dem innern Gewebe, welche die Zeugungsorgane, in so weit sie der Beobachtung bloß gelegt sind, dem untersuchenden Arzte gewähren.

§. 444.

Das Unvermögen des männlichen Gliedes, in Folge des entsprechenden Reizes den gehörigen Grad von Steifigkeit zu erlangen, ist entweder Folge von mangelndem Samenreize, oder von sinkendem Lebensvermögen des männlichen Gliedes, welches häufig mit Nervenschwäche, besonders mit derjenigen, welche durch Ausschweifung im Liebesgenüsse herbey geführt wird, in Verbindung steht.

Das Unvermögen, den Samen mit Kraft auszuspritzen, ist entweder Folge von Lebensschwäche der Ruthe, besonders der Harnschneller, oder von einem mechanischen Hindernisse, welches den Samen bey seinem Durchströmen durch die Harnröhre aufhält. Solche mechanische Hindernisse entstehen von Verengerung der Harnröhre an einzelnen Stellen, welche durch Vernarbung, Schwielen, Auflockerung ihrer innern Haut, durch Krümmung, durch Zusammendrückung von außen hervorgebracht wird, von zu enger Mündung der Harnröhre, von der Lage der Mündung am unrechten Orte u. dergl. Durch das erstere Übel wird der Mann zum Beyschlafe, durch das andere zur Befruchtung untauglich.

§. 445.

Die Bestimmung des Mannes und die Erhaltung seiner Gesundheit fordern, daß die Samenflüssigkeit in den Samenbläschen angesammelt und eine bestimmte Zeit daselbst aufbewahrt werden könne: dieses kann aber nur alsdann Statt finden, wenn die Samenbläschen einen gewissen Grad von Ausdehnung und Reitzung zu ertragen im Stande sind, und ihre Schließringe mit hinlänglicher Stärke wirken. Zu häufige Samenabsonderung und daher rührende, oder auch durch ausschweifende Phantasie bedingte, zu starke Reitzung der Samenbläschen, oder, was häufiger der Fall ist, zu große Empfindlichkeit und zu geringe Ausdehnbarkeit derselben, endlich krankhafte Schwäche ihrer Schließringe, machen, daß die Samenausleerung auf zu leichte Veranlassung, zu häufig und gegen den Willen des Mannes erfolget. Dieser Zufall erscheint unter der Gestalt der **Samenergießung im Schlafe** und der **unwillkürlichen Befleckung während des Wachens**. Unter der **Samenergießung im Schlafe** versteht man die durch wollüstige Träume bewirkte, welche zu den Krankheitserscheinungen gehört, wenn sie sich zu häufig wiederhohlt. Die unwillkürliche Samenergießung im Wachen bezeichnet diejenige regelwidrige Entleerung des Samens, welche bey der geringsten Wollustreitzung, oft aber auch ohne dieselbe, bloß beym Drange zur Därm= oder Urinausleerung erfolgt. Wie nachtheilig diese so wie jede andere übermäßige Samenergießung auf den Gesammtorganismus zurück wirke, darüber werden wir in der Aetiologie zu sprechen Gelegenheit finden.

§. 446.

Unter **Priapismus** versteht man eine anhaltende Steifigkeit der Ruthe, welche eher mit einem lästigen, als wollüstigen Gefühle verbunden ist. Krankhaft gesteigerte Empfindlichkeit der Geschlechtsorgane, stärkere, idiopathische oder symphatische Reitzung derselben, wie sie z. B. bey Entzündung der Eichel, der Harnröhre, der Blase und anderer benachbarter Organe, bey der Gegenwart von Harnsteinen, von Hämorrhoidalcongestionen nach dem Mastdarme oder der Harnblase, von Springwürmern in dem erstern, und ähnlichen Umständen Statt findet, verursachen diesen Zufall, oder auch, wenn sie in einem geringern Grade von Heftigkeit wirken, eine **unersättliche Geilheit** (satyriasis), die aber auch mit einer zu reitzenden Beschaffenheit des Samens oder mit einem geilen Wahnsinne in Verbindung stehen kann.

§. 447.

Die **Abweichungen der Samenabsonderung** von der Regel geben sich durch entsprechende Veränderungen in der Menge und Beschaffenheit der Samenflüssigkeit zu erkennen, welche im Allgemeinen mit denjenigen übereinstimmen, die jede Absonderung treffen können. Jedoch verdient hierbey der specifische Charakter dieser Flüssigkeit, der sich schon durch den Wechsel seines eigenthümlichen Geruches, und durch das Verschwinden und Wiedererscheinen der Samen=

thierchen, für die sinnliche Wahrnehmung ausspricht, seine besondere Rücksicht. Die Zu- und Abnahme beyder Phänomene deuten immer auf ein verhältnißmäßiges Steigen und Fallen des bildenden Lebens in den Zeugungsorganen.

Die Veränderungen, welche in der Absonderung des Vorsteherdrüsen-Saftes vorkommen, sind der Wahrnehmung zu sehr entrückt, als daß sich die darin begründeten Erscheinungen ins Besondere angeben ließen. Doch läßt sich zuweilen bey verstärktem Säfteandrange nach dieser Drüse und bey geschwächtem Zurückhaltungsvermögen ihrer Ausführungskanäle ein Abfluß dieser Flüssigkeit ohne Beymischung von männlichem Samen bemerken. Die dem klaren Eyweiß ähnliche Beschaffenheit dieses Saftes, der Mangel an Geruch und der übrigen, dem Samen eigenthümlichen Merkmahle verhüthen, daß man diesen Abfluß nicht mit einem wirklichen Samenflusse verwechselt.

Die Absonderung des Schleimes in der Harnröhre ist denselben krankhaften Veränderungen unterworfen, wie jede andere Schleimabsonderung (§§. 396.)

Ähnliche Abweichungen vom Normalzustande lassen sich an jener Absonderung beobachten, welche die Talgdrüsen an der Krone der Eichel verrichten. Diese Absonderung wird zuweilen so vermehrt, daß sie sich in einen Abfluß einer gewöhnlich übelriechenden Flüssigkeit verwandelt, die durch ihre Schärfe, welche sie meisten Theils besitzt, Jucken, Brennen Röthe und Anschwellung der Eichel und ihrer Vorhaut bewirkt. Die Erklärung dieses und jedes andern von dieser Secretion ausgehenden Symptoms werden unsere Leser leicht an den §§. 183 u. ff. entwickelten Grundsätzen finden.

§. 448.

Der regelwidrige Zustand des Kreislaufes, der Einsaugung und Ernährung gibt zu manchen Fehlern in der

Gestalt und dem Gewebe der Geschlechtsorgane Veranlassung, welche, in so fern sie sinnlich wahrnehmbar sind, in das Gebiet der Symptomatologie gezogen werden können. In dieser Hinsicht ziehen vorzüglich die am Hodensacke und an den Hoden vorkommenden Geschwülste unsere Aufmerksamkeit auf sich. Außer denjenigen, welche durch Entzündung, durch Wasseransammlung im Zellgewebe des Hodensackes, durch Hodensackbrüche veranlaßt werden, wollen wir hier diejenigen vorzüglich bemerklich machen, welche in näherer Beziehung zu den Hoden selbst, ihren Gefäßen oder nächsten Umgebungen stehen: wir meinen den sogenannten **Krampfader-** und **Samengefäßbruch**, den **Wasser-** und **Fleischbruch** des Hoden. Der **Krampfaderbruch** (cirsocele) besteht in einer Ausdehnung und Anschwellung der Samenblutader, welche aus Ketten von weichen Knoten bestehen, die bey der aufrechten Stellung zu-, bey horizontaler Lage abnehmen. Große Ähnlichkeit mit diesem hat der sogenannte **Samengefäßbruch** (spermatocele), d. h. eine Geschwulst des Samenstranges, Nebenhodens und Hodens, in welcher man durch das Gefühl die wurmförmig aufgetriebenen Samengefäße unterscheidet, welche sich als solche durch den, dem Hoden eigenthümlichen, Schmerz, den ein äußerer Druck in ihnen hervor bringt, kund geben. Der **Wasserbruch** (hydrocele) stellt eine pralle, unschmerzhafte, schwappende Geschwulst dar, welche von einer wässerigen Flüssigkeit erzeugt wird, die in die Scheidenhaut des Hodens oder auch unter die weiße Haut desselben ergossen ist. Der **Fleischbruch** (sarcocele) ist eine skirrhöse Entartung der Substanz des Hodens, wodurch diese in eine harte oft höckerige Masse verwandelt wird, welche sich durch eine große Neigung zur krebsigen Verschwärung auszeichnet.

Eine ganz andere Art von Gestaltveränderung der Testikel wird durch das Zusammenschrumpfen und allmähliche Verschwinden derselben hervor gebracht. Indessen da diese und die vorhin angeführten Erscheinungen eben so viele besondere Krankheitsformen darstellen, so müssen wir die Auseinandersetzung ihres Ursprunges und ihrer Folgen der speciellen Nosologie überlassen.

§. 449.

Die abnormen Zustände der Samenbläschen und Vorsteherdrüse in Hinsicht auf ihre Organisation treten nicht unmittelbar in die Erscheinung, sondern thun sich bloß durch ihre gestörten Verrichtungen kund: desto offener aber liegen die regelwidrigen Gestaltungen der männlichen Ruthe am Tage. Man beobachtet auch an dieser Geschwülste mancherley Art, Verhärtung ihres Gewebes, besonders an der Eichel, Geschwüre und Auswüchse an dieser und ihrer Vorhaut. Oft ist die letztere an ihrem äußern Rande vor der Eichel so zusammen gezogen, daß sie nicht über dieselbe zurück gezogen werden kann. Man nennt diesen Zufall, der oft eine Folge einer regelwidrigen ursprünglichen Bildung, oft aber auch von Anschwellung der Vorhaut, sie mag entzündlicher, wasserfüchtiger oder anderer Natur seyn, herrührt, phimosis.

So lästig dieses Symptom in vielen Fällen auch immer ist, so wird doch die Zurückziehung der Vorhaut über ihre Eichel mit bleibender Zusammenziehung derselben hinter der Krone (paraphimosis) nicht selten noch bedenklicher: indem sie den Rückfluß des Blutes aus der Eichel hemmt, außerordentliche Anschwellung, Verschließung der Harnröhre, Entzündung und Brand der Eichel hervor bringen kann.

* * *

G. G. Gruner, de causis impotentiae in sexu potiori. Jen. 1774. 4. — In Frank. delect. opusculor. med. Tom. VII.

Jo. Ern. Wichmann, de pollutione diurna, frequentiori, sed rarius observata, tabescentiae causa, Gotting. 1782. 8.

Fr. Hildebrand, über die Ergießungen des Samens im Schlafe. Braunschweig, 1792. 8.

S. J. Warner, von Krankheiten der Hoden und ihrer Häute. A. d. Engl. Gotha, 1775.

Benj. Bell's Abhandlung vom Wasserbruche, Fleischbruche u. and. Krankheiten der Hoden. A. d. Engl. mit Anm. Leipz. 1795. 8.

B. Beym weiblichen Geschlechte.

§. 450.

Die mannigfaltigen Geschlechtsverrichtungen des Weibes: die monatliche Reinigung, die Begattung und Empfängniß, die Schwangerschaft, die Geburt, die Kindbettreinigung und das Säugen, sind sehr fruchtbar an Krankheitserscheinungen, welche der Aufmerksamkeit des Arztes um so würdiger sind, da sie nicht nur über die verschiedenen Krankheitszustände der Geschlechtsorgane, sondern auch in vielen Fällen über jene des Gesammtorganismus mehr oder weniger Licht verbreiten: denn beym Weibe stehen die Geschlechtsverrichtungen offenbar in vielseitigeren und innigeren Wechselbeziehungen zu dem allgemeinen Leben des Organismus, als beym Manne.

§. 451.

Zu den Symptomen, welche sich auf den regelwidrigen Gang der monatlichen weiblichen Periode beziehen, rechnen wir das zu frühe und zu späte Eintreten, die Zurückhaltung und die Unterdrückung derselben, den zu kargen Monatfluß, die Störung desselben durch auffallende

Beschwerden, sein Übermaß, sein Hervorbrechen am unrechten Orte, die abnorme Beschaffenheit des abfließenden Blutes, endlich den Übergang des monatlichen Blutflusses in den Schleimfluß.

§. 452.

Das zu späte Eintreten der monatlichen Periode bey einer in den Jahren der Mannbarkeit schon vorgerückten Jungfrau ist, abgesehen von dem, was auf Rechnung des Klima, des Temperaments, der Lebensweise geschrieben werden muß, oft eine Folge von zurückgehaltener Entwicklung, entweder des Organismus überhaupt, oder der Geschlechtsorgane insbesondere, von abnormer Organisation der letztern, von Entartung ihrer Substanz, von vorherrschender Contraction in ihnen und ihren Gefäßen, oder auch von zu üppiger Bildung im übrigen Organismus ohne gleichmäßiges Fortschreiten der Geschlechtsorgane, von habituellen Congestionen des Blutes nach andern Theilen.

Bey dem zu späten Eintreten der monatlichen Periode darf man jedoch den Umstand nicht übersehen, daß dieses Übel zuweilen bloß scheinbar ist; indem nämlich die monatliche Absonderung des Blutes in der Gebärmutterhöhle wirklich Statt findet, der Ausfluß desselben aber durch Verschließung des Muttermundes oder der Mutterscheide gehindert wird. Die Folge davon ist Anhäufung des Blutes in der Gebärmutterhöhle und Ausdehnung derselben gleich einer schwangern.

§. 453.

Krankhaft zurück gehalten nennt man den Monatfluß, wenn er, nachdem er schon in frühern Perioden im Gange war, zur gehörigen Zeit nicht wieder erscheint, ohne daß Schwangerschaft, Säugungsgeschäft oder Wiedergenesung von einer Krankheit diesem Ausbleiben zum Grunde liegen. Außer den verschiedenartigsten krankhaften Zuständen der Geschlechtsorgane, und besonders der Gebärmutter, idiopathischen und sympathischen Reitzungen derselben, zu hoher Empfindlichkeit, Krampf, Entzündungs- und andern specifischen Krankheitsprozessen, Lebensträgheit, krankhafter Umwandlung der Organisation durch Verhärtung, Afterbildungen, Wassersucht u. s. w., in welchen dieses Ausbleiben häufig begründet ist, gibt es nicht leicht eine allgemeine Störung der Lebensthätigkeit, welcher sich, wenn sie sich bis zu einem gewissen Grade von Heftigkeit ausbildet, dieses Symptom nicht beygesellen könnte. In vielen Fällen entsteht aus diesem eine Reihe von Folgesymptomen, welche nach dem verschiedenen Verhältnisse, in welchem es zur ursprünglichen Krankheit stehet, verschieden ausfallen. Behalten bey Zurückhaltung des Monatflusses die Geschlechtsorgane das periodisch zurück kehrende höhere Bildungsstreben bey, so entstehen die Zufälle von Congestionen des Blutes nach der Gebärmutter und ihren Umgebungen. Wird aber diese periodische Steigerung des bildenden Lebens an andere Organe übertragen, so kommen die Erscheinungen von Blutcongestionen nach diesen zum Vorscheine, womit dann wieder die Symptome von Blutflüssen, Entzündungen, regelwidrigen Secretionen, Störungen in der Ernährung, krankhafte Nervenreitzungen u. s. w. in Verbindung stehen.

§. 454.

Eine Erscheinung ganz anderer Art ist die **Unterdrückung des Monatflusses**, d. h. die schnelle Unterbrechung desselben zu einer Zeit, wo er wirklich im Gange ist, deren Schuld meistens in heftigen Einwirkungen, starken Gemüthsbewegungen, übermäßiger Muskelanstrengung, Verkältung, Unmäßigkeit im Genusse schwer verdaulicher oder stark reitzender Nahrungsmittel und dergleichen, zu suchen ist. Die Wirkungen davon sind denen ähnlich, welche auf die Zurückhaltung des Monatflusses zu folgen pflegen, gewöhnlich aber viel stürmischer und gefahrvoller.

Wenn die Ursachen, welche das zu späte Eintreten des Monatflusses (§. 452.) oder die Zurückhaltung desselben (§. 453.) bedingen, in einem geringern Stärkegrade wirken, so erzeugen sie einen **zu sparsamen monatlichen Blutabgang**, wobey das Frauenzimmer während ihrer monatlichen Periode eine auffallend geringere Menge von Blut verliert, als ein gesundes Weib von mittelmäßiger Körper- und Lebensstärke von sich zu geben pflegt.

§. 455.

Im Gegensatze zu den bisher angeführten Zufällen (§§. 452 — 454.) stehen das **zu frühe Eintreten des Monatflusses** und der **zu häufige Blutabgang während der monatlichen Periode**. Das erstere ist die Folge von früh vollendetem Wachsthume des Körpers, von Üppigkeit des gesammten Vegetationsprozesses, von voreiliger Ausbildung der Geschlechtsorgane, folglich auch von allen jenen äußern Einflüssen, welche eine stärkere Reizung und höhere Belebung in diesen Organen unterhalten.

Der zu häufige Blutabgang während der monatlichen Periode entspringt aus sehr verschiedenen Quellen: aus allgemeiner Vollblütigkeit, aus idiopathischen und sympathischen Reizungen der Geschlechtsorgane, aus Schwäche und Erschlaffung derselben, aus mechanischen Hindernissen, welche den Rückfluß des Blutes aus ihren Gefäßen erschweren, aus verminderter Capacität der Blutgefäße in andern Organen. Daß ein solcher Blutverlust, besonders wenn er öfter zurück kehrt, nachtheilig auf die Lebensgeschäfte des Gesammtorganismus zurückwirken, daß er die Reproduction herabsetzen, Schwäche aller Lebensbewegungen, größere Neigung zu unreifen Geburten bey eintretenden Schwangerschaften, und endlich Anlage zu Desorganisationen in den

Geschlechtsorganen; besonders in der Gebärmutter und den Eyerstöcken, herbey führen müsse, ist aus allgemeinen pathologischen Grundsätzen leicht zu erklären.

§. 456.

Eine der merkwürdigsten Anomalien des Monatflusses ist das Erscheinen desselben **am unrechten Orte**, d. h. eine in monatlichen Perioden erfolgende Blutabsonderung, welche nicht in der Gebärmutter, sondern in was immer für einem andern Organe Statt findet, um die Stelle des unterdrückten Monatflusses aus jener zu vertreten. Bey dem Versuche, dieses Phänomen zu erklären, ist es nicht genug, das Blut im Körper herumwandern und einen andern Ausweg suchen zu lassen, weil ihm derselbe durch die Gebärmutter verschlossen ist; sondern man muß vielmehr darauf zurück denken, daß die in monatlichen Perioden eintretende Revolution des Lebens, deren endliches Resultat — deren Krise gleichsam — der Blutfluß aus der Gebärmutter ist, sich nicht bloß auf diese, sondern auch auf den ganzen übrigen Organismus erstrecke, was sich schon durch die allgemeine Steigerung der Empfindlichkeit und Reitzbarkeit im ganzen Körper, durch die größere Anlage zu Krankheitsanfällen und Rückfällen gegen die monatliche Periode hin deutlich genug ausspricht. Diese allgemein erhöhte Stimmung des Lebens in allen Theilen des Organismus macht, daß, wenn sie aus was immer für einer Ursache in den Geschlechtsorganen zurück tritt, ein desto auffallenderes Hervortreten derselben in einem oder dem andern der übrigen Organe erfolgt, wodurch es dann geschieht, daß die gewöhnliche Secretion desselben zu einer periodischen Blutsecretion erhoben wird. Der Erfolg hiervon wird verschieden ausfallen nach Verschiedenheit des Organs, in welchem sie Statt findet, der Richtung, welche das abgesonderte Blut nimmt, und der Menge, in welcher es sich ergießt.

§. 457.

Es gibt Frauenzimmer, welche während der monatlichen Periode von vielen Beschwerden, Hinfälligkeit, übermäßiger Empfindlichkeit, Krämpfen, Schmerzen und mancherley Störungen anderer Verrichtungen heimgesucht werden. Die Quelle dieser Zufälle ist sehr verschieden. Es kann ihnen allgemeine Schwäche zum Grunde liegen, welche durch den monatlichen Blutverlust jedes Mal auf einen höhern Grad gehoben wird. In manchen Fällen entspringen sie aus örtlicher Vollblütigkeit, in andern aus einem wahren Entzündungszustande, in andern aus allmählich vorwärtsschreitenden Desorganisationen der Gebärmutter, in noch andern aus krankhaften sympathischen Reitzungen derselben.

§. 458.

Das bey der monatlichen Reinigung ausfließende Blut nimmt im krankhaften Zustande eine verschiedene Beschaffenheit an: ist dünn- oder dickflüssig, geronnen, heller oder dunkler gefärbt, in verschiedenen Graden übelriechend, mit Schleim, Eiter, Jauche gemischt, und leitet diese Veränderungen entweder von allgemeinen Fehlern der Blutbereitung, oder von einem regelwidrigen Gange der Circulation und Vegetation in der Gebärmutter, oder von beschleunigtem oder zurück gehaltenem Abflusse des abgesonderten Blutes aus derselben, oder von andern krankhaften Absonderungen ab, welche gleichzeitig in ihr oder der Mutterscheide Statt finden.

§. 459.

Unter den letztern verdient hier die Absonderung und der Ausfluß eines eiterartigen Schleimes wegen seines häufigern Vorkommens eine besondere Erwähnung. Diese Art von Blennorrhoe, welche unter dem Namen des weis-

sen Flusses bekannt ist, setzt immer eine krankhafte Se=
cretionsthätigkeit in der Schleimhaut der Gebärmutter oder
Mutterscheide, oder in beyden zugleich voraus, deren nächster
Grund dann wieder äußerst mannigfaltig seyn kann. Als
solchen zeiget uns nämlich die Erfahrung bald Schwäche und
Erschlaffung und dadurch bedingte passive Congestion der
Säfte in die Gefäße dieser Haut, bald specifische Krankheits=
prozesse, welche sich in ihr entwickeln, wie dieses z. B. beym
venerischen Tripper, bey Flechten, Krätze, Scrofeln, Gicht,
Rheumatismus u. s. w. der Fall seyn kann, bald idiopathische
Reitzung der Gebärmutter und ihrer Scheide durch Afteror=
ganisationen, die sich daselbst bilden, z. B. Polypen, Hy=
datiden, Skirrhus u. s. w., bald consensuelle Reitze, welche
aus dem Darmkanale, aus den Harnwegen oder andern
benachbarten Organen bey Hämorrhoidalleiden, Würmern,
Steinbeschwerden u. a. auf die Geschlechtsorgane zurück
wirken. Dieser Schleimfluß ist übrigens nicht mit dem Ab=
gange von Eiter und Jauche, welcher bey Geschwüren in den
Geschlechtsorganen erfolgt, zu verwechseln.

§. 460.

Der Begattungstrieb des Weibes kann durch
Mangel und Übermaß regelwidrig werden. Ersterer steht
gewöhnlich mit allen jenen Umständen in Verbindung, welche
als Ursachen des zu späten Eintretens und der Zurückhaltung
des Monatflusses §§. 452. 453. angeführt wurden, letz=
teres dagegen meistens mit jenen, welche den zu frühzeitig
eintretenden, den zu häufigen monatlichen Blutabgang
(§. 455.) oder auch den Schleimfluß (§. 459.) zu
bedingen pflegen; indem diese nach den verschiedenen Ver=
hältnissen, welche zwischen ihnen und der Anlage und Em=
pfänglichkeit der Kranken Statt finden, bald diese, bald
jene Krankheitserscheinung hervor zu rufen vermögen. Wird
dieser Trieb zu einem solchen Grade von Heftigkeit gesteigert,

daß er, die Gefühle von Scham und Sittlichkeit betäubend, unwiderstehlich zur Begattung dahin reißt: so tritt er unter der Gestalt der **Nymphomanie** auf. Übermäßige Empfindlichkeit der Geschlechtsorgane, ein chronisch-entzündlicher Zustand in einem solchen Grade, daß er eher Jucken, als Schmerz erregt, jede andere Gattung von krankhafter Reitzung, oder von Krankheitsprozesse, unmäßige Beschäftigung der Einbildungskraft mit wollüstigen Bildern, können die dynamische Wechselbestimmung zwischen den Geschlechtsorganen und den Organen der Phantasie bis auf einen solchen Grad erhöhen, daß diese den wollüstigen Gefühlen und Vorstellungen ganz unterthan, alle Aufmerksamkeit und Willensbestimmung nach dieser neuen Richtung hinreißt.

§. 461.

Unvermögen zur Begattung entsteht beym Frauenzimmer entweder aus schmerzhaften Krankheiten der Geschlechtsorgane, oder aus Mißbildungen derselben, durch welche die Aufnahme des männlichen Gliedes unmöglich gemacht wird, z. B. aus Verschließung der Mutterscheide oder Anfüllung derselben durch Vorfälle, Gewächse, Geschwülste u. dergl.

Unfruchtbarkeit von Seite des Weibes ist entweder eine Folge von dem Unvermögen zur Begattung, oder von einem Sinken der Lebensthätigkeit in den Geschlechtsorganen, wodurch die Ausbildung der organischen Keime, oder die vollständige Ausführung des Begattungsvorganges gehindert wird, oder im Gegentheile von zu hoher Empfindlichkeit und Reitzbarkeit derselben Organe, wodurch zu schnelle Beendigung der Begattung herbey geführt wird, oder von fehlerhafter Gestaltung, Lage, Verbindung der Eyerstöcke, Muttertrompeten, der Gebärmutter, des Muttermundes, der Scheide; von regelwidriger Richtung des Bildungsprozesses in ihnen auf Erzeugung von Afterbildungen. Oft ist das Weib nicht absolut, sondern bloß in Beziehung auf den Mann unfruchtbar, mit welchem sie verbunden ist, weil es gerade zwischen diesen beyden an dem bestimmten dynamischen Wechselverhältnisse fehlt, welches zu einem fruchtbaren Beyschlafe erfördert wird.

§. 462.

Auch die Schwangerschaft ist nicht selten an krankhaften Erscheinungen ergiebig, welche zum Theil aus den neuen mechanischen und dynamischen Verhältnissen, in welche die schwangere Gebärmutter zu dem übrigen Organismus tritt, zum Theil aus der regelwidrigen Beziehung der Frucht zur Gebärmutter abzuleiten sind. Das Wachsthum der letztern hat veränderte Raumverhältnisse der Eingeweide des Unterleibes zur Folge: der neue Bildungsprozeß, welcher in ihr Statt hat, steigert und vermehrt ihre dynamisch-consensuellen Beziehungen zu dem übrigen Organismus, und macht, daß sie nun überwiegend bestimmend auf manche seiner Verrichtungen einwirkt. Diese sind die Quellen, aus welchen die Anschwellungen der Füße oder ihrer Blutadern, die Beschwerden im Gange, bey der Harn- und Darmausleerung, das Auftreiben der Hämorrhoidalgefäße, das Erbrechen, die sonderbaren Gelüste, die krampfhaften und schmerzhaften Leiden, die Wallungen, Congestionen u. s. w. erklärt werden müssen.

Das regelwidrige Wechselverhältniß zwischen der Gebärmutter und der in ihr enthaltenen Frucht hat seinen Grund entweder in einem krankhaften Zustande der Gebärmutter, in Lebensträgheit oder zu hoher Empfindlichkeit und Reizbarkeit, und einem daher, oder auch aus Organisationsgebrechen entspringenden zu geringen Grade von Ausdehnbarkeit derselben, oder in fehlerhafter Lage und Bildung der Frucht. Aus diesem fehlerhaften Wechselverhältnisse entspringt dann eine größere Anlage zu Blutflüssen, zu Fehl- und Frühgeburten u. s. w.

§. 463.

Die Symptome, welche sich bey der Niederkunft äußern, sind Trägheit oder Mangel, auch wohl zu große Heftigkeit der Geburtswehen, falsche Wehen, verzögerte, erschwerte, unmögliche Geburt, Blutsturz, Ohnmacht, Zuckungen, Zurückhaltung der Nachgeburt u. s. w.

§. 464.

Trägheit der Geburtswehen oder **gänzlicher Mangel** derselben wird in Gefolge von Lebensschwäche oder Unterdrückung der Kräfte beobachtet. Vorausgegangene zu heftige Geburtsanstrengung, großer Blutverlust, Gemüthsbewegungen, krampfhafter Zustand, starke Blutaufwallung u. dergl. sind die gewöhnlichen Veranlassungen dieser Erscheinung.

Bey zu großer Empfindlichkeit und Reizbarkeit der Gebärmutter, bey größern Hindernissen, welche sich dem Geburtsgeschäfte entgegen stellen, bey andern idiopathischen oder sympathischen Reizungen, können die Geburtswehen in Rücksicht auf schnelle Aufeinanderfolge und Heftigkeit **das vorgeschriebene Maß überschreiten**. **Falsche Wehen** sind schmerzhafte Gefühle, welche nicht, wie die wahren, von der Zusammenziehung der Gebärmutter, sondern von krankhafter Affection anderer Eingeweide des Unterleibes entspringen.

§. 465.

Das Geburtsgeschäft selbst kann durch viele Umstände erschwert, in die Länge gezogen und selbst **unmöglich gemacht werden**, welche entweder auf die Gebärende, oder auf die Frucht bezogen werden können. Von

Seite der Gebärenden sind Schwäche, zu große Empfindlichkeit und Zartheit, oder auch schon vorgerücktes Alter, zu große Straffheit der Organisation, Krankheiten von allen Gattungen, regelwidriger Zustand der Geschlechtsorgane, besonders der Gebärmutter und Mutterscheide, er mag dynamischer oder mechanischer Art seyn, z. B. Mangel oder Übermaß an Empfindlichkeit und Reizbarkeit, Entartung ihrer organischen Substanz, fehlerhafte Lage, Verbindung und Gestaltung derselben, Hindernisse, die von ihren nächsten Umgebungen, vorzüglich aber von einem mißgestalteten Becken ausgehen, als eben so viele die Geburt erschwerende Ursachen anzusehen. Eben so kann sie von Seite der Frucht und der zu ihr gehörigen Theile, der Nachgeburt, der Nabelschnur u. s. w. durch regelwidrige Größe, Bildung, Lage, Verbindung, auf mannigfaltige Weise und in verschiedenen Graden gehemmt werden.

§. 466.

Blutflüsse, die während der Geburt entstehen, erkennen eine zu frühe Trennung der Nachgeburt als ihre gewöhnliche Quelle. Besonders gibt der Sitz der Nachgeburt auf dem Muttermunde zu gefährlichen Blutungen Veranlassung, welche schon während der Schwangerschaft wiederhohlt zurück kehren, während der Niederkunft aber meistens überhand nehmen. Blutflüsse, welche nach der Geburt des Kindes entstehen, haben ihren Grund entweder im Mangel der gleichmäßigen Zusammenziehung der Gebärmutter, oder in einer Verletzung derselben. Diese Blutflüsse können der Wahrnehmung des weniger aufmerksamen Arztes entgehen, wenn der Abfluß des Blutes, welches sich in die Gebärmutterhöhle ergießt, durch den Muttermund und die Mutterscheide durch was immer für Ursachen gehemmt wird. Die mangelnde Zusammenziehung der Gebärmutter, die allmähliche Wiederanschwellung derselben, das Sinken des Pulses und der Kräfte, die auffallende Bläſſe des Körpers, die Anwandlung von Ohnmachten, müſſen den Arzt warnen, gegen dieſen verborgenen und deßhalb um ſo gefährlichern Blutverluſt auf der Hut zu ſeyn.

§. 467.

Ohnmachten und Zuckungen, welche während oder bald nach der Geburt eintreten, ſind die Wirkungen von Blutflüſſen, von übermäßigen Anſtrengungen zur Geburt, von Verletzungen und heftigen Schmerzen, und gehören nicht ſelten unter die Symptome, welche bevorſtehende Lebensgefahr drohen.

§. 468.

Die Zurückhaltung der Nachgeburt iſt Folge von Mangel an Reizbarkeit und Zuſammenziehung der Gebärmutter, von krampfhafter Verſchließung des Muttermundes, von Verſtopfung deſſelben durch geronnenes Blut u. dergl., und gibt wieder zu manchen andern Übeln, als zu Blutſtürzen, zur Fäulniß der Nachgeburt in der Gebärmutterhöhle und ihren Wirkungen Veranlaſſung.

§. 469.

Die Kindbettreinigung kann zu häufig, zu ſparſam, gänzlich unterdrückt werden, und auch einen ganz fremdartigen Charakter annehmen.

Zu häufig wird ſie durch alles das, was einen zu reichlichen Zufluß des Blutes in die Gefäße der Gebärmutter unterhält. Jene Mütter, welche ſich dem Geſchäfte des Selbſtſtillens widerrechtlich entziehen, werden dafür gewöhnlich durch zu häufige und lang anhaltende Kindbettreinigung gezüchtiget.

Zu ſparſame Kindbettreinigung, oder gänzliche Unterdrückung derſelben iſt entweder die Folge von Ableitung der Säfte und der Lebensthätigkeit von der Gebärmutter nach andern Organen, was z. B. bey unverhältnißmäßiger Vermehrung anderer Secretionen, oder auch bey Entzündungen anderer Eingeweide Statt findet — oder von einem gereitzten, entzündlichen, krampfhaften, trägen Zustande der Gebärmutter selbst.

In Hinsicht auf seinen eigenthümlichen Charakter ist der Kindbettfluß mancherley Veränderungen unterworfen. Zuweilen ist er zu wässerig, zuweilen fließt statt Blutwassers wirkliches Blut ab, zuweilen ist die abgehende Flüssigkeit mit eiterähnlichem Schleime, mit wirklichem Eiter, mit Jauche vermischt; dabey ändert sie ihre Farbe auf verschiedene Weise, wird zugleich mitunter sehr übelriechend: welche Erscheinungen alle auf entsprechende krankhafte Zustände in der Gebärmutter und Mutterscheide hindeuten.

§. 470.

Die Milchabsonderung der Säugenden steht unter den allgemeinen Gesetzen aller Secretionen, denen sie demnach auch im krankhaften Zustande gehorchen muß. Ihre Abweichungen von der Regel verdienen um so mehr die Aufmerksamkeit des Arztes, da sie nicht bloß auf das Wohl der Mutter, sondern auch auf jenes des Kindes, welches damit genährt wird, einen sehr bedeutenden Einfluß haben.

Diese Absonderung ist zuweilen übermäßig reichlich, so daß die Brüste beständig von Milch strotzen. Hierdurch geschieht es mitunter, daß sie, auch außer der Zeit des Saugens, von sich selbst abfließt. Jedoch ist hierbey zu bemerken, daß ein solcher anhaltender Milchabfluß nicht immer in einem absoluten Übermaß der Secretion, sondern zuweilen auch in einem krankhaften Zustande der Ausführungsgänge der Brustdrüsen und in dem geschwächten Contractions- und Zurückhaltungsvermögen derselben begründet sey. Der zu große Milchverlust mag übrigens auf was immer für eine

Weise entstehen, so hat er für die Säugende immer dieselben Folgen, welche auf jeden bedeutenden Verlust wichtiger Säfte einzutreten pflegen.

Bey manchen Frauen beobachtet man eine zu **sparsame Milchabsonderung**; auch sind die Fälle nicht gar selten, wo sie gänzlich **unterdrückt** wird. Der letztere Zufall wird oft dadurch besonders bedenklich, daß er zu stellvertretenden Absonderungen, oder den sogenannten **Milchversetzungen auf innere, edlere Eingeweide** Veranlassung gibt.

§. 471.

Auch in Rücksicht auf ihren **Gehalt** und das Verhältniß ihrer Bestandtheile bietet die Muttermilch manche auffallende Regelwidrigkeiten dar, wodurch sie dann dem Kinde, welchem sie zur Nahrung dient, vielen Nachtheil zufügen kann. Wenn die Milch wegen Überfluß an Molken zu dünn ist, so gibt sie, besonders in den spätern Perioden des Säugens, dem Kinde zu wenig Nahrung und zugleich Gelegenheit zur Entwicklung von freyer Säure in den ersten Wegen. Eine zu dicke und fette Milch, d. h. eine solche, welche mit käsigen Bestandtheilen überladen ist, wird, zumahl für ein neugebornes Kind, zu schwer verdaulich. Unter gewissen Umständen nimmt sie eine eigene, den Sinnen zwar nicht wahrnehmbare, desto auffallender aber durch ihre Wirkungen auf das Kind sich aussprechende, reizende, gleichsam giftige Beschaffenheit an, und verdankt diese in manchen Fällen bloß dem regelwidrigen Nerveneinflusse auf ihre Secretionsorgane. So beobachtet man nicht selten, daß die Mutter- oder Ammenmilch, welche bald nach heftigen Gemüthsbewegungen genossen wird, dem Kinde heftige Schmerzen, Erbrechen, Durchfall und Zuckungen verursacht.

Heinr. Christ. Aug. Osthoff, Untersuchungen über die Anomalien der monatlichen Reinigung. Lemgo, 1804. 8. oder dessen Versuche zur Berichtigung verschiedener Gegenstände. II. B.

G. E. Stahl et *G. F. Jäschke*, de insolitis mensium viis. Hal. 1702. — In *Halleri* disp. pathol. T. IV.

Trnka de Krzowitz, historia leucorrhocae, omnis aevi observata medica continens. Vindob. 1781. 8.

Chr. Gttf. Gruner, diss. de causis sterilitatis in sexu sequiori. Hal. 1769. — In delectu diss. med. Jenens. Vol. II. n. 9.

Thilenius, über Unfruchtbarkeit. — Hufelands Journ. XII. B. III. St.

El. v. Siebold, über die Beurtheilung des Zustandes der Schwangerschaft, Geburt und des Wochenbettes ꝛc. — In Siebold's Lucina, IV. B. I. St.

J. Körber, de nausea et vomitu gravidarum. Gött. 1787. 4.

J. G. Hasenöhrl de Lagusius, de abortu ejusque praeservatione. — In *Wasserberg.* opp. min. Fasc. I.

L. F. Lentin, über eine besondere Ursache des Mißgebärens. — In Schweichard's Mag. für Geburtsh. I. B. II. St.

J. C. Gehler, de sanguine in partu profluente. Lips. 1759. — In *Schlegel* Syllog. ad artem obstetr. Vol. II.

Ed. Ricby, über die Mutterblutflüsse, die vor der Entbindung hergehen. Leipz. 1786. 8.

J. G. Gehler, de eclampsia parturientium. Lips. sect. I. 1776. sect. II. 1777. 4.

Ant. Agst. Parmentier und N. Deyeur, neueste Untersuchungen und Bemerkungen über die verschiedenen Arten der Milch, in Beziehung auf die Chemie, die Arzneykunde u. d. Landwirthschaft. A. d. Franz. von Alx. N. Scherer. Jena, 1800.

Zweyter Abschnitt.

Krankheitserscheinungen im animalischen Systeme.

§. 472.

Im animalischen, d. h. in dem höhern, oder Cerebral=Nervensysteme ist das Leben auf diejenige Höhe getrieben, deren es im Irdischen nur immer fähig ist. Zwar wurzelt das animalische System im vegetativen, und zieht aus diesem seine Nahrung und die Grundbedingungen seines Lebens: allein einmal gebildet und lebendig thätig, wirkt es mächtig auf dieses zurück, und gewinnt auf dessen Geschäfte einen vielseitigen wichtigen Einfluß. Die höhere Würde des Nervensystems im menschlichen Organismus und seine vielseitigen Beziehungen zu allen übrigen Lebensäußerungen gibt den Krankheitserscheinungen, die aus demselben so üppig emporschießen, eine große Bedeutung, und diese verdienen die nähere Untersuchung von Seite des Arztes in einem hohen Grade. Um bey dieser Untersuchung einen systematischen Gang zu gehen, wollen wir diese Krankheitserscheinungen in eine solche Ordnung bringen, daß wir zuerst die Symptome der äußern Sinnlichkeit, hierauf jene, welche sich auf die Äußerung der Einbildungskraft und der höhern Erkenntnißvermögen beziehen, ferner die Symptome der willkürlichen Muskelbewegung und endlich jene des Schlafes zur Sprache bringen.

Erstes Hauptstück.
Von den Krankheitserscheinungen der äußern Sinnlichkeit.

§. 473.

Wir fassen hier unter den Krankheitserscheinungen der äußern Sinnlichkeit diejenigen zusammen, welche aus dem gestörten Gemeingefühle des Kranken und aus den mannigfaltigen krankhaften Zuständen der bekannten fünf äußern Sinne entspringen, und handeln demnach zuerst

von den Symptomen des Gemeingefühls.

§. 474.

Das Gemeingefühl bezeichnet den über den ganzen menschlichen Körper verbreiteten Sinn, durch dessen Vermittlung die Seele Vorstellungen von den wechselnden Zuständen des Körpers und seiner Organe erhält. Obschon über den ganzen Organismus ausgebreitet, empfängt es doch in jedem besondern Organe seine eigenthümliche Modification, welche in manchem derselben zu einem solchen Grade ausgebildet wird, daß er hier gleichsam als ein eigenartiger Sinn erscheint. Er ist der wahre Wächter der Gesundheit, welcher zugleich den Kranken nicht bloß von der Gegenwart der Krankheit, sondern auch in vielen Fällen von ihrem Sitze, Grade, und mitunter, wenn auch nur durch dunkle Gefühle, selbst von ihrer Natur unterrichtet. Daher folgen die Ärzte bey der Untersuchung der Krankheit so gern diesem Führer, gegen welchen wir zwar alle Achtung hegen, dessen ungeachtet aber warnen müssen, ihm nicht in jedem Falle unbedingten Glauben beyzumessen; indem er selbst den Kranken unter gewissen Umständen täuscht, und indem es auf der andern Seite Kranke gibt, welche sich und den Arzt überreden, etwas aus ihrem Gemeingefühle geschöpft zu haben, was doch ursprünglich aus ihrer Einbildungskraft oder aus vorgefaßter Meinung hervor gegangen ist.

§. 475.

Die Gefühle, welche aus dem krankhaft ergriffenen Gemeingefühle hervorgehen, können zu lebhaft, abgestumpft und der Art nach verkehrt seyn.

Bey der Betrachtung der zu lebhaften Gefühle, deren Quelle das Gemeingefühl im regelwidrigen Zustande ist, zieht zuerst eine außerordentliche Erhöhung des letztern in manchen Krankheiten unsere Aufmerksamkeit auf sich. Durch diese Erhöhung werden dem Kranken von seiner Krankheit, ihrem Sitze, ihrem Grade und zuweilen auch ihrer Art ungewöhnlich klare Vorstellungen verschafft, und er wird dadurch zuweilen in den Stand gesetzt, das Maß seines noch vorhandenen Lebensvermögens zu bestimmen und die Stunde des herannahenden Todes voraus zu sagen. Als Grund dieser merkwürdigen Erscheinung kann eine absolute oder relative Steigerung des Lebens im Nervensysteme angenommen werden. In manchen Fällen scheint sie auf einem freyern dynamischen Wechselverkehr und auf Herstellung eines vollkommeneren Leitungsvermögens zwischen dem Cerebral- und Ganglienssysteme zu beruhen. Aus dem letztern Umstande lassen sich wenigstens die kläreren Vorstellungen, welche von den krankhaften Veränderungen der Organe des vegetativen Lebens zum Bewußtseyn gelangen, leichter erklären.

§. 476.

Zu den zu lebhaften Gefühlen, welche sich auf das krankhaft bestimmte Gemeingefühl beziehen, gehören die Gefühle des Schmerzens, des Juckens, der Angst, der Unruhe, der veränderten Temperatur des Körpers und der Schwäche.

Schmerz ist ein sehr lästiges, die Seele beunruhigendes Gefühl von zu heftiger Reitzung einzelner Nerven. Alles, was gewaltsame Lebensströmungen in den Nerven erweckt, es mag mechanisch, chemisch, dynamisch, — positiv oder negativ — auf dieselben einwirken, verursacht Schmerz. Die verschiedenen Modificationen des lästigen Gefühles, welche durch die verschiedenen Grade und Abänderungen der zu heftigen Nervenreitzung hervor gebracht werden, begründen eben so viele Gattungen von Schmerzen, deren Mannigfaltigkeit um so begreiflicher wird, wenn man nicht vergißt, daß jeder Schmerz ein zusammengesetztes Gefühl aus mehreren Theilgefühlen ist, und daß das vielfältig wechselnde Verhältniß der letztern eine große Verschiedenheit in das ganze Schmerzgefühl bringen kann. Die Seele bezieht diese mannigfaltigen Modificationen des schmerzhaften Gefühles gewöhnlich auf die verschiedene Einwirkungsart der äußern Einflüsse, durch welche sie erregt werden, und unterscheidet nach diesen die Gattungen des Schmerzens. So gibt es einen brennenden, stechenden, schneidenden, bohrenden, schießenden, reißenden, klopfenden, beschwerenden, drückenden, schnürenden, drehenden, spannenden, nagenden, beißenden Schmerz, u. s. w.

In Hinsicht auf seine Folgen hat der Schmerz zwar eine nachtheilige, doch aber auch eine vortheilhafte Seite für den Leidenden. Die heftigere Aufregung der Nerventhätigkeit verursachet lebhaftere Wechselwirkung zwischen den Nerven und den Muskelfasern, Gefäßen und übrigen Bestandtheilen des angegriffenen Organs; daher entstehen Krampf, Entzündung und deren Folgen in diesem: die stärkere Zurückwirkung des Gemüthes, welche das schmerzhafte Gefühl veranlasset, hat Unruhe, Schlaflosigkeit, Angst, Traurigkeit, Verzweiflung, Irreseyn zur Folge: die sympathischen Verhältnisse, welche zwischen den schmerzhaft ergriffenen Nerven und den übrigen Statt finden, machen, daß auch in andern verwandten Theilen Schmerzen, Krämpfe und mancherley Störungen der lebendigen Bewegungen entstehen: auf den höchsten Grad gesteigert bewirkt er Erschöpfung der Kräfte, Ohnmachten, Zuckungen, Betäubung und Lähmung. Bey allen diesen nachtheiligen Folgen wird der Schmerz durch die lebhaftern Zurückwirkungen des Lebens, welche er hervorruft, doch in manchen Fällen wieder das Mittel zur Heilung des Übels, aus welchem er entspringt: auch ist er es, welcher den Menschen mahnt, bey Zeiten Hülfe gegen die Krankheit zu suchen, und welcher, wenn er einmal überstanden ist, seine Empfänglichkeit für die Freuden des Lebens erhöht.

§. 477.

Das Jucken ist ein lästiges Gefühl, welches aus einem geringern Grade von Schmerz und Kitzel zusammengesetzt ist. Dieselben Ursachen, welche Schmerz erzeugen, können auch Jucken erregen, wenn sie in einem geringern Grade von Heftigkeit wirken. Die Folgen davon sind Unruhe, lebhaftere willkürliche und unwillkürliche Zurückwirkungen, woraus dann wieder nach Verschiedenheiten der Theile, welche vom Jucken belästiget werden, verschiedene andere Zufälle, z. B. Niesen, Husten, Stuhlzwang, Pollutionen u. dergl. entspringen.

§. 478.

Die Angst ist ein beunruhigendes Gefühl, welches sich auf Hemmung der freyen Lebensäußerung bezieht, und durch Hindernisse im Athmen, im Kreislaufe, durch gehinderte Excretionen, durch gehinderten Ausbruch von Hautausschlägen u. dergl. hervor gebracht wird. Unruhe, Schlaflosigkeit, Verzweiflung, Wahnsinn, Convulsionen, Erschöpfung der Lebenskräfte sind die Folgen, welche daraus zu entstehen pflegen, wenn sie zu lange anhält und zu höhern Graden von Heftigkeit gesteigert wird.

Nahe verwandt mit der Angst ist das krankhafte Gefühl

der Unruhe, eine beständige Aufregung der Seele durch ein krankhaft ergriffenes Gemeingefühl, wodurch in ihr ein unabläßiges Bestreben, den Zustand und die Lage des Körpers zu verändern, geweckt wird. Sie ist oft bloßer Ausdruck einer übermäßigen Empfindlichkeit und Ungeduld des Kranken; wo aber dieses der Fall nicht ist, deutet sie nicht selten auf einen höhern Grad der Krankheit und mitunter selbst auf bevorstehende Lebensgefahr.

§. 479.

Das Gefühl der veränderten Temperatur bezieht sich entweder auf wirkliche Vermehrung oder Verminderung der Wärme im Organismus, und hat seinen objectiven Grund in denjenigen Veränderungen des Lebensprozesses, mit welchen das Steigen und Fallen der Temperatur des thierischen Körpers in Verbindung steht (§. 413.); oder es entsteht ohne gleichzeitigen entsprechenden Temperaturwechsel im übrigen Organismus, und muß alsdann von regelwidrigen Stimmungen des Lebens der Nerven und ihrer Sensibilität abgeleitet werden, welche denjenigen ähnlich sind, die durch die Veränderungen der thierischen Wärme bedingt werden. Es läßt sich daraus begreifen, wie Steigerung und Herabstimmung der expansiven Thätigkeit, obschon sie mehr auf das Nervensystem beschränkt sind, das Gefühl von Wärme oder Kälte, ohne wirkliche Zu- oder Abnahme der Temperatur im übrigen Organismus, erzeugen können.

§. 480.

Das Gefühl der Schwäche beruhet entweder auf wirklicher Abnahme des Lebens und der dasselbe begründenden Kräfte, oder auch auf einer bloßen Hemmung ihrer freyen Äußerung. Es gibt sogar Fälle, wo dieses Gefühl, so wie so manches andere, durch eine verwirrte Einbildungskraft vorgespiegelt wird, ohne daß es von einer ihm entsprechenden

Veränderung des Lebens im übrigen Organismus ausgeht. Man sieht also wohl, daß man bey der Deutung desselben auf der Huth seyn müsse, und es bey weitem nicht überall für ein Zeichen wahrer Schwäche gelten lassen dürfe.

Aus dem eben Gesagten läßt sich, wenn man nur die Verhältnisse umkehrt, leicht erklären, wie in manchen Fällen ein krankhaftes Gefühl von Stärke entstehen könne.

§. 481.

Eine Erscheinung ganz anderer Art ist Abstumpfung des Gemeingefühls, wodurch es geschieht, daß von den krankhaften Veränderungen des Körpers nur sehr schwache, dunkle oder auch gar keine Vorstellungen zum Bewußtseyn gelangen. Dieser Zufall erscheint unter zweyfacher Gestalt, als einfache Gefühllosigkeit (anaesthesia) und als Schmerzlosigkeit (anodynia), wovon erstere nichts als einen gewissen Grad von Unthätigkeit des Gemeingefühls, letztere aber Mangel an Schmerzgefühl, bey vorhandenen Bedingnissen dazu, im Organismus anzeigt. Gewöhnlich gehören diese Erscheinungen unter die bedenklichern; indem sie entweder ein tiefes Sinken des Lebens im Nervensysteme, oder große Hindernisse seiner freyen Äußerung, oder auch bedeutende Störungen der Einbildungskraft voraus setzen.

§. 482.

Verkehrtheit des Gemeingefühls wird da angenommen, wo die Vorstellungen, welche es hervor ruft, den Gegenständen, auf welche sie sich beziehen, durchaus nicht entsprechen, wenn z. B. die Kranken bey vermehrter thierischer Wärme über Kälte klagen; wenn sie sich bey allen Zeichen von Schwäche stark, oder bey einem hohen Grade von Krankheit wohl fühlen; wenn es ihnen vorkommt, als sey ihr Körper erstarrt, verkürzt, einseitig, verdoppelt u. s. w. Krankhafte Erhöhung, Herabstimmung, ungleiche Vertheilung der Sensibilität im Nervensysteme, specifische

Bestimmungen des Nervensystems durch die specifischen Modificationen der Krankheit und ihrer Producte, dieses sind die Grundlagen zur Erklärung dieser Phänomene.

* **

F. Jos. W. Schröder's physik. Theorie der Empfindungen, Schmerzen u. schmerzstillenden Mittel. Quedlinb. 1764. 8.

J. Chr. Reil resp. Chr. J. Hübner, Coenaesthesis. Hal. 794. 8.

K. Ant. Bitzius, Versuch einer Theorie des Schmerzes. Bern, 1803. 8.

Von den Symptomen des Tastsinnes, des Geschmackes und Geruches.

§. 483.

So wie zwischen den Verrichtungen des Tast=, Geschmack= und Geruchsinnes eine unverkennbare physiologische Verwandtschaft obwaltet, so zeigen auch die Krankheitserscheinungen derselben in Hinsicht auf ihre Entstehung und übrigen Verhältnisse so viele Übereinstimmung unter einander, daß sie füglich unter einen Gesichtspunkt zusammen gefaßt werden können. Sie lassen sich, so wie beym Gemeingefühle, auf übermäßige Schärfe, Abstumpfung und Verkehrtheit dieser Sinne zurück führen.

§. 484.

Übermäßige Schärfe des Tast=, Geruch= und Geschmacksinnes offenbart sich durch zu lebhafte Empfindungen, welche schon durch leichtere Eindrücke erweckt und eben durch ihre große Lebhaftigkeit lästig und selbst schmerzhaft werden.

Die Empfindlichkeit dieser Sinne steigt oft auf einen solchen Höhegrad, daß die Kranken vermittelst derselben Gegenstände wahrnehmen, welche den Sinnen gesunder Menschen nicht wahrnehmbar sind, z. B. die, andern Menschen verborgenen, Veränderungen der atmosphärischen Luft, die dynamischen Atmosphären der Körper u. s. w. Der Grund dieser Erscheinung kann in verschiedenen Krankheitszuständen liegen: als in einem absoluten oder relativen Überwiegen des gesammten Nervenlebens; in zu hoher Steigerung der Sensibilität, welche mehr auf die leidenden Sinnorgane beschränkt und durch Entziehung der ihnen angehörigen Reize, mitunter auch durch zu starke Reizung, sie mag eine idiopathische oder sympathische seyn, durch Entzündungs = und andere specifische Krankheitsprozesse bewirkt wird; endlich noch im Mangel oder doch in einer unvollkommenen Beschaffenheit der äußern Umhüllungen der Sinnorgane, wodurch sie sonst gegen heftigere äußere Einwirkungen geschützt werden, z. B. der Hautschmiere, des Oberhäutchens, des Schleimes.

§. 485.

An Abstumpfung leiden die in Frage stehenden äußern Sinnorgane, wenn sie durch kräftigere äußere Einwirkungen zu schwacher und träger Gegenwirkung bestimmt werden, und daher nur dunkle Empfindungen von den ihnen entsprechenden Gegenständen hervor rufen. Sinken des Lebens im Nervensysteme überhaupt, oder in den Nerven der Sinnorgane insbesondere, erschwerte Gemeinschaft der letztern mit ihren Centralorganen, zu starke Einhüllung der Sinnerven mit den oben angeführten Schutzmitteln, mit einer zu dichten, schwieligen Oberhaut, mit zu häufigem zähem Schleime, mit kalten Geschwülsten oder Afterorganisationen, — diese sind die Umstände, wodurch jene Abstumpfung erzeugt werden kann. Indessen ist hierbey doch nicht zu vergessen, daß die Empfindungen, welche von den genannten Sinnorganen ausgehen, einen hohen Grad von Dunkelheit an sich tragen können, ohne daß man deßwegen überall berechtiget sey, den Grund davon in einem krankhaften Zustande dieser Organe zu suchen; indem dieser nicht selten im Mangel an Aufmerksamkeit und in Hinlenkung derselben auf die zu lebhafte Thätigkeit anderer Sinne, besonders aber der Einbildungskraft, gefunden werden muß.

Lähmung dieser Sinne, welche durch einen hohen Grad von Lebensschwäche, oder durch mechanische Unterbrechung ihrer Gemeinschaft mit den Contralorganen des Nervensystems bedingt wird, hat Aufhören aller Empfindungen zur Folge, welche aus ihrer Thätigkeit hervor gehen.

§. 486.

Dieselben Sinne sind *verkehrt* oder *täuschend*, wenn sie Empfindungen von Gegenständen erwecken, welche gar nicht auf sie eingewirkt haben, oder doch ganz andere Eigenschaften von ihnen darstellen, als ihnen in der That zukommen. Dieselben Umstände, welche die Verkehrtheit des Gemeingefühls veranlassen (§. 482.), können auch den Tast-, Geschmack- und Geruchsinn zu einer verkehrten und täuschenden Thätigkeit bestimmen.

Am auffallendsten sind die täuschenden Empfindungen, deren Quelle der Geschmack- und Geruchsinn sind, und diese dürfen bey weitem nicht immer auf Rechnung regelwidriger Thätigkeit des eigentlichen Sinnorganes geschrieben werden, sondern sie verdanken ihren Ursprung nicht selten krankhaften Beschaffenheiten abgeschiedener Säfte, oder anderer Krankheitsproducte, welche mit diesen in Wechselwirkung treten und ihre sinnlichen Eigenschaften den äußern, in das Sinnorgan aufgenommenen Gegenständen mittheilen.

Auf diese Weise entstehet oft der fade, süße, saure, laugenhafte, salzige, bittere, ranzige, saule Geschmack, welcher den Kranken belästiget, ohne daß er etwas in den Mund nimmt, und mit welchem alles, was er nur immer genießt, begabt zu seyn scheint, aus einer fehlerhaften Mischung der in der Mund= und Rachenhöhle abgeschiedenen Flüssigkeiten. Aus derselben Quelle entspringen die mancherley täuschenden, oft sehr widerwärtigen Gerüche, mit welchen die Kranken geplagt werden, und welche sie auf alle äußern riechbaren Gegenstände beziehen.

Die krankhaften Erscheinungen in den Organen des Tast=, Geschmack= und Geruchsinnes, welche aus regelwidriger Vegetation derselben entspringen, sind bereits bey der Betrachtung der Symptome ihrer fehlerhaften Secretionen (§§.409 ff.—399—396) zur Sprache gekommen.

* * *

A. Gottl. Weber, specimen semiolog. med. crit. de sapore. Rostock, 1794 — 96. 4.

J. G. Haase, progr. de narium morbis. Lips. 1794 — 797.

Die Symptome des Gehörsinnes.

§. 487.

Zu große Schärfe des Gehörs (oxyecoia) deutet auf krankhaft erhöhete Empfindlichkeit entweder des gesammten Nervensystems, oder auch nur des Gehörorganes hin, deren mannigfaltiger Ursprung schon öfter angeführt wurde. Indessen kommt bey der Erklärung dieses Symptoms nicht allein die überwiegende Thätigkeit der Nerven, sondern auch jene der Muskeln, welche die Gehörknöchelchen und das Paukenfell spannen, in Betrachtung, indem übermäßige Reitzbarkeit, krampfhafte und zuckende Bewegung derselben vieles dazu beytragen können, den Gehörsempfindungen eine unleidentliche Schärfe mitzutheilen.

§. 488.

Schweres Gehör (baryecoia) und Taubheit (cophosis) sind die Wirkungen von abgestumpfter Empfindlichkeit, oder gänzlicher Lähmung des Gehörnerven, oder auch von verschiedenartigen Gebrechen derjenigen Theile, welche zur Bildung des Gehörorganes und zu dessen Verrichtung das Ihrige beytragen. Zu den letztern gehören Mangel des äußern Ohres, Anfüllung, Verstopfung, Verwachsung des Gehörganges, Mißbildungen des Paukenfells, wodurch seine Schwungkraft geschwächt wird, Trägheit oder Lähmung der Muskeln, welche diesem und den Gehörknöchelchen zugetheilt sind, Mangel der Luft in der Paukenhöhle wegen Verstopfung der Eustachischen Ohrtrompete, Verwachsung oder gänzliche Zerstörung der Gehörknöchelchen, Entartung der Beinhaut, welche die Paukenhöhle, die Schnecke, das Labyrinth inwendig auskleidet, Anhäufung oder Verminderung oder Veränderungen in der eigenthümlichen Natur des Wassers, welches die Ausbreitungen des Gehörnerven umgibt u. s. w.

§. 489.

Auch an verkehrten oder täuschenden Empfindungen ist der Gehörsinn nicht unfruchtbar, indem er entweder ohne alle Einwirkung eines äußern schallenden Gegenstandes Gehörsempfindungen erweckt, oder doch den von außen kommenden Tönen ganz fremdartige Modificationen mittheilt.

In die erstere Reihe von Erscheinungen stellen wir das Ohrensausen, Klingen, Pfeifen, Pochen und selbst das Vorspiegeln articulirter Töne. Immer beruhen diese Erscheinungen auf regelwidriger, nur durch innere krankhafte Zustände bestimmter Thätigkeit der Gehörnerven und der innern Gehörmuskeln: sie können daher durch unverhältnißmäßige Entwicklung der Sensibilität, durch zitternde oder convulsivische Bewegungen der Gehörmuskeln, durch zu lebhafte Wechselwirkung zwischen den Nerven und Blutgefäßen, wie diese bey starkem Blutandrange nach den Gefäßen des Kopfes, bey Entzündung des Ohres oder benachbarter Theile Statt findet; durch regelwidrige Association der Gehörnerven mit andern Nerven, durch jede Art anderer krankhafter idiopathischer oder sympathischer Reizung, durch ausschweifende Thätigkeit der Organe der Phantasie, endlich noch durch alles, was einen bedeutenden Grad von Schwäche erzeugt, hervor gerufen werden.

§. 490.

Die im Gehörorgane waltenden Vegetationsprozesse liegen so tief verborgen, daß sie sich nicht durch äußerlich wahrnehmbare Erscheinungen aussprechen können, sondern sich in den meisten Fällen bloß durch die eben geschilderten Störungen der Gehörsverrichtungen kund geben. Jedoch macht hiervon die Absonderung des Ohrschmalzes eine Ausnahme, deren Abweichungen von der Regel durch sinnlich wahrnehmbare Veränderungen ihres Productes, durch Zu- und Abnahme, Verdickung, Verhärtung, Verflüssigung, Entartung desselben in die Erscheinung hervor treten.

* * *

E. F. L. *Wildberg*, Versuch einer anatomisch-physiologisch-pathologischen Abhandlung über die Gehörwerkzeuge des Menschen. Jena, 1795. 8.

J. Fr. *Cartheuser*, de susurru et tinnitu aurium. Francof. 1770. — In *Cartheuser* dissert. varii argumenti. Nro. 9.

Die Symptome des Gesichtsinnes.

§. 491.

Das Auge ist nicht allein ein Spiegel der Seele, sondern auch des organischen Lebens: denn in keinem Organe des Körpers sprechen sich die Veränderungen des Lebens in allen seinen Formen so schnell und deutlich aus, als eben im Auge. Darum schenken denn auch die Ärzte diesem, in keiner Rücksicht verächtlichen Verräther bey Untersuchung der Krankheiten mit Recht so viele Aufmerksamkeit, und würdigen dabey nicht bloß die Erscheinungen, welche zunächst aus seiner Verrichtung als Sehorgan hervor gehen, sondern auch jene, welche sich auf die in ihm Statt findenden Vegetationsprozesse beziehen, um durch sie sowohl zur Erkenntniß der Krankheiten des Auges, als auch jener, welche das gesammte animalische und vegetative System befeinden, geleitet zu werden.

§. 492.

Zu den Erscheinungen des krankhaften Sehens gehört zuerst die Lichtscheu (photophobia), diejenige regelwidrige Beschaffenheit des Auges, wodurch es gegen das mäßige Tageslicht so empfindlich wird, daß es den Reiz desselben nicht ertragen kann, und dadurch im Sehen gehindert wird. Steigt das Übel auf einen solchen Höhegrad, daß das Auge während des Tages zu seiner Verrichtung ganz untauglich wird, und die sichtbaren Gegenstände nur während der Dämmerung zu unterscheiden vermag, so nennt man es Tagesblindheit (nyctalopia). Zuweilen ist dieses Symptom Begleiter einer allgemeinen Nervenkrankheit mit zu hoch gespannter Sensibilität; häufiger steht es mit Entzündung oder andern Krankheitsprozessen, welche das Auge selbst ergreifen und die Entwicklung der Empfindlichkeit in demselben begünstigen, in Verbindung; nicht selten ist es die Folge, von idiopathischen oder sympathischen Reizungen des Auges, oder auch der Entwöhnung desselben vom Lichtreize.

§. 493.

Gesichtschwäche (amblyopia) ist vorhanden, wenn das Auge die sichtbaren Gegenstände, bey gehöriger Beleuchtung und Entfernung, nicht mit dem erforderlichen Grade von Deutlichkeit zu unterscheiden vermag. Die Quelle von dieser Erscheinung ist wieder sehr mannigfaltig: allgemeine oder örtliche Nervenschwäche, erschwerte Gemeinschaft des Sehnerven mit seinen Centralorganen, fehlerhafte Gestaltung oder verminderte Durchsichtigkeit der Hornhaut, der wässerigen Flüssigkeit, der Krystalllinse, des Glaskörpers, sind diejenigen krankhaften Zustände, aus denen zunächst Gesichtsschwäche hervor gehen kann.

Es gibt verschiedene Arten von Gesichtsschwäche, je nachdem sie sich auf das Bedürfniß einer ungewöhnlich starken Beleuchtung, oder einer bestimmten Entfernung der sichtbaren Gegenstände vom Auge bezieht. Ist die Gesichtsschwäche von der Art, daß zur klaren Ansicht der Gegenstände eine stärkere Beleuchtung erfordert wird, und daß diese, dem schwächern Lichte der Dämmerung ausgesetzt, das Sehvermögen nicht mehr zur Thätigkeit bestimmen, so nennt man sie **Nachtblindheit** (haemaralopia).

§. 494.

In Hinsicht auf das Bedürfniß einer bestimmten Entfernung ist die Gesichtsschwäche entweder **Kurz-** oder **Weitsichtigkeit**. **Kurzsichtigkeit** (miopia) bezeichnet das Unvermögen, die Gegenstände über eine geringe Entfernung hinaus vermittelst des Gesichtes zu unterscheiden, wobey jedoch das Auge für nahe Gegenstände in den meisten Fällen viele Schärfe besitzt. Dieser Fehler beruhet entweder auf zu großer Convexität des ganzen Augapfels, oder auch nur der durchsichtigen Hornhaut, oder der Krystalllinse, oder auf größerer Entfernung der letztern von der Netzhaut, oder auf vermehrter Dichtigkeit der durchsichtigen Theile des Auges; denn durch alle diese Umstände geschieht es, daß die von entferntern Gegenständen in das Auge fallenden Strahlen zu stark gebrochen und zu frühe in einen Brennpunkt vereiniget werden, so zwar, daß dieser die Netzhaut nicht erreichen kann.

Die entgegengesetzte Beschaffenheit des Auges und seiner Theile erzeugt entgegengesetzte Verhältnisse zwischen ihm und den Lichtstrahlen und mit diesen die **Weitsichtigkeit** (presbiopia), d. h. das Unvermögen, die sichtbaren Gegenstände deutlich zu erkennen, wenn sie sich nicht in einer größeren Entfernung vom Auge befinden. Beyde Fehler, die Kurz- und Weitsichtigkeit hängen sehr wahrscheinlich auch von regelwidriger Thätigkeit der Augenmuskeln ab, welche auf die Gestaltung des Augapfels und seiner Theile einen unverkennbaren Einfluß hat. Daraus wird es denn auch begreiflich, wie diese Mängel durch Gewohnheit hervor gebracht und auch wieder gehoben werden können.

§. 495.

Die gänzliche Aufhebung des Sehvermögens — die **Blindheit** — verdankt ihren Ursprung entweder der Lähmung des Sehnerven, und wird **schwarzer Staar** (amaurosis) genannt, oder einer Verdunklung der durchsichtigen Theile des Auges, oder denjenigen Mißbildungen desselben und seiner Umgebungen, wodurch die freye Wechselwirkung zwischen der Netzhaut und den äußeren sichtbaren Gegenständen unterbrochen wird.

§. 496.

Verkehrt und täuschend wirkt der Gesichtsinn, wenn er die äußern Gegenstände in Hinsicht auf Färbung, äußern Umriß und ihre räumlichen Verhältnisse falsch darstellt, oder selbst sichtbare Bilder hervor ruft, denen gar keine äußern Gegenstände entsprechen.

Falsche Färbung wird den in dem Auge entworfenen Bildern zuweilen von den regelwidrig gefärbten durchſichtigen Theilen des Auges mitgetheilt. So geht in einigen, wiewohl ſeltenen, Fällen der färbende Stoff der Galle in die wäſſerige Feuchtigkeit des Auges über, und macht, daß die Kranken durch dieſe Feuchtigkeit hindurch alle äußern Gegenſtände gelb ſehen. Bey ſtarkem Andrange des Blutes in die Gefäße des Auges drängt ſich rothes Blut in die Capillargefäße der durchſichtigen Körper des Auges, ſchimmert durch dieſelben durch, und auf dieſe Weiſe geſchieht es, daß die im Auge erſcheinende rothe Farbe auf die äußern Körper übertragen wird. Indeſſen fehlt es auch nicht an Fällen, in welchen man genöthiget iſt, die Darſtellung falſcher Farben auf Rechnung einer verkehrten Thätigkeit des Sehnerven zu ſchreiben. Denn auf dieſelbe Weiſe, auf welche ein heftiger Lichtreiz die Netzhaut zu lebhaftern regelwidrigen Lebensbewegungen beſtimmen kann, welche auch nach der Entfernung desſelben noch fortdauern, und nun erſt eine Reihe immerfort wechſelnder Farbenbilder hervorrufen; auf die nämliche Weiſe können ähnliche Farbenbilder durch innere krankhafte Beſtimmungen desſelben Organs erzeugt, und ſodann auf die Bilder der äußern Gegenſtände übertragen werden.

§. 447.

Durch die nämlichen pathologiſchen Grundſätze wird die falſche Darſtellung der Zahl und Umriſſe der äußern Gegenſtände vermittelſt des Geſichtſinnes erklärbar. So kann es durch theilweiſe Verdunklung der durchſichtigen Körper des Auges, durch fehlerhafte Geſtaltung derſelben, oder auch durch Lähmung einzelner Nervenfaſern der Netzhaut, durch krampfhafte Hemmung ihrer Bewegungen, oder endlich durch zu lebhafte Anfachung derſelben dahin kommen, daß die äußeren Gegenſtände vervielfacht, vergrößert, verkleinert, verſtümmelt, oder auf andere Weiſe entſtaltet erſcheinen.

§. 498.

Oft stellt der Gesichtsinn die äußern Gegenstände unter ganz falschen räumlichen Verhältnissen zu einander selbst und zum Sehorgan dar. In diese Reihe von Gesichtstäuschungen gehört der Schwindel, welcher zwar in andern Sinnen auch vorkommen kann, jedoch im Gesichtsinne am auffallendsten hervortritt. Er ist diejenige Sinnestäuschung, wodurch die ruhenden Gegenstände als in einer schnellen Bewegung befangen dargestellt werden. Der Gesichtschwindel wird durch mancherley Veranlassungen erzeugt, als durch schnelles Herumdrehen des eigenen Körpers im Kreise, durch schnelles Fahren im Wagen, auf dem Schiffe und ähnliche Bewegungen, durch welche der Körper seine räumlichen Verhältnisse mit großer Geschwindigkeit wechselt, durch Herabschauen von einer bedeutenden Höhe, durch alles endlich, was die Lebensthätigkeit im Nervensysteme überhaupt, oder im Gesichtsinne insbesondere entweder beträchtlich erhöht, oder im Gegentheile tief herabsetzt, z. B. Berauschung, Verblutung, Gemüthsaffecten u. s. w. Alle diese Veranlassungen deuten nun mit vieler Wahrscheinlichkeit darauf hin, daß zu lebhafte Oscillationen in allen Nervenfasern der Netzhaut, sie mögen nun auf mechanische oder dynamische Weise angeregt werden, den nächsten Grund des Gesichtschwindels enthalten mögen: denn durch diese zu lebhaften Schwingungen verlieren die Bilderchen auf der Netzhaut ihre Beharrlichkeit im Raume, und gerathen in eine Bewegung, welche von dem Bewußtseyn auf die äußern Gegenstände übertragen wird,

§. 499.

Zu den Täuschungen des Sehsinnes gehören die Erscheinungen dunkler Körperchen, Funken, Flammen, zuweilen aber auch ganzer, durch bestimmte Umrisse und Farben unterschiedener Bilder vor und in den Augen. Die schwarzen Punkte, welche oft vor den Augen zu schweben scheinen, lassen sich mit vieler Wahrscheinlichkeit entweder von einzelnen verdunkelten Stellen in den durchsichtigen Körpern des Auges, welche Schattenpunkte auf die Netzhaut werfen, oder von gelähmter, oder auch nur, gleichsam krampfhaft, unterdrückter Thätigkeit einzelner Nervenstellen der Netzhaut ableiten. Die Funken= und Flammenerscheinungen gehen in den meisten Fällen von einer zu lebhaften Wechselwirkung zwischen den Theilen des Auges, welche in ihren höhern Graden allem Ansehen nach mit Entwicklung von Licht oder freyer Electricität verbunden ist, aus. Daher beobachtet man sie, wenn die Entzündung des Auges seine innern Gebilde ergreift. Wenn der Sehsinn ohne Zuthun äußerer sichtbarer Gegenstände die Bilder derselben nachäfft, d. h., im wachenden Zustande sichtbare Traumbilder hervorruft; so müssen hier durch innere krankhafte Bestimmungen ähnliche Lebensbewegungen in der Netzhaut und den Sehnerven angeregt werden, wie sie sonst durch die Einwirkung der von außen kommenden Lichtstrahlen in denselben erweckt werden. Solche krankhafte Bestimmungen zu dieser außerordentlichen Sinnesthätigkeit haben ihren Grund entweder in übermäßig gespannter Empfindlichkeit des Sehnerven, oder in einer zu lebhaften Wechselwirkung zwischen ihm und seinen Blutgefäßen, oder zwischen ihm und andern Nerven — es mag diese Wechselwirkung entweder außer dem Gehirne, z. B. zwischen ihm und den Ciliarnerven, welches Wechselverhältniß hier besondere Rücksicht verdient, oder innerhalb der Grenzen des Gehirns Statt finden Regelwidrige Associationen dieser Art erkennen als ihre erste Quelle nicht selten krankhafte Reizungen an, welche oft von entfernten Organen her ihre störenden Wirkungen bis zu den Sinnorganen verbreiten.

§. 500.

Mit der Verrichtung des Sehens stehen die Veränderungen des Durchmessers der Pupille in der innigsten Verbindung.

Ohne den Grund der Bewegungen der Regenbogenhaut, von welchen diese Veränderungen abhängen, genau zu kennen, wissen wir doch so viel, daß die Verengerung der Pupille der größeren Thätigkeit — und die Erweiterung derselben der geschwächten Zurückwirkung oder auch gänzlicher Unthätigkeit der Netzhaut entspricht. Alles, was die Erfahrung an Thatsachen liefert, dient zur Bestätigung dieser Behauptung. So haben starker Lichtreitz, entzündlicher Zustand des Auges, Krankheiten mit erhöheter Lebensthätigkeit des Gehirns, Verengerung — Entziehung des Lichtreitzes, Betäubung durch narkotische Gifte, Lähmung des Sehnervens, Hirnwassersucht, allgemeines Sinken des bildenden Lebens, wie es bey Scrofel= und Wurmkranken Statt findet, oder auch antagonistische, vom Unterleibe ausgehende Reitzungen u. dgl., Erweiterung der Pupille in ihrem Gefolge.

§. 501.

Von nicht geringer semiologischer Bedeutung sind ferner die Symptome, welche von der Bewegung des ganzen Augapfels durch seine Muskeln abhängen, deren Wichtigkeit schon aus dem großen Aufwande von Nerven, welche für diese Muskeln bestimmt sind, und aus der innigen Verbindung derselben mit den Centralorganen des Nervensystems hervorleuchtet. In die Reihe dieser Erscheinungen gehören die träge Bewegung, das Starrsehen, die Verdrehung der Augen, das Schielen, die schnelle radförmige Bewegung, deren Erklärung sich leicht finden wird, wenn man das, was von der kranken Muskelerregung überhaupt gesagt worden ist, auf die Augenmuskeln und ihre eigenthümlichen Verhältnisse anwenden wird.

§. 502.

Bey dieser Gelegenheit muß auch der Blick und der eigentliche Ausdruck des Auges erwähnt werden. Ein leb=

hafter, heller Blick mit glänzendem Auge zeigt rege Thätigkeit der Augenmuskeln, viel Lebensfülle des Auges, und einen raschen Gang seiner Secretionen an, so wie der erloschene Blick mit trübem, welkem oder eingefallenem Auge auf den entgegengesetzten Lebenszustand desselben hinweiset.

§. 503.

Außer den bisher angeführten Erscheinungen, welche sich alle auf die höhere Function des Auges, d. h. auf seine Sinnesthätigkeit beziehen, liefert dieses Organ noch eine große Menge anderer, welche aus gestörten Bildungsprozessen desselben und seiner einzelnen Theile hervorgehen.

So beobachtet man an den Augenliedern Geschwülste verschiedener Art, Zusammenkleben, Verwachsung derselben, unter sich, oder mit dem Augapfel (ankyloblepharon), Herabsinken des obern Augenliedes, wegen Anschwellung, Lähmung des Hebemuskels, oder Narben, Umstülpung, wobey die innere Fläche des Augenliedes nach außen (ectropium), oder die äußere Fläche mit den Augenliederhaaren gegen den Augapfel hin gekehrt ist (entropium).

Die Ränder der Augenlieder zeigen oft angeschwollene Meibomsche Drüsen, welche nicht selten eine eiterförmige Materie absondern, deren einzelne auch wohl zu einer ziemlichen Größe anschwellen, und das sogenannte Gerstenkorn (chalazion) darstellen. Eine das Auge sehr belästigende Mißbildung an diesen Theilen ist die Krümmung ihrer Haare gegen den Augapfel hin (trichiasis).

§. 504.

Die Absonderung der Thränen unterliegt den, allen Secretionen gemeinschaftlichen Abweichungen, ihr Product aber, die Thränenflüssigkeit, wirkt durch regelwidrige Menge und Beschaffenheit wieder nachtheilig auf das Auge, und störend auf seine Verrichtungen zurück. Der krankhafte

Thränenfluß ist entweder Folge von übermäßiger Absonderung, oder von gehinderter Einsaugung der Thränen durch die Thränenpunkte.

Zuweilen werden die Thränen zwar von den Thränenpunkten eingesogen, durch den verstopften Nasenkanal aber nicht in die Nasenhöhle geleitet, sondern im Thränensacke angehäuft, welchen sie in eine Geschwulst ausdehnen, aus der sich die Thränen mit Schleim vermischt durch die Thränenpunkte zurück drücken lassen. Auch können in diesem Sacke Verschwärungen und wahre Fisteln entstehen.

§. 505.

Die Bindehaut des Auges zeiget die Erscheinungen vom Blutandrange, von Entzündung, Verschwärung, Auflockerung; bey der weißen Haut ist man vorzüglich auf die Veränderungen ihrer Farbe, welche zuweilen ungewöhnlich weiß oder schmutzig, gelb, roth u.s.w. erscheint, aufmerksam. Noch wichtiger wegen ihres großen Einflusses auf die Verrichtung des Sehens sind die sinnlich wahrnehmbaren krankhaften Veränderungen der durchsichtigen Hornhaut, besonders die Verdunklungen derselben, welche nach Verschiedenheit ihres Grades, ihrer Ausdehnung und Gestalt verschiedene Namen erhalten haben. Sie sind meistens Folgen von Entzündungen, können aber auch durch andere Störungen des Vegetationsprozesses in dieser Haut erzeugt werden. Die Entzündungen der Hornhaut gehen mitunter in Eiterung über, woraus Abscesse oder Geschwüre derselben entstehen, durch welche letztere die Hornhaut mehr oder weniger zerstört, oder auch ganz durchlöchert werden kann.

§. 506.

Die wässerige Feuchtigkeit kann durch die durchlöcherte Hornhaut ausfließen, und auf diese Weise für eine Zeit in den Augenkammern mangeln; sie kann aber auch in zu großer Menge abgesondert werden, und so die Wassersucht des Auges (hydrophthalmia) darstellen; sie kann endlich durch beygemischtes Eiter oder Blut, und in sehr seltenen Fällen durch den Zutritt des färbenden Stoffes der Galle getrübt werden.

Die Traubenhaut (uvea) kann durch Entzündung nach vorn mit der Hornhaut, nach rückwärts mit der Krystalllinse verwachsen; sie kann durch eine Wunde der Hornhaut hervordringen, und einen Vorfall bilden; sie kann endlich so entstaltet werden, daß sie die Pupille gänzlich verschließt (synizesis).

§. 507.

Sehr wichtig sind die Verdunklungen der Krystalllinse und ihrer Kapsel — der graue Staar (cataracta) — welche in verschiedenen Graden, mit verschiedener Färbung, Gestalts- und Gehaltsveränderungen dieser Körper vorkommen, und ihren Ursprung entweder Entzündungen, sie mögen rasch oder langsam verlaufen, oder andern Krankheitsprozessen und mancherley regelwidrigen Metamorphosen verdanken.

Ähnliche Veränderungen treffen, jedoch in selternn Fällen, auch den Glaskörper (glaucoma) und die ihn umgebende Haut.

Von diesen bisher angeführten Symptomen, welche sich auf den Gesichtssinn und sein Organ beziehen, treten sehr viele als eigene Krankheitsformen auf, und erwarten als solche ihre genauere Entwicklung und allseitige Beleuchtung in der speciellen Nosologie.

* * *

Ch. W. Haertel, de oculo ut signo. Gött. 1786. 4

Derselbe, über die Zeichendeutung des menschlichen Auges in Krankheiten. A. d. Lat. mit Zusätzen von Heinr. Rudow. Königsb. 1791. 8.

Leonh. Chr. Casp. Fabricius (*C. Sprengel*), Diss. de signis morborum, quae ex oculorum habitu petuntur. Hal. 1793. 8.

Dav. Heilbron, über das menschliche Auge als Zeichen in chronischen Krankheiten. — Im neuen Journal der ausländ. med. Literatur. Von Harles. I. B. I. St.

Himly, über die Hauptarten der Amblyopie und Amaurose. — In J. A. Schmidt's u. Himly's ophthalmolog. Biblioth. II. B. III. St. n. 3.

Abr. Vater, visus vitia duo rarissima, alterum duplicati alterum dimidiati, physiologice et pathologice considerati. Viteb. 1723. — In *Halleri* disp. patholog. T. II.

J. J. Klaubold, de visu duplicato. Argent. 1746. — In *Halleri* disp. pathol. T. I.

C. A. a Bergen, de nyctalopia s. caecitate nocturna. Francof. 1754. — In *Halleri* disp. pathol. T. I.

J. Ph. Müller, de palpebrarum affectibus. Hal. 1772. 4.

J. Ad. Schmidt, über die Krankheiten des Thränenorgans. Wien, 1803. 8.

Derselbe. Reihen von Krankheitsformen, deren Substrat die Conjunctive des menschlichen Auges ist — Ophthalm. Biblioth. III. B. I. St.

J. Chr. Aug. Clarus, über den Entstehungs- und Heilungsprozeß der Hornhautflecken. — Neues Journ. d. Erfind. XIX. St.

B. D. Mauchart, de mydriasi s. praeternaturali dilatatione pupillae. Tubing. 1745. — In *Halleri* disp. chir. T. I.

Idem, de pupillae phthisi et synizesi, sive angustia praeternaturali et concretione. Ibidem.

Rud. Abr. Schiferli's theoretisch-praktische Abhandlung über den grauen Staar. Jena, 177. 8.

A. Haller, de capsula lentis crystallinae obscurata. — In *Halleri* opusc. pathol.

E. v. Home, über einige krankhafte Wirkungen der geraden Muskeln des Augapfels. — In Arnemanns Magazin für die Wundarzneywissenschaft. II. B. IV. St.

Troxler, über Schielen und Doppelsehen. — In der ophthalmol. Biblioth. III. B. III St.

Zweytes Hauptstück.
Von den Zufällen, welche sich auf die Äußerungen des Erkenntnißvermögens und des Gemüthes beziehen.

§. 508.

Der Zustand der Geistesthätigkeit des Kranken offenbart sich durch seine Reden und Handlungen, der regelwidrige Gang derselben gehört aber nur in so weit in den Kreis der Symptomatologie, als er durch Störungen im organischen Leben bedingt wird. Zwar ist die geistige Thätigkeit nichts weniger, als bloße höhere Entwicklung des organischen Lebens; indem das frey Bestimmende im Erkennen und Handeln unmöglich aus einem ganz durch bestimmte Verhältnisse begründeten und in jeder Hinsicht den Gesetzen der Nothwendigkeit unterworfenen organischen Leben hervorgehen kann: allein in so fern das Erkennen sich nach der Art der Darstellung des Erkennbaren richtet, und in so fern diese Darstellung durch das organische Leben vermittelt wird, in so fern muß dieses letztere auch einen großen bestimmenden Einfluß auf den Gang der psychischen Thätigkeit haben, und in so fern ist es auch dem Arzte vergönnt, aus den äußerlich wahrnehmbaren Störungen in den Äußerungen des Psychischen, auf krankhafte Veränderungen im Organischen zu schließen.

§. 509.

Wir wollen die Krankheitserscheinungen, welche aus dieser Quelle hervorgehen, so ordnen, daß wir jene, welche sich auf das **Erkenntnißvermögen** beziehen, von denen scheiden, welche von der Äußerung des **Gemüthes** abgeleitet werden, ohne jedoch dabey zu vergessen, daß diese subjective Unterscheidung nicht in eine streng objective verwandelt werden dürfe; indem an sich keine Erkenntniß ohne Willensbestimmung, und umgekehrt, Statt findet, und Statt finden kann. Die regelwidrigen Äußerungen des Erkenntnißvermögens scheinen sich zwar beym ersten Anblicke leicht nach den verschiedenen Arten oder Stufen desselben: der Einbildungskraft, Urtheilskraft und Vernunft, leicht abtheilen und ordnen zu lassen: allein bey der Ausführung selbst wird man bald auf Schwierigkeiten stoßen, welche in der innigen Verschmelzung aller dieser sogenannten Erkenntnißvermögen ihren Grund haben, welche, in ihrer Tiefe betrachtet, sich keinesweges als eben so viele verschiedene Vermögen, sondern vielmehr als verschiedene Stufen von Äußerungen eines und desselben Grundvermögens darstellen; woher es denn auch geschieht, daß im krankhaften Zustande die Regelwidrigkeit des einen nie isolirt erscheint, sondern immer störend durch die übrigen durchgreift, obschon sie in dem einen oder andern überwiegend hervortreten kann.

§. 510.

Von hoher Bedeutung für den Arzt sind die krankhaften Erscheinungen, welche aus einer regelwidrigen Thätigkeit der **Einbildungskraft** hervorgehen; indem unter allen sogenannten Erkenntnißvermögen gerade die Einbildungskraft dasjenige ist, welches, von seiner objectiven Seite wenigstens, in der nächsten Beziehung zu dem organischen Leben des Cerebralsystems steht, und durch welches zugleich die Wechselverhältnisse zwischen diesem und den höhern Erkenntnißvermögen vermittelt werden. Daher wird sich denn auch am Ende nachweisen lassen, daß alle Verirrungen des Verstandes und Gemüthes, in so weit sie durch einen kranken Zustand des organischen Lebens begründet werden, ihre tiefste Wurzel in einer regelwidrigen Thätigkeit der Einbildungskraft, mithin auch derjenigen Organe des Cerebralsystems, durch welche ihre bildlichen Darstellungen der erkennbaren Gegenstände vermittelt werden, schlagen.

Die krankhaften Erscheinungen in den Geschäften der Einbildungskraft beziehen sich nun entweder auf **übermäßig erhöhte oder herabgestimmte Thätigkeit** derselben, oder auf **gestörte Wechselverhältnisse** entweder zwischen ihr und der äußern Sinnlichkeit, oder auch zwischen den einzelnen Organen der Einbildungskraft selbst.

§. 511.

Die übermäßige **Erhöhung** der Einbildungskraft gibt sich durch eine ungewöhnliche Lebhaftigkeit und schnelle Aufeinanderfolge der durch sie erweckten Bilder kund, woraus dann nach den verschiedenen Verhältnissen, in welche die höher gesteigerte Einbildungskraft zu gleicher Zeit zu der äußern Sinnlichkeit tritt, sehr verschiedene Erfolge für die übrigen Denkgeschäfte entstehen. Bleibt jene während ihrer Erhebung in einem bestimmten Ebenmaße zu dieser, so zwar, daß das Unterscheidungsvermögen zwischen den Gegenständen der äußern Sinnlichkeit und den Geschöpfen der Einbildungskraft nicht verloren geht; so werden dadurch die Klarheit der Anschauung, die Schnelligkeit der Association, die vielseitige Untersuchung und Vergleichung der erkennbaren Gegenstände ausnehmend begünstigt, und eben dadurch dem Gedächtnisse, dem Verstande und der Urtheilskraft ein ungewöhnlich hoher Schwung mitgetheilt, welchen man in manchen Krankheiten zu bewundern Gelegenheit hat. Ist aber die Erhöhung der Einbildungskraft von der Art, daß die äußere Sinnlichkeit durch sie gänzlich verdunkelt, und die Bilder der Phantasie mit den durch die äußern Sinne dargestellten Gegenständen verwechselt werden; so führt sie zu jenen Verirrungen des Verstandes und verkehrten Bestimmungen des Gemüthes, von welchen weiter unten die Rede seyn wird. Ein zu hoher Flug der Einbildungskraft setzt immer ein absolutes oder relatives Überwiegen der äußern Lebensthätigkeit in den Organen des Gehirns voraus, welches wieder auf verschiedene Quellen zurückgeführt werden kann. So ist dieses Überwiegen oft eine Folge einer übermäßigen psychischen Reitzung, wie diese bey zu starkem anhaltenden Nachdenken, bey heftigen Gemüthsaffecten und Leidenschaften Statt findet; oder einer zu lebhaften Wechselwirkung zwischen Blut und Nerven, entsteht daher nicht selten von zu starkem Blutandrange nach dem Gehirn; oder eines zu lebhaften dynamischen Wechselverkehrs zwischen den verschiedenen Provinzen und Organen des Nervensystems. Besonders verdient in letzterer Hinsicht die durch Krankheiten bedingte, innigere dynamische Verbindung zwischen den Organen der Einbildungskraft und jenen des Gemeingefühls, eben so, wie die zwischen dem Cerebral- und Ganglienssysteme, die Aufmerksamkeit des Pathologen: denn durch diese innigere Verbindung geschieht es, daß die Organe des Reproductionssystems in einen höhern Grad von Mitleidenschaft mit den Organen der Einbildungskraft treten, und krankhafte Zustände der erstern die letztern zu abnorm erhöheter Thätigkeit bestimmen. Die Steigerung des Lebens in den Gehirnorganen ist in manchen Fällen bloß relativ, und steht mit einem gleichzeitigen Sinken des bildenden Lebens im Organismus in einem engen Zusammenhange. Dieses bestätigt sich in der Erfahrung durch den auffallenden Schwung, welchen die Einbildungskraft, und vermittelst derselben auch die höhern Erkenntnißvermögen bey scrofulösen, rachitischen Kindern und bey Kranken nehmen, welche an der Abzehrung leiden.

§. 512.

Die Herabstimmung der Einbildungskraft äußert sich durch Dunkelheit der durch sie dargestellten Bilder und durch träge Aufeinanderfolge derselben. In seinen niedern Graden hat dieses Übel Gedächtnißschwäche, in den höhern Blödsinn in seinem Gefolge. Die Pathogenie dieser Erscheinung beruhet auf Verhältnissen, welche den im vorhergehenden §. angeführten gerade entgegengesetzt sind. Schwächung oder Unterdrückung der äußern Lebensthätigkeit in den Organen des Gehirns durch übermäßige Geistesanstrengung, durch niederschlagende Gemüthsaffecte, durch alles, was ihre Reproduction herabstimmt, oder wirkliche Entartung ihrer Organisation herbeygeführt; aufgehobene Association zwischen ihnen; regelwidrige Isolation derselben; einseitige Richtung des Lebens nach der vegetativen Seite hin, und daher rührendes Überwiegen der materiellen Bildung im Organismus, kommen hierbey vorzüglich in Betrachtung.

§. 513.

Die regelwidrige Äußerung der Einbildungskraft spricht sich nicht selten durch ein auffallendes Mißverhältniß aus, welches entweder zwischen ihr und der äußern Sinnlichkeit, oder zwischen ihren eigenen einzelnen Organen eintritt. Das krankhafte Übergewicht der Phantasie über die äußere Sinnlichkeit, und die Unterdrückung der letztern durch erstere haben wir schon vorhin (§. 511) als eine Hauptquelle gewisser Arten von Verstandes- und Gemüthsverirrungen zur Sprache gebracht. Es läßt sich aber auch ein umgekehrtes Verhältniß denken, und in der Erfahrung nachweisen, nämlich ein tiefes Sinken der Einbildungskraft neben einer lebhaften Thätigkeit der äußern Sinnlichkeit, wodurch dann wieder auf eine andere Weise Beschränkung des Gedächtnisses und des Verstandes begründet werden muß. Die Entstehungsweise dieser Mißverhältnisse der Einbildungskraft zur äußern Sinnlichkeit ist aus demjenigen erklärbar, was in den vorhergehenden §§. 511 u. 512 über das Erheben und Herabstimmen der Phantasie überhaupt, und weiter oben über die krankhafte Steigerung und Abstumpfung der äußern Sinne gesagt worden ist.

Sehr beeinträchtigend für die Geschäfte des Gedächtnisses und des Verstandes ist die Störung der Harmonie zwischen den einzelnen Organen der Einbildungskraft selbst, welche sich durch vorlaute Thätigkeit der einen, und durch Trägheit oder gänzliche Unthätigkeit der andern äußert, und woraus auf der einen Seite die vorherrschenden beharrlichen Vorstellungen mancher Kranken, auf der andern das Unvermögen, bestimmte Bilder vermittelst der Phantasie zu erwecken, und ihre Association gehörig zu unterhalten, mit allen seinen Folgen hervorgehen. Die Ursachen, welche die Einbildungskraft im Ganzen zu steigern und herabzustimmen vermögen (§§. 511 u. 512), veranlassen auch diese Störung des harmonischen Zusammenwirkens ihrer einzelnen Organe, wenn ihr Wirkungskreis mehr auf einzelne Abtheilungen dieser Organe beschränkt wird.

§. 514.

Die Erscheinungen, welche die **höhern Erkenntnißvermögen** des Menschen in seinem krankhaften Zustande darbieten, gehören nur in so weit in den Kreis der Symptomatologie, als sie durch regelwidrige Thätigkeit der Organe der Einbildungskraft bedingt sind; denn bloß durch diese wird das Wechselverhältniß des höhern psychischen Lebens mit dem organischen vermittelt. Die Störungen in den Verrichtungen der höhern Erkenntnißvermögen treten nun unter verschiedenen Gestalten in die Erscheinung, und äußern sich entweder als **Unvermögen**, oder als **Verkehrheit** des Verstandes, der Urtheilskraft und der Vernunft. Außer dem aber unterscheiden sie sich noch dadurch, daß sie zugleich das Gemüth mehr oder weniger in Mitleidenschaft ziehen. Zu den regelwidrigen Zuständen des höhern Erkenntnißvermögens, welche sich durch vorherrschendes Leiden seiner verschiedenen Stufen: Verstand, Urtheilskraft und Vernunft zu erkennen geben, rechnen wir Dummheit, Blödsinn und Narrheit; zu jenen, bey welchen sich die Störungen des Erkennens vorzüglich durch auffallend regelwidrige Bestimmungen des Gemüthes aussprechen, zählen wir Schwermuth und Manie.

§. 515.

Dummheit ist Beschränktheit des Verstandes, die sich durch falsche Urtheile und Schlüsse über leicht erkennbare Verhältnisse äußert, und durch Unfruchtbarkeit an Vorstellungen überhaupt, so wie durch Unvollständigkeit und Einseitigkeit der erworbenen bedingt wird. Zu den Krankheitserscheinungen ist sie nur alsdann zu zählen, wenn sie nicht aus vernachläßigter Geistescultur, sondern aus mangelhafter Entwicklung der Gehirnorgane, und aus beschränkter Lebensthätigkeit derselben entspringt. Durch den eben genannten regelwidrigen Zustand des Gehirns wird nämlich Abstumpfung der Einbildungskraft, durch diese dann wieder Dunkelheit und Einseitigkeit der Vorstellungen, träge und unvollständige Association derselben begründet, wodurch die Aufmerksamkeit und Reflexion nur wenig angesprochen werden können.

§. 516.

Blödsinn (fatuitas) ist Verstandesschwäche, welche sich durch Unvermögen zum Urtheilen, und in ihrem höchsten Grade sogar durch Unvermögen zur Anschauung verkündiget. Der Dumme ist im Urtheilen gewöhnlich voreilig; der Blödsinnige kömmt langsam oder gar nicht dazu: er starrt die Dinge an, ohne sie zu erkennen. In seiner vollendeten Ausbildung zieht der Blödsinn den Menschen bis zur untersten Stufe der Thierheit herab. Diesem, den Menschen so sehr demüthigenden Zustande liegen immer krüppelhafte Entwicklung der Gehirnorganisation, mangelhafte Reproduction derselben, und tieferes Sinken der Lebensthätigkeit zum Grunde. Dieses bestätigen alle jene schädlichen Einflüsse, welche den Blödsinn zu erzeugen pflegen, z. B. Druck des Gehirns durch Knochenauswüchse, durch Gewächse und Geschwülste der Hirnhäute, durch überfüllte Blutgefäße, durch ausgetretene Flüssigkeiten; Entartung der Gehirnsubstanz; übermäßige Anstrengung des Gehirnlebens durch anhaltendes Nachdenken, durch nagende Gemüthsaffecte, erschütternde Leidenschaften, durch vorausgegangenen Wahnsinn, durch convulsivische oder sehr schmerzhafte Krankheiten, durch starke Berauschung; Herabsetzung desselben Lebens durch Aufenthalt in finstern, dumpfen Wohnungen, in tiefen Thälern, wo der Cretinismus endemisch herrscht u. s. w.

§. 517.

Die Narrheit ist Verirrung des Verstandes durch zu lebhafte Thätigkeit der Einbildungskraft, ohne auffallende Störung des Gemüthes. Man kann sie als ein Träumen im wachenden Zustande betrachten, wobey die Verwechslung der Bilder der Phantasie mit den Vorstellungen wirklicher äußerer Gegenstände zu irrigen Urtheilen und verkehrten Willensbestimmungen verleitet. Als Veranlassungen dazu müssen alle jene Umstände betrachtet werden, welche die Lebensthätigkeit der Organe der Einbildungskraft entweder in ihrem ganzen Umfange, oder nur in einzelnen Abtheilungen derselben zu sehr erhöhen, und das normale Verhältniß derselben zur äußern Sinnlichkeit aufheben (§. 513).

§. 518.

Schwermuth, Melancholie, ist Verwirrung des Verstandes mit vorherrschendem Gemüthsleiden, hervorgebracht durch eine in der Phantasie tief haftende Vorstellung, oder auch durch eine immer wiederkehrende Reihe solcher Vorstellungen. In der Melancholie hat sich eine unangenehme Vorstellung, ein kränkendes Gefühl, oder eine Reihe derselben, zum beharrlichen Centralpunkte der gesammten psychischen Thätigkeit erhoben, und sie allein bestimmt das Gemüth und den Willen. Daher hängt der Melancholische mit ganzer Seele an dem durch die kranke Einbildungskraft vorgespiegelten Gegenstande seines Grames, und entzieht seine Aufmerksamkeit der ganzen übrigen Schöpfung, um ungestört dem gewaltsamen Zuge seiner herrschenden Vorstellung folgen zu können. Sein Wille bestimmt sich immer einseitig, jener Vorstellung gemäß, und ist in jeder andern Hinsicht gelähmt. Alle diese Erscheinungen, durch welche sich die Melancholie äußerlich ausspricht, deuten wieder auf einen krankhaften Zustand der Organe der Einbildungskraft, und zwar auf einen solchen, bey welchem eines oder das andere derselben in absolut oder relativ überwiegender Thätigkeit befangen ist, während die übrigen sich in einer Art von Schlummer befinden.

§. 519.

Manie ist Verwirrung des Verstandes mit stark aufgeregtem Gefühle und heftiger Zurückwirkung des Willens. Auch sie geht immer von täuschenden Vorstellungen und Gefühlen aus, die nicht allein zu falschen Urtheilen und Schlüssen verleiten, sondern auch durch ihre große Lebhaftigkeit und Stärke das Gemüth in Aufruhr versetzen, heftige Affecte und Leidenschaften erwecken, und in Folge dieser zu ausschweifenden Handlungen reitzen. Alles, wodurch sich die Manie äußerlich wahrnehmbar darstellt, ist Ausdruck eines übermäßig erhöheten und angestrengten Lebens in den Organen des Cerebralsystems, wofür dann auch die eigenthümliche Anlage zu dieser krankhaften Geistesverirrung und ihre veranlassenden Ursachen sehr vernehmlich sprechen. Vorzügliche Anlage zur Manie haben Menschen mit lebhaftem, reitzbarem Temperamente und überwiegendem Nervensysteme. Die durch Erfahrung ausgemittelten, dieselbe am häufigsten erweckenden Schädlichkeiten sind: große Hitze, Sonnenstich, Mißbrauch geistiger Getränke, narkotischer Gifte, das Gift der Hundswuth, heftige Affecten und Leidenschaften, angestrengtes Nachdenken, Nachtwachen; krankhafte Reitzungen des Cerebralsystems aller Art, sie mögen nun unmittelbar auf die Centralorgane dieses Systems, oder auf dessen Peripherie einwirken, ihre Einwirkung mag dynamischer oder mechanischer Art seyn. Zu den idiopathischen, d. h. in den Centralorganen des Cerebralsystems unmittelbar haftenden Reitzungen gehören fürs erste alle Krankheitsprozesse, die sich entweder unmittelbar in dem Gehirne entwickeln, oder von andern Theilen des Körpers, in welchen sie zuerst auftraten, an dasselbe übertragen werden, z. B. Rheumatismus, Gicht, Rothlauf, Hautausschläge, Hämorrhoidal- oder Menstrualcongestionen u. dgl., ferner alle Organisationsverbildungen des Gehirns oder seiner nächsten Umgebungen. Die sympathischen Reitzungen beruhen gewöhnlich auf krankhaften Zuständen des Reproductionssystems und seiner Organe, deren Wirkungen auf das Nervensystem fortgeleitet werden.

§. 520.

Es gibt Fälle, wo alle Äußerungen des Denkvermögens in den Verrichtungen der innern und äußern Sinnlichkeit für eine Zeitlang gänzlich aufgehoben erscheinen, z. B. in der Ohnmacht, dem Scheintode, dem tiefen krankhaften Schlafe, dem Schlagflusse, der Fallsucht, Catalepsis. Diese Aufhebung beruhet entweder auf einem Stillstande des Lebens im Gefäßsysteme, oder auf bloßer Hemmung der dynamischen Wechselwirkung zwischen diesem und dem Gehirne, oder auf unmittelbarer Unterdrückung der Lebensthätigkeit in dem letztern, deren Veranlassungen in dem vorhergehenden schon öfter angeführt worden sind.

§. 521.

Endlich verdienen noch die Erscheinungen, die das Gemüth des Kranken darbietet, von dem Arzte beachtet zu werden, indem auch sie durch die Bestimmung der Lebensthätigkeit im Cerebralsysteme vermittelt werden. So beobachtet man zuweilen in Krankheiten gewisse auffallende Gelüste und Instincte, welche die Kranken zum Genusse oder zur Anwendung von Dingen bestimmen, welche dem gegenwärtigen Krankheitszustande zuträglich und dem Kranken heilsam sind. Der Grund dieser Erscheinung kann nur in dem durch die Krankheit lebhaft aufgeregten Gemeingefühle und in den, obwohl dunkeln Vorstellungen, welche dadurch von ihr und ihren Verhältnissen zu den Außendingen erweckt werden (§. 475), gesucht werden.

Viele Kranken verrathen eine ungewöhnliche Neigung zu Gemüthsaffecten, deren eigenthümlicher Charakter dann näher gewürdiget zu werden verdient. Manche sind sehr zur Hoffnung, andere zum Zorne gestimmt, und letzterer deutet oft auf bevorstehende Verstandesverwirrung hin; andere mehr der Furcht, der Traurigkeit, der Hoffnungslosigkeit u. ähnl. Preis gegeben, und alle verrathen durch diese große Empfänglichkeit für Gemüthsaffecten entsprechende krankhafte Verstimmungen des Nervensystems. So beunruhigend diese übermäßige Beweglichkeit des Gemüthes in sehr vielen Fällen auch immer seyn mag; so ist doch eine gänzliche Gleichgültigkeit gegen alles, was das Gefühl des Kranken im gesunden Zustande leicht anzusprechen pflegte, meistens noch viel bedenklicher; indem sie gewöhnlich auf große Störung des Nervenlebens hinweiset.

Dasselbe, was vorhin vom Gemüthe in Hinsicht auf die Gefühle gesagt wurde, gilt auch von der Macht des Willens in Krankheiten. Es gibt Kranke, bey welchen der Wille in seiner ehemahligen Kraft forbestehet, mitunter auch wohl zu einem ungewöhnlich hohen Grade von Stärke erhoben wird: es gibt andere, bey denen die freye Willensbestimmung auffallend zurück tritt, und bey denen es entweder gar nicht zum Entschluß und zur Ausführung desselben kommt, oder die auch wohl durch die leiseste Veranlassung zu blinden, zwecklosen Handlungen hingerissen werden. Dasjenige, was über die Entstehung von Verstandesschwäche und Verrücktheit im Vorhergehenden vorgetragen worden ist, gibt zugleich den Schlüssel zur Erklärung der eben angeführten Symptome, besonders, wenn es auf die der Willkür dienstbaren Organe bezogen wird.

* * *

E. Ant. Nicolai's Gedanken von der Verwirrung des Verstandes, dem Rasen und Phantasiren. Kopenhagen, 1758. 8.

J. Fr. Dufours Versuch über die Verrichtungen und Krankheiten des menschlichen Verstandes. A. d. Franz. Leipz. 1786. 8.

C. H. Masius, comment. medico-psychologica de vesania in genere, praesertim de insania universali. Gött. 1796. 8.

Alx. Crichton, über die Natur und den Ursprung der Geisteszerrüttung. A. d. Engl. Leipz. 1798. II. Aufl. mit Anmerk. u. Zusätzen, von J. Cp. Hoffbauer. Leipz. 1810. 8.

J. Np. Thomann, de mania et amentia comment. Wirceb. 1798. 8.

Mich. Ad. Weickard's philosophische Arzneykunst, od. von den Gebrechen der Sensationen, des Verstandes und des Willens. Frankf. 1799. — des philos. Arztes. III. Thl.

J. Cp. Hoffbauer's Untersuchungen über die Krankheiten der Seele. I. u. II. Thl. Hannover, 1802. III. Thl. Halle, 1807. 8.

Ph. K. Hartmann, der Geist des Menschen in seinen Verhältnissen zum physischen Leben, oder Grundzüge zu einer Physiologie des Denkens. Wien, 1820. 8. S. 326. u. ff.

Drittes Hauptstück.
Die Symptome der willkürlichen Muskelbewegung.

§. 522.

In so weit die willkürliche Muskelbewegung durch den lebendigen Einfluß der vom Cerebralsysteme ausgehenden Nerven bestimmt wird, in so weit müssen auch die Erscheinungen, welche sie im krankhaften Zustande darbietet, den Symptomen angereihet werden, welche sich auf das Nervensystem beziehen. Eine der häufigsten Krankheitserscheinungen ist Schwäche der Muskelbewegung, welche in verschiedenen Graden vorkommt. Der geringste Grad bestehet darin, daß mäßige Körperbewegung sehr bald ein auffallendes Gefühl von Ermüdung und Ausbruch von Schweiß erregt. Die Zunahme der Muskelschwäche benimmt dem Kranken das Vermögen zum aufrechten Gange, zwingt ihn Anfangs zum Sitzen und endlich zum Liegen. Bey noch höherem Grade bringt jeder Versuch sich aufzurichten dem Kranken Schwindel, Ohrensausen, Anwandlung von Ohnmacht; bey dem höchsten vermag dieser nicht einmahl mehr seine Lage im Bette nach Willkür zu bestimmen und sein Körper sinkt dahin, wohin ihn seine Schwere zieht.

Ein nicht seltener Begleiter dieser Muskelschwäche ist das Zittern, welches in einem beständigen Wechsel sehr kleiner und schwacher Zusammenziehungen und Ausdehnungen der Muskelfasern zu bestehen scheint, und welchem das Flechsenspringen oder Sehnenhüpfen (subsultus tendinum) nahe verwandt ist; indem auch dieses auf einem solchen Wechselspiele von Contractionen und Expansionen der Muskelfasern beruhet, welche zwar äußerlich noch nicht wahrnehmbar, jedoch stark genug sind, die Sehnen in Bewegung zu setzen.

Die Quelle von den eben angeführten, so wie von den übrigen regelwidrigen Erscheinungen bey der Muskelbewegung, z. B. Lähmung, Krampf, Zuckung, ist bereits in dem Hauptstück von der krankhaften Muskelerregung (§. 257. u. ff.) angegeben worden.

Viertes Hauptstück.
Von den Symptomen, welche der Schlaf darbietet.

§. 523.

Der Schlaf, welcher zunächst in einem Zurücksinken des äußern Lebens des höhern Nervensystems, welches sich durch die Verrichtungen der Sinnlichkeit und durch willkürliche Bewegungen offenbart, auf das bloß innere, vegetative Leben bestehet, kann dem Arzte in Krankheiten wichtige Aufschlüsse über den regelwidrigen Gang des Lebens in eben diesem Systeme geben, und dieses zwar durch die verschiedenen Abweichungen von den Gesetzen des Organismus, denen er selbst unterworfen ist.

Wir rechnen dahin die Schlaflosigkeit (pervigilium), welche eine immerwährende Aufregung der Organe des Cerebralsystems zur äußern Lebensthätigkeit voraussetzt. Absolutes oder relatives Überwiegen des Lebensprozesses und dadurch begründete übermäßige Steigerung der Sensibilität in diesem Systeme, jede zu starke äußere Reizung desselben, sie mag physischen oder psychischen Ursprunges seyn, geben zur Schlaflosigkeit Veranlassung. Dieses Symptom, an sich schon lästig, vermehrt gewöhnlich auch noch den krankhaften Zustand, zu welchem es sich hinzugesellt, indem durch die lebhaftere und ununterbrochene dynamische Wechselwirkung zwischen dem Nerven- und Reproductionssysteme auch die Geschäfte des letztern immer mehr und mehr verwirrt, die Verzehrung des Organischen und die allgemeine Erschöpfung der Lebenskräfte beschleuniget werden.

§. 524.

Gestört wird der Schlaf durch zu häufige und zu lebhafte Träume. Der Traum aber ist nichts anders, als Beschäftigung der Seele mit den Bildern der Phantasie, mit falscher Beziehung derselben auf die wirkliche äußere Welt. Die Veranlassungen dazu sind größten Theils physische Zustände und Veränderungen des Organismus, von denen die wichtigsten und bekanntesten folgende sind: Ein zu geringer Grad von Ermüdung während des Wachens; ungleiche Anstrengung der Sinn- und Bewegungsorgane im wachenden Zustande. In den weniger angestrengten Organen wird das Princip der Sensibilität weniger erschöpft, sie bedürfen des Schlafes weniger und behalten eine größere Neigung, während desselben Traumbilder zu erwecken. Ferner, zu lebhafte Wechselwirkung zwischen den Blutgefäßen und den Nerven, dem Blute und der Nervensubstanz; daher gibt alles, was den Lebensprozeß im Blutgefäßsysteme stärker anfacht, das Blut in Wallung setzt und den Andrang desselben in die Gefäße des Hauptes begünstiget, Veranlassung zu Träumen. Schwäche und Zartheit des Nervensystems. In schwachen und zarten Nerven bekommt das expansive Princip wegen geringerer Gewalt des materiellen Substrats, und folglich auch wegen schwächerer Bindung desselben durch das attractive, viel leichter das relative Übergewicht, und darauf beruhen ein höherer Grad von Empfindlichkeit, leiserer Schlaf und größere Anlage zu Träumen. Äußere Einwirkungen auf die äußern Sinnorgane, oder auf das Gemeingefühl während des Schlafes. Besonders zeigen krankhafte Zustände durch ihren Einfluß auf das letztere eine große Macht in Erweckung der Träume, deren Eigenthümlichkeiten sehr oft in näherer Beziehung zu der Natur der Krankheit stehen, und daher diagnostische Wichtigkeit für den Arzt erhalten. Endlich trägt auch noch ein aufgeregtes oder leidenschaftliches Gemüth nicht wenig zu Erweckung von Träumen bey, deren Art und Charakter häufig durch den vorherrschenden Gemüthszustand bestimmt wird.

§. 525.

Das Schlafwandeln (somnambulatio) ist ein aus theilweisem Schlafen und Wachen zusammengesetzter Zustand des Menschen. Indem sich nämlich die meisten Sinne in dem Zustande des Schlafes befinden, tritt der eine oder der andere mit einigen oder mehreren willkürlichen Organen in jenen des Wachens über: vermittelst des erwachten Sinnes kommt die Seele in Wechselwirkung mit der Außenwelt, erhält Vorstellungen von derselben und bestimmt sich diesen gemäß zu entsprechenden Handlungen. Wenn das, was vorhin über die Veranlassungen zum Träumen gesagt wurde, mit jenem in Verbindung, was weiter oben über die gestörte Harmonie zwischen den Organen der Einbildungskraft erwähnt wurde, hierher bezogen wird, so wird man darin den Schlüssel zur physiologischen und pathologischen Erklärung des Schlafwandelns finden.

§. 526.

Auch übermäßige Schläfrigkeit und zu tiefer Schlaf gehören in die Reihe krankhafter Erscheinungen. Es gibt eine unüberwindliche Schläfrigkeit, bey welcher der Kranke dennoch, durch stärkere krankhafte Affectionen beständig beunruhiget, nicht zum anhaltenden Schlafe gelangen kann. Man nennt sie die wachende Schlafsucht (coma vigil). Die schlafende Schlafsucht bezeichnet einen tiefen Schlaf, in welchen der Kranke, mit Mühe erweckt, sogleich wieder zurück sinket. Der Todesschlaf (carus) deutet jenen Grad des Schlafes an, aus welchem der Kranke auch durch die stärksten Sinnesreize nicht erweckt werden kann. Dasselbe Symptom mit Fieber verbunden hat man durch den Namen Lethargie (lethargus) unterschieden. Alle diese Arten krankhafter Schlafsucht entspringen aus denselben Ursachen, die nach den verschiedenen Graden ihrer Wirksamkeit bald die eine, bald die andere hervor zu bringen vermögen. Die wichtigsten derselben sind: große Schwächung des Lebens im Cerebralsysteme entweder durch vorausgegangene übermäßige Anstrengung, oder durch Entziehung der zum Nervenleben nothwendigen Bedingnisse; ferner, Unterdrückung seiner freyen Äußerung durch mechanische Hindernisse, z. B. durch Druck von überfüllten Gefäßen, ergossenen Flüssigkeiten, Afterorganisationen, wenn sie zunächst auf das Gehirn einwirken.

* * *

Petr. Brillenburg, diss. de somno. Lugd. Bat. 1785.

Jo. Ern. Hebenstreit, diss. de morbis a pervigilio. Lips. 1740.

Andr. El. Büchner, diss. de insomniis, ut signo in medicina. Hal. 1749.

Gottfr. Fr. Meyers Versuch einer Erklärung des Nachtwandelns. Halle, 1758. 8.

Allgemeine Geschichte der Krankheit.

§. 527.

Wenn die Krankheit einmal so weit entwickelt ist, daß sie als bestimmte Krankheitsgestalt (forma morbi) (§. 76.) in die Erscheinung tritt; so kann sie dieses nur in so fern, als sie bestimmte Verhältnisse zu Raum und Zeit eingeht, d. h. sich ein bestimmtes Gebiet im Organischen unterwürfig macht, und durch ihren Verlauf von ihrem Anfange bis zu ihrem Ende einen bestimmten Abschnitt in der Zeit ausfüllt. Die Auseinandersetzung der allgemeinsten Verhältnisse der Krankheit zum Raume und zur Zeit gibt die allgemeine Geschichte der Krankheit.

Erstes Hauptstück.
Allgemeine Raumverhältnisse der Krankheit.

§. 528.

Bey der Untersuchung der allgemeinen Raumverhältnisse der Krankheit muß der Arzt Rücksicht nehmen, 1. auf den Sitz der Krankheit und ihre geringere oder größere Ausbreitung in dem ergriffenen Organismus; 2. auf die Eigenthümlichkeiten des kranken Subjectes, und 3. auf die Zahl der Individuen, welche von derselben Krankheit zu derselben Zeit heimgesucht werden.

1. **Verhältnisse der Krankheiten, welche durch ihren Sitz und durch ihre Ausbreitung im ergriffenen Organismus bestimmt werden.**

§. 529.

So wie das Leben selbst in jedem einzelnen Systeme oder Organe des Organismus seine eigenthümliche Bestimmung annimmt, so gilt auch dieses vom Krankheitsprozesse, welcher überall nichts anderes, als regelwidrige Modification des Lebens ist. Dieses eigenartige Gepräge, welches der Krankheitsprozeß in den verschiedenen Systemen und Organen erhält, ist nun eines (jedoch nicht das einzige) der vorzüglichsten Momente, wodurch die Krankheiten ihre besonderen Gestalten erhalten, und dieserwegen der Aufmerksamkeit des Arztes in einem so hohen Grade würdig. Jeder eigenthümliche Krankheitsprozeß liefert zu dem eben Gesagten beweisende Belege. So nimmt die Entzündung mannigfaltige Gestalten an, nicht bloß nach der Verschiedenheit der organischen Gewebe, sondern auch der Organe, welche sie ergreift.

§. 530.

Die Krankheiten stehen während ihres Verlaufes nicht immer in denselben räumlichen Verhältnissen zum Organismus: die meisten beginnen in einzelnen Theilen desselben und verbreiten sich von da geschwinder oder langsamer über die am meisten verwandten Gewebe, Organenreihen und Systeme. So lange die Krankheit noch auf einzelne Organe so beschränkt ist, daß sie den übrigen Organismus noch nicht in wahrnehmbare Mitleidenschaft zieht, so lange wird sie ört=lich (morbus localis, s. topicus) genannt; hat sie sich aber einmahl eines ganzen, durch den Gesammtorganismus verbreiteten Gewebes, oder eines ganzen Systemes bemächtiget, dann ist sie allgemeine Krankheit, weil sie alsdann die

Geschäfte des ganzen Organismus nothwendiger Weise stören muß.

§. 531.

Sieht man auf den innigen organischen und dynamischen Zusammenhang, welcher zwischen allen Theilen des Organismus obwaltet; so ist man immer berechtiget, gegen die Existenz örtlicher Krankheiten im strengern Sinne, Zweifel zu erheben. Bedenkt man aber auf der andern Seite, daß jedes besondere Gewebe, Organ und System bey aller seiner Verbindung mit den übrigen dennoch sein eigenthümliches Seyn und Leben behauptet, und eben dadurch nicht bloß zu seinem Organismus, sondern auch zur Außenwelt in eigenthümliche Verhältnisse tritt; so wird man es auch sehr begreiflich finden, daß durch bestimmte äußere Schädlichkeiten nur in bestimmten Theilen des Organismus eigenartige krankhafte Veränderungen und Prozesse hervor gerufen werden können, welche sich wegen der geringeren Empfänglichkeit für sie und wegen des größeren Widerstandes, welchen sie in den übrigen Geweben, Organen und Systemen finden, über diese entweder sehr schwer, oder gar nicht zu verbreiten vermögen. So beschränkt sich z. B. die syphilitische Metamorphose vom Anfange bloß auf den Ort der Ansteckung, und verbreitet sich sodann nur über die Schleim- und Beinhaut, verschont aber die Eingeweide und das Blut.

§. 532.

Da es indessen ausgemacht ist, daß die meisten allgemeinen Krankheiten ursprünglich örtliche waren; so ist es für den Arzt von hoher Wichtigkeit, zu wissen, welche Umstände den Übergang der örtlichen Krankheiten in allgemeine begünstigen, und auf welche Art und Weise dieser Übergang wirklich geschieht. Die Bedingnisse, unter welchen örtliche Krankheiten leichter und geschwinder sich weiter über den ergriffenen

Organismus verbreiten und endlich allgemein werden, sind: höhere Lebensstufe des ursprünglich leidenden Organs, innigeres und vielseitigeres Eingreifen desselben in die Lebensgeschäfte des übrigen Organismus, diejenige Beschaffenheit des Krankheitsprozesses, wodurch schnellere Zunahme und Umsichgreifen desselben bedingt wird, welches besonders alsdann der Fall ist, wenn die Entwicklung des expansiven Princips (der sogenannten Imponderabilien) dadurch bedeutend gestört wird.

§. 533.

Die Art und Weise, auf welche die Weiterverbreitung örtlicher Übel vor sich geht, ist verschieden, läßt sich aber doch auf eine negative und positive zurück führen. Auf negative Weise pflanzt sich eine örtliche Krankheit weiter fort; indem die gehemmte Function eines Organes den übrigen den zur Unterhaltung ihres eigenthümlichen Lebens nothwendigen materiellen und dynamischen Beytrag nicht liefert. So stört Krankheit des Darmkanals die gesammte Reproduction durch Vorenthaltung des nährenden Chylus; Krankheit der Lungen hemmt die Lebensthätigkeit des ganzen Gefäßsystems durch herabgesetzte Belebung des Blutes; der gelähmte Nerve hat durch Entziehung seines dynamischen Einflusses Schwächung des Lebens in demjenigen Organe zu Folge, mit welchem er in lebendiger Verbindung stehet. Positiv geschieht die Weiterverbreitung örtlicher Krankheit: a) durch das Krankheitsproduct, welches das ursprünglich erkrankte Organ liefert und welches nachtheilig auf andere Organe, mit welchen es in Wechselwirkung tritt, zurück wirkt; b) durch unmittelbares Fortkriechen specifischer Krankheitsprozesse durch bestimmte organische Gewebe, oder durch Ansteckung; c) durch regelwidrige dynamische Wechselbestimmung zwischen dem ursprünglich leidenden Organe und den übrigen Theilen des Organismus, wobey Mitleidenschaft und Gegensatz ihre Rolle

spielen. Man sieht aus allem diesen ein, daß das Umsich=
greifen örtlicher Krankheiten auf sehr verschiedenen Wegen
durch Säfte und ihre Behälter, durch Nerven, Membranen,
Zellgewebe und die ganze organische Substanz vor sich gehen
kann, und begreift leicht, daß bey einer und derselben Krank=
heit mehrere dieser Verbreitungsarten zugleich Statt finden
müssen.

§. 534.

In dem so eben Gesagten ist zugleich der Unterschied
zwischen **idiopathischen** und **sympathischen** Krank=
heiten begründet. **Idiopathisch** ist die Krankheit, welche
unmittelbar in demjenigen Organe auftritt, welches der Ein=
wirkung der krankheiterregenden Schädlichkeit zunächst aus=
gesetzt war: **sympathisch** ist das Leiden eines Organs oder
Systemes, wenn es sein Daseyn der dynamischen Wechsel=
bestimmung verdankt, welche von einem andern krankhaft
ergriffenen Organe oder Systeme ausgeht. Beyspiele liefern
Melancholie, Manie, Hypochondrie von krankhafter Affec=
tion der Eingeweide des Unterleibes, Epilepsie von Wurm=
reitze, u. s. w.

* * *

Beweis, daß in gewissem Betrachte alle Krankheiten
als örtliche angesehen werden müssen. — In **Augustin's
Äsculap. I. B. I. St.**

Fried. Hufeland's Erörterung des Begriffes von
örtlichen Krankheiten. — In **Hufeland's Journ. der
pract. Heilk. XXIII. B. I. St.**

2. Verhältnisse der Krankheit zum erkrankten Individuum.

§. 535.

So, wie sich die Eigenthümlichkeiten des Lebens, wodurch sich die einzelnen Systeme und Organe desselben Organismus auszeichnen, in den Krankheiten derselben abspiegeln, so hat auch das eigenthümliche Gepräge, welches der Lebensprozeß im ganzen Individuum annimmt, auf die nähere Bestimmung der Krankheiten einen entschiedenen Einfluß: denn in ihm liegt der Grund, daß derselbe Krankheitsprozeß in Individuen, welche in Hinsicht auf Alter, Geschlecht, Temperament, Körperbildung und Lebensweise verschieden sind, eine mannigfaltig modificirte Gestalt annimmt. Die Verschiedenheiten der Krankheiten, welche aus dieser Quelle hervor gehen, sind in Hinsicht auf Diagnose und Behandlung derselben von hoher Wichtigkeit für den Arzt, und verdienen in Rücksicht auf ihre Begründung eine nähere Untersuchung, für welche wir aber erst in der Folge einen schicklichern Ort zu finden hoffen, wenn wir von der Verschiedenheit der Anlage zur Krankheit handeln werden, welche durch die Eigenthümlichkeiten, die das Leben und die Organisation in verschiedenen Individuen annimmt, bedingt wird.

---

3. Verhältnisse der Krankheit zur menschlichen Gesellschaft und ihren Gliedern.

§. 536.

Der Charakter der Krankheit ändert sich nicht, die Krankheit mag einen Menschen oder mehrere Glieder der menschlichen Gesellschaft auf ein Mahl befallen: allein auf die Bestimmung der Krankheit und ihrer Behandlung hat es einen großen Einfluß, zu wissen, wie weit sich eine Krankheit über eine bestimmte Gesellschaft von Menschen verbreite, und in dieser Hinsicht bleibt die Eintheilung der Krankheiten in **sporadische** und **pandemische** immer wichtig.

Sporadische Krankheiten befallen bloß einzelne Individuen, und verdanken ihren Ursprung Verhältnissen, welche zu einer bestimmten Zeit bloß auf diese beschränkt sind; **pandemische** Krankheiten erstrecken sich zu derselben Zeit über eine ganze, kleinere oder größere, Gesellschaft von Menschen, und stehen mit nachtheiligen Einflüssen in Verbindung, deren Einwirkung mehrere Menschen zu derselben Zeit ausgesetzt sind.

§. 537.

Die pandemischen Krankheiten werden nun wieder in **endemische** und **epidemische** unterschieden. **Endemische** bezeichnen diejenigen Krankheiten, welche von bestimmten Ortsverhältnissen abhängig sind, und durch Schädlichkeiten erzeugt werden, deren Daseyn an bestimmte Gegenden gebunden ist. So sind Wechselfieber in sumpfigen Gegenden, der Scorbut an den nördlichen Meeresküsten, der Kropf in Gebirgen, der Cretinismus in tiefen Thälern, der Weichselzopf in Polen, die Pellagra in Ober-Italien, das gelbe Fieber in den tropischen Inseln von Amerika u. s. w. endemisch, und haben ihren Grund in solchen Schädlichkeiten, welche mit den klimatischen Verhältnissen dieser Gegenden, mit ihrer Lage, mit den Eigenheiten des Bodens, der Wässer, der Luft, der Temperatur, der Nahrungsmittel u. s. w. in ursächlichem Zusammenhange stehen.

§. 538.

Epidemisch sind Krankheiten, welche, sich über mehrere Mitglieder einer menschlichen Gesellschaft verbreitend, nicht so wohl an Orts-, sondern vielmehr an bestimmte Zeitverhältnisse gebunden sind, d. h. deren ursächliche Momente sich unter bestimmten Zeitverhältnissen neu entwickeln, ihre Herrschaft sodann durch einen größern oder kleinern Zeitraum behaupten, und nach dem Verlaufe desselben wieder verschwinden. Der Ursprung der Epidemieen ist demnach in einem Zusammentreffen von Umständen, wodurch bey mehreren Menschen die Anlage zu gewissen Krankheiten auf eine auffallende Weise gesteigert, oder auch bestimmte Krankheitsprozesse alsogleich hervor gerufen werden, mithin in weiter um sich greifenden Umwälzungen der ätiologischen Verhältnisse der Menschen zu suchen. Die wichtigsten dieser Umstände, wodurch die Erzeugung und der Wechsel der Epidemieen bedingt wird, und welche wir bis jetzt anzugeben vermögen, sind folgende: 1) die veränderten kosmischen und 2) die veränderten menschlichen Verhältnisse des Menschen.

§. 539.

1. **Veränderungen in den kosmischen Verhältnissen des Menschen.** Der Lebensprozeß im menschlichen Organismus ist immer in dem innigsten Wechselverkehr mit den dynamischen Vorgängen, welche in der Erde, auf ihrer Oberfläche und in ihrer Atmosphäre Statt finden: alle bedeutenden Umwälzungen, welche in diesen vor sich gehen, müssen folglich auch einen bestimmenden Einfluß auf jenen haben, und so die Menschen für gewisse Gattungen und Arten von Krankheiten entweder mehr vorbereiten, oder auch denselben geradezu in die Hände führen. Die größern dynamischen Umänderungen, welche in und auf der Erde und in ihrer Atmosphäre Statt finden, sind nun begründet: a) in dem jedesmahligen Stande der Erde zu dem ganzen Weltsysteme; b) in ihrem Stande zu ihrem Sonnensysteme und in dem Gange der Jahreszeiten, welche dadurch bestimmt werden; c) in den großen Bildungsprozessen, welche im Innern der Erde vor sich gehen, und in dem dynamischen Wechselver-

lehre zwischen dieser, ihren Gewässern und ihrer Atmosphäre. Diese Umstände sind es, welche aller Wahrscheinlichkeit nach die Richtung der Winde, die Stürme und Gewitter, die Wärme= und Electricitätstemperatur, den Grad von Trockenheit und Feuchtigkeit, die übrigen dynamischen und chemischen Verhältnisse der Luft, die Fruchtbarkeit der Jahre, die vollkommenere oder unvollkommenere Ausbildung der Nahrungsmittel und durch alles dieses den Gang des Lebens in den individuellen Organismen, mithin auch die Art der Gesundheit und den herrschenden Genius der Krankheiten der Menschen bestimmen. Die nähere Entwicklung des so eben Gesagten muß der Ätiologie vorbehalten werden.

§. 540.

2. **Veränderungen der menschlichen Verhältnisse der Menschen**, in so fern sie sich über die Gesammtheit einer Gesellschaft oder eines ganzen Volkes verbreiten. Wir rechnen dahin das Vor= oder Zurückschreiten der geistigen Bildung, allgemeine Veränderungen in der Lebensart, Erwerbungs= und Ernährungsweise, Kleidertracht u. dgl. Eigenthümlichkeiten der Staatsverfassungen, Kriege u. s. w. Wie mächtig alle diese Umstände auf die Gesundheit der Menschen einwirken und wie sehr sie dazu geeignet sind, allgemein verbreitete Anlagen zu bestimmten Krankheiten hervor zu rufen, oder auch die Herrschaft gewisser Krankheitscharaktere für eine kürzere oder längere Zeit zu begründen, dieses kann für den nicht lange zweifelhaft bleiben, welcher die ätiologischen Verhältnisse des Menschen nur einiger Maßen zu würdigen im Stande ist.

§. 541.

Der Inbegriff derjenigen Verhältnisse, durch welche die Entstehung und Unterhaltung einer epidemischen Krankheit bedingt wird, stellt sich als **epidemische Constitution** dar. Jedoch wird dieser Begriff auch oft auf das Eigenthümliche in der Gestalt und dem Charakter bezogen, wodurch sich die weiter um sich greifende Krankheit auszeichnet.

In der erstern Bedeutung unterscheidet man eine **stehende epidemische Constitution** (*constitutio epidemica stationaria*), welche durch eine Reihe von Jahren herrschend durchgreift — eine **jährliche epidemische Constitution** (*const. epid. annua*) welche in dem Wechsel der Jahreszeiten ihren Grund hat — und endlich eine **auf engere Raum-und Zeitabschnitte beschränkte epidemische Constitution.**

Der Wechsel der epidemischen Constitution wird bedingt: 1) durch den Wechsel der epidemischen Schädlichkeiten, mithin auch durch die verschiedenartige Natur der Umwälzungen, welche in und auf der Erde und bey ihren Bewohnern Statt finden, und 2) durch die den Gang der Krankheit überhaupt beherrschenden Gesetze. So wie es nämlich in diesen Gesetzen begründet ist, daß in der einzelnen Krankheit ein bestimmter Krankheitscharakter nur bis auf einen gewissen Höhegrad als solcher bestehen kann, und daß er, auf diese Höhe getrieben, nothwendiger Weise in den entgegengesetzten Charakter hinüber strebt; so liegt in demselben auch der Grund, warum auf eine stehende epidemische Constitution von entzündlichem Charakter gern eine adynamische folge, vorausgesetzt, daß dieser regelmäßige Wechsel nicht durch dazwischen laufende außerordentliche Ereignisse gestört wird. Indessen dürfen wir uns nicht verheimlichen, daß die bisherige Bestimmung des Charakters der stehenden epidemischen Constitutionen viel öfterer das Werk der Schule, als der Natur war, und daß diese häufig genug gezwungen wurde, sich den Hypothesen und vorgefaßten Meinungen der Ärzte zu fügen, woher denn auch in die bisherigen Geschichten der epidemischen Constitutionen so viel Unzuverläßiges übergegangen ist.

§. 542.

Mit allem Rechte wird dagegen gewarnt, **epidemische und ansteckende Krankheiten** nicht mit einander zu verwechseln, indem epidemisch und ansteckend zwey ganz verschiedene Begriffe bezeichnen. Nicht alle epidemische Krankheiten sind zugleich ansteckend, und manche ansteckende Krankheiten schleichen mehr sporadisch umher. Dieses hindert aber doch nicht, daß die Epidemie hier und da Ansteckungsstoff entwickle und endlich auch durch diesen weiter um sich greife, oder ansteckende Krankheiten unter gewissen günstigen Umständen zu wirklichen Epidemieen heranwachsen.

Die Bedingnisse, unter welchen eine epidemische Krankheit ansteckend wird, sind: höherer Grad von Heftigkeit der Krankheit, stärkeres Eingreifen derselben in den Bildungsprozeß des Organismus und Hervorrufung einer eigenartigen Metamorphose in demselben, wodurch ein specifisches Krankheitsproduct erzeugt wird, welches dann ansteckend auf andere Organismen einwirkt.

Die Umstände, welche das Umsichgreifen ansteckender Krankheiten und die Steigerung derselben zu Epidemieen begünstigen, sind: die Mittheilbarkeit des Ansteckungsstoffes an die atmosphärische Luft; diejenige Beschaffenheit der letztern, wodurch ihr Vermögen, Ansteckungsstoffe zu zersetzen, geschwächt, dagegen ihr Leitungsvermögen für diese verstärkt wird; derjenige Charakter der epidemischen Constitution, wodurch bey einer größeren Zahl von Menschen die Empfänglichkeit für bestimmte Ansteckungsstoffe erhöhet wird; endlich Vervielfältigung der Gemeinschaft zwischen Kranken, Genesenden und Gesunden.

* * *

Hippocratis epidemicorum, s. de morbis popularibus lib. I. et III. Ed *Jo. Freind.* Lond. 1717. 4.

Aubry's Commentar über das erste und dritte Buch der Volkskrankheiten des Hippokrates. A. d. Franz. Leipz. 1787. 8.

Tib. Farina, ortus et occasus morborum epidemicorum. Rom. 1672. 12.

Jo. Huxham, observationes de aëre et morbis epidemicis. Lond. 1752. II, Tom. 8.

Ludwig, de epidemicorum morborum differentia et ratione eos observandi. — In *Ludwig* adversar. medico-pract. Vol. I.

Clifton Wintringham, von den endemischen und epidemischen Krankheiten. A. d. Lat. 1782. Berl. 1791. 8.

Jos. de Plenciz, de epidemiis in genere. — In *ejusdem* act. et observatis med. Prag. 1783. 8.

Le Brun's Theorie über die epidemischen Krankheiten A. d. Franz. mit Anmerk. und einer Abhandlung über die erhaltenden und heilenden Naturkräfte des Menschen, von J. C. F. Leune. Leipz. 1790. 8.

Phil. Fr. Hopfengärtner's Beyträge zur allgemeinen und besondern Theorie der epidemischen Krankheiten. Frankf. und Leipz. 1795. 8.

Fr. Schraud, de eo, quod est in morbis epidemium. Pesth. 1802.

Fr. Schnurrer's Materialien zu einer allgemeinen Naturlehre der Epidemieen und Contagien. Tübing. 1810.

Zweytes Hauptstück.
Die zeitlichen Verhältnisse der Krankheit.

§. 543.

Jede Krankheit erfüllt durch ihr Daseyn einen bestimmten Zeitabschnitt, innerhalb welchem sie entstehet, verlauft und sich endiget. Diese Verhältnisse der Krankheiten zur Zeit sind nicht bey allen in jeder Hinsicht dieselben, sondern es finden hier in Rücksicht auf Entstehung, Verlauf, Typus, Dauer und Ausgang Verschiedenheiten Statt, welche hier näher gewürdiget zu werden verdienen.

1. Von der Entstehung der Krankheit in der Zeit.

§. 544.

Bey der Betrachtung des Ursprungs der Krankheit in der Zeit wird man zuerst auf die Frage geführt: ob die Krankheit dem Menschen angeboren, oder von ihm erst nach der Geburt erworben worden sey. Um der Entstehung angeborner Krankheiten näher auf den Grund zu kommen, ist es zweckmäßig, sie in erbliche und nicht erbliche zu unterscheiden.

§. 545.

Erbliche Krankheiten sind jene, deren erster Keim mit dem Organismus selbst gezeugt wird, welche demnach vermittelst der Zeugung von den Ältern zu den Kindern übergehen. Über das Vorhandenseyn erblicher Krankheiten kann man nicht lange zweifelhaft seyn, wenn man von der einen Seite weiß, daß der neu erzeugte Organismus seine Stoffe und Kräfte und mit diesen zugleich die Regel seiner künftigen Entwicklung und Thätigkeit von den Erzeugenden empfängt, daß demnach der eigenthümliche Charakter, welcher die organische Form und den Lebensprozeß in den Ältern auszeichnet, auch ihren Kindern eingeprägt werden muß, und daß aus eben diesem Grunde der vor und während des Zeugens regelwidrige Bildungsprozeß keine vollkommene Früchte liefern kann — und wenn man es auf der andern Seite durch die tägliche Erfahrung bestätiget findet, daß so viele körperliche Übel von den Ältern auf die Kinder, und von diesen auf die Enkel übertragen werden.

Nicht erbliche angeborene Krankheiten sind diejenigen zu nennen, welche ihre Entstehung nicht von der Zeugung und den Zeugenden, sondern von regelwidrigen Wechselverhältnissen zwischen der schon gezeugten Frucht und ihren äußern Umgebungen, unter denen der mütterliche Organismus bekanntlich die erste Rolle spielt, ableiten.

Zu den erworbenen Krankheiten werden diejenigen gezählt, welche in dem von ihnen frey gebornen Menschen durch innere oder äußere ätiologische Verhältnisse hervorgerufen werden.

§. 546.

Unter denselben Gesichtspunkt, auf welchem wir uns gegenwärtig befinden, fällt auch die Verschiedenheit zwischen ursprünglichen und Folgekrankheiten. Ursprünglich (morbus primarius, protopathicus) ist die Krankheit, welche in einem Organismus durch das Zusammentreffen von Anlage und krankheiterregender Schädlichkeit ins Daseyn gerufen wird, ohne mit einer vorausgegangenen Krankheit im ursächlichen Zusammenhange zu stehen: Folgekrankheit (morbus secundarius, deuteropathicus) ist jene, deren Keim in einer andern Krankheit liegt, und welche sich aus dieser entwickelt, sobald letztere bis auf einen gewissen Grad von Ausbildung gelangt, z. B. Eiterung aus Entzündung, Wassersucht aus Leberkrankheiten u. s. w.

2. Von dem Verlaufe der Krankheit.

§. 547.

Krankheit, als regelwidrige Bestimmung des Lebens im einzelnen Organismus, stellt überall einen eigenartigen dynamischen Prozeß dar, welcher, den allgemeinen Gesetzen des dynamischen Prozesses unterworfen, in bestimmten Verhältnissen zur Zeit entstehet, zu- und abnimmt, und endlich wieder vergehet. Das Seyn und der Wechsel der Krankheit in der Zeit, wodurch sie einen bestimmten Zeitabschnitt ausfüllt, gibt den Verlauf derselben, in welchem man streng genommen nur zwey verschiedene Zeiträume, nämlich den Zeitraum der Zunahme und jenen der Abnahme, unterscheiden kann, als deren Wendepunkte der Anfang, die Höhe und das Ende der Krankheit angesehen werden müssen.

§. 548.

Man hat in neuern Zeiten den Verlauf der Krankheit ebenfalls in zwey Hälften geschieden, die erstere aber den Erkrankungs-, und die andere den Genesungsprozeß genannt. Da es aber Krankheiten gibt, die ihren ganzen Verlauf vollenden, und in Nachkrankheiten erlöschen, ohne in Genesung überzugehen, so halten wir es vor der Hand, um jeder Verwirrung der Begriffe vorzubeugen, für räthlicher, die beyden Hälften der Krankheit mit den einfachern Benennungen der Zu- und Abnahme der Krankheit zu bezeichnen.

§. 549.

Man hat die einzelnen Zeiträume (stadia), welche die Krankheit bey ihrer Zu- und Abnahme durchläuft, auf verschiedene Weise geordnet und bestimmt. Ältere Pathologen unterscheiden diese Zeiträume auf die Weise, daß sie den Vorläufern der Krankheit, dem bestimmten Anfange, dem Wachsthum, dem Stillstande, der Abnahme, dem Ende und selbst der Genesung eigene Zeiträume anweisen. Man kann nun zwar nicht läugnen, daß die Krankheit, wenn ihr Verlauf nicht gewaltsam unterbrochen wird, diesen mannigfaltigen Wechsel in der Zeit darbietet: indessen ist es doch nicht ganz schicklich, den Anfang, die Höhe und das Ende der Krankheit, welche an sich nur beschränkte Zeitpunkte ausfüllen können, als eben so viele ausgedehnte Zeiträume darzustellen. Eben so wenig ist man berechtiget, die Genesung, sobald man sie nach dem Ende der Krankheit, und folglich außer diese hinaussetzt, noch als einen Zeitraum derselben zu betrachten.

§. 550.

In so fern die ältern Ärzte mehr auf den innern Gang der Krankheit, und auf ihre, während desselben erfolgenden wesentlichen Veränderungen Rücksicht nahmen, gaben sie jeder Krankheit drey Stadien, welche sie nach dem jedesmahligen innern Verhältnisse der Krankheit den Zeitraum der Rohheit, der Kochung und Krise nannten. Der Zeitraum der Rohheit (stadium cruditatis) zeichnet sich durch das überhandnehmen des materiellen Krankheitszunders und des überwiegenden störenden Eingreifens desselben in die Geschäfte des Organismus aus. Im Zeitraume der Kochung (stadium coctionis) erhält die lebendige Thätigkeit die Herrschaft über den Krankheitsstoff, und beschäftiget sich mit Umwandlung und Vorbereitung desselben zur künftigen Ausleerung. Im Zeitraum der Krise (stadium criticum) entlediget sich der Organismus auf dem Wege der Excretionen von diesem Stoffe, und kehrt dadurch zur Gesundheit zurück. Man sieht gleich auf den ersten Blick, daß diese Darstellung des Ganges der Krankheit von irrigen humoral-pathologischen Grundsätzen ausgehe: indem sie voraussetzt, daß jede Krankheit durch schädliche Stoffe — meistens durch entartete Säfte des Organismus — ins Daseyn gerufen werde, und daß das Wesen derselben in der Wechselwirkung zwischen diesen und den lebendigen Organen bestehe.

§. 551.

In der neuesten Zeit hat man, ebenfalls den Wechsel der innern Verhältnisse der Krankheit während ihres Verlaufes ins Auge fassend, sechs Stadien derselben angenommen, von welchen drey dem Erkrankungs-, und drey dem Genesungsprozesse zugewendet werden. Man setzt nämlich voraus, daß jeder Krankheitsprozeß zuerst das vegetative System des Organismus ergreife, sich von diesem über das irritable und zuletzt erst über das sensible verbreite, und daß sie, auf ihrem höchsten Standpunkte angelangt, in umgekehrter Ordnung zuerst im sensibeln, dann im irritabeln, und endlich im vegetativen Systeme erlösche, und gibt nach dieser Voraussetzung dem Erkrankungsprozesse ein vegetatives, ein irritables und ein sensibles Stadium, die sich dann auch, wiewohl in umgekehrter Ordnung und entgegengesetzten Verhältnissen in der zweyten Hälfte der Krankheit, im Genesungsprozesse, wiederhohlen. Allein bey genauerer Untersuchung wird sich finden, daß dieser Entwicklungsgang der Krankheiten wohl bey mancher derselben, keinesweges aber bey allen Statt finde, und daß er, als allgemeine Regel aufgestellt, weder in der Theorie hinlänglich begründet, noch in der Erfahrung bestätiget sey. Die ätiologischen Verhältnisse des Menschen sind mannigfaltig und von der Art, daß jedes Hauptsystem desselben von den krankheiterregenden Einflüssen ursprünglich ergriffen, und in seiner Lebensäußerung gestört werden kann, wodurch es dann geschieht, daß die Krankheit bald in diesem, bald in einem andern Systeme ursprünglich auftritt, und von da aus sich über die übrigen verbreitet, eine Behauptung, deren Richtigkeit sich leicht in der Erfahrung nachweisen läßt.

§. 552.

Nach allem diesen halten wir es für räthlicher, die einfachere Abtheilung des Verlaufes der Krankheit in zwey Hälften: in die Entwicklung und Abnahme derselben vor der Hand beyzubehalten, und den Anfang, die Höhe und das Ende, als die Wendepunkte dieser Hälften zu betrachten (§. 549). Nach dieser Anordnung werden wir nun in Folgendem die Geschichte des Verlaufes der Krankheit im Allgemeinen entwerfen.

Wenn wir vom Anfange der Krankheit sprechen, so werden wir, um unsere Begriffe logisch ordnen zu können, einen zweyfachen Anfang derselben unterscheiden müssen: den Anfang des Erkrankens überhaupt, und den Anfang einer bestimmten Krankheitsform insbesondere. Den Zeitabschnitt, welcher zwischen diesen beyden Punkten eingeschlossen ist, nennt man den Zeitraum der Vorläufer (stadium prodromorum). Diese Vorläufer sind Krankheitserscheinungen, welche zwar auf ein Krankseyn überhaupt hindeuten, allein noch keine bestimmte Krankheitsform ausdrücken, mithin dem Arzte noch keine hinlänglichen Gründe zur nähern Bestimmung der Krankheit an die Hand geben. Das, was die Ärzte gewöhnlich den eigentlichen Anfang der Krankheit nennen, ist derjenige Zeitpunkt im Seyn derselben, wo sie unter einer bestimmten Gestalt in die Erscheinung hervortritt. Der Uranfang der Krankheit ist nur selten erkennbar; indem die meisten Krankheitsprozesse in ihrem ersten Beginnen in Rücksicht auf Raum und innere Stärke so beschränkt sind, daß sie sich nicht für die Wahrnehmung auszusprechen vermögen: um als bestimmte Krankheitsgestalten zu erscheinen, müssen sie schon zu einer gewissen Stufe von Ausbildung gelangt seyn.

§. 553.

Der Zeitraum des Wachsthums der Krankheit (stad.

incrementi) macht sich durch die Verstärkung und Vervielfältigung der Krankheitserscheinungen bemerkbar, und beruhet auf der innern Zunahme und dem weiter um sich Greifen des Krankheitsprozesses nach außen. Da jede Krankheit als eine eigene Art des Lebens betrachtet, mithin als ein eigenthümlicher dynamischer Prozeß dargestellt werden muß; so müssen auch auf jede die allgemeinen Geseze des dynamischen Prozesses anwendbar seyn. Nun aber ist jeder dynamische Prozeß dem Geseze unterworfen: daß die Wechselwirkung zwischen den entgegengesezten Factoren, durch welche er zu Stande kommt, mit jedem folgenden Zeitmomente an innerer Stärke bis auf einen gewissen Höhegrad zunimmt; und dieses Gesez ist es, wodurch die Zunahme des Krankheitsprozesses in und aus sich selbst zunächst begründet wird. Diese Zunahme geschieht aber auch durch Ausdehnung desselben im Raume, und durch seine Verbreitung über ganze Organenreihen und Systeme, welche, wie wir bereits oben (§. 533) erklärt haben, theils durch materielle Mittheilung und Entziehung, theils durch dynamische Wechselwirkung eingeleitet und unterhalten wird.

§. 554.

Hat der Krankheitsprozeß seine ganze innere Kraft entwickelt, und seinen Wirkungskreis über alle jene Theile des Organismus, welche dafür empfänglich waren, ausgebreitet; so ist er eben dadurch auf einem Punkte angelangt, über welchen hinaus sich keine fernere Zunahme mehr denken läßt, und welchen man deßwegen die Höhe der Krankheit (acme, auch stadium acmes) nennt. Daß sich diese höchste Spannung der Krankheit durch die größte Heftigkeit und Vervielfältigung ihrer Symptome nach außen verlautbaren müsse, versteht sich wohl von selbst. Dieser Zeitpunkt ist es nun, wo die Krankheit ihre ganze Wirkung auf den ergriffenen Organismus äußert, und wo durch den Grad des Widerstandes, welchen dieser der Gewalt der Krankheit entgegen zu setzen vermag, das bevorstehende Schicksal des Kranken, in so fern es von der gegenwärtigen Krankheit abhängig ist, entschieden wird. Die Höhe der Krankheit ist demnach der Zeitpunkt der Entscheidung (crisis), und von diesem an beginnt, vorausgesetzt, daß der Organismus in demselben nicht gänzlich unterliegt, der Zeitraum der Abnahme des Krankheitsprozesses, welchen viele ältere Ärzte auch das kritische Stadium genannt haben.

§. 555.

Der Zeitraum der Abnahme der Krankheit zeichnet sich durch Verminderung der Heftigkeit und Zahl ihrer Zufälle aus, und beruhet wieder auf einem allgemeinen Gesetze des dynamischen Prozesses, zu Folge dessen die Factoren eines jeden besondern dynamischen Prozesses, wenn sie einmal die höchste wechselseitige Spannung überschritten haben, einander allmählich erschöpfen, eben dadurch sich immer mehr der wechselseitigen Ausgleichung (Indifferenz) nähern, womit Ruhe eintritt, und der Prozeß als solcher geschlossen ist. Die Krankheit, als eine eigene Art von unvollkommenem, niederm Lebensprozesse, steht demnach in Rücksicht ihres Seyns in der Zeit unter den allgemeinen Gesetzen eines jeden individuellen Lebens: sie entsteht, wächst, altert und stirbt gleich diesem. Hat nun der Organismus im Kampfe mit der Krankheit seine organische Unversehrtheit behauptet, und einen bestimmten Grad von Lebensstärke übrig behalten; so tritt er, befreyet von den Hindernissen, welche ihm die Krankheit in den Weg legte, allmählich in das normale Wechselverhältniß mit der äußern Natur zurück, und erhält vermittelst der Reproduction nach und nach den vorigen Bestand seiner Kräfte und Stoffe wieder. Hat aber die überwiegende Gewalt der Krankheit eine bedeutende Zerstörung der Organisation und einen höhern Grad von Schwäche der Lebenskräfte hinterlassen, so ist eben dadurch die Möglichkeit einer normalen Reproduction aufgehoben, das Vermögen des Organismus, seine Selbstständigkeit in der Wechselwirkung mit den äußern Einflüssen zu behaupten, sinkt immer tiefer, und er unterliegt endlich im ungleichen Kampfe mit der äußern Natur, obschon die ursprüngliche Krankheit längst verschwunden war. Daraus leuchtet nun klar hervor, daß die Abnahme der Krankheit allein noch nicht den vollen Grund der Genesung in sich enthalte, und daß, wie wir bereits oben (§. 548) erinnert haben, Krankheitsabnahme und Genesungsprozeß nicht für gleichbedeutend gehalten werden können.

§. 556.

Das Ende der Krankheit fällt nur alsdann auf den tiefsten Punkt ihrer Abnahme, wenn sie ihren ganzen Verlauf regelmäßig durchmacht, und dieser nicht in seinen frühern Zeiträumen auf eine gewaltsame Weise abgeschnitten wird. Denn in diesem Falle kann das Ende der Krankheit in jedem Zeitraume derselben eintreten, und so wie sich manche Krankheit noch in ihrer ersten Entwicklung unterdrücken läßt, so fehlt es auf der andern Seite gar nicht an solchen, die während des Wachsthums, auf der Höhe, und auch in der ersten Hälfte der Abnahme mit dem Tode endigen. So kann, um nur ein Beyspiel anzuführen, die Entzündung des Kehlkopfes den Tod durch Erstickung herbeyführen, noch bevor sie sich zu höhern Graden von Heftigkeit entwickelt hat.

* * *

Car. Gianella, de successione morborum libri tres. Ticini, 1742. 8. — In *Schlegel* thesaur. patholog. therap. Vol. I. part. III.

Ludwig, de morborum successionibus. — In *ejusd.* adversar. medico-pract. Vol. II. P. II.

3) **Von dem Typus der Krankheiten.**

§. 557.

Indem die Krankheit in der Zeit verlauft, erhält ein jeder Abschnitt dieses Verlaufes ein bestimmtes Zeitmaß, und alle treten in Hinsicht desselben in ein bestimmtes Verhältniß zu einander. Betrachtet man die Hauptabschnitte der Krankheit in Absicht auf ihre Zeitverhältnisse genauer, so stößt man bald auf die Bemerkung, daß weder das Wachsthum, noch die Abnahme des Krankheitsprozesses in einem ununterbrochenen Vorschreiten begriffen sey, sondern daß vielmehr beyde mit einem beständigen Wechsel von Steigen und Sinken der Krankheit — im Wachsthume mit vorherrschendem Steigen, in der Abnahme mit überwiegendem Sinken — in der Zeit fortrücken, und daß auch dieser Wechsel in den einzelnen Zeiträumen an bestimmte Zeitverhältnisse gebunden sey. Die Ordnung nun, welche die Hauptabschnitte des ganzen Verlaufes der Krankheit, und der Wechsel der Krankheitszufälle in jedem einzelnen Abschnitte in ihrer Aufeinanderfolge in der Zeit beobachten, nennt man den **Typus der Krankheit.**

§. 558.

Der Typus wird, dieser Bestimmung zu Folge, 1) auf den ganzen Verlauf der Krankheiten und die Aufeinanderfolge ihrer Stadien, und 2) auf den periodischen Wechsel der Krankheit und ihrer Zufälle, welcher sich immerdar in ihren einzelnen Zeiträumen wiederhohlt, bezogen.

Sieht man auf die typischen Verhältnisse des ganzen Verlaufes der Krankheit und seiner einzelnen Stadien, so gelangt man, geführt von der Erfahrung, bald zu der Einsicht, daß in den Fällen, in welchen sich die Krankheit vollständig entwickelt, und in ihrem Verlaufe durch keine gewaltsamen Eingriffe zurückgehalten oder vorwärts geschleudert wird, jeder ihrer Zeiträume ein bestimmtes Zeitmaß erhalte: daß die einzelnen Zeiträume eben dadurch in ein bestimmtes Wechselverhältniß zu einander treten, und daß durch alles dieses die wichtigern Revolutionen in der Krankheit, z. B. die Entscheidungen derselben, an ein bestimmtes Zeitmaß — die kritischen Tage — gebunden werden. So lehrt die Geschichte der Krankheiten, daß Fieber in ihrem Verlaufe gern einen siebentägigen Umlauf befolgen, daß ihre Umwälzungen und Entscheidungen gern an das Ende eines solchen siebentägigen Zeitraumes fallen; daß sich aber bey chronischen Krankheiten oft Spuren eines monatlichen Typus, und mitunter auch eines solchen zeigen, welcher mit dem Wechsel der Jahreszeiten in Verbindung steht.

§. 559.

Bezieht man den Typus auf den Wechsel von Steigen und Sinken der Krankheit und ihrer Symptome in jedem einzelnen Zeitraume derselben; so unterscheidet man von diesem Gesichtspunkte aus den **anhaltenden** von dem **nicht anhaltenden**, und theilt den letztern in den **nachlassenden** und **aussetzenden Typus** ab.

Anhaltend (continens) ist der Typus einer Krankheit, wenn ihre Symptome vom Anfange bis zum Ende derselben ohne alle Unterbrechung bestehen, und im ersten Zeitraume eine ununterbrochen steigende Heftigkeit verrathen. Wenn es überhaupt anhaltende Krankheiten in dieser strengern Bedeutung gibt; so können diese nur solche seyn, die den Zeitraum der Zunahme schnell durchlaufen, und, auf ihrer Höhe angelangt, alsogleich mit dem Tode endigen, oder mit einem großen Schlage die aufgehobene Harmonie der Lebensthätigkeiten und Verrichtungen wieder herstellen.

§. 560.

Bey weitem die meisten Krankheiten gehören zu den **nicht anhaltenden**, und beobachten nach der obigen Eintheilung entweder einen **nachlassenden** oder **aussetzenden Typus**.

Nachlassend (remittens) ist der Typus und die Krankheit selbst, wenn ihre Erscheinungen zwar immer gegenwärtig, dennoch einen wahrnehmbaren, oft wiederkehrenden Wechsel von Steigen und Fallen darbieten. Das in bestimmten Zeitverhältnissen immer von neuem erwachende Steigen der Krankheit und ihrer Zufälle nennt man die **Verschlimmerung** (exacerbatio), und die darauf eintretende und ebenfalls einen bestimmten Zeitabschnitt ausfüllende Verminderung derselben den **Nachlaß** (remissio). Daß im Zeitraume des Wachsthums der Krankheit jede folgende einzelne Verschlimmerung an innerer Spannung und äußerer Ausdehnung zunehmen, und die einzelnen auf einander folgenden Nachlässe in derselben Beziehung abnehmen; daß ferner während des Zeitraums der Abnahme das ganz umgekehrte Verhältniß zwischen Verschlimmerung und Nachlaß Statt finden müsse, leuchtet wohl sattsam aus dem oben über den Verlauf der Krankheit Gesagten hervor.

§. 561.

Aussetzend ist der Typus (Typus intermittens) und die Krankheit, wenn der Krankheitsprozeß in gewissen Zeitabschnitten für die Wahrnehmung so auffallend zurücktritt, daß er sich durch seine wesentlichen Erscheinungen nicht mehr nach außen ausspricht; sodann aber sich wieder so kräftig entwickelt, daß er sich wieder durch seine wesentlichen Zufälle der Wahrnehmung kund gibt. Jenen Zeitabschnitt im Verlaufe der Krankheit, welcher sich durch die Gegenwart ihrer wesentlichen Zufälle auszeichnet, nennet man den **Anfall** (paroxismus); denjenigen aber, während welchem die Krankheit durch ihre wesentlichen Symptome nicht in die Erscheinung hervortritt, ohne jedoch den Kranken gänzlich verlassen zu haben, heißt man das Aussetzen (intermissio), und bey Fiebern die fieberfreye Zeit (apyrexia).

§. 562.

Den Kreis, welchen die Krankheit durch den Wechsel von einem Steigen und Fallen in der Zeit beschreibt, also den Inbegriff von einer Exacerbation und Remission, oder von einem Anfalle und einer Aussetzung, betrachtet man als einen Umschwung der Krankheit (periodus). In Rücksicht auf die Zeitverhältnisse, in welchen die einzelnen Perioden der Krankheit zu einander stehen, ist der Typus derselben nun entweder regelmäßig, d. h. jeder einzelne Umschwung hat ein so bestimmtes Zeitmaß, daß sich aus der Beobachtung der vorhergehenden der jedesmahlige Eintritt der folgenden voraus berechnen läßt; oder der Typus ist unregelmäßig, wenn sich nämlich zwischen den einzelnen Umschwüngen der Krankheit kein bestimmtes Zeitverhältniß nachweisen läßt.

Der regelmäßige Typus ist entweder feststehend, in so weit jede einzelne Periode immer das gleiche Zeitmaß beobachtet, oder er bietet ein mit Stätigkeit fortschreitendes zu- oder abnehmendes Zeitverhältniß der einzelnen Perioden dar, so daß der Anfang jedes einzelnen Umschwunges immer früher oder später eintritt, und so im ersten Falle den vorsetzenden (anticipans), im andern den nachsetzenden Typus (Typus postponens) darstellt.

§. 563.

Das Zeitmaß der einzelnen Perioden ist verschieden, indem bald ein Umschwung der Erde um ihre Achse, mithin ein Wechsel von Tag und Nacht, bald eine Reihe solcher Umdrehungen, bald der Umlauf des Mondes um die Erde, bald das Umkreisen der Erde um die Sonne, und somit der

Wechsel der Jahreszeiten den Maßstab für dieselben abgeben: woher dann der **alltägige, drey- und viertägige, wöchentliche, monatliche, jährige, der einfache und verdoppelte Typus** u. s. w. seinen Ursprung ableitet.

§. 564.

Was ist nun der eigentliche Grund des typischen Verlaufes der Krankheiten? — Der Grund des typischen Verlaufes der Krankheiten kann nur in den Gesetzen des Lebens, und, da das Leben im Einzelnen nur eine bestimmte Form der allgemeinen Naturthätigkeit ist und nur in der innigsten Wechselwirkung mit der übrigen Natur bestehen kann — noch tiefer, und zwar in den allgemeinen Naturgesetzen gesucht werden.

Betrachten wir zuerst die Gesetze des Lebens, in so fern sie den typischen Verlauf der Krankheiten begründen. Das Grundgesetz alles Lebens im Einzelnen ist: jeder besondere Lebensprozeß erschöpft und zerstört sich durch seine eigene Thätigkeit, und kann sein längeres Bestehen in der Zeit nur durch Reproduction sichern. Aus diesem Gesetze geht nun als nothwendige Folge das zweyte hervor: daß jede Form des Lebens und jede einzelne Äußerung desselben nur bis auf einen bestimmten Grad von Höhe gesteigert werden kann, und daß nach Erreichung dieses Höhegrades die Thätigkeit durch sich selbst der allmählichen Abnahme entgegengeführt werden muß, bis die indessen fortwirkende Reproduction eine neue Anfachung derselben, und damit die Wiederhohlung des nämlichen Umschwunges eingeleitet hat. Dieses Gesetz greift herrschend durch alle Formen und Äußerungen des Lebens im gesunden sowohl, als im kranken Zustande durch, und ist die Grundlage aller periodischen Veränderungen, welche sich in jeder derselben darbieten.

§. 565.

Ein anderes Grundgesetz des Lebens ist das Gesetz des Gegensatzes, wodurch ein abwechselndes Siegen und Unterliegen der entgegengesetzten Thätigkeiten, durch welche das ganze Leben zu Stande kommt, bedingt wird. Dieses wechselseitige, an einen bestimmten Rhythmus gebundene Steigen und Sinken der Pole des Lebens verkündiget sich nicht bloß in seinen Elementar-Oscillationen — in seinen einzelnen Pulsschlägen — sondern auch in den zusammengesetzten Verrichtungen und allgemeinen Formen des Lebens. Denn nicht bloß die Grundkräfte des Lebens, sondern auch Organe und ganze Systeme treten unter einander in Gegensatz, und verursachen dadurch, daß das Leben im Einzelnen und im Ganzen, in kleinern Zeitmomenten und größern Perioden, bald als vorherrschende expansive, bald als überwiegende contractive Thätigkeit, das eine Mahl als thierisches, das andere Mahl als bildendes Leben sich hervordrängt, und immer sein entgegengesetztes im gleichen Verhältnisse zurückdrückt, und so ein immerwährender Wechsel zwischen Lösen und Binden, Wachen und Schlafen Statt findet.

§. 566.

Dieses Streben des besondern Lebens nach einem typischen Gange, welches schon aus seinem eigenthümlichen Wesen hervorgeht, wird nun noch mächtig gefördert durch die vielfachen und innigen Wechselverhältnisse, welche zwischen dem einzelnen lebenden Organismus und der übrigen Natur obwalten, und wodurch es geschieht, daß alle periodischen Veränderungen, welche in dieser vor sich gehen, sich nothwendiger Weise auch in jenem abspiegeln müssen. Die wichtigsten, an bestimmte Zeitabschnitte gebundenen, Umwälzungen in der äußern Natur, welche einen unverkennbaren Einfluß auf den typischen Gang des Lebens äußern, sind folgende.

§. 567.

Der tägliche Umschwung der Erde um ihre Achse, und der dadurch — auf dem größten Theil der Erdoberfläche wenigstens — veranlaßte Wechsel zwischen Tag und Nacht. Bey Tage tritt die Erdoberfläche, welcher der Tag leuchtet, mit ihren Gewässern und ihrer Atmosphäre in eine lebhaftere dynamische Wechselwirkung mit dem Sonnenlichte; Wärmetemperatur und elektrische Spannung sind erhöhet, der oxydirende Pol der atmosphärischen Luft wirksamer. Die vereinigte Einwirkung des Lichtes, der erhöheten Wärme und Elektricität, der positivern Luft auf den thierischen und menschlichen Organismus muß nothwendiger Weise auch in diesem die expansive Thätigkeit, die Entwicklung der Sensibilität steigern, und damit ein Vorherrschen des Nervenlebens während des Tages bewirken. Die entgegengesetzten Bedingnisse, welche bey der Nacht eintreten, müssen ein Sinken des Nervenlebens, und eben dadurch ein relatives Überwiegen der attractiven Thätigkeit und des bildenden Lebens im thierischen Organismus zur Folge haben. Auf diese Weise kommt der typische Gang des Lebens, welcher sich durch den Wechsel von Wachen und Schlafen kund gibt, in Verbindung mit den Tageszeiten.

§. 568.

Die zweyte periodische Veränderung, welche sich in der irdischen Natur ereignet, hängt von der Bewegung des Mondes um die Erde und seinem jedesmahligen Stande gegen diese ab. Die Bewegung des Mondes um die Erde setzt eine dynamische Wechselwirkung zwischen beyden voraus, welche sich nach dem verschiedenen Stande des Mondes gegen die Erde modificiren muß, und nicht ohne dynamischen Einfluß auf die Oberfläche der letztern, ihre Gewässer, Atmosphäre und organischen Producte seyn kann. Obschon man aber dieses mit einem hohen Grade von Wahrscheinlichkeit voraussetzen darf; so sind unsere Kenntnisse von diesem Wechselverhältnisse doch noch nicht so weit gediehen, daß wir die Veränderungen, welche daher in den lebenden Organismen bestehen, und die typischen Beziehungen derselben mit Bestimmtheit anzugeben vermöchten.

§. 569.

Deutlicher sind die periodischen Veränderungen der Erde, ihrer Gewässer und Atmosphäre, welche von dem Umlaufe dieses Planeten um die Sonne, und von den damit in Verbindung stehenden Jahreszeiten abhängig sind. Auch das Leben der Pflanzen und Thiere macht während dieses Umkreisens um die Sonne seine Jahreszeiten mit, und die periodischen Veränderungen, welche es während derselben erleidet, sind nach einem größern Maßstabe dieselben, welche nach einem kleinern während des Wechsels der Tageszeiten mit ihm vorgehen. Wir werden sie weiter unten, wenn von dem Einflusse der Jahreszeiten auf die Erzeugung der Krankheiten die Rede seyn wird, näher entwickeln.

§. 570.

Diese sind die Gesetze, welche, aus dem Wesen des besondern Lebens und seinem nothwendigen Zusammenhange mit der allgemeinen Naturthätigkeit hervorgehend, den typischen Gang des Lebens im gesunden Zustande beherrschen: dieselben sind es aber auch, in welchen der typische Verlauf der Krankheit seine allgemeine Erklärung finden muß. Krankheit ist eine eigene Art des Lebens, einem Schmarotzergewächse, das sich in oder auf einer andern Pflanze einnistet, vergleichbar: sie muß daher, wie jedes lebende Wesen, den allgemeinen Gesetzen des Lebens gehorchen. Wie jedes Leben, kann sie nur aus dem Widerstreite entgegengesetzter Kräfte ausgehen; wie jedes Leben muß sie in der Zeit entstehen, sich bis auf einen gewissen Höhegrad entwickeln, von diesem allmählich wieder herabsinken, und ihr Daseyn in der Zeit beschließen; wie jedes andere Leben, so kann auch sie in jedem einzelnen Zeitmomente nicht mit stets gleicher Gewalt nach außen wirken, sondern sie muß, unterthänig dem Gesetze des Gegensatzes, in einem beständigen Wechsel von Wachen und Schlafen, Auflodern und Niedersinken, unter der Form von Exacerbation und Remission, von Paroxismus und Intermission, die einzelnen Stadien ihres Verlaufes zurücklegen.

§. 571.

Wie verhält sich der nachlassende Typus der Krankheit zum aussetzenden? — Vor allem muß hier bemerkt werden, daß man unter intermittirender Krankheit bloß die Krankheit in der Erscheinung — die Krankheitsform — keinesweges aber die Krankheit ihrem Wesen nach verstehen dürfe. Die Krankheit ihrem Wesen nach, der Krankheitsprozeß, die innere krankhafte Veränderung läßt keine vollkommene Intermission zu. Denn wäre dieses; so müßte zur Zeit der Intermission der regelwidrige Zustand des Organismus gänzlich verschwunden, und die Gesundheit wieder hergestellt seyn. Jeder künftige Anfall wäre eine neue Krankheit, welche durch entsprechende Schädlichkeiten von neuem ins Daseyn gerufen werden müßte. Allein diesem widerspricht die Erfahrung. Vielmehr überzeugen uns genauere Prüfung des Kranken, und die heilsamen Wirkungen, welche die zur Zeit der Intermission gereichten Heilmittel auf die Krankheit äußern, daß diese auch während der letztern im Kranken hafte, und daß sie nur **dem Grade nach** so sehr nach innen zurückgetreten sey, daß sie dadurch unvermögend wird, sich nach außen hin durch ihre wesentlichen Zufälle wahrnehmbar zu äußern. Die intermittirende Krankheit ist daher an sich eine remittirende mit höchst deutlich ausgebildeten Remissionen, und von dieser nur dem Grade nach verschieden: daher denn auch die remittirende Krankheit bey ihrer Abnahme oft in eine intermittirende, und diese bey ihrer Zunahme in jene übergehet. Daraus geht nun schon als unmittelbarer Schluß hervor, daß ein Grund von der Verschiedenheit des Typus im Grade der Krankheit liege. Ein anderer liegt nach dem Ausspruche der Erfahrung in der Verschiedenheit der Organe und Systeme, welche von der Gewalt der Krankheit vorzüglich ergriffen werden. So ist es Thatsache, daß Krankheiten, welche im Nervensysteme haften, sehr zum intermittirenden Typus hinneigen, sie mögen nun im Cerebral- oder im Gangliensysteme überwiegend hervortreten.

* * *

Fr. Cas. Medicus, Geschichte periodischer Krankheiten. Carlsruhe, 1764. II. Aufl. 1794. 8.

J. Jos. Testa, de vitalibus periodis aegrotantium et sanorum. Lond. 1787. II Tom. 8.

J. J. Testa's Bemerkungen über die periodischen Veränderungen und Erscheinungen im kranken und gesunden Zustande des menschlichen Körpers. Eine Übersetzung aus d. Lat. Leipzig, 1790.

J. P. Frank, über die Classification periodischer Krankheiten. — In dessen kleinen med. Schriften.

Adolph Meyer Wallenberg, de rythmi in morbis epiphania. Heidelberg, 1809. 8.

4) **Von der Dauer der Krankheit.**

§. 572.

In Hinsicht auf die **Dauer** herrscht eine große Verschiedenheit unter den Krankheiten, und diese hat die Veranlassung zur Eintheilung derselben in **rasch** und **langsam verlaufende** — **acute** und **chronische** — gegeben, ohne daß man indessen im Stande wäre, eine scharfe Scheidungslinie zwiſchen beyden anzugeben. Die Unterabtheilung der acuten in äußerſt raſche, ſehr raſche, in raſche, und mäßig raſche (acutissimos, peracutos, acutos et subacutos), je nachdem die Krankheit ihren Verlauf innerhalb vier, ſieben, ein und zwanzig oder vierzig Tagen vollendet, iſt ſchon zu geſucht und ohne beſondern Nutzen für die Anwendung.

§. 573.

Die verſchiedene Dauer der Krankheit wird beſtimmt durch die Natur der Krankheit, durch den Grad ihrer Heftigkeit, durch die Eigenthümlichkeit der am meiſten ergriffenen Syſteme und Organe, und endlich durch das Wechſelverhältniß, welches zwiſchen der Krankheit und dem Lebensvermögen des erkrankten Organismus Statt findet. Alſo 1) durch die Natur der Krankheit. So wie jeder einzelne Organismus, ſo trägt auch jeder beſondere Krankheitsprozeß ſchon in ſeinem Weſen die Grundlage zu einem längern oder kürzern Beſtehen. Im Ganzen genommen pflegen die Krankheiten, welche mit zu raſcher Entwicklung der Senſibilität und der thieriſchen Wärme, mit übermäßiger Ableitung derſelben, oder mit bedeutender Hemmung ihrer Entwicklung verbunden ſind, z. B. die Fieber, Entzündungen, Krämpfe, Zuckungen, Schlummerſuchten, Schlagflüſſe, Ohnmachten, Asphyxien, einen raſchern Verlauf zu haben, als diejenigen, bey welchen die umgekehrten Verhältniſſe obwalten. 2) Durch den Grad der Heftigkeit der Krankheit. Äußerſt heftige Krankheiten erſchöpfen entweder ſich ſelbſt, oder den ergriffenen Organismus ſehr bald, und eilen dadurch ihrem Ende häſtig entgegen. Sehr gelinde Krankheiten weichen in kurzer Zeit der Kunſt oder der Natur, und ſind dieſerwegen meiſtens von kurzer Dauer. Es folgt daraus, daß Krankheitsprozeſſe von mittelmäßiger Heftigkeit ſich mehr zu einem chroniſchen Verlaufe hinneigen. 3) Durch die Eigenthümlichkeit der am meiſten ergriffenen Organe und Syſteme. Dieſelbe Krankheit macht aus leicht begreiflichen Gründen viel raschere Fortschritte in einem Organe oder Systeme, welches auf einer höhern Stufe des Lebens stehet, als in einem andern, welches sich unter den umgekehrten Lebensverhältnissen befindet. 4) Durch das Wechselverhältniß zwischen der Gewalt der Krankheit und dem Lebensvermögen des ergriffenen Organismus. Ein lebenskräftiger Organismus setzt den meisten Krankheitsprozessen einen ausgiebigern Widerstand entgegen, und gestattet ihnen nur langsame Fortschritte, wogegen der Lebensschwache den Angriffen derselben bald unterliegt, die Krankheit daher viel schneller um sich greift, und ihren ganzen Verlauf in einem viel kürzern Zeitabschnitte vollendet.

5) Von dem Ausgange der Krankheit.

§. 574.

Jede Krankheit, in so fern sie unter einer bestimmten Gestalt in die Erscheinung tritt, kann einen **vierfachen Ausgang** haben: sie kann nämlich in die Gesundheit übergehen, oder einen Rückfall machen, oder in eine andere Krankheit umschlagen, oder den Tod nach sich ziehen. Verschieden ist daher das Schicksal, welches sie dem Kranken bereitet, und die Krankheit selbst in Bezug auf dasselbe entweder **gut** oder **böse**. Bösartig wird eine Krankheit genannt, welche entweder äußerst schnell zur höchsten lebensgefährlichen Heftigkeit hinanwächst, oder auch, mit einer trügerischen Gelindigkeit einherschleichend, auf einmal die Lebenskräfte erschöpft, und den Kranken wider alle Erwartung dahinrafft.

§. 575.

Diejenige Umwälzung der Krankheit, wodurch ihr künftiger Ausgang vorausbestimmt wird, ist unter dem Namen der Entscheidung (crisis) bekannt, welche nach Verschiedenheit des Ausganges entweder gut oder böse ist. Zuerst werden wir von der guten oder heilsamen Entscheidung, welche zur Tilgung der Krankheit und Wiederherstellung der Gesundheit führt, handeln.

Die gute Entscheidung geschieht entweder mit einem einzigen großen Schlage, und ist dann vollständig (crisis stricte sic dicta), oder sie ist unterbrochen, und kommt durch wiederhohlte Bestrebungen zur Vertilgung des Krankheitsprozesses zu Stande, und wird in diesem Falle Lysis genannt. Der Inbegriff der Krankheitserscheinungen, welche aus der höchsten Spannung des Krankheitsprozesses und der größten Anstrengung des entgegenstrebenden Lebens, worin eigentlich der nächste Grund der Entscheidung liegt, hervorgehen, stellt den sogenannten kritischen Sturm (perturbatio critica) dar.

§. 576.

Damit werden wir nun auf die wichtige Frage geführt: Wie kommt die gute Entscheidung der Krankheit zu Stande? Hat der lebende Organismus in sich selbst das Vermögen, heilsame Krisen herbeyzuführen, und ist man berechtiget, eine sogenannte Heilkraft der Natur anzunehmen? — Für das Vermögen des lebenden Organismus, Krankheiten durch eigene Kraft und ohne alle Beyhülfe der Kunst zu überwinden, und den gesetzmäßigen Zustand des Lebens zurück zu führen, sprechen Erfahrung und wissenschaftliche Gründe auf eine Weise, welche keinen Zweifel übrig läßt.

Die Erfahrung bezeuget nämlich, daß Tausende von Kranken unter Menschen und Thieren nicht bloß ohne alle Kunsthülfe, sondern nicht selten unter sehr ungünstigen Verhältnissen genesen; sie bezeuget, daß eine und dieselbe Krankheit unter verschiedenen, zuweilen auch wohl unter ganz entgegengesetzten Behandlungsweisen der Genesung zugeführt wird, was durchaus unmöglich wäre, wenn die Heilung überall durch äußere Bestimmung eingeleitet werden müßte, und das Princip derselben nicht im lebenden Organismus selbst verborgen läge.

§. 577.

Eben so sicher führt die wissenschaftliche Betrachtung des Lebens und des Erkrankens zu der Überzeugung, daß der lebende Organismus ein aus seinem innersten Wesen hervorgehendes Vermögen besitze, regelwidrige Zustände zu beschränken, aufzuheben und den gesetzmäßigen Gang seiner Lebensäußerungen wieder herzustellen.

Das Grundbestreben jedes einzelnen lebenden Wesens geht nämlich immer dahin, sein Seyn und Wirken immerdar in der ihm ursprünglich eigenthümlichen Form zu behaupten. Aus diesem Grundbestreben gehen nun folgende, die Selbsterhaltung des Organismus und die Heilung seiner Krankheiten bezweckende Gesetze des Lebens hervor.

a) Der lebende Organismus widerstrebt jeder regelwidrigen Bestimmung seiner Thätigkeit durch äußere schädliche Einflüsse vermittelst seine lebendigen Gegenwirkung, so lange ihre Einwirkung nicht einen gewissen Grad von Heftigkeit übersteigt.

b) Der lebende Organismus duldet nichts Fremdartiges innerhalb seines Wirkungskreises: alles von außen eingeführte, oder im Innern durch Umwandlung des Organischen erzeugte Fremdartige strebt er entweder seiner eigenthümlichen Natur anzueignen, oder aus seiner organischen Sphäre auszustoßen.

c) Jeder Verlust an Kraft und Stoff bestimmt den Organismus zur Ruhe, und die während der Ruhe fortwirkende Reproduction wird das Mittel zum Wiederersatz der verlornen Kräfte und Stoffe.

Indem der lebende Organismus diese Gesetze von seinem Entstehen bis zu seinem Vergehen befolget, beweiset er eben dadurch, daß sein Leben an sich nichts anderes sey, als ein immerwährendes Kämpfen zwischen Erkranken und Genesen, zwischen Hinsterben und Wiederaufleben, und daß das besondere Leben als solches nicht bestehen könnte, wenn es nicht in seiner Tiefe ein immer reges Erhaltungs- und Heilungsbestreben trüge.

§. 578.

Hierzu kommt nun noch, daß die meisten Krankheiten den Keim ihrer Vernichtung in sich selbst tragen. Die meisten Krankheiten sind eigenthümliche regelwidrige Vegetationsprozesse, welche, den allgemeinen Gesetzen des dynamischen Prozesses gehorchend, sich nur bis zu einem gewissen Höhegrade entwickeln können, und von diesem aus durch allmähliche Ausgleichung ihrer Factoren nothwendiger Weise wieder abnehmen und ihrem gänzlichen Erlöschen entgegen sinken müssen: vorausgesetzt, daß die Bedingnisse ihres Bestehens sich nicht immerdar erneuern. Hat sich nun der lebende Organismus gegen die ankämpfende Gewalt der Krankheit in so fern behauptet, daß er frey von Zerstörung seiner Organisation und zu großer Erschöpfung seines Lebensvermögens aus dem Kampfe hervor gegangen ist; so tritt er in eben dem Maße, in welchem die Krankheit abnimmt, immer mehr und mehr unter die Herrschaft der im vorigen §. angeführten Gesetze und in die normale Wechselwirkung mit der äußern Natur zurück, und vollendet eben dadurch seine Heilung.

§. 579.

Es gibt zwar der Krankheiten nicht wenige, zu deren Besiegung das Heilbestreben des lebenden Organismus nicht hinreicht, und wo dieser der Unterstützung der heilenden Kunst bedarf. Aber auch die Bemühungen der Kunst zur Heilung der Krankheiten müssen dieselben Gesetze, welche der lebende Organismus bey diesem wichtigen Geschäfte befolgt, als ihre

Grundlage anerkennen und überall die Erreichung eines zwey=
fachen Zweckes im Auge behalten: nämlich auf der einen
Seite die Gewalt des Krankheitsprozesses, so weit es nur
immer möglich ist, zu brechen, und auf der andern den lebenden
Organismus in den Stand zu setzen, nach den oben (§. 577)
angeführten Gesetzen frey zu wirken.

§. 580.

Aus dem bisher Gesagten geht zugleich die Erkenntniß
der mannigfaltigen Weise, auf welche die heilsamen Ent=
scheidungen der Krankheiten erfolgen, hervor. Diese beruhen
nämlich auf folgenden Veränderungen: a) die übermäßige
Anstrengung der Lebenskräfte mäßiget sich durch allmähliche
Erschöpfung; b) die gesunkenen Kräfte werden durch Ruhe
und Reproduction gehoben; c) durch Anfachung auf der einen,
durch Herabstimmung auf der andern Seite wird das aufge=
hobene Gleichgewicht der Thätigkeiten wieder hergestellt; d)
der Krankheitsprozeß erlöscht in sich selbst und sein Product
wird durch den sich in gleichem Maße wieder erhebenden Le=
bensprozeß entweder assimilirt, oder durch vermehrte Ab= und
Aussonderungen aus dem Kreise des Lebendigen ausgestoßen.
In jedem Falle aber wird das, was dem Organismus durch
die Krankheit entzogen, verzehrt, oder zerstört wurde, nach
Besiegung derselben durch einen raschern Gang der Repro=
duction wieder ersetzt.

§. 581.

Unter allen diesen Veränderungen hat von jeher keine
so sehr die Aufmerksamkeit der Ärzte auf sich gezogen, als
die vermehrten Ab= und Aussonderungen, welche in
Folge der Krise eintreten und welche man deßwegen die
kritischen nannte: indem man gerade in diesen eine
Hauptstütze der Humoralpathologie zu finden glaubte. Denn
da man am Ende so vieler, besonders fieberhafter, Krank=

heiten eine so große Menge entarteter Flüssigkeiten ausgeleert werden sah, und zugleich wahrnahm, daß die Lösung der Krankheit um so rascher und entschiedener vorschritt, je freyer diese Ausleerungen erfolgten; so hielt man sich durch diese Wahrnehmung für berechtiget, diese ausgeleerten Stoffe als den materiellen Zunder der Krankheit, und diese selbst bloß als regelwidrige Wechselwirkung zwischen entarteten Säften und der durch diese aufgeregten Lebenskraft zu betrachten (§. 550).

§. 582.

Unterwirft man aber das Verhältniß der durch die kritischen Ausleerungen zu Tage geförderten Stoffe zur Krankheit selbst einer unbefangenen Prüfung; so überzeugt man sich bald: a) daß es allerdings Ausleerungen gibt, wodurch ein die Krankheit erregender, oder dieselbe unterhaltender Stoff ausgeleert wird, und die Abnahme der Krankheit mit der Ausleerung in ursächlichen Zusammenhang gebracht werden muß. Dieses gilt offenbar von manchen Blutungen, manchen Arten des Erbrechens, des Durchfalls, vom Abgange von Würmern, Gallensteinen u. s. w. b) Daß dagegen in sehr vielen andern Fällen die durch die kritischen Ausleerungen aus dem Kreise des Organischen ausgeschiedenen Stoffe nicht als Erreger, sondern als Erzeugnisse der in der Abnahme befindlichen Krankheit betrachtet werden müssen. Diese Behauptung stützt sich auf folgende Thatsachen: 1) in den meisten Krankheiten, welche tiefer in das Leben eingreifen, wird auf der einen Seite die Erneuerung des organischen Stoffes durch Verdauung, Assimilation u. s. w. zurück gehalten, auf der andern die Zersetzung und Zerstörung des schon vorhandenen Organischen nicht nur, wie vorhin, unterhalten, sondern durch die Krankheit selbst überwiegend angefacht. 2) Jede das Leben in seinem Wesen störende Krankheit muß zugleich als regelwidriger Vegetationsprozeß auftreten und als solcher auch ein krankhaftes Product im erkrankten Organismus erzeugen. Man denke an die Producte der Entzündung, Eiterung, Schmelzung, der krankhaften Secretionen u. s. w. Bey diesem Vorherrschen der Desorganisation und Verbildung sind in den meisten allgemeinen Krankheiten diejenigen Functionen, durch welche die desorganisirten und verbildeten Stoffe aus der Sphäre des Organischen entfernt werden, mehr oder weniger gehemmt, und diese Hemmung hat ihren Grund zum Theil in der überwiegenden Contraction in der Peripherie des Gefäßsystemes, wodurch Einsaugung und Absonderung zurück gehalten werden, zum Theil im Mangel an wässeriger Flüssigkeit, welche den desorganisirten und verbildeten Stoffen zum Auflösungs- und Weiterbeförderungsmittel dienen sollte, und welche, besonders in fieberhaften Krankheiten, durch Verdünstung oder Zersetzung, die der Krankheitsprozeß einleitet, im Übermaße vergeudet und dadurch den eben genannten Zwecken entzogen wird.

Aus allem diesen geht nun zur klaren Einsicht hervor, daß während jeder Krankheit, welche tiefer in die Vegetation des Organismus eingreift, und d u r ch dieselbe die Auswurfsmaterie nicht bloß in den Säften, sondern auch in der gesammten übrigen organischen Substanz angehäuft werden, und daß dann in eben dem Maße, in welchem die Krankheit abnimmt und der Organismus zu der ihm durch seine ursprünglichen Gesetze vorgezeichneten Wirksamkeit zurück kehrt, eine freyere Abscheidung dieser Krankheitsproducte und vermehrter Auswurf außerhalb der Grenzen des Organismus erfolgen müssen.

§. 583.

Die kritischen Ausleerungen geschehen nun entweder auf den gewöhnlichen Ausleerungswegen, wie z. B. der kritische Schweiß, Harn, Durchfall: oder sie erfolgen auf außerordentlichen Wegen, z. B. durch Blutungen, Erbrechen, Auswurf aus den Luftwegen, Vereiterungen, Hautausschläge, und sind im letztern Falle nicht selten Producte eigenthümlicher Secretionen.

Damit übrigens diese Ausleerungen eine wahrhaft kritische Bedeutung erlangen; so wird erfordert: 1) daß sie zur rechten Zeit, d. h. nach der Höhe der Krankheit eintreten; 2) daß sie in Hinsicht auf ihre Menge ausgiebig genug sind; 3) daß sie Stoffe zu Tage fördern, welche das Gepräge vollendeter Krankheitsproducte an sich tragen, oder welche, nach dem Ausdrucke der Alten, hinlänglich gekocht sind; 4) daß sie mit sichtbarer Abnahme der Krankheit in Verbindung stehen.

Alle übrigen Ausleerungen, welche in dem Verlaufe einer Krankheit sich einstellen, und die eben genannten Eigenschaften nicht haben, nennt man symptomatisch.

§. 584.

Da die Krankheit bestimmte Zeiträume und jeder Zeitraum bestimmte Perioden durchläuft; so muß auch eine jede wichtige Veränderung in der Krankheit an bestimmte Zeitverhältnisse gebunden seyn, und dieses muß vorzüglich auch von den Krisen und den mit selben in Verbindung stehenden Ausleerungen gelten. Fieberhafte Krankheiten beobachten gern, wenn ihr Verlauf durch gewaltsame Eingriffe nicht gestört wird, in Hinsicht auf ihre Stadien einen siebentägigen, und in Rücksicht auf ihre Perioden einen dreytägigen Typus. Hierin nun liegt der Grund, warum die siebenten Tage in solchen Krankheiten gern eine Entscheidung mit sich führen, und warum die kritischen Ausleerungen am liebsten in die an diesen Tagen eintretenden Remissionen fallen; warum ferner die in der Mitte eines siebentägigen Zeitraums liegende Exacerbation oft schon die ersten Vorzeichen einer am nächsten siebenten Tage bevorstehenden Entscheidung an sich trägt. Wenn daher die alten Ärzte den 7ten, 14ten, 21sten, 28sten Tag u. s. f. in einer fieberhaften Krankheit für kritische (dies critici

decretorii) — den 4ten, 11ten, 17ten, 24ſten u. ſ. w. für an=
zeigende (indices) erklärten; ſo war dieſe Beſtimmung auf
richtige Schätzung des Typus dieſer Krankheiten und auf auf-
merkſame Naturbeobachtung gegründet.

§. 585.

Damit wird aber nun keinesweges behauptet, daß dieſe
Beſtimmung der kritiſchen Tage unwandelbar wäre. Der
Gang einer Krankheit kann durch verſchiedene Umſtände be=
ſchleuniget und zurück gehalten, die einzelnen Perioden der=
ſelben können in die Länge gezogen und verkürzt werden, wo=
durch dann die Kriſen und kritiſchen Ausleerungen an andere
als die eben beſtimmten Tage übertragen werden müſſen.
Dieſes entging der Beobachtung der Ärzte der Vorzeit kei=
neswegs, und beſtimmte ſie, zwiſchen ihre anzeigenden und
entſcheidenden Tage noch Zwiſchentage (dies intercala-
res, intercidentes) einzuſchieben, an welchen ebenfalls
zuweilen Kriſen beobachtet wurden, die jedoch in der Regel
nicht ſo deutlich ausgeprägt und vollſtändig gefunden wurden,
als jene, welche an den Entſcheidungstagen im ſtrengern
Sinne einzutreten pflegten. Dahin wurden der 3te, 5te, 9te,
13te, 15te Tag u. ſ. f. gezählt. Die noch übrigen Tage wurden
zur Anwendung von Heilmitteln benutzt, weil man an dieſen
das Heilbeſtreben der Natur durch das Eingreifen der Kunſt
am wenigſten zu ſtören glaubte, und, deßwegen Heilungs=
tage (dies medicinales) genannt.

§. 586.

Iſt nun die Krankheit in Folge einer heilſamen Kriſe
ihrem Erlöſchen zugeführt worden; ſo tritt deßhalb der von
der Krankheit befreyete Organismus nicht mit einem Mahle
in den Zuſtand der vollkommenen Geſundheit wieder zurück.
Je heftiger die überſtandene Krankheit war, deſto fühlbarer
wird die Erſchöpfung der Lebenskräfte und der Verluſt an

organischer Substanz, welche sie zurück läßt. Indessen sobald der Krankheitsprozeß völlig getilgt, die Producte desselben aus dem Organismus entfernt und die Einheit seiner Thätigkeiten und Verrichtungen wieder hergestellt sind; so tritt dieser auch wieder in die ungestörte Wechselwirkung mit der äußern Natur zurück, und findet hierin die Mittel, den durch die Krankheit herbey geführten Abgang an Kraft und Stoff wieder zu ersetzen. Diesen Zustand des Organismus, welcher auf der einen Seite durch das Erlöschen eines bestimmten Krankheitsprozesses, auf der andern durch die Wiederkehr der entschiedenen Gesundheit begrenzt und durch ein unverkennbares Streben, den durch die Krankheit verursachten Verlust in dynamischer und organischer Beziehung wieder zu ersetzen, ausgezeichnet wird, unterscheidet man mit dem Namen der Genesung (convalescentia). Zum Wesen der Genesung gehören, dieser Bestimmung gemäß, folgende Stücke: a) vollkommenes Erlöschen des Krankheitsprozesses; b) vollendete Entfernung seiner Producte aus dem Organismus; c) wieder hergestellte Harmonie der Lebensthätigkeiten und Verrichtungen; d) sichtbares Fortschreiten der Reproduction. So lange diese Merkmahle nicht deutlich ausgesprochen sind; so lange ist auch der Arzt nicht berechtiget, den Kranken des Daseyns der entschiedenen Genesung zu versichern.

§. 587.

Nachtheilig ist die Entscheidung, wenn sie einen Rückfall derselben Krankheit, oder eine Nachkrankheit, oder den Tod herbey führt. Rückfällig wird die Krankheit alsdann, wenn sie aus dem Zeitraume der Abnahme in jenen des Wachsthums zurück geht, oder, wenn sie während der Genesung von neuem erweckt wird. Der Grund des Rückfalles liegt entweder in der unvollkommenen Entscheidung der bisherigen Krankheit, oder in einem regelwidrigen Wechselverhältnisse zwischen dem noch kranken oder so eben genesenden Organismus und der äußern Natur. Viele Krankheiten steigern nämlich die Empfänglichkeit des Ergriffenen für die äußeren Schädlichkeiten und führen dadurch eine erhöhete Anlage entweder für dieselbe oder eine andere Krankheit herbey. Diese Anlage ist aus leicht begreiflichen Gründen um so größer, je weniger die Genesung entschieden, oder vorwärts geschritten ist. Je größer übrigens die Anlage ist, eines desto geringern Anstoßes von außen bedarf es, um die bereits überstandene Krankheit von neuem, oder auch eine andere ins Daseyn zu rufen.

§. 588.

Wenn sich aus einer Krankheit eine neue entwickelt, so nennt man dieses das Umschlagen derselben (Metaschematismus); die Krankheit selbst aber, welche den Grund ihrer Entstehung in einer vorhergehenden hat, eine Nach= oder Folgekrankheit. Das Umschlagen einer Krankheit in die andere beruhet entweder darauf, daß ein bestimmter Krankheitsprozeß schon in sich selbst den Keim zu einem andern trägt, und nur zu einem bestimmten Grade von Höhe gelangen darf, um die wirkliche Entwicklung desselben zu beginnen: auf diese Weise geht die Entzündung in Eiterung, das entzündliche Fieber in das Faulfieber über. Oder es ist das materielle Product der ursprünglichen Krankheit, welches, mechanisch oder dynamisch auf den Organismus zurück wirkend, neue Störungen in demselben hervor ruft.

§. 589.

Hierher gehöret auch noch die Übertragung oder Übersetzung der Krankheit (metastasis), welche nichts anders bezeichnet, als Entwicklung eines krankhaften Zustandes in irgend einem Theile des Organismus, welche mit Unterdrückung einer krankhaften oder nicht krankhaften Thä=

tigkeit in irgend einem andern Theile in urſächlichem Zuſammenhange ſtehet: z. B. Wahnſinn, oder milchähnliche Abſonderungen nach unterdrückter Milchſecretion, Lungenſucht nach ſchnell geheilter Krätze, Schlagfluß nach Verſchwindung des Frieſels, Gicht im Magen, nachdem ſie die äußern Gliedmaßen verlaſſen hat, Geſichtsrothlauf mit Tilgung einer Gehirnentzündung u. ſ. w. In Rückſicht des Erfolges, welchen die Übertragung für den Geſundheitszuſtand des Kranken hat, iſt ſie entweder **gut oder böſe**. Gut oder auch kritiſch verdient die Metaſtaſe genannt zu werden, wenn ſie eine ſchwerere, gefahrvollere Krankheit mit einem leichtern Leiden vertauſcht, welches meiſtens auf Übertragung der Krankheit von einem wichtigern auf ein minder wichtiges Organ beruhet. Bös iſt hingegen die Metaſtaſe, wenn ſie die entgegengeſetzten Verhältniſſe herbey führt. Dieſes geſchieht nun entweder dadurch, daß die Krankheit von einem minder bedeutenden auf einen edlern Theil des thieriſchen Körpers übergeht, oder daß ſie, obſchon in einem minder wichtigen Theile auftretend, ſich dennoch daſelbſt zu einem ſolchen Grade von Heftigkeit entwickelt, daß ſie ihren verderblichen Einfluß wieder über den Geſammtorganismus zu verbreiten im Stande iſt. Den Schlüſſel zur Erklärung dieſer Verſetzung der Krankheit gibt das, was oben (§§. 188. 189) über ſtellvertretende Abſonderungen aus einander geſetzt worden iſt.

§. 590.

Der traurigſte Ausgang einer Krankheit iſt der in den Tod, oder das Erlöſchen des Lebensprozeſſes in einem einzelnen Organismus. Der nächſte Grund des Todes liegt in der Erſchöpfung der Lebenskräfte, oder in der Aufhebung der organiſchen und dynamiſchen Wechſelverbindung der verſchiedenen Organe und Syſteme des Organismus. Die Erſchöpfung der Lebenskräfte iſt entweder eine mittelbare, und Folge von übermäßiger Anſtrengung, wodurch der zur Unterhaltung des Lebens nothwendige Gegensatz zwischen denselben aufgehoben wird, oder sie ist eine unmittelbare, und ähnlich der Entladung oder Ableitung eines Imponderabeln, wie z. B. die Erschöpfung der Lebenskraft, welche durch manche Gifte herbeygeführt wird.

In den meisten Fällen wird der Tod dadurch begründet, daß durch die Krankheit ein oder mehrere Glieder aus der organischen Kette des Organismus in dynamischer oder materieller Beziehung ausgehoben, dadurch die Zusammenstimmung aller Theile zur Einheit des Lebens und die allgemeine Reproduction des Organismus und seiner Lebensfactoren unmöglich gemacht wird.

§. 591.

Es ist in der Erfahrung nicht gegründet, daß, wie einige behaupten, der durch Krankheit herbey geführte Tod beym Menschen immer vom Nervensysteme zuerst ausgehe, daß nach dem sensitiven, zunächst das irritable und zuletzt das vegetative Leben erlösche. Wenn man auch eingestehen muß, daß diese Ordnung des Absterbens in sehr vielen Fällen gilt, so liegt ihr deßwegen doch noch kein allgemeines und nothwendiges Gesetz zum Grunde; indem die Erfahrung einzelne Fälle aufzuweisen hat, wo das Leben im Gefäßsysteme seinem Erlöschen nahe ist, während es im Nervensysteme noch in seiner ganzen Klarheit bestehet; indem ferner sogar Beyspiele vom Scheintode angeführt werden, wo beym gänzlichen Stillstande des Lebens im Gefäßsysteme und in allen irritabeln Organen dennoch Sinnenleben und Bewußtseyn noch vorhanden waren.

§. 592.

Auf welche Art und in welcher Folgereihe der Tod auch immer eintreten mag; so wird man sich doch immer eine irrige Vorstellung von demselben machen, wenn man sich ihn unter dem Bilde einer gänzlichen Vernichtung denkt. Durch den Tod wird nichts, als bestimmte Verhältnisse gelöset, in welche die Urkräfte und Elemente der Natur in die Form des besondern Organismus und Lebens zusammen getreten waren. Das Wesen dieser Kräfte und Elemente bleibt unverändert. Sie treten aus einander, um sich wieder unter andern Verhältnissen zu vereinigen, wieder neue Prozesse zu beginnen und neue Gestalten in die Erscheinung hervor zu treiben.

Sterben heißt demnach nichts anderes, als Formen trennen und Verhältnisse lösen, keineswegs aber Wesen vernichten. Etwas also, was nicht Form ist, was nicht aus bestimmten Verhältnissen hervor gehet, was Einheit und Wesen an und für sich ist, wie das Princip des Bewußtseyns und der freyen Selbstbestimmung, kann weder erkranken noch sterben.

* * *

G. Ern. Stahl, diss. de autocrateia naturae. Hal. 1696. 4.

Ejusdem programma de synergia naturae in medendo. Hal. 1695. 4.

Marc. Herz, de varia naturae energia in morbis acutis et chronicis. Hal. 1774. 4.

K. J. Windischmann, Versuch über die Medicin, nebst einer Abhandlung über die sogenannte Heilkraft der Natur. Ulm, 1797. 8.

J. F. Geyer, natura medicatrix philosophiae et physices generalis legibus aestimata. Virceb. 1798. 8.

Cappel, de viribus corporis humani, quae dicuntur medicatrices. Gött. 1800.

Ernst. Benj. Ottl. Hebenstreit, von den Grenzen der Heilkräfte der Natur. — Als Anhang zu Gilberts Samml. pract. Beob. a. d. Lat. v. Hebenstreit. Leipz. 1792. 8.

And. Röschlaub, über die Heilkräfte der Natur — In dessen Magaz. zur Vervollkommn. der Heilk. IV. Bd. n. 10. V. Bd. n. 10. VI. B. n. 4. u. 8.

Jacob Fontani, commentarii in *Hippocrates* aphorismos crisium, Paris, 1608. 12.

Leonh. Fuchsii commentarius in *Galenum* de crisibus. Paris, 1549. Fol.

J. H. Zanutti, de crisibus et diebus decretoriis. Vienn. 1716. 8.

Fr. Hoffmann resp. *Artopaeus*, diss. crisium naturam et explicationem rationalem sistens. Hal. 1736. 4.

J. Fr. Cartheuser, diss. de recta motuum naturae aestimatione in morbis. Francof. 1747. — In *ejusd.* dissert. varii argumenti. n. 3.

Ge. Gttl. Richter, crises veterum in morbis propriumque iis tempus. Gött. 1748. 4.

Ant. de Haën, de crisibus morborum. — In *ejusd.* ratione med. Part. VIII. cap. 2.

Consbruck, de crisibus. Stuttgard, 1787. 4.

Schwarz, Hippocratica de crisi et diebus criticis dogmata contra *Camperum*. Francof. 1787. 4.

J. Val. Fr. Schlütter, commentatio medica de crisi morborum. Helmstad. 1788. 8.

Car. Fr. Theoph. Ideler, diss. inaug. de crisi in morbis. Lips. 1789. 4.

Ejusdem liber singularis de crisi morborum. Thoruni, 1794. 8.

K. Fr. Th. Idelers Abhandlung über die Krisen in den Krankheiten. Eine gänzliche Umarbeitung des lateinischen Originals. Leipzig, 1796. 8.

J. Fr. Chr. Thieme, diss. notionem criseos sistens. Hal. 1793. 8.

Nückels Abhandlung über die Kochung und die Krisen in Krankheiten. Bonn, 1794. 8.

C. Gf. Baldinger, resp. *Eckhard*, veritas doctrinae criseos *Hippocratis*. Marb. 1796. 8.

Hebenstreit resp. *Grützbach*, de crisibus. Lips. 1801. 4.

Wilh. Liebsch, commentatio de crisibus, praemio a medicorum ordine Göttingensi ornata. Gött. 1803.

Adlph. Henke, über die Krisen. — In Horns Archiv für med. Erfahrung. IV. Bd. 1. St.

Deſſen Unterſuchungen über die Lehre von den Kriſen und Metaſtaſen. Berl. 1805.

Neues Journ. der Theorieen, Erfindungen und Widerſprüche. XIV. XV. u. XVI. St.

Georg. Collimitii, de ratione dierum criticorum. Argent. 1531. 8.

Th. Boderius, de ratione et usu dierum criticorum. Paris, 1555. 4.

J. Zecchii, tractatus de diebus criticis. Bonon. 1586. 4.

Jac. Horstii dissert. XVI de crisibus morborum et criticis diebus, mensibus et annis. Helmst. 1597. 4.

Otto Bötticher, de causis et differentiis dierum decretoriorum. Basil. 1613. 4.

Andr. Argoli, de diebus criticis. Patavii. 1639. 4.

Petr. Cortesius, de diebus decretoriis. Panorm. 1642. 8.

Petr. Castellus, de abusu circa dierum criticorum enumerationes. Rom. 1642. 8.

J. Junker resp. *Dietelmair*, diss. explicans causam, cur acutarum febrium excretiones diebus tantum criticis et non aeque aliis sint salutares. Hal. 1743.

Bernh. Fr. Cost. Rhaeti, dierum criticorum ut imparium et numero signatorum in morbis methodi et observationes etc. Brixiae, 1757. 4.

Ant. de Haën, de diebus criticis et crisibus variis. — Ratio medendi Pars. I. cap. 4.

Delius resp. *Berger,* de diebus intercalaribus. Erlang. 1784. 4.

Sm. Th. Sömmering, diss. de functionum in convalescentibus restitutione. Mogunt. 1786. 4.

J. Pet. Frank, über die Wiedergenesung und die Wiedergenesungscur. — In Franks klein. Schriften, n. 14.

Fr. Bidischini, de reconvalescentia. Vienn. 1788.

Jos. eques de Vering, diss. de convalescentia ejusque cura. Viennae, 1816. 4.

Sawas, diss. exhibens generalem recidivarum considerationem. Hal. 1768. 4.

Brodhag, de morbis recurrentibus generatim. Hal. 1774. 4.

Pot. Willemoz, morborum recidivorum disquisitio medico-practica. Monspelii, 1788. 8.

Cl. Dav. Balme, considerations cliniques sur les rechûtes dans les maladies, à Par. an 5.

J. E. Hebenstreit, de metaschematismo morborum. Lips. 1747. 4.

A. Car. Lorry, de praecipuorum morborum mutationibus et conversionibus. Ed. *J. W. Hallé.* Paris, 1784. 4. Deutsche Übersetzung. Leipz. 1785.

Fr. Hoffmann, de metastasi, s. sede morbi mutata. Hal. 1731. 4.

Ph. G. Schröder resp. *Lohr,* de febrilibus metastasibus. Gött. 1769. 4.

E. Gttf. Baldinger resp. *Schlegel,* de metastasi in morbis. Jen. 1771. 4.

C. Sprengel resp. *Joseph,* de metastasi, imprimis lactea. Hal. 1792. 4.

J. Chr. Reil, von den Versetzungen der Krankheitsmaterien. — Im Journ. der Erfind. Theor. u. Widerspr. VII. St.

J. Dav. Brandis Verſuch über die Metaſtaſen. Hannover, 1798.

Matth. van Geuns, de morte corporea et causis moriendi. Lugd. Bat. 1761. 4.

W. G. Ploucquet resp. *Schmid*, diss. de unica mortis causa proxima. Tubing. 1786. 4.

C. Himly, commentatio mortis historiam, causas et signa sistens. Gött. 1794. 4.

Sal. Anschel, thanatologia, sive in mortis naturam, causas, genera ac species et diagnosin disquisitiones. Gött. 1795. 8.

Xav. Bichat, recherches physiolog. sur la vie et la mort. à Paris, an 8.

C. G. Ontyd, de morte et varia moriendi ratione. Lond. 1799. 8. — Deutſche Überſetzung von Eichwedel Erf. 1802. 8.

Aetiologie

Allgemeine ätiologische Begriffe.

§. 593.

Jeder lebende Organismus trägt zwar in jedem Augenblicke seines Lebens den Grund seines Seyns und Wirkens in sich selbst: allein da er durch seine Lebensthätigkeit seine Kräfte immerdar erschöpft, ihren Gegensatz ausgleicht und ihr materielles Substrat zerstört; so würde das Fortschreiten des Lebens in der Zeit und die vollkommene Entwicklung des Organismus unmöglich seyn; wenn derselbe nicht Stoffe und Kräfte von außen erseßen und eben daher den aufgehobenen Gegensatz seiner Factoren wieder herstellen könnte. Dieses aber ist nicht möglich ohne Wechselwirkung zwischen dem lebenden Organismus und zwischen dem, was man hinsichtlich desselben die äußere Natur nennt, welche dann wieder in jedem der Glieder, die in der Wechselwirkung begriffen sind, Thätigkeit und Leiden, Selbstbestimmung und Bestimmbarkeit voraus setzt. Daraus folgt, daß der lebende Organismus sein Daseyn nur durch diese Wechselwirkung mit einer äußern Natur behaupten kann, und daß sein jedesmahliger Zustand von dem Verhältnisse dieser Wechselwirkung abhängig ist.

§. 594.

Ist nämlich diese Wechselwirkung von der Art, daß der Organismus in derselben seine gesetzmäßige Selbstbestimmung behauptet; so gehen für ihn Selbsterhaltung und Gesundheit daraus hervor. Tritt aber bey dieser Wechselwirkung ein solches Verhältniß ein, daß die Selbstthätigkeit des Organismus mehr von der äußern Bestimmung, als von seiner eigenen Gesetzmäßigkeit beherrscht wird; so muß dadurch Krankheit — und wenn er der äußern Bestimmung gänzlich unterliegt, der Tod herbey geführt werden. Die Untersuchung des regelwidrigen Wechselverhältnisses zwischen der äußern Natur und dem lebenden Organismus, in so fern in demselben die Entstehung der Krankheit begründet ist, macht den Inhalt der Ätiologie aus.

§. 595.

Wenn es wahr ist, daß die Einsicht in die Entstehungsart der Krankheit zugleich Licht über die Natur derselben verbreitet; daß man zur Verhüthung der Krankheiten nichts Bestimmtes rathen und unternehmen kann, außer nur in jenen Fällen, in welchen man mit der Entstehungsweise derselben bekannt ist; daß endlich die Heilung der Krankheiten mit großen, oft mit unüberwindlichen Schwierigkeiten zu kämpfen hat, so lange man nicht im Stande ist, die nachtheiligen Verhältnisse des Kranken, durch welche die bestehenden Krankheiten immer fort unterhalten werden, aufzuheben: so muß es auch wahr seyn, daß die Ätiologie einen sehr wichtigen Theil der allgemeinen Pathologie ausmacht, und daß die nähere Bekanntschaft mit derselben dem Arzte höchst nützlich und ganz unentbehrlich ist

§. 596.

Hätte der lebende Organismus ein unbeschränktes Vermögen, jede äußere Einwirkung, von welcher Art und von welchem Grade sie auch immer seyn mag, entweder von sich zurück zu weisen, oder dieselbe seinen eigenthümlichen Gesetzen gemäß zu bestimmen und seiner Natur anzueignen; so würde es für ihn keine Schädlichkeiten und keine Möglichkeit von Krankheit geben. Da aber ein jeder besondere Organismus nothwendig auch ein beschränkter ist, mithin nur ein beschränktes Wirkungs- und Widerstandsvermögen besitzt; so muß er auch, sobald die äußere Einwirkung einen gewissen Grad von Heftigkeit übersteigt, dem bestimmenden Zuge derselben weichen, und eben dadurch sein Bestreben, Reproduction und äußere Lebensthätigkeit in Einklang zu bringen, gestört und Krankheit ins Daseyn gerufen werden. In der beschränkten Natur des besondern Organismus liegt demnach schon der Grund der Möglichkeit, von äußern Einflüssen regelwidrig bestimmt zu werden und der Krankheit anheim zu fallen.

§. 597.

Die Fähigkeit lebender Organismen, von äußern Einflüssen zu regelwidriger Lebensthätigkeit bestimmt zu werden, nennt man die **Anlage zur Krankheit** (dispositio ad morbum), die äußern Einflüsse selbst aber, welche diese regelwidrige Bestimmung des Lebens bewirken, die **Krankheit erregenden Schädlichkeiten** oder **schädlichen Einflüsse** (potentiae morbificae s. pot. nocentes).

Man unterscheidet in Bezug auf den Menschen eine **gemeinschaftliche** und **eigenthümliche** Anlage zur Krankheit. Die **gemeinschaftliche** kommt allen Menschen zu und ist in der beschränkten Natur des menschlichen Organismus und seines Lebens begründet. Die **eigenthümliche** bezieht sich auf den einzelnen Menschen, und geht aus der eigenthümlichen Modification seines Lebens und seiner Organisation hervor, welche der Entwicklungsperiode, in welcher er sich gerade befindet, und seinen übrigen individuellen Lebensverhältnissen entspricht.

§. 598.

Sehr heftig wirkende äußere Schädlichkeiten bedürfen,

um einen krankhaften Zustand hervor zu rufen, von Seite des Organismus keiner andern, als der allgemeinen Krankheitsanlage; minder heftig wirkende aber, dergleichen diejenigen sind, denen die meisten Krankheiten ihren Ursprung verdanken, fordern eine näher bestimmte Krankheitsanlage im Organismus, um herrschend in denselben einzugreifen und ihn zur regelwidrigen Lebensthätigkeit zu bewegen. Denn ist derselbe für die Einwirkung gewisser Schädlichkeiten nicht vorbereitet und empfänglich; so wird er sie in Folge seiner überwiegenden Selbstbestimmung entweder gänzlich von sich zurück weisen, oder seiner Oberherrschaft unterwerfen und seiner eigenthümlichen Natur aneignen.

§. 599.

Zur Erzeugung einer Krankheit werden dem zu Folge zwey Stücke erfordert: Krankheitsanlage und äußere Schädlichkeit; außer diesen aber noch ein bestimmtes Wechselverhältniß zwischen beyden. Daher ruft nicht jede Schädlichkeit in jedem Organismus dieselbe Art Krankheit hervor, und wenn ein und derselbe schädliche Einfluß in mehreren Individuen einen krankhaften Zustand erzeugt, so ist dieser in allen weder der Art, noch dem Grade nach derselbe. Es muß demnach eine jede besondere Schädlichkeit eine ihr entsprechende Krankheitsanlage finden, wenn sie zur Erzeugung der Krankheit beytragen soll. Trifft ein schädlicher Einfluß auf eine ihm entgegengesetzte Anlage; so begünstiget er den Ausbruch der Krankheit so wenig, daß er vielmehr die Entstehung einer andern, zu welcher die vorhandene Anlage führen würde, verhüthen hilft. Da übrigens die Krankheitsanlage zugleich die Empfänglichkeit für die schädlichen Einflüsse ausdrückt; so wird daraus leicht begreiflich, daß bey einem höhern Grade von Anlage schon eine geringere Gewalt einer entsprechenden Schädlichkeit hinreiche, die Krankheit ins Daseyn zu rufen, und umgekehrt.

§. 600.

Wenn das, was den Grund der Entstehung der Krankheit in sich enthält, **Krankheitsursache** genannt zu werden verdient; so gehören Anlage und schädliche Einflüsse ohne Widerrede in das Gebiet der Krankheitsursache. Da aber jede derselben für sich genommen nicht die ganze Krankheitsursache, sondern nur einen Theil derselben darstellt; so hat man sie in neuern Zeiten **ursächliche Momente**, und den Inbegriff beyder die eigentliche **Ursache der Krankheit** genannt.

§. 601.

Da die ältern Ärzte alles, was zur Begründung einer Krankheit und zur Darstellung derselben in der Wirklichkeit beyträgt, für Krankheitsursache erklärten; so mußten sie eben dadurch auf eine Mehrheit derselben geführt werden, welche der leichtern Übersicht wegen eine Eintheilung forderte. Die wichtigste Eintheilung der Krankheitsursachen war unstreitig jene, wodurch sie in die **entfernten** und in die **nächsten** unterschieden wurden. Die **entfernten** Krankheitsursachen (causae remotae) zerfielen wieder in die **vorbereitenden** (causae praedisponentes, seu proegumenae), welche die Anlage zur Krankheit begründen, und in die **Gelegenheitsursachen** (causae occasionales, s. procatarcticae), welche zu einer bestimmten Anlage hinzu tretend, die Krankheit selbst ins Daseyn rufen. Die **nächste** Krankheitsursache ist die unmittelbare Wirkung der entfernten im lebenden Organismus, nämlich die regelwidrige Veränderung der Lebenskräfte und ihrer organischen Substrate, welche als nächster Grund des Krankheitsprozesses und aller seiner Erscheinungen betrachtet werden muß.

Erster Abschnitt.
Von der Krankheitsanlage.

§. 602.

Krankheitsanlage bezeichnet nach dem §. 597 aufgestellten Begriffe derselben nichts anderes, als die Fähigkeit des lebenden Organismus, von äußern Einflüssen zu regelwidriger Thätigkeit bestimmt zu werden. Da diese Fähigkeit schon aus der eigenthümlichen Natur jedes einzelnen organisirten Körpers hervorgehet; so gehört die Krankheitsanlage nicht nothwendiger Weise zum regelwidrigen Zustande, obschon sie durch diesen erhöhet und näher modificirt werden kann. Auch der gesündeste Mensch ist nicht von aller Krankheitsanlage frey, und jede Art von Gesundheit begründet eine eigene Art von Krankheitsanlage. Es ist demnach noch ein bedeutender Unterschied zwischen Krankheitsanlage und dem Hinneigen zur Krankheit (opportunitas ad morbum), indem letzteres immer außer dem Kreise der Gesundheit liegt, und den krankhaften Zustand schon zu entwickeln beginnt, ohne jedoch noch eine bestimmte Krankheitsgattung, Art und Gestalt darzustellen.

Von der allgemeinen Krankheitsanlage des Menschen.

§. 603.

Die allgemeine, oder die allen Menschen gemeinschaftliche Krankheitsanlage wurzelt in der eigenthümlichen beschränkten Natur des Menschenorganismus und seiner Lebenskräfte (§. 596).

Die Organisation des Menschenkörpers ist zwar bis zur höchsten Stufe irdischer Vollkommenheit erhoben: allein, eben mit dieser höhern Ausbildung wachsen ihre Feinheit, Zartheit, mannigfaltige Verbindung und Verschlingung, ihre Wandelbarkeit durch das Leben selbst, das Bedürfniß ihrer beständigen Wiedererneuerung, ihre Abhängigkeit von der äußern Natur, ihre Bestimmbarkeit durch überwiegende dynamische, chemische und mechanische Gewalt.

Eben so liegt in den bestimmten Gesetzen, welchen der Lebensprozeß im menschlichen Organismus unterworfen ist, nach denen er an die Wechselwirkung entgegengesetzter Kräfte und an ein bestimmtes Wechselverhältniß nicht bloß zwischen diesen Kräften, sondern auch zwischen den Thätigkeiten und mannigfaltigen Verrichtungen, in welche er sich in demselben Organismus verzweiget, gebunden ist; nach denen die Lebenskräfte sich durch ihre eigene Thätigkeit allmählich erschöpfen, und sich nur in dem Wechselverkehr mit der äußern Natur wieder erhohlen können; nach denen also die innigste Verbindung zwischen dieser und dem Leben des Organismus nothwendig, und letzteres dem bestimmenden Einflusse der Außenwelt zum Theil wenigstens unterworfen werden mußte — in diesen Gesetzen, sagen wir, liegt der zweyte Grund der Möglichkeit mannigfaltiger Störungen des Lebens, und mithin eine allgemeine Anlage zur Krankheit überhaupt.

―――

Von der besondern Krankheitsanlage.

§. 604.

Das eigenthümliche Gepräge, welches das Leben und die Organisation in jedem einzelnen Organismus annehmen, theilt auch seinen Verhältnissen zur Außenwelt und seiner

Empfänglichkeit für krankheiterregende Schädlichkeiten eine eigenthümliche Modification mit, und wird so die Grundlage von der besondern oder eigenthümlichen Krankheitsanlage. An dieser besondern Krankheitsanlage unterscheidet man nun einen quantitativen und qualitativen Charakter; indem es sich bey der Prüfung derselben immer um die Beantwortung von zwey Fragen handelt: ob nämlich ein bestimmter Organismus einen niedrigern oder höhern Grad von Krankheitsanlage besitze, und welcher Classe, Ordnung, Gattung und Art der Krankheiten er vermöge derselben vorzüglich ausgesetzt sey?

§. 605.

Die Quellen der besondern Krankheitsanlage sind: Erzeugung, Alter, Geschlecht, Temperament, eigenthümlicher Körperbau, Lebensweise und bereits überstandene Krankheiten, deren Verhältnisse zur besondern Krankheitsanlage wir in den folgenden Hauptstücken näher untersuchen werden.

Erstes Hauptstück.
Von der erblichen und angebornen Krankheitsanlage.

§. 606.

Das, was wir §. 220 u. ff. über krankhafte Zeugung und Entwicklung im Mutterleibe, und §. 544 u. ff. über den Unterschied zwischen erblichen und angebornen Krankheiten vorgetragen haben, verbreitet zugleich Licht über die durch Zeugung und Entwicklung im Mutterschooße begründete Anlage zu Krankheiten, deren Wesen und Verschiedenheit demnach hier keiner umständlichern Auseinandersetzung mehr bedarf.

Zweytes Hauptstück.
Von der durch das Alter bedingten Krankheitsanlage.

§. 607.

Das menschliche Leben, welches in einem immerwährenden Wechsel von Bilden und Zerstören bestehet, durchläuft von seinem Entstehen bis zu seinem Vergehen zwey große Hälften, in deren erstern der Bildungs-, in der andern der Zerstörungstrieb offenbar überwiegt. Dieses Vor- und Zurückschreiten der organischen Bildung und mit ihr des Lebens überhaupt sind an bestimmte Zeiträume gebunden, welche, in der ersten Lebenshälfte deutlicher, als in der zweyten sich von einander unterscheidend, die Lebensalter darstellen. Diese sind demnach als eben so viele Stufen der Ausbildung oder Zurückbildung zu betrachten, deren jede sich durch eine eigenthümliche Modification der innern und äußern Lebensverhältnisse auszeichnet, und eben damit auch ihre eigenthümliche Krankheitsanlage begründet.

§. 608.

Man hat in neuern Zeiten das menschliche Leben in sechs Lebensalter, drey in aufsteigender und drey in absteigender Richtung eingetheilt. Die drey in aufsteigender Richtung sind das Kindes-, Jünglings- und Mannesalter; die drey in absteigender Richtung liegen im Greisenalter eingeschlossen, und man war bis jetzt nicht im Stande, sie durch scharfe Grenzlinien von einander zu sondern. Diese Eintheilung beruhet auf der allmählichen Entwicklung des Lebens, anfänglich mehr in vegetativer, sodann in überwiegender animalischer, und endlich in vorherrschender sensitiver Form, und auf der hierauf eintretenden Zurückbildung in umgekehrter Stufenfolge. Wir verkennen keineswegs das Scharfsinnige und die strenge Consequenz in dieser Anordnung der Lebensalter; allein so lange man dieselbe nicht in der Natur nachzuweisen vermag, so lange ist auch zu besorgen, daß diese dem Systeme mit Gewalt unterjocht werde.

Wir ordnen demnach die Lebensalter des Menschen noch immer so, wie sie uns die Natur durch deutlich ausgesprochene Charaktere gesondert darstellt, und unterscheiden als besondere Alter: **das Alter der menschlichen Leibesfrucht, des Kindes, Knaben, Jünglings, des Mannes und Greises.**

§. 609.

Das Leben der **Frucht** im Mutterleibe ist beynahe ganz der Bildung des Organischen aus dem Flüssigen zugewandt. Die organische Bewegung schlummert in den meisten Organen, oder spielt da, wo sie erwacht ist, z. B. in der Circulation, eine dem vegetativen Leben untergeordnete Rolle. Diese vorwaltende Richtung des Lebens macht, daß dasselbe vorzüglich unter der Form der Vegetation regelwidrig bestimmt werden kann, und begründet dadurch eine vorherrschende Anlage zu Mißbildungen und zu regelwidrigen Zuständen der Vegetation überhaupt.

§. 610.

Das **kindliche Alter** theilen wir in zwey Stadien ab, und setzen in das erste die Lebenszeit von der Geburt bis zum vollendeten ersten Zahnausbruch; in das zweyte den Abschnitt des Lebens, welcher durch das erste Zahnen auf der einen, und durch den Wechsel der Zähne auf der andern Seite begränzt wird. Beyde unterscheiden sich auf eine unverkennbare Weise durch die innern und äußern Lebensverhältnisse, und durch die aus denselben hervorgehende Anlage zu Krankheiten.

§. 611.

Erster Abschnitt des kindlichen Alters. Mit der Geburt des Kindes tritt eine äußerst wichtige Revolution aller seiner Lebensgeschäfte ein. Der Vorgang des Athmens, die neue Richtung des Kreislaufes, die Ernährung vom Darmkanale aus, das Erwachen der äußern Sinne, führen nicht allein eine ganz neue Wechselbestimmung zwischen den Systemen und Organen des neugebornen Kindes, sondern auch einen ganz andern und vielfachern Wechselverkehr mit der äußern Natur herbey. Der zwar raschere, aber weniger kräftige Lebensprozeß, die größere Weichheit und Zartheit der Organisation enthalten den Grund von einem höhern Grade von Bestimmbarkeit durch äußere schädliche Einflüsse, und folglich auch von einem höhern Grade von Krankheitsanlage, die sich dann durch das überwiegende Verhältniß der Sterblichkeit der Kinder im ersten Lebensjahre in der Erfahrung hinlänglich bestätiget.

Die eigenthümliche Gestalt des Lebens, in welchem noch immer die Vegetation vorwaltet; die überwiegende Reizempfänglichkeit in den Organen der Erregung; das vorwaltende Verhältniß des Gehirns, und der innigere Wechselverkehr desselben mit dem Vegetationsprozesse; der aufgeregte Zustand des Lebens, welcher bey der Entwicklung der Zähne Statt findet, und die Zurückwirkung derselben auf das Nerven = und Gefäßsystem; der Umstand endlich, daß der Organismus in diesem Alter den krankheiterregenden Einflüssen vorzüglich vermittelst der ersten Wege bloßgestellt ist, machen, daß das Kind während desselben eine deutlicher ausgesprochene Anlage zu Vegetationskrankheiten zeigt, und zu denselben leicht Nervenleiden hinzutreten. Daher die häufigen Störungen der Verdauung und Assimilation mit Entwicklung freyer Säure, krankhafter Schleimabsonderung, Durchfall, Aphten, Atrophie, Rachitis, Convulsionen, Wassersucht des Gehirns u. s. w.

§. 612.

Zweyter Abschnitt des kindlichen Alters. Die organische Entwicklung schreitet vorwärts, und ist vorzüglich mit Ausbildung der Knochen, der Organe der Sinnlichkeit und willkürlichen Bewegung beschäftigt. Die vegetative Seite des Lebens herrscht zwar noch immer vor, jedoch drängt es sich nun auch unter der Form der Muskel= und Nerventhätigkeit deutlicher hervor. Die Anlage zu Vegetationskrankheiten ist in diesem Alter noch immer groß, jedoch sind diese mehr mit regelwidrigen Sensibilitäts= und Irritabilitätsäußerungen gemischt. Scrofeln, Exantheme, Keuchhusten, häutige Bräune sind es vorzüglich, denen das Kind in dieser Periode am meisten unterworfen ist.

§. 613.

Im Knabenalter entwickelt sich das Nervensystem und die mit ihm zunächst in Verbindung stehenden Organe zu immer höhern Stufen von Vollkommenheit: das Leben gewinnt an innerer Stärke und Beharrlichkeit, der Organismus setzt den äußern Schädlichkeiten einen ausgiebigern Widerstand entgegen: die Krankheitsanlage vermindert sich dem Grade nach, und nähert sich in der ersten Hälfte dieses Alters noch mehr der kindlichen, in der andern aber bereits der Jünglingsanlage.

§. 614.

Im Jünglingsalter reifet das Gehirn= und Nervensystem seiner Vollendung entgegen; zu gleicher Zeit beginnt die raschere Entwicklung der Zeugungsorgane. Der Lebensprozeß drängt sich nun in der Form des überwiegenden Nervenlebens hervor. Diese höhere Steigerung des Lebens heischet eine lebhaftere Wechselwirkung zwischen dem Blute und der atmosphärischen Luft in dem Respirationsprozesse: dadurch, und durch die verminderte Capacität der Blutge=

fäße des Gehirns erhält nun der Blutstrom seine vorzügliche Richtung nach den Lungen. Rechnet man nun noch zu allem diesen den bestimmenden Einfluß der Geschlechtsfunctionen auf den übrigen Organismus hinzu; so wird man leicht einsehen, daß aus diesen mannigfaltig veränderten Verhältnissen eine Veränderung in der Krankheitsanlage hervorgehen, und daß es vorzüglich die Krankheiten von gestörten Geschlechtsverrichtungen, Lungenentzündungen, Bluthusten, Lungensuchten, Nerven- und Gemüthskrankheiten seyn müssen, welchen das Jünglingsalter am meisten bloßgestellt ist.

§. 615.

Im männlichen Alter erreicht der menschliche Organismus die höchste Stufe seiner Ausbildung, seine Systeme und Lebensformen treten in dasjenige Ebenmaß, dessen er nur immer fähig ist. Bey mäßiger Empfänglichkeit für die äußern Einflüsse besitzt er ein ausgiebiges Widerstandsvermögen. Daher hat dieses Alter, wenn ihm die äußern Umstände günstig sind, unter allen übrigen den geringsten Grad von Krankheitsanlage. Indessen stellt sich doch mit dem Vorschreiten dieses Alters allmählich ein Übergewicht der contractiven Thätigkeit ein, wodurch im Gefäßsysteme das Fassungsvermögen der Schlagadern vermindert, und Anhäufungen des Blutes in den Venen begünstiget werden. Daß dieses Mißverhältniß zuerst im Unterleibe, und namentlich im Pfortadersysteme hervortreten muß, und daß darin, zum Theil aber auch in der häufigern Ausübung der Geschlechtsverrichtungen, die dem männlichen Alter eigene, hervorstechende Anlage zu Unterleibskrankheiten und zur Gicht ihren Hauptgrund habe, bedarf wohl keines umständlichern Beweises.

§. 616.

Das Greisenalter kündiget sich als ein allmähliches Sinken des Lebens von seiner höchsten Entwicklungsstufe an.

Zuerst tritt die expansive Lebensthätigkeit und mit ihr die Entwicklung der Sensibilität, der thierischen Wärme und der Lebensfülle zurück; dann wird aber auch die Reproduction immer träger und unvollkommener, und in der Sphäre des Organismus häuft sich das Starre und Desorganisirte. Je mehr aber das Lebensvermögen abnimmt, desto schwächer wird der Widerstand, welchen der belebte Körper den zerstörenden Angriffen der äußern Natur entgegensetzen kann, desto größer nothwendiger Weise die Anlage zu Krankheiten, welche sich durch den asthenischen und cachectischen Charakter auszeichnen, und unter der Form von Schlagfluß, Lähmung, Engbrüstigkeit, Verhärtung, Scyrrhus, Verknöcherung, kalten Brand, in die Erscheinung treten.

* * *

Ph. Pr. Hopfengärtner, einige Bemerkungen über die menschlichen Entwicklungen und die mit denselben in Verbindung stehenden Krankheiten. Stuttgard, 1792. 8.

Bh. Chr. Faust, Perioden des Lebens. Berl. 1794.

Adolph Henke, über die Entwicklungen und Entwicklungskrankheiten des menschlichen Organismus. Nürnb. 1814. 8.

Drittes Hauptstück.
Von der Krankheitsanlage, welche aus den Eigenthümlichkeiten des Geschlechtes hervorgeht.

§. 617.

Sehr merkwürdig ist das eigenthümliche Gepräge, welches Lebensprozeß und Organisation in jedem der beyden Geschlechter des Menschen annehmen, wodurch der ganze Gang des Lebens, seine Verhältnisse zur Außenwelt, und mit allem diesen auch die Anlage zur Krankheit eine eigenthümliche Bestimmung erhalten, welche bey der Untersuchung des Ursprunges und der Verschiedenheit der Krankheiten eine nähere Würdigung verdient.

§. 618.

Das Leben des Mannes ist offenbar mächtiger, als jenes des Weibes; die organische Bewegung zeichnet sich durch größere Stärke und Dauerhaftigkeit, die Bildung durch eine höhere Stufe der Entwicklung des Organischen aus; denn offenbar sind im männlichen Organismus Knochen, Muskeln und Nerven mehr ausgebildet, als im weiblichen. Diese vollkommnere Ausbildung des thierischen oder vielmehr des menschlichen Charakters im Manne fordert aber auch zu ihrer Vollendung einen größern Zeitraum, daher dann der spätere Eintritt der Mannbarkeit bey ihm, die spätere Beendigung seines Wachsthums, der langsamere und schwierigere Wiederersatz der verlorenen organischen Substanz. Hierzu kommen noch die dem Manne eigenthümlichen Geschlechtsverrichtungen, welche in diesem offenbar in einer nähern Beziehung zum Nervensysteme stehen. In allem diesen ist nun zwar ein geringerer Grad von Krankheitsanlage begründet, diejenige aber, welche vorhanden ist, begünstiget vorzüglich die Entstehung heftiger Krankheiten mit hypersthenischem Charakter, außer diesen aber noch derjenigen, welche mit Störung oder Mißbrauch der Geschlechtsverrichtungen in Verbindung stehen.

§. 619.

So wie in dem Organismus des Mannes der positive Charakter des Lebens deutlich vorherrscht, so hat in jenem des Weibes der negative ein unverkennbares Übergewicht. Das gesammte Leben hebt sich in diesem nicht auf jene Höhe der Thiernatur, als in jenem: in der organischen Bewegung spricht sich größere Reizempfänglichkeit mit geringerem Wirkungsvermögen, in der Bildung zwar größere Raschheit, aber geringere Gediegenheit und Vollendung aus. In dem organischen Stoffe herrscht das Eyweiß, in der organischen Form Zellen- und Gefäßbildung vor; Knochen und Faserbildung sind zurückgehalten. In diesem lebhaftern Vorschreiten der organischen Bildung mit weniger tiefer Ausprägung ihres Productes liegt der Grund, warum das Wachsthum des weiblichen Körpers geschwinder vollendet wird, warum die Mannbarkeit früher eintritt, warum endlich der Ersatz des Verlornen leichter und geschwinder von Statten gehet. Indessen wird aber doch auch der weibliche Organismus durch die eben geschilderte eigenthümliche Einrichtung seines Lebens den äußern Schädlichkeiten mehr bloß gestellt, und mithin seine Anlage zu Krankheiten gesteigert, welche bey diesem Geschlechte häufig den adynamischen Charakter, die nervöse oder cachectische Form annehmen. Jedoch wird auf der andern Seite diese größere Gebrechlichkeit des Weibes wieder durch das lebhaftere Reproductions- und Heilungsbestreben seines Organismus vergütet.

§. 620.

Mannigfaltig werden endlich noch die Verhältnisse des weiblichen Organismus, und mit ihnen die Krankheitsanlage abgeändert und näher bestimmt durch die vielfachen Geschlechtsverrichtungen desselben, welche beym Weibe einen noch mächtigern Einfluß auf die übrigen Geschäfte des Körpers, als beym Manne haben, und bey jenem in einer unverkennbaren nähern Beziehung zum Gefäß - und Reproductionssystem stehen.

Bey der Jungfrau macht das in monatlichen Perioden wechselnde Steigen und Fallen des Lebens, welches nicht bloß in den Geschlechtsorganen, sondern im ganzen übrigen Organismus Statt findet, daß um die Zeit des Monatflusses die Empfindlichkeit überhaupt, und mit ihr die Empfänglichkeit für krankheiterregende Schädlichkeiten auffallend gesteigert wird. Daraus entsteht nun erhöhte Anlage zu mancherley Krankheiten, besonders aber zu solchen, welche mit den Regelwidrigkeiten des Monatflusses in Verbindung stehen.

Der Zustand der Schwangern zeichnet sich durch den großen bestimmenden Einfluß, welchen der in der Gebärmutter waltende Bildungsprozeß auf den übrigen mütterlichen Organismus gewinnt, und zugleich durch die Veränderungen des Mechanismus der Eingeweide des Unterleibes aus, welchen der allmählich vergrößerte Umfang der Gebärmutter zur Folge hat. Daraus entsteht eine große Geneigtheit zu mannigfaltigen Beschwerden, deren Zahl nicht selten noch durch jene vermehrt wird, welche aus einem regelwidrigen Wechselverkehr zwischen der Frucht und der Gebärmutter entspringen, z. B. Blutflüsse, Abortus u. s. w.

In dem Geburtsgeschäfte liegt die Anlage zu allem jenem Unheile, welches aus zu schwieriger, zu sehr verzögerter, ganz unmöglicher, oder auch zu schneller Niederkunft hervorgeht.

Bey der Kindbetterinn sind die Zusammenziehung der Gebärmutter und ihrer Gefäße nach der Geburt, die bedeutende Veränderung, welche dadurch im ganzen Gefäßsystem hervorgebracht wird, das in diesem überall rege Secretionsbestreben, die Verhältnisse der Lochien- und Milchabsonderung zu diesem Bestreben, endlich die im ganzen Organismus gesteigerte Sensibilität und Entzündbarkeit eben so viele Umstände, in welchen der Grund zu der Anlage zu eigenthümlichen Kindbettkrankheiten zu suchen ist.

Die Säugende ist jenen Störungen der Gesundheit bloß gestellt, welche sich auf Unordnungen in der Milchabsonderung beziehen.

Wichtig ist endlich noch die Umwälzung, welche die klimakterischen Jahre in dem weiblichen Organismus hervorrufen, und wodurch sie eine neue Krankheitsanlage begründen. Das Sinken des bildenden Lebens in den Geschlechtsorganen führt eine neue Ordnung der Dinge in das Gefäß- und gesammte Reproductionssystem ein. Der Bildungstrieb, welcher noch immer fortwirkt, und welchem nun der Weg abgeschnitten ist, auf welchem er seine Erzeugnisse über die Grenzen des eigenen Organismus hinaustreiben kann, wird nun innerhalb der Sphäre des letztern eingeengt, und da hier nichts Normales mehr auszubilden ist, und er auf der andern Seite durch das raschere oder kräftigere animalische Leben nicht hinlänglich zum Reproductionsgeschäfte aufgefordert wird; so bekommt er Gelegenheit und Muße, sich in Afterbildungen zu üben. Daher schreibt sich in diesen Jahren außer der Neigung zu Congestionen des Blutes nach einzelnen Theilen, die so deutlich ausgesprochene Anlage zu Afterorganisationen, z. B. Verhärtungen, Scirrhus, Krebs, Polypen, Balggeschwülsten u. s. w.

* * *

Melchior Sebitz, de discrimine corporis virilis et muliebris. Argent. 1749. 4.

Jak. Fid. Ackermann, über die körperliche Verschiedenheit des Mannes vom Weibe außer den Geschlechtstheilen. A. d. Lat. von Jos. Wenzel. Mainz, 1788.

A. F. Nolde, momenta quaedam circa sexus differentiam. Gött. 1788.

J. H. F. Autenrieth, über die Verschiedenheit beyder Geschlechter und ihrer Zeugungsorgane. — In Reil's Archiv für die Physiologie. VII. B. I. H.

Viertes Hauptstück.
Von der Krankheitsanlage, in so fern sie vom Temperamente abzuleiten ist.

§. 621.

Temperament, Temperatur des Lebens drückt nichts anderes aus, als den eigenthümlichen Charakter, welchen der Lebensprozeß im einzelnen menschlichen Organismus schon bey der Entstehung desselben annimmt, und in der Regel den größten Theil seines Bestehens hindurch beybehält. Da das Leben eines jeden einzelnen Menschen ursprünglich aus denselben Grundkräften hervorgeht; so läßt sich als Grund der eigenthümlichen Modificationen, durch welche es sich in jedem Individuum auszeichnet, kein anderer denken, als ein für jeden einzelnen menschlichen Organismus näher bestimmtes Verhältniß der Lebenskräfte. Stellt man sich ein Ideal vom menschlichen Organismus vor, und legt man demselben ein durch die Idee bestimmtes Verhältniß der Lebenskräfte bey; so lassen sich von diesem Grundverhältnisse im Allgemeinen nur vier Abweichungen denken. Beyde Lebensfactoren können nämlich in bestimmten Graden über dasselbe hinauf, oder unter dasselbe herab zu= oder abnehmen, oder der positive kann den negativen, oder dieser kann jenen, wiederum durch eine Reihe von Stufen hindurch, überwiegen. Daraus folgt nun unmittelbar, daß es außer dem Idealtemperamente, welches man in der Wirklichkeit nicht antrifft, nur **vier Haupt= oder Cardinal=Temperamente** geben könne, und daß die Alten bey ihrer Eintheilung derselben schon tiefe Blicke in das Innere der Natur, obschon nicht von dem wahren Gesichtspunkte aus, gethan haben. Sie suchten nämlich den Grund des Lebens und seines Wechsels in den materiellen Verhältnissen des Organismus, und indem sie die Temperamente von dem Vorschlagen eines der vier sogenannten Cardinalflüssigkeiten ableiteten, bezeichneten sie dieselben auch nach den letztern mit den Namen des **cholerischen, phlegmatischen, sanguinischen und melancholischen.**

§. 622.

Jedes Temperament spiegelt sich in allen Äußerungen des Lebens und seinen Producten ab; es drückt sich in dem Wechselverhältnisse zwischen Erregung und Bildung, in der Erregung selbst durch die Beziehung der Reizempfänglichkeit zum Wirkungsvermögen, in der Bildung durch das Verhältniß der gestaltenden und zerstörenden Thätigkeit, in ihren Producten durch Gehalt, Zusammenhang und Umriß des Organischen aus. Es gibt einem jeden Organismus seine eigene Stellung gegen die äußere Natur, seine eigene Empfänglichkeit für die erhaltenden und verderbenden Einflüsse, und folglich eigene Grade und Arten von Krankheitsanlage.

§. 623.

Das **cholerische Temperament** der Alten, welches man das **heftige** nennen könnte, bietet einen hohen Grad von Schnelligkeit und Kraft im Lebensprozesse dar, welche sich in der Erregung durch eine gespannte Reizempfäng=

lichkeit und starkes Wirkungsvermögen, in der organischen Bildung durch höhere Entwicklung auf der einen, und schnellere Verzehrung auf der andern Seite aussprechen. Menschen, die mit diesem Temperamente begabt sind, zeichnen sich durch lebhafte Empfindung, durch Scharfsinn im Urtheilen, durch Neigung zu heftigen Gemüthsaffecten, durch schnelle und kräftige Muskelbewegung, durch muskulösen, straffen Körperbau, durch ein Übergewicht an Faserstoff im Blute, Reichthum an Galle, gelbliche Hautfarbe, dunkleres, meistens krauses Haar aus, und haben eine größere Anlage zu heftigen, schnell verlaufenden, entzündlichen Krankheiten, Blutsturzen, Manie u. dgl.

§. 624.

Dem vorhergehenden gerade entgegengesetzt ist das **phlegmatische oder vielmehr das träge Temperament**, welches einen tiefern Stand der Lebenskräfte andeutet, und sich durch Trägheit und Schwäche aller Lebensäußerungen verkündiget. Geringe Reitzempfänglichkeit und kraftloses Wirkungsvermögen, langsame und unvollkommene Ausbildung des Organischen, wobey dieses auf den niederern Stufen der thierischen Natur zurückgehalten wird, Stumpfheit der Sinne, Gleichgültigkeit des Gemüthes, Trägheit der Muskelbewegung, schlaffer, aufgedunsener Körperbau, Vorherrschen des unvollkommen ausgebildeten Eyweißstoffes im Blute, reichliche Schleimabsonderung, Blässe der Haut und geringerer Wärmegrad des ganzen Körpers — dieß sind die Merkmahle, welche dieses Temperament verrathen, und zugleich darauf hindeuten, daß dasselbe den Angriffen der äußern Schädlichkeiten nur geringen Widerstand zu leisten vermöge, und nicht wenigen Krankheiten, die sich gewöhnlich durch den Charakter der Schwäche, der Lähmung, der Cachexie, und durch einen langsamen Verlauf auszeichnen, bloßgestellt sey.

§. 625.

Das sanguinische Temperament, welches man auch das flüchtige nennen könnte, beurkundet in allen Äußerungen des Lebens ein Vorherrschen der expansiven Thätigkeit, welche durch die contractive nicht hinlänglich beschränkt wird. Der Lebensprozeß lodert mit großer Hastigkeit auf, es gebricht ihm aber die innere Kraft und Beharrlichkeit: die Erregung offenbart einen hohen Grad von Reizempfänglichkeit und einen niedrigen vom Wirkungsvermögen, die organische Bildung eine schnellere Entwicklung des Organischen, besonders des Blutes, allein geringere Gediegenheit und Ausbildung desselben. Daher die große Empfindlichkeit, die schnellen Bewegungen mit geringerer Kraft und früher Ermüdung, die Oberflächlichkeit im Denken, das Herrschen der Einbildungskraft über den Verstand, die Wandelbarkeit des Gemüthes, die reichliche Bluterzeugung mit geringerm Verhältnisse des Faserstoffes; die Zartheit und Weichheit der gesammten Organisation.

Dieses Temperament erzeugt eine große Empfänglichkeit für krankheiterregende Schädlichkeiten, und damit eine größere Anlage zu Krankheiten, besonders zu schnell verlaufenden, fieberhaften, nervösen, mit sehr wandelbarem Charakter.

§. 626.

Das melancholische Temperament der Alten, eigentlicher das beharrliche, bietet ein dem sanguinischen entgegengesetztes Verhältniß der Lebenskräfte dar: ein Überwiegen der contractiven Thätigkeit und eine dadurch bedingte Beschränkung der expansiven, und spricht sich durch einen gemäßigten Gang des Lebens mit vieler innern Stärke und Beharrlichkeit aus. Die Erregung zeigt geringere Reizempfänglichkeit, dagegen ein kräftiges und standhaftes Wirkungsvermögen, die Vegetation langsamere Entwicklung, aber ein gediegenes, der Zerstörung mehr trozendes Product. Gemäßigte Empfindlichkeit, langsam zunehmende aber kraftvolle und ausdauernde Muskelbewegung, ruhiges, in die Tiefe strebendes Denken, eine sich treu bleibende Stimmung des Gemüthes, stark ausgebildete, feste Organisation — sind die Verräther dieses Temperaments, welches wegen des stärkern Widerstandes, den es den schädlichen Einflüssen entgegenstellt, den Krankheiten weniger zugänglich ist, die aber, eben weil sie nur durch gewaltsamere Angriffe auf den Organismus hervorgerufen werden können, in den meisten Fällen auf um so höhere Grade von Heftigkeit gesteigert werden müssen.

§. 627.

Diese vier Haupt= oder Cardinaltemperamente sind aber nicht in so enge und scharf abgeschnittene Grenzen eingeschlossen, daß ein jedes derselben immer unter dem eben geschilderten Gepräge in die Erscheinung treten müßte: jedes von ihnen hat vielmehr eine gewisse Breite und innerhalb derselben mehrere Stufen von Ausbildung, wodurch sich eines dem andern mehr oder weniger annähert. Ja, da jedes System desselben Organismus sein eigenthümliches Leben hat, so kann es auch geschehen, daß in einem und demselben Organismus die verschiedenen Systeme in Rücksicht auf die Temperatur ihres Lebens nicht alle eine und dieselbe allgemeine Grundregel befolgen, und daß demnach in einem und demselben Menschen ein Gemisch von Temperamenten Statt finde, welches sich sodann als ein ganz eigenartiges Ganze darstellen muß. Daraus entsteht nun nothwendiger Weise eine große Mannigfaltigkeit von Temperamenten, welche die Bestimmung derselben in einzelnen Fällen zwar erschwert, doch aber berücksichtiget werden muß, um bey der Schätzung der Krankheitsanlage, welche von dem Temperamente abhängt, allseitig und gründlich zu verfahren.

§. 628.

Aus dieser eigenthümlichen Modification oder Temperatur des Lebens in einzelnen Systemen oder Organen des menschlichen Körpers fließt auch die Idiosyncrasie, d. h. die eigenartige Empfänglichkeit derselben für äußere Einwirkungen, wodurch es geschieht, daß sie von bestimmten äußern Einflüssen auf eine für die Mehrzahl der Menschen ungewöhnliche Weise ergriffen, und zu regelwidrigen Zurückwirkungen bestimmt werden. Daraus entstehen nun auf der einen Seite außerordentliche Schädlichkeiten für einen mit einer solchen Idiosyncrasie Begabten, so wie auf der andern eigenthümliche Krankheitsanlagen.

* * *

J. *Kämpf*, kurze Abhandlung von den Temperamenten. Schmalkalden u. Frankf. 1767.

W. A. Ficker, commentatio de temperamentis hominum, quatenus ex fabrica corporis et structura pendent. Gött. 1791.

Ign. *Niederhuber*, über die menschlichen Temperamente. Wien, 1798.

Harro W. *Dirkson*, die Lehre von den Temperamenten. Nürnb. u. Sulzbach. 1804.

Fünftes Hauptstück.
Von der mit dem Körperbau in Verbindung stehenden Krankheitsanlage.

§. 629.

Das, was das Temperament in Bezug auf das Leben ist, bedeutet die Körperbeschaffenheit (habitus corporis) in Hinsicht auf den Organismus, indem sie nichts anderes bezeichnet, als das eigenthümliche Gepräge der Organisation im einzelnen Menschen, welches auf der einen Seite durch die eigenartige Modification der organischen Substanz, des Gewebes und Umrisses seiner Organe und Systeme überhaupt, auf der andern durch das eigenthümliche Verhältniß, in welchem diese in Bezug auf ihre organische Entwicklung zu einander stehen, näher bestimmt wird. Im Allgemeinen stehet der eigenartige Charakter der Organisation in der engsten Verbindung mit der eigenthümlichen Modification des bildenden Lebens, und da dieses bey jedem Temperamente auf eine eigene Weise bestimmt ist; so muß auch jedem einzelnen Temperamente eine bestimmte Beschaffenheit der Körperbildung entsprechen: ein Schluß, der sich in der Erfahrung als vollkommen bestätiget ausweiset. Denn diese belehrt uns, daß mit dem sanguinischen Temperamente Zartheit und Weichheit, mit dem cholerischen Straffheit und Trockenheit, mit dem melancholischen starke Ausbildung und Zähigkeit, mit dem phlegmatischen geringere Ausprägung und Schlaffheit der Organisation immer und nothwendig verbunden sind. Wir sind dadurch berechtiget, von einer gewissen Beschaffenheit der Organisation auf ein bestimmtes Temperament, und von diesem wieder auf bestimmte Krankheitsanlage zu schließen.

§. 630.

Bey der Schätzung der Krankheitsanlage, in so fern sie

auf den Körperbau bezogen wird, muß man aber nicht allein auf die eigenthümliche Modification der organischen Substanz, des Gewebes und Umrisses der gesammten Organe eines Organismus überhaupt Rücksicht nehmen, sondern es ist auch noch sehr wichtig und nothwendig, zu gleicher Zeit das Wechselverhältniß ins Auge zu fassen, in welchem seine einzelnen Systeme und Organe in Hinsicht auf ihre organische Entwicklung zu einander stehen. Sehr selten sind die Menschen, bey welchen alle Systeme und Organe des Körpers nach einem vollkommenen Ebenmaße ausgebildet sind; bey den allermeisten findet man einzelne Systeme, Organenreihen oder Organe, welche den übrigen in der Entwicklung voraneilen, oder hinter denselben zurückbleiben. Dieses hat nun auf die Gestaltung des ganzen Organismus, so wie auf die Bestimmung seiner innern und äußern Lebensverhältnisse einen höchst wichtigen Einfluß, und öffnet eine sehr reichhaltige Quelle mannigfaltiger Krankheitsanlagen, welche sich vorzüglich auf jene Theile des Organismus beziehen, deren Entwicklung entweder übertrieben, oder unter dem gesetzmäßigen Grade zurückgehalten worden ist.

§. 631.

Auf diese Weise gibt es eine zweyfache Art von **nervösem Körperhabitus**, einen **nervigen** im engern Sinne, und einen **nervenschwachen**. Der **nervige** zeichnet sich durch die überwiegende Ausbildung des Nervensystems aus, wodurch es geschieht, daß das Leben des Organismus auf eine höhere Stufe des thierischen Charakters gehoben wird. Der Organismus tritt nun vorzüglich vermittelst des Nervenlebens mit der äußern Natur in Wechselwirkung; seine Lebensthätigkeit kann demnach hauptsächlich unter dieser Form von den äußern Schädlichkeiten angegriffen und in regelwidrigen Zustand versetzt werden. Daher entstehet nothwendigerWeise eine besondere Anlage zu Nervenkrankheiten mit hypersthenischem Charakter.

Entgegengesetzte Verhältnisse bietet der **nervenschwache** Habitus dar, welcher sich von einer unvollkommenen Entwicklung des Nervensystems herschreibt. Bey diesem unterliegt das eben genannte System am leichtesten der Gewalt der äußern Schädlichkeiten, und es folgt ohne erheblichen Widerstand den von diesen ausgehenden regelwidrigen Bestimmungen. Darin nun liegt der Grund zur Anlage zu einer andern Art von Nervenkrankheiten, welche sich durch den Charakter der Adynamie und Lähmung auszeichnen.

§. 632.

Auf gleiche Weise liefert die vorwaltende oder zurückgehaltene Ausbildung des **Blutgefäßsystems** die Grundlage zu eigenthümlichen Krankheitsanlagen. Hat dieses System in Folge der zu üppigen Entwicklung bereits im gesunden Zustande des Lebens die Oberherrschaft; so behauptet es diese auch im kranken, und begründet dadurch die Anlage zur Vollblütigkeit, zu activen Congestionen des Blutes, zu Blutflüssen, zu Entzündungen und Entzündungsfiebern. So wie hingegen die Entwicklung des Blutgefäßsystems zurückgehalten wird, so kann nothwendiger Weise auch seine Lebensthätigkeit den ihm angewiesenen Rang nur schwach behaupten, und das System selbst in dieser nur einen geringen Schutz für seine organische Unverletztheit finden. Daher entsteht nun eine größere Anlage zu mangelhafter und unvollkommener Blutbildung, zu passiven Congestionen und Blutflüssen, zu Fiebern mit adynamischem Charakter, zu Cachexien, zu Verletzungen und Mißbildungen der Blutgefäße, z. B. Puls- und Blutaderausdehnungen, Verknöcherungen der Gefäßhäute u. s. w.

§. 633.

Nimmt man unter denselben Beziehungen Rücksicht auf die unverhältnißmäßige Entwicklung der Lymphgefäße, der Schleim-, serösen und fibrösen Häute, so wird man eben darin den Schlüssel zur Erklärung finden, warum in manchen Menschen die Anlage zur Scrofelkrankheit, zu Wassersuchten, Katarrhen, Rheumatismen, Gicht u. dgl. in einem so hohen Grade vorwalte.

§. 634.

Endlich verdienen auch die Mißverhältnisse, welche in Hinsicht auf organische Entwicklung zwischen den beyden Hälften des Körpers, zwischen der Kopf-, Brust- und Bauchhöhle, zwischen den zu einem und demselben Systeme gehörenden Abtheilungen, z. B. zwischen Cerebral- und Gangliensystem, zwischen Arterien und Venen, zwischen den Organen des Mittelpunktes und der Peripherie, endlich zwischen den einzelnen Organen unter sich Statt finden, alle Aufmerksamkeit des Arztes; indem eben dadurch mannigfaltig modificirte Krankheitsanlagen, z. B. der sogenannte schlagflüssige, lungensüchtige, Hämorrhoidal-Habitus u. s. w. begründet werden.

Sechstes Hauptstück.
Von der durch die Lebensweise und Gewohnheit bestimmten Krankheitsanlage

§. 635.

Das Schicksal des Menschen, in so weit es von seiner Gesundheit abhängt, ist großen Theils seiner Willkür anheim gestellt, indem er dadurch seine eigenen Handlungen, so wie den Grad und die Art der Einwirkung der äußern Einflüsse, d. h. seine Lebensweise und Gewohnheiten bestimmt. Eine den Gesetzen, den Bedürfnissen und Zwecken des menschlichen Organismus entsprechende Lebensart nennt man die naturgemäße, und erwartet von derselben keinen andern als heilbringenden Erfolg: je mehr aber diese von der naturgemaßen abweicht, desto mehr stört sie auch den regelmäßigen Gang des Lebens und die vollkommene Entwicklung des Organismus, und führt so vom Anfange zur Anlage, nach und nach zur Geneigtheit zur Krankheit, endlich aber auch zum völligen Ausbruche derselben.

§. 636.

Um aber eine klare Einsicht in den Grad und die Art der Krankheitsanlage zu gewinnen, welche aus jeder besondern Lebensweise hervorgeht, wird es nothwendig, die Veränderung der innern und äußern Lebensverhältnisse, welche jede eigenthümliche Lebensart zur Folge hat, allseitig und gründlich zu untersuchen. Bey dieser Untersuchung wird man bald auf Menschen stoßen, welche durch Überfluß, auf andere, die durch Armuth, wieder auf andere, welche durch übermäßige Anstrengung des Geistes oder des Körpers, durch besondere Bewegungen und Stellungen den Grund zu mancherley Krankheitsanlagen legen. Viele Menschen treiben Geschäfte, Künste, Handwerke, vermöge welcher sie beständig gewissen Schädlichkeiten ausgesetzt werden, welche dann nach der verschiedenen Dauer und dem verschiedenen Grade ihrer Wirkung bald bloße Anlage zur Krankheit, bald wirkliche Krankheit hervorbringen.

§. 637.

Auch die Gewohnheiten, denen sich manche Menschen ergeben, machen sie zugänglicher für Krankheiten, und dieses zwar auf eine zweyfache Weise: entweder ist die Gewohnheit schon an sich von der Art, daß sie den Organismus für bestimmte Schädlichkeiten und Krankheiten empfänglicher macht; oder sie wird durch das beständige Festhalten derselben dem Menschen endlich zum Bedürfnisse, d. h. so innig mit den Verrichtungen seines Körpers verkettet, daß sie nun nicht mehr unterbrochen werden kann, ohne die Übereinstimmung derselben zur Einheit zu stören, und Krankheit herbey zu führen.

§. 638.

Endlich liegt in den **bereits überstandenen Krankheiten** eine reichhaltige Quelle von Krankheitsanlagen, welche sich besonders auf diejenigen Organe beziehen, in welchen sich die frühern Krankheiten vorzüglich entwickelten. Gewöhnlich hinterläßt eine Krankheit anfänglich eine größere Anlage zu derselben Krankheit; bey öfterer Wiederkehr aber bildet sich aus ihr eine Anlage zu andern und oft zu entgegengesetzten Uebeln, was in den Gesetzen der Krankheit und ihren Verhältnissen zum ergriffenen Organismus seine Erklärung finden muß.

* * *

Tissot's Versuch über die Krankheiten vornehmer und reicher Personen. A. d. Franz. Nürnb. 1771. 8.

J. Chr. Gli. Ackermann, über die Krankheiten der Gelehrten, und die sicherste Art sie abzuhalten und zu heilen. Nürnb. 1777. 8.

Bh. Ramazzini's Abhandlung von den Krankheiten der Künstler und Handwerker; neu bearbeitet und vermehrt von J. Chr. Gli. Ackermann. 2 Bände. Stendal 1780 — 1783. 8.

J. G. Hoffinger's Sendschreiben über den Einfluß der Anquickung der gold = und silberhaltigen Erze auf die Gesundheit der Arbeiter. Wien, 1790.

Val. Lorenz, etwas über die Krankheiten der Lohgerber. Rostock, 1798.

Zweyter Abschnitt.
Von den krankheiterregenden Schädlichkeiten.

§. 639.

Schädlichkeit, schädlicher Einfluß, krankheiterregende Macht, Gelegenheitsursache zur Krankheit ist alles dasjenige, was auf einen, mit einer Krankheitsanlage versehenen Organismus einwirkend, denselben zur regelwidrigen Thätigkeit bestimmt, und auf diese Weise die Krankheit ins Daseyn ruft. Ist einmahl ein Krankheitsprozeß durch irgend eine Schädlichkeit im Organismus eingeleitet, so entwickelt sich dieser und lauft, in Folge der allgemeinen Gesetze des gesunden und kranken Lebens, durch seine Stadien fort, ohne daß es gerade nothwendig wäre, daß er durch die fortdauernde Einwirkung der Schädlichkeit fernerhin unterhalten würde. Diese enthält daher nicht den nächsten, sondern bloß den entfernten Grund von dem Daseyn der Krankheit.

§. 640.

Die Wirkungsart der krankheiterregenden Einflüsse ist von der Wirkungsart der Erhaltungs- und Heilmittel im Allgemeinen nicht verschieden: denn gleich diesen wirken auch sie mechanisch oder dynamisch, je nachdem sie entweder den Mechanismus des lebenden menschlichen Körpers stören, und dadurch erst das Leben von seinem regelmäßigen Gange verrücken, oder durch ihre eigenthümlichen innern Kräfte zunächst die Lebenskräfte des Organismus ergreifen.

Die Unterscheidung der dynamischen Wirkung in die **magnetische, elektrische und chemische** läßt sich zwar theoretisch ganz leicht durchführen, allein desto schwieriger wird es, die Grenzen in der Natur genau anzugeben, durch welche eine von der andern geschieden wird; indem diese Gattungen des dynamischen Prozesses unmerklich in einander überfließen und sie sich ihrer innersten Natur nach nicht sowohl durch qualitative, als vielmehr durch quantitative Verhältnisse von einander unterscheiden.

§. 641.

Außer der Eintheilung der schädlichen Einflüsse in dynamische und mechanische finden noch einige andere Statt, welche hier eine Erwähnung verdienen. Man nennt eine Schädlichkeit eine **quantitative**, wenn sie ihrem Wesen nach dem lebenden Organismus nicht ungünstig, bloß durch die Menge, in welcher sie angewendet wird, seine Lebensthätigkeit stört; z. B. Nahrungsmittel, Wärme, Muskelbewegung, Ruhe: **qualitativ** aber, wenn sie aus ihrer innern Natur dem Leben bestimmter Organismen verderblich sind, z. B. Gifte, Ansteckungsstoffe u. s. w.

Die quantitativen sind entweder **positiv** oder **negativ**, je nachdem sie durch Zugabe oder Entziehung nachtheilig auf die Gesundheit einwirken. Hierbey ist aber zu bemerken, daß die Ausdrücke positiv und negativ bey der Betrachtung der äußern Einflüsse und ihrer Verhältnisse zum lebenden Organismus noch eine andere Bedeutung haben, und auf ihre qualitativen Verhältnisse zu den Lebensprincipien bezogen werden können. Daher werden äußere Einflüsse auch positiv und negativ genannt, je nachdem in ihnen das positive oder negative Naturprincip ihre nach außen wirkende Kraft bestimmt.

§. 642.

In Bezug auf den Organismus, in welchem sie die Krankheit hervor rufen, werden die Schädlichkeiten in **innere** und **äußere** abgetheilt, je nachdem sie sich innerhalb oder außerhalb der Grenzen desselben befinden. Die Eintheilung der schädlichen Einflüsse in **absolute** und **relative**, in **allgemeine** und **specifische** ist vor der Hand noch nicht fest genug begründet, indem man immer noch zu fragen berechtiget ist, ob nicht, wenn man die Sache genauer nimmt, jede Schädlichkeit für eine relative und specifische zu erklären sey? —

§. 643.

Um den Krankheitszustand, welchen die schädlichen Einflüsse im menschlichen Körper hervor rufen, gründlich zu beurtheilen, muß man vor allem auf das Wechselverhältniß zwischen den krankheiterregenden Schädlichkeiten und jenen Theilen des Organismus sehen, welche die Einwirkung derselben zunächst aufnehmen und dem übrigen Organismus mittheilen, und welche man dieserwegen die **Aufnahmsorgane der Krankheiten**, die **Krankheitsvorhallen** (atria morborum) genannt hat. Zu diesen gehören nun alle Theile des Organismus, welche mit den Außendingen in einem unmittelbaren Wechselverkehr stehen, als die **äußern und innern Sinnorgane**, die **Organe des Athmens**, der **Darmkanal**, die **äußere Haut**, die **Geschlechts- und Harnorgane**, von denen jedes einzelne einen um so entscheidendern Einfluß auf die Erzeugung der Krankheiten hat, je größer seine Empfänglichkeit für die äußern Einwirkungen, und je inniger und mannigfaltiger die organische und dynamische Verbindung ist, in welcher es mit den Hauptsystemen des Organismus steht.

§. 644.

Wenn nun eine schädliche Einwirkung von einer dieser Vorhallen aufgenommen wird, so kann sich diese gegen jene auf eine zweyfache Weise verhalten: entweder das Aufnahmsorgan gibt bloß den Durchgangspunkt für die schädliche Einwirkung ab, ohne von ihr selbst unmittelbar krankhaft ergriffen zu werden, weil es ihm nämlich an dem erforderlichen Grade von Empfänglichkeit für dieselbe fehlt: oder die Schädlichkeit erzeugt unmittelbar in ihm und seinem Inhalte materielle und dynamische regelwidrige Veränderungen, welche dann auf die bereits oben (§. 532 u. 533) angeführten Weisen weiter über den Organismus verbreitet werden können. Es lassen sich aber auch noch zusammengesetzte Verhältnisse denken, die darin bestehen, daß das ursprünglich ergriffene Organ dem übrigen Organismus außer seiner krankhaften Affection auch noch den von außen aufgenommenen Krankheitszunder mittheilt.

§. 645.

Von diesen eben angedeuteten Gesichtspunkten aus wollen wir nun die einzelnen Aufnahmsorgane für die krankmachenden Schädlichkeiten betrachten.

Die äußern und innern Sinnorgane sind wichtige Vorhallen für Krankheiten. Die äußern Sinne werden nicht allein selbst durch bestimmte Schädlichkeiten in eigenthümliche krankhafte Zustände versetzt, die sich den Systemen auf mancherley Weise mittheilen können, sondern sie können auch durch die Empfindungen, welche sie vermitteln, und durch die von diesen veranlaßten Bestimmungen des Gemüths und der Willkür Störungen in den Geschäften des Nervensystems und vermittelst desselben im ganzen Organismus hervor rufen.

Die innern Sinne sind demjenigen am meisten bloß gestellt, was der Geist durch Denken und Wollen Nachtheiliges für den Organismus wirken kann.

§. 646.

Die dem Athmen gewidmeten Organe nehmen zunächst jene Schädlichkeiten, welche in der atmosphärischen Luft entweder als sogenannte Imponderabilien, oder als Gasarten, als Dunst, als feiner Staub enthalten sind, und ihre erste Einwirkung entweder auf die Schleimhaut der Mund= und Nasenhöhle, der Luftröhre und ihrer Äste, oder auf den Vorgang des Athmens und vermittelst desselben auf das Blut äußern, und von da wieder auf verschiedenen Wegen auf den Gesammtorganismus zurück geworfen werden.

§. 647.

Eine große Aufnahmshalle bietet der Darmkanal den krankmachenden Schädlichkeiten dar, sie mögen nun von außen durch den Mund oder After eingeführt, oder in ihm selbst entwickelt werden; sie mögen als Nahrungsmittel, Arzneyen, Gifte, als regelwidrig abgesonderte Säfte, oder andere Krankheitserzeugnisse auftreten, und entweder chemisch auf seinen Inhalt und seine innere Haut, oder seine eigenthümlichen Lebensprozesse regelwidrig bestimmend wirken. Der Darmkanal kann aber von den schädlichen Einflüssen um so leichter und stärker ergriffen werden; da er ihrer Einwirkung eine längere Zeit ausgesetzt bleibt, und da er denselben überall eine nackte, bloß durch Schleim geschützte Oberfläche darbietet. Auch können die krankhaften Bestimmungen, welche er von denselben aufnimmt, um so leichter über den Organismus weiter verbreitet werden; da der Darmkanal durch die unmittelbare Fortsetzung seiner Häute, durch Gefäße (besonders einsaugende) und Nerven vielfache und innige Verbindungen mit den Hauptsystemen des Organismus unterhält.

§. 648.

Ein nicht minder wichtiges Organ für die Pathogenie

ist die äußere Haut, welche den ganzen Organismus umkleidet und sich durch alle Öffnungen desselben nach innen fortsetzet, und als Sinnes-, Secretions-, und Resorptionsorgan, als Organ, in welchem eine, dem Athmungsprozesse ähnliche chemische und dynamische Wechselwirkung zwischen dem Organismus und seiner Atmosphäre, endlich als Hülle und Wehrmittel gegen stärkere chemische und dynamische Angriffe von außen, eine wichtige Rolle spielt. Wirken schädliche Dinge auf die Haut ein, so werden sie entweder von ihr aufgenommen und durch die einsaugenden Gefäße weiter befördert, ohne auffallende Störungen in den eigenen Geschäften dieses Organs hervorzubringen; oder sie ergreifen ursprünglich eine oder mehrere der oben genannten Hautverrichtungen, und setzen sie in einen krankhaften Zustand; oder sie rufen in der Substanz des Hautorgans einen eigenthümlichen krankhaften Vegetationsprozeß hervor, welcher dann durch sich selbst und seine Aftergebilde störend auf den übrigen Organismus zurückwirkt.

§. 649.

Die Geschlechts- und Harnwerkzeuge sind in so fern den Aufnahmsstellen der Krankheiten beyzuzählen, als sie durch ihre regelwidrige Thätigkeit, oder auch durch die Producte derselben nachtheilig auf den übrigen Organismus zurückwirken, oder als sie der Einwirkung äußerer Schädlichkeiten bloß gestellt sind, welche aber doch in den meisten Fällen die, die genannten Organe umkleidende, Haut zunächst angreifen.

§. 650.

Diese wären die vorzüglichsten allgemeinen Verhältnisse der Schädlichkeiten zum menschlichen Organismus. Wir werden nun zu der Betrachtung derselben im Einzelnen übergehen, uns aber die Übersicht derselben durch eine solche Anordnung erleichtern, daß wir im ersten Hauptstücke von den äußern, in dem zweyten von den innern schädlichen Einflüssen handeln und überall die dynamischen von den mechanischen trennen.

* * *

F. X. Sallwürk, Versuch einer naturgemäßen Erklärung der Wirkungsart äußerer Einflüsse. Wien, 1801. 4.

Ein Wort über die Wirkungsart äußerer Einflüsse und Versuch einer Classification derselben in Hinsicht auf Wirkungsart. Jena, 1801. 8.

W. Ant. Ficker, über die Wirkungsart der äußern Einflüsse auf den Organismus. — In dessen Aufsätzen und Beobachtungen, mit jedesmaliger Hinsicht auf die Erregungstheorie entworfen. I. u. II. B. Hannover, 1804. — 1806.

Erstes Hauptstück.
Von den äußern schädlichen Einflüssen.

A.
Von den äußern dynamischen Schädlichkeiten.

§. 651.

Es ist ein großer dynamischer Wechselverkehr zwischen allen Dingen der Natur; denn alle gehen aus derselben Urquelle hervor, alle bestehen durch dieselben Grundkräfte, und jedes derselben behauptet sein Daseyn nur in einer durch Grad und Art bestimmten Wechselwirkung mit den übrigen. In dieser allgemeinen dynamischen Wechselbestimmung ist nun auch der lebende menschliche Organismus befangen, und von ihr hängt die Art und Dauer seines Lebens vorzüglich ab. Zunächst ist es zwar die Erde, mit welcher er auf diese Weise in Verbindung tritt und von welcher er das empfängt, was ihm

Beharrlichkeit im Raume gibt und seine Thätigkeit in der Zeit unterhält; allein vermittelst der Erde tritt er zugleich in Beziehung zum Sonnensysteme, zu welchem diese gehört, und vermittelst dieses zu den übrigen Weltsystemen. Wenn demnach die übrigen Weltsysteme auf unser Sonnensystem, unser Sonnensystem auf die Erde, und diese endlich auf die auf ihr lebenden Organismen einen entschiedenen Einfluß haben; so muß auch der Gesundheitszustand des Menschen nicht bloß durch seine irdischen, sondern auch durch seine allgemeinern Weltverhältnisse bestimmt werden, und es wird Aufgabe der Ätiologie bey der Untersuchung der krankmachenden Einflüsse auf beyderley Verhältnisse Rücksicht zu nehmen.

Von dem Einflusse der kosmischen Verhältnisse auf die Entstehung der Krankheiten.

§. 652.

Aus dem, was in dem vorhergehenden §. gesagt worden ist, geht mit einem hohen Grade von Wahrscheinlichkeit hervor, daß die übrigen Weltsysteme auf unser Sonnensystem einen dynamischen Einfluß äußern, welcher sich nothwendig bis auf unsere Erde und ihre Erzeugnisse und Bewohner erstrecken muß. Es ist sehr wahrscheinlich, daß die in größere Zeitabschnitte eingeschlossenen Revolutionen, welche in und auf der Erde vorgehen, hiermit in naher Verbindung stehen, und daß diese wieder auf den Gang der Entwicklung des Menschengeschlechtes, auf die Abänderung der Krankheitsanlagen und auf die Erzeugung bestimmter Krankheitsgattungen und Arten keinen geringen Einfluß haben mögen: allein so leicht es auch immer seyn mag, die Wahrscheinlichkeit dieser Sätze im Allgemeinen zu begründen, so schwer, ja gänzlich unausführbar ist es bis jetzt noch, dieselben auf das Besondere anzuwenden und mit Bestimmtheit anzugeben, worin eigentlich die Veränderungen bestehen, welche durch die veränderten Verhältnisse der Erde zum Weltall in ihr und ihren Producten und insbesondere in dem Gange des menschlichen Lebens hervor gebracht werden.

§. 653.

In näherer Beziehung steht jedoch die Erde zu dem Sonnensysteme, zu welchem sie unmittelbar gehört. Es läßt sich leicht nachweisen, daß alle zu diesem Systeme gehörigen Planeten und Nebenplaneten, als Theile eines Ganzen, nicht bloß mit ihrem gemeinschaftlichen Mittelpunkte, der Sonne, sondern auch unter einander selbst in dynamischer Wechselwirkung befangen seyn müssen, daß demnach der Zustand der Erde und das Schicksal ihrer Bewohner mit unter dem Einflusse der übrigen Planeten stehe: allein sobald man darauf ausgeht, die Art dieses Einflusses genauer zu bestimmen, so stößt man wieder auf die nämlichen Schwierigkeiten, welche sich uns bey dem Versuche, die größern kosmischen Verhältnisse näher zu entwickeln, entgegen stemmen, und man ist genöthiget, seine Unwissenheit zu gestehen, oder sich in astrologische Träumereyen zu verwickeln.

Einige mehr vernehmliche Andeutungen haben wir von der Einwirkung des Mondes auf die Erde überhaupt und die lebenden Organismen insbesondere; am deutlichsten ausgesprochen aber ist die Macht der Sonne über unsern Erdball und seine Erzeugnisse. Auch über Leben, Gesundheit und Krankheit der Menschen waltet sie auf eine so ausgezeichnete Weise, daß wir es für nothwendig halten, vor allem übrigen von ihr zu sprechen.

Von den ätiologischen Verhältnissen der Sonne zum menschlichen Organismus.

§. 654.

Die Sonne ist die wahre Quelle alles irdischen Lebens, welches unter ihrem Einflusse nicht bloß entstehet, sondern mit demselben auch zu- und abnimmt; indem alle Bedingungen, welche zur Erweckung und Unterhaltung des Lebensprozesses nothwendig erfordert werden: Licht, Wärme, Elektricität, zweckmäßige Beschaffenheit der Luft, Flüssigkeit des Wassers u. s. w. nur aus der Wechselwirkung der Sonne mit der Erde hervorgehen, und indem das, was im belebten Organismus die expansive Lebensthätigkeit hervor ruft, von dem expansiven Princip, welches aus der Sonne ausstrahlt und in seiner Wechselwirkung mit der irdischen Materie bald als Licht, bald als Wärme, bald als Elektricität u. s. w. in die Erscheinung tritt, seiner Natur nach höchst wahrscheinlich nicht verschieden ist. Man sieht demnach leicht ein, wie groß die Macht der Sonne in der Bestimmung des Schicksals der Menschen sey: um aber ihren Einfluß auf die Entstehung und den Gang der Krankheiten würdigen zu können, wird es nothwendig, alle jene Dinge einzeln zu untersuchen, durch welche ihre Einwirkung auf den menschlichen Organismus vermittelt wird, und zu diesem Ende vom Lichte, von der Wärme und Elektricität, in so fern sie in das Gebiet der Ätiologie gehören, insbesondere zu handeln.

Von dem Lichte.

§. 655.

Das Licht, durch welches die expansive Naturthätigkeit am reinsten und kräftigsten in die Erscheinung tritt, hat auf alles irdische Leben einen großen bestimmenden Einfluß. In Bezug auf den Menschen muß man ein zweyfaches Verhältniß des Lichtes zu seinem Leben ins Auge fassen, nämlich das eine, in welchem es zum Lebensprozesse des Gesammtorganismus steht, und das andere, welches zwischen ihm und dem Sehorgane Statt findet.

§. 656.

Das Sonnenlicht äußert, ohne Rücksicht auf die Wärme, welche es entwickelt, eine belebende Kraft auf Pflanzen und Thiere. Dieses beweisen viele Erscheinungen. Die Pflanzen wachsen dem Lichte entgegen, zieren sich unter seiner Einwirkung mit lebhaftern Farben und bilden ihre organische Substanz zu höhern Graden von Vollkommenheit aus. Eben so äußern die Thiere ein um so regeres Leben, je mehr sie, innerhalb gewisser Grenzen, dem Einflusse des Lichtes ausgesetzt sind. Am auffallendsten aber zeiget sich dieses beym Menschen, bey welchem das Leben, vorzüglich im Nervensysteme, auf eine höhere Stufe gehoben erscheint: daher nehmen die Lebhaftigkeit und Klarheit der Empfindungen, die Heiterkeit des Geistes und der Muth im Lichte offenbar zu. Man sieht aus allem diesen leicht ein, daß eine zu heftige und zu lang fortgesetzte Einwirkung des Lichtes die Lebensthätigkeit zu stark aufregen und unter übrigens günstigen Umständen eine größere Neigung zu hypersthenischen Krankheiten, oder auch indirecte Lebensschwäche herbey führen könne.

§. 657.

Entgegengesetzte Wirkungen bringt die Entziehung des Lichtes im Lebensprozesse hervor. Im Schatten wird das Wachsthum der Pflanzen zurück gehalten, sie erblassen, ihr Fleisch wird wässerig und kraftlos. Der Mensch wird im Finstern schläfrig, mißmuthig, traurig, furchtsam. Bey solchen, die längere Zeit in finstern Wohnungen, in Kerkern u. dergl. eingesperrt leben, sinken Empfindlichkeit und Reitz=

barkeit, es entstehet Trägheit in allen Verrichtungen des Bildungsprozesses, aus welcher sich endlich Wassersucht oder andere Arten von Cachexie entwickeln.

§. 658.

Außer dem Gesammtleben des Organismus, bedarf auch das Eigenleben des Sehorganes der Unterstützung des Lichtes, welches nicht bloß die ihm eigenthümliche Verrichtung, das Sehen, vermittelt, sondern auch das bildende Leben in demselben, die in ihm Statt findenden Absonderungs- und Ernährungsprozesse anfachet. Ein an sich, oder in Beziehung auf den vorhandenen Grad der Empfindlichkeit des Auges zu starker Lichtreiz verursacht zu heftige Lebensspannung des Sehorgans, welche bey entsprechender Anlage in Augenentzündung und ihre Folgen übergehen kann. Öftere Wiederhohlung desselben hinterläßt indirecte Gesichtsschwäche, die bis zur Blindheit gesteigert werden kann.

Entziehung des Lichtes verursacht Sinken der Lebensthätigkeit im Auge, Gesichtschwäche mit Lichtscheue, welche zuweilen bis zur Tagesblindheit vermehrt wird, unvollkommenen Zustand der Ernährungs- und Absonderungsprozesse in diesem Organe, woraus ein glanzloses, eingefallenes, trübes Ansehen des Auges und Verdunklung seiner durchsichtigen Theile entspringen.

* * *

J. Chr. Ebermaier, commentatio de lucis in corpus humanum vivum praeter visum efficacia. Gött. 1799. 4.

Desselben Versuch einer Geschichte des Lichtes in Rücksicht seines Einflusses auf die gesammte Natur und auf den menschlichen Körper außer dem Gesicht. Osnabrück, 1799. 8.

Ernst Horn, über die Wirkungen des Lichtes auf den lebenden menschlichen Körper mit Ausnahme des Sehens. Königsberg, 1799. 8.

Von der Elektricität.

§. 659.

Wo immer zwey Körper, welche sich in einem dynamischen oder chemischen Gegensatze zu einander befinden, in wechselseitige Berührung treten, dort entsteht der elektrische Prozeß, welcher sich durch ein gewaltsames Trennen der vorhin vereinigten Pole mit dem lebhaftesten Streben nach Wiedervereinigung, durch ein gewaltsames Aufheben und Wiederherstellen ihres Gleichgewichtes, dem überraschten Beobachter kund gibt. Da sich überall in der Natur die Bedingnisse des elektrischen Prozesses vorfinden, so kann man auch auf keinen Körper stoßen, der sich nicht mit andern in elektischer Wechselwirkung befände. Dieses gilt von den organischen Körpern, wie von den unorganischen. Der menschliche Organismus insbesondere erzeugt nicht bloß in seinem Innern eine ununterbrochene Reihe elektrischer Spannungen, sondern er tritt auch mit den ihn umgebenden Außendingen in diese Verhältnisse, und gerade diese gehören zu den wichtigern, wodurch der Grad und die Art seines Lebens, seine Gesundheit und Krankheit bestimmt werden.

§. 660.

Die Außendinge befinden sich zum lebenden menschlichen Körper in einer zweyfachen elektrischen Beziehung: indem sie die Macht der Elektricität in demselben entweder zu sehr verstärken oder schwächen. Die äußern Einflüsse, welche die Entwicklung der Elektricität im menschlichen Organismus begünstigen, verursachen zu starke Anfachung des Lebensprozesses mit vorwaltender expansiver Thätigkeit, sie erzeugen im Gefäßsysteme die entzündliche Anlage, erhöhen zugleich die Sensibilität und befördern die Entstehung von Nervenkrankheiten mit ausschweifender Nerventhätigkeit.

§. 661.

Sind hingegen die Umgebungen des menschlichen Körpers in Bezug auf denselben in einem solchen elektrischen Zustande, daß sie nicht allein keine Elektricität an denselben abgeben, sondern ihm noch die durch seine eigene Lebensthätigkeit erzeugte entziehen, so bewirken sie ein Sinken des Lebensprozesses mit auffallender Abnahme der expansiven Thätigkeit, welche sich durch Verminderung der Empfindlichkeit, der Lebensfülle, der Reitzbarkeit, und bey längerer Dauer dieses Zustandes durch unvollkommene Ausbildung des Organischen zu erkennen gibt. Dieses elektrische Verhältniß der Außendinge zum lebenden menschlichen Körper gehört demnach für diesen zu denjenigen Schädlichkeiten, deren Wichtigkeit bis jetzt noch nicht genug beachtet ist, und zuverläßig enthält es den Grund von manchen Krankheiten, deren wahre Quelle man wohl hier und da geahnet, jedoch noch nicht deutlich genug erkannt hat.

662.

Um von den Wirkungen, welche durch die veränderten elektrischen Verhältnisse des menschlichen Körpers zur Außenwelt in dem erstern hervor gerufen werden, eine deutlichere Ansicht zu erhalten, wird es nothwendig, auf folgende Umstände Rücksicht zu nehmen: a) auf die Art und Weise, auf welche die elektrische Wechselwirkung Statt findet; b) auf die Organe des Körpers, welche den äußern elektrischen Einflüssen zunächst ausgesetzt sind, und c) auf die Außendinge, durch welche diese Einwirkung vermittelt wird.

§. 663.

a) Die Art und Weise, auf welche die elektrische Wechselwirkung zwischen dem lebenden menschlichen Körper und den Außendingen erfolgt, ist zweyfach. Sie beruhet entweder auf bloßer wechselseitiger Berührung, bey welcher sich die freye Elektricität der beyden einander berührenden Körper ins Gleichgewicht zu setzen strebt; oder sie geht aus einem chemischen Prozesse hervor, welcher zwischen den von außen angebrachten und zwischen den Stoffen des Organismus eingeleitet wird, und aus welchem das expansive Princip unter der Form von Wärme und Elektricität entwickelt wird. Man sieht also wohl, daß man bey den äußern chemischen Einwirkungen auf den Organismus nicht bloß die Veränderungen, welche in dem Wägbaren, sondern auch jene, welche im Unwägbaren hervor gerufen werden, ins Auge fassen müsse.

§. 664.

b) Die Organe des Menschenkörpers, welche den elektrischen Wechselverkehr mit den äußern Dingen zunächst und vorzüglich unterhalten, sind die äußere Haut, die Luftwege und der Darmkanal.

Die elektrische Wechselwirkung zwischen der äußern Haut und den sie berührenden Körpern hat die Natur zwar durch die Überzüge der Haut, als Oberhäutchen, Hautsalbe und Haare, welche zum Theil Halbleiter, zum Theil Isolatoren der Elektricität sind, zu beschränken gesucht: allein sobald die elektrische Spannung der Außendinge in Bezug auf den Organismus sehr stark, oder das Absperrungsvermögen der eben genannten Schutzmittel durch verkehrte Hautpflege u. a. Ursachen bedeutend geschwächt ist; so tritt die Haut mit der Atmosphäre und andern Dingen in eine zu lebhafte elektrische Wechselwirkung und begründet dadurch Störungen in den Lebensvorgängen der Haut, welche sich nach und nach ganzen Systemen des Organismus mittheilen. Die Pathogenie des Rothlaufes, des Rheumatismus, des Katarrhes und mancher andern Fieberkrankheiten wird in der genauern Würdigung dieses Verhältnisses wahrscheinlich noch einen höhern Grad von Aufklärung finden.

Die Luftwege bieten der Luft nicht bloß ihre weit

verbreitete Schleimhaut, sondern in den Lungen selbst das Blut zur elektrischen Wechselwirkung dar, welche hier wieder aus der oben (§. 663) genannten zweyfachen Quelle entwickelt wird.

Auf gleiche Weise kann der Darmkanal mit den ihm zugeführten Stoffen in elektrische Beziehungen treten.

§. 665.

Aus der Betrachtung derjenigen Theile des Organismus, welche den äußern elektrischen Einwirkungen den Zugang darbieten, ergeben sich zugleich .c) die diese Einwirkungen vermittelnden Außendinge. Sie sind für die Organe des Athmens die Luft und alles, was in derselben in Dunst- oder Gasgestalt enthalten ist; für die äußere Haut wieder Atmosphäre, Bäder, Umschläge, Einreibungen, Streichen mit lebendigen Fingerspitzen oder andern Dingen, Kleidungsstücke, Betten, elektrische und galvanische Werkzeuge; für den Darmkanal Nahrungsmittel, Arzneyen, Gifte u. s. w.

Von der äußern Wärme.

§. 666.

Die äußere Wärme ist eine der Haupttriebfedern des Lebens im individuellen Organismus. Es können alle übrigen innern und äußern Lebensbedingungen (z. B. im Samenkorne, im Ey) gegeben seyn, und dennoch schlummern die in der Ausgleichung erstarrten Lebenskräfte, bis ein bestimmter Grad von Wärme von außen hinzu tritt, den nothwendigen Gegensatz zwischen ihnen und mit ihm das wunderbare Spiel des Lebensprozesses wie mit einem Zauberschlage hervorruft. Ein Mahl erweckt, bedarf dieser nun auch zu seinem fernern Bestehen der immerwährenden Unterstützung durch äußere Wärme, mit welcher er steigt und sinkt, und bey deren Entziehung er auch wieder einschlummert und gänzlich erlöscht.

Es ist demnach klar, wie sehr das Leben und jeder Zustand desselben von der äußern Wärme abhängig ist. Indessen ist es nicht für alle lebenden Organismen ein und derselbe Wärmegrad, welcher zur Unterhaltung ihres Lebensprozesses erfordert wird; sondern es bedarf vielmehr jede Art derselben eines eigenen bestimmten Maßes von Wärme, obschon dieses nicht in so enge Schranken eingeschlossen ist, daß es an einige wenige Grade gebunden wäre und gar keinen Wechsel ohne Gefahr für die Erhaltung des Lebens zuließe. Denjenigen Grad, oder vielmehr diejenige Breite von Wärme, bey welcher der Lebensprozeß eines Organismus in gesetzmäßiger Stärke und Beschaffenheit am längsten bestehen kann, nennt man, in Bezug auf diese bestimmte Art von Organismen, die mittlere Wärmetemperatur. Sobald nun die äußere Wärme über diese mittlere Temperatur hinauf, oder unter dieselbe herab zu sehr verstärkt oder vermindert wird; so tritt sie auch aus der Reihe der erhaltenden in jene der verderblichen äußeren Einflüsse, und wird nun eine fruchtbare Mutter von Krankheiten, deren Eigenheiten und Verschiedenheiten uns erst alsdann klar entgegen kommen werden, wenn wir die Verhältnisse der Wärme und Kälte zum lebenden menschlichen Organismus zuvor näher untersucht haben werden.

§. 667.

Die Frage: Wie wirken Wärme und Kälte auf den lebenden menschlichen Körper, und wie tragen sie zur Erzeugung seiner Krankheiten bey? — kann nicht gründlich beantwortet werden, sobald man den Umstand aus dem Gesichte verliert, daß die Wirkungen derselben keineswegs als absolute, sondern überall als relative betrachtet werden müssen; indem sie nicht allein durch den Grad der Wärme, sondern auch durch die Dauer ihrer Anwendung, durch den Theil des lebenden Körpers, welcher ihrer Einwirkung zunächst ausgesetzt wird, durch die Natur des Wärmeträgers, durch andere Nebeneinflüsse, hauptsächlich aber durch die Empfänglichkeit und das Widerstandsvermögen des lebenden Organismus auf mannigfaltige Weise bestimmt werden.

§. 668.

Ein zu hoher Grad von Wärme erhöhet und beschleuniget den Lebensprozeß im menschlichen Organismus mit Übergewicht der expansiven und gleichmäßigem Sinken der contractiven Thätigkeit: daher Steigerung der Sensibilität, vermehrte Ausdehnung des Blutes, Beschleunigung des Kreislaufes mit vollem, weichem Pulse, größere Lebensfülle, Eindringen des Blutes in die Capillargefäße, starke Schweiße, verminderter Zusammenhang der festen Theile. Bey längerer Einwirkung der Hitze treten Lebensschwäche mit Abstumpfung der Empfindlichkeit und Reitzbarkeit, und Neigung zum Schmelzungszustande ein, welche sich im Nervensysteme durch Stumpfsinn und Schläfrigkeit, in den Muskeln durch Trägheit und Kraftlosigkeit der Bewegung, im Gefäßsysteme durch einen kleinen, schwachen, weichen Puls, durch Zerfließen im Schweiße, durch Abnahme der Eßlust und Verdauung, durch häufigere Gallensecretion aussprechen. Aus allem diesen wird es klar, warum heiße Gegenden und Jahreszeiten der Erzeugung von Nervenkrankheiten mit überwiegendem Leiden des Gehirns, z. B. Manie, Melancholie; von sogenannten Faulfiebern, besonders aber von Krankheiten mit Störung der Gallenabsonderung und aller Functionen des Darmkanals so sehr günstig sind.

§. 669.

Diese allgemeinen Wirkungen der Hitze auf den menschlichen Körper werden näher bestimmt durch die Mittel, durch welche die Anwendung derselben auf den Organismus geschieht und deren vorzüglichste Luft, Dämpfe, tropfbare

Flüssigkeiten, Umschläge, Kleidungsstücke und andere feste Körper sind.

Heiße Luft wirkt zunächst auf das Athmen und die äußere Haut. Das Athmen, welches durch mäßig warme Luft sehr erleichtert wird, findet in der heißen Luft sowohl von Seite seines Mechanismus, als seines Dynamismus ein Erschwerungsmittel; denn diese schwächt fürs erste das Contractionsvermögen der zum Athmen mitwirkenden Muskeln und der Lungen selbst und damit auch die das Ein = und Ausathmen vollbringenden Bewegungen, und fürs zweyte ist sie weniger geeignet, den dynamisch = chemischen Prozeß, welcher zwischen ihr und dem Blute Statt findet, in dem gehörigen Grade von Lebhaftigkeit zu unterhalten. Denn heiße Luft ist im Zustande der Ausdehnung und Verdünnung: sie muß demnach in einem bestimmten Umfange weniger Sauerstoffgas enthalten, als kühle und kalte Luft, und folglich an dem den Respirationsprozeß zunächst unterhaltenden Mittel verhältnißmäßig ärmer seyn. Daher erklären sich nun das kürzere und schnellere, mit Gefühl von Unbehaglichkeit und Angst verbundene Athmen, welches man in heißer Luft beobachtet, der weichere und kleinere Puls, die geringere Ausbildung des Gerinnbaren im Blute, die Abnahme der Irritabilität und Sensibilität, die Neigung zur Auflösung u. s. w.

§. 670.

Wirkt die heiße Luft längere Zeit auf die äußere Haut, so verursacht sie Auflockerung derselben und Erweiterung ihrer Gefäße, vermehrte Ausdehnung und Verdünstung des Blutes in diesen und durch alles dieses häufige Schweiße. In eben dem Maße aber, in welchem die Absonderung auf der Haut überhand nimmt, vermindern sich andere seröse Secretionen; daher sparsamerer Abgang des Harnes, Verminderung der Magen = und Darmsäfte, Sinken der Eßlust und Verdauung. Wird die häufige Hautausdünstung durch Verkühlung schnell unterdrückt; so tritt im Darmkanale nicht selten das entge=

gengesetzte Verhältniß ein: er fängt nun zu schwitzen an, legt dadurch den Grund zur Entstehung von Bauchflüssen. Indessen ist dieser Gegensatz, welcher sich bey großer Hitze der Atmosphäre zwischen Haut und Darmkanal so deutlich ausspricht, nicht bloß materiell, sondern auch dynamisch, d. h. er äußert sich nicht bloß durch das wechselseitige Stellvertreten ihrer Absonderungen, sondern auch durch ein polarisches Verhältniß ihrer beyderseitigen Lebensthätigkeit. So wie nämlich das Leben in der Haut durch Verkühlung zurück gedrängt wird, so steigt es antagonistisch im Darmkanale und in den mit diesem zunächst verbundenen Organen. Daher denn eine ungemeine Erhöhung der Empfindlichkeit und Reizbarkeit dieser Theile und die große Anlage zu Magenkrämpfen, Koliken, Erbrechen, Durchfall, Brechdurchfall, Ruhr, zu erisypelatösen, katarrhösen, rheumatischen Entzündungen, zu gastrischen und gallichten Fiebern, mit einem Worte, die in heißen Jahrszeiten und Gegenden herrschende gastrische und gallichte Diathesis.

Was indessen das Vorherrschen der Leber bey großer Hitze der Atmosphäre betrifft; so entsteht hier wohl billig die Frage: ob dasselbe außer dem eben erwähnten Gegensatze zwischen Haut und Darmkanal nicht noch einen andern, tiefer liegenden Grund habe? — Allerdings finden wir noch einen andern wichtigen Grund hiervon, und dieser liegt in dem oben auseinander gesetzten Verhältnisse der heißen Luft zum Athmungsprozesse. Heiße Luft unterhält diesen Prozeß mit geringerer Lebhaftigkeit, d. h. sie befördert nur schwach die Umwandlung des venösen Blutes in arterielles, und macht folglich, daß der venöse Charakter des Blutes im ganzen Organismus vorwaltet. Je venöser nun aber das Blut ist, desto reicher ist es auch an den zur Bildung der Galle erforderlichen Stoffen (Polycholie), desto größer folglich auch die Anlage des ganzen Organismus zu übermäßiger Gallenabsonderung und zu den damit in Verbindung stehenden Krankheiten.

Außer den bisher erwähnten Wirkungen, welche von dem Einflusse der heißen Luft auf die Haut abhängen, muß man endlich auch noch auf die Veränderungen Rücksicht nehmen, welche die heiße Luft in dem auf die thierische Elektricität sich beziehenden Leitungsvermögen der Haut hervor bringt. Es ist wohl keinem Zweifel unterworfen, daß die weiche, schlaffe, mit Schweiß bedeckte Haut einen guten Ableiter für die im menschlichen Organismus entwickelte Elektricität abgebe, und dadurch auf die Lebensspannung im Nervensysteme einen sehr nachtheiligen, herabstimmenden Einfluß äußere. Wenn demnach heiße Luft durch ihre hemmende Einwirkung auf die Respiration die Entwicklung des expansiven Princips im Organismus zurück hält und zugleich auf der andern Seite die Ableitung desselben durch die Haut befördert, wenn sie zugleich das Contractionsvermögen in allen Theilen des Körpers unmittelbar herab setzt; so kann über ihren **schwächenden** Einfluß auf das Leben des menschlichen Organismus wohl weiter kein Zweifel übrig bleiben.

§. 671.

Heiße Dünste wirken wie heiße Luft auf Respirationsorgane und Haut, mit dem Unterschiede jedoch, daß sie wegen ihrer größeren Dichtigkeit stärker wirken, und daß sie aus leicht begreiflichen Gründen dem Respirationsprozesse noch hinderlicher seyn müssen, als heiße Luft.

§. 672.

Zu warme tropfbare Flüssigkeiten werden am häufigsten als Getränk und Bäder angewendet.

Der tägliche Gebrauch des zu warmen Getränkes wird vorzüglich der Mund- und Rachenhöhle, dem Schlunde und dem Magen nachtheilig; es vermehrt die Zartheit und Empfindlichkeit dieser Theile, macht sie besonders für die übeln Folgen der Verkühlung empfänglich und schwächt die Verdauung. Übrigens wirkt die zu große Wärme des Getränkes auch noch auf den Gesammtorganismus auf die ihr eigenthümliche Weise (§. 868).

§. 673.

Warme Bäder wirken zunächst auf die Haut und bringen in derselben nach dem verschiedenen Grade ihrer Wärme verschiedene Wirkungen hervor, bey deren Beurtheilung man jedoch nicht bloß den Grad der Wärme, sondern auch die chemische Natur der Flüssigkeit und deren Einsaugung, endlich die elektrischen Verhältnisse derselben ins Auge fassen muß.

Ein lauwarmes Wasserbad reiniget die Haut vom Schmutze, befördert auf eine gelinde Weise ihre Verrichtung und wirkt durch mäßige Ableitung der thierischen Elektricität beruhigend auf das Nervensystem.

Ein zu warmes Wasserbad wirkt als heftiger Reiz auf die Haut, und ruft in derselben einen an Entzündung gränzenden Zustand hervor, welcher, auf das gesammte Gefäßsystem zurück geworfen, Fieberbewegungen und endlich starke Schweiße, als Nachwirkung aber allgemeine Abspannung zur Folge hat. Hieraus nun kann entschieden werden, unter welchen Bedingnissen wirklich warme Wasserbäder, d. h. solche, deren Temperatur jene des gesunden menschlichen Organismus merklich übersteigt, heilsame oder nachtheilige Wirkungen für letztern hervor bringen. So kräftige Heilmittel sie auch in gewissen Krankheiten abgeben, so schädlich kann ihr Mißbrauch dem gesunden Menschen werden, und dieses zwar nicht bloß durch die vorhin genannten Wirkungen, sondern auch noch dadurch, daß sie die Haut verzärteln, ihr Schützungsvermögen schwächen und ihre Empfänglichkeit für andere Schädlichkeiten, besonders aber für Erkältung, beträchtlich erhöhen, was besonders in rauhen Klimaten mit wandelbarer Witterung beherziget werden muß.

Wie warme Bäder, welche der wässerigen Flüssigkeit noch andere Substanzen beygemengt oder in derselben aufgelöset enthalten, auf den menschlichen Körper wirken, dieses muß aus der verschiedenen chemischen und dynamischen Natur dieser Substanzen beurtheilt werden.

Steigt die Temperatur einer Flüssigkeit oder eines festen Körpers bis zum Siedepunkte, so wirkt er nach dem verschiedenen Grade der Hitze und nach der verschiedenen Dauer seiner Anwendung heftig reizend oder zerstörend auf den organischen Theil, mit welchem er in Berührung kömmt, verursacht Entzündung und Ergießung seröser Flüssigkeit, Eiterung und Brand.

§. 674.

Zu den festen Körpern, welche durch ihre Temperaturverhältnisse nachtheilig auf den Menschen einwirken können, gehören unter andern auch Kleider und Betten. Sie beschränken die Wechselwirkung zwischen der Haut und der Atmosphäre, und dienen zum Schutze gegen Insecten, Nässe, Kälte, Hitze u. s. w. Ihr Verhältniß zur Temperatur wird vorzüglich durch die Natur der Stoffe bestimmt, aus welchen sie bereitet werden, je nachdem diese bessere oder schlechtere Wärmeleiter sind, und demnach die in der Haut entwickelte Wärme leichter oder schwerer durchlassen. Sollen Kleider und Betten der Gesundheit zuträglich seyn; so müssen sie dem Klima, der Jahreszeit und der individuellen Körper= und Lebensbeschaffenheit angepaßt, bey strenger Kälte, nasser Luft, und zumahl für schwächliche Menschen, aus Wolle, Pelzen, Federn — bey größerer Wärme und besonders für lebenskräftige Personen, aus leichtern Stoffen, Seide, Baumwolle, Leinwand u. s. w. verfertigt werden. Zu warme Bedeckung mit Kleidern und Betten verursacht Schweiße, verzärtelt die Haut, erhöhet ihre Empfänglichkeit für Verkältung und alle Unbilden eines rauhen Klima. Die Nachtheile einer zu kühlen Bekleidung werden sich alsogleich aus dem ergeben, was wir über den Einfluß der Kälte auf den lebenden menschlichen Organismus vortragen werden.

§. 675.

Wird die äußere Wärme bis zu jenem Grade vermindert, wo sie von dem Menschen vermittelst des Gefühles als Kälte wahrgenommen wird; so tritt sie wieder in die Reihe der, der menschlichen Gesundheit nachtheiligen Einflüsse, unter denen sie dann eine sehr bedeutende Rolle spielt. Die Veränderungen aber, welche die Kälte in den Geschäften des menschlichen Organismus hervorruft, sind verschieden, nach Verschiedenheit des Kältegrades, der Dauer, des Ortes und des Mittels ihrer Anwendung, der Leibes- und Lebensbeschaffenheit des Menschen, welcher ihrem Einflusse ausgesetzt wird, und anderer Nebenumstände. Die allgemeinen Verhältnisse der Kälte zum menschlichen Körper und seinem Lebensprozesse sind folgende: Jeder Körper, welcher in Bezug auf den lebenden menschlichen Organismus kalt zu nennen ist, entzieht demjenigen seiner Theile, mit welchem er zunächst in Wechselwirkung tritt, seine Lebenswärme so lange, bis das relative Gleichgewicht der Temperatur zwischen beyden in Wechselwirkung stehenden Körpern wieder hergestellt ist. Die unmittelbaren Folgen davon sind verminderte Lebensfülle in dem von der Kälte ergriffenen Theile, relatives Übergewicht des Contractionsbestrebens in ihm, Abnahme seiner Röthe und seines Umfanges. Im lebenden thierischen Organismus verursacht nun aber jeder Verlust nach außen ein Gegenstreben des Lebens im Innern, um das Verlorne wieder zu ersetzen: in Folge dieses Gesetzes ruft auch die äußere Kälte in der ersten Zeit ihrer Einwirkung auf den lebenden Körper eine stärkere Zurückwirkung des Lebensprozesses im Innern hervor, um die ausströmende Wärme wieder zu ersetzen. Die ausströmende Wärme selbst wirkt reizend auf die Theile, welche sie durchströmt, und verursacht in ihnen ein eigenes brennendes, beißendes Gefühl. Man kann demnach unter verschiedenen Gesichtspunkten behaupten und nachweisen: **daß die Kälte im Anfange ihrer Anwendung reizt und stärkt.** Sie reizt durch Erregung von Empfindung; sie erregt antagonistisch den Lebensprozeß; sie stärkt das Contractionsvermögen im Organismus.

Dauert aber die Einwirkung der Kälte eine längere Zeit und in einem bedeutend hohen Grade fort, so überwiegt endlich der Verlust der Lebenswärme ihren Wiederersatz: es entstehet ein Mangel des expansiven Lebensprincips im Organismus, welcher ein Sinken des Lebensprozesses, und bey fortschreitender Zunahme, Erstarrung des Organischen und gänzliches Erlöschen aller Lebensthätigkeit zu nothwendigen Folgen hat. Es läßt sich diesem zu Folge auch beweisen: **daß beträchtliche, länger einwirkende Kälte das Leben schwächt, und endlich zernichtet.**

Außer diesen dynamischen Verhältnissen, welche die Kälte in dem Lebensprozesse hervorruft, sollte man aber auch die materiellen nicht übersehen, welche sie in den ihren Einflüssen ausgesetzten Theilen des Organismus hervorbringt. Mit der Veränderung der Cohäsion, welche nämlich die Kälte bewirkt, stehen zugleich Veränderungen in der Substanz des Organischen in Verbindung, welche mit der Aufhebung der Kälte nicht immer wieder verschwinden. Die Erfahrung liefert hierzu Belege aus der organischen und unorganischen Natur. Wechsel der Stoffe führt aber überall Wechsel der Thätigkeiten herbey. Auf diese Weise kann demnach die Kälte durch Umwandlung der organischen Stoffe diese zu bleibenden Keimen von Krankheitsprozessen umschaffen, die sich erst allmählich entwickeln, und in der Folge äußerlich wahrnehmbar hervorbrechen.

§. 676.

Diese allgemeinen Wirkungen der Kälte auf den lebenden

menschlichen Organismus erhalten nun ihre nähern Bestimmungen vorzüglich von dem Organe, welches ihre Einwirkung zunächst aufnimmt, und somit auch von dem Träger der Kälte selbst. Am meisten sind die Organe des Athmens, die äußere Haut, und nach diesen der Darmkanal dem Einflusse der äußern Kälte ausgesetzt, und um allseitige Ansichten von den Wirkungen derselben auf den Gesammtorganismus zu erhalten, wird es sehr wichtig, ihren Einfluß auf allen diesen Wegen zu verfolgen.

Auf die Organe des Athmens wirkt die Kälte durch Vermittlung der atmosphärischen Luft, und kömmt vermittelst derselben sowohl mit der diese Organe auskleidenden Schleimhaut, als auch mit dem Respirationsprozesse selbst in Wechselbestimmung. Sie wirkt auf die im vorhergehenden §. angeführte Weise reizend auf die Schleimhaut, vermehrt die Schleimabsonderung, und führt bey vorhandener Anlage, besonders aber bey schnellem Wechsel der Temperatur, oberflächliche Entzündung derselben, und hiermit Katatrh herbey. Der Vorgang des Athmens selbst wird durch kalte Luft, vorausgesetzt daß die Kälte gewisse Grade nicht übersteigt, und die Luft alle übrigen Eigenschaften, die sie zum Athmen tauglich machen, besitzt, eher befördert, als zurückgehalten, weil kalte Luft dichter, mithin an Sauerstoffgas relativ reicher ist. Dadurch wird der arterielle Charakter des Blutes und die Entwicklung des expansiven Lebensprincips aus demselben in den Lungen, zugleich aber auch auf der andern Seite durch die Einwirkung der Kälte das Contractions- und Cohäsionsbestreben in denselben gesteigert. Hierzu kömmt nun noch die gleichzeitige Einwirkung der Kälte auf die äußere Haut, wodurch das Blut von dem Umfange des Körpers mehr zurück und nach den innern Organen, besonders aber nach jenen der Brust hingetrieben wird. Aus allem diesen entsteht nun nothwendiger Weise eine höhere Lebensspannung in den Lungen, und damit eine Anlage zur Lungenentzündung, welche bey kalter Witterung nicht selten epidemisch wird — und bey schnellem Temperaturwechsel oder gleichzeitiger Einwirkung anderer stark reizender Einflüsse in die wirkliche Krankheit ausbricht. Die höchsten Grade der Kälte verursachen krankhafte Zusammenschnürungen der Luftröhrenäste, der Lungen und ihrer Gefäße, hemmen Athem, Kreislauf und alle übrigen Lebensgeschäfte.

§. 677.

Wenn die äußere Haut von der Kälte angegriffen wird; so geschieht dieses entweder durch kalte Luft, oder durch tropfbare Flüssigkeiten, welche durch Baden oder auf andere Weise angebracht werden, oder durch feste Körper.

Kalte Luft ruft in der Haut die allgemeinen Wirkungen der Kälte hervor, mindert ihre expansive Lebensthätigkeit, Empfindlichkeit und Lebensfülle, und vermehrt ihre contractive. Eine der am meisten beachteten Folgen davon ist Beschränkung oder gänzliche Unterdrückung der Hautausdünstung, welche dann antagonistische Vermehrung anderer seröser Secretionen: daher in den meisten Fällen vermehrte Absonderung des Harns, bey vorhandener krankhafter Anlage, reichlichere Absonderungen im Darmkanale, in den serösen Häuten u. s. w. verursacht. Daß diese Wechselbestimmung der Absonderungen nicht bloß auf einer mechanischen Übertragung der Ausdünstungsmaterie, sondern hauptsächlich auf gleichzeitigen Veränderungen der dynamischen Verhältnisse zwischen der Haut und den übrigen Organen, welche durch Nerven-, Gefäß- und Häutezusammenhang vermittelt werden, beruhen, darüber kann bey tiefern Einsichten in den Gang des Lebens wohl weiter keine Frage mehr Statt finden. Denn in dem Maße, in welchem das Leben unter der Form der expansiven Thätigkeit durch die Kälte der Luft in der Haut beschränkt wird, in eben dem Maße tritt es nach den Gesetzen des Antagonismus in innern Organen stärker hervor, und begründet auf diese Weise nicht allein die Zunahme anderer Absonderungen, sondern zugleich auch eine Steigerung der Empfindlichkeit und Reizbarkeit, eine höhere Anlage zu erisypelatösen, katarrhalischen, rheumatischen und andern Entzündungen u. s. w.

§. 678.

Kalte Bäder bringen nach den verschiedenen Graden von Kälte, in welchen sie angewendet werden, verschiedene Wirkungen in der Haut, und vermittelst derselben in dem übrigen Organismus hervor. Kühle Bäder in einer erwärmten Atmosphäre von gesunden Menschen gebraucht, beschränken die Lebensthätigkeit in der Haut, den zu starken Andrang der Säfte nach derselben, die übermäßigen Schweiße und die zu rasche Zersetzung des Organischen; dabei heben sie durch Hervorrufung antagonistischer Verhältnisse den Lebensprozeß im Innern, befördern die Verdauung, die Einsaugung, das Athmen, den Kreislauf, und geben den Muskeln mehr Stärke. In der Haut selbst vermindern sie noch die Empfänglichkeit für künftige Verkühlung. Sie behaupten demnach unter den Erhaltungs- und Heilmitteln immer einen bedeutenden Rang.

Zu kalte Bäder können für den gesunden Menschen um so nachtheiliger werden, je kälter sie sind, und je längere Zeit der Mensch in ihnen verweilt. Durch die zu große Beschränkung der expansiven Lebensthätigkeit und das übermäßige Steigern der contractiven, vorzüglich in dem äußern Umfange des Körpers, rufen sie im Gefäß- und Nervensysteme sehr wichtige Störungen hervor. Sie drängen das Blut nach den innern Organen, und hemmen den lebendigen Einfluß der Nerven in die äußern. Schwerer Athem, Unordnungen im Kreislaufe, in den Absonderungen, heftige Krämpfe, besonders in den äußern Muskeln, Entkräftung und, bey unvorsichtigem Gebrauche, selbst lebensgefährliche Zufälle, sind häufig die Folgen davon.

§. 679.

Das bisher Vorgetragene führt zugleich zur Erkenntniß der Wirkungen, welche **kalte, feste Körper** in dem menschlichen Organismus hervorrufen, wenn sie mit dessen äußerer Haut in Berührung kommen. Zu kühle Bekleidung und zu leichte Bedeckung während des Schlafes werden dadurch schädlich, daß sie die Haut der Einwirkung der kalten Luft zu sehr bloß stellen.

§. 680.

Auf die **ersten Wege** wird die Kälte durch Getränke, Gefrornes, Klystiere angebracht.

Kühles Getränk ist einem gesunden, nicht erhitzten Menschen nicht nachtheilig. Es enthält mehr Kohlensäure, als das warme, ist daher erquickender; es mäßiget die zu große Lebenswärme, beschränkt zugle.") die Empfindlichkeit der Organe des Schlingens und des Athmens, und macht dadurch, daß sie durch Verkältung nicht so leicht angegriffen werden.

Kaltes Getränk und Eis, obschon sie in bestimmten Krankheitsfällen wichtige Heilmittel abgeben, können zur Unzeit — vorzüglich bey erhitztem Körper — angewendet, sehr großes Unheil stiften. Besonders feindselig äußern sie sich für die Lungen, auf welche sie bey ihrem Durchgange durch den Schlund zunächst einwirken, und in welchen sie durch schnelle Ableitung des Expansivthätigen, durch eben so stürmische als ungleiche Cohäsionsveränderungen die Nerven- und Gefäßthätigkeit in Unordnung bringen, Stockungen, chronische und acute Entzündungen, Blutfluß, Knoten, Verschwärung, Schwindsucht, ins Daseyn rufen. Nicht überall beschränken sich diese traurigen Folgen bloß auf die Lungen;

bey vorhandener Anlage können sie sich auch auf den Magen oder andere Eingeweide ausdehnen, und so unter mancherley Gestalten hervortreten.

§. 681.

Es bestätiget sich demnach durch alles dieses, was wir gleich im Eingange dieser Betrachtung von den Wirkungen der Wärme und Kälte behauptet haben: daß diese in Beziehung auf den menschlichen lebenden Organismus keine absoluten, sondern überall relative sind, indem sie nicht allein durch den Grad der Temperatur, durch die Zeit und den Ort der Anwendung, durch die verschiedene Natur des Übertragungsmittels, sondern auch noch durch das Verhältniß, welches zwischen der äußern Temperatur und dem lebenden Organismus jedesmahl obwaltet, näher bestimmt werden. In letzterer Hinsicht lehrt die Erfahrung, und die Theorie findet leicht die Erklärung dazu, daß der Wechsel der äußern Temperatur andere Wirkungen bey einem schwächlichen, als bey einem starken, andere bey einem großen Gegensatze zwischen der eigenen Lebens= und der äußern Temperatur, andere bey schwitzender, als bey trockner Haut; andere, wenn die Einwirkung auf den ganzen Körper gleichmäßig erfolgt, als wenn sie nur auf einzelne Theile, wie z. B. bey der Zugluft, beschränkt wird; andere beym gesunden, als beym kranken Menschen hervorbringt, und daß endlich selbst die Verschiedenheit der Krankheit, an welcher der Mensch bereits leidet, einen großen Unterschied in diesen Wirkungen bedingt. Endlich muß man bey der Würdigung desjenigen, was zu große Wärme oder Kälte im menschlichen Organismus bewirkt, den Antheil nicht übersehen, welchen andere Schädlichkeiten, deren Einflusse er zu derselben Zeit ausgesetzt ist, an diesen Wirkungen haben. Hierzu liefern z. B. die Veränderungen, welche zu heiße oder zu kalte Luft in dem menschlichen Körper hervorruft, überzeugende Belege, indem sie mannigfaltige nä=

here Bestimmungen erhalten, je nachdem die Luft zu gleicher Zeit trocken oder feucht, mehr oder weniger elektrisch, mit mephitischen Gasarten mehr oder weniger angeschwängert ist u. s. w., wie das seine vollere Beleuchtung alsogleich im folgenden Hauptstücke finden wird.

* * *

H. Leonhardi, de frigoris atmosphaerici effectibus in corpus humanum. Lips. 1771. 8.

Fr. Jos. Anna's Beytrag zur Entscheidung der Streitfrage: stärkt oder schwächt die Wärme? Würzb. 1801. 8.

W. F. Baur, über den Einfluß der äußern Wärme und Kälte auf den lebenden menschlichen Körper. Eine gekrönte Preisschrift. Marb. 1804. 8.

K. Fd. Becker, Abhandlung von der Wirkung der äußern Wärme und Kälte auf den lebenden menschlichen Körper. Eine gekrönte Preisschrift. Gött. 1804. 8.

J. Ant. Schmidtmüller, Was ist die Wärme dem Organismus? Landshut, 1804. 8.

Skielderup, vis frigoris incitans. Havn. 1804. 8.

J. Floyer's Versuch, zu beweisen, daß kaltes Baden gesund und nützlich sey. A. d. Engl. Breslau, 1749. 8.

J. Jon. Pergius, Abhandlung von den kalten Bädern. A. d. Schwed. von J. Jac. Rhades. Stettin, 1766. Neue Aufl., mit einer Vorrede von E. Gf. Baldinger. Nürnb. 1793. 8.

P. Jos. Ferro, vom Gebrauche des kalten Bades. Wien, 1781.

Wolf, de abusu balneorum frigidorum. Jen. 1792. 4.

J. Jac. Günther, Etwas über die Wirkung des warmen Bades, nebst einigen Bemerkungen über das Luftbad. Frankf. a. M. 1804.

J. Jac. Gladbach, de morbis a vestitu contra frigus

insufficiente. Francof. ad. M. 1761. Deutsche Übersetzung. Frankf. 1763.

Jos. Cl. Rougemont, über die Kleidertracht, in so fern sie einen nachtheiligen Einfluß auf die Gesundheit hat. Bonn. 1786. 8.

Wlh. Vaughan's philosophisch-medicinischer Versuch über die moderne Kleidung. A. d. Engl. 1793. 8.

Von den krankmachenden Einflüssen der atmosphärischen Luft.

§. 682.

Die atmosphärische Luft ist eines der vorzüglichsten Erregungs- und Bestimmungsmittel des thierischen Lebens: sie ist nicht bloß Trägerinn des Lichtes, der Elektricität und Wärme, sondern sie tritt auch mittelst ihrer eigenen Substanz mit dem Organischen in chemische und dynamische Wechselwirkung, aus welcher besonders dasjenige hervorgeht, was im thierischen Organismus unter der Form des expansiven Princips wirkt, und im Gegensatze mit dem contractiven die mannigfaltigen Erscheinungen des Lebens begründet. Offenbar stehen die Entwicklung der thierischen Wärme, der Sensibilität und Irritabilität, mit einem Worte alle Äußerungen des höhern thierischen Lebens in der engsten Beziehung zu der Wechselwirkung desselben mit der atmosphärischen Luft, welche in den Lungen, auf der äußern Haut, und zum Theil auch in den ersten Wegen Statt findet. Man sieht also leicht ein, wie groß die Abhängigkeit des Lebens im thierischen und menschlichen Organismus von der atmosphärischen Luft ist, und daß diese, obschon sie die Hauptquelle des Lebens und der Gesundheit ist, dennoch bey veränderten Verhältnissen auch eine fruchtbare Erzeugerinn von Krankheit und Tod werden kann.

§. 683.

Um sich von den Verhältnissen der Atmosphäre zum Leben des menschlichen Organismus überhaupt und zur Krankheit insbesondere diejenigen Kenntnisse zu verschaffen, welche uns auf dem gegenwärtigen Standpunkte der Naturwissenschaft erreichbar sind, müssen wir vor allem das dem Luftkreise eigenthümliche Wesen nicht aus dem Auge verlieren. Wir müssen uns die Luft als ein höchst elastisches, die Erde bis auf eine bedeutende Höhe umkreisendes Meer denken, welches in sich selbst und nach außen hin ununterbrochen thätig, in immerwährender Verwandlung begriffen, sich dennoch in Rücksicht auf Gehalt und Form, im Großen wenigstens, immer als Dasselbe darstellt. Die äußere Thätigkeit der Atmosphäre läßt sich auf ihre Wechselwirkung mit den Gestirnen, besonders mit der Sonne, und auf jene mit der Erde, sowohl von ihrer Meeres- als von ihrer Landesoberfläche aus, zurückführen, welche letztere den großen, für die Atmosphäre so wichtigen Wasserverdunstungs- und Zersetzungsprozeß zur Folge hat. Die innere Thätigkeit derselben besteht in den dynamischen und chemischen Wechselwirkungen, welche erstens zwischen den auf einander liegenden und neben einander sich befindenden Schichten und Massen der Luft, und zweytens zwischen ihren wesentlichen und zufälligen Bestandtheilen obwalten. Diese äußere und innere Wirksamkeit der Luft gibt sich uns durch ihre Elektricität und Wärmetemperatur, durch ihre Schwere und Elasticität, und endlich durch ihren chemischen Gehalt zu erkennen. Diese mechanischen, dynamischen und chemischen Verhältnisse sind es denn nun auch, durch welche die atmosphärische Luft bestimmend auf den menschlichen Organismus und seinen Lebensprozeß einwirkt, und durch deren Wechsel sie zur Störung der Gesundheit und zur Hervorrufung von Krankheiten beyträgt, die demnach auch in der Ätiologie die Aufmerksamkeit des Arztes auf sich ziehen müssen.

§. 684.

Der große Einfluß, welchen die Atmosphäre durch veränderte Elektricitätsverhältnisse auf die Bestimmung der Krankheitsanlagen und die Erzeugung der Krankheiten selbst äußert, läßt sich schon aus dem ermessen, was wir oben §. 659 ff. über die Wirkungen der Elektricität auf den menschlichen Organismus überhaupt vorgetragen haben. Die Atmosphäre wirkt nicht nur durch ihre freye, sondern auch durch ihre gebundene Elektricität auf die Haut, auf die Organe und den Prozeß der Respiration. Die erstere Art der Einwirkung wird durch bloße Berührung, die andere aber durch chemische Vorgänge vermittelt (§. 663). Höchst wichtig erscheinen uns hier die elektrischen Beziehungen der Luft zum Respirationsprozesse, bey welchem nicht allein ihre freye Elektricität, sondern auch und vorzüglich die durch Zersetzung aus dem Oxygengas entbundene höchst wahrscheinlich eine der ersten Rollen spielt, und die großen Veränderungen im thierischen Organismus, welche mit dem Respirationsprozesse in Verbindung stehen, einleitet. Dieses muß jedem einleuchten, welcher die Verhältnisse des Oxygengases zu allen elektrischen und galvanischen Vorgängen kennt, und weiß, daß dieses bey allen eine Hauptquelle für die Entwicklung der Elektricität ist. Alle übrigen Zustände der Atmosphäre stehen entweder als Veranlassungen oder Folgen zu ihrer Elektricität höchst wahrscheinlich in näherer oder entfernterer Beziehung, und die Wirkungen, welche sie in dem thierischen Organismus hervorrufen, werden erst alsdann in ein helleres Licht treten, wenn eben diese Verhältnisse zur Elektricität hinlänglich erkannt und herausgehoben seyn werden.

§. 685.

Die Nachtheile für die Gesundheit, welche aus dem verschiedenen Grade von Wärme und Kälte der Atmosphäre hervorgehen, sind im vorhergehenden Hauptstücke aus einander gesetzt worden; wir wenden uns demnach alsogleich zu demjenigen, was der von der Schwere und der Elasticität der Luft abhängige Druck im menschlichen Körper Nachtheiliges bewirken kann. Der gleichmäßige Druck der Atmosphäre auf die ganze Oberfläche des menschlichen Körpers unterstützt die von außen nach innen gerichtete Contractivkraft seiner Theile in dem Maße, daß sie die von innen nach außen strebende Expansion zu beschränken, und dieser das Gleichgewicht zu halten vermag. Wird nun dieser allgemeine, gleichförmige Luftdruck in einem bedeutenden Grade vermindert; so überwindet das Ausdehnungsbestreben im Organismus die ihm entgegengesetzte contractive Thätigkeit: die stark ausgedehnten Flüssigkeiten drängen sich mit Gewalt in die erschlafften Gefäße der äußern Oberfläche; es entstehen Anschwellung, Röthe, Blutflüsse und großes Schwächegefühl, wie dieses die Erscheinungen an Thieren, welche des Versuches wegen in sehr verdünnter Luft, und an Menschen, welche die höchsten Berge der Erde besteigen, bestätigen. Daß der überhand nehmende Druck entgegengesetzte Wirkungen, und zwar solche, die sich mit denen eines Bades in einer tropfbaren Flüssigkeit vergleichen lassen, hervorbringen müsse, versteht sich wohl von selbst. Indessen finden in den Gegenden, welche die Menschen gewöhnlich bewohnen, keine so bedeutenden Veränderungen im Luftdrucke Statt, daß sie so auffallende Wirkungen hervor zu bringen im Stande wären; dessen ungeachtet kann auch der minder grelle Wechsel, welcher häufig genug eintritt, nicht ohne allen Einfluß auf die Lebensgeschäfte des menschlichen Körpers bleiben.

§. 686.

Wenn von dem chemischen Gehalte der Atmosphäre die Rede ist; so muß man vor allem wesentliche und zufällige Bestandtheile derselben unterscheiden. Die wesentlichen sind Stick- und Sauerstoffluft; zu den zufälligen können andere mephitische Gasarten, Dünste verschiedener Art und feiner Staub gerechnet werden. In Rücksicht der Wasserdünste kann man füglich Anstand nehmen, ob man sie zu den wesentlichen oder zu den zufälligen Bestandtheilen rechnen soll, sobald man weiß, daß auch die trockenste Luft nicht ohne allen Wassergehalt ist, und daß Wasser und Luft überhaupt in einer sehr nahen Verwandtschaft zu einander stehen, so daß eines in das andere durch chemische Umwandlung überzugehen scheint.

§. 687.

Zuerst einige Worte über das geänderte Verhältniß der wesentlichen Bestandtheile der Atmosphäre. Versuche haben gelehrt, daß das Einathmen des reinen Oxygengases den Lebensprozeß sehr auffallend verstärkt, und ihn in kurzer Zeit bis zum Grade des Entzündungszustandes hinantreibet, daß hingegen Mangel an dieser Gasart die atmosphärische Luft zum Athmen und zur Unterhaltung des Lebens ganz untauglich macht. Daraus hat man geschlossen, daß das wechselnde Verhältniß des Sauerstoffgases in der freyen Luft einen großen bestimmenden Einfluß auf die Erzeugung von Krankheitsanlagen und wirklichen Krankheiten haben müsse, daß die Zunahme desselben die Entstehung von Krankheiten mit hypersthenischem und entzündlichem Charakter, seine Abnahme aber das Hervortreten von Krankheiten von entgegengesetzter Natur begünstigen müsse. An der Möglichkeit eines solchen Wechsels des Verhältnisses an Oxygengas in der freyen Atmosphäre zweifelte man um so weniger, da man so viele Vorgänge in der Natur fand, welche Sauerstoffluft entbinden und verzehren. Allein bald zeigten genauere eudiometrische Untersuchungen der Atmosphäre, daß das Wechselverhältniß zwischen Stick= und Sauerstoffluft in derselben keinesweges dem Zufalle preis gegeben, sondern vielmehr an eine feste Regel gebunden, der zu Folge dasselbe keiner so auffallenden Veränderung unterworfen ist, die Atmosphäre vielmehr eine Art von Assimilations=

Vermögen besitzt, vermittelst welches sie sich immerdar in dem gleichen Zustande erhält, und ihr ursprüngliches Verhältniß ihrer wesentlichen Bestandtheile wieder herstellt. Kaum waren diese Versuche bekannt geworden, so gaben auch die Pathologen ihren Glauben an einen ursächlichen Zusammenhang zwischen herrschenden Krankheitsconstitutionen und vermehrtem oder vermindertem Oxygeneinfluß auf den menschlichen Organismus wieder auf. Indessen halten wir diesen letztern Entschluß für übereilt, indem wir noch immer Gründe vor uns sehen, welche uns zu der Behauptung berechtigen, daß die Wechselwirkung zwischen dem Oxygengas der Atmosphäre und dem lebenden thierischen Organismus nicht immer die gleiche sey, sondern daß in derselben ein Wechsel von Zu- und Abnahme Statt finde, welcher auf den Gang des Lebens und der Krankheiten einen großen Einfluß haben könne und müsse. Die Gründe, welche uns zur Aufstellung dieses Satzes bewegen, sind folgende:

a) Wenn auch aus den eudiometrischen Versuchen hervorgeht, daß sich die Menge des Oxygengases der Atmosphäre in ihrem Verhältnisse zum Azotgas nicht auffallend vermehre und vermindere; so kann deßwegen noch nicht geläugnet werden, daß der Antheil des Sauerstoffes in der zum Athmen dienenden Luft nach Maßgabe ihrer Dichtigkeit zu- und abnehmen müsse. Eine dichtere Luft muß in eben dem Maße, in welchem sie in einem bestimmten Umfange eine größere Menge von Luft überhaupt faßt, auch eine größere Menge von Oxygen enthalten, als eine verdünnte. Es ist daher keinem Zweifel unterworfen, daß alle Umstände, welche die atmosphärische Luft, bey übrigens bestehender Reinheit derselben, verdichten, auch den Prozeß, welcher zwischen ihr und dem thierischen Organismus, besonders in den Werkzeugen des Athmens, Statt findet, in so weit derselbe durch das Oxygengas vermittelt wird, verstärken.

b) Kann das Oxygengas in der Atmosphäre in Bezug auf den thierischen Organismus bald in einem freyern, bald in einem mehr gebundenen Zustande enthalten seyn. Gebunden nennen wir hier dieses Gas, wenn es mit andern in der Atmosphäre enthaltenen — z. B. phlogistischen — Stoffen in lebhafterer Wechselwirkung begriffen, dadurch gehindert wird, mit seiner ganzen Kraft auf den thierischen Organismus einzuwirken. So kann eine mit mephitischen Gasarten angeschwängerte Luft den Lungen wohl eine hinlängliche Menge von Oxygengas zuführen, allein dieses kann sich in den Lungen selbst mehr zu jenen Gasarten, als zu dem Blute oder seinem Kohlenstoffe hinwenden, und auf diese Weise den Respirationsprozeß weniger anfachen.

c) Aus bekannten Naturgesetzen läßt sich schließen, daß das Oxygengas unter gewissen Umständen, z. B. unter dem Einflusse des Lichtes, der Trockenheit u. s. w. nach außen hin wirksamer, gespannter, höher polarisirt, lebendiger, leichter zersetzbar, oder wie man es sonst nennen will, und eben dadurch zur Unterhaltung des Respirationsprozesses tauglicher werden könne, als unter entgegengesetzten Verhältnissen.

Diese Betrachtungen nun sind es, die bey uns die Überzeugung hervorgerufen haben, daß ungeachtet desjenigen, was eudiometrische Versuche über das mehr beständige Mengenverhältniß zwischen Oxygen- und Azotgas der Atmosphäre gelehrt haben, man dennoch annehmen müsse, daß es eine oxygenreichere oder oxygenkräftigere und eine oxygenärmere oder vielmehr oxygenschwächere Atmosphäre gebe, und daß dieses Steigen und Sinken der Gewalt des Oxygens in der Atmosphäre in Bezug auf den thierischen und menschlichen Organismus mit ihrer Temperatur, Heiterkeit, Trockenheit, Reinheit von mephitischen Luftarten u. s. w. in Verbindung stehe, und in der Ätiologie noch immer beachtet werden müsse.

§. 688.

Die Verhältnisse des Azotgases der Atmosphäre zum thierischen Organismus, besonders aber zum Athmen, sind bis jetzt noch nicht hinlänglich erkannt. Man weiß nur, daß es rein, oder mit einem zu geringen Antheile von Sauerstoffgas gemischt, eingeathmet, den Prozeß des Athmens nicht zu unterhalten vermag, und das Leben aufhebt. Da, wo es im Übermaß vorzukommen pflegt, ist es gewöhnlich mit andern schädlichen Gasarten und Dünsten gemischt, welche an den Wirkungen, die es im thierischen oder menschlichen Organismus hervorruft, ihren Antheil haben müssen.

§. 689.

Eine mit den sogenannten zufälligen Bestandtheilen überladene Luft nennt man unrein oder verdorben, und räumt derselben unter den krankheiterregenden Schädlichkeiten einen hohen Rang ein. Sehr häufig wird die Luft verdorben durch einen zu großen Antheil von mephitischen Gasarten, d. h. von kohlensaurem und Wasserstoffgas, welches letztere seltner rein, öfter in Verbindung mit Azot, Kohle, Schwefel, Phosphor, mithin als Ammoniumgas, als gekohltes, geschwefeltes oder Phosphor-Wasserstoffgas vorkommt. Wir wollen zuerst die Wirkungen aufzählen, welche diese Gasarten im menschlichen Organismus hervorbringen, wenn sie einzeln auf denselben einwirken, und dann unsere Blicke auf die Luftarten werfen, welche durch ein Gemisch solcher Gasarten verdorben sind.

§. 690.

Das kohlensaure Gas, welches, in die ersten Wege eingeführt, erregend auf den menschlichen Organismus einwirkt, ist, unvermischt eingeathmet, ein schnell tödtliches Gift. In der Leiche findet man Lungen und Herz welk und ohne Reizbarkeit, die Gefäße, welche venöses Blut führen, mit diesem überfüllt, das linke Herz und die Aorte leer, das Blut selbst dunkel und flüssig. Lauter Erscheinungen, welche auf gehemmte Entwicklung des arteriellen Charakters im

Blute und auf Lähmung der Centralorgane des Gefäßsystemes hindeuten. Man kann daraus auf die Störungen schließen, welche die kohlensaure Luft in den Lebensgeschäften des menschlichen Körpers verursachen muß, wenn sie zwar in einer mäßigen Menge der atmosphärischen Luft zugemischt, aber durch längere Zeit eingeathmet wird.

§. 691.

Wasserstoffgas rein eingeathmet, verursachet großes Schwächegefühl, schwarzgelbe Hautfarbe, vorherrschende venöse Beschaffenheit des gesammten Blutes, und den Tod auf ähnliche Weise, wie das kohlensaure Gas, indem es nämlich die neue Belebung des Blutes hemmt, und die Quelle der Irritabilität und Sensibilität versiegen macht. Je mehr die eigenthümliche Polarität des Hydrogens durch seine Verbindung mit ändern phlogistischen Substanzen, mit Kohle, Schwefel, Phosphor, Azot, gesteigert wird, desto mehr wächset auch seine verderbliche Wirksamkeit auf den menschlichen Körper. Daher hemmt das gekohlte Wasserstoffgas, auch wenn es der Atmosphäre in einem geringern Verhältnisse beygemischt ist, die Entwicklung des arteriellen Blutes, verursacht Nerven= und Muskelschwäche und einen allgemeinen cachectischen Zustand.

§. 692.

Die vorzüglichsten zusammengesetzten Luftgattungen, welche den schädlichen Einfluß, den sie auf die Gesundheit des Menschen äußern, hauptsächlich den beygemischten mephitischen Gasarten verdanken, sind folgende:

Die Luft in Kellern, in welchen eine große Menge von Flüssigkeit in der ersten Weingährung begriffen ist; diejenige, welche über Sauerbrunnen schwebt, und jene, welche sich aus glühenden Kohlen in geschlossenen Räumen entwickelt. Sie verursacht Beängstigung, Betäubung, Ohn=

macht, und unterbricht das Leben oder hebt es gänzlich auf. Das Hauptwirksame in derselben ist kohlensaures, im Kohlendunste aber auch noch Kohlenstoff=Oxydgas, und Kohlen= Wasserstoffgas.

Die Luft, welche lebende Pflanzen im Schatten von sich geben, ist größten Theils kohlensaures Gas, von den stark riechenden Pflanzentheilen wird zugleich Wasserstoff ausgeschieden. In Wohn= und Schlafzimmern sind sie also am unrechten Orte.

§. 693.

Die Luft, welche durch das Athmen der Thiere und Menschen, durch ihre Lungen= und Hautausdünstung verdorben wird, ist mit kohlensaurem, Stick= und Wasserstoffgas, mit Wasserdunst und thierischer Materie überladen, welche letztere, in der Atmosphäre schwebend, noch fernerhin zersetzt wird. Die Natur einer solchen Luft spricht schon ihr nachtheiliges Verhältniß zur Gesundheit des Menschen aus, das aber in eben dem Maße wachsen muß, in welchem die öftere Erneuerung der Luft vernachläßiget wird, die Zahl der beysammen wohnenden Menschen zunimmt, und diese sich dem krankhaften Zustande nähern. Vorzüglich aber sind Vegetationskrankheiten, welche sich durch Fruchtbarkeit an Krankheitsproducten auszeichnen, vor allen aber jene, die den colliquativen Charakter an sich tragen, z. B. Scorbut, Faulfieber, üble Geschwüre, Brand, dazu geeignet, die Luft in einem hohen Grade zu verderben. Denn hier sind es nicht bloß die mephitischen Gasarten und thierischen Dünste, welche unheilbringend auf Kranke und Gesunde wirken, sondern es sind auch noch die eigenthümlichen Krankheitsproducte, die gleich lebendigen Keimen den Krankheitsprozeß, welchem sie ihren Ursprung verdanken, auf andere dafür empfängliche Organismen zu übertragen streben. Aus allem diesen wird der verderbliche Einfluß klar, welchen die Luft in

Krankenhäusern, Kerkern, Schiffen u. dgl. auf die Gesundheit der Menschen zu äußern pflegt.

§. 694.

Eine sehr ergiebige Quelle von Luftverderbnissen ist die Fäulniß vegetabilischer und thierischer Körper. Sie entzieht der Atmosphäre Sauerstoff, und läßt dafür alle Gattungen mephitischer Gasarten, Stickstoff-, kohlensaures, geschwefeltes, gekohltes Wasserstoff- und Ammoniumgas, in Verbindung mit vegetabilischen und thierischen Dünsten, welche, in der Atmosphäre schwebend, den Faulungsprozeß in derselben fortsetzen, in großer Menge einströmen. Die Wirkungen, welche eine solche Luft, sie mag nun eingeathmet werden, oder längere Zeit mit der äußern Haut in Berührung bleiben, im menschlichen Körper hervorzubringen im Stande ist, finden ihre Erklärung in dem bisher Vorgetragenen, und ihre Bestätigung in den Krankheiten, welche die Luft, die über Schlachtfeldern, in Schlachthäusern, auf Kirchhöfen, in Kloaken u. dgl. schwebt, bey vorhandener Anlage zu erzeugen pflegt.

§. 695.

Hierher gehört nun auch die Sumpfluft, welche für die Gesundheit des Menschen in einem so hohen Grade verderblich ist, daß ihr in dieser Hinsicht nur wenige andere Schädlichkeiten an die Seite gesetzt werden können. Sie ist mit den Producten der Fäulniß von abgestorbenen Pflanzen, Thieren, ihren Eyern, Larven und Auswürfen, und zugleich mit Wasserdünsten überladen, und in Bezug auf den menschlichen Körper im Zustande elektrischer Abspannung. Sie ist demnach arm an allem demjenigen, was die Luft zur Lebensnahrung macht, und reich an allem, wodurch das innere Leben, die Entbindung der Sensibilität und Irritabilität, die Ausbildung des Blutes und mit ihm des ganzen Organismus zurückgehalten werden. Dieses beweisen zur Genüge die Krankheiten, welche in sumpfigen Gegenden beständig zu Hause sind: die hartnäckigen Wechselfieber, die typhösen Fieber mit fauligem Charakter, die rheumatischen Leiden, die Gicht, der Scorbut, die Wassersucht, langwierige Hautausschläge, Entartung der Organisation der Eingeweide u. s. w.

Die Luft, welche in Bergwerken und Steinkohlengruben vorkommt, und dem Leben der Bergleute Gefahr drohet, ist größten Theils Hydrogengas.

§. 696.

Zu den zufälligen schädlichen Bestandtheilen der Atmosphäre gehören ferner die Dämpfe von starken Säuren, von Ammonium, von giftigen Metallen, narkotischen Substanzen u. s. w.

Die Dämpfe von starken Säuren wirken heftig reizend auf die Respirationsorgane, und verursachen in denselben krampfhafte Zusammenschnürungen, Erstickungsanfälle, Entzündung, Eiterung, Schwindsucht. Gleiche Folgen hat das Einathmen vom Ammonium-Dunste oder Gas.

Die Dämpfe von giftigen Metallen: Arsenik, Quecksilber, Bley u. s. w., so wie die Dünste von narkotischen Substanzen, sind, eingeathmet, der Gesundheit nicht weniger verderblich, als wenn sie auf andern Wegen in den Organismus eingeführt werden. Ihre Wirkungen werden unter der Aufschrift von den Giften umständlicher zur Sprache kommen.

Der Staub, welcher sich in die Luft erhebt, wirkt nach seiner verschiedenen Menge und Beschaffenheit durch Verstopfung der Kanäle, durch mechanische und chemische Reizung in verschiedenen Graden nachtheilig auf die Organe des Athmens.

§. 697.

Das Wasser, in so fern es in Dunstgestalt in der Atmosphäre enthalten ist, und dadurch die Grade ihrer Feuchtigkeit und Trockenheit bestimmt, verändert ihre Beziehungen zum lebenden menschlichen Organismus auf eine merkwürdige Weise. Ehemals glaubte man die Wirkungen der feuchten und trocknen Luft hinlänglich erklärt zu haben, wenn man sagte: feuchte Luft vermindere die Ausdünstung der Haut, erzeuge wässerige Beschaffenheit des Blutes und erschlaffe die Fasern, trockene aber begründe die entgegengesetzten Veränderungen im menschlichen Körper. Allein durch eine solche mechanische Ansicht ist dieser Gegenstand noch nicht in das erforderliche Licht gesetzt: es müssen auch die dynamischen Verhältnisse, besonders aber die elektrischen mit in Anschlag gebracht werden. Feuchte Luft ist meistens in dem Zustande elektrischer Abspannung: sie befördert demnach den Respirationsprozeß nicht lebhaft genug und wirkt zugleich auf die äußere Haut durch Ableitung der thierischen Elektricität; sie hat demnach alle die nachtheiligen Veränderungen des Lebensprozesses zur Folge, deren wir oben (§. 661) erwähnt haben. Die Wirkungen der feuchten Luft erhalten aber noch eine nähere Bestimmung durch die gleichzeitige Temperatur derselben. Feuchte und kalte Luft schadet durch Entziehung der thierischen Elektricität und Wärme zugleich. Feuchte und heiße Luft schwächt das Leben in seinen beyden Grundkräften; indem sie dem Organismus das expansive Princip unter der Form der Elektricität entzieht, und das contractive unmittelbar lähmt, wodurch der Grund zu den schwersten adynamischen und colliquativen Krankheiten gelegt wird.

Günstiger ist dem Leben und der Gesundheit trockne Luft, aus Gründen, welche aus dem bisher Vorgetragenen leicht erkannt werden. Indessen kann sie doch auch bey einem zu hohen Grade und zu langer Dauer ihrer Einwirkung Anlage zu Krankheiten erzeugen, die auf zu großer Anstrengung des Lebens beruhen.

* * *

G. Rdf. Böhmer, de aëris atmosphaerici speciebus earumque effectibus in corpus humanum. Viteb. 1794. 4.

G. A. Kohlreif, Abhandlung von der Beschaffenheit und dem Einflusse der Luft auf Leben und Gesundheit der Menschen. Weissenfels, 1794. 8. II. Aufl. 1800.

E. W. Fiedler, physisch-chemische Abhandlung über die Wirkung der verschiedenen Luftarten. Kassel, 1795. 8.

P. Jos. Ferro, über die Wirkung der Lebensluft. Wien, 1793 — 1795. 8.

E. W. H. Münchmeyer, de viribus oxygenii in procreandis et sanandis morbis. Gött. 1801. 8.

J. Jac. Günther, Darstellung einiger Resultate, die aus der Anwendung der pneumatischen Medicin auf die praktische Arzneykunde hervor gehen. Marb. 1801. 8.

J. M. Lancisi, de noxiis paludum effluviis. Rom, 1716.

J. Z. Platner, de pestiferis aquarum putrescentium exspirationibus. Lips. 1747. 4.

Ant. Baume's Abhandlung über die Krankheiten, welche von den Ausdünstungen stehender Wasser und sumpfiger Gegenden entspringen. A. d. Franz. Leipz. 1792. 8.

Fr. Cartheuser, de virulentis aëris putridi in corpus humanum effectibus. Francof. 1716. 4.

C. F. Ehmbsen, diss. de aëre corrupto ejusque remediis. Gött. 1789. 8.

Ant. Portal, Bericht über die Wirkung der mephitischen Dämpfe, und vorzüglich des Kohlendampfes auf den menschlichen Körper. A. d. Franz. Frankf. u. Leipz. 1778. 8.

Von den Jahreszeiten und der Witterung.

§. 698.

Der Einfluß der Sonne auf die Erde und mit diesem die Verhältnisse des Lichtes, der Elektricität, der Wärme und der atmosphärischen Luft zu den Thieren und dem Menschen, selbst die Beschaffenheit der Nahrungsmittel für letztere, erhalten ihre nähere Bestimmung von den Jahreszeiten, und diese gewinnen dadurch eine hohe ätiologische Bedeutung, die sich besonders durch ihre Herrschaft über epidemische Constitutionen, in so fern diese in bestimmte Zeitabschnitte eingeschlossen sind, zu erkennen gibt, und einer nähern Würdigung von Seite des Arztes gewiß nicht unwürdig ist.

§. 699.

Während des Winters ist die Halbkugel der Erde, welche von ihm beherrscht wird, von der Sonne mehr abgewendet; ihre Strahlen gleiten nur in schiefer Richtung über die Oberfläche von jener hin, und nur schwach ist die Wechselwirkung zwischen Licht und Erde, geringer die Entwicklung der Wärme, vorherrschend Kälte und Erstarrung. In der ersten Hälfte des Winters, oder eigentlicher im Spätherbste, ist der Himmel meistens trübe, die Luft mit Nebel überladen, kalt und feucht, ihre Elektricitäts- und Oxygenspannung geringer. Hierzu kommt nun noch, daß die Menschen, um den Unbilden der Witterung zu entgehen, den größten Theil des Winters in geheizten Zimmern, in eingeschlossener und verdorbener Luft zubringen, und daß sie sich beym Aus- und Eingehen häufigem Luft- und Temperaturwechsel aussetzen. Unter solchen Umständen ist die menschliche Gesundheit übel geborgen: das Lebensvermögen sinkt, chronische Krankheiten verschlimmern sich, acute, als Katarrhe, Rheumatismen, Rothlauf, Fieber von verschiedenartigem Charakter gesellen sich hinzu; die Sterblichkeit vermehrt sich. Den übrigen Theil des Winters hindurch bedecken Schnee und Eis die Oberfläche der Erde: die Gährungsprozesse werden unterdrückt, der Himmel heiterer, die Luft kälter, dichter, elastischer, reiner. Hieraus entwickelt sich nun als epidemisch herrschende Constitution die entzündliche, und die Lungen werden derjenige Theil des menschlichen Körpers, welcher dieser am meisten unterworfen wird.

§. 700.

Im Frühlinge wendet sich die eine Hälfte der Erde wieder mehr der Sonne zu, um ihre befruchtenden Strahlen inniger zu empfangen und mit dem Lichte in lebhaftere Wechselwirkung zu treten: die Wärme nimmt zu, Eis und Schnee schmelzen, die Luft wird bey noch geringer Wärme mit Wasserdünsten überladen, und wirkt, da das Leben in den Centralorganen des Organismus wieder mehr Kraft und Widerstandsvermögen gewinnt, vorzüglich nachtheilig auf seine Peripherie, auf die äußere Haut, auf die Schleim- und serösen Häute. Daher tritt nun eine epidemische Constitution hervor, welche der Erzeugung von Katarrhen, Rheumatismen und Wechselfiebern, welche noch zu dem entzündlichen Wintercharakter hinneigen, besonders günstig ist. Später aber, wenn sich das Gewässer verliert, die Frühlingswärme zunimmt, und grünende Pflanzen die Oberfläche der Erde bekleiden, wächst auch wieder die Gedeihlichkeit der Luft für die Gesundheit des Menschen.

§. 701.

Im Sommer fallen die Sonnenstrahlen mehr senkrecht auf jenen Theil der Erdoberfläche, welchen der Sommer beherrscht; die Wärme erreicht den höchsten Grad; der Wechsel der Elektricität ist greller; die Gährungsprozesse nehmen überhand. Durch diese Verhältnisse wird im Menschen die gastrische, gallige, colliquative Anlage erzeugt, welche den Krankheiten, von denen er befallen wird, denselben Charakter mittheilt, und diesen zum Range des epidemisch herrschenden erhebt. (vergl. §. 670).

Daher die Häufigkeit der Verdauungsbeschwerden, des Erbrechens, des Durchfalles, der Ruhr, des Brechdurchfalles, der Gallen- und Faulfieber in dieser Jahreszeit.

§. 702.

Im Herbste tritt die Erde in das nämliche Verhältniß zur Sonne zurück, in welchem sie sich im Frühlinge befand. Der Einfluß des Lichtes auf die Oberfläche der Erde nimmt ab, die Luft wird feuchter und kühler, und des Einflusses des Pflanzenlebens immer mehr beraubt. Die Haut des Menschen, deren Empfänglichkeit für äußere Einflüsse durch die vorausgegangene Sommerhitze sehr gesteigert wurde, wird von der eben geschilderten Luftbeschaffenheit heftiger angegriffen. Die katarrhalisch-rheumatische und die mit dieser in näherer Beziehung stehende Wechselfieber-Constitution erheben wieder ihr Haupt. Die Wechselfieber lieben nun den viertägigen Typus und wenden ihre feindselige Gewalt mehr gegen die Eingeweide des Unterleibes, welche von der vorausgegangenen epidemischen Sommerconstitution noch eine größere Anlage dazu übrig behalten haben.

§. 703.

Bey der Beurtheilung der jeder Jahreszeit eigenthümlichen ätiologischen Verhältnisse darf man indessen nicht bloß auf die Veränderungen der Luft und der Erdoberfläche sehen, in so weit diese von dem Stande der Erde gegen die Sonne bestimmt werden; sondern man muß zugleich auch auf die Lebensweise, Beschäftigung und Zerstreuung, auf die Art der Nahrungsmittel, welche in jeder Jahreszeit üblich sind, Rücksicht nehmen; indem auch diese das Ihrige zur Bestimmung der in jeder Jahreszeit herrschenden Krankheitsanlage und Conſtitution beytragen.

§. 704.

Jede Jahreszeit hat demnach in Folge des jedesmahligen Standes der Erde zur Sonne im Ganzen genommen eine ihr eigenthümliche Beſchaffenheit der Atmoſphäre oder **Witterung**, die aber in unſerem Klima wieder mannigfaltigem Wechſel unterworfen iſt, deſſen Veranlaſſungen bis jetzt noch nicht in das gewünſchte Licht geſetzt worden ſind. Daß dieſer Wechſel der Witterung auf die Beſtimmung des Lebenszuſtandes des Menſchen, der Krankheitsanlagen, des Charakters und Ganges der herrſchenden Krankheiten einen großen Einfluß haben müſſen, iſt aus dem bisher Vorgetragenen leicht zu entnehmen; um ihn indeſſen genauer zu würdigen, iſt es zweckmäßig, jede Art von Witterung in ihren Verhältniſſen zur Atmoſphäre und vermittelſt derſelben zum menſchlichen Organismus einer nähern Betrachtung zu unterziehen.

§. 705.

Der **Froſt** hat eine nicht unbedeutende Wirkung auf den Zuſtand der Atmoſphäre. Nach Ritter gibt das Waſſer, indem es friert, Oxygen=, nach andern hingegen Hydrogengas von ſich. So viel iſt gewiß, daß ſich bey der Eisbildung die elektriſche Spannung der Atmoſphäre ändern muß. Iſt die Oberfläche der Erde mit einer Eis= und Schneerinde überzogen, ſo wird ihre Wechſelwirkung mit der Atmoſphäre, beſonders aber die Ausdünſtung mephitiſcher Gasarten beſchränkt: die Luft wird reiner, kälter, dichter, trokkener, elektriſcher, und wirkt nun dieſen Eigenſchaften gemäß auf den menſchlichen Körper ein.

Daß **Thauwetter** die entgegengeſetzten Verhältniſſe der Atmoſphäre herbey führen müſſe, verſteht ſich wohl von ſelbſt.

§. 706.

Der Nebel besteht in Wasserdünsten, welche in der Luft schweben. Seine Erzeugung beruhet hauptsächlich auf Verminderung der Temperatur und der elektrischen Spannung der Luft, wodurch die Verdünnung des Wasserdunstes und der Übergang desselben in den bleibend elastischen Zustand verhindert wird. Im menschlichen Körper bringt er die Wirkungen der kalten und feuchten Luft hervor. (§. 697.)

Wolken sind Nebel in der höhern Luftgegend. Sie machen die Luft feucht, schwächen die Einwirkung des Sonnenlichtes auf die untern Schichten derselben und verursachen in dieser Herabsetzung der elektrischen Spannung. Daher hat trübe Witterung einen beschränkenden Einfluß auf den Lebensprozeß, besonders von seiner expansiven Seite her.

Regen, wenn er auf lang herrschende Trockenheit folgt, wird dadurch, daß er dem Mangel des Wassers abhilft, das stehende in Bewegung setzt, den angesammelten Unrath abwäscht, den Staub aus der Atmosphäre niederschlägt, das Wachsthum der Pflanzen befördert, die übermäßige Hitze mäßiget, für die Gesundheit des Menschen wohlthätig. Lang anhaltend bringt er dieselben Nachtheile, wie Nebel und Wolken, nur in einem höhern Grade.

§. 707.

Gewitter äußern ihre Wirksamkeit auf den lebenden menschlichen Körper vorzüglich durch Abänderung der elektrischen Verhältnisse der Luft. Während der Vorbereitung zum Gewitter befindet sich die untere Schichte der Atmosphäre in elektrischer Abspannung, die obere hingegen auf einem desto höheren Grade elektrischer Spannung. Dadurch wird die Luft, welche den Menschen zunächst umgibt, zur Anfachung des Lebensprozesses weniger tauglich: es entstehen beschwertes Athmen, Gefühl von Angst, gehemmter Kreislauf, Abgeschlagenheit und Mißmuth: welche Zufälle alsogleich wieder verschwinden, wenn durch Entladung der Wolken das Gleichgewicht der Elektricität in der Atmosphäre und mit diesem der freyere Gang des Lebens im menschlichen Organismus wieder hergestellt ist.

Der Sturm ist mit dem Gewitter wahrscheinlich einerley Ursprungs, und steht daher auch in ähnlichen Verhältnissen zur Gesundheit des Menschen.

§. 708.

Heitere Witterung theilt der Luft Eigenschaften mit, wodurch sie in jeder Hinsicht zur kräftigern Erregung des Lebens tauglicher wird. Allein bey zu langer Dauer verursacht sie anhaltende Trockenheit, Mangel an Wasser, gehemmtes Wachsthum der Pflanzen und deren Folgen.

§. 709.

Der Wechsel der Witterung in den bisher beschriebenen Gestalten steht in einem sehr engen Verkehr mit den Winden und ihren verschiedenen Richtungen. Die Macht der Winde in der Bestimmung der Witterung würde noch mehr in die Augen springen, wenn man von der Entstehungsweise derselben und der Ursache ihrer wechselnden Richtung zuverläßigere Kenntnisse hätte. Im Allgemeinen ließe es sich wohl nachweisen, daß Gegensätze, welche durch die verschiedene Temperatur und Elektricitätsspannung zwischen den Luftschichten oder zwischen diesen und der Erde, oder dem Meere, hervor gerufen werden, die Entstehung der Winde begründen mögen: allein desto schwieriger möchte es seyn, diese allgemeine Angabe auf einzelne Fälle so anzuwenden, daß man im Stande wäre, die Entstehung eines jeden Windes auf seine erste Quelle zurück zu führen, und die Ursache seiner eigenthümlichen Richtung mit Bestimmtheit anzugeben; indem man hier unvermeidlich auf eine Kette von Ursachen und Wirkungen stoßen muß, deren erstes Glied dem Raume und der Zeit nach oft weit entfernt liegt.

§. 710.

In Hinsicht der Verhältnisse der Winde zur Gesundheit des Menschen kann man fürs erste behaupten, daß anhaltende Windstille die Luft weniger heilsam macht, indem sie die Überladung derselben mit schädlichen Ausdünstungen und mephitischen Gasarten in bestimmten Gegenden begünstiget, und zugleich im Innern der Luft einen geringern Grad von dynamischer Wechselwirkung, eine Art von Lähmung und damit ein geschwächtes Wirkungsvermögen derselben nach außen voraussetzt. Mäßiger Wind muß also durch Herbeyführung entgegengesetzter Verhältnisse der Gesundheit zuträglicher seyn. Stürmischer Wind aber wird die Rolle einer mechanischen und dynamischen Schädlichkeit übernehmen. Er wird schaden durch ungleichen Druck der Luft auf die Oberfläche des Körpers, durch gewaltsames Einströmen in die Luftwege und erschwertes Ausathmen, durch zu schnellen Wechsel der Luftmasse, die den menschlichen Körper zunächst umgibt, und durch einen eben dadurch begründeten zu raschen Wechsel der Temperatur und der elektrischen und chemischen Verhältnisse zwischen beyden.

§. 711.

Übrigens theilt der Wind, welcher in einer bestimmten Gegend herrscht, nach Verschiedenheit der Richtung, welcher er folgt, der Atmosphäre verschiedene Eigenschaften mit. So macht der Ostwind in unserer Gegend den Himmel heiter und die Luft nach Verschiedenheit der Jahreszeit entweder kühl oder kalt, dabey dichter, reiner, trockner, elektrischer. Der Westwind bringt gelindes, mäßig warmes, unbeständiges Wetter, und macht die Luft feuchter. Der

Südwind führt heiße, feuchte, schlaffe, der Nordwind kalte, rauhe, trockne Luft herbey.

Diese sind die vier **Hauptwinde**. Diejenigen, welche zwischen zwey derselben ihre Richtung nehmen, vereinigen die Eigenschaften beyder in sich, neigen sich aber immer mehr zu der Natur desjenigen hin, welchem sie dem Raume nach näher rücken. Der **Südostwind** verschafft uns heitere, reine und zugleich warme Luft; der **Südwest** ist warm und feucht, der **Nordwest** kalt und feucht und der **Nordost** kalt und trocken.

Um jedoch über das Verhältniß der Winde zur Beschaffenheit der Luft nicht einseitig zu urtheilen, ist es nicht genug auf die **Himmelsgegend** zu sehen, aus welcher der Wind seine Richtung nimmt, sondern man muß auch auf die Eigenthümlichkeiten der **Erdgegend** achten, welche ein bestimmter Wind durchstreicht; indem auch diese auf die Bestimmung der Luft, welche über sie hinströmt, einen bedeutenden Einfluß gewinnen kann. So macht es einen großen Unterschied in der Beschaffenheit der Luft, je nachdem sie der Wind über wüste Steppen, über weit ausgedehnte Sümpfe, über Schlachtfelder, die mit faulenden Leichen bedeckt sind, über schneebedeckte Gebirge, oder über grünende Wiesen, Felder und Wälder trägt.

Endlich darf man auch den Umstand nicht übersehen, daß in einer und derselben Gegend in den verschiedenen Höhen der Luft verschiedene und der Richtung nach einander entgegengesetzte Winde wehen. Dadurch nun werden den verschiedenen über einander liegenden Luftschichten verschiedene Eigenschaften mitgetheilt, wodurch sie bestimmend auf einander einwirken, und woher dann jede eine Abänderung ihrer ursprünglichen Natur erhalten kann. Auf diese Weise wird es erklärbar, wie bey herrschendem Südwinde in der unteren Luft, diese dennoch zuweilen ungewöhnlich kalt befunden wird u. s. w.

* * *

Einwirkung der Jahreszeiten auf den Menschen und Verhütung der davon abhängenden Krankheiten. — In F. L. Augustins Berliner Gesundheitsalmanach. 1805. n. 3.

Junker, de morbis vernalibus. Hal. 1745.

Warum wüthen Krankheit und Tod im Sommer und Herbst oftmals so heftig auf dem Lande. Eine Predigt von Wilh. Ludw. Steinbrenner. Sondershausen, 1793.

Von dem Klima.

§. 712.

Die ätiologischen Verhältnisse des Menschen werden eben so sehr durch das Klima, als durch die Jahreszeiten bestimmt. Das Klima bezeichnet die Eigenthümlichkeit einer Gegend, welche von ihrer geographischen Breite und Länge, von ihrer Erhebung über die Meeresfläche, von ihrem Grund und Boden und der Art ihrer Bewässerung, endlich von ihren physischen Verhältnissen zu den benachbarten Erdstrichen abhängt. Da durch alle diese Umstände der Wechsel der Temperatur und Elektricitätsspannung, die Beschaffenheit der Luft, der Speisen und Getränke, mithin die wichtigsten Erhaltungs = und Bestimmungsmittel des menschlichen Lebens ihren eigenthümlichen Charakter erhalten; so wird daraus der große Einfluß klar, welchen das Klima auf die Erhaltung der Gesundheit und die Erzeugung von Krankheiten, besonders aber auf die endemische Constitution äußern muß, und welchen wir dadurch in ein helleres Licht zu setzen hoffen, daß wir die Momente, welche alle zusammen genommen die eigenthümliche Natur eines Klima bestimmen, in ihren Verhältnissen zum menschlichen Organismus einzeln untersuchen.

§. 713.

Vor allen übrigen verdient hier die geographische Breite und Länge, als der wichtigste Bestimmungs=

grund des Klima unsere Aufmerksamkeit, am meisten aber die erstere, indem von ihr die Beziehung einer Gegend zur Sonne abhängig ist.

Die heiße Zone, in welcher das ganze Jahr hindurch der brennende Tag mit der kühlen Nacht wechselt, ist dem Leben des Menschen und seiner Gesundheit wenig günstig. Die übermäßige Hitze erschöpft die Lebenskräfte und begünstiget die Auflösung des Organismus: frühzeitiges Alter, die heftigsten, oft schnell tödlichen Krankheiten sind ihre gewöhnlichen Früchte. Selbst gegen die Folgen der Erkältung ist der Mensch in der heißesten Gegend nicht geschützt, da ihn die Kühle der Nacht um so stärker ergreift, je mehr seine Haut durch die schmelzende Hitze des Tages erweicht, verzärtelt und empfindlich gemacht wird.

In dem kalten Erdgürtel gedeihet das Leben um so weniger, je mehr er gegen den Pol vorrückt, wo ein Tag und eine Nacht zusammen ein Jahr ausfüllen, und wo Erstarrung und Tod die Erde umschlingen.

Am besten ist für die Gesundheit des Menschen in der gemäßigten Zone gesorgt, wo alles dahin zusammen stimmt, das menschliche Leben in dem seiner Erhaltung am günstigsten mittlern Grade von Stärke und Geschwindigkeit zu erhalten. Da sie jedoch an ihrer einen Grenze mit der heißen, und an ihrer andern mit der kalten in Berührung kommt; so finden sich auch auf der einen Seite, derselben Gegenden, welche dem Einflusse zu großer Hitze, und auf der andern solche, welche dem Einwirken zu strenger Kälte mehr ausgesetzt sind. Außer dem ist der Mensch in dieser Zone noch jenen Schädlichkeiten ausgesetzt, welche aus dem Wechsel der Jahreszeiten hervor gehen.

§. 714.

Man nennt das Klima, welches durch die geographische Breite und Länge der Länder bestimmt wird, auch das gegraphische, und unterscheidet es von dem sogenannten physischen, welches von den übrigen, oben §. 712. angeführten Bestimmungsgründen des Klima abhängig ist.

Bey der Würdigung dieses sogenannten physischen Klima sieht man demnach zuerst auf den Boden, welcher die Erdoberfläche einer bestimmten Gegend ausmacht; denn dieser hat Einfluß auf die Menge und Natur ihres Wassers, auf das Wachsthum der Pflanzen, auf die Beschaffenheit der untern Luftschichte und vermittelst derselben auch auf das Leben der Menschen. Gewöhnlich besteht er aus einem Gemische verschiedener Erdarten, vorzüglich Kiesel-, Thon-, Kalk- und Dammerde, welche in verschiedenen Gegenden, in verschiedenen Verhältnissen, meistens mit Vorschlagen der einen oder andern vorkommen.

In sandigen Gegenden ist die Luft trockner, reiner, im Sommer wärmer: das Wasser, welches dort quillt, zeichnet sich durch Reinheit aus. Ist Dammerde vorhanden; so ist das Wachsthum der Pflanzen zwar nicht üppig, allein ihre organische Substanz ausgebildeter, reicher an Zucker und Gewürz; das Fleisch der Thiere kerniger. Gebricht es daher in solchen Gegenden nicht an der erforderlichen Menge von Nahrungsmitteln; so gehören sie zu den gesündern, begünstigen aber doch eine Anlage zu hypersthenischen, entzündlichen Krankheiten.

Die Kalkerde erhält, wenn sie den vorschlagenden Theil der obern Lage der Erde ausmacht, die Luft trocken, und befördert, wenn es nicht an Regen und dem gehörigen Antheile von Dammerde gebricht, das Wachsthum der Pflanzen; löset sich aber auch im Trinkwasser und erhebt sich als leichter Staub in die Luft, und kann unter diesen verschiedenen Verhältnissen bald einen vortheilhaften, bald einen nachtheiligen Einfluß auf die Gesundheit des Menschen äußern.

Weniger zuträglich für dieselbe ist ein thoniger oder lehmiger Boden: für das Wasser weniger durchdringlich hält er dasselbe auf seiner Oberfläche zurück: dadurch begünstiget er die Entstehung von Sümpfen und Morästen, macht die Luft feucht und kühl, die Pflanzen wässerig und kraftlos und ruft auf diese Weise eine Menge von Verhältnissen hervor, die das Leben des Menschen herabstimmen und mancherley Krankheiten Preis geben.

Die Dammerde hat durch Wasserzersetzung und Begünstigung des Pflanzenlebens einen großen Einfluß auf den Zustand der atmosphärischen Luft und die Erhaltung des bestimmten Verhältnisses ihrer Bestandtheile, zugleich liefert sie Menschen und Thieren reichliche Nahrung.

In manchen Gegenden findet sich auf der Oberfläche der Erde eine große Menge von Salzen. Diese werden vom Regenwasser zum Theil aufgelöset, den Brunnen und Pflanzen zugeführt, durch den Einfluß des Wassers, der Erden, des Lichtes, der Luft u. s. w. zum Theil zersetzt; sie zerfallen bey trockner Witterung zu feinem Staube, welcher sich in die Luft erhebt. Sie können demnach unmittelbar auf die Respirationsorgane, die Augen und die äußere Haut nachtheilig wirken, und auch mittelbar durch die Veränderungen schaden, die sie in der Luft, den Speisen und Getränken veranlassen.

§. 715.

Die Art der Bewässerung einer Gegend trägt zur Bestimmung des Klima und des Lebenszustandes der in demselben lebenden Menschen vieles bey; in so fern das Wasser nicht allein das vorzüglichste Getränk derselben liefert, sondern auch auf die Beschaffenheit der Luft und der Gewächse einen bedeutenden Einfluß hat. Gegenden, welche mit reinen Quellen, mit rasch fließenden Bächen und Flüssen versehen sind, werden der Gesundheit der Menschen auf mannigfaltige Weise zuträglich; indem diese gutes Getränk liefern, die Fruchtbarkeit des Bodens befördern und die Luft nicht verunreinigen. Erdstriche hingegen, in welchen die Flüsse langsam fortschleichen, welche den Überschwemmungen unterworfen, mit Seen, Sümpfen und Morästen bedeckt sind, biethen schlechtes Trinkwasser, wässerige, unkräftige Pflanzen, feuchte, unreine, weniger elektrische Luft, mithin ein für Menschen und Thiere ungesundes Klima dar. Daß auf der andern Seite wasserarme Gegenden dem Leben und der Gesundheit wenig förderlich sind, ist aus dem Vorhergehenden leicht zu begreifen.

§. 716.

Die Lage einer Gegend, in so weit sie durch ihre Erhebung über die Meeresfläche und ihre physischen Verhältnisse zu benachbarten Ländern oder Meeren bestimmt wird, ist einer der wichtigsten Bestimmungsgründe des Klima. Gebirge, welche mit ewigem Schnee bedeckt sind, haben eine zu dünne und kalte Luft, und dabey einen Mangel an allem, was zur Unterhaltung des Pflanzen- und Thierlebens unentbehrlich ist. Mittlere Berge biethen eine reine, kühle, trokkene, elektrische Luft, reines Wasser, eine höher ausgebildete Pflanzen- und Thiersubstanz, mithin eine Menge von äußern Einflüssen dar, welche das Leben verstärken und beschleunigen, und Anlage zu hypersthenischen und entzündlichen Krankheiten herbey führen. Auf mäßig erhabenen Ebenen findet man Luft und Nahrungsmittel in Hinsicht auf Menge und Beschaffenheit in Verhältnissen, welche der Gesundheit des Menschen am günstigsten sind. Auch höher liegende Meeresufer haben ein heilsames Klima, welches mit der Ebbe und Fluth des Meeres und mit den Veränderungen, welche diese in der Atmosphäre hervor bringen, in ursächlichem Zusammenhange zu stehen scheint. Flache Meeresufer und tiefer liegende Ebnen sind sumpfig. In tiefen Thälern, welche von hohen Gebirgen und dichten Wäldern eingeschlossen sind, wohin die Sonnenstrahlen nur mit Mühe durchdringen und die Luft gleich einem stehenden Wasser ruhet, im Sommer sehr schwül, im Herbste, Frühling und Winter mit Nebel überladen ist, befindet sich das Menschenleben in einem kümmerlichen Zustande, die Entwicklung des Organismus vermag sich kaum über die niedern Stufen der Thiernatur zu erheben: es gedeihen da nur Cacherien, Scrofeln, Kröpfe und Cretinen.

§. 717.

Endlich tragen auch die **nächsten Umgebungen** eines Landes zur Bestimmung seines Klima bey. So hat die Nachbarschaft vom Meere, von Seen, Sümpfen, Sandwüsten, Wäldern und Gebirgen, und die Lage der letztern gegen Norden, Süden u. s. w. einen unverkennbaren Einfluß auf die Temperatur, auf den Wechsel der Elektricität, auf die Beschaffenheit der Luft u. s. w. in einer bestimmten Gegend.

§. 718.

Betrachtet man nun die verschiedenen Umstände, welche die Beschaffenheit des Klima bestimmen (§. §. 713 — 717.) in ihrer Gesammtheit; so stößt man bald auf die Bemerkung, daß dieselben in der Wirklichkeit in mancherley Verhältnissen zu einander stehen, so zwar, daß sie einander in ihren nachtheiligen Wirkungen auf den menschlichen Organismus bald unterstützen, bald aber beschränken. So geben sumpfige Gegenden in der heißen Zone ein pestschwangeres Klima, da hingegen höhere Lage und Nachbarschaft des Meeres in demselben Himmelstriche sehr viel dazu beytragen, die zu heftige Einwirkung der Hitze auf den Menschen zu mäßigen.

* * *

Alex. Wilsons Beobachtungen über den Einfluß des Klima, auf Pflanzen und Thiere. A. d. Engl. Leipz. 1781. 8.

W. Hillary's Beobachtungen über die Veränderungen der Luft und den damit verbundenen epidemischen Krankheiten auf Barbados, übers. durch J. Ch. Gl. Ackermann. Leipz. 1776. 8.

Bj. Moseley's Abhandlung über die Krankheiten zwischen den Wendezirkeln und von dem Klima in Westindien. A. d. Engl. Nürnb. u. Altd. 1790.

Von den dynamischen Verhältnissen des Menschen zur Erde, ihren Erzeugnissen und Bewohnern.

§. 719.

Der Mensch wird gleich jedem andern schweren Körper von der Erde angezogen. Schon dieses beweiset eine dynamische Wechselwirkung zwischen beyden und führt uns auf die Vermuthung, daß die dynamischen Veränderungen, welche in der Erde und auf ihrer Oberfläche vor sich gehen, nicht ohne Einfluß auf den Gang des Menschenlebens und auf die Erzeugung gewisser Krankheitsanlagen bleiben mögen. So leicht aber auch dieser Satz im Allgemeinen ausgesprochen und auch durch Gründe unterstützt werden kann; so schwer wird dessen Anwendung auf das Besondere und die bestimmte Angabe derjenigen Veränderungen im gesunden und kranken Zustande, welche mit jenen Vorgängen in und auf der Erde in unmittelbarer ursächlicher Verbindung stehen.

Auf ähnliche Weise können die unorganischen Producte der Erde durch ihre dynamischen, besonders aber durch ihre elektrischen Verhältnisse auf den lebenden menschlichen Organismus einwirken und regelwidrige Lebenszustände in demselben hervor rufen.

§. 720.

Eine vorzügliche Aufmerksamkeit verdient aber die dynamische Wechselwirkung, welche zwischen den lebenden Organismen, insbesondere aber zwischen Menschen und Menschen,

Statt findet. So wie nämlich vermittelst der Temperatur= oder elektrischen Verhältnisse entweder durch unmittelbare Berührung, oder auch durch leitende Zwischenkörper ein Mensch auf den andern einwirken kann; so läßt sich auch auf diesem Wege eine Mittheilung von Lebensbestimmungen denken, die nach den verschiedenen Bedingungen, unter welchen sie erfolgen, zur Erhaltung, Störung oder Wiederherstellung der Gesundheit beytragen können. Hier liegt der Schlüssel zur Erklärung der Erscheinungen des thierischen Magnetismus, in so weit derselbe auf wirklich bestehende Naturgesetze gegründet ist; denn, wenn man alles, was bisher über diesen Gegenstand verhandelt worden ist, mit Unbefangenheit geprüft hat, so kann man sich des Glaubens nicht erwehren, daß ein großer Theil von dem, was bey der Anwendung des thierischen Magnetismus von physisch=dynamischer Wechselwirkung abgeleitet wird, auf willkürlicher und unwillkürlicher Täuschung, auf Mitwirkung des Nachahmungstriebes, der erhöhten Einbildungskraft, der Gemüthsstimmung und der erweckten Geschlechtsliebe beruhe.

Von den Nahrungsmitteln.

§. 721.

Das Leben im Einzelnen erschöpft durch sich selbst die Kräfte, aus denen es hervor geht, und zersetzt und zerstört den Organismus, in welchem es waltet: es kann daher unter derselben Gestalt und in einem gewissen Grade von Stärke nur durch die beständige Wiederersetzung des Verlornen erhalten werden. Da nun aber diese Wiederersetzung größten Theils durch die Nahrungsmittel geschieht; so ergibt sich schon daraus die große Macht derselben in der Bestimmung des Schicksales des menschlichen Organismus und ihre Bedeutung in der Ätiologie. Die Nahrungsmittel, worunter wir alle Erzeugnisse der Natur verstehen, welche in den Kreis des Lebens aufgenommen, und dem Einflusse desselben ausgesetzt, den organischen Charakter anzunehmen fähig sind, können in eine zweyfache ätiologische Beziehung zum menschlichen Organismus treten, je nachdem sie den regelmäßigen Gang des Lebens entweder durch ihre den Gesetzen des Organismus nicht entsprechende **Menge**, oder durch ihre fremdartige **Beschaffenheit** stören.

§. 722.

Um aber die nachtheiligen Wirkungen, welche sie unter dieser zweyfachen Beziehung hervor zu bringen vermögen, von allen Seiten gehörig zu würdigen, ist es nothwendig, auf den Unterschied zwischen **Speisen** und **Getränken** Rücksicht zu nehmen. **Speisen** sind diejenigen Naturerzeugnisse, welche zunächst zum Wiederersatze der gerinnbaren Stoffe im menschlichen Organismus verwendet werden, und zu denen sich jene Producte am besten eignen, in welchen Kohlen= und Stickstoff die vorherrschenden Bestandtheile sind; indem auch diese im Organischen die Hauptgrundlage des Plastischen ausmachen. **Getränke** führen dem Organismus wässerige Flüssigkeit zu, und stellen mit dieser zugleich das erforderliche Verhältniß von Wasser= und Sauerstoff in der Mischung seiner Bestandtheile wieder her.

Von den Speisen.

§. 723.

Eine zu große Menge von Speisen, d. h. eine solche, welche die Bedürfnisse des Entwicklungs= und Reproductionsprozesses im Menschen bedeutend übersteigt, führt verschiedene Folgen herbey, nach ihrem verschiedenen Verhältnisse zum Ver=

dauungsvermögen, je nachdem sie nämlich entweder gar nicht, unvollkommen oder vollkommen verdaut wird.

Werden die Speisen in einer solchen Menge verschlungen, daß sie der Verdauungsprozeß auf keine Weise zu überwältigen vermag; so wirken sie mechanisch und dynamisch störend auf den Magen, seine Umgebungen und den gesammten Organismus. Eine zu große Speisenlast wirkt durch Druck, Überfüllung und Ausdehnung auf den Magen, und hemmt dadurch seine peristaltische Bewegung, den Kreislauf der Säfte in seinen Gefäßen, und die Absonderung des Magensaftes. Der strotzende Magen beengt den Raum der benachbarten Eingeweide, wird der freyen Bewegung des Zwerchfelles und der Bauchmuskeln, dem Fortgange des Blutes durch die benachbarten Eingeweide und die großen Gefäßstämme, und der Thätigkeit der Nerven hinderlich, und verursacht durch alles dieses lästige Gefühle von Schwere, Druck, Angst, Erschwerung des Athmens und des Kreislaufes, Herzklopfen, Andrang des Blutes nach der Brust, dem Kopf, und eine Menge anderer Zufälle, welche wieder mit diesen in Verbindung stehen. Die unverhältnißmäßig geringe Menge des Magensaftes und die gehemmte lebendige Einwirkung des Magens halten den Verdauungsprozeß zurück, und verschaffen den Speisen Gelegenheit, die ihnen eigenthümlichen Gährungen und Entartungen einzugehen, und so entstehen dann alle die übeln Folgen, welche der Mangel und die üble Beschaffenheit des Speisebreyes und Milchsaftes, und fremdartige verdorbene Stoffe in den ersten Wegen herbenzuführen pflegen (vergl. §. §. 151. u. ff.)

Werden die Nahrungsmittel in solcher Menge genossen, daß sie einiger Maßen zwar, jedoch nicht vollkommen verdaut und assimilirt werden: so entsteht daraus zwar ein Überfluß an organischen Stoffen, deren Entwicklung jedoch nicht auf die höhern Stufen der thierischen Natur getrieben wird, daher eine gewisse Völle des Körpers mit Schlaffheit der Organisation und Neigung zu übermäßiger Schleim- und Fettbildung u. s. w.

Wird endlich die zu reichlich eingenommene Nahrung vollkommen verdaut und dem menschlichen Organismus verähnlichet, so entstehet daraus leicht Vollblütigkeit und alles, was wieder aus dieser Quelle entspringt.

§. 724.

Eine zu geringe Menge von Speisen übt die Verdauungs- und Assimilationsorgane nicht hinlänglich, schwächt und verzärtelt sie dadurch, außerdem aber führt sie Abnahme der Blutmenge, der Absonderung, Ernährung, folglich Abmagerung und allgemeine Schwäche herbey.

Gänzliche Entziehung der Speisen verursacht Heißhunger und dessen Folgen (§. 325.), hemmt die Reproduction, und gibt dem Organismus der unbeschränkten Gewalt der Rückbildung, der Auflösung und Zerstörung des Organischen Preis.

§. 725.

Um die Nachtheile, welche die Speisen durch ihre regelwidrige Beschaffenheit im lebenden Menschenkörper anzurichten vermögen, gehörig zu würdigen, muß man ihre Beziehung sowohl zur Vegetation, als auch zur Erregung ins Auge fassen. In ersterer Hinsicht muß man außer ihrer nährenden Eigenschaft zugleich den Grad ihrer Verdaulichkeit und Assimilirbarkeit, in der andern ihre reizende Kraft in Anschlag bringen.

§. 726.

Die nährende Kraft der Speisen steht mit der Menge des in ihnen unter verschiedenen Gestalten enthaltenen Stoffes und dem Grade seiner Annäherung zum thierischen Charakter im geraden Verhältnisse. Der anhaltende Gebrauch zu nahrhafter Speisen bringt die oben §. 723. angeführten Folgen des Übermaßes im Genuſſe der Speiſen, wenn ſie nämlich vollkommen verdauet und aſſimilirt werden, hervor. Nahrungsmittel hingegen, welche in einer großen Maſſe wenig Nahrungsſtoff enthalten, beſchweren die Verdauungs- und Chyliſicationsorgane, überladen ſie mit fremdartigen Dingen, und liefern dem Körper dennoch die erforderliche Menge von Nahrungsſtoff nicht.

§. 727.

Die nährende Kraft der Speiſen und der Grad ihrer Verdaulichkeit ſtehen nicht immer im gleichen Verhältniſſe zu einander: denn es gibt Speiſen, die bey einem Reichthum an Nahrungsſtoffe ſehr ſchwer verdaulich ſind, und andere, welche ſich im umgekehrten Verhältniſſe befinden. Je mehr aber die Speiſen, ſie mögen übrigens was immer für einen Antheil von nährenden Stoffen enthalten, der Verdauung widerſtehen, deſto mehr ſind ſie den Verdauungs- und Chyliſicationsorganen nachtheilig, und deſto weniger zur wirklichen Ernährung geeignet. Indeſſen würde man ſich doch irren, wenn man auf der andern Seite glaubte, daß die Speiſen der Geſundheit um ſo mehr zuſagten, je mehr ſie ſich durch leichte Verdaulichkeit auszeichnen: denn Speiſen, welche gar zu leicht verdaulich ſind, befördern, wenn ſie anhaltend und allein genoſſen werden, die Entwicklung der Verdauungsorgane durch Übung nicht in dem erforderlichen Maße, ſie laſſen dieſelben vielmehr auf einer gewiſſen Stufe von Zärtlichkeit und Schwächlichkeit zurück, wodurch es geſchieht, daß ſie hernach eine etwas kräftigere Koſt nicht zu ertragen vermögen. Auch muß man hierbey nicht vergeſſen, daß dasjenige, was geſchwind und leicht verdauet wird, mit eben derſelben Geſchwindigkeit auch alle übrigen Stufen organiſcher Metamorphoſe durchlaufe, folglich zu frühe wieder zerſetzt und aus dem Organismus ausgeſchieden werde, daß es demnach dem gesunden Menschen keine anhaltende Nahrung geben könne.

Daß dieselben Bemerkungen auch auf die schwerere oder leichtere Assimilirbarkeit der Speisen anwendbar sind, bedarf wohl keiner umständlichern Nachweisung

§. 728.

Außer der nährenden Kraft der Speisen berücksichtiget der Ätiolog auch ihre reizende, und das Wechselverhältniß zwischen beyden. Speisen, die stark nähren und zugleich stark reizen, steigern den Lebensprozeß in jeder Hinsicht zu sehr, und führen ihn Krankheiten entgegen, die aus Übermaß an Kräften und Stoffen zu entspringen pflegen. Überwiegt die reizende Kraft der Speisen ihre nährende zu sehr; so wird dadurch ein Mißverhältniß zwischen Verzehrung und Reproduction erzeugt, so zwar, daß durch jene mehr verzehrt wird, als durch diese in derselben Zeit wieder ersetzt werden kann. Es ergibt sich hieraus, daß Speisen, welche im Übermaß reizen, der Ernährung eher hinderlich als förderlich sind.

Fade und reizlose Speisen erregen die Organe der Verdauung und der gesammten Reproduction zu wenig, und hindern auf diese Weise die organische Ausbildung des Nahrungsstoffes, welchen sie dem Organismus zuführen.

§. 729.

Um übrigens die Wirkungen, welche die Speisen durch ihre qualitativen Beziehungen zum menschlichen Organismus hervorbringen können, vom Standpunkte der Ätiologie aus noch genauer zu entwickeln, wird es nothwendig, die verschiedenen Gattungen von Speisen, deren sich der Mensch zu bedienen pflegt, einer genauern Untersuchung zu unterziehen.

Aus der Betrachtung der Kau= und Verdauungsorgane des Menschen, aus der Vergleichung derselben mit jenen der übrigen Thiere, selbst aus den Wirkungen, welche die verschiedenen Gattungen von Nahrungsmitteln im menschlichen Körper hervorbringen, muß man schließen, daß eine aus Fleisch= und Pflanzenspeisen gemischte Kost der Gesundheit des Menschen am zuträglichsten sey: indem dadurch ein bestimmtes Ebenmaß der Elemente in der Mischung des Organischen am besten bewahrt, und das regelwidrige Vorherrschen des phlogistischen oder Oxygenpols am sichersten vermieden wird. Jedoch muß man hierbey nicht vergessen, daß der Mensch durch die ihn auszeichnende Eigenschaft, sich den äußern Verhältnissen unbeschadet seiner Gesundheit allmählich anschmiegen zu können, sich auch an die eine oder die andere Gattung von Kost so zu gewöhnen vermag, daß ihm in der Folge nur diese allein und ausschließlich entspricht, und daß es eine bedeutende Störung in seinen Lebensverhältnissen verursacht, wenn er die bisherige Gewohnheit plötzlich unterbricht, und zu einer ganz verschiedenen Nahrungsgattung übergehet. Man sieht also wohl ein, daß die Beurtheilung der Folgen, welche der Gebrauch einer bestimmten Kost im menschlichen Organismus bedingen kann, sich immer auf die Bekanntschaft mit der bisherigen Gewohnheit eines Menschen in dieser Hinsicht stützen müsse.

§. 730.

Die Fleischkost ist die reichste an Nahrungsstoffe; sie ist im Ganzen genommen leicht verdaulich, und noch leichter assimilirbar: sie liefert daher dem menschlichen Körper in kürzerer Zeit eine Fülle von Nahrungsstoffen, macht das Phlogistische im Organischen überwiegend, und verstärkt durch alles dieses den Lebensprozeß. Sie führt demnach, im Übermaß genossen, unter sonst günstigen Umständen leicht Vollblütigkeit und Anlage zu hypersthenischen und entzündlichen Krankheiten herbey. Da jedoch zwischen der vor= und zurückschreitenden Verwandlung im thierischen Organismus ein ge=

wisses gleiches Verhältniß Statt findet, da folglich das, was schneller zu den höhern Stufen des thierischen Charakters hinangeführt worden ist, auch um so schneller von denselben wieder herabsinken muß; so läßt sich daraus auch der Schluß ziehen, daß die Krankheiten, welche in einem mit bloßer Fleischkost genährten Menschenkörper entstehen, eine größere Neigung zu dem Schmelzungs- oder sogenannten Faulungszustande an sich tragen müssen.

§. 731.

Die Wirkungen, welche die Fleischkost im menschlichen Körper hervorbringt, werden nun näher durch die mancherley Beschaffenheit des zur Nahrung dienenden Fleisches bestimmt. Diese aber ist das Resultat von den in demselben enthaltenen nährenden Bestandtheilen, dem Fett, Eyweiß, Faser- und Extractivstoffe, von ihrem wechselseitigen Verhältnisse, von der eigenthümlichen Natur eines jeden einzelnen, und von ganz fremdartigen Substanzen, welche zuweilen aus oder neben ihnen im Fleische entwickelt werden, und stehet mit der Classe, Ordnung u. s. w. der Thiere, von welchen das Fleisch genommen wird, mit ihrer Körper- und Gesundheitsbeschaffenheit, mit Aufbewahrungs- und Zubereitungsart der Fleischspeisen im genauesten Zusammenhange.

§. 732.

Zuerst einige Bemerkungen über die Bestandtheile des Fleisches im Allgemeinen. Es ist Thatsache, daß das Fleisch am verdaulichsten, assimilirbarsten und am nährendsten ist, wenn es, bey zarter Faser, eine beträchtliche Menge von Eyweiß und eine geringere von Fett enthält. Überschuß an Faser, besonders wenn sie stark ausgearbeitet und zäh ist, macht das Fleisch unverdaulicher. Eben so ist eine zu große Menge von Eyweiß zur vollkommenen Verdauung und Assimilation weniger geeignet. Schlägt das Eyweiß unter der Form der Gallerte im Fleisch vor, so wird dieses dadurch zwar leichter verdaulich, liefert aber dem erwachsenen arbeitsamen Menschen keine ausgiebige Nahrung. Übermaß an Fett widersteht der Verdauung am meisten, schwächt und erschlafft ihre Organe und begünstiget die ranzige Entartung des Speisebreyes.

§. 733.

Sehr verschieden ist das Fleisch nach der verschiedenen Classe der Thiere, von welcher es genommen wird. Das Fleisch der Säugethiere kommt in Absicht auf seine Bestandtheile und deren Entwicklungsstufe der organischen Substanz des menschlichen Organismus am nächsten, und ist dieserwegen bey leichter Verdaulichkeit und Assimilirbarkeit zur Nahrung desselben im gesunden Zustande vorzüglich geeignet. Den nächsten Rang nach diesem behauptet das Fleisch der Vögel. Fische und Amphibien enthalten viel, noch auf einer tiefern Stufe von Ausbildung stehendes Eyweiß, und müssen, besonders wenn sie zugleich sehr fett sind, mäßig genossen werden, wenn sie die Verdauung nicht stören sollen. Die Insecten, welche dem Menschen zur Speise dienen, z. B. die Krebse, enthalten ein leicht verdauliches Eyweiß, dabey aber auch zuweilen reizende Stoffe, wodurch sie Hautausschläge, z. B. Nesselausschlag, erzeugen. Die Weichwürmer enthalten eine große Menge eines zähen, schwer verdaulichen Eyweißstoffes, und sind krankhaften Zuständen ausgesetzt, wodurch sie der Gesundheit des Menschen sehr nachtheilig werden können.

§. 734.

Einen nicht weniger bedeutenden Einfluß auf die Beschaffenheit des Fleisches und auf seine Verhältnisse zum menschlichen Organismus haben der Organisationscharakter und der Gesundheitszustand der Thiere, von welchen es genommen wird, mithin auch alle jene Umstände, welche zur Bestimmung derselben beytragen, als das Alter, die Lebensweise, Krankheiten.

In Hinsicht auf das Alter ist leicht einzusehen, daß das Fleisch **alter Thiere** nicht so leicht verdauet wird, und in dem Maße nährt, als das von **jungen**, indem in jenem schon die zähe Faser vorschlägt.

Thiere, welche im **Freyen leben**, sind gesünder und kräftiger, als die, welche in **Ställen eingeschlossen** sind; erstere geben daher auch ein schmackhafteres, verdaulicheres und nahrhafteres Fleisch, als letztere. **Gemästete** Thiere liefern ein weiches Fleisch, das durch das Übermaß an Fett, welches es enthält, nachtheilig werden kann.

Auch das Fleisch von Thieren, z. B. von Fischen, Wassergeflügel u. s. w., welche im **Moor** und **Sumpfe** leben, ist den Verdauungsorganen weniger günstig, und führt fremdartige nachtheilige Stoffe in den menschlichen Körper; indem die Umgebungen, in welchen jene Thiere leben, nicht dazu gemacht sind, die Bildung des Organischen in ihnen auf eine höhere Stufe von Vollkommenheit zu erheben.

Endlich hat die **Nahrung** der Thiere auf die Beschaffenheit ihres Fleisches einen unverkennbaren Einfluß. Das Fleisch der Thiere, welche sich von Pflanzen nähren, ist der menschlichen Gesundheit zuträglicher, als jenes der Raubthiere: denn bey diesen ist es schon bis zur höchsten Stufe des thierischen Charakters ausgebildet und eben dadurch der Zersetzung näher gerückt, ist phlogistischer, reizender, unschmackhafter und in der Regel auch unverdaulicher. Wenn Thiere, besonders solche, die eine trägere, unvollkommenere Assimilation haben, mit giftigen Substanzen sich nähren, so werden dadurch zuweilen auch ihrem Fleische giftige Eigenschaften mitgetheilt.

§. 735.

Kranke Thiere, vorausgesetzt, daß die Krankheit tiefer in den Organismus eingegriffen und ihren Vegetationsprozeß regelwidrig bestimmt hat, können kein gesundes Fleisch liefern. Denn jede Krankheit, welche sich weiter über den Organismus verbreitet, beschränkt die Reproduction und begünstiget die Zersetzung und Zerstörung des Organischen: das Fleisch eines an einer schweren Krankheit leidenden Thieres muß demnach nach Maßgabe ihrer Heftigkeit und Dauer eine geringere Menge nährender und dagegen einen größeren Antheil desorganisirter, dem menschlichen Körper zuweilen sehr feindseliger Stoffe in sich enthalten; es gibt demnach für diesen eine negativ und positiv wirkende Schädlichkeit ab, deren Folgen nach der verschiedenen Dauer und Heftigkeit ihrer Einwirkung und nach der verschiedenen Anlage des Menschen, bald weniger, bald mehr auffallend seyn müssen.

§. 736.

Endlich hängt die Beschaffenheit des Fleisches noch von der Aufbewahrungs- und Zubereitungsart desselben ab. Frisches Fleisch ist aus leicht begreiflichen Gründen der Gesundheit am angemessensten. Faulendes Fleisch bringt den Zunder der faulen Gährung in den Magen und gibt, wenn diese nicht durch eine kräftigere Verdauung beschränkt wird, leicht Veranlassung zur faulen Entartung des Inhaltes der Verdauungsorgane. Es enthält weniger Nahrungsstoff und mehr desorganisirte, dem menschlichen Körper fremdartige Substanzen, welche auf dessen Lebensprozeß einen schwächenden Einfluß äußern und ihm eine organische Materie wieder ersetzen, die eine große Neigung zur Schmelzung und Zersetzung hat. Es ist daher gegründet, daß der Mißbrauch faulender, thierischer Nahrungsmittel unter übrigens entsprechenden Nebenverhältnissen, Störungen der Verdauung und Assimilation, Scorbut, gastrische und Faulfieber erzeugen kann.

Eingesalzenes Fleisch erleidet durch die Einwirkung des Salzes eine chemische Veränderung, verliert an nährenden Bestandtheilen und erhält vom Salze, von welchem es durchdrungen ist, eine zu reizende Eigenschaft. Wird es überdieß noch geräuchert, so wird dadurch sein Eyweiß- und Faserstoff härter, und erhält von der brandigen Holzsäure und andern fremden Stoffen, welche der Rauch an dasselbe absetzt, eine dem menschlichen Organismus fremdartige Natur.

§. 737.

Unter den verschiedenen Zubereitungsarten der Fleischspeisen sind jene die vorzüglichsten, welche die ursprünglichen Bestandtheile eines übrigens guten Fleisches am wenigsten umändern, und ihm keine schädlichen Dinge mittheilen. In dieser Hinsicht verdient das nicht übertriebene Braten vor den übrigen Bereitungsarten den Vorzug. Das Kochen im Wasser entzieht dem Fleische einen Theil seines Eyweißes, unter der Form von Gallerte, macht den übrigen durch Gerinnung härter, und erschwert dadurch seine Verdauung. Die übrigen mehr zusammengesetzten Bereitungsarten, wobey das Fleisch mit mancherley andern, fetten, salzigen, gewürzten Substanzen u. s. w. auf mancherley Weise, um dem lüsternen Gaumen zu gefallen, verbunden wird, müssen nach der verschiedenen Natur dieser Zugaben, nach der Verschiedenheit der Mischung und deren Verhältnissen zum menschlichen Organismus beurtheilt werden.

§. 738.

Die zweyte Hauptclasse von Speisen liefert dem Menschen das Pflanzenreich. Sie verdanken ihre nährende Kraft eben auch dem plastischen Stoffe, welcher, sich in den Pflanzen auf verschiedenen Stufen der Ausbildung befindend, unter verschiedenen Gestalten, als Öhl, Schleim, Schleimzucker, Eyweiß, Stärkemehl, Kleber, in die Erscheinung tritt. Vergleicht man diesen plastischen Pflanzenstoff mit dem der Thiere in Hinsicht auf das Verhältniß ihrer Grundstoffe, so findet man, daß jener in die Reihe der mehr oxydirten, dieser aber auf die Seite der mehr phlogistischen Substanzen tritt. Das phlogistische Princip selbst, das sich im Thierischen immer mehr unter der Form des Stickstoffes hervordrängt, behält im Vegetabilischen noch unter der Gestalt des Kohlenstoffes das Übergewicht, obschon es nicht an Pflanzenproducten fehlt, in welchen sich bereits der Stickstoff entwickelt, welche sich aber auch eben dadurch der thierischen Natur mehr annähern, und in demselben Maße an nährender Kraft für das Thier gewinnen. Im Ganzen genommen ist demnach die vegetabilische Kost weiter von dem Charakter des menschlichen Organismus entfernt, als die thierische, und jene bedarf mehrerer und tiefer eingreifender Verwandlungen, um denselben anzunehmen, als diese; sie wird daher langsamer assimilirt, und gibt nicht in demselben Zeitraume jenen Reichthum an Nahrung, als diese. Da die Pflanzenkost dem Blute des menschlichen Organismus einen geringern Gehalt an phlogistischen Principien zuführt, als die thierische; so tritt dieses auch in einen nicht so lebhaften Gegensatz mit dem Sauerstoff der Atmosphäre, und dadurch geschieht es, daß die Respiration, der innere dynamische Prozeß im Blute selbst, die Entwicklung der Wärme, die Wechselwirkung zwischen Blut und Gefäßsystem, mit einem Worte, alle Äußerungen des thierischen Lebens in dem der größern Menge nach mit Pflanzenkost Genährten, einen viel gemäßigtern Gang gehen, als in jenem, welcher größten Theils von Fleischnahrung lebt.

§. 739.

Aus dieser Betrachtung der eigenthümlichen Natur der Pflanzenspeisen und ihrer Verhältnisse zum menschlichen Organismus im Allgemeinen ergeben sich zugleich die Umstände und Bedingungen, unter welchen die Pflanzenkost überhaupt dem Menschen heilsam oder schädlich werden kann. Vor allem muß man hier wieder die große Macht der Gewohnheit nicht aus den Augen verlieren. Menschen, welche von Jugend auf an Pflanzenspeisen gewohnt sind, verdauen und assimiliren sie gut, und werden hinlänglich davon genährt; zugleich verspricht ihr gemäßigtes Leben eine längere Dauer. Werden aber gewohnte Fleischesser plötzlich auf Pflanzenkost herab gesetzt; so findet diese in denselben Verdauungs- und Assimilationsorgane, welche für diese Nahrung durchaus nicht eingerichtet sind und ihnen den erforderlichen Gegensatz nicht darzubiethen vermögen. Es entstehen daher Verdauungsbeschwerden, Blähungen, Säure in den ersten Wegen, Durchfall, gehinderte Assimilation, Abnahme der Ernährung und Kraftlosigkeit.

Menschen mit feurigem, reitzbarem Temperamente, zu Entzündungen, zur Abzehrung, Lungensucht u. ähnl. Disponirten, gedeihet vegetabilische Nahrung besser, als kalten, trägen Naturen, und solchen, die zur Säure der ersten Wege, zu Durchfällen, zu Schleimkrankheiten u. dergl. Anlage haben, eine Verschiedenheit, zu welcher sich die Gründe im Vorhergehenden leicht auffinden lassen.

§. 740.

Die Verhältnisse der Pflanzenspeisen zum menschlichen Organismus, und die heilsamen oder schädlichen Wirkungen, welche sie in demselben hervorbringen, werden näher bestimmt und mannigfaltig abgeändert durch die **eigenthümliche Natur der verschiedenen Gattungen und Arten von Pflanzenspeisen**, welche wieder in dem innigsten Zusammenhange mit dem Verhältnisse ihrer nährenden Bestandtheile unter sich und zu den in ihnen zugleich enthaltenen nicht nährenden, für den menschlichen Organismus fremdartigen Stoffen steht. Um den einzelnen Gattungen und Arten dieser Nahrungsmittel die ihnen gebührende Stelle in der Reihe der äußern Schädlichkeiten anzuweisen, halten wir es für zweckdienlich, sie nach dem Grade ihrer nährenden Kraft zu ordnen, so zwar, daß wir mit den krautartigen Pflanzenspeisen beginnen, und von diesen zu den Obstarten, den süßen eyweißhaltigen Wurzeln, den mehligen Wurzeln, den öhligen Samen, den Getreidearten, Hülsenfrüchten und endlich zu den Schwämmen der Reihe nach übergehen, um von jeder Gattung den nachtheiligen Einfluß zu zeigen, welchen sie unter bestimmten Umständen auf den menschlichen Organismus äußern können.

§. 741.

Die krautartigen Pflanzenspeisen enthalten außer der vegetabilischen Faser und einer großen Menge Wasser einen geringen Antheil von Schleimzucker, Eyweiß und Salzen. Allein genossen, liefern sie dem gesunden Menschen zu wenig Nahrung und geben bey ihrem großen Hange zur Gährung leicht Veranlassung zur Entwicklung von Blähungen, von Säure in den ersten Wegen, zum Durchfalle; sie schwächen den Magen und Darmkanal, und mit der Zeit den ganzen Körper. Sind sie vom Mehlthau (albugo) — einer Art von Schwamm, welchen Linnée mucor Erysiphe nennt — oder vom Honigthau (melligo), d. i. von einem von den Blattläusen abgesetzten Safte überzogen; so erhalten sie davon, besonders von dem letztern, stärker reizende, Brechen und Durchfall erregende Eigenschaften.

§. 742.

Die Obstgattungen führen Schleimzucker und Pflanzensäuren in verschiedenen Verhältnissen, und außer diesen etwas Stärkemehl. Sie nähren mäßig, beschränken im menschlichen Körper die Herrschaft des Phlogistischen, kühlen und befördern die Ausleerungen. Vollblütigen, Erhitzten, Gallsüchtigen, zu Verstopfungen Geneigten bekommen sie, mäßig genossen, wohl: im Übermaße, oder von Menschen in Gebrauch gezogen, welche an Schwäche des Magens, an Anlage zur Säure, zu Blähungsbeschwerden, zu Koliken und Durchfalle leiden, erzeugen oder verschlimmern sie eben diese Übel, und dieses zwar um so leichter und sicherer, je geringer ihr Antheil an nährenden Stoffen, und je größer derselbe an Säuren und andern fremdartigen Bestandtheilen ist, was von den unschmackhaften Obstarten überhaupt, vorzüglich aber vom unreifen Obste gilt.

§. 743.

Die süßen eyweißhaltigen Wurzeln geben, besonders wenn sie dem Fleische als Zugabe dienen, gesunden Menschen eine gute Nahrung ab; nur von schwächlichen, hysterischen, hypochondrischen, werden sie wegen Blähungsbeschwerden und Säure, welche sie ihnen verursachen, selten gut vertragen.

Die mehligen Wurzeln, unter denen die Kartoffeln oben anstehen, sind wegen ihres Reichthumes an Stärkemehl sehr nährend, und werden von Gesunden, Erwachsenen, denen es nicht an Körperbewegung gebricht, gut verdauet. Schwächlingen aber, Kindern, Phlegmatischen und denen, die eine sitzende Lebensart führen, kann ihr anhaltender Genuß allerdings nachtheilig werden, Unverdaulichkeit, Erzeugung freyer Säure, Anhäufung von Schleim, Würmer, Anschwellung der Gekrös=Drüsen u. s. w. verursachen.

§. 744.

Die öhligen Samen und Kerne, z. B. Mandeln, Nüsse u. s. w. verdanken dem Eyweiß, dem Stärkemehl und dem fetten Öhle, welche sie enthalten, eine nicht unbedeutende nährende Kraft; allein eben wegen letzterem fordern sie ein gutes Verdauungsvermögen, und beläſtigen, wenn sie in zu großer Menge genoſſen werden, den Magen, oder verurſachen auch wohl ranzige Entartung ſeines Inhaltes.

§. 745.

Die Hülſenfrüchte beſtehen, wenn ſie vollkommen reif ſind, aus Faſerſtoff, Stärkemehl, Eyweiß, der ſogenannten vegetabiliſch-thieriſchen Materie, Schleim und phosphorſauren Erden, ſind demnach reich an Nahrungsſtoffen, werden aber nur von geſunden arbeitſamen Menſchen gut verdauet. Beſonders läſtig werden ſie für die Verdauungsorgane, wenn ſie mit ihren Hülſen gegeſſen werden, welche der Verdauung gänzlich widerſtehen, viele Blähungen und bey vorhandener Anlage Koliken, Stuhlverhaltung und deren Folgen erregen.

Die noch unreifen Hülſenfrüchte beſitzen weniger Faſerſtoff, Stärkemehl und vegetabiliſch-thieriſche Materie, dagegen mehr Waſſer und Schleimzucker; ſie ſind wohlſchmeckender, zwar nicht in dem Grade nährend, als die reifen, dabey ziemlich verdaulich, doch aber blähend.

§. 746.

Zu den in unſerem Klima gebräuchlichſten vegetabiliſchen Nahrungsmitteln gehören die Mehlſpeiſen, welche uns die Getreidearten liefern. Das Mehl, welches aus ihnen bereitet wird, iſt zuſammengeſetzt aus Kleber, Stärkemehl und Schleimzucker, und wird um ſo nährender, je mehr es von den beyden erſtern Beſtandtheilen enthält. Indeſſen gibt es doch auch ſolches, welchem der Kleber gänzlich mangelt, z. B. das Mehl von Gerſte, türkiſchem Waitzen, Reis.

Am reichſten an nährender Subſtanz iſt das Waitzenmehl, und die aus demſelben bereiteten Speiſen übertreffen die übrigen Arten von Mehlſpeiſen nicht blos an nährender Kraft, ſondern auch an Schmackhaftigkeit und Verdaulichkeit. Jedoch sind sie in Rücksicht dieser Eigenschaften wieder unter sich verschieden, nach Verschiedenheit der Bereitungsart derselben und der dabey üblichen Zugaben; je nachdem sie nämlich mit oder ohne Gährung, mit Zusatz von Milch, Fett, Eyern, Zucker u. s. w. bereitet werden.

Durch die vorausgegangene Gährung, wenn sie bis auf eine gewisse Höhe gediehen ist, werden die Mehlspeisen zur Verdauung vorbereitet, und weniger blähend. Die ungegohrenen Mehlspeisen, welche aus Waitzenmehl mit den vorher genannten Zusätzen bereitet werden, führen dem menschlichen Körper reichlichen Nahrungsstoff zu, und werden von denen, die daran gewöhnt, übrigens gesund und arbeitsam sind, gut vertragen; denen aber, welche sie selten genießen, so wie kleinen Kindern, Phlegmatischen und allen, die eine sitzende Lebensart führen, gedeihen sie weniger; indem sie zur Verschleimung, Wurmerzeugung, Stuhlverhaltungen, und allen dem, was damit in Verbindung steht, Gelegenheit geben.

Roggenbrot fordert einen gesunden, kräftigen Magen, und eine zweckmäßige Verbindung mit andern nahrhaften und leicht verdaulichen Speisen. Dient es Schwächlichern allein und in größerer Menge zur Nahrung; so verursacht es leicht Säure der ersten Wege, Durchfall oder auch Verschleimung mit allen ihren Folgen.

Die Speisen aus Gerstenmehl sind ziemlich verdaulich, geben aber nicht so ergiebige Nahrung, als die vorhergehenden.

§. 747.

In einem viel höhern Grade werden die Mehlspeisen der Gesundheit nachtheilig, wenn das dazu verwendete Mehl durch krankhafte Entartung des Getreides auf dem Acker, oder durch zweckwidrige Aufbewahrung oder durch Beymischung giftiger Samen, oder auch anderer, der Gesundheit schädlicher Substanzen, verderbliche Eigenschaften angenommen hat:

§. 748.

Die vorzüglichsten Krankheiten, denen die Getreidearten unterworfen sind, sind das Mutterkorn, der Keimtod, der Brand und der Rost.

Das Mutterkorn (secale cornutum s. clavus) ist eine krankhafte Entwicklung, welche besonders die Samen des Roggens heimsucht, wobey das Samenkorn beträchtlich vergrößert, von außen mit dunkelblauer oder schwärzlicher Farbe überzogen wird, und ohne Keim ist. Man unterscheidet das gutartige und bösartige Mutterkorn. Jenes ist äußerlich veilchenblau, inwendig weiß und mehlig, geruch- und geschmacklos, und soll ohne Schaden genossen werden. Dieses ist von außen dunkler, innerlich von bläulich-grauer Farbe, von einem übeln Geruche und scharfen ätzenden Geschmacke. Schon diese sinnlichen Eigenschaften deuten darauf hin, daß das bösartige Mutterkorn eine sehr wirksame Schädlichkeit für den menschlichen Organismus sey, ob aber die Entstehung der Kriebelkrankheit mit demselben in ursächlichem Zusammenhange stehe, darüber haben sich die Stimmen der Beobachter bis jetzt noch nicht vereinigen können.

Der Keimtod oder das Gichtkorn ist eine krankhafte Entartung der Waitzenkörner, die sich durch eine verkrüppelte Gestalt der Samen, durch grüne Farbe im frischen, und graubraune im trocknen Zustande, durch Verwandlung der im Innern enthaltenen mehligen Bestandtheile in eine weiße, faserige Substanz, die, mit dem Mikroskop untersucht, von Infusionsthierchen wimmelt, auszeichnet. Sind solche Körner in größerer Menge unter dem Waitzen, so kann das daraus bereitete Mehl der menschlichen Gesundheit sehr nachtheilig werden. Man will auf den Genuß desselben den kalten Brand als Wirkung davon beobachtet haben.

Der Brand (ustilago s. uredo) ist eine Krankheit, welche am Waitzen, an der Gerste und dem Hafer, seltner am Roggen vorkommt, durch welche der Keim der Samen zerstört, und die Hülle derselben mit einem schwarzen Staube von einem brennend scharfen Geschmack angefüllt ist. Dieser Staub bestehet, mikroskopischen Untersuchungen zu Folge, aus kleinen Schwämmen (uredo nach Persoon), in welche die mehlige Substanz der Körner durch eine krankhafte Bildung umgewandelt wurde, enthält keinen Kleber, wohl aber nach Fourcroy ein grünes, butterartiges, stinkendes, scharfes Öhl, vegetabilisch-animalische Materie, freye Phosphorsäure und Ammonium, nach andern freye Kleesäure; er macht das Mehl ekelhaft, stört die Verdauung, und der häufigere Genuß davon soll schwere Krankheiten, selbst den kalten Brand, erzeugt haben.

Der Rost (rubigo) bestehet in braunen Flecken, oder vielmehr in einer Art von Schwämmen (aecidium), welche die Stängel und Blätter der Getreidearten überzieht, die vollkommene Entwicklung der Pflanze hindert, und eine Armuth an nährenden Bestandtheilen in den Samenkörnern hervorbringt.

§. 749.

Eine giftige und betäubende Eigenschaft kann das Mehl erhalten, wenn dem Getreide die Samen von der Trespe (Bromus multiflorus) und vom Taumellolch (Lolium temulentum) in einem größern Verhältnisse beygemischt sind.

Wird das Mehl an feuchten, dumpfen oder zu warmen Orten aufbewahrt, so entsteht eine Art von Gährung in ihm, wodurch seine nährenden Bestandtheile zerstört, und fremdartige Dinge, mitunter Infusionsthierchen in großer Menge, entwickelt werden, und das Mehl ungenießbar und für die Gesundheit des Menschen sehr nachtheilig werden kann.

Endlich können dem Mehle und den aus demselben bereiteten Speisen noch mancherley schlimme Eigenschaften durch die Beymischung von andern schädlichen Dingen, z. B. Pottasche, Kalk, Alaun u. s. w. mitgetheilt werden.

§. 750.

Die Schwämme zerfallen in eßbare und nicht eßbare. Die eßbaren sind reich an Nahrungsstoffe, welche unter der Gestalt des Fungin, der Gallerte, des Eyweißes, des Zuckers u. s. w. in ihnen entwickelt ist, und seiner Natur nach dem thierischen Stoffe sehr nahe stehet: dessen ungeachtet werden sie nicht zu den gedeihlichern Nahrungsmitteln gezählt, weil sie schwer zu verdauen sind, und bey vorhandener Anlage alle Folgen der Unverdaulichkeit herbeyführen. Die nicht eßbaren Schwämme gehören zum Theil zu den scharfen, zum Theil zu den betäubenden Giften, und sind um so gefährlicher, da viele von ihnen von den eßbaren sehr schwer zu unterscheiden sind, und leicht mit ihnen verwechselt werden.

§. 751.

Die Pflanzen und Pflanzenerzeugnisse, welche außer den plastischen Stoffen, andere weniger organisch-bildsame, als Säuren, Alkalien, zusammengesetzte Salze, Extractivstoff, Gerbestoff, ätherisches Öhl u. s. w., in ihrer Mischung enthalten, sind zu Nahrungsmitteln um so weniger geeignet, je mehr diese Stoffe in ihnen das Übergewicht behaupten.

So verursacht der zu häufige Genuß saurer Pflanzen Schwäche des Magens, Säure der ersten Wege, Durchfall, unvollkommene Assimilation u. s. w.

Pflanzen, welche an zusammengesetzten Salzen reich sind, reitzen, vermindern die Cohäsion des Organischen, und bestimmen die Secretionsorgane zu regelwidriger Thätigkeit, und zur Erzeugung scharfer Producte.

Pflanzen, welche eine größere Menge des bittern Extractivstoffes enthalten, führen dem Organismus wenig Assimilirbares, dagegen mehr Fremdartiges, Reitzendes zu, welches bey längerem Gebrauche in die Verdauung, Assimilation, die Ab = und Aussonderungen störend eingreifen muß.

Noch geschwinder wahrnehmbar werden die übeln Wirkungen, welche der Gerbestoff, wenn er in zu großer Menge mit den Nahrungsmitteln in den menschlichen Körper gebracht wird, in demselben hervorruft, und welche sich durch zu starke Reitzung und Zusammenziehung des Darmkanales, durch Stuhlverhaltung, überhandnehmendes Streben des Organischen nach Cohäsion, durch Verstopfung der Gefäße, Steifigkeit und Verhärtung der Organe äußern.

Die Gewürze, welche dem ätherischen Öhle, hier und da auch dem scharfen Princip ihre Wirksamkeit verdanken, können bey sehr mäßigem Gebrauche die Verdauung zu fetter, klebriger, kühlender Speisen befördern. Mißbrauch derselben verursacht zu starke Reitzung, Congestion des Blutes, Entzündung, regelwidrige Ausbildung des Organischen mit Vorschlagen des Phlogistischen in demselben, mit der Zeit indirecte Schwäche, Anfangs in den Verdauungsorganen, zuletzt im ganzen Organismus.

§. 752.

Der mäßige Genuß des Küchensalzes befördert die Verdauung, und die ungeheure Erzeugung, so wie der fast allgemeine Gebrauch desselben bey den Menschen scheinen auf die Nothwendigkeit desselben hinzudeuten. Wird es in zu großer Menge genommen, so verursacht es dieselben übeln Folgen, welche der Mißbrauch salziger Pflanzen zu erzeugen pflegt (vorherg. §).

* * *

G. Gottl. Richter, programma de antiquitate et salubritate victus animalis. Gött. 1761. 4.

J. Fr. Zückerts allgemeine Abhandlung von den Nahrungsmitteln. Berlin, 1775. 8. II. Aufl. von Kurt Sprengel, 1790.

Deßelben erste Fortsetzung von den Speisen aus dem Thierreiche. Berlin, 1777.

J. P. Virey's allgemeine Bemerkungen über Nahrungsmittel aus den verschiedenen Classen des Thierreichs. — Im physisch-medicinischen Journal 1801. April n. 6.

J. Fr. Zückert, von den Speisen aus dem Pflanzenreiche, als zweyte Fortsetzung seiner Abhandlung von den Nahrungsmitteln. Berlin, 1778. 8.

K. Bryant's Verzeichniß zur Nahrung dienender Pflanzen. A. d. Engl. mit Anm. u. Zusätzen. 2 Thle. Leipzig, 1785—1786. 8.

Sim. N. H. Linquet und Sim. Andr. Tissot, über das Getreide und Brot. A. d. Franz. Zürch, 1780.

Tessier, Traité de maladies des grains, à Paris 1783. 8.

Chr. Ludw. Nebels Abhandlung von der Schädlichkeit des Mutterkorns. A. d. Lat. Jena, 1772. 8.

Rud. Aug. Vogels Schutzschrift für das Mutterkorn, als eine vorgebliche Ursache der sogenannten Kriebelkrankheit. Gött. 1771.

J. P. G. Kircheisens Beobachtungen über das Mutterkorn und dessen Entstehung. Altenburg, 1800.

E. H. Pfaff, über unreife, frühreife und spätreife Kartoffeln, vorzüglich in chemischer und medicinisch-polizeylicher Hinsicht, und E. Wiborg, von der Unschädlichkeit der unreifen und der rothen Kartoffeln. Kiel, 1807. 8.

C. Linné resp. *Gr. Salberg,* fructus esculenti. Upsal. 1763. 4. — In Linn. amoenit. academ. Vol. VI.

E. Fr. Struve, von inländischen Gewürzen. Leipz. 1801.

Von dem Getränke.

§. 753.

Das Getränk, es mag von was immer für einer Art seyn, wird zur Schädlichkeit, wenn es in zu großer oder in zu geringer Menge genommen wird. Unmäßigkeit im Trinken schwächt die Verdauung zum Theil durch zu große Verdünnung des Magensaftes, zum Theil durch Überfüllung des Magens und durch zu große Ausdehnung und Erschlaffung seiner Häute; sie hält die Assimilation und die Ausbildung des plastischen Stoffes zurück, vermehrt dagegen die Absonderung seröser Flüssigkeiten, besonders jene des Harnes bis zum Übermaße, und führt dadurch zuletzt Schwächung der Harnorgane herbey.

Zu sparsames Getränk hemmt die Verdauung, Assimilation, Ab- und Aussonderung; gänzliche Entziehung desselben aber bewirkt, besonders bey rascherem Gange des Lebens, Verdickung der Säfte, Einschrumpfen der festen Theile, Trockenheit der Häute, ein erschöpfendes Gefühl von Durst und allgemeine Lebensschwäche; weil ohne wässerige Flüssigkeit kein Lebensprozeß und keine Function desselben von Statten gehen kann.

§. 754.

Um die von der eigenthümlichen Beschaffenheit des Getränkes abhängigen Wirkungen gehörig zu würdigen, muß man vor allem auf die Verschiedenheit der Getränke, deren sich die Menschen bedienen, Rücksicht nehmen, und den Unterschied zwischen einfachem, nährendem, reizendem und kühlendem Getränke ins Auge fassen.

Das einfache Getränk, welches dem Menschen eben so, wie allen übrigen Thieren von der Natur angewiesen wurde, ist das Wasser. Aber auch dieses kann von fremden Stoffen, die in ihm aufgelöset werden, oder von Zersetzung, die in ihm Statt findet, schädliche Eigenschaften annehmen. So wirkt das Brunnenwasser, welches viele Neutral- und erdige Mittelsalze in sich aufgelöset enthält, diesen Bestandtheilen entsprechend, verschiedentlich störend auf die Verdauung, Assimilation, Stuhlausleerung u. s. w. Das stehende Wasser der Teiche, Sümpfe u. dgl. ist mit thierischen und vegetabilischen, zum Theil faulenden Stoffen angeschwängert, hat durch Verdunstung schon einige Zersetzung erlitten, und einen großen Theil seiner Kohlensäure verloren; es kann daher keinen erquickenden und heilsamen Trank liefern. Dasselbe gilt vom Wasser, welches längere Zeit in hölzernen Geschirren aufbewahrt oder in hölzernen, der Fäulniß unterworfenen Röhren durch große Strecken geleitet wird; indem auch dieses arm an Kohlensäure, und dafür oft von hepatischem Gas durchdrungen ist.

§. 755.

Zu den nährenden Getränken zählen wir als die vorzüglichsten die Milch, die Samenmilch, die schleimigen Absüde, die Schokolate und das Bier.

Unter diesen behauptet die thierische Milch mit Recht den ersten Rang. Die Muttermilch gibt dem neugebornen Kinde ein Nahrungsmittel, das allen seinen Bedürfnissen als Speis und Trank zugleich vollkommen entspricht, und durch kein anderes vollkommen ersetzt werden kann. Indessen ist auch sie ihren Fehlern unterworfen, und wird dadurch aus der Reihe der Erhaltungsmittel in jene der wirksamsten Schädlichkeiten hinüber geschoben. So ist sie oft zu wässerig, eben dadurch zu wenig nährend, und zu sehr zur sauren Gährung geneigt, welche, in dem Magen des Säuglings fortschreitend, diesem viele Leiden bereitet. Von heftigen Gemüthserschütterungen der Mutter oder Amme erhält die Milch nicht selten eine heftig reizende, giftähnliche Eigenschaft, so zwar, daß ihr Genuß Schmerzen, Erbrechen, Durchfall, Krämpfe,

Zuckungen, Entzündung zu erregen vermag. Eine zu dicke und fette Milch liefert besonders einem neugebornen Kinde eine schwer verdauliche Nahrung, und gibt mithin zur Unverdaulichkeit und ihren Folgen Veranlassung.

Die übrigens gut beschaffene Milch der Hausthiere ist für gesunde, besonders magere und lebhafte Menschen ein mildes, leicht verdauliches und assimilirbares Nahrungsmittel: dagegen ist sie jenen, welche eine größere Anlage zur Erzeugung freyer Säure, zur Verschleimung oder zur Fettleibigkeit haben, oder an ganz verschiedenartige Nahrungsmittel gewöhnt sind, weniger zuträglich.

§. 756.

Die Samenmilch ist eine Verbindung von Wasser und fettem Öhl, welche durch Schleim oder Pflanzen-Eyweiß vermittelt wird. Ihre Wirkung auf den Organismus ist durststillend, gelinde nährend und als indifferentes Mittel den zu raschen Lebensprozeß beschränkend. In zu großer Menge genossen, erschwert sie die Verdauung, schwächt den Magen, und veranlaßt ranzige Entartung seines Inhaltes.

Die schleimigen Absüde von Gerste, Reis, Eibisch, Salep u. dgl. können für Kranke, bey welchen Reitzung und Ernährung eher zu beschränken, als zu befördern sind, ganz zweckmäßige Getränke abgeben; für Gesunde aber sind sie zu fade, zu wenig erregend und ernährend, sie schwächen bey diesen die Verdauungsorgane, und geben zur Erzeugung von Säure, Schleim, Stuhlverhaltung u. s. w. Veranlassung.

§. 757.

Die Schokolate ist zwar ein sehr nahrhaftes Getränk, fordert aber, wegen des fetten Öhles, welches sie enthält, einen ziemlichen Grad von Verdauungsvermögen. Wo dieser fehlt, dort belästiget sie den Magen, und kann alle Folgen erzeugen, die das nicht hinlänglich verdaute Fett nach sich zu ziehen pflegt. Die Gewürze, welche hinzugesetzt werden, können seine Verdauung wohl befördern, auf der andern Seite aber auch die ihnen eigenthümlichen Nachtheile bewirken.

§. 758.

Das Bier, welches in vielem Wasser Schleimzucker, etwas Weingeist und zugleich bittre oder gewürzhafte Stoffe enthält, steht zwischen den nährenden und reitzenden Getränken in der Mitte. Wenn es gut bereitet und bis zur Klarheit ausgegohren, dabey mit salzigen, gewürzhaften, bittern Dingen nicht überladen, oder mit betäubenden Stoffen angeschwängert ist; so gedeihet es bey mäßigem Genusse gesunden, arbeitsamen Menschen ganz gut; indem es den Durst löschet, und zugleich gelinde reitzt und nährt. Trägen, schlaffen, fettleibigen und solchen, welche vielen Schleim absondern, oder die sonst reichliche Nahrung genießen, kann es durch Begünstigung der übermäßigen Entwicklung des unvollkommen assimilirten Eyweißes, des Schleimes und Fettes nachtheilig werden, besonders wenn es in zu großer Menge getrunken wird.

Zu junges, nicht ausgegohrnes, trübes und mit Hefen gemischtes Bier setzt in einem schwachen Magen seine Gährung fort, veranlaßt dadurch die Entwicklung einer großen Menge von kohlensaurem Gas und freyer Säure in den ersten Wegen, woraus leicht Magenkrampf, Kolik, unordentliche Stuhlentleerungen, Harnbrennen und deren Folgen entstehen. Ähnliche Wirkungen bringt altes, bereits in die Essiggährung übergegangenes Bier hervor.

Gewürzhafte und bittere Stoffe werden dem Bier zugesetzt, um seine Neigung zur sauren Gährung zu beschränken, und seine Verdauung zu befördern. Der mäßige Zusatz derselben kann demnach immer gerechtfertiget werden. Übermaß davon oder Anschwängerung des Bieres mit Salz oder mit scharfen Stoffen, um mehr zum Trinken zu reitzen, oder mit betäubenden Dingen, um seine berauschende Kraft zu vermehren, theilt ihm die, diesen Substanzen entsprechenden schädlichen Eigenschaften mit.

§. 759.

Zu den reitzenden Getränken gehören die geistigen und die warmen, mit ätherischem Öhle oder Extractivstoffen begabten.

Unter den geistigen Getränken behauptet der Wein den ersten Rang. Die wesentlichen Bestandtheile desselben sind Wasser und Weingeist, zufällige aber Weinsteinsäure, Kali, Schleimzucker, Extractiv- und Gerbestoff. Seine Hauptkraft ist die reitzende, das Leben in dem Gefäß- und Nervensysteme erhebende, welche hauptsächlich von seinem Antheile an Weingeist abhängt. Seine Verhältnisse zum Bildungsprozesse und dessen Producte aber werden nicht bloß durch diesen, sondern auch durch seine zufälligen Bestandtheile mannigfaltig bestimmt. Für Abgelebte, Geschwächte, Erschöpfte ist ein guter Wein, in gehöriger Menge genossen, eines der angenehmsten und wirksamsten Belebungs- und Stärkungsmittel, welches in Krankheiten aus oder mit wahrer Lebensschwäche ein sehr wichtiges Heilmittel werden kann. Für gesunde, starke, vollblütige, reitzbare Menschen wird er eine Schädlichkeit, welche Anlage und Geneigtheit zu hypersthenischen, entzündlichen Krankheiten hervorbringt. Auch schwächliche, zarte, sehr empfindliche und reitzbare Personen vertragen den Wein nicht gut, indem er in ihnen leicht zu hastige Bewegungen, Wallungen, Blutandrang nach einzelnen Theilen, Blutstürze, hitzige und schleichende Entzündungen und ihre Folgen veranlassen kann.

Im Übermaße getrunken, schadet jeder Wein einem jeden Menschen durch die zu heftige Anstrengung der Lebensthätig-

-keit, welche er bewirkt, und welche sich nicht allein durch mancherley rasch verlaufende Krankheitsformen, dergleichen kurz zuvor angeführt wurden, äußert, sondern endlich eine bleibende, indirekte Schwäche zur Folge hat, woraus sich Stumpfsinn, Abnahme des Gedächtnisses, Kleinmuth, Zittern der Glieder, Sinken der Eßlust, unvollkommener Zustand der Verdauung, Assimilation, Ernährung und Absonderung, Entartung der Organisation, Gicht, Wassersucht und andere Kachexien entwickeln.

§. 760.

Die übeln Wirkungen, welche der Wein im menschlichen Körper hervorbringt, werden noch näher bestimmt durch die Gattung und Beschaffenheit des Weines, auf welche nicht bloß das Alter desselben, sondern auch die Spielart des Weinstockes, Klima und Standort einen großen Einfluß haben. So weiß man, daß die Wirkung des Weines sehr verschieden ist, je nachdem derselbe jung oder alt ist, zu den säuerlichen, herben oder süßen gehört.

Junge, säuerliche Weine sind in der Regel der Gesundheit weniger zuträglich, als alte von derselben Gattung. Denn erstere reizen nicht bloß durch ihren Weingeist, sondern auch durch die Kohlensäure, welche sie in größerer Menge entwickeln, das Gefäß- und Nervensystem in einem höhern Grade, sondern stören auch bey unmäßigem Gebrauche durch die in ihnen vorschlagende Säure und andere fremdartige Bestandtheile die Vegetationsprozesse, besonders die Verdauung, Assimilation und Absonderungen; sie begünstigen den Andrang des Blutes nach den Gefäßen des Unterleibes, besonders nach der Pfortader und den Hämorrhoidalgefäßen, die Erzeugung der Gicht, der Harnsteine u. s. w. Je mehr die weißen, säuerlichen Weine durch das Alter von diesen zufälligen Bestandtheilen verlieren, desto mehr gewinnen sie an Güte und Zuträglichkeit, versteht sich für jene Menschen, denen der Gebrauch des Weines überhaupt gestattet werden kann.

Rothe, herbe Weine, welche ihre Eigenthümlichkeit einem bedeutenden Antheile von Extractiv- und Gerbestoff verdanken, können schlaffen Körpern und solchen, welche zu reichlichen Ausleerungen Anlage haben, wohl bekommen: starken, reizbaren Subjecten, oder solchen, die mit straffer, trockener Organisation begabt, zu sparsame Ausleerungen haben, mit Verstopfungen behaftet sind, müssen sie aus leicht begreiflichen Gründen nachtheilig werden.

Die süßen Weine erhalten von ihrem Überschusse an Weingeist und Zucker eine in einem höhern Grade reizende, erhitzende und zugleich nährende Kraft, und daher müssen ihre vortheilhaften und nachtheiligen Verhältnisse zum menschlichen Körper beurtheilt werden.

§. 761.

Der Branntwein und die aus Weingeist, Zucker, Gewürzen u. s. w. bereiteten Liqueure sind bloß heftige Erregungsmittel des Lebensprozesses im menschlichen Organismus, welche zugleich der organischen Substanz ein Bestreben nach stärkerer Cohäsion mittheilen. Ihr Mißbrauch bringt alle die übeln Folgen, welche wir bereits oben (§. 759) dem unmäßigen Genusse des Weines zugeschrieben haben, nur in einer viel kürzern Zeit und in einem höhern Grade, hervor.

§. 762.

Zu den warmen, reizenden, mit ätherischen Bestandtheilen, Extractiv- und Gerbestoff angeschwängerten Getränken gehören der Kaffee und der Thee. Der Kaffee wirkt erregend auf das Gefäß- und Nervensystem, kann daher unter bestimmten Umständen ein wirksames Heilmittel werden, so wie er sich als kräftiges Gegengift gegen narkotische Gifte, besonders das Opium, zeigt. Für Gesunde kann sein täglicher Gebrauch schädlich werden, und nach Verschiedenheit der Anlage verschiedene üble Wirkungen veranlassen. Im Allgemeinen läßt sich von ihm behaupten, daß er leicht Wallungen des Blutes, Congestionen desselben nach einzelnen Theilen, Blutflüsse und Überreitzung der Nerven bewirke. Das Theekraut enthält im frischen Zustande narkotischen, im trocknen Gerbestoff als vorschlagenden Bestandtheil; das davon mit Wasser bereitete Getränk gehört demnach nicht zu den Nahrungsmitteln, sondern nach Verschiedenheit der Verhältnisse, unter welchen es genommen wird, bald zu den Arzneyen, bald zu den krankheiterregenden Einflüssen. Der tägliche Genuß desselben zieht nicht nur die (§. 672) den warmen Getränken überhaupt zugeschriebenen nachtheiligen Folgen nach sich, sondern schadet auch noch durch Einführung fremdartiger, die Reproduction regelwidrig bestimmender Stoffe.

§. 763.

Zu den kühlenden Getränken rechnen wir hier diejenigen, welche aus der Verbindung von Säuren und Zucker mit Wasser, besonders mit kühlem, entstehen. Sie mäßigen den zu raschen Lebensprozeß im Gefäßsysteme und die Entwicklung der Wärme, und werden dadurch in bestimmten Krankheitszuständen heilsam. Ihr Mißbrauch bewirkt bey entsprechender Anlage Magenschwäche, Säure der ersten Wege, und wenn er längere Zeit fortgesetzt wird, unvollkommene Beschaffenheit des gesammten vegetativen Lebens.

* * *

J. Riem, die Getränke des Menschen, oder Lehrbuch, sowohl die natürlichen, als auch die künstlichen Getränke aller Art näher kennen zu lernen. Dresden, 1803. 8.

Otto Staabs Potographie, oder Beschreibung der Getränke aller Völker in der Welt. Frankf. a. M. 1807. 8.

A. Parmentier und N. Deyeux, neueste Untersuchungen und Bemerkungen über die verschiedenen Arten der Milch in Beziehung auf die Chemie, Arzneykunde und Landwirthschaft. A. d. Franz. von N. A. Scherer. Jena, 1800. 8.

J. Colombiers Abhandlung von der Milch nach allen ihren Verhältnissen. A. d. Franz. Leipz. 1805. 8.

J. G. Leidenfrost resp. *Th. Ger. Hermsen*, de causa inebriandi spirituum vinosorum. Duisburg, 1780. — In *Leidenfrost* opuscul. Vol. II.

Untersuchungen über die Wirkungen geistiger Getränke auf den menschlichen Körper und ihren Einfluß auf das Wohl der menschlichen Gesellschaft. — In Rush neuen medicinischen Untersuchungen. A. d. Engl. von C. F. Michaelis. Nürnberg, 1797. 8.

Remb. Dodonaei historia vitis vinique. Colon. 1580. 8.

Jod. Reiß, vom Rheinweine, eine chemisch-medicinische Abhandlung. Mainz, 1791. 8.

Wlh. Gttfr. Ploucquet's Warnung an das Publicum vor einem in manchen Branntweinen verborgenen Gifte. Tübingen, 1781. 8.

Chr. Wilh. Hufeland, über die Vergiftung durch Branntwein. Berlin, 1802. 8.

Lamb. Jos. Kaulen, über den diätetischen Gebrauch des Branntweines. Cöln, 1803. 8.

Fd. Wurzers Bemerkungen über den Branntwein, in politischer, technologischer und medicinischer Hinsicht. Cöln, 1804. 8.

Bemerkungen über den Cacao und die Chocolade. A. d. Franz. von Carl Chr. Krause. Leipz. 1775. 8.

J. H. Grosser's arzneylicher Grundriß von der Chocolade, deren Gebrauch und Mißbrauch. Griesbach, 1786. 8.

Laurent. Strauss, de potu Coffe. Giess. 1666. 4.

C. Linné, potus Coffeae. Lips. 1761.— Amoenit. academic. Vol. VI.

Fr. Jos. Hofers Abhandlung vom Kaffee. Ulm, 1780.

Bg. Moseley, von den Eigenschaften und Wirkungen des Kaffees. A. d. Engl. Lübeck, 1786. 8.

Sam. Hahnemann, der Kaffee und seine Wirkungen nach eigenen Beobachtungen. Leipz. 1803. 8.

Bh. Laubender, der Kaffee und seine bis jetzt bekannten 42 Surrogate. Nürnb. 1806. 8.

Neuere Beobachtungen über den Kaffee. — In Gehlens Journal für Chemie und Physik. VI. Bd.

J. Franc. le Fevre, de natura, usu et abusu coffeae, theae, chocolatae. Vesuntione, 1737. 8.

Car. Linné, potus theae. Upsal. 1765.— In amoenitat. acad. Vol. VII.

J. Coackley Lettsom's natürliche Geschichte des Thees, und J. Ellis Geschichte des Kaffees. A. d. Engl. Leipzig, 1776.

Von den Arzneyen als Schädlichkeiten.

§. 764.

Das, was unter bestimmten Verhältnissen des lebenden menschlichen Organismus ein kräftiges Heilmittel ist, wird unter entgegengesetzten Beziehungen zur krankheiterregenden Schädlichkeit, und zwar zu einer um so wirksamern, je wirksamer es in bestimmten Krankheitsfällen als Heilmittel ist: es mag nun unzeitig, z. B. im gesunden Zustande als Vorbauungsmittel oder verkehrt, d. h. in Krankheiten, deren Charakter, Form und Grade es nicht entspricht, angewendet werden.

§. 765.

Für den gesunden Menschen sind die Arzneyen, als Vorbauungsmittel angewandt, um so schädlicher, je größer der Gegensatz zwischen ihnen und dem lebenden menschlichen Organismus ist, je mehr sie bestimmend auf denselben einwirken, und je weniger sie durch seine lebendige Zurückwirkung bestimmt, und seiner Natur verähnlicht werden können. Denn solche Einflüsse müssen den regelmäßigen Gang des Lebens und seiner mannigfaltigen Functionen stören, und statt Krankheiten zu verhüthen, welches der Zweck ihrer Anwendung ist, dieselben vielmehr herbeyführen. Werden Arzneyen als Vorbauungsmittel öfter angewendet, so haben sie außer der eben angeführten auch noch die nachtheilige Folge, daß der Organismus seine Empfänglichkeit für dieselben verliert, und daß sie gegen wirkliche Krankheiten nicht mehr die erwartete Hülfe leisten.

§. 766.

Die verkehrte Anwendung der Heilmittel in wirklich ausgebrochenen Krankheiten verstärkt die Heftigkeit des gegenwärtigen, und begünstiget den Übergang desselben in andere meistens gefährlichere Übel. Unwissenheit, blinder Glaube, eigensinnige Anhänglichkeit an vorgefaßte Meinungen, zu große Verwegenheit der Ärzte und Afterärzte sind die traurigen Quellen solcher Mißgriffe, und in ihnen liegt der Grund, daß der unglückliche Kranke aus der Hand des Mannes, dem er voll Zuversicht sein Leben anvertrauet, statt eines Fristungs- und Heilmittels zuweilen den tödtenden Giftbecher empfängt!

Die Gifte.

§. 767.

Gifte werden diejenigen Schädlichkeiten genannt, welche ihrer innern (dynamisch-chemischen) Qualität nach in dem stärksten Gegensatze zum lebenden Organismus stehen, und eben deßwegen mit solcher Heftigkeit auf denselben einwirken, daß dadurch die Existenz des Lebens selbst bedrohet wird. Wir nehmen bey dieser Bestimmung der Gifte absichtlich bloß auf ihre innere (dynamisch=chemische) Qualität und den dadurch begründeten stärkern Gegensatz zu einem bestimmten lebenden Organismus Rücksicht, weil wir alles aus dem Kreise der Gifte ausschließen, was bloß durch seine Quantität und durch seine mechanischen Verhältnisse zerstörend auf diesen einwirkt, um die Verwirrung der Begriffe zu vermeiden, welche die Annahme mechanischer Gifte herbeyführen muß.

§. 768.

Der Begriff vom Gifte ist immer ein relativer; indem jedes Gift seine giftigen Wirkungen nur unter bestimmten Bedingnissen und Verhältnissen äußert. Die vorzüglichsten dieser Bedingnisse sind: eine gewisse Gabe und Anwendungsweise des Giftes und ein bestimmter Grad von Empfänglichkeit von Seite des Organismus. So wie sich diese Bedingungen ändern, so ändern sich auch die Beziehungen desjenigen, was vorher Gift war, zum lebenden Organismus, und dieses kann so weit gehen, daß aus dem zerstörendsten Gifte das wirksamste Heilmittel wird. Zwischen Heilmitteln und Giften lassen sich demnach keine scharfen Grenzen ziehen, und es gibt so wenig absolute Gifte, als es absolute Heilmittel gibt.

§. 769.

Bey der Eintheilung der Gifte ist man von verschiedenen Gesichtspunkten ausgegangen; indem man sie entweder auf ihre verschiedene chemische Natur, oder auf die Verschiedenheit der Naturreiche, aus welchen sie ihren Ursprung ableiten, oder auf die verschiedenen Wirkungen, welche sie im thierischen Organismus hervor zu rufen pflegen, bezogen hat.

In Hinsicht auf ihre verschiedene **chemische Natur** hat man die Gifte in solche, welche mit vorherrschendem Oxygenpol, und in solche, welche mit überwiegendem phlogistischen Pole auf den Organismus einwirken, also in **oxydirte** und **phlogistische Gifte** unterschieden. Die Unterabtheilung der phlogistischen richtet sich wieder nach dem Vorschlagen eines der phlogistischen Stoffe, des Wasser-, Kohlen- oder Stickstoffes in ihnen. Obschon dieser Eintheilungsgrund an sich richtig und allerdings geeignet wäre, eine wissenschaftliche Anordnung der Gifte zu begründen, so findet doch die Anwendung desselben in dem gegenwärtigen mangelhaften Zustande der chemischen Analyse der meisten Gifte unüberwindliche Schwierigkeiten, welche nur durch Hypothesen umgangen werden können.

Die Eintheilung der Gifte nach den **drey Naturreichen**, aus welchen sie entspringen, gewinnt nur dadurch an Anwendbarkeit, daß sie zu Unterabtheilungen führt, welche sich wieder auf die chemischen oder ätiologischen Verhältnisse derselben gründen.

Auch die Eintheilung der Gifte nach den Wirkungen, welche sie im thierischen, besonders aber im menschlichen lebenden Körper hervorbringen, hat ihre Mängel; indem ein und dasselbe Gift in verschiedenen Individuen verschiedene Wirkungen hervor zu rufen im Stande ist: indessen so lange es uns noch an einer durchgeführten wissenschaftlichen Anordnung der Gifte gebricht, halten sich die Ärzte dennoch, zumahl bey der Beurtheilung und Behandlung der Gifte, an diese empirisch begründete Eintheilung. So theilt Orfila dieselben noch nach ihren auffallendsten und gewöhnlichsten Wirkungen ein, in corrosive, zusammenziehende, scharfe, betäubende, betäubend-scharfe und septische Gifte.

§. 770.

Wir bringen die corrosiven oder ätzenden und die scharfen Gifte unter eine Gattung, und begreifen sie unter dem allgemeinen Namen der entzündenden Gifte. Die Hauptwirkung, welche sie hervorrufen, ist Entzündung des Theiles, an welchen sie zunächst angebracht werden, welche schnell in Brand und Zerstörung der Organisation und Zernichtung des Lebens übergeht, und nach Verschiedenheit des Organes, in welchem sie auftritt, sehr verschiedene Zufälle ins Daseyn ruft. Man nennt diese Gifte ätzende, corrosive, wenn unmittelbar auf ihre Anwendung, Zerstörung eines Theils der Organisation und Entzündung eines andern folgen; man nennt sie scharfe, wenn sie durch heftige Reitzung zunächst Entzündung hervorrufen, welche durch ihre Heftigkeit in den Brand übergeht. Die Verschiedenheit dieser Wirkungen hängt nicht überall von der verschiedenen Natur des Giftes, sondern häufig genug von der verschiedenen Gabe und Anwendungsart desselben ab; so zwar, daß ein und dasselbe Gift in einer kleinern Gabe bloß Entzündung, in einer größern aber zugleich Zerstörung der Organisation bewirken kann. Ja die Wirkung der corrosiven Gifte läßt sich durch Verkleinerung ihrer Gabe und durch einen länger fortgesetzten Gebrauch so modificiren, daß sie nicht mehr als rasch verlaufende Entzündung, sondern als langsame Herabwürdigung der Reproduction und allmähliche Entartung der Organisation auftritt, wodurch das gewaltsamste Gift in ein schleichendes umgewandelt wird.

§. 771.

Zu den corrosiven Giften zählt man die concentrirten Säuren, die reinen oder ätzenden Laugensalze, die Oxyde und Salze der meisten Metalle, des Arseniks, Quecksilbers, Spiesglanzes, Silbers, Goldes, Kupfers, Zinks, Wißmuths, u. s. w. den Phosphor. Zu den scharfen gehören die eben genannten, wenn ſie in einem geringeren Stärkegrade angewendet werden, aus dem Pflanzenreiche die ätheriſchen Öhle, die Pflanzen, die mit einem harzigen oder flüchtigen ſcharfen Princip begabt ſind, z. B. die Arten von Ranunculus, Euphorbium, Helleborus, Daphne, alle ſogenannten draſtiſchen Purgiermittel und ſehr viele andere, aus dem Thierreiche die Canthariden und einige andere Inſekten.

§. 772.

Zuſammenziehende oder ſtyptiſche Gifte werden jene genannt, welche die Entwicklung der lebendigen Expanſion und der Senſibilität im Organismus zurück halten, und dadurch Lähmung mit bleibender Contraction der zelligen Organe und der Muskelfaſern hervor bringen. Vorzüglich ſind es die Bleyoxyde und Salze, welche ſich durch dieſe Wirkungen auszeichnen, die ſich, wenn dieſe Gifte in die erſten Wege gebracht werden, durch lang anhaltende Koliken mit eingezogenem Bauche, hartnäckiger Stuhlverhaltung, langſamem harten Pulſe, durch allgemeine Abzehrung und Lähmung der äußern Gliedmaßen ausſprechen. Dieſes ſind die Folgen mäßiger, oder auch kleiner, aber oft wiederhohlter Gaben der Bleyzubereitungen: in großer Menge genoſſen erregt das eſſigſaure Bley eine heftige, ſchnell verlaufende und mit brandiger Zerſtörung endigende Magenentzündung.

§. 773.

Die betäubenden oder narkotiſchen Gifte haben ihren Nahmen von der auffallenden Wirkung, welche ſie im Nervenſyſteme des menſchlichen Organismus hervorrufen, deſſen Senſibilität ſie erſchöpfen, und deſſen Verrichtungen ſie in einen Zuſtand von Abſtumpfung und Betäubung verſetzen. Sie zerfallen in rein betäubende und in betäubend ſcharfe. Die rein betäubenden zeichnen ſich bloß durch den eben angedeuteten Einfluß auf das Princip der Sensibilität aus, welches sie mit, oder ohne offenbare Reaction erschöpfen. Es gibt nämlich narkotische Substanzen, welche ohne merkliche Spuren von Reitzung im Gefäß- und Nervensysteme alsogleich großes Schwächegefühl, Abstumpfung der Sinne, Betäubung, Schlafsucht, Sinken des Pulses, und in größern Gaben schnelle Erlöschung des Lebens bewirken. Zu diesen gehört vor andern die Blausäure und alle Natur- oder Kunstproducte, in welchen sie den wirksamen Bestandtheil ausmacht. Andere narkotische Gifte, z. B. Opium, Bilsenkraut, Tollkirsche u. s. w. erregen nicht selten unmittelbar nach ihrer Anwendung eine auffallende Zurückwirkung des Lebens, die sich durch vermehrte Wärme, beschleunigten und verstärkten Puls, durch erhöhte Thätigkeit der äußern Sinne, durch ein lebhafteres, oft verwirrtes Spiel der Einbildungskraft, durch Heiterkeit und Muth und hier und da durch den Ausbruch von Wuth kund gibt. Die Erfahrung lehrt, daß die Verschiedenheit dieser Wirkungen nicht immer in der verschiedenen Natur der narkotischen Gifte begründet ist, sondern daß auch die verschiedene Leibes- und Lebensbeschaffenheit der Menschen, welche ihrem Einflusse ausgesetzt werden, zur nähern Bestimmung dieser Wirkungen das Ihrige beytragen und daß eine und dieselbe narkotische Substanz in dem einen Menschen die Erscheinungen starker Reitzung hervorruft, in dem andern aber den Zustand der Betäubung ohne auffallende Zurückwirkung erzeugt.

§. 774.

Man hat diese verschiedenen Wirkungen, welche die narkotischen Gifte im menschlichen Organismus hervorbringen, auf positive Reitzung und Überreitzung zurück geführt und die Wirkungsart derselben mit jener geistiger Flüssigkeiten verglichen. Wir müssen gestehen, daß wir nicht vermögen, alle den narkotischen Giften eigenthümlichen Erscheinungen aus dieser Ansicht zu erklären. Wir sind mehr geneigt, denselben eine negative Wirkungsweise beyzulegen, und sie zu dem Princip der Sensibilität ungefähr in dieselbe Beziehung zu bringen, in welcher sich die äußere Kälte zur thierischen Wärme befindet. So wie nämlich die Kälte dem Organismus seine Lebenswärme entzieht, und dadurch eine antagonistische Erhöhung des Lebens in seinen Centralorganen und ein Bestreben, jenen Verlust wieder zu ersetzen, bewirkt; so entzieht die narkotische Substanz dem Nervensysteme an seiner Peripherie das Princip der Sensibilität, und hat eben dadurch, bey vorhandener Anlage, eine antagonistische Anfachung des Lebens in seinen Centralorganen zur Folge. Daher entstehen bey vollblütigen, stärkern und reizbarern Subjecten lebhaftere Thätigkeit des Gehirns, stärkerer Blutandrang nach demselben, und alle Phänomene einer stärkern Reizung. Hatte aber das Individuum schon vor der Anwendung der narkotischen Substanz einen geringern Lebensvorrath, alsdann verbreitet sich die Erschöpfung der Sensibilität von der Peripherie schnell über das ganze System, und es tritt Lebensschwäche mit Abstumpfung ohne alle Spur erhöheter Erregung gleich als ursprüngliche und unmittelbare Wirkung der narkotischen Substanz ein. Man sieht also wohl ein, daß die Wirkungen narkotischer Gifte sehr relativ sind, und daß sie nicht allein durch ihre eigenthümliche Natur, sondern auch durch ihre Gabe und ganz besonders durch die Anlage des Menschen, auf welchen sie ihren Einfluß äußern, bestimmt werden.

§. 775.

Die narkotisch-scharfen Gifte verursachen bey hinlänglich starker Gabe heftige, bis zur Entzündung gesteigerte Reizung in den Theilen, auf welche sie unmittelbar angebracht werden, und zugleich die Zufälle der Betäubung im Cerebralsysteme. Die Krähenaugen (nux vomica), der Schierling, das Eisenhütchen, der rothe Fingerhut, der

Tabak und viele andere Pflanzen gehören zu dieser Gattung von Giften, deren zweyfache Wirkungen nicht, wie man früher geglaubt hat, nothwendig durch zwey verschiedene Stoffe, einen scharfen und einen narkotischen, welche in derselben Pflanze neben einander vorhanden seyn sollen, bedingt werden müssen; sondern, wie das bey einigen dieser Gifte bereits chemisch nachgewiesen ist, von einer und derselben Substanz ins Daseyn gerufen werden können.

§. 776.

Außer den bisher angeführten hat man endlich noch septische, oder Fäulniß erregende Gifte aufgestellt, unter denen man diejenigen verstehet, deren zerstörende Wirkung das Leben vorzüglich von seiner vegetativen Seite ergreift, indem sie die Reproduction des Plastischen im thierischen Organismus hemmen, schnelle Auflösung des Blutes und brandige Zerstörung der Organisation bewirken. Man rechnet hierher das Schlangengift und einige Ansteckungsstoffe, welche letztere aber doch, streng genommen, von den Giften geschieden werden müssen. Denn obschon sich nicht in Abrede stellen läßt, daß zwischen Giften und Ansteckungsstoffen eine sehr nahe Verwandtschaft Statt findet, und obschon man eine Ansteckung eine Art von Vergiftung nennen kann, so läßt sich die Sache doch nicht umkehren, und eine jede Vergiftung für eine Ansteckung erklären. Man stößt also noch auf wesentliche Verschiedenheiten zwischen Ansteckungsstoffen und Giften, welche aber erst im folgenden Hauptstücke an das Licht treten können.

* * *

J. Andr. Theod. Sprögel, experimenta circa varia venena in vivis animalibus instituta. Gött. 1753. — In *Halleri* disp. pathologicarum T. VI.

J. Fr. Gmelin, allgemeine Geschichte der thierischen

und mineralischen Gifte. Leipz. 1776. Neue Aufl. Erfurt, 1806.

Desselben allgemeine Geschichte der Pflanzengifte. 2 Thle. Nürnb. 1777.

J. Ch. Döltz, neue Versuche und Erfahrungen über einige Pflanzengifte. Herausgegeben von J. Ch. Oli. Ackermann. Nürnb. 1792. 8.

Ejusd. nova experimenta circa quaedam venena ex narcoticorum genere. Norimb. 1793. 8.

L. Viborgs Versuche und Erfahrungen über die Wirkungen der Gifte. — In dessen Sammlung für Thierärzte. 1. B.

M. P. Orfilas allgemeine Toxicologie, oder Giftkunde. A. d. Franz. mit Zuf. u. Anm. von Sigism. Friedr. Hermbstädt. IV Thle. Berl. 1818. 1819. 8.

Von den Ansteckungsstoffen.

§. 777.

Unter Ansteckung begreift man die Erweckung eines bestimmten Krankheitsprozesses in einem thierischen Organismus, welche durch unmittelbare oder mittelbare Wechselwirkung mit einem an demselben Krankheitsprozesse leidenden thierischen Individuum vermittelt wird. Man hat in neuern Zeiten eine zweyfache Art von Ansteckung: eine materielle und eine dynamische, angenommen, je nachdem die Übertragung einer bestimmten krankhaften Thätigkeit von einem Organismus auf den andern durch ein materielles Krankheitsproduct bedingt wird, oder nicht. Diejenigen materiellen Krankheitserzeugnisse, welche aus bestimmten Krankheitsprozessen hervor gegangen, dieselben in andern dafür empfänglichen Organismen zu erwecken vermögen, nennt man Ansteckungsstoffe (contagia).

§. 778.

Zum Wesen eines Ansteckungsstoffes gehören demnach folgende Eigenschaften: 1) er muß Product eines bestimmten Krankheitsprozesses seyn; 2) er muß als solches den thierischen Charakter und nebst diesem eine eigenthümliche materielle und dynamische Natur haben; 3) er muß, wenn er mit mehreren Individuen derselben Art, welcher er seinen Ursprung verdankt, in Wechselwirkung tritt, wenigstens in einem oder dem andern derselben, denselben Krankheitsprozeß hervorrufen, durch welchen er erzeugt worden ist, und welcher überall auf Reproduction des Ansteckungsstoffes hinarbeitet. Äußere Einflüsse, welchen diese Eigenschaften fehlen, können für den lebenden thierischen Organismus wohl sehr wirksame Schädlichkeiten abgeben, verdienen aber keineswegs den Namen von Ansteckungsstoffen.

§. 779.

Um der Erkenntniß der Ansteckungsstoffe und ihrer Wirkungsweise auf den thierischen Organismus wenigstens näher zu rücken, müssen wir vor allem auf dasjenige Rücksicht nehmen, was uns die Erfahrung darüber gelehrt hat, und welches in ein Ganzes zusammen gefaßt, eine Art von Naturgeschichte der ansteckenden Krankheiten und der Ansteckungsstoffe liefert.

Die Krankheit, in welcher sich der Ansteckungsstoff entwickelt, ist entweder selbst durch Ansteckung entstanden, oder nicht. Daß Krankheiten, welche selbst nicht durch Ansteckung erzeugt wurden, dennoch unter gewissen Bedingungen die Quelle von Ansteckungsstoffe werden können, dieses bestätiget die Erfahrung noch immer durch den Typhus, welcher, obschon ursprünglich nicht durch Ansteckung entstanden, dennoch nicht selten Ansteckungsstoff entwickelt, wenn er zu einem gewissen Grade von Höhe gesteigert, eine bestimmte Metamorphose des vegetativen Lebens hervorruft. Das, was vom

Typhus gilt, läßt sich auch auf andere ansteckende Krankheiten anwenden, welche höchst wahrscheinlich auch jetzt noch durch ein Zusammentreffen günstiger äußerer und innerer Verhältnisse, und ohne Vermittlung eines bereits vorhandenen Ansteckungsstoffes entstehen, und ihre Fortpflanzung durch Ansteckungsstoff von neuem beginnen.

§. 780.

Nicht immer erweckt ein Ansteckungsstoff in dem thierischen Organismus, welchem er beygebracht wird, den ihm entsprechenden Krankheitsprozeß. Dazu werden vielmehr von Seite des anzusteckenden Organismus gewisse Lebens- und Organisations-Verhältnisse erfordert, deren Inbegriff die Anlage zur ansteckenden Krankheit, und die Empfänglichkeit für die Einwirkung des Ansteckungsstoffes begründet. Diese Empfänglichkeit hat ihre Beziehungen zur Zeit und zum Raume. Sie wechselt offenbar mit den Zeitverhältnissen des Organismus, und die verschiedenen Lebensalter desselben, der Gang der epidemischen Constitution u. dergl. haben auf ihre Steigerung und Verminderung einen unverkennbaren Einfluß.

In Hinsicht auf die Ortsverhältnisse lehrt die Erfahrung, daß nicht alle Theile des menschlichen Körpers gleichen Grad von Empfänglichkeit für die Einwirkung des Ansteckungsstoffes besitzen, und daß z. B. Theile, welche von einem dichtern trocknen Oberhäutchen entblößt sind, die Ansteckung viel leichter aufnehmen, als jene, welche mit diesem Überzuge verwahrt sind.

§. 781.

Übrigens biethen die Ansteckungsstoffe manche merkwürdige Eigenheiten und Verschiedenheiten dar. Es gibt Ansteckungsstoffe, welche sich in Dunstgestalt in die atmosphärische Luft erheben, vermittelst derselben — wenigstens bis auf eine gewisse Entfernung — von Kranken auf Gesunde übertragen werden können, und deßwegen **flüchtige** genannt werden, und dieses zwar im Gegensatze gegen die **beharrlichen**, oder **fixen** Ansteckungsstoffe, welche nur an dichtern flüssigen oder festen Körpern haften, und ohne Gefährdung ihres Ansteckungsvermögens die Dunstgestalt nicht annehmen können. Indessen gibt es doch auch Ansteckungsstoffe, welche sowohl in einem dichtern, als auch in einem mehr verdünnten, selbst dunstartigen Zustande ihr Ansteckungsvermögen beybehalten. Dieses hat jedoch seine Grenzen und tiefer eingreifende Cohäsions- und chemische Veränderungen zerstören die Ansteckungsstoffe als solche und berauben sie ihrer ansteckenden Kraft. So weiß man, daß bedeutende Temperaturveränderungen, der Einfluß der freyen atmosphärischen Luft, die Mineralsäuren u. s. w. die meisten Ansteckungsstoffe zerlegen und tödten.

§. 782.

Die Krankheitsprozesse, welche die verschiedenen Ansteckungsstoffe im thierischen und menschlichen Organismus hervorrufen, verhalten sich auf sehr verschiedene Weise. Gewöhnlich sind es Entzündungsprozesse, welche sich aber mannigfaltig gestalten. Manche Ansteckungsstoffe erzeugen in der Regel eine oberflächliche Entzündung gewisser Hautgebilde, welche sich mit Abschuppung derselben endiget; andere haben eine tiefer greifende Entzündung zur Folge, welche, wenn sie in ihrem Verlaufe nicht aufgehalten wird, immer in Eiterung übergeht. Der Entzündungsprozeß, welcher durch die Ansteckung bedingt wird, ist in einigen ansteckenden Krankheiten, in den regelmäßigen Fällen, ein plastischer, d. h. ein solcher, in welchem das reproductive Streben vorherrscht; in andern hingegen ein solcher, in welchem die Neigung zur Destruction, Gangränescenz und Schmelzung überwiegt.

§. 783.

Einige Ansteckungsstoffe rufen im Organismus eine rasch verlaufende, fieberhafte Krankheit hervor, welche an bestimmte Zeiträume gebunden, nach Vollendung ihres eigenthümlichen Productes von sich selbst wieder erlischt. Andere dagegen erzeugen schleichende, langwierige Krankheiten, welche sich in ihrer Grundlage immerfort wieder erzeugen und durch sich selbst nie ihrem Erlöschen zugeführt werden. Erstere haben zugleich das Eigenthümliche, daß sie durch den eigenartigen Krankheitsprozeß, welchen sie im thierischen und menschlichen Organismus erregen, die Empfänglichkeit für eine zweyte Ansteckung entweder für eine Zeit, oder für das ganze übrige Leben aufheben, eine Eigenschaft, die den Ansteckungsstoffen der andern Gattung gänzlich mangelt.

§. 784.

Ein und derselbe Ansteckungsstoff erweckt zwar in jedem Organismus, in welchem er die erforderliche Empfänglichkeit findet, immer deßselben eigenartigen Krankheitsprozeß, dieselbe specifische krankhafte Bildung; allein deßwegen tritt die ganze Krankheit, welche dadurch bedingt wird, weder in allen Individuen mit demselben Grade der Heftigkeit ins Daseyn, noch trägt sie überall denselben Charakter an sich: vielmehr beobachtet man nicht selten, daß ein und derselbe Ansteckungsstoff in einigen Individuen eine auffallend gelinde, in andern eine sehr heftige Krankheit hervorruft, und daß das Fieber, welches sich dem contagiösen Prozesse beygesellt, in einigen einen entzündlichen, in andern einen typhösen Charakter annimmt.

Wird eine ansteckende Krankheit epidemisch, so tritt sie auch unter die, weiter oben (§. §. 538. u. ff.) entwickelten Gesetze epidemischer Krankheiten, schmiegt sich in Hinsicht auf Form und Charakter unter die herrschende epidemische Constitution, und beobachtet gleich dieser in Hinsicht auf

Verbreitung, Wachsthum, Abnahme und Erlöschen einen gewissen, an bestimmte Stadien gebundenen Gang.

§. 785.

Diese sind die wichtigsten Thatsachen, welche sich auf die Ansteckungsstoffe und die durch sie erzeugten Krankheiten beziehen. Die Wissenschaft hat die Aufgabe, ihren innern Zusammenhang und tiefern Grund aufzudecken. Die erste und wichtigste Frage, welche sich uns in dieser Hinsicht darbiethet, ist wohl die: **Wie wirken die Ansteckungsstoffe auf den thierischen Organismus, und wie kommt der Vorgang zu Stande, welchen man Ansteckung nennt?** — Um diese Frage mit Glücke lösen zu können, müßte man deutlichere Einsichten in das Wesen der beyden Glieder heben, deren Wechselverhältniß gesucht wird: des Ansteckungsstoffes nämlich und des lebenden thierischen Organismus; in eben dem Maße aber, als diese Kenntniß noch unvollständig ist, muß auch die Lösung dieser Aufgabe mangelhaft ausfallen. Man hat bis jetzt einen dreyfachen Weg eingeschlagen, um der Einsicht in dieses Wechselverhältniß näher zu kommen, von denen sich der **erste** auf die Einführung der Ansteckungsstoffe in die Säfte des Organismus, besonders in das Blut, und auf eine chemische Umwandlung derselben vermittelst jener; der **andere** auf eine specifische Reitzung bestimmter Organe des thierischen Körpers durch die Ansteckungsstoffe, und der **dritte** auf eine dynamische Wechselwirkung zwischen dem Ansteckenden, und dem Anzusteckenden, welche derjenigen gleich ist, die der Zeugung lebender Organismen zum Grunde liegt, beziehet.

§. 786.

Die erste **Erklärungsweise** ging von der Humoralpathologie aus. Nach dieser wird der Ansteckungsstoff entweder von der äußern Haut, oder aus dem Magen, wohin er aus der Mundhöhle mit dem Speichel oder den Nahrungsmitteln gelangt, vermittelst der einsaugenden Gefäße dem Blute zugeführt, zu welchem derjenige, welcher in der Luft schwebt und mit dieser in die Lungen gezogen wird, auch unmittelbar hinzutreten kann. Im Blute erweckt er nun einen eigenartigen, der Gährung vergleichbaren, Umwandlungsprozeß, wodurch ein Theil des Blutes selbst in Ansteckungsstoff verwandelt wird, welcher dann endlich durch die Secretionsorgane aus ihm wieder ausgeschieden, und auf bestimmte Theile des Körpers, wo er die Blüthen oder Früchte der Krankheit darstellt, abgesetzt, oder durch die Excretionen über die Grenzen des Organismus hinaus geworfen wird. So leicht und anschaulich diese Erklärung auch immer war, und so sehr sie geeignet schien, von allen Erscheinungen ansteckender Krankheiten hinlängliche Rechenschaft zu geben; so erhoben sich doch bald folgende Schwierigkeiten und Einwendungen gegen dieselbe. 1) Wird es durch Beobachtungen und Versuche erwiesen, daß die Ansteckungsstoffe durch die Verdauung, ja sogar schon durch die bloße Beymischung des Magensaftes außerhalb des Magens zersetzt, und ihres Ansteckungsvermögens gänzlich beraubt werden. Daraus schloß man, daß 2) diejenigen Ansteckungsstoffe, welche von der Haut oder den Respirationswegen aus dem Blute zugeführt werden, den vielfältigen, und durch den ganzen Organismus verbreiteten Assimilationsprozessen, welche sich in Umwandlung der Stoffe nicht weniger kräftig zeigen, als die Verdauung, nicht widerstehen können, ohne ihre ursprüngliche Natur zu verlieren. 3) Kann man nicht begreifen, wie sich bey der immer regen Thätigkeit des gesammten Gefäßsystems, sich vermittelst der Secretion von allem Fremdartigen beständig frey zu erhalten, der von außen aufgenommene Ansteckungsstoff lang genug im Blute aufhalten, und zur Einleitung des Ansteckungsprozesses Zeit gewinnen könne; da sich doch nach dem eigenen Eingeständnisse der Humoralpathologen dieses Secretionsbestreben selbst in der Höhe der ansteckenden Krankheit noch wirksam genug zeigt, um die große Menge des im Blute erzeugten Ansteckungsstoffes aus demselben zu sondern. Man müßte vielmehr voraussetzen, daß die äußerst geringe Menge von Ansteckungsstoffe, welche gewöhnlich vom Organismus aufgenommen wird, bey dem noch ungestörten Geschäfte aller Secretionsorgane, welches sie in demselben antrifft, alsogleich wieder aus dem Gefäßsysteme entfernt werden müsse, und daher weder Raum noch Zeit gewinne, die contagiöse Umwandlung im Blute in den Gang zu bringen. 4) Haben die mit dem Blute von Menschen, bey welchen die ansteckende Krankheit bereits ihre ganze Gewalt entwickelt hatte, angestellten Impfversuche gelehrt, daß das Blut vom Ansteckungsvermögen und folglich auch vom Ansteckungsstoffe frey sey.

§. 787.

Auf eine andere Weise suchten die Solidarpathologen den Vorgang der Ansteckung ins Licht zu setzen. Nach ihnen ruft der Ansteckungsstoff durch specifische Reitzung der mit Sensibilität und Irritabilität begabten Organe specifische Reactionen derselben hervor, welche sich nach den Gesetzen der Sympathie auf verwandte Organe fortpflanzen, und besonders die Secretionsorgane auf eine solche eigenthümliche Weise bestimmen, daß durch diese ein Product erzeugt wird, welches alle Eigenschaften des von außen aufgenommenen Ansteckungsstoffes an sich trägt. Prüft man diese Erklärungsart genauer, so findet man, daß durch sie der wesentliche Theil der Aufgabe nicht gelöset, sondern mit gelehrten Worten eigentlich nur umgangen wird, indem man durch sie ganz und gar keine Einsicht in die innern, auf den Bildungsprozeß des thierischen Organismus sich beziehenden krankhaften Vorgänge erhält, durch welche die Erzeugung und Vermehrung des Ansteckungsstoffes begründet wird.

§. 788.

Wenn man in der neuesten Zeit den Ansteckungsstoff mit dem Samen lebender Organismen und die Ansteckung mit der Zeugung selbst verglichen hat, so hat man dadurch allerdings eine scharfsinnige und treffende Vergleichung, keinesweges aber eine wahre Enthüllung dieses Vorganges geliefert; denn niemand wird sich überreden lassen, daß etwas Dunkles durch etwas noch Dunkleres erklärt werden könne, und daß die beschränkten Einsichten, welche wir in das Geheimniß der Zeugung haben, hinreichen, uns in das Innere des Ansteckungsprozesses einzuführen.

§. 789.

Eine aufmerksame Würdigung alles dessen, was uns die Erfahrung über die Ansteckung und ihr Umsichgreifen im thierischen Organismus lehrt, führt auf folgende, wenn nicht gewisse, doch wenigstens höchst wahrscheinliche Resultate. a) Der Ansteckungsstoff wirkt unmittelbar auf den Theil, auf welchen er angebracht wird, vorausgesetzt, daß er in diesem den erforderlichen Grad von Empfänglichkeit für seine Einwirkung, d. h. die zu dem contagiösen Prozesse nothwendigen Bedingungen findet, und erweckt in der Substanz dieses Theiles den eigenthümlichen krankhaften Vegetationsprozeß, welchen wir so eben den contagiösen genannt haben. So wirkt der Lustseuchestoff ansteckend auf die Schleimhaut der Schamtheile, der Scharlachstoff auf die Schleimhaut des Gaumens, der Maserstoff auf jene der Respirationsorgane, der Blattern= und Kuhpockenstoff zunächst auf die Impfstelle u. s. w. b) Von dem Orte der ursprünglichen Ansteckung, oder der Impfstelle, schreitet der contagiöse Prozeß in der Substanz des ursprünglich ergriffenen Organes nach allen seinen Ausbreitungen fort, und geht von diesem oft zu den mit ihm am nächsten verwandten Gebilden über. So verbreitet sich die syphilitische Metamorphose über die Schleimhäute, und pflanzt sich von diesen an die Beinhaut; der Scharlach- und Masernprozeß geht von der Schleimhaut der Mundhöhle und der Respirationswege an das Malpighische Schleimnetz der äußern Haut über u. s. w. c) Der verschiedene Grad von Empfänglichkeit, welcher in den verschiedenen Abtheilungen und Stellen dieser Gebilde vorhanden ist, macht, daß der contagiöse Prozeß nicht in allen auf gleichen Höhegrad entwickelt wird, daß demnach auch sein Product, z. B. das Exanthem, nicht auf allen in gleicher Menge und Vollkommenheit aufblühet. d) Die Störungen und Zurückwirkungen, welche in den übrigen Systemen des Organismus entstehen, z. B. das Fieber bey den Exanthemen, sind nicht als Wirkungen des Reizes zu betrachten, welcher von dem in die Gefäße eingesogenen, oder in denselben entwickelten Ansteckungsstoffe abhängig ist, sondern sie müssen vielmehr als Folgen des mannigfaltigen lebendigen Wechselverkehres, welches zwischen den in der contagiösen Metamorphose begriffenen Gebilden und den übrigen Systemen des Organismus obwaltet, angesehen werden.

§. 790.

Der contagiöse Prozeß stellt demnach eine eigenthümliche krankhafte Metamorphose der ergriffenen Gebilde, eine ganz neue Art von Vegetation in denselben dar, die sich zu dem thierischen Organismus wie eine Schmarotzerpflanze zu derjenigen verhält, auf welcher sie wuchert. Je mehr er sich in seiner Eigenthümlichkeit entwickelt, desto mehr vernichtet er den ursprünglichen organischen Charakter des ergriffenen Gebildes, welches zuletzt durch Abschuppung, specifische Eiterung oder Verschwärung gänzlich zerstört wird. Jede Zerstörung im Organischen erhöhet, wenn sie einen gewissen Grad von Heftigkeit nicht überschreitet, das Reproductionsbestreben des lebenden Organismus, um das Zerstörte zu ersetzen und wieder zu bilden. Das Verhältniß zwischen der im contagiösen Prozesse liegenden zerstörenden Thätigkeit und dem Reproductionsbestreben des Organismus bestimmt nun den Gang der ansteckenden Krankheit und das Schicksal des an derselben leidenden Individuums für die Gegenwart und Zukunft. Gewinnt das Reproductionsbestreben das Übergewicht über den contagiösen Prozeß, dann wird das tiefere Eingreifen des letztern in das Organische beschränkt, das durch denselben Zerstörte schnell reproducirt, sein Product vom Organismus abgestoßen, und dieser in seinen vorigen Gesundheitszustand zurückgeführt. Tritt aber das entgegengesetzte Verhältniß ein, unterliegt die Reproduction in den ergriffenen Gebilden der Gewalt des contagiösen Prozesses; dann schreitet dieser unaufhaltsam vorwärts, ohne je dem Heilbestreben des lebenden Organismus zu weichen, und führt häufig genug durch Zerstörung wichtiger Organe den Untergang desselben herbey.

§. 791.

Hierin liegt der Grund, warum die fieberhaften ansteckenden Krankheiten den Keim zur Heilung in sich selbst tragen, die fieberlosen aber nicht anders, als durch Vermittlung der Kunst geheilt werden können. Bey jenen ruft der Ansteckungsstoff einen raschen, schnell um sich greifenden contagiösen Prozeß in den ergriffenen Gebilden hervor; dadurch wird eine lebhaftere Zurückwirkung im ganzen Gefäßsysteme unter der Form des Fiebers, und zwar in den meisten Fällen des entzündlichen, und hiermit nothwendiger Weise auch eine Steigerung des Reproductionsbestrebens in den der contagiösen Metamorphose anheim gefallenen Theilen bedingt; bey diesen ist der contagiöse Prozeß mehr schleichend, aber auch tiefer eingreifend, er erweckt in der Regel zugleich keine fieberhafte Reaction, mithin auch keine so bedeutende Erhöhung des reproductiven Lebens in den angesteckten Gebilden. Die Reproduction des durch die contagiöse Metamorphose Zerstörten ist langsam und unvollständig, und keineswegs geeignet, den Fortschritten des contagiösen Prozesses Schranken zu setzen, wenn nicht dessen Gewalt durch Beyhülfe der Kunst gebrochen, oder wenigstens die Macht der Reproduction bis auf einen gewissen Grad gehoben wird. Daß übrigens hier nicht bloß die verschiedene Natur des Ansteckungsstoffes und des durch ihn erweckten contagiösen Prozesses, sondern auch die verschiedene Anlage des kranken Subjectes, und die dadurch begründete Modification der allgemeinen Reaction, z. B. bey exanthematischen Krankheiten des Charakters des Fiebers, auf die nähere Bestimmung und Abänderung dieses Verhältnisses zwischen Reproduction und contagiöser Metamorphose einen größen Einfluß haben müsse, ist wohl leicht zu begreifen. So wird jeder leicht einsehen, daß der entzündliche Fiebercharakter bey einer exanthematischen Krankheit die Heilung derselben viel mächtiger befördern muß, als der nervöse und faulige.

§. 792.

In der bisher beleuchteten verschiedenen Art der Heilung ansteckender Krankheiten muß nun auch, so glauben wir wenigstens, der Grund der oben (§. 783.) erwähnten merkwürdigen Verschiedenheit gesucht werden, daß durch gewisse ansteckende Krankheiten die Empfänglichkeit für eine zweyte Ansteckung getilgt werde, durch andere aber nicht. **Ein Gebilde, welches im Verlaufe einer ansteckenden Krankheit, und unter dem beständigen Einflusse des Ansteckungsstoffes vollständig reproducirt wird, kömmt mit diesem nothwendiger Weise zur Indifferenz, und verliert eben dadurch die Empfänglichkeit für eine fernere Ansteckung durch denselben.** Dieses findet Statt bey den Blattern, Masern, dem Scharlache. **Ein Gebilde hingegen, welches nicht während dem Bestehen des Ansteckungsprozesses und unter der**

fortwährenden Einwirkung des Ansteckungs=
stoffes, sondern erst nach Vollendung des er=
stern und Tilgung oder Entfernung des letz=
tern vollständig reproducirt wird, kommt
mit dem Ansteckungsstoffe nicht zu jener chemi=
schen und dynamischen Ausgleichung; seine
Empfänglichkeit für eine wiederhohlte Anstek=
kung kann demnach durch die Krankheit selbst
nicht getilgt werden. Einen sprechenden Beweis dafür
liefert uns die Lustseuche.

§. 793.

Wenn eine ansteckende Krankheit epidemisch wird,
so tritt sie, wie bereits oben erinnert wurde, unter die all=
gemeinen Gesetze der Epidemie, d. h. sie nimmt durch einen
bestimmten Zeitraum nicht bloß an Ausbreitung, sondern
auch an Heftigkeit zu, bis sie einen gewissen Grad von Höhe
erreicht hat; dann aber nimmt sie in jeder Hinsicht wieder
ab, bis sie endlich gänzlich erlöscht. Der Grund dieses
Steigens und Fallens ansteckender epidemischer Krankheiten
muß zum Theil in dem Wechsel der epidemischen Constitution,
zum Theil in den Veränderungen gesucht werden, welchen
der Ansteckungsstoff während des Verlaufes einer Epidemie
unterworfen ist. So lange nämlich die epidemische Constitu=
tion von der Art ist, daß sie bey einer größern Zahl von
Menschen die Anlage zu einer bestimmten ansteckenden Krank=
heit und die Empfänglichkeit für ihren Ansteckungsstoff er=
höhet, und zugleich die Entwicklung des contagiösen Prozesses
befördert, so lange muß sie auch das Umsichgreifen der an=
steckenden Krankheit und die Zunahme ihrer Heftigkeit begün=
stigen; so wie diese hingegen in jeder Hinsicht wieder abneh=
men muß, sobald die entgegengesetzten Verhältnisse zwischen
ihr und der epidemischen Constitution eintreten. Aber auch
der Ansteckungsstoff selbst kann durch eben die Umstände,

welche den contagiösen Prozeß befördern oder mäßigen, an Wirksamkeit auf andere Individuen gewinnen und verlieren. Daß eine solche Metamorphose des Ansteckungsstoffes möglich sey, und wirklich Statt finde, dieses haben Peſſina's Versuche mit dem Ansteckungsstoffe der Pocken der Schafe außer Zweifel gesetzt, welche lehrten, daß dieser Ansteckungsstoff um so milder wurde, je öfter er vermittelst der Impfung durch gesunde Schafe durchgeführt worden war; daß er aber alsogleich wieder eine heftigere Krankheit hervorrief, wenn er in einem vor der Impfung kränklichen Schafe reproducirt wurde. Diese noch in mancher andern Hinsicht sehr lehrreichen Versuche erklären nun auch die Zu- und Abnahme einer ansteckenden epidemischen Krankheit von dieser Seite. Denn, wenn man mit Grund annimmt, daß in dem ersten Zeitraume derselben vorzüglich diejenigen Menschen ergriffen werden, welche die größte Anlage zu ihr haben, in denen also die Entwicklung des contagiösen Prozesses in seiner ganzen Stärke am meisten befördert wird, und daß in der letzten Zeit mehr diejenigen ergriffen werden, in denen die Anlage zu dieser bestimmten Krankheit weniger ausgeprägt, in denen folglich auch der contagiöse Prozeß die Bedingungen zu seiner höhern Ausbildung in einem geringern Maße antrifft; so wird man leicht einsehen, daß in der ersten Hälfte einer ansteckenden Epidemie der Ansteckungsstoff vollkommen, in der andern aber weniger vollkommen entwickelt werden, und dadurch auch das Seinige zur Steigerung und Milderung der Krankheit beytragen müsse. Es ergibt sich also aus allem diesen, daß sich in der ersten Periode einer ansteckenden Epidemie alle Umstände vereinigen, welche die Ausbreitung und zunehmende Heftigkeit der Krankheit begünstigen, daß sich dagegen in der letzten ein Zusammenfluß von Verhältnissen findet, wodurch allmähliche Beschränkung, Milderung und endliche Erlöschung derselben herbeygeführt werden müssen: in der erstern nämlich höhere und weiter verbreitete Anlage und Empfänglichkeit, immer wirksamer werdender Ansteckungsstoff, und stärkere Anfachung des contagiösen Prozesses durch günstige äußere Einflüsse, in der zweyten aber die gerade entgegengesetzten Verhältnisse.

* * *

Ackermann resp. *Ulfers* diss. de miasmate contagioso. Kilon. 1773. 4.

A. Gericke, diss. sist. miasmatologiam generalem. Gött. 1775. 4.

Henr. Nudov, animadversiones de contagio. Lips. 1776. 4.

Fr. Lud. Bang, de differentiis et effectibus contagiorum commentatio. — In Soc. Havn. collect. Vol. I.

J. Aug. Unzers Einleitung zur allgemeinen Pathologie der ansteckenden Krankheiten. Leipz. 1782. 8.

F. Metzler, über die ansteckenden Krankheiten. A. dem Lat. Ulm, 1787. 8.

Titius, de variis contagionum modis. Lips. 1788. 8.

J. Chr. Reil, pathologia morborum contagiosorum generalis. Hal. 1789. 8.

J. Alderson, Versuch über die Natur und Entstehung des Ansteckungsgiftes bey Fiebern. Jena, 1790. 8.

Müller, de ortu morborum contagiosorum ex fermento et acrimonia specifica deducto. Jen. 1793.

Jos. Adams Bemerkungen über Krankheitsgifte, Phagedäna und Krebs. A. d. Engl. Breslau, 1796. 8.

J. F. C. Pichlers Abhandlung über die ansteckenden Krankheiten. A. d. Franz. Gött. 1796. 8.

J. C. Flachslands Fragmente über einige Ansteckungsstoffe u. s. w. Stuttg. 1804. 8.

A. H. F. Gutfelds Einleitung in die Lehre von ansteckenden Krankheiten und Seuchen. Posen, 1804.

Josias Dömlings Ideen zu einer Theorie der ansteckenden Krankheiten. — In Dömlings u. Horschens Archiv für die Theorie der Heilkunde. I. Bd.

M. G. Jouard, essai sur une nouvelle théorie de la contagion. à Paris. 1806. 8.

B.
Von den äußern mechanischen Schädlichkeiten.

§. 794.

Zu den äußern mechanischen Schädlichkeiten rechnen wir alle außerhalb den Grenzen des menschlichen Organismus befindlichen luftförmigen, tropfbar-flüssigen oder festen Körper, welche durch Schwere, Umfang, Elasticität, Härte, Form und äußere Bewegung zunächst die mechanischen Verhältnisse des Organismus regelwidrig bestimmen. Wir richten bey der Betrachtung derselben unsere Aufmerksamkeit vorzüglich auf die sogenannten passiven Bewegungen des Körpers, auf die mechanische Einwirkung der Atmosphäre, tropfbarer Flüssigkeiten, der Kleidungsstücke und der stumpfen oder scharfen verletzenden Werkzeuge, welche durch Bewegung des Menschenkörpers oder seiner Theile nach bestimmten Richtungen, durch Erschütterung, Ausdehnung, Druck, Trennung u. s. w. Organisation und Lebensthätigkeit zerrütten.

§. 795.

Die passiven Bewegungen des Körpers, d. h. diejenigen Veränderungen seiner Verhältnisse zum Raume, welche nicht von der Wirksamkeit seiner Muskeln ausgehen, sondern ihm von äußern mechanischen Vorrichtungen mitgetheilt werden, können nach der verschiedenen Art und dem verschiedenen Grade ihrer Anwendung bald zu den heilsamen, bald zu den schädlichen Einflüssen gehören. Die vorzüglichsten derselben sind folgende:

Das Fahren zu Schiffe. Das Schwanken des Schiffes verursacht bey denen, die nicht daran gewöhnt sind, eine eigene widerwärtige Affection des Gemeingefühls, welche man den Gefühlsschwindel nennt, zu dem sich, wenn sich der Fahrende auf dem Verdecke befindet, wegen des schnellen Vorüberfliegens der sichtbaren Gegenstände auch noch ein Gesichtsschwindel gesellen kann. Daraus entstehen hartnäkkiges Erbrechen und mehrere andere mit diesem in Verbindung stehende lästige Zufälle.

Das Fahren im Wagen kann bey Ungewohnten dieselben Folgen, außer diesen aber noch die Wirkungen der Erschütterung des Körpers und seiner Eingeweide hervorbringen, besonders wenn es auf holperigen Wegen in unbequemen, stoßenden Wagen geschieht. Bey vorhandener Anlage werden dadurch Schmerzen, Entzündungen, Vorfälle, Brüche, Berstungen, Blutstürze, unzeitige Geburten und ähnliche Übel ins Daseyn gerufen. Dasselbe gilt vom

Reiten, welches besonders denen, die an Brüchen, Pulsaderausdehnungen, innern Abscessen, Gallen- oder Harnsteinen, Hämorrhoidalgeschwülsten, Hodengeschwülsten, Anlage zum Schlagfluß, Bluthusten u. s. w. leiden, gefährlich werden kann.

Das Wiegen kleiner Kinder verursacht, wenn es unmäßig getrieben wird, Schwindel, Betäubung und ihre Folgen. Das Heben und Tragen derselben kann, wenn das Verfahren dabey roh und gewaltsam ist, zumahl bey rachitischer Anlage, die Mißstaltung der Knochen begünstigen.

§. 796.

Die mechanischen Wirkungen, welche die atmosphärische Luft durch veränderte Schwere und Elasticität im lebenden menschlichen Organismus hervorzubringen vermag, haben wir bereits oben (§. 685) zur Sprache gebracht. Wir haben diesem nur noch die Bemerkung hinzu zu setzen, daß der Wechsel der Schwere und Elasticität, Verdichtung und Verdünnung der Luft immer auch Veränderungen in ihrem chemischen Gehalte, in ihrem Verhalten zur Wärme und Elektricität u. s. w., und folglich auch veränderte dynamische Verhältnisse zum thierischen Organismus herbeyführen müsse.

Tropfbare Flüssigkeiten, welche den menschlichen Körper umgeben, wirken nach Maßgabe ihrer Menge und Schwere durch Druck auf denselben. Treten sie in die Luftwege ein, so unterbrechen sie die Gemeinschaft der Luft mit dem Blute, und bewirken Erstickung.

§. 797.

Unter den mechanischen Schädlichkeiten verdienen auch die **Kleider** eine Stelle, obschon wir derselben wegen ihrer Beziehung zur Wärme auch schon unter den dynamischen schädlichen Einflüssen (§. 674) Erwähnung gethan haben. Ihre vorzügliche mechanische Einwirkung besteht in Druck, Zusammenschnüren und Zerren, wodurch sie Verengerungen der Höhlen des Körpers, der Eingeweide und Gefäße, und Hemmung der dynamischen Wechselwirkung, besonders jener, welche durch die Nerven vermittelt wird, veranlassen. Daraus nun entsteht ein großes Heer von Beschwerden, unter denen sich sehr wichtige, langwierige und lebensgefährliche Krankheiten befinden. So leiten Vorfälle, Brüche, Verwachsung der Eingeweide unter einander, Störungen des Kreislaufes, Congestionen des Blutes nach einzelnen Theilen, Blutstürze, Anevrismen, Blutaderknoten, Verstopfung der Gefäße, Betäubung der Nerven u. s. w. ihr Daseyn häufig genug vom Mißbrauche zu fester, enger, stark gebundener oder geschnürter Kleidungsstücke ab.

§. 798.

Diese nachtheiligen Folgen erhalten ihre nähere Bestimmung von der Verschiedenheit der Kleider selbst, ihrer Anwendung und des Theiles, auf welchen sie zunächst wirken.

Die Halsbinden drücken, wenn sie fester angezogen werden, die Drosselvenen zusammen, erschweren dadurch den Zurückfluß des Blutes aus dem Kopfe und Gehirne, und verursachen Anhäufung desselben in den Gefäßen, Kopfwehe, Schwindel, Augenentzündung, Anlage zum Schlagflusse u. s. w. Durch den Druck, welchen sie zu gleicher Zeit auf die im Halse herabsteigenden Nerven anbringen, können sie einen hemmenden Einfluß auf die Geschäfte der Eingeweide der Brust und des Unterleibes äußern.

§. 799.

Die Schnürbrüste, deren sich nicht bloß die Weiber, sondern zur Schande der Zeit hier und da auch weibische Männer bedienen, gehören zu den verderblichsten Kleidungsstücken. Sie beengen den Raum der Brust- und Unterleibshöhle, vermehren die wechselseitigen Berührungen ihrer Eingeweide, und drängen sie zum Theil aus ihrer Lage. Daher entstehen mancherley Hindernisse im Athmen, im Kreislaufe, in der Verdauung, in den Unterleibs-Ab- und Aussonderungen, Vorfälle, Brüche, Verstopfungen, Verwachsungen, Verhärtungen, verstärkter Blutandrang nach dem Kopfe u. s. w.

Nicht weniger nachtheilig wirken, besonders auf den Unterleib und die darin enthaltenen Eingeweide, die Hosenbinden, wenn sie stärker um den Unterleib herum angezogen werden.

Die Kniebänder beeinträchtigen durch Druck vorzüglich die Gefäße und Nerven der Unterschenkel, und verursachen dadurch Geschwulst, Blutaderknoten, Betäubung, verminderte Ernährung der Füße.

Enge Schuhe wirken durch Druck und Reibung vorzüglich auf die Zehen der Füße, und haben Schmerz, Entzündung, Leichdornen, Steifigkeit und Verwachsung der Gelenke zur Folge.

§. 800.

Werden feste Körper von außen in die Höhlen des Körpers eingeführt: so bringen sie durch Druck, Reibung, Reitzung, Verletzung, Verstopfung, Ausdehnung die Verrichtungen der Organe, auf welche sie zunächst einwirken, in Unordnung, woraus nach Verschiedenheit derselben leichtere oder schwerere, nicht selten lebensgefährliche Folgen für den gesammten Organismus entspringen. Was stumpfe, schneidende, spitzige Werkzeuge, welche mit verschiedenen Graden von Gewalt auf die Theile des Organismus angebracht werden, Übles in demselben hervorrufen können, dieses leuchtet zur Genüge aus dem hervor, was wir anderwärts über Quetschung, Erschütterung, Verrenkung, Wunden und Beinbruch vorgetragen haben.

Zweytes Hauptstück.
Von den innern Schädlichkeiten.

A.
Von den innern dynamischen Schädlichkeiten.

§. 801.

In dem lebenden thierischen Organismus waltet eine immerwährende, mannigfaltig und innig in einander eingreifende Wechselwirkung zwischen den verschiedenen Thätigkeiten und Verrichtungen, in welche sich das Gesammtleben verzweiget, welche nicht bloß durch ihre dynamischen Beziehungen zu einander, sondern auch durch ihre materiellen Erzeugnisse unterhalten wird. Dieses physiologische Wechselverhältniß begründet nun auch ein ätiologisches, und macht, daß jede krankhafte Thätigkeit und Verrichtung, und jedes regelwidrige Product derselben störend auf die übrigen Geschäfte des Organismus zurückwirkt, und von dieser Seite her als krankheiterregende Schädlichkeit betrachtet werden kann. Da aber diese ätiologischen Verhältnisse schon größten Theils in der Nosologie und Symptomatologie zur Sprache gekommen sind; so bleiben uns hier nur noch einige zu betrachten übrig, welche ihrer Wichtigkeit wegen eine vollständigere Entwicklung verdienen. Wir zählen hierher die **Äußerungen der geistigen Thätigkeit, die Geschlechtsverrichtungen** und **einige in ätiologischer Hinsicht besonders merkwürdige Producte der krankhaften Bildungsthätigkeit des thierischen Organismus.**

Von den Anstrengungen der Geistesthätigkeit in ihren ätiologischen Beziehungen.

§. 802.

Die Äußerungen der Geistesthätigkeit werden von ihrer objectiven Seite durch das organische Leben vermittelt, und dadurch gewinnt der Geist auf das Wohl und Weh des Organismus einen sehr bedeutenden Einfluß. Auch gibt es der Krankheiten nicht wenige, welche mit den Geschäften des Geistes im ursächlichen Zusammenhange stehen, in so fern diese auf eine Weise ausgeübt werden, welche mit den Gesetzen des organischen Lebens nicht in dem erforderlichen Einklange ist. Um aber die mannigfaltigen übeln Wirkungen und Störungen, welche die Geistesthätigkeit unter der so eben bezeichneten Beziehung in dem Gange des organischen Lebens hervor zu rufen vermag, allseitig und erschöpfend zu würdigen, wird es wieder nothwendig werden, diese Untersuchung so zu ordnen, daß zuerst das **Erkenntnißvermögen** und hierauf das **Gemüth** von Seite ihres ätiologischen Einflusses auf den Organismus untersucht, und bey der Betrachtung eines jeden Hauptvermögens die zu demselben gehörigen besondern Verrichtungen, in so weit sie sich von einander unterscheiden lassen, einzeln in Anspruch genommen werden.

Von dem Erkenntnißvermögen und dessen Verrichtungen in Bezug auf ihre ätiologischen Verhältnisse.

§. 803.

Zu dem Erkenntnißvermögen rechnen wir als einzelne Verrichtungen die Geschäfte der äußern Sinne, der Einbildungskraft und des höheren Denkens, welches sich als Verstand, Urtheilskraft und Vernunft äußert. Wir werden sie im Folgenden einzeln prüfen, in so fern sie nämlich in das Gebieth der krankheiterregenden Schädlichkeiten gezogen werden können.

Von der nachtheiligen Wirkung der äußern Sinne.

§. 804.

Die äußern Sinne vermitteln die Wechselwirkung zwischen dem Geiste und der äußern Welt, sie liefern ihm den meisten Stoff der Erkenntniß, und werden dadurch eine der vorzüglichsten Quellen menschlicher Weisheit und Glückseligkeit. So wie aber der unzweckmäßige Gebrauch derselben den Geist zu Verirrungen verleitet, so kann er auch zu mancherley Gebrechen des Körpers Veranlassung geben. Letzteres wird jedem einleuchten, welcher weiß, daß die Organe der äußern Sinne nicht allein einen sehr wichtigen Theil des Cerebralsystems ausmachen, und mit den übrigen Organen desselben mannigfaltig und innig verbunden sind, sondern auch mit dem Gefäß= und Reproductionsfysteme in mancherley organischen und dynamischen Beziehungen stehen, und daß demnach jede bedeutende Veränderung in den Organen der äußern Sinne auf den übrigen Organismus zurückgeworfen werden muß. Die Thätigkeit der äußern Sinne kann aber auf eine dreyfache Weise einen nachtheiligen Einfluß auf die Gesundheit des Organismus gewinnen, nämlich durch zu große Anstrengung, durch Trägheit, und durch Vernachläßigung des gleichmäßigen Verhältnisses zwischen den einzelnen Sinnesthätigkeiten.

§. 805.

Zu starke und zu lang anhaltende Anstrengung der äußern Sinne wirkt nachtheilig auf die angestrengten Sinnorgane selbst, auf das übrige Nervensystem, und folglich auch auf den ganzen Organismus. Sie beeinträchtiget aber nicht bloß die Gesundheit des Leibes, sondern hemmt auch die höhere Ausbildung des Geistes. Ihre erste Folge ist ein gereizter Zustand in den Sinnorganen, welcher bis zur Entzündung gesteigert werden, zuletzt aber in Schwäche, Abstumpfung, regelwidrige Absonderung, Ernährung und bleibende Organisationsgebrechen übergehen kann. Dieser anfängliche gereizte Zustand theilt sich dem gesammten Nervensysteme mit, und wird von diesem auf das Gefäßsystem übertragen, in welchem er Fieber und bedeutende Störungen in der Reproduction hervorruft, wie man an jenen bestätigt findet, die mehrere Nächte durchwachend, den äußern Sinnen die nothwendige Ruhe nicht vergönnen. Aber auch auf die geistige Cultur hat die rastlose Benutzung der äußern Sinne einen nachtheiligen Einfluß, indem sie dem Menschen weder Zeit noch Gelegenheit übrig läßt, das Abstractionsvermögen zu üben, ohne welches weder Einbildungskraft noch Gedächtniß, noch Verstand ausgebildet werden können. Auf diese Weise wird der Mensch endlich Sclave der äußern Sinn=

lichkeit, ein Schwächling an Verstand und Willen, und eine Beute von Gemüthsaffecten und Leidenschaften, welche ihn einem Heere moralischer und physischer Übel entgegenführen.

§. 806.

Die vernachläßigte Übung der äußern Sinne hält die Entwicklung ihrer Organe zurück, und erzeugt Schwäche derselben, welche vom Anfange wenigstens mit übermäßiger Erhöhung der Empfindlichkeit verbunden ist. Da hierbey dem Cerebralsysteme seine wichtigsten Reitze entzogen werden; so wird dadurch die Ausbildung des Nervensystems beschränkt, und das Leben erhebt sich nicht zu den höhern Stufen des thierischen empor: es wirkt mehr unter der Form des vegetativen, wobey es jedoch nur Bildungen niederer Art ins Daseyn zu fördern vermag. Die geistige Sphäre bleibt verödet, weil dem Geiste von außen her nicht die Gegenstände der Erkenntniß zugeführt werden, an denen er seine übrigen Vermögen üben könnte, und der Mensch erhält nicht die nothwendigen Kenntnisse von den Verhältnissen der Außendinge zu seinem Organismus: er bleibt unvermögend, die heilsamen und schädlichen Einflüsse zu unterscheiden, sich den Besitz und Genuß der erstern zu sichern, und den Angriffen der letztern zu entziehen.

§. 807.

Nicht weniger nachtheilig für die Gesundheit des Leibes und die Bildung des Geistes ist die ungleichmäßige und einseitige Übung der äußern Sinne, wobey nur der eine oder andere Sinn zur beständigen Thätigkeit aufgefordert wird, während die übrigen in Trägheit dahin schlummern. Die übeln Wirkungen davon werden besonders an jenen sichtbar, welche die Sinne der einen Körperhälfte öfter in Anwendung bringen, als jene der andern: sie veranlassen nämlich dadurch eine ungleiche Entwicklung der Nerven, Gefäße und übrigen Organe der beyden Körperhälften, einen ungleichen Stand der Empfindlichkeit und Reizbarkeit, Einseitigkeit des gesammten Organismus, und eine vorherrschende Anlage zu Krankheiten, welche in aufgehobener Harmonie der organischen Thätigkeiten begründet sind.

Von dem Einflusse der Einbildungskraft auf die Erzeugung von Krankheiten.

§. 808.

Es gibt wohl wenige Äußerungen des menschlichen Denkens, zu welchen nicht die **Einbildungskraft** das Ihrige beytrüge, in so fern nämlich der denkbare Gegenstand dem Bewußtseyn durch ein entsprechendes sinnliches Bild oder Zeichen dargestellt werden muß. Die Organe der Einbildungskraft machen einen wichtigen Theil des Cerebralsystems aus, und dadurch geschieht es, daß ihre Verrichtungen auf den Lebenszustand des Nervensystems und durch dieses auf die Gesundheit des gesammten Organismus einen sehr bedeutenden Einfluß gewinnen, und daß die regelwidrige Leitung derselben in der Störung des gesetzmäßigen Ganges des Lebens eine große Macht äußert. Die Erfahrung bestätiget es, daß viele Krankheiten das Werk der Einbildungskraft sind, ohne deßwegen **eingebildete** Krankheiten zu seyn.

§. 809.

Vorzüglich aber ist die **ausschweifende** Einbildungskraft eine Mutter vieler Übel, welche nicht bloß im Verstande und Gemüthe, sondern auch im Körper des Menschen haften. Übermäßige Thätigkeit der Einbildungskraft verschafft dieser durch zu üppige Entwicklung ihrer Organe endlich die Herrschaft über die äußere Sinnlichkeit und den Verstand, und führt vom Anfange zur Träumerey, zum Irrthum, zuletzt zur Narrheit und zum Wahnsinn; durch zu lange Anstrengung und allmähliche Erschöpfung aber zur Gedächtnißschwäche, zur Dummheit und zum Blödsinn. Sie erhält zu gleicher Zeit das Gemüth in beständiger Unruhe, erzeugt eine Kette von Affecten und Leidenschaften und alle ihre traurigen Folgen, von welchen weiter unten die Rede seyn wird. Die Aufregung des Lebens in den Cerebralorganen, welche damit in Verbindung stehet, ziehet Störungen in den Verrichtungen des Reproductions- und Gefäßsystems nach sich: daher meistens Beschränkung der Verdauung, der Assimilation, des Respirationsprozesses, des Kreislaufes, der Ernährung, der Ab- und Aussonderungen.

§. 810.

Unterlassene Übung der Einbildungskraft verkümmert das geistige und körperliche Leben: denn dieser Mangel an Übung begründet Unfruchtbarkeit der Einbildungskraft selbst, Schwäche des Gedächtnisses, und hindert die höhere Ausbildung des Verstandes und Willens. Das Leben im Nervensysteme, welchem es an seinen vorzüglichsten äußern Anregungen gebricht, schleicht nur träge dahin; die Entwicklung dieses Systems wird zurückgehalten; der thierische und menschliche Charakter wird im Organismus unvollkommen ausgeprägt, er sinkt vielmehr zu der Stufe der niederern Thiergattungen herab, und daher leitet er eine Anlage zu Krankheiten ab, welche in Trägheit des Lebens und mangelhafter Ausbildung des Organischen begründet sind.

§. 811.

Das, was vorhin von der ungleichmäßigen und einseitigen Übung der äußern Sinne angeführt wurde, verdient auch auf die Benutzung der innern, als Organe der Einbildungskraft, angewendet zu werden, deren einseitige Ausbildung nicht bloß auf die Geschäfte des Geistes einen störenden Einfluß hat, welcher in der Pathogenie der psychischen Verirrungen eine ernstere Würdigung verdient, sondern auch zur ungleichen Entwicklung der Organe des Cerebralsystems und zu allen Nachtheilen, welche daraus für den Gesammtorganismus entspringen, das Ihrige beytragen kann.

* * *

Ernst Ant. Nicolai, von den Wirkungen der Einbildungskraft in dem menschlichen Körper. Halle, 1744.— II. Aufl. 1751. 8.

Joh. Aug. Unzers Gedanken vom Einflusse der Seele in ihren Körper. Halle, 1746.

Reil, die Rückwirkung der Seele auf ihren Körper.— In Reil's und Hofbauers Beyträgen zur Beförderung einer Curmethode auf psychischem Wege. II. Bd. I. St. Nr 2.

Von dem Mißbrauche der höhern Geistesvermögen.

§. 812.

So wenig man läugnen kann, daß der zweckmäßige Gebrauch des Verstandes und der Vernunft den Menschen zur höchsten Stufe menschlicher Vollkommenheit und Würde erhebt, und den sichersten Weg zu seiner Glückseligkeit führt, so leicht läßt es sich auf der andern Seite nachweisen, daß der Mißbrauch derselben eine ergiebige Quelle mannigfaltiger Leiden und Gebrechlichkeiten werden könne. Mit dem Organismus kommen, wie schon mehrere Mahle erinnert wurde, die höhern Geistesvermögen nur vermittelst der Einbildungskraft in Wechselwirkung, deren Organe bey den Geschäften derselben in einem hohen Grade angestrengt werden. Denn die ersten Bedingnisse alles höhern Denkens sind Abstraction und Aufmerksamkeit; um aber von allen Bildern, welche die äußern und innern Sinne in zahlloser

Menge herbeyführen, abwenden, und die ganze Aufmerksamkeit auf die Gegenstände des Nachdenkens, welche durch die Einbildungskraft dargestellt werden, hinwenden zu können, müssen die Organe der letztern in einer beständigen lebhaften Spannung erhalten werden. Außerdem wird zum Nachdenken eine schnelle Association, und eine immer anhaltende Thätigkeit im Vergleichen, Verbinden und Trennen der Vorstellungen erfordert, welches alles eine immer rege Geschäftigkeit der Einbildungskraft und ihrer Organe voraussetzt. Aus allem diesen wird klar, wie sehr übermäßiges Nachdenken die Organe des Gehirns anstrengen, überspannen, und wie tiefe Eingriffe es in das gesammte Nervensystem machen, daß aber auch die Folgen davon größten Theils mit jenen übereinstimmen müssen, welche wir vorhin (§. 809) auf Rechnung einer zu thätigen Einbildungskraft geschrieben haben, nämlich zu heftige Anstrengung der Lebensthätigkeit in den Organen des Gehirns, zu starker Blutandrang nach ihnen, Erhitzung derselben, Kopfweh, Unruhe, Schlaflosigkeit, Anlage zur Gehirnentzündung, zur Manie; späterhin Erschöpfung des Lebens in denselben, Vergessenheit, Schwindel, Kleinmuth, Unvermögen zu allen Geistesgeschäften, Hypochondrie, Melancholie, Blödsinn. Dazu gesellen sich erschwerte Verdauung, Blähungen, Leibesverstopfung, beschränktes Athmen, unvollkommene Umwandlung des venösen Blutes in arterielles, Anhäufung desselben im Pfortadersystem, allgemeine Cacherie u. s. w.

§. 813.

Vernachläßigte Cultur des Verstandes und der Vernunft hat wenigstens einen mittelbar nachtheiligen Einfluß auf die Gesundheit des Menschen; indem sie ihn allen den Übeln bloß stellt, welche Geburten der Dummheit, der ungezügelten Triebe, Begierden und Leidenschaften sind. Ohne das Licht der Vernunft kann wohl ein Thier in menschlicher

Gestalt herumwandeln, sich aber nie zur Höhe eines menschlichen Lebens und einer menschlichen Glückseligkeit emporschwingen.

Von der nachtheiligen Macht der Gemüthszustände auf die Gesundheit des Menschen.

§. 814.

Der menschliche Geist bezieht die Gegenstände der Erkenntniß nicht bloß auf einander, sondern auch **auf sich selbst**, und bestimmt sich in Folge der letztern Beziehung zu entsprechenden Handlungen. Die **Gefühle**, welche aus der Beziehung der Dinge zum Geiste in diesem entstehen, die dadurch erweckten **Neigungen und Willensbestimmungen** machen zusammengenommen den **Zustand des Gemüthes** aus. Alles, was der Geist als **gut** erkennt, erzeugt in ihm das **Gefühl des Angenehmen und Zuneigung** zu demselben, d. h. ein Bestreben nach Vereinigung mit dem erkannten Guten. Im Gegentheile verursacht alles, was sich der Geist als **bös** vorstellt, das **Gefühl des Unangenehmen und Abneigung**, d. h. ein Streben nach Trennung von dem vorgestellten Bösen. Die Zu= oder Abneigung gebiert den **Entschluß**, und dieser die entsprechende **Handlung**. Denjenigen Zustand des Gemüthes, wobey dasselbe von einem starken Gefühle so heftig ergriffen wird, daß dieses die gesammte Aufmerksamkeit der Seele und alle Willensbestimmung in Anspruch nimmt, nennt man **Gemüthsbewegung**, welche bloßer **Gemüthsaffect** bleibt, wenn sie in kürzerer Zeitfrist der wiederkehrenden Harmonie der geistigen Geschäfte weicht, und welche in **Leidenschaft** ausartet, wenn das heftige Gefühl, welches das Gemüth in Anspruch nimmt, der bleibende Centralpunkt aller übrigen Geistesoperationen wird; wenn demnach das Denken und

Handeln des Menschen seine Hauptrichtung nach dem Gegenstande jenes herrschenden Gefühles nimmt.

§. 815.

Gemüthsaffecte sind demnach heftige, vorübergehende Äußerungen der Zu- oder Abneigung, welche durch ein ungewöhnlich starkes Gefühl erweckt werden. Aus dieser Bestimmung folgt unmittelbar, daß Liebe und Haß die Grundaffecte und die gemeinschaftlichen Wurzeln aller übrigen Affecte sind, welche sammt und sonders nichts anderes sind, als verschiedene Äußerungen von Liebe und Haß, die sich nur durch die verschiedenen Grade von Heftigkeit oder Dauer, oder durch ihre Beziehung auf verschiedene Gegenstände, oder auch durch mannigfaltige Verbindungen unter einander selbst von einander unterscheiden. Gewöhnlich theilt man sie nach der verschiedenen Beschaffenheit des Gefühls, von welchem sie ausgehen, in angenehme und unangenehme, und nach dem verschiedenen Zustande der Willensbestimmung und der damit in Verbindung stehenden Reaction des organischen Lebens, welche sie veranlassen, in erhebende und niederschlagende Gemüthsaffecte.

§. 816.

Wir haben sie hier bloß in ihrer Beziehung zum lebenden Organismus, und zwar in so fern sie zur Erzeugung von Krankheiten beytragen können, zu betrachten. Da jeder Affect den Willen entweder positiv oder negativ bestimmt, so bestimmt er eben dadurch auch die dem Willen zunächst unterworfenen Organe des Cerebralsystems, und gewinnt vermittelst dieser auch Einfluß auf den Lebenszustand des übrigen Organismus. Heftige Gemüthsaffecte geben der gesammten Geistesthätigkeit eine einseitige Richtung, indem sie alle Aufmerksamkeit und Willensbestimmung nur auf einen Gegenstand hinlenken. Daher entstehen einseitige ungleiche Anregung der Organe der Einbildungskraft und des Willens, aufgehobene Harmonie der Lebensbewegungen im Cerebralsysteme, welche sich dem Gangliensysteme mittheilt, und auf diese Weise Verwirrung in die meisten Verrichtungen des animalischen und vegetativen Lebens bringt.

§. 817.

Die Störungen nun, welche die Gemüthsaffecte in den Geschäften des organischen Lebens hervorrufen, sind verschieden nach Verschiedenheit der Affecte selbst. Die erhebenden reitzen die lebendige Zurückwirkung des Cerebralsystems mehr auf, und verstärken zugleich dessen dynamischen Einfluß auf das Gangliensystem, und vermittelst dieses auf die Organe des vegetativen Lebens. Wenn diese Veränderungen gewisse Schranken nicht überschreiten, so können sie dem zu einförmigen und trägen Gange des Lebens einen neuen Schwung geben, und dadurch der Gesundheit eher günstig als nachtheilig werden. Bey zu großer Heftigkeit aber verursachen sie stürmische Bewegungen im Nervensysteme, wodurch nicht allein die geistigen Geschäfte verwirrt, die Muskelbewegung in Unordnung gebracht, sondern auch das Athmen, der Kreislauf, die Ab- und Aussonderungen mannigfaltig und bedeutend gestört werden. Daraus entstehen Krämpfe, Zuckungen, heftiger Blutandrang nach einzelnen Theilen, Entzündungen, Blutstürze, Schlagfluß u. s. w.

§. 818.

Die erhebenden oder aufregenden Affecte sind entweder angenehme oder unangenehme: zu den erstern gehören die Liebe, die Hoffnung, die Freude; unter den unangenehmen zeichnet sich vorzüglich der Zorn aus. Jene sind in der Regel freundliche Gestirne für das Heil der Menschen, und können seiner Gesundheit nur durch Übermaß nachtheilig werden; diese aber sind schon ihrer Natur nach demselben mehr feindselig zugekehrt.

Die Liebe, dieser göttliche Funke im menschlichen Geiste, erhebt ihn zu einem höhern Leben, welches, sich im Organismus abspiegelnd, allen seinen Verrichtungen einen höhern Schwung mittheilt, und ein rascheres, zur allgemeinen Harmonie sich einigendes Ineinandergreifen derselben zur Folge hat. Sie wird dadurch eines der wichtigsten Erhaltungs-, Beförderungs- und Wiederherstellungsmittel der menschlichen Gesundheit und Glückseligkeit. Nur, wenn sie in heftige, unbefriedigte Leidenschaft ausartet, untergräbt sie durch übermäßige Anstrengung der Lebenskraft, und durch eine Reihe niederschlagender Affecte, welche sie gebiert, das moralische und physische Wohl des Menschen.

§. 819.

Die Hoffnung, oder das Verlangen nach einem Guten, verbunden mit der erkannten Wahrscheinlichkeit seines künftigen Besitzes und dem hieraus hervorgehenden angenehmen Gefühle, diese treue Freundinn der Unglücklichen, welche über das Grab hinaus noch frohe Aussichten zu eröffnen weiß, bewirkt eine sanfte und gleichmäßige Erhöhung des Lebens, welche, vom Nervensysteme ausgehend, sich über den ganzen Organismus verbreitet. Nur in einem Falle kann sie der Gesundheit des Menschen Schaden bringen: wenn sie nämlich unversehens und heftig auf einen Menschen wirkt, welcher durch Furcht, Traurigkeit, Verzweiflung vorhin auf das tiefste gebeugt war: denn in diesem Falle kann sie die schon geschwächte Lebenskraft durch eine zu hastige Aufregung schnell aufreiben.

§. 820.

Die Freude drückt einen höhern Schwung des geistigen Lebens aus, welcher durch die Vorstellung des erlangten Guten und das damit verbundene Lustgefühl hervorgerufen wird. Sie hat erhöhete Thätigkeit der äußern und innern

Sinne und der Organe der Willkür, consensuelle Reitzung des Gefäßsystems, größere Lebhaftigkeit und Freyheit des Athmens und Kreislaufes, Zunahme der Wärme und Lebensfülle, verstärkten Andrang des Blutes nach dem Kopfe oder auch nach andern geschwächten Theilen des Körpers in ihrem Gefolge. Sie kann daher, wenn sie einen Menschen ohne alle Vorbereitung gewaltsam überfällt, zu Entzündungen, Blutstürzen, Schlagfluß, Ohnmachten, Zuckungen und andern Übeln, zu welchen gerade eine besondere Anlage vorhanden ist, Veranlassung geben.

§. 821.

Der Zorn ist ein heftiger Aufruhr des Gemüths, welcher durch die unangenehme Vorstellung eines feindseligen Gegenstandes angestiftet wird, und sich durch das lebhafte Bestreben, denselben zu überwältigen, kund gibt. Er veranlaßt zunächst eine gewaltsame Aufregung der dem Willen untergebenen Organe, welche auf das ganze Nervensystem, und von diesem auf das Gefäßsystem übergeht. Der vom Zorn Ergriffene biethet ein blitzendes Auge, einen drohenden Blick, Verzerrungen der Gesichtszüge, Zähneknirschen, eine brüllende Stimme, heftige Bewegungen der Gliedmaßen, gewaltsame Beschleunigung des Athmens und des Kreislaufes dar. Besonders bemerkenswerth ist hierbey der Einfluß des Zorns auf manche Absonderungen, vorzüglich der Galle, des Speichels, der Milch der Säugenden, denen er bey höhern Graden von Heftigkeit eine giftartige Eigenschaft mitzutheilen pflegt. Aus allem diesen wird begreiflich, wie der Zorn Gelegenheitsursache von vielen wichtigen Krankheiten, als vom Wahnsinne, Fallsucht, hitzigen Fiebern, Entzündungen, Blutstürzen, Erbrechen, Durchfall, Brechdurchfall, Gelbsucht u. s. w. werden kann.

§. 822.

Die niederschlagenden Gemüthsaffecte sind alle zugleich unangenehm, als die Traurigkeit, die Furcht, der Schrecken, der Verdruß, die Scham, die Reue, für deren gemeinschaftliche Wurzel wir bereits oben den Haß erklärt haben.

Traurigkeit bezeichnet die unterdrückte Thätigkeit des Geistes durch die Vorstellung eines Übels, welches zu besiegen er sich nicht gewachsen fühlt, mit beständiger Beunruhigung durch ein schmerzhaftes Gefühl auf der einen und gelähmter Willensäußerung auf der andern Seite. Sinken des Lebens im Cerebralsysteme, Stumpfheit der Sinne, Finsterniß der Einbildungskraft, Ohnmacht zum höhern Denken, Muthlosigkeit und Schwäche der willkürlichen Bewegungen sind die unmittelbaren Erzeugnisse der Traurigkeit. Die Entziehung des Nerveneinflusses auf das Gefäßsystem macht, daß auch in diesem alle Verrichtungen mehr oder weniger ins Stocken gerathen; daß das Athmen schwer und ängstlich, leicht in Weinen ausbricht, daß der Kreislauf gehemmt, der Puls klein, schwach und unregelmäßig wird, Eingefallenheit, Blässe und Kälte sich über den ganzen Körper verbreiten und alle Verrichtungen der Vegetation in einem unvollkommenen Zustande erscheinen. Durch diese Verhältnisse der Traurigkeit zum organischen Leben wird sie eine ergiebige Quelle vieler Krankheiten, unter denen Nervenfieber, Hysterie, Hypochondrie, Melancholie, Bleichsucht, Scorbut, Wassersucht, scirrhöse Entartung der Organisation, als sehr gewöhnliche Folgen derselben eine besondere Erwähnung verdienen.

§. 823.

Furcht ist Beunruhigung des Gemüthes durch ein vorgestelltes Übel, mit dem Bestreben, sich demselben zu entziehen. Indem sie die ganze Aufmerksamkeit des Geistes auf den gefürchteten Gegenstand hinzieht, entwendet sie dessen

Einfluß den Organen der Willkür und schwächt dadurch zugleich die dynamische Einwirkung der Nerven auf die Organe des Gefäß= und Reproductionssystems. Daraus entstehet eine allgemeine Störung der Harmonie der Lebensbewegungen, wobey ein Theil der Organe in einem lähmungsartigen, der andere in einem krampfhaften Zustande sich befindet. Dieses bestätigen alle Erscheinungen, welche der von der Furcht Ergriffene dem Beobachter darbietet: die Schwäche der Muskeln, das Zittern der Glieder, das schwere, ängstliche Athmen, das Herzklopfen, der kleine unregelmäßige Puls, die kalte, blasse Gänsehaut, das Emporsträuben der Haare, die Neigung zum Durchfall u. s. w. Daß eine so auffallende Störung der wichtigsten Lebensgeschäfte nicht lange bestehen könne, ohne in ausgebildete Krankheit überzugehen, und daß die daher entspringenden Krankheiten eine große Neigung zum adynamischen, nervösen und cachectischen Charakter haben müssen, ist wohl ohne weitere Erklärung leicht begreiflich.

§. 824.

Der Schrecken ist jähe überfallende Furcht und in Hinsicht auf die Wirkungen unterscheidet er sich von dieser bloß durch das schnellere Eintreten derselben und den höhern Grad ihrer Heftigkeit. Auch der Schrecken bringt einen aus Krampf und Lähmung gemischten Zustand in den menschlichen Organismus, welcher sich oft genug in die schwersten und gefahrvollsten Krankheiten ausbildet. Ohnmachten, Schlagflüsse, Blutstürze, Fallsucht, Veitstanz, Verstandesverwirrung und viele andere Übel werden in den Tagebüchern der Ärzte häufig genug als Wirkungen des Schreckens angeführt.

§. 825.

Der Verdruß ist an sich nur ein geringerer Grad von Zorn, wobey das Gemüth von der Vorstellung eines Bösen zwar sehr beunruhiget wird, ohne jedoch in jene lebhaften Zurückwirkungen auszubrechen, welche den ausgebildeten Zorn auszeichnen. Auch beym Verdrusse ist der harmonische Gang der Lebensbewegungen im Nervensysteme gestört, und indessen die Einbildungskraft das Gemüth durch Vorspieglung des verhaßten Gegenstandes beunruhiget, sind die meisten Organe der Willkür in Unthätigkeit versunken. Diese Unordnungen können im Cerebralsysteme nicht lange bestehen, ohne daß sie auf mannigfaltige Weise störend in die Verrichtungen des vegetativen eingreifen.

§. 826.

Die Scham gehört entweder in die Sphäre der Traurigkeit, oder der Furcht, oder des Schreckens, nach der verschiedenen Art, auf welche sie erweckt wird, und hat ihren eigenthümlichen Charakter bloß von der Vorstellung einer an sich selbst wahrgenommenen Unvollkommenheit. Schnell erregt, stellt sie eine eigene Art des Schreckens dar, und hat mit diesem auch gleiche Folgen.

Die Reue ist ebenfalls eine Art von Traurigkeit über eine böse, mit Willkür vollbrachte That, verbunden mit dem heißen Verlangen, dieselbe zu verbessern. Sie geht leicht in anhaltende Leidenschaft und zuletzt in Verzweiflung über. Auf den Organismus wirkt sie beunruhigend, erschöpfend und verzehrend, und erzeugt dieselben Übel, als eine anhaltende Traurigkeit.

§. 827.

Wer den Einfluß der Gemüthsaffecte auf das Wohl und Weh des Menschen richtig zu schätzen weiß, dem können auch die ätiologischen Verhältnisse der Leidenschaften nicht verborgen bleiben; indem zwischen beyden die innigste Verwandtschaft Statt findet. Indessen darf man bey dieser Verwandtschaft doch auch den beherzenswerthen Unterschied nicht übersehen, welcher zwischen beyden obwaltet, und welcher darin besteht, daß im Affecte das Gefühl, in der Leidenschaft aber der Trieb, das Entgegenstreben, das Herrschende ist. Im Affecte wird die Überlegung durch das zu lebhafte Gefühl beschränkt oder aufgehoben, in der Leidenschaft erhält die Überlegung eine einseitige Richtung nach dem Gegenstande des herrschenden Triebes. Der Affect ist schnell vorüber schwindend, die Leidenschaft ist ein eingewurzelter, beharrlicher Gemüthszustand, der, wenn er in nachtheilige Verhältnisse zum organischen Leben tritt, demselben auch seine Wirkungen viel tiefer eindrücken muß.

§. 828.

Diese nachtheiligen Wirkungen, welche die Leidenschaften auf die menschliche Gesundheit äußern, sind zwar nach der Verschiedenheit ihrer Art, Heftigkeit und Dauer selbst verschieden; im Allgemeinen lassen sie sich jedoch auf folgende zurück führen: einen beständig gereizten Zustand der Organe der Einbildungskraft und Willkür, welcher sich durch Vermittlung der Nerven des Ganglienſyſtems dem vegetativen mittheilt, woher dann immerwährende Unruhe, Schlafloſigkeit oder unvollkommener Schlaf, immerwährendes Träumen vom Gegenstande der Leidenschaft, Verkehrtheit der Einbildungskraft, Vernachläßigung der körperlichen Bedürfniſſe, gehinderte Verdauung, Aſſimilation, Ernährung, geſtörte Ab- und Ausſonderungen, zuletzt allgemeine Entkräftung und Zehrfieber entstehen. Diese nachtheiligen Folgen müssen an Zahl und Stärke um so mehr überhand nehmen, je mehr, wie das meiſtens der Fall ist, während einer Leidenschaft mannigfaltige und häufig entgegengesetzte Gemüthsaffecte mit einander wechseln. Man sieht also wohl, daß des Menschen Heil nirgends weniger geborgen ist, als unter der Herrſchaft der Leidenschaften, und daß es auch hier, so wie überall, nur die Vernunft ist, welche ihn den sichersten Weg zu jeder Art von Glücke führt.

Ge. Ern. Stahl, de passionibus animi corpus humanum varie alterantibus. Hal. 1695. 4.

Chr. Rickmann, tractatus medicus de affectibus animae, quatenus machinam corpoream in consensum trahunt. Jenae, 1768. 4.

De Glarée, de animi perturbationum in corpus potentia. Gött. 1785. 8. — In *Ludwig*. script. nevr. T. IV.

Wilh. Gesenius, medicinisch-moralische Pathematologie, oder Versuch über die Leidenschaften und ihren Einfluß auf die Geschäfte des körperlichen Lebens. Erf. 1786.

Will. Falconers Abhandlung von dem Einflusse der Leidenschaften auf die Krankheiten des Körpers. A. d. Engl. u. mit einig. Zus. von Ch. F. Michaelis. Leipz. 1789. — 1802. 8.

L. H. Ch. Niemayer, de commercio inter animi pathemata hepar bilemque, nec non de usu et moderamine illius. Gött. 1795.

Cl. Jos. Tissot, über den Einfluß der Leidenschaften auf Krankheiten. A. d. Franz. von J. G. Breiting. Leipz. 1799. 8.

Gumpertz Levison, über Leidenschaften der Menschen und deren Einfluß auf Gesundheit. Goslar, 1800. 8.

Mich. von Lenhossék's Untersuchungen über Leidenschaften und Gemüthsaffecten, als Ursachen und Heilmittel der Krankheiten. Pesth, 1804. 8.

J. G. E. Maaß, Versuch über die Leidenschaften. II. Thle. Halle, 1805. 1807.

Rud. Abr. Schiferli, über den Einfluß der Gemüthsbewegungen auf Gesundheit und Lebensdauer. Eine Rede. Bern, 1808. 8.

Von der willkürlichen Muskelbewegung als Schädlichkeit.

§. 829.

Mit dem Gemüthszustande des Menschen steht die Muskelbewegung, in so fern sie durch den Reiz des Willens erweckt und geleitet wird, in einem nahen Verkehr, und auch sie äußert in Erhaltung und Untergrabung der Gesundheit eine nicht geringe Macht, welche aus den physiologischen Verhältnissen der Muskeln und ihrer Thätigkeit leicht begriffen wird. Jede willkürliche Muskelbewegung wird durch erhöhte Nerventhätigkeit erweckt, und wirkt zugleich erregend auf die Nerven zurück; jede Muskelbewegung erhöhet eine Zeitlang den in der Muskelsubstanz regen Lebensprozeß, sie wirkt reizend auf die in ihr zahlreich verbreiteten Blutgefäße und vermittelst derselben auf das übrige Gefäßsystem; jede Muskelbewegung äußert endlich einen erregenden Einfluß auf die Organe jener Verrichtungen, zu denen die in Bewegung gesetzten Muskeln in näherer Beziehung stehen, z. B. Athmen, Verdauung, Entleerung u. s. w. So lange sie demnach den Gesetzen der Erregung für den individuellen thierischen Organismus entspricht, so lange wirkt sie auch erhebend und wohlthätig auf das thierische Leben unter allen seinen Formen, und gehört in so fern unter die wichtigsten Erhaltungsmittel der Gesundheit. Sobald sie aber in Hinsicht auf ihre Stärke, Dauer, Richtung und auf die Wechselbeziehung, in welcher die Muskeln bey ihrer Thätigkeit unter einander selbst stehen sollen, von diesen Gesetzen abweicht, sobald tritt sie auch in die Reihe der wirksamern, Krankheit erregenden Schädlichkeiten.

§. 830.

Übertriebene Muskelbewegung verursacht Anfangs übermäßige Erhöhung, und zuletzt Erschöpfung des eigenen

Lebens der Muskeln, Überfüllung ihrer Gefäße mit Blut, Erhitzung, endlich Ermüdung, Schwäche und wegen zu starker Ausbildung des Faserstoffes in ihnen, Steifigkeit derselben; die Harmonie des Lebens im Nervensysteme wird gestört, die überwiegende Kraft desselben nach den Muskelnerven abgeleitet, die Entwicklung der Organe der Sinnlichkeit und Einbildungskraft, und hiermit auch die höhere Geistesbildung, zurück gehalten, und zuletzt eine allgemeine Abstumpfung der Nerven herbey geführt. Im Gefäßsysteme verursacht sie Beschleunigung des Athmens und Kreislaufes, stärkere Ausbildung des Blutes, Erhöhung der thierischen Wärme, zu starken Blutandrang nach einzelnen Organen, Blutstürze, Entzündungen oder unmäßige Schweiße, zuletzt Neigung zum Schmelzungszustande. In frühern Jahren hält unmäßige Muskelanstrengung das Wachsthum des Körpers zurück und führt ihn einem zu frühzeitigen Alter entgegen.

§. 831.

Unterlassung der Muskelbewegung hat entgegengesetzte Folgen. Die Muskeln, deren Entwicklung nicht gehörig angeregt wird, bleiben dabey schmächtiger, zarter, weicher, schwächlicher. Dasselbe gilt von einem großen Theile des Nervensystems, wodurch der ganze Körper das Gepräge der Verzärtlung, und eine erhöhte Empfänglichkeit für die äußern Einflüsse erhält. Eben so wird durch Unthätigkeit der Muskeln allen Verrichtungen des Gefäß- und Reproductionssystems ein wirksamer Antrieb entzogen: Athmen, Kreislauf, Verdauung, Blutbereitung, Absonderung, Ausleerung gehen träger von statten und liefern weniger entwickelte Producte. Alle diese Übel finden noch einen bedeutenden Zuwachs in dem Umstande, daß bey vernachläßigter Körperbewegung der Mensch seinen Platz in der Atmosphäre nicht wechselt, und, wenn er in einem geschlossenen Raume wohnt, immer dieselbe, durch Athmen und Ausdünstung bereits verdorbene, Luft einzuathmen gezwungen wird, daß demnach zu den bereits angeführten sich auch noch jene nachtheiligen Wirkungen hinzugesellen, welche verdorbene Luft durch ihren Einfluß auf den Menschen in diesem hervorzubringen pflegt.

§. 832.

Zur regelmäßigen Bildung, zur Gewandtheit und Gesundheit des Menschen trägt eine **gleichmäßige Übung aller Muskeln des Körpers** nicht wenig bey. Wird nur ein Theil derselben in der Übung erhalten, während der andere die meiste Zeit in Unthätigkeit schlummert, so hat dieses wieder ungleiche Entwicklung der Muskeln selbst, der Nerven und Gefäße, folglich des ganzen Organismus und damit auch einen von der allgemeinen Harmonie abweichenden Stand der Lebensthätigkeit zur Folge, woraus dann dieselbe Anlage zu Krankheiten hervor geht, deren wir schon bey der ungleichmäßigen Ausbildung der äußern Sinne (§. 807.) erwähnt haben.

§. 833.

Von der Thätigkeit oder Ruhe bestimmter Muskelpartien hängen nun auch die verschiedenen **Stellungen und Lagen des Körpers** ab, welche, wenn sie ein gewisses Maß überschreiten, ebenfalls zur Erzeugung von Krankheiten beytragen können. Vorzüglich verdienen in ätiologischer Hinsicht das **Stehen, das Vorwärtsbeugen, das Sitzen und Liegen** eine nähere Betrachtung.

Das **Aufrechtstehen** strengt, wenn es zu lange Zeit ohne Unterbrechung dauert, die Muskeln der untern Gliedmaßen und des Rückens zu sehr an, woraus Ermüdung und Schwächung derselben und ihrer Nerven entstehen. Zugleich erschwert es den Rückgang des Blutes aus den untern Gliedmaßen und dem Unterleibe, begünstiget Anhäufung desselben in den Venen, und, bey vorhandener Anlage, die Erzeugung von Fußgeschwulst, Blutaderknoten, Hämorrhoidalcongestionen; bey Frauenzimmern von zu häufigem Monatflusse, weißem Flusse, Vorfalle der Gebärmutter und von verwandten Übeln.

Das Stehen mit vorwärts gebeugtem Körper vermehrt die Macht der hydraulischen Gesetze über den Blutumlauf, verursacht Anhäufung des Blutes in den Venen des Kopfes und der Brusthöhle, und alle hiermit in Verbindung stehenden Krankheiten.

§. 834.

Zu lange anhaltendes Sitzen erhält nur wenige Muskeln in einer einförmigen Thätigkeit, während alle übrigen ruhen. Es hat demnach alle die übeln Folgen, welche wir vorhin (§. 831.) dem Mangel an Muskelbewegung zugeschrieben haben. Zu diesen gesellen sich noch diejenigen, welche aus den mancherley Beugungen des Körpers, welche während des Sitzens Statt finden, und aus den Hindernissen im Kreislaufe und in der freyen Thätigkeit der Nerven, die damit in Verbindung stehen, abzuleiten sind. Man darf sich daher nicht wundern, wenn man aus sitzender Lebensart Unthätigkeit der Eingeweide des Unterleibes, Anschwellung, Verstopfung derselben, Hämorrhoiden, unregelmäßigen Monatfluß, Bleichsucht, Hysterie, Hypochondrie, Gicht und andere Kachexien entstehen sieht.

Zu langes Liegen schwächt die Muskeln, erzeugt Steifigkeit, zuletzt Verwachsung der Gelenke, bestimmt die Richtung des Blutes mehr nach den Gefäßen des Kopfes und der Brust, und stellt außerdem den Menschen allen Folgen vernachläßigter Körperbewegung bloß.

§. 835.

Außer den nachtheiligen Wirkungen, welche regelwidrige Muskelbewegung in dem Lebenszustande des Gesammtorganismus hervorbringen kann, verdienen auch noch diejenigen

Veränderungen, welche die Thätigkeit einzelner Muskeln, sobald sie von ihrer Gesetzmäßigkeit abweicht, in denjenigen Verrichtungen hervorbringt, auf welche sie einen unmittelbaren Einfluß hat. Wer jedoch die physiologischen Verhältnisse dieser Muskeln zu jenen Functionen kennt, dem wird es nicht schwer werden, auch diese ätiologischen zu entwickeln. So kann die regelwidrige Thätigkeit der Muskeln des Auges, des Angesichtes, der Stimm-, Sprach- und Respirationsorgane, der Organe des Schluckens, des Unterleibes, der mit dem After und den Urinwegen in Verbindung stehenden Muskeln auf die ihnen entsprechenden Functionen einen auf verschiedene Weise störenden Einfluß gewinnen.

Vom Schlafe und Wachen, in ihrer Beziehung zur Erzeugung der Krankheit.

§. 836.

Das menschliche Leben hat, so wie die Erde in ihrem Umschwunge um ihre Achse, seinen Tag und seine Nacht, welche sich durch den Wechsel von Wachen und Schlafen aussprechen. Im Wachen unterhält es, auf die höhere Stufe des Nervenlebens gehoben, die Wechselwirkung zwischen Geist und Natur, und wird dadurch thierisches und menschliches Leben im engern Sinne: im Schlafe wendet es sich von außen wieder nach innen, und sinkt vom höheren Nerven- oder thierischen wieder auf bloß bildendes Leben herab. Der Zweck des Schlafes ist Beschränkung der während des Wachens vermehrten Verzehrung des Organischen und Wiederersatz des Verlornen. Dadurch wird er eines der wichtigsten Erhaltungs- und Verlängerungsmittel des Lebens, jedoch nur so lange, als er in einem bestimmten Verhältnisse zum Wachen steht. Wird das Verhältniß zwischen Schlaf und Wachen auf eine bedeutende Weise gestört; so wird auch dadurch die Gesundheit zerrüttet, und die längere Erhaltung des Lebens gefährdet.

§. 837.

Entbehrung des Schlafes und Fortsetzung des Wachens über das von der Natur vorgezeichnete Maß strengt das Nervenleben zu sehr an, und führt endlich Erschöpfung der Lebenskräfte und überwiegende Verzehrung des Organischen herbey. Wird der Schlaf, ungeachtet der Einladung der Natur dazu, oft und gewaltsam zurückgehalten, so wird endlich der periodische Gang des Lebens durch Schlaf und Wachen unterbrochen: die ganze Kraft des Lebens wird auf das Nervensystem hingewendet, und von diesem aus wieder das Gefäßsystem in einem immerwährenden gereizten Zustande unterhalten. Daraus entstehen anhaltender Blutandrang nach dem Gehirn, Unvermögen zu schlafen, auch dann, wenn sich der Mensch dazu bequemt, beständige Jagd mit den Bildern der Einbildungskraft, krankhafte Neigung zu Gemüthsaffecten, Verrücktheit des Verstandes, ein fieberhafter Zustand im Gefäßsystem, Hemmung aller Verrichtungen der Vegetation, Abmagerung, schleichendes oder hitziges Nervenfieber, bey vorhandener Anlage auch Gehirnentzündung, Raserey und Tod.

§. 838.

So viel aber auch der Schlaf, wenn er nach dem Bedürfnisse des Organismus genossen wird, zur Erhaltung der Gesundheit beyzutragen vermag, so tritt er doch selbst in die Reihe der Schädlichkeiten über, sobald er sich des Menschen im Übermaße bemeistert. Denn während des zu lange fortgesetzten Schlafes sinkt das Leben immer mehr von der höhern Stufe des thierischen zu der niederern des vegetativen herab, und auch dieses nimmt einen immer unvollkommenern Charakter an. In dem Maße nämlich, in welchem dem Organismus die Reize der äußern Sinne und jene, welche der Einfluß des Willens mit sich führt, entzogen werden, muß das Leben in den Nerven und mit ihm die Reproduction und weitere Entwicklung derselben abnehmen. Sinken des Lebens im Nervensysteme hat wegen der innigen dynamischen Verbindung zwischen beyden Systemen endlich auch Sinken desselben im Gefäßsysteme zur Folge, und dieses um so mehr, da das Gefäßsystem während des Schlafes außer dem verminderten Nerveneinflusse auch der lebhaftern Einwirkung der **vorzüglichsten** Anregungsmittel seines eigenen Lebens, des Lichtes, der reinern Luft, der Nahrungsmittel, entbehren muß. Daher verursacht der Mißbrauch des Schlafes Stumpfheit der Sinne, Schwäche des Gedächtnisses, des Verstandes, des Willens, Trägheit der Muskeln, langsamern Gang des Athmens und Kreislaufes, Abnahme der thierischen Wärme, unvollkommene Umwandlung des Plastischen, zurückgehaltene Ausbildung des Blutes, überwiegende Fett- und Schleimerzeugung, Blässe, Schlaffheit, Leutophlegmatie und andere Arten von Cachexien.

§. 839.

Auch die Zeit des Schlafes ist für die Gesundheit nicht ganz gleichgültig. Beym Tage ist der Schlaf weniger ruhig und erquickend, da er durch den Reiz des Lichtes, der Wärme, des Geräusches u. s. w. gestört wird: in der Nacht ist das Wachen weniger vollkommen, da dem Nervenleben seine vorzüglichern äußern Erregungsmittel, das Licht der Sonne, höhere elektrische Spannung der Atmosphäre u. s. w. mangeln. Um sich die Nacht hindurch wachend zu erhalten, bedarf der Mensch eines angestrengteren Willenseinflusses: oft nimmt er auch zu künstlichen Aufreizungsmitteln seine Zuflucht. Je gespannter aber der Zustand ist, in welchem die Nerven auf diese Weise erhalten werden, desto größer wird auch am Ende die Ermüdung und Erschöpfung derselben. Aus allem diesem wird klar, daß diejenigen nicht am besten für ihre Gesundheit sorgen, welche den Tag mit der Nacht und umgekehrt verwechseln.

Das jähe Aufwecken aus dem Schlafe kann alle traurigen Folgen eines starken Schreckens herbeyführen.

Vom Mißbrauche des Geschlechtstriebes.

§. 840.

Die Befriedigung des Geschlechtstriebes, deren Zweck Erzeugung eines neuen Organismus und Erhaltung der Gattung ist, wird häufig genug die Quelle des Verderbens für denjenigen Körper, auf dessen Kosten sie geschieht. Der menschlichen Gesundheit wird jede Unmäßigkeit im Liebesgenusse schädlich, höchst schädlich aber, wenn sie im unreifen oder zu weit vorgerückten Alter, oder auf einem vom Pfade der Natur gänzlich abweichenden Wege Statt findet. Die übeln Folgen dieses Mißbrauches beschränken sich aber nicht allein auf die Zeugungsorgane, sondern verbreiten sich auch über das gesammte Nerven- und Vegetationssystem.

§. 841.

In den Zeugungsorganen selbst verursacht die Ausschweifung in der Befriedigung des Geschlechtstriebes vom Anfange eine zu üppige Reproduction, zugleich übermäßige Erhöhung der Empfindlichkeit und Reizbarkeit, zuletzt aber eine sich allmählich bis zur Lähmung steigernde Schwäche. Daher entstehen immerwährende Reizung des Zeugungstriebes: beym Manne zu häufige krankhafte Ergießungen des Samens im Schlafe, zuletzt auch am Tage, Unvermögen zum Beyschlafe; bey dem Weibe zu starker Blutandrang nach den Zeugungsorganen, zu häufiger Monatsfluß, weißer Fluß, Anlage zum Mißgebären, zur Entartung der Organisation und zu Aftergebilden in der Gebärmutter und den Eyerstöcken.

§. 842.

Nicht geringer sind die Übel, welche das Nervensystem

aus derselben Ursache heimsuchen. Die heftige Anstrengung des Nervenlebens, welche der Liebesgenuß mit sich führet, hat immer eine große Schwächung der Nerven zur Folge, die dann die Grundlage von mannigfaltigen Krankheitsformen des Nervensystems werden kann. Hysterie, Hypochondrie, Fallsucht, Veitstanz, Stumpfheit der Sinne, Verkehrtheit der Einbildungskraft, Schwäche des Gedächtnisses, Muthlosigkeit, Melancholie, Blödsinn, Schlagfluß, leiten ihren Ursprung nur zu häufig aus dieser trüben Quelle ab.

§. 843.

Alle diese traurigen Folgen erhalten einen schnellen und beträchtlichen Zuwachs durch den verderblichen Einfluß, welchen Ausschweifung im Liebesgenuß auf die Entwicklung und Reproduction des Organismus äußert, und welcher vorzüglich durch den Verlust des Zeugungssaftes, der, besonders beym Manne, auf einer höhern Stufe organischer Ausbildung und seiner Natur nach der Nervensubstanz am nächsten steht, bedingt wird. Indem nämlich das bildende Leben mit Übergewicht auf die überschwengliche Erzeugung der Zeugungssäfte hingewendet wird, wird es eben dadurch der Entwicklung und Reproduction des übrigen Körpers entzogen. Daher entspringen dann Mangel an Eßlust, Trägheit der Verdauung, der Assimilation, der Ernährung, allgemeine Abmagerung, Rückendarre, Lungenschwindsucht u. s. w.

§. 844.

So viel Unheil sammelt sich über dem Haupte des Mannes, wenn er ein Sclave unmäßiger Wollust geworden ist! wie muß es nun aber demjenigen ergehen, der, kaum an der Schwelle der Mannbarkeit angelangt, das aufblühende Leben im Laster der Selbstschändung vergeudet? — Das Wachsthum 1*) die volle Ausbildung des Menschenkörpers müssen nothwendig zurück gehalten werden, und statt eines schönen kräftigen, weisen und lebensfrohen Mannes muß ein Halbmensch zum Vorschein kommen, der in seiner Jugend schon abgelebt, zu allen Geschäften des Lebens untauglich, immer ringend mit einem Heere von Krankheiten, vor der Reife unter der Sense des Todes dahin sinkt.

§. 845.

Enthaltsamkeit vom Liebesgenusse bietet seltner Gelegenheit dar, üble Folgen davon zu beobachten, besonders da sie, wie es scheint, durch mäßige Ergießungen des Samens im Schlafe verhüthet werden. Indessen läßt sich doch nicht läugnen, daß sie unter bestimmten Umständen Nachtheil bringen kann, z. B. bey kräftigen, vollsäftigen, hitzigen Menschen, und bey solchen, welche eine Zeitlang an einen häufigern Liebesgenuß gewöhnt, denselben plötzlich unterbrechen. Man hat daher krankhafte Steifigkeit des männlichen Gliedes, unbändige Geilheit, Krämpfe, Convulsionen, Hysterie, Unordnung im Monatflusse, weißen Fluß, Bleichsucht, Melancholie und Wahnsinn entstehen gesehen.

Von den Erzeugnissen der Desorganisation und der regelwidrigen Vegetation als Schädlichkeiten.

§. 846.

Der Lebensprozeß ist seinem Wesen nach mit beständiger Zerstörung des Organischen verwickelt, und das Desorganisirte muß auf dem Wege der Excretion aus dem Kreise des Lebendigen ausgestoßen werden, wenn die Gesundheit des Organismus bestehen soll. Wird es über die von der Natur vorgeschriebene Zeit und Menge in demselben zurück gehalten, so wirkt es als fremdartiger Reiz regelwidrig bestimmend auf die Lebensthätigkeit unter jeder ihrer Gestalten zurück, und tritt so in die Reihe der wirksamsten krankheiterregenden

Schädlichkeiten. Da wir die nachtheiligen Wirkungen derselben bereits an andern Orten (§§. 217. 218. 410. 425.) zur Sprache gebracht haben; so dürfen wir hier nur auf jene Stellen verweisen, und uns alsogleich zur Betrachtung der Erzeugnisse bestimmter Arten krankhafter Vegetation wenden. Wir rechnen hierher einige **Flüssigkeiten von eigenthümlicher Natur und die Afterorganisationen**.

§. 847.

Es gibt als Producte krankhafter organischer Metamorphose mehrere **eigenthümlich geartete Flüssigkeiten**, welche störend auf die Geschäfte des Organismus zurück wirken; besonders aber zeichnen sich in dieser Hinsicht die Ansteckungsstoffe, der Eiter und die Jauche aus, deren ätiologische Verhältnisse hier näher entwickelt werden müßten, wenn sie nicht schon im Vorhergehenden (§§. 264. 777. u. ff.) in Anregung gebracht worden wären.

Die **Aftergebilde**, welche im und am menschlichen Körper vorkommen, sind von zweyerley Gattung: sie sind nämlich entweder solche, welche mit dem menschlichen Körper in organischem und lebendigem Zusammenhange stehen, oder solche, welche sich zu eigenen, für sich bestehenden, von jenem getrennten Organismen niederer Art entwickeln, die aber ihr Leben nur in einem lebenden Thiere fortsetzen können, und unter dem Nahmen der **Eingeweidewürmer** bekannt sind.

§. 848.

Zu den Aftergebilden der ersten Gattung gehören das wilde Fleisch, die Auswüchse, Balggeschwülste, Pseudomembranen u. s. w. Sie sind Erzeugnisse einer krankhaften Bildung im thierischen Organismus, die gleich den Schmarotzerpflanzen ihre eigene Art von Leben haben, zu ihm in dynamische und mechanische Wechselverhältnisse treten, und eben dadurch, besonders, wenn sie bis zu einer gewissen Stufe von Ausbildung gelangt sind, mannigfaltig störend in seine Lebensgeschäfte eingreifen. Ihre vorzüglichsten nachtheiligen Wirkungen bestehen im Allgemeinen darin, daß sie durch Druck, Dehnung, Anfüllung, Reibung u. s. w. die Organe belästigen, in deren Nachbarschaft sie sich befinden, daß sie durch üppiges Wachsthum dem übrigen Organismus den Nahrungsstoff entziehen, daß sie eigenthümliche krankhafte Umwandlungen durchlaufen, eigenartige, oft sehr schädliche Producte erzeugen, u. s. w. Wir haben alle diese nachtheiligen Folgen schon an einem andern Orte, bey der Betrachtung der einzelnen Aftergebilde (§§. 269. 270.) mehr entwickelt, und rufen sie hier nur in das Gedächtniß zurück.

§. 849.

Die Eingeweidewürmer verdienen als Producte und Erzeuger von Krankheiten die Aufmerksamkeit des Pathologen. Bevor wir aber von ihrer Entstehung und ihrem nachtheiligen Einflusse auf den menschlichen Körper sprechen, wird es nothwendig, eine Aufzählung und kurze Schilderung derjenigen zu liefern, welche im Menschen vorzukommen pflegen. Wir folgen hierbey den Helminthologen Zeder, Rudolphi und Bremser, welche alle Eingeweidewürmer in folgende fünf Ordnungen abtheilen.

Erste Ordnung. Rundwürmer (entozoa nematoidea). Sie zeichnen sich durch einen in die Länge gezogenen, cylindrischen, sehr fein geringelten, elastischen Körper aus.

Zweyte Ordnung. Hakenwürmer (entozoa acanthocephala). Würmer mit einem rundlichen, schlauchförmigen, etwas elastischen Körper, und einem Rüssel, welcher reihenweise mit Haken besetzt ist, und sich zurückziehen läßt.

Dritte Ordnung. Saugwürmer (entozoa

trematoda). Würmer mit plattem oder rundlichem, weichem Körper und Saugmündungen.

Vierte Ordnung. Nestelwürmer (entozoa cestoidea). Würmer mit einem in die Länge gezogenen platten weichen Körper.

Fünfte Ordnung. Blasenwürmer (entozoa cystica). Häutige, meistens runzliche, inwendig hohle Würmer, deren Kopf mit einem Hakenkranz versehen ist, und deren Körper entweder in eine Blase ausläuft, oder an der Blase festsitzt.

Von allen diesen Ordnungen, nur die zweyte ausgenommen, siedeln sich feindselige Inwohner im menschlichen Körper an, deren Gattungen und Arten wir im Folgenden angeben und mit einer kurzen Schilderung begleiten wollen.

§. 850.

Die Ordnung der Rundwürmer liefert dem menschlichen Körper fünf Gattungen. Diese sind

1. Der Fadenwurm, Zwirnwurm, Filaria, dessen Gattungsmerkmahle folgende sind: runder, elastischer, beynahe durchaus gleicher, sehr langer Körper; sehr kleine zirkelförmige Mundöffnung; spiralförmiges, aus der Mitte des Schwanzendes hervorstehendes männliches Zeugungsglied.

Art, welche im menschlichen Körper vorkömmt: Haut-Fadenwurm, Filaria Medinensis, Filaria Dracunculus.

Kennzeichen: Sehr langer Körper, wulstiger Rand der Mundöffnung, umgebogene Schwanzspitze.

Sein Wohnort ist das Zellgewebe unter der Haut und zwischen den Muskeln.

2. Fühlwurm, Hamularia. Gattungsmerkmahle: walzrunder, elastischer, gleichdicker Körper, mit zwey den Fühlhörnern ähnlichen Fäden am Kopfende.

Art, welche im Menschenkörper gefunden wurde: Etwas platter Fühlwurm, Hamularia subcompressa, mit nach vorn verschmächtigtem Körper. Treutler fand diesen Wurm ein einziges Mahl in den erweiterten Bronchialdrüsen eines Menschen, Bremser zählt diese Art zu den zweifelhaften.

§. 851.

3. Der **Peitschenwurm, Haarkopf,** Trichocephalus. Gattungscharaktere: walzrunder, sehr elastischer, peitschenförmiger Körper, dessen längerer, sehr dünner Vordertheil jäh in den dicken keulenförmigen Hintertheil übergeht. Kleiner, zirkelförmiger, kaum bemerkbarer Mund. Der Hintertheil des Männchens flach spiralförmig aufgerollt, hat an seinem Ende eine kleine Röhre, aus welcher das Zeugungsglied hervorragt. Er kömmt unter dem Namen Trichocephalus dispar in den dicken Därmen, besonders im Blinddarme, vor.

4. Der **Pfriemenschwanz,** Oxyuris. Gattungsmerkmahle: walzrunder, sehr elastischer Körper, der pfriemenförmig in eine äußerst feine Schwanzspitze ausläuft, deutliche, zirkelförmige Mundöffnung. Das stumpf auslaufende Schwanzende des Männchens flach spiralförmig aufgerollt.

Die Art, welche im menschlichen Darmkanale häufig vorkommt, und von Bremser Oxyuris vermicularis genannt wird, zeichnet sich durch folgende Eigenthümlichkeiten aus: durch die am stumpfen Kopfende befindliche, auf beyden Seiten blasenförmige Seitenmembran, durch den stumpfen spiralförmigen Schwanz des Männchens, welcher beym Weibchen gerade und pfriemenförmig ist. Bisher zählte man ihn zur Gattung Ascaris, und nannte ihn Ascaris vermicularis; Bremser aber hat gezeigt, daß er zu einer andern Gattung gehöre, welche man mit dem Nahmen Oxyuris belegt hat. Sein Wohnsitz sind die dicken Därme, vorzüglich der Mastdarm.

§. 852.

4. Der Spulwurm, Ascaris. Kennzeichen der Gattung: walzrunder, elastischer, nach beyden Enden verschmächtigter Körper; um die Mundöffnung drey deutliche Knötchen, hinter welchen ein Zirkeleinschnitt sich befindet. Das doppelte männliche Glied ragt innerhalb der eingekrümmten Schwanzspitze hervor.

Die Art, welche sehr häufig im menschlichen Darmkanale vorkommt, ist Ascaris lumbricoides, welche sich durch ihren auf beyden Seiten gefurchten Körper und etwas abgestumpften Schwanz unterscheidet. Vorzüglich bewohnt er den dünnen Theil des Darmkanals.

§. 853.

5. Der Pallisadenwurm, Strongylus. Diese Gattung machen der walzrunde, elastische, nach beyden Enden verschmächtigte Körper; die verschiedentlich gebildete, bald zirkelrunde, bald eckige, sehr weite Mundöffnung; das am Schwanzende hervorstehende fadenförmige, mit einer verschiedentlich gestalteten Blase, oder dünnen ausgespannten Haut umgebene, männliche Zeugungsglied kennbar.

Art, welche im menschlichen Körper gefunden wurde: Riesen-Pallisadenwurm, Strongylus Gigas, mit abgestutztem Kopfe und einer Mundöffnung, welche mit sechs etwas platten Wärzchen umgeben ist, mit einer am Schwanzende des Männchens abgestumpften ganzen Blase. Dieser Wurm, welcher eine Länge von 5 Zoll bis 3 Fuß und eine Dicke von 2 bis 6 Linien erreicht, dessen Körper durchaus geringelt, und mit mehreren eingedrückten Längestreifen gezeichnet ist, hat im frischen Zustande eine blutrothe Farbe, ist einige Mahle in den Nieren des Menschen gefunden worden und zuweilen auch mit dem Harn abgegangen.

§. 854.

Aus der Ordnung der Saugwürmer hausen nur

zwey Gattungen, und diese nur sehr selten, in den menschlichen Eingeweiden: das Doppelloch und das Vielloch.

1) Das Doppelloch, der Egelwurm, Distoma. Gattungsmerkmahle: weicher, plattgedrückter oder rundlicher Körper mit zwey Saugwarzen, deren eine am Vorderende, die andere am Bauche oder auf der untern Fläche befindlich ist.

Art: Leberegel, Distoma hepaticum. Ein beynahe eyförmiger, platter Wurm, mit fast kegelförmigem, sehr kurzem Halse, mit kreisförmigen Saugmündungen, von welchen die am Bauche größer ist. Er ist von einer bis vier Linien lang und eine halbe bis ganze breit, und in seltnen Fällen in der Gallenblase des Menschen gefunden worden.

2) Das Vielloch, Polystoma. Gattungskennzeichen: weicher, niedergedrückter Körper mit fünf oder sechs Saugwarzen an dem einen, und einer einzelnen an dem andern Ende.

Art: das Fettvielloch, Polystoma Pinguicola: niedergedrücktes, längliches, vorn abgestumpftes, rückwärts zugespitztes Vielloch, mit sechs vordern, in einen Halbkreis gereiheten Saugmündungen. Es ist ein einziges Mahl von Treutler in einer Fetthülse am Eyerstocke gefunden worden.

§. 855.

Näher ist der menschliche Körper mit der Ordnung der Nestelwürmer verwandt, aus welcher er sich nach Bremser zwey Gattungen aneignet; den Bandwurm und den Kettenwurm.

1) Der Bandwurm, Grubenkopf, Bothriocephalus. Gattungskennzeichen: weicher, langgezogener, flachgedrückter Körper, mit zwey oder vier verschiedentlich gestalteten Gruben oder auch blumenförmigen Lappen an dem entweder bewaffneten oder unbewaffneten Kopfende.

Die dem Menschenkörper eigenthümliche Art ist der breite Bandwurm, Bothriocephalus latus *Bremseri*, sonst Taenia lata genannt, welchen folgende Merkmahle unterscheiden: Kopf und Randgruben sind länglich, der Hals oft kaum unterscheidbar; die vordersten Glieder sind runzelförmig, die folgenden zahlreichern kurz, fast viereckig, breiter; die hintern länglich. Er erreicht eine Länge von zwanzig Fuß und mehr, und seine größte Breite steigt von sechs Linien bis auf einen Zoll. Sein Wohnsitz im Menschen sind die dünnen Därme. Er plagt die Menschen nicht in allen Ländern: in Europa sind es bloß Rußland, Polen, die Schweiz und einige Gegenden von Frankreich, in denen er einheimisch ist.

2) Der **Kettenwurm**, Taenia. Gattungsmerkmahle: weicher, langgezogener, flachgedrückter, gegliederter Körper mit vier Saugmündungen an dem entweder bewaffneten oder unbewaffneten Kopfe.

Art, welche im Menschenkörper vorkommt: der **einsame Kettenwurm**, der **langgliedrige Bandwurm**, der **kürbißkernförmige Bandwurm**, Taenia Solium, Taenia cucurbitena, mit beynahe halbkugelförmigem, scharf begrenztem Kopfe, abgestumpften Saugrüsselchen, nach vorn zunehmendem Halse, mit Gliedern, welche nach vorn sehr kurz, in der folgenden Strecke fast viereckig, nach hinten länglich, alle aber unmerklich abgestumpft sind, mit Randlöchern, die ohne Ordnung wechselseitig stehen. Auch dieser Wurm erreicht eine Länge von zwanzig bis vier und zwanzig Fuß und darüber. Sein Kopf, welcher mit vier Saugmündungen versehen ist, ist so klein, daß man ihn mit unbewaffnetem Auge kaum unterscheiden kann, der Hals sehr dünn. Die Glieder des Körpers sind Anfangs schmal und sehr kurz, verlängern sich aber immer mehr, je mehr sie nach hinten gehen; an ihrem Seitenrande bieten sie, bald rechts, bald links, ohne bestimmte Ordnung, kleine warzenförmige Hervorragungen dar, welche in der Mitte eine deutliche Öffnung haben, die zu den Eyerbehältern führt. Von dem Glauben, daß der Kettenwurm immer einsam im Darmkanale sey, ist man gegenwärtig, durch Erfahrung vom Gegentheile belehrt, zurückgekommen.

Da beyde Gattungen von Nestelwürmern die Zeugungs

organe beyderley Geschlechts in den meisten ihrer einzelnen Glieder besitzen, und sich demnach selbst befruchten können; so haben sie eben darin auch ein ungeheures Vermehrungsvermögen. Ihr außerordentliches Reproductionsvermögen aber, wodurch sich ganze Strecken abgerissener Glieder in kurzer Zeit wieder bilden sollen, wird von neuern Helminthologen in Zweifel gezogen, und wenn in einer Reihe von Jahren nach und nach eine ungeheuer große Zahl von Gliedern abgehen, so leiten sie diese nicht von einem und demselben, sondern vielmehr von mehreren neu erzeugten Nestelwürmern ab.

§. 856.

Aus der Ordnung der **Blasenwürmer** hat man bis jetzt zwey Gattungen im menschlichen Leibe gefunden: den **Blasenschwanz** und den **Hülsenwurm**.

1) Der **Blasenschwanz**, Cysticercus. Gattungscharaktere: ein häutiger, am Vorderende eine kürzere oder längere Strecke runzlich erscheinender, und in eine mit wasserheller Flüssigkeit gefüllte Blase auslaufender Körper. Der Kopf, welcher sich in den Körper einziehen läßt, ist mit vier Saugmündungen, in deren Mitte ein doppelter Hakenkranz befindlich ist, versehen.

Art: der **Blasenschwanz des Zellgewebes**, die **Finne**, Cysticercus cellulosae: mit vielseitigem Kopfe, mit einem runden, mit Haken versehenen Saugrüssel, sehr kurzem Halse, walzenförmigem längeren Rumpfe, elliptischer, in die Quere gezogener Schwanzblase. Sein Wohnsitz ist das Zellgewebe der Muskeln und des Gehirns, mit welchem er durch eine äußere häutige Hülse, in der er eingeschlossen ist, in enger Verbindung steht. Im menschlichen Körper wird er nur selten gefunden.

2) Der **Hülsenwurm**, Echinococcus *Rudolphi*, Polycephalus *Zederi*. Gattungsmerkmahle: Kleine, dem unbewaffneten Auge kaum bemerkbare, entweder mit vier Saugmündungen und einem Hakenkranze versehene, oder auch

ganz glatte Kügelchen, welche an der innern Wand einer häutigen, verschiedentlich geformten Blase lose anhängen, oder frey in der in derselben enthaltenen Flüssigkeit herumschwimmen. Die sie enthaltende Blase ist wieder in eine eigene Kapsel, welche von dem Organe, worin sie sich befindet, gebildet wird, eingeschlossen. Die sogenannten Wasserblasen, Hydatiden, welche man in den Eingeweiden der Klauenthiere findet, enthalten häufig die eben geschilderten kleinen Thierchen, welche man in den Hydatiden, die in den meisten Organen des Menschenkörpers vorkommen, fast immer vermisset. Nur Bremser hat sie in einigen Fällen in denselben entdeckt, und er ist der Meinung, daß alle Hydatiden, sie mögen jene Thierchen enthalten oder nicht, zu derselben Reihe von Wesen gehören, daß sie nämlich alle Thiere eigener Art darstellen.

§. 857.

Über die Entstehung der Eingeweidewürmer im menschlichen Leibe sind verschiedene Meinungen im Schwunge, die sich aber doch alle auf zwey Hauptvorstellungsweisen zurückführen lassen: nach der einen werden nämlich alle Würmer von Würmern erzeugt, nach der andern können Eingeweidewürmer im menschlichen und jedem thierischen Organismus ohne Zuthun von Ältern durch ursprüngliche Zeugung (generatio originaria s. aequivoca) entstehen. Daß, wenn einmahl Eingeweidewürmer in irgend einem Thier- oder Menschenkörper vorhanden sind, sich dieselben vermittelst des Zeugens und Gebärens fortpflanzen können, darüber kann weiter keine Frage seyn; indem sie mit Zeugungsorganen versehen sind, und häufig mit Eyern oder Jungen geschwängert gefunden werden. Die Frage bleibt hier nur die: wie die ersten Eingeweidewürmer in einen Organismus gelangen, in welchem vorhin keine derselben vorhanden waren?

§. 858.

Diejenigen, welche alle Eingeweidewürmer durch andere

Würmer erzeugen laſſen, behaupten, daß einem Thiere oder Menſchen, welcher vorhin von denſelben noch frey war, ihre Eyer oder junge Brut von außen zugeführt, und im Thiere oder Menſchen zu vollkommenen Eingeweidewürmern entwickelt werden. Den Urſprung und die Übertragungsweiſe dieſer Eyer auf den Menſchen hat man ſich auf dreyerley Weiſe vorgeſtellt.

1) Von dem Gewärme, welches außerhalb den belebten Körpern in der Erde oder im Waſſer lebt, werden die Eyer mit Speiſe und Trank in den menſchlichen Leib eingeführt, daſelbſt ausgebrütet, und zu Eingeweidewürmern ausgebildet.

2) Die Eyer der Eingeweidewürmer anderer Thiere oder auch der Menſchen, welche mit den Excrementen ausgeleert werden, können zufälliger Weiſe den Nahrungsmitteln beygemiſcht werden, und mit dieſen in den menſchlichen Körper und zu ihrer fernern Entwicklung gelangen.

3) Die Wurmeyer werden in den Zeugungsſäften von den menſchlichen Ältern der organiſchen Subſtanz ihrer Kinder beygemiſcht.

§. 859.

Die erſte der eben angeführten Meinungen, zu Folge welcher die Eingeweidewürmer des Menſchen von dem Gewürme, welches in der Erde und im Waſſer lebt, abſtammen ſollen, hat das gegen ſich: daß die Gattungen und Arten der Würmer, welche in den Eingeweiden des Menſchen leben, in der äußern Natur nicht vorkommen: daß die Eingeweidewürmer ihr Leben nur innerhalb der lebendigen Eingeweide erhalten können, und alſogleich zu Grunde gehen, wenn ſie aus denſelben in die äußere Natur übertreten: daß ſich Eingeweidewürmer an Orten befinden, welche mit der äußern Natur gar keine Gemeinſchaft unterhalten, z. B. in der noch ungebornen menſchlichen Frucht.

Die zweyte Meinung, welche die Wurmeyer aus den Körpern der Thiere oder auch anderer Menſchen in den menſchlichen Leib übertragen läßt, findet in der eben angeführten Thatſache, daß man Eingeweidewürmer in der ungebornen

Menschenfrucht entdeckt hat, eine nicht zu beseitigende Schwierigkeit; indem solche Eyer, wenn sie auch mit den Nahrungsmitteln in den Darmkanal der Mutter gelangten, von hier aus auf keine Weise durch zwey Gefäßsysteme hindurch bis in die Därme der Frucht übertragen werden können, da die Eyer der Darmwürmer so groß sind, daß sie die feinsten Gefäße des menschlichen Organismus keinesweges zu durchwandern vermögen.

Eben dieser Umstand ist für sich allein schon im Stande, die dritte Meinung, vermöge welcher die Wurmeyer als eine Art von Erbschaft durch die Zeugung von den Ältern dem im Werden begriffenen Keime eines menschlichen Organismus mitgetheilt würden, als nicht minder unstatthaft darzustellen.

§. 860.

Diese Schwierigkeiten, welche dem Arzte bey dem Versuche, die Entstehung der ersten Würmer in einem menschlichen Organismus aus Eyern zu erklären, welche von außen in denselben eingeführt werden, aufstoßen, auf der einen, und auf der andern Seite die Beobachtung der Bildung der Aufgußthierchen durch ursprüngliche Zeugung (generatio originaria, s. aequivoca), haben neuere Helminthologen bestimmt, auch die Entstehung der ersten Eingeweidewürmer in einem thierischen oder menschlichen Körper aus dieser Art der Zeugung abzuleiten. Den Grundstoff, aus welchem diese ursprüngliche Bildung geschieht, geben entweder bestimmt geartete oder entartete Säfte des Thierkörpers, oder nach unseres Ritter von Scherer origineller und scharfsinniger Idee, das Zellgewebe desselben ab.

§. 861.

Die Bedingungen, durch welche die Erzeugung der Eingeweidewürmer, oder doch ihre Entwicklung und Vermehrung besonders begünstiget werden, sind, laut der Erfahrung, gewisse endemische und epidemische Constitutionen, der Mißbrauch bestimmter Nahrungsmittel, besonders der Milch und

Mehlspeisen, zunächst aber ein regelwidriger Zustand des thierischen Bildungsprozesses, wodurch die Entwicklung des Organischen zu den höhern Stufen des thierischen Charakters zurückgehalten wird, und der gebildete Stoff sich mehr der **Natur der Pflanzen** oder der Thiere einer niederern Ordnung annähert (§. 145.). **Darum ist die krankhafte häufige** Schleimbildung im menschlichen **Körper der Erzeugung und** Vermehrung der Eingeweidewürmer so günstig.

§. 862.

Um die nachtheiligen Wirkungen, welche die Eingeweidewürmer im menschlichen Organismus hervorbringen können, gehörig zu würdigen, müssen wir vor allem nicht außer Acht lassen, daß eine große Zahl von Krankheitserscheinungen auf Rechnung der Würmer geschrieben wird, welche mit Grunde nur auf den krankhaften Zustand des organischen Bildungsprozesses, mit welchem die Erzeugung der Würmer in Verbindung steht, bezogen werden sollten. Indessen würde man auf der andern Seite wieder zu weit gehen, wenn man die Eingeweidewürmer, zumahl die Darmwürmer, aus der Reihe der die Lebensgeschäfte des menschlichen Organismus störenden Schädlichkeiten gänzlich ausschließen, und sie als schuldlose oder gar freundliche Bewohner der Eingeweide betrachten wollte. Man kann zwar nicht in Abrede stellen, daß es gesunde, kräftige Menschen gibt, welche Würmer in ihrem Darmkanale beherbergen, ohne auch nur im geringsten auf eine wahrnehmbare Weise davon belästiget zu werden. Allein, wer nicht vergessen hat, daß zur Erzeugung einer Krankheit nicht allein ein schädlicher Einfluß und eine bestimmte Gewalt desselben, sondern auch ein gewisser Grad von Empfänglichkeit für ihre Einwirkung erfordert wird, der wird daraus, daß eine Schädlichkeit nicht bey allen Menschen sich als solche äußert, noch keinesweges schließen, daß sie in keinem Falle zu den Schädlichkeiten gehöre. Dieses gilt nun auch von den Eingeweidewürmern, von denen die Erfahrung unwidersprechlich lehrt, daß sie in vielen Fällen die auffallendsten Störungen in dem Gange der Verrichtungen des menschlichen Organismus hervorrufen können.

Die nachtheiligen Wirkungen aber, welche sie daselbst hervorbringen, hängen zum Theil von der mechanischen Reitzung, mit welcher sie die empfindlichen und reitzbaren Theile des Organismus beläftigen, zum Theil von ihrem Einflusse auf dessen Reproduction ab. Durch Saugen, Kriechen, Schnellen, Zusammenrollen u. s. w. verursachen sie Jucken, Schmerzen, Unruhe, Entzündung, Krampf, sympathische Gegenbewegungen in entfernten Theilen, Zuckungen, regelwidrige Absonderungen u. s. w. Durch ihre Menge beengen und verstopfen sie die Kanäle; sie entziehen ferner dem Organismus einen Theil seines Nahrungsstoffes, verunreinigen durch ihre Excretionen die Säfte, in denen sie sich aufhalten, u. s. w., und legen durch alles dieses den Grund zu mancherley oft schweren und hartnäckigen Krankheiten.

§. 863.

Für die Wahrheit dieser Angaben bürgt die unläugbare Erfahrung der Ärzte durch das, was sie uns von den Übeln lehrt, welche die einzelnen Arten der Würmer im menschlichen und thierischen Körper veranlassen. So verursacht der Fadenwurm Jucken, Schmerz, Entzündung der Stelle, wo er sich befindet, Fieber, Eiterung, Geschwür, zuweilen Abzehrung.

Der Pfriemenschwanz unausstehliches Jucken im Mastdarm, Stuhlzwang, Hämorrhoidalknoten, ähnliche Reitzung der Mutterscheide, wenn er sich in selbe verirrt, weißen Fluß u. s. w.

Der Leberegel Desorganisation der Leber.

Der Vielkopf im Gehirn der Schafe die tödtliche Drehkrankheit.

Wenn nun diese Arten von Würmern so auffallende Störungen in jenen Theilen veranlassen, in welchen sie ihren

Sitz haben, warum sollen nicht auch die Spulwürmer, die sich oft zu einer außerordentlichen Menge vermehren, und die ungeheuren Bandwürmer im Darmkanale, zumahl bey schwächlichen, empfindlichen und reizbaren Personen bedeutende Krankheiten ins Daseyn rufen können? — Man würde alle ärztliche Erfahrung über den Haufen werfen, wenn man die Wahrheit so zahlreicher Beobachtungen läugnen wollte, denen zu Folge mannigfaltige Krankheitsformen mit den Darmwürmern in ursächlichem Zusammenhange stehen, und in vielen Fällen mit Vertreibung derselben alsogleich verschwinden.

§. 864.

Außer den Würmern, welche im menschlichen Körper einheimisch sind, können auch Insekten und Würmer von außen in die Haut und die Höhlen desselben, z. B. in die Ohren, Nase und die mit dieser in Verbindung stehenden Schleimhöhlen u. s. w. sich einschleichen, und daselbst durch mechanische Reizung, Verwundung, Verstopfung u. s. w. viele Beschwerden verursachen, welche nach Verschiedenheit des beleidigten Theiles verschieden seyn, und sich aus dem bisher Vorgetragenen leicht begreifen lassen werden.

* * *

Kratzensteins Abhandlung von der Erzeugung der Würmer im menschlichen Körper. Halle, 1748.

Wlt. von Doeverens Abhandlung von den Würmern in den Gedärmen des menschlichen Körpers. A. d. Lat. übersetzt und mit Zusätzen von Thdr. Th. Weichard. Leipzig, 1776.

M. Eliser Blochs Abhandlung von der Erzeugung der Eingeweidewürmer. Eine gekrönte Preisschrift. Berl. 1782. 4.

J. A. Ephr. Göze, Versuch einer Naturgeschichte der Eingeweidewürmer thierischer Körper. Leipz. 1782. 4. mit 44 Kupfern. — Erster Nachtrag zu Göze's Versuch u. s. w., mit Zusätzen und Anm. herausgegeben von J. G. H. Zeder. Leipz. 1800.

J. G. H. Zeders Anleitung zur Naturgeschichte der Eingeweidewürmer. Bamb. 1803. gr. 8. mit Kupfern.

P. Ch. F. Werner, vermium intestinalium, praesertim taeniae human. brevis expositio. Lips. 1782. Contin. I. 1786. — Contin. II. post mortem auctoris ed. et aucta a *J. Lh. Fischer.* — Contin. III. auct. *J. Lh. Fischer*, 1788. gr. 8. mit Kpf.

Fr. v. Paula Schranks Verzeichniß der bisher hinlänglich bekannten Eingeweidewürmer. München, 1788. 8.

F. A. Treutler, observationes anatomico-pathologicae, auctuarium ad helminthologiam corporis humani contin. Lips. 1795. 4. mit Kpf.

J. H. Jördens Entomologie und Helminthologie des menschlichen Körpers, oder Beschreibung und Abbildung der Bewohner und Feinde desselben unter den Insekten und Würmern. 2 Bde. Hof, 1801—1802. gr. 4. mit 22 Kpf.

Valer. Al. Brera's medicinisch-praktische Vorlesungen über die vornehmsten Eingeweidewürmer des menschlichen Körpers und die sogenannten Wurmkrankheiten. A. d. Ital. mit Zusätzen von J. A. Weber. Leipz., 1803. gr. 4. mit Kpf.

C. Asm. Rudolphi, Entozoorum, s. vermium intestinalium historia naturalis. II vol. Amstelod. 1808—809. gr. 8. mit Kupfern.

J. A. Ritter von Scherer, über den Ursprung der Eingeweidewürmer. Medic. Jahrb. des k. k. österr. Staates. III. Bd. II. St. S. 83.

Dr. Bremser, über lebende Würmer im lebenden Menschen mit Abbildungen. Wien, 1819. gr. 4.

B.

Von den innern mechanischen Schädlichkeiten.

§. 865.

Zu den innern mechanischen Schädlichkeiten zählen wir

die lebendigen Bewegungen der Organe des Körpers selbst, in so fern dadurch seine und seiner Theile Verhältnisse zum Raume verändert werden, seine Flüssigkeiten und festen Gebilde, in so weit sie durch ihre Menge, Größe, Cohäsion, Gestalt, äußere Bewegung nachtheilig auf den Organismus zurückwirken, die im vorigen Hauptstücke angeführten Afterorganisationen, und endlich die in verschiedenen Höhlen, besonders aber in den Gallen= und Urinwegen gebildeten steinigen Concremente. Da alle diese Dinge im Verlaufe dieses Werkes schon zur Sprache gekommen sind, und da wir bey der Betrachtung ihrer dynamischen Verhältnisse zugleich auch ihre mechanischen nachtheiligen Wirkungen auf den Organismus in Erwägung gezogen haben; so begnügen wir uns hier, die Stelle anzudeuten, welche sie nach unserer Anordnung der schädlichen Einflüsse einnehmen müssen.

* * *

Am Ende der Ätiologie angelangt, und noch einmahl ihr weites Feld überblickend, müssen wir über das große Heer der Feinde erschrecken, von welchem dasselbe bedeckt wird, und welches immerdar der Gesundheit und dem Leben des Menschen nachstellt; zugleich müssen wir aber auch die Lebens= und Reproductionskraft seines Körpers bewundern, vermittelst welcher er allen diesen Feinden durch eine lange Reihe von Jahren Trotz bietet, und seine Gesundheit nicht selten bis ins hohe Alter hinein behauptet; wenn er seine Lebensweise nur einiger Maßen nach den Gesetzen einrichtet, welche eine höhere Hand in das große Buch der Natur und in sein Inneres geschrieben hat, und deren höchstes dem Menschen in flammenden Zügen die Wahrheit entgegenstrahlt: daß ihm auch hier nieden sein Heil nur auf jenem Wege blühet, den er einschlägt, wenn er sich als Führerinnen der Weisheit anvertrauet und der Tugend.

Lightning Source UK Ltd.
Milton Keynes UK
UKHW032001081118
332017UK00009B/833/P